교과세특
추천 도서
300

한승배
강서희
김미영
김지수
손평화
정현희
하희
지음

교과별

교과세특
추천 도서
300

CampusMentor
캠퍼스멘토 × 포르체

저자 소개

한승배 | 경기 양평전자과학고등학교 진로전담교사

집필 이력
- 2009, 2015 개정 교육과정 중학교, 고등학교 진로와 직업 교과서
- 《교과세특 탐구활동 솔루션》, 《교과세특 탐구주제 바이블》, 《교과연계 독서탐구 바이블》
- 《학과 바이블》, 《학생부 바이블》, 《면접 바이블》, 《특성화고 학생을 위한 진학 바이블》, 《취업 바이블》, 《미디어 진로탐색 바이블》, 《고교학점제 바이블》
- 《10대를 위한 직업 백과》, 《유망 직업 사전》, 《미리 알려주는 미래 유망직업》, 《나만의 진로 가이드북》

기타 이력
- 네이버 카페 '꿈샘 진로수업 나눔방' (https://cafe.naver.com/jinro77) 운영자

강서희 | 경기 안양문화고등학교 진로전담교사

집필 이력
- 《교과세특 탐구주제 바이블》, 《학생부 바이블》
- 미디어 활용 진로 탐색 워크북
- 홀랜드 유형별 유망 직업사전

기타 이력
- 2015 개정 교육과정 고등학교 진로와 인정도서 심의위원
- 안양과천 별구름연구회 운영

김미영 | 경기 경기도교육청 미래과학교육원 교육연구사

집필 이력
- 《교과세특 탐구주제 바이블》, 《학생부 바이블》
- 블렌디드 러닝 성장 중심 자료, 교과연계 민주시민교육실천 교육자료, 2015 개정 교육과정 교과 자료 개발

기타 이력
- 신규교사 대상 연수, 통합과학 연수, 중등 1급 정교사 자격 연수 등 다수 강의 진행
- 경기도화학교육연구회 연구위원
- 경기도신과수교육연구회 연구위원
- 미래학교자치연구소 운영위원

김지수 | 충북 청원고등학교 일반사회교사

집필 이력
- 2023 수시전형대비 제시문 기반 면접 예상문항집(충북교육청)
- '우리도 시민, 학생 참정권(선거)교육 시작하기' 연수 원고(교육부 중앙교육연수원)
- 중등 학생자치설명서(충북교육청)

기타 이력
- 충청북도 중등 민주시민교육연구회 '민주야, 학교가자' 회장
- 학생평가 중앙지원단, 학생평가 현장지원단(충북교육청)
- 네이버 블로그 '지꾸의 교실(https://blog.naver.com/jisu9494)' 운영자

손평화 | 경남 거창고등학교 진로전담교사

집필 이력
- 《교과세특 탐구주제 바이블》,《학생부 바이블》,《면접 바이블》
- 행복한 진로 항해 일지 드림서핑

기타 이력
- 고교학업제 진로학업설계 자료 개발

정현희 | 경기 양서고등학교 진로전담교사

집필 이력
- 특성화고 학생을 위한 진학 워크북

기타 이력
- 2018 교사 연구년제 고교학점제 연구

하희 | 경기 구리여자중학교 진로전담교사

집필 이력
- 《교과세특 탐구주제 바이블》,《학과 바이블》,《학생부 바이블》
- 나만의 진로 가이드북, 두근두근 미래직업체험 워크북, 고교학점제 워크북

기타 이력
- 전(前) 경기도중등진로교육연구회 연구위원
- 구리남양주 연극교육연구회 연구위원
- 구리남양주 교육지원청 진로지원단
- 구리남양주 교육지원청 진로거점학교 운영

《교과세특 추천 도서 300: 교과별》
활용상 유의점

독서의 중요성은 시대와 공간을 막론하고 항상 강조되고 있습니다. 독서는 스스로 생각하는 힘뿐만 아니라, 미래를 예측할 수 있는 능력까지도 키워 주는 활동이기 때문입니다. 이 책은 우리 학생들의 대입과 관련해 현실적으로 도움이 되는 내용뿐만 아니라 고차원적인 사고력을 키우는 데 도움이 될 수 있도록 구성하였습니다.

☑ **이렇게 구성되어 있습니다.**

1. 교과(전공)를 국어·영어·수학·사회·과학·도덕으로 분류하였으며, 교과별로 50권의 도서를 안내하였습니다.
2. 제시된 모든 도서는 다음과 같은 형식으로 서술되어 있습니다.
   책 소개 – 탐구 주제 – 학생부 기록 예시(교과세특) – 관련 논문 – 관련 도서 – 관련 계열 및 학과 – 관련 교과
3. 관련 교과는 2015 개정 교육과정의 교과목뿐 아니라 2022 개정 교육과정의 교과목을 함께 제시하여 지속적인 활용이 가능하도록 하였습니다.
4. 교사와 학생이 탐구 주제를 설정하는 데 도움을 받을 수 있도록 탐구 주제를 구체적인 예시와 함께 담았으며, 탐구 주제를 바탕으로 교과 세부능력 및 특기사항 기록을 위한 예시를 함께 제공함으로써 교사의 고민을 덜어 주고자 하였습니다.
5. 관련 논문을 제시함으로써 교과연계 독서 탐구활동을 더욱 깊이 있게 할 수 있도록 하였습니다.
6. 관련 논문은 최신 논문을 활용하였으며, QR코드를 함께 넣어 접근의 용이성을 확보하였습니다.
7. 깊이 있는 탐구활동과 연계 독서활동이 가능하도록 관련 도서 목록을 제시하였습니다.

☑ **이렇게 활용할 수 있습니다.**

1. 학생은 관심 계열의 도서 목록과 관련 교과, 관련 학과 등을 참고하여 자신의 진로와 연계한 독서 탐구활동을 수행할 수 있습니다.
2. 학생은 교과에서 학습한 내용을 바탕으로 관련 도서를 읽고 제시된 탐구 주제를 활용하여 탐구활동을 하거나 자신만의 탐구 주제를 설정하여 탐구활동을 할 수 있습니다.
3. 학생은 관련 논문 및 관련 도서 탐독을 통해 깊이 있는 연구와 융합적 사고 능력을 배양할 수 있습니다.
4. 학생은 교과, 독서, 계열, 학과 연계를 통해 성공적인 입시를 위한 방향성을 정립할 수 있습니다.
5. 교사는 교과연계 독서 탐구활동 수업을 위한 기획과 운영에 대한 아이디어를 얻을 수 있습니다.
6. 교사는 독서 탐구활동을 위한 탐구 주제 설정에 대한 아이디어를 얻고 학생들의 탐구활동 방향에 대한 도움을 줄 수 있습니다.
7. 교사는 학교생활기록부 교과 세부능력 및 특기사항 기록 예시를 통해 교과연계 독서 탐구활동 기록에 대한 참고 자료로 활용할 수 있습니다.
8. 교사는 심화 연구 또는 연계 독서를 하고자 하는 학생들에게 관련 논문 및 관련 도서에 대한 정보를 제공할 수 있습니다.

목차

국어교과군

순번	도서명	저자명	출판사명
1	82년생 김지영	조남주	민음사
2	감옥으로부터의 사색	신영복	돌베개
3	개미	베르나르 베르베르	열린책들
4	고향	이기영	글누림
5	광장/구운몽	최인훈	문학과지성사
6	구운몽	김민중	민음사
7	그 많던 싱아는 누가 다 먹었을까	박완서	웅진지식하우스
8	그리고 아무 말도 하지 않았다	하인리히 뵐	열린책들
9	금오신화	김시습	민음사
10	난장이가 쏘아올린 작은 공	조세희 외	가람기획
11	다시, 시로 읽는 세상	김용찬	휴머니스트
12	당신들의 천국	이청준	문학과지성사
13	대한민국의 시험	이혜정	다산4.0
14	말들의 풍경	고종석	개마고원
15	말의 품격	이기주	황소북스
16	모파상 단편선	기 드 모파상	열린책들
17	무정	이광수	민음사
18	무진기행	김승옥	민음사
19	문학의 숲을 거닐다	장영희	샘터
20	미움받을 용기	기시미 이치로, 고가 후미타케	인플루엔셜
21	바리데기	황석영	창비
22	백범일지	김구	범우
23	백석 전 시집: 나와 나타샤와 흰 당나귀	백석	스타북스
24	밸런스	이인석	포르체
25	변신·시골의사	프란츠 카프카	민음사

순번	도서명	저자명	출판사명
26	봄봄 동백꽃	김유정	푸른책들
27	빌둥에서 배운다	레네 레이첼 안데르센	성균관대학교출판부
28	삼대	염상섭	새움
29	서편제	이청준	문학과지성사
30	선량한 차별주의자	김지혜	창비
31	숨결이 바람 될 때	폴 칼라니티	흐름출판
32	언어의 온도	이기주	말글터
33	역마	김동리	커뮤니케이션북스
34	죽은 시인의 사회	N.H 클라인바움	서교출판사
35	죽음 연습	이경신	동녘
36	창작자를 위한 챗GPT 저작권 가이드	정경민	포르체
37	천변풍경	박태원	문학과지성사
38	체호프 희곡선	안톤 파블로비치 체호프	을유문화사
39	초강달러 시대, 돈의 흐름	홍재화	포르체
40	춘향전	작자 미상	민음사
41	카인의 후예	황순원	현대문학
42	탁류	채만식	문학과지성사
43	태백산맥	조정래	해냄출판사
44	토지	박경리	다산책방
45	페스트	알베르 카뮈	민음사
46	하노버에서 온 음악 편지	손열음	중앙북스
47	하늘과 바람과 별과 시	윤동주	스타북스
48	혼불	최명희	매안
49	홍길동전	허균	민음사
50	휴머니멀	김현기	포르체

82년생 김지영

조남주 | 민음사 | 2016

주인공 김지영 씨의 기억을 바탕으로 한 고백과 이를 뒷받침하는 각종 통계 자료와 기사들을 중심으로 하는 장편소설이다. 작가는 제도적 성차별이 줄어든 시대의 보이지 않는 차별들이 여성들의 삶을 어떻게 제약하고 억압하는지를 보여 준다. 여성의 권리가 예전보다 신장되었다고는 하나 여전히 '여성'이라는 조건이 삶의 굴레로 존재하는 현실을 비판하는 새로운 페미니즘 소설로 평가된다.

탐구 주제

주제1 페미니즘이란 오래전부터 이어져 왔던 남성 중심의 이데올로기에 대항하며 사회 각 분야에서 여성 권리와 주체성을 확정하고 강화해야 한다는 운동을 말한다. 이 작품에서 말하는 페미니즘을 분석하고, 이에 대한 생각을 논술해 보자.

주제2 소설에 등장하는 인물은 단순히 시대를 반영하는 것이 아니라 시대를 적극적으로 창조한다. 이러한 인물의 성격 창조 여부에 따라 소설의 성패가 결정이 난다고 해도 과언이 아니다. 이 소설에 나타난 인물의 성격과 작품의 관계를 살펴보고 작가의 의도를 탐색해 보자.

주제3 작품 속에 나타난 남성과 여성의 대립 구조 분석

주제4 주인공의 이름과 열린 결말의 의미 탐구

학생부 기록 예시 (교과세특)

조남주의 '82년생 김지영'을 읽고 책 속에 드러난 성차별적인 시각을 비판하는 글을 논리적으로 작성함. 페미니즘은 '여성의 특징을 갖추고 있는 것'이라는 뜻의 라틴어 '페미나(femina)'에서 유래했음을 설명하고, 책에서 '남자는 강자고 여자는 약자'라는 식으로 표현된 일방적인 성차별적 시각을 비판함. 여성과 남성은 각기 다른 특징이 있으니 그것을 이해하고 서로 존중할 때 남녀 모두가 행복한 세상이 될 것이라고 주장함.

'82년생 김지영(조남주)'을 읽고, 작가의 주제 의식에 대한 생각을 정리함. 1999년 남녀 차별을 금지하는 법안이 제정된 후 여성부가 출범함으로써 성 평등을 위한 제도적 장치가 마련되었다고 설명함. 그러나 우리 사회에는 여전히 내면화된 성차별적 요소가 작동하고 있다는 사실을 소설에 나타난 현실을 근거로 밝혀냄. 작가는 이 시대의 평범한 여성을 주인공으로 세워 현대사회의 모습을 비판했다고 분석함.

관련 논문

『82년생 김지영』의 가부장제 비판과 저항의 의미 (최예열, 2020)

관련 도서

《페미니즘의 도전》, 정희진, 교양인
《이갈리아의 딸들》, 게르드 브란튼베르그, 황금가지

관련 계열 및 학과
- 인문계열: 국어국문학과, 문예창작학과, 미학과, 상담심리학과, 심리학과, 철학과
- 사회계열: 문화콘텐츠학과, 사회학과, 신문방송학과, 아동가족학과, 통계학과
- 교육계열: 가정교육과, 국어교육과, 교육학과, 사회교육과, 윤리교육과

관련 교과

2022 개정 교육과정: 독서와 작문, 문학, 주제 탐구 독서, 문학과 영상, 사회와 문화, 사회문제 탐구

2015 개정 교육과정: 독서, 언어와 매체, 문학, 실용 국어, 경제, 사회·문화, 사회문제 탐구

감옥으로부터의 사색

신영복 | 돌베개 | 2018

'통일혁명당 사건'으로 무기징역형을 선고 받은 뒤 20년 20일 만에 출소한 저자 신영복이 가족들에게 보낸 편지를 모아 만든 옥중 서간집이다. 폐쇄된 공간 속에 살면서도 감정의 동요 없이 차분하게 자신과 세계를 성찰하는 작가의 모습에서 담 밖에 있는 이 시대 일상인들의 안락이 얼마나 공허하고 부끄러운 것인가를 확인할 수 있다. 출간 이후 한 세대가 지난 지금까지도 우리 시대의 고전으로 자리매김하였다.

탐구 주제

주제1 이 작품은 총 245편의 편지글로, 감옥 속에서 자신의 생각을 정리한 에세이이다. 작가에게 감옥은 어떤 곳이었는지 살펴보고 20년 동안 끊임없이 사색하면서 정진할 수 있었던 근본이 무엇이었을지 토론해 보자.

주제2 감옥에서는 죄명과 형기로 사람을 판단한다. 그러나 작가는 같은 방, 같은 공간에서 관계를 맺게 되면 지금까지와는 다른 새로운 관점이 열린다고 말한다. '관계'가 '관점'을 결정한다는 말의 의미를 찾고, 적절한 관계를 결정하기 위해 중요한 기준이 무엇인지 발표해 보자.

주제3 작품 속에 나타난 인간에 대한 사랑 고찰

주제4 작가의 철학과 삶의 가치 분석

학생부 기록 예시 (교과세특)

신영복의 '감옥으로부터의 사색'을 읽고 사물에 대한 관찰과 묘사, 감정 이입, 문장의 표현력이 뛰어나 깊은 감동을 주는 작품이라고 평가함. 20년이 넘는 시간 동안 감옥에 있으면서 완벽한 정신적 자유를 누리는 작가의 모습이 존경스럽다고 발표함. 작가에게 감옥은 새로운 삶을 생각하게 하는 재생의 공간이었다고 밝히고, 감옥 밖에서 고뇌하고 힘겨워하는 우리의 삶 자체가 감옥인 것 같다고 분석함.

'감옥으로부터의 사색(신영복)'을 읽고 '인간의 관계에 따라 관점이 달라지고, 관점으로 사람을 판단하게 된다.'라는 말이 인상 깊었다고 발표함. 사람들은 감옥에 있는 사람을 나쁜 사람으로 판단하지만, 각각의 인생을 들여다보면 사연이 있기에 함부로 사람을 판단해서는 안 된다는 사실을 깨달음. 모든 관계의 기본은 '적당한 거리'에 있으며 가까운 사람에게도 먼 사람에게도 '미적 거리'를 지키는 것이 중요하다고 주장함.

관련 논문

글쓰기의 공감형성 요인 분석-신영복의 『처음처럼』을 중심으로(안미영, 2017)

관련 도서

《나무야 나무야》, 신영복, 돌베개
《처음처럼》, 신영복, 돌베개

관련 계열 및 학과
- 인문계열: 국어국문학과, 문예창작학과, 문화인류학과, 미학과, 심리학과, 철학과
- 사회계열: 법학과, 사회복지학과, 사회학과, 언론정보학과, 정치외교학과

관련 교과
- 교육계열: 가정교육과, 국어교육과, 사회교육과, 역사교육과, 윤리교육과

2022 개정 교육과정: 화법과 언어, 독서와 작문, 문학, 주제 탐구 독서, 사회와 문화, 정치, 법과 사회

2015 개정 교육과정: 화법과 작문, 독서, 문학, 실용국어, 정치와 법, 사회·문화, 윤리와 사상

개미

베르나르 베르베르 | 열린책들 | 2023

베르나르 베르베르가 처음 쓴 소설로, 완결되기까지 12년이 걸린 장편소설이다. 개미의 시각으로 기상천외한 개미의 세계를 풀어 가면서 사랑과 반역, 생존을 위한 투쟁을 흥미진진하게 묘사하고 있다. 개미라는 집단의 개개인과 전체, 살아가는 방식, 조직의 생성과 소멸까지 개미에 대한 방대한 관찰과 탐구를 통해 파브르 곤충기와 같은 섬세함을 보이면서도 결국 '개미의 탈을 쓴' 인간의 이야기를 다루고 있는 책이다.

탐구 주제

주제1 《개미》는 하찮은 미물로만 여겼던 개미에게 다양한 능력이 있다는 것을 알려 준다. 또한 책에 나타나는 개미의 세계는 인간들의 모습을 너무나도 잘 반영하고 있다. 이 책의 주인공 개미 세 마리의 모험담에 반영된 인간 세계의 모습에 대해 토론해 보자.

주제2 이 책의 축을 이루고 있는 사건은 개미 사회의 사건과 인간 사회의 사건이다. 처음에는 두 사건이 다른 곳에서 시작하지만 결국에는 같이 만나게 된다. 두 사건을 연결하는 중요한 지점을 찾고 이를 통해 작가의 주제 의식을 탐색해 보자.

주제3 《개미》의 프롤로그에 나타난 암시적인 상징성 고찰

주제4 《개미》을 통해 본 민중 의식의 중요성 탐색

학생부 기록 예시 (교과세특)

'개미(베르나르 베르베르)'에 등장하는 개미 사회와 인간 사회를 비교하여 설명함. 사냥하다가 죽은 동료 개미의 죽음 원인을 찾으려는 수개미 327호가 결국 죽는 사건을 제시함. 민주적인 사회로 발전하기까지 수많은 사람들이 희생당하는 것처럼 수개미 327호도 바위 냄새가 풍기는 개미들에 대항하다가 숭고하게 희생당했다고 주장함. 사회의 발전을 위해 권력에 대응하는 자세가 꼭 필요한 이유에 대한 구체적인 근거를 제시함.

베르나르 베르베르의 '개미'를 읽고 인간 사회와 개미 사회를 연결하는 존재를 찾고, 이를 통해 작가가 말하고자 하는 것을 탐색함. 병정개미 103683호는 인간들과 대화하고, 인간 사회를 TV를 통해 배우는 등 두 사회를 연결시키는 중요한 역할을 한다고 설명함. 작가는 개미의 눈에 비친 인간 세계의 묘사를 통해 지구에 존재하는 다른 생물들에게 피해를 주는 과학의 발전이 중요하지 않다는 사실을 강조하고 있다고 주장함.

관련 논문

베르나르 베르베르의 SF 문학과 비판적 포스트휴머니즘: 백과사전과 상상력의 관계(박규현, 2023)

관련 도서

《꿀벌의 예언》, 베르나르 베르베르, 열린책들
《심판》, 베르나르 베르베르, 열린책들

관련 계열 및 학과

- 인문계열: 국어국문학과, 문예창작학과, 불어불문학과, 상담심리학과, 사학과, 언어학과
- 사회계열: 문화콘텐츠학과, 미디어학부, 사회복지학과, 사회학과, 정치외교학과

관련 교과

- 교육계열: 가정교육과, 국어교육과, 사회교육과, 생물교육과, 역사교육과

2022 개정 교육과정: 독서와 작문, 문학, 독서토론과 글쓰기, 사회와 문화, 현대사회와 윤리

2015 개정 교육과정: 화법과 작문, 독서, 문학, 사회·문화, 윤리와 사상, 사회문제 탐구

국어교과군

영어교과군

수학교과군

사회교과군

과학교과군

도덕교과군

고향

이기영 | 글누림 | 2007

일제에 의해 수탈당하던 일제 강점기 시대 농촌의 부조리한 현실과 고난을 극복하며 성장하는 농민의 의식을 그리고 있는 장편소설이다. 작가는 식민지 농촌 사회의 절대적 빈곤과 패배주의에 빠진 농민 의식에 문제를 제기하며 실천하는 지식인을 통해 계몽과 각성을 모색한다. 이상적이기만 한 지식인이 아닌, 농민과 어우러져 실천하는 지식인의 모습을 보여주는 점에서 의의가 있는 작품이다.

탐구 주제

주제1 일반적으로 농촌 계몽소설에는 시혜적인 지식인들이 등장하여 농민들을 계몽하는 장면이 등장한다. 《고향》의 '김희준' 역시 동경 유학을 마치고 온 지식인이다. 일반적인 소설 속의 전형적인 지식인과 '김희준'의 행동이 어떤 공통점과 차이점을 보이는지 탐구해 보자.

주제2 이기영의 《고향》은 당시 관념적으로 편향되었다고 지적받던 사회주의 소설의 한계를 극복한 사실주의 소설로 평가받고 있다. 이러한 평가를 받게 되는 근거를 작품의 인물, 사건, 배경 등과 관련지어 밝히고 다른 작품과 비교하여 분석해 보자.

주제3 작품 속 '두레'의 특징과 역할 탐구

주제4 농촌 계몽소설의 문학적인 의의와 한계 고찰

학생부 기록 예시 (교과세특)

'고향(이기영)'에 나타나는 지식인의 모습이 일반적 계몽 소설과는 차이가 있다는 내용의 보고서를 작성함. '상록수(심훈)'의 '영신'이 무지한 농민들을 깨우쳐 주겠다는 영웅적 지식인이라면 '고향(이기영)'의 '희준'은 물질뿐 아니라 정신적 측면에서 농민과 연대성을 확보하려고 노력하는 인간적인 면모를 보인다고 밝힘. 해당 부분이 지식인들의 일방적인 시혜 의식과 차별성을 보인다는 등 작품을 체계적으로 분석함.

'고향(이기영)'을 읽고 작가의 의도와 작품의 주제를 심층적으로 파악하는 능력이 뛰어남. 책 속에 등장하는 대표적인 농가 조직인 '두레'는 농민들의 자발적이고 집단적인 참여를 전제로 이루어졌고, 이를 통해 집단의 단결력을 지니게 되었다고 발표함. 당시 지배층들은 농민들이 단결하는 현상에 부정적인 시각을 지니게 되었을 것이라고 분석하고, 이를 현대 사회와 연결하여 심도 있게 탐색함.

관련 논문

이기영 [고향]에 나타난 근대 공동체와 개인 (엄숙희, 2019)

관련 도서

《상록수》, 심훈, 율나무
《흙》, 이광수, 태학사

관련 계열 및 학과

- 인문계열: 국어국문학과, 문예창작학과, 사학과, 언어학과, 철학과
- 사회계열: 문화콘텐츠학과, 미디어커뮤니케이션학과. 사회학과, 심리학과, 아동가족학과
- 교육계열: 가정교육과, 국어교육과, 사회교육과, 역사교육과, 윤리교육과

관련 교과

2022 개정 교육과정: 독서와 작문, 문학, 주제 탐구 독서, 문학과 영상, 언어생활 탐구, 사회와 문화

2015 개정 교육과정: 화법과 작문, 독서, 문학, 심화 국어, 사회문제 탐구

광장/구운몽

최인훈 | 문학과지성사 | 2014

《광장/구운몽》에 실린 단편소설 〈광장〉은 남북 분단과 이데올로기 문제를 비판적 관점에서 그려 낸 장편소설이다. 체제의 선택을 강요받는 상황에서 주인공 '명준'은 남북의 부조리한 현실을 목격하고 이데올로기의 허구성을 깨닫는다. 결국 '명준'은 남북이 아닌 중립국을 선택하고, 중립국 행 배 안에서 스스로 생을 마감한다. 주인공의 비극적 운명을 통해 우리 민족이 처한 분단 상황의 허구성을 비판적으로 풀어냈다는 의의가 있는 작품이다.

탐구 주제

주제1 이상향이란 인간이 생각할 수 있는 최선의 상태를 갖춘 완전한 사회로, 주관적 성격이 강하다. 작품에서 주인공 '명준'이 바라는 이상적인 사회의 모습을 구체적으로 분석하고, 자신이 바라는 이상적인 국가는 어떤 모습인지에 대한 보고서를 작성해 보자.

주제2 문학 작품에서 소재의 상징성을 파악하는 것은 작가가 말하고자 하는 주제와 깊은 연관이 있다. 이 작품에서 '광장'과 '밀실'은 대조적인 이미지로 사용되고 있다. 인간의 삶의 조건, 남북한의 정치 현실 등의 시각에서 그것이 지닌 상징적인 의미를 분석해 보자.

주제3 〈광장〉의 인물이 처한 상황과 내적 갈등 고찰

주제4 이데올로기 갈등 속에서 바람직한 인간 삶의 의미 탐구

학생부 기록 예시 (교과세특)

최인훈의 '광장'을 읽고 주인공이 바라는 이상적인 사회를 탐구하여 독후감상문을 제출함. 남북의 첨예한 이데올로기 대립 속에서 갈등하는 주인공의 모습이 지금의 현실과 비슷하다고 주장함. 주인공은 이념에 대한 강요가 없고, 자유롭게 인간적 교감을 나눌 수 있는 곳을 이상적으로 생각한다고 발표함. 또한 이를 현재 우리나라의 정치 현실과 비교하여 분석하는 등 자신의 주장을 뒷받침하는 능력이 탁월함.

'광장'(최인훈)'을 읽고 작품 속 상징적 장치들을 해석하고, 의식의 흐름에 따른 주인공의 심리 변화를 구체적으로 제시함. '광장'은 사회 구성원들이 공동의 이념을 추구하고 실현해 나가는 공간, '밀실'은 개인이 각자의 행복을 추구하고 자신의 역량을 키우는 공간을 의미한다고 발표함. 작품 속 상징적인 의미를 주인공의 삶과 연관해 해석하며 작품을 심도 있게 탐구하는 역량이 돋보임.

관련 논문

최인훈의 『광장』에 나타난 잠재성 연구(이나윤, 2023)

관련 도서

《웃음소리》, 최인훈, 문학과지성사
《장마》, 윤흥길, 민음사

관련 계열 및 학과

- 인문계열: 국어국문학과, 문예창작학과, 미학과, 사학과, 철학과
- 사회계열: 법학과, 사회학과, 심리학과, 정치외교학과
- 교육계열: 교육학과, 국어교육과, 사회교육과, 역사교육과

관련 교과

2022 개정 교육과정: 독서와 작문, 문학, 주제 탐구 독서, 문학과 영상, 독서토론과 글쓰기, 윤리와 사상

2015 개정 교육과정: 독서, 언어와 매체, 문학, 심화 국어, 윤리와 사상

국어교과군

영어교과군

수학교과군

사회교과군

과학교과군

도덕교과군

구운몽

김만중 | 민음사 | 2009

《구운몽》은 한국 고전소설 가운데 뛰어난 문학적 성취를 이루었다고 평가받는 작품이다. 액자식 구조인 '환몽 구조'를 취하여 주인공이 꿈과 현실을 오가면서 깨달음을 얻는 흥미로운 이야기인《구운몽》은 다채로운 사건과 깊이 있는 주제 의식을 담고 있다. 세속적 욕망을 키우던 주인공이 꿈에서 온갖 부귀영화를 맛보고 깨어난 후 깨달음을 얻는다는 내용으로, 욕망에 대한 독자들의 성찰을 유도하고 있다.

탐구 주제

주제1 고전소설은 일반적으로 신소설이 나오기 전인 19세기 이전 창작된 소설을 말한다. 조선 후기 숙종 때 창작된《구운몽》역시 고전소설에 포함된다. 일반적인 고전소설과《구운몽》의 공통점과 차이점을 인물, 사건, 배경, 주제 구성 등의 측면에서 비교하여 고찰해 보자.

주제2 '몽자류 소설'과 '몽유록 소설'은 모두 '입몽-꿈-각몽'의 구조라는 공통점이 있지만, 특정 부분에서 차이가 있어 구별되는 개념으로 사용되고 있다. 관련된 작품을 근거로 제시하며 각 소설의 특징과 성격의 차이점을 분석해 보자.

주제3 구운몽이라는 제목의 다층적인 의미 고찰

주제4 구운몽의 주제와 불교 사상 탐구

학생부 기록 예시 (교과세특)

김만중의 '구운몽'을 읽고 일반 고전소설과의 공통점과 차이점을 비교하여 탐구한 뒤 보고서를 작성하여 발표함. 재자가인(才子佳人)형의 인물, 비현실적인 사건 전개, 중국 배경 등의 면에서는 공통점이 있으나 작품의 구성과 결말에서 보이는 주제 의식에 차이가 있다고 분석함. 단순한 권선징악이 아닌 깨달음을 얻는 결말과 환몽 구조는 이 작품의 독특한 특징이자 당대의 문학적인 성취라고 분석함.

도서 '구운몽(김민중)'을 읽고 '몽자류 소설'과 '몽유록 소설'의 공통점과 차이점을 분석하고 다양한 작품의 예를 들어 설명함. '몽자류 소설'은 제목의 마지막이 '몽'자로 끝나며 주인공이 꿈에서 깨어나 어떤 깨달음을 얻는 것이 중요한 반면 '몽유록 소설'은 인물이 꿈에서 노는 이야기로, 주로 꿈에서 기이한 일을 체험하다가 깨어나는 구조라는 점이 큰 차이라고 발표함.

관련 논문
구운몽의 구조적 특징과 세계상 (이상구, 2004)

관련 도서
《옥루몽》, 남영로, 문학동네
《연금술사》, 파울로 코엘료, 문학동네

관련 계열 및 학과
- 인문계열: 고고학과, 국어국문학과, 문예창작학과, 사학과, 종교학과, 한문학과
- 사회계열: 문화콘텐츠학과, 미디어학부, 사회학과, 아동가족학과

관련 교과
- 교육계열: 가정교육과, 국어교육과, 사회교육과, 역사교육과, 한문교육과

2022 개정 교육과정: 독서와 작문, 문학, 주제탐구 독서, 사회와 문화, 현대사회와 윤리

2015 개정 교육과정: 독서, 문학, 고전 읽기, 윤리와 사상, 고전과 윤리

그 많던 싱아는 누가 다 먹었을까

박완서 | 웅진지식하우스 | 2021

출간 20년이 넘었지만 여전히 남녀노소에게 사랑받는 자전적 성장소설이다. 1930년대 고향에서 보낸 주인공의 꿈같은 어린 시절부터 1950년대 한국 전쟁으로 황폐해진 서울에서의 20살까지의 시간을 그리고 있다. 이 작품은 이야기가 전개될수록 고향 산천에서 흔한 풀 '싱아'로 대변되는 순수한 유년 시절이 아련하게 그리워지는 점에서 박완서 문학의 최고작이라 일컬어진다.

탐구 주제

주제1   이 작품은 작가 스스로 자전적 소설이라고 밝히며 많은 애착을 보인 것으로 알려져 있다. 일반적으로 소설은 현실에서 일어날 만한 일을 작가가 상상하여 꾸며낸 허구적인 이야기이다. 이런 의미에서 이 작품과 일반적 소설과의 공통점과 차이점을 탐색해 보자.

주제2   소설 속에는 작가가 나타내고자 하는 의미가 다양한 장치로 표현된다. 이 작품에서 '싱아'가 나타내고자 하는 의미를 찾고, 이와 대비되는 다른 소재를 탐색해 보자. 이를 통해 작가가 강조하고 있는 주제 의식을 제목의 의미와 관련지어 해석해 보자.

주제3   작품의 성장소설적 성격 고찰

주제4   시간의 흐름에 따른 주인공의 내적 갈등 탐구

학생부 기록 예시 (교과세특)

박완서의 '그 많던 상아는 누가 다 먹었을까'를 읽고 일반적 소설과 이 작품의 공통점과 차이점을 분석함. 이 작품은 작가의 성장 과정을 소설 형식을 빌려 쓴 수필 성격의 소설이므로 작품의 인물, 사건, 배경이 모두 실존하는 점이 소설과의 차이점이라고 정리함. 그러나 소설 속 인물들의 대화나 성격, 사건의 구체성 등에서 작가의 상상력이 첨가된 허구성이 드러나는 것은 공통점이라고 분석함.

'그 많던 싱아는 누가 다 먹었을까(박완서)'를 읽고 '싱아'와 '아카시아'의 의미를 탐색하고 작품의 주제에 관해 토론함. 외래에서 온 아카시아는 고향의 정이 배어 있는 싱아와 대비되는 소재라고 분석함. 작가는 남북 분단의 원인이 외래에서 왔고, 상처를 치유할 수 있는 것은 고향의 자연이라는 것을 말하고자 했다고 주장함. 전쟁으로 상실된 고향, 싱아마저 사라진 현실에 대한 안타까움이 느껴진다는 소감을 발표함.

관련 논문

박완서의 자전적 근대 체험과 토포필리아-『그 많던 싱아는 누가 다 먹었을까』를 중심으로(송명희, 박영혜, 2003)

관련 도서

《그 산이 정말 거기 있었을까》, 박완서, 웅진지식하우스
《기나긴 하루》, 박완서, 문학동네

관련 계열 및 학과	• 인문계열: 국어국문학과, 문예창작학과, 문헌정보학과, 미학과, 심리학과
	• 사회계열: 경제학과, 사회복지학과, 사회학과, 심리학과, 아동가족학과
관련 교과	• 교육계열: 가정교육과, 교육학과, 국어교육과, 사회교육과, 역사교육과

2022 개정 교육과정: 독서와 작문, 문학, 주제 탐구 독서, 사회와 문화, 정치, 국제관계의 이해

2015 개정 교육과정: 회법과 작문, 독서, 문학, 실용 국어, 사회·문화, 정치와 법

국어교과군

영어교과군

수학교과군

사회교과군

과학교과군

도덕교과군

그리고 아무 말도 하지 않았다

하인리히 뵐 | 열린책들 | 2011

1952년 어느 주말 한 부부에게 벌어지는 이야기를 그린 하인리히 뵐의 대표작이다. 전후 풍경에서 가난한 부부의 시점이 교차되며 진행되는 이 작품은 독일비평가협회 문학상을 비롯하여 여러 문학상을 휩쓸었다. 씁쓸한 사색과 따뜻한 대화가 조화를 이루는 작가 특유의 글쓰기를 잘 보여 준다. 평단을 비롯해 독자들에게 커다란 반향을 불러일으켰고, 가톨릭 교회에 대한 절망감을 드러내 논란이 되기도 했다.

탐구 주제

주제1 작품의 제목은 예수의 수난을 다룬 흑인 영가 〈그는 아무 말도 하지 않았다(He never said a mumbalin' word)〉에서 따온 것이다. 하인리히 뵐의 작품에는 가톨릭 교회에 대한 절망감이 지속적으로 드러난다. 작품 속에 관련 내용이 어떻게 형상화되어 있는지 탐색해 보자.

주제2 이 소설은 먼지로 가득한 전후 풍경을 배경으로 한다. 소설에 등장하는 주요 인물의 모습에서 전후 독일 사회의 문제점을 찾고, 작가가 제시하는 희망에 대해 분석하는 글을 작성해 보자.

주제3 시점의 교차가 이 작품에 주는 효과 고찰

주제4 전후문학으로서의 작품의 특징과 성격 탐색

학생부 기록 예시 (교과세특)

하인리히 뵐의 '그리고 아무 말도 하지 않았다'를 읽고 가톨릭 교회에 대한 작가의 시각을 찾고 가난한 주인공 부부의 희망이 무엇인지 탐색하여 보고서로 작성함. 불에 타 무너져 내린 폐허 사이에 솟은 고딕식 성당 안이 바깥세상보다 더 춥다는 것을 알고 주인공은 절망했다고 설명함. 이는 가난한 현실에 희망이 되는 것은 권위적인 종교가 아니라 인간적인 정임을 나타내고자 한 것이라고 분석함.

'그리고 아무 말도 하지 않았다(하인리히 뵐)' 속 인물들의 모습에서 전후 독일 사회의 모습을 비판하는 글을 작성함. 주인공 부부는 하층민의 전형으로 희망을 잃고 하루하루를 견디고 있는 반면 집주인인 프랑케 부인은 주택 위원회의 회장이라는 권력을 남용하여 이들 위에서 군림하고 있다고 밝힘. 작가는 인간성 회복의 가능성을 국가도, 종교도 아닌 '가족들을 돌보는 어느 소녀의 환한 얼굴'에서 찾았다고 분석함.

관련 논문

하인리히 뵐의 삶과 글에 투영된 카톨릭(김이섭, 2005)

관련 도서

《카타리나 블룸의 잃어버린 명예》, 하인리히 뵐, 민음사
《운수 좋은 날》, 현진건, 사피엔스21

관련 계열 및 학과

- 인문계열: 국어국문학과, 독어독문학과, 문예창작학과, 인류학과, 철학과, 종교학과
- 사회계열: 군사학과, 사회복지학과, 사회학과, 심리학과, 아동가족학과

관련 교과

- 교육계열: 가정교육과, 국어교육과, 독어교육과, 사회교육과, 윤리교육과

2022 개정 교육과정: 독서와 작문, 문학, 주제 탐구 독서, 세계사, 정치, 역사로 탐구하는 현대 세계

2015 개정 교육과정: 독서, 문학, 고전 읽기, 세계사, 사회·문화, 정치와 법, 사회문제 탐구

금오신화

김시습 | 민음사 | 2009

이 작품은 김시습이 집필한 5편의 소설을 수록한 우리나라 최초의 한문 단편소설집이다. 고려 말 조선 초에 형성된 서사문학 전통을 바탕 위에 불교 및 도교 사상 등 다양한 사상적 근거 위에 독특한 글쓰기 방식으로 쓰였다. 작가의 애민적 왕도 정치 사상을 표출하고 있는 이 작품은 한국소설의 출발점이 되어 후대에 큰 영향을 끼친다는 점에서 문학사적 가치가 있다.

탐구 주제

주제1 김시습의 《금오신화》는 한국 최초의 소설이라는 점에서 문학사적 의의를 지닌 작품이다. 이 작품의 특징을 탐색하고, 소설이라는 문학 장르의 입장에서 《금오신화》가 지니는 성과와 한계를 다양한 시각에서 고찰하여 보고서로 작성해 보자.

주제2 고대소설의 결말은 한결같이 권선징악을 실천하거나 고난을 극복하고 행복한 삶을 영위하는 것으로 처리된다. 그러나 이 작품의 결말은 이러한 일반적인 성격과는 달리 독특하게 끝을 맺는다. 이 소설의 결말을 살펴보고, 작가가 의도하고자 하는 의미를 탐구해 보자.

주제3 한국 전기소설로서의 《금오신화》 탐구

주제4 《구운몽》의 주제와 불교 사상 탐구

학생부 기록 예시 (교과세특)

김시습의 '금오신화'를 읽고 작품의 특징, 문학으로서의 성과와 한계에 대해 분석하여 발표함. 적극적인 인물상, 배경이 조선이라는 점에서 작가의 남다른 주체 의식이 드러난다고 밝힘. 또한 개성있는 인물의 등장과 자연이나 배경에 대한 묘사 등에서 이전에는 찾아볼 수 없던 상상력이 보인다고 평가함. 이에 반해 단순한 인물의 설정과 구성 등을 한계점으로 지적하며 구체적인 근거를 제시함.

'금오신화(김시습)'를 읽고 특이한 결말 처리 방식을 통해 작가가 의도하고자 하는 바를 탐구하여 보고서로 작성함. 일반적인 고대소설이 행복한 결말로 끝을 맺는다면 이 작품 속의 주인공들은 모두 세상을 등진다고 밝힘. 이를 통해 작가는 운명에 대한 순종이나 패배가 아닌 그릇된 질서를 받아들이지 않겠다는 비정한 결단을 드러내고 있다고 설득력 있게 주장함.

관련 논문

금오신화에 형상된 죽음(정학성, 2014)

관련 도서

《사씨남정기》, 김만중, 휴머니스트
《홍길동전》, 허균, 휴머니스트

관련 계열 및 학과

• 인문계열: 고고인류학과, 국어국문학과, 문화인류학과, 사학과, 한문학과

• 사회계열: 문화콘텐츠학과, 미디어학부, 사회학과, 역사문화학과

관련 교과

• 교육계열: 가정교육과, 국어교육과, 사회교육과, 역사교육과, 한문교육과

2022 개정 교육과정: 독서와 작문, 문학, 독서토론과 글쓰기, 사회와 문화, 현대사회와 윤리

2015 개정 교육과정: 독서, 문학, 고전 읽기, 윤리와 사상, 고전과 윤리

국어교과군

영어교과군

수학교과군

사회교과군

과학교과군

독서교과군

난장이가 쏘아올린 작은 공

조세희 외 | 가람기획 | 2020

소외 계층을 대표하는 난쟁이 가족의 삶을 통해 산업화 시기 도시 빈민의 삶과 아픔을 그린 연작소설이다. 도시 재개발 사업으로 삶의 터전을 잃게 된 난쟁이 가족의 모습을 보여주면서 1970년대 사회의 구조적 모순과 문제점을 비판하고 있다. 현실에 대한 비판적 인식, 독특한 문체, 서술자와 서술 상황을 바꾸어 기술하는 시점의 이동 등이 특징인 이 작품은 1970년대 리얼리즘 문학의 대표작으로 꼽힌다.

탐구 주제

주제1 1970년대는 우리나라가 빈곤에서 벗어나 활발한 산업화를 진행하던 시기이다. 이 작품의 사회적 맥락을 고려해 '난쟁이'의 상징적 의미와 작가가 이 작품을 쓴 의도를 분석하고, 오늘날의 사회에서 발생하는 사회적인 문제와 연관해 탐구해보자.

주제2 문학 작품의 제목은 작가가 나타내고자 하는 주제 의식을 가장 포괄적으로 드러낸다고 할 수 있다. '난장이가 쏘아올린 작은 공'이라는 제목의 의미를 작품 전체의 주제와 관련하여 분석하고, 이것이 지니는 문학적 효과를 탐구하여 발표해보자.

주제3 작품 속 소재의 상징적인 의미 고찰

주제4 작품에 반영된 사회·문화적 상황 분석

학생부 기록 예시 (교과세특)

조세희의 '난장이가 쏘아올린 작은 공'을 읽고 시대적 배경과 작가의 의도를 분석해 보고서를 작성함. 1970년대는 빈부 격차와 계층 갈등이 심화되던 시대라고 밝히며 당시 도시 빈민들의 모습이 담긴 신문 기사를 인용하여 자신의 주장을 뒷받침함. 재개발 문제로 갈등이 깊어지는 오늘날의 사례를 제시하며, 문제 해결을 위해서는 사회 구성원들의 합의가 필요함을 주장하는 등 비판적으로 작품을 분석하는 시각이 날카로움.

'난장이가 쏘아올린 작은 공(조세희)'을 읽고 제목에 담긴 의미와 작가의 의도를 분석하여 발표함. 동화적인 느낌의 제목은 난쟁이의 비참한 삶과 대비되어 사회의 부정적 현실을 부각하고, '쏘아올린 공'이 다시 떨어진다는 점에서 이루어지기 힘든 소망을 의미한다고 밝힘. 실제 사회 문제를 예로 들며 약자들의 삶에 관심을 가지고 모두가 행복한 사회를 만들기 위해 노력해야 함을 발표하는 태도가 인상적임.

관련 논문

『난쟁이가 쏘아올린 작은 공』에 구사된 어휘의 상징 연구(김종성, 2010)

관련 도서

《아홉 켤레의 구두로 남은 사내》, 윤흥길, 문학과지성사
《객지》, 황석영, 문학동네

관련 계열 및 학과
- 인문계열: 국어국문학과, 문예창작학과, 사학과, 상담심리학과, 인류학과, 철학과
- 사회계열: 경영학과, 경제학과, 도시계획부동산학과, 법학과, 부동산학과, 사회학과

관련 교과
- 교육계열: 교육학과, 국어교육과, 사회교육과, 역사교육과, 환경교육과

2022 개정 교육과정: 독서와 작문, 문학, 주제 탐구 독서, 문학과 영상, 독서토론과 글쓰기, 윤리와 사상

2015 개정 교육과정: 독서, 언어와 매체, 문학, 심화 국어, 사회·문화, 사회문제 탐구

다시, 시로 읽는 세상

김용찬 | 휴머니스트 | 2021

다양한 시인들의 작품들을 재조명하며 시를 통해 세상을 읽고 시인의 삶까지 엿볼 수 있는 시 해설서이다. 시를 감상할 때 노래 가사, 소설, 영화 등을 적극적으로 동원하는 등 시를 느끼고 이해할 수 있는 다양한 관점을 제시한다. 학교에서 정답을 찾기 위해 공부하던 시의 해석과는 전혀 다른 감상법으로, 우리에게 익숙한 시를 새롭게 이해할 수 있도록 안내한다.

탐구 주제

주제1 이 책은 교과서에 실린 다양한 시를 새롭고 다양한 관점으로 감상하는 방식을 안내하고 있다. 평소 자신이 알던 것과 전혀 다른 새로운 시각으로 시인과 시를 해석하고 있는 내용을 선택하여, 이에 대한 자신의 생각을 보고서로 작성해 보자.

주제2 시를 감상하는 방법은 다양하다. 시대의 상황이나 시인의 삶 등 외부적 요소와 연관하여 해석하기도 하고, 오롯이 시 자체의 특징만을 가지고 감상하기도 한다. 이 책에 제시된 작품을 선택하여 자신이 생각하는 올바른 시 감상법에 대해 발표해 보자.

주제3 시와 소설의 장르적인 차이에서 오는 언어 탐구

주제4 고등학교 학생들의 시 감상법 고찰

학생부 기록 예시 (교과세특)

김용찬의 '다시, 시로 읽는 세상'을 읽고 시에 대한 다양한 관점을 이해하고, 이에 대한 자신의 느낌을 보고서로 작성함. 평소 청록파 시인들을 일제 강점기에 저항하지 못하고 자연으로 도피한 지식인으로 생각했으나 이 책을 읽고 새로운 시각을 지니게 되었다고 밝힘. 우리말 사용 자체가 제약을 받았던 시대에 우리말로 아름다운 시를 만든 그들은 자신만의 방식으로 현실에 저항한 것이라고 주장함.

'다시, 시로 읽는 세상(김용찬)'을 읽고 시를 감상하는 올바른 태도에 대해 모색함. 국어 시간에 김소월의 시는 대부분 전통적인 민요조로 민족적인 정과 한을 노래했다고 배웠으나, 이는 시대적인 상황을 반영하여 우리 민족의 정서를 '한'으로 지정한 것이라고 비판함. 외부 상황과 시를 연관시키지 말고 시 자체가 지닌 정서나 상징을 중심으로 시를 감상하는 태도가 바람직하다고 발표함.

관련 논문
시적 공간 읽기를 통한 시 감상 교육(오정훈, 2014)

관련 도서
《조선의 영혼을 훔친 노래들》, 김용찬, 한티재
《다시 시로 숨 쉬고 싶은 그대에게》, 김기택, 다산책방

관련 계열 및 학과	• 인문계열: 국어국문학과, 문예창작학과, 문화인류학과, 미학과, 심리학과, 철학과
	• 사회계열: 문화콘텐츠학과, 사회복지학과, 사회학과, 신문방송학과, 정치외교학과
관련 교과	• 교육계열: 가정교육과, 교육학과, 국어교육과, 사회교육과, 역사교육과

2022 개정 교육과정: 화법과 언어, 독서와 작문, 문학, 주제 탐구 독서, 사회와 문화

2015 개정 교육과정: 화법과 작문, 독서, 문학, 언어와 매체, 사회·문화

당신들의 천국

이청준 | 문학과지성사 | 2012

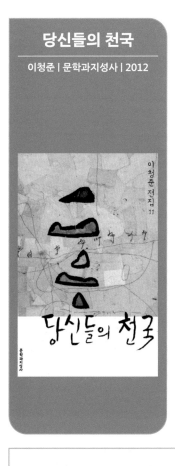

이 작품은 소재와 주제, 깨끗하고 지적인 문체 등으로 해방 이후 한국 문단이 거둔 최대의 수확 중의 하나라는 평가를 받고 있는 장편소설이다. 일제 시대부터 1960년대까지의 소록도를 배경으로, 한센병 환자들의 지도자와 그 원생들 간의 갈등을 그리고 있다. 병원장인 '조백헌'이라는 야심 찬 인물의 무용담처럼 보이지만, 그를 비판적으로 바라보게 함으로써 진정한 지식인의 역할과 권력에 대해 생각하게 한다.

탐구 주제

주제1 이청준 작품의 특징으로는 주제와 소재, 소설 전개 방법의 다양성, 개인과 세계의 대결이라는 구조, 치밀한 구성과 정확한 언어 구사 등을 들 수 있다. 이런 관점에서 《당신들의 천국》에 드러난 작가의 특징을 분석하고 발표해 보자.

주제2 이 소설은 소록도를 배경으로 인간의 진정한 삶과 사랑 실천의 중요성을 강조하고 있다. 소록도가 지닌 상징성을 살펴보고, 작가가 바라는 이상적 세계는 어떠한 모습이어야 하는가에 대해 작품 속에 나타난 인물들의 관계를 중심으로 분석해 보자.

주제3 우리가 만드는 진정한 천국의 모습에 대한 토론

주제4 일반적 장편소설과의 공통점과 차이점 비교 분석

학생부 기록 예시 (교과세특)

이청준의 '당신들의 천국'을 읽고 이청준 작가의 종합적인 특징을 보여 주는 작품이라고 분석한 보고서를 작성함. 작가는 소설의 상황에 의미를 부여하지 않고 독자가 스스로 작품 속의 상황을 파악하도록 하는 조건만을 제시한다고 분석함. 또한 작가는 '당신들의 천국'이 아닌 '우리들의 천국'이 되기 위해서는 어떻게 해야 하는가에 대한 의문을 던지고 있으며, 이는 모두가 진지하게 생각해야 할 화두라고 주장함.

'당신들의 천국(이청준)'을 읽고 일반적 장편소설과의 공통점과 차이점을 비교하여 발표함. 일반 장편소설은 수많은 인물이 다양한 사건을 겪고 이를 통해 이야기가 발전, 소멸을 거듭하며 절정에 이르는 귀납적 전개 방식을 취한다고 설명함. 그러나 이 작품은 연역적인 전개 방식을 사용하여 소수 인물의 성격이나 사건을 독자에게 미리 제시하고 있다고 분석하며 이는 작가가 선택한 새로운 작품 구조라고 발표함.

관련 논문

이청준 소설 〈당신들의 천국〉의 소통 윤리(김근호, 2015)

관련 도서

《병신과 머저리》, 이청준, 문학과지성사
《잔인한 도시》, 이청준, 방민호, 휴이넘

관련 계열 및 학과
- 인문계열: 국어국문학과, 문예창작학과, 문화인류학과, 심리학과, 종교학과, 철학과
- 사회계열: 공공행정학과, 법학과, 사회복지학과, 사회학과, 의료경영학과
- 교육계열: 교육학과, 국어교육과, 사회교육과, 역사교육과

관련 교과

2022 개정 교육과정: 독서와 작문, 문학, 주제탐구독서, 독서토론과 글쓰기, 현대사회와 윤리, 사회문제 탐구

2015 개정 교육과정: 독서, 문학, 심화 국어, 생활과 윤리, 사회문제 탐구

대한민국의 시험

이혜정 | 다산 4.0 | 2017

이 책의 저자는 우리나라 교육 문제의 정점에 시험이 있음을 밝히고 교육 개혁을 가져 올 핵심 방안으로 '시험 혁명'을 제안한다. '새로운 시험'이란 비판적·창의적인 사고력을 가진 학생이 높은 성적을 받도록 설계된 시험이다. 비판적·창의적 사고력을 평가하는 전 세계의 대입 시험들을 예시로 보여 준다. 교육 개혁, 새로운 교육을 생각하는 모든 사람이 꼭 읽어야 할 책이다.

탐구 주제

주제1 이 책은 대한민국의 교육을 바꾸려면 시험 제도가 바뀌어야 한다고 강조한다. 현재 우리나라의 시험처럼 정답이 정해진 질문만 하는 것은 주인을 키우는 교육이 아니라 노예를 키우는 교육이라고 지적하고 있다. 자신이 생각하는 바람직한 교육에 대해 논술해 보자.

주제2 저자는 이 책에서 교육 개혁을 위해 IB라는 새로운 대안을 제시하고 있다. IB란 'International Baccalaureate'의 줄임말로 토론과 글쓰기 중심으로 이루어진 프로그램과 논·서술형 시험이다. 우리나라에서 이 제도가 실현되기 위해 전제되어야 할 것이 있다면 무엇인지 탐색해 보자.

주제3 시험의 유형과 학교 교육 간의 상관관계 분석

주제4 국가별 입시 제도의 특징과 장단점 탐색

학생부 기록 예시 (교과세특)

이혜정의 '대한민국의 시험'을 읽고 우리나라와 프랑스의 대학 입시 시험을 비교하고, 바람직한 교육에 대한 생각을 논설문으로 작성함. 정답을 맞혀야 하는 수능과는 달리 프랑스의 바칼로레아는 전 과목 논술형 시험이기 때문에 학교에서도 학생들이 스스로 생각하게 하는 교육을 할 수밖에 없다고 주장함. 진정한 교육은 자신의 생각을 적절하게 제시할 수 있도록 하는 방향으로 나아가야 한다고 주장함.

'대한민국의 시험(이혜정)'을 읽고 논·서술형 시험이 우리나라에 제대로 정착하기 위해 선행되어야 할 것을 탐색함. 우리나라처럼 대학 입시가 치열한 경우 가장 중요한 것이 시험의 객관성과 공정성이고, 객관성과 공정성을 갖추지 않으면 많은 사람이 논·서술형의 시험에 이의를 제기할 것이라고 주장함. 꼭 대학에 가지 않더라도 모두가 행복하게 살 수 있는 사회적 여건이 시험 제도에 선행되어야 한다고 비판함.

관련 논문
대학 입시 논술 시험에 나타난 비판적 사고의 의미와 한계(유영희, 2011)

관련 도서
《IB를 말한다》, 이혜정 외, 창비교육
《서울대에서는 누가 A+를 받는가》, 이혜정, 다산에듀

관련 계열 및 학과	• 인문계열: 국어국문학과, 문예창작학과, 미학과, 심리학과, 철학과
	• 사회계열: 사회학과, 신문방송학과, 아동가족학과, 언론정보학과, 통계학과
관련 교과	• 교육계열: 전 교육계열

2022 개정 교육과정: 독서와 작문, 주제 탐구 독서, 독서토론과 글쓰기, 사회와 문화, 사회문제 탐구

2015 개정 교육과정: 화법과 작문, 독서, 실용 국어, 사회·문화, 사회문제 탐구

국어교과군

영어교과군

수학교과군

사회교과군

과학교과군

도덕교과군

말들의 풍경
고종석 | 개마고원 | 2012

한국어의 다채로움과 아름다움, 언어의 미묘한 세계를 보여 주는 수필로 2007년 출간 이후 꾸준히 사랑받아 개정판이 출간되었다. 제1부 '말들의 풍경'에서는 언어 현상을, 제2부 '말들의 산책'에서는 텍스트나 저자에 대한 비평을 다룬 글을 모았다. 제3부 '말들의 모험'은 언어학에 대한 글로 작가의 정갈하고 생생한 문체를 느낄 수 있다.

탐구 주제

주제1 우리나라에서 표준어란 '교양 있는 사람들이 두루 쓰는 현대 서울말'을 의미한다. 즉 한 나라가 법으로 정한 언어 규범이라고 할 수 있다. 표준어 제정이 지니는 장단점을 파악하고 언어 패권주의에 대한 자신의 견해를 논술해 보자.

주제2 언어는 인간의 기본적인 통신 수단으로 사회생활을 가능하게 할 뿐 아니라 문화의 창조와 전달, 계승을 담당한다. 이런 의미에서 한국어가 사용되는 다양한 현상을 탐색하고, 우리나라 말이 세계적인 문화어로 성장하기 위한 방향을 토론해 보자.

주제3 한국어의 언어 활력을 높이기 위한 해결 방안 고찰

주제4 한국인의 외국어 사용 실태를 통해 본 심리 의식 분석

학생부 기록 예시 (교과세특)

고종석의 '말들의 풍경'을 읽고 표준어 제정이 지니는 장단점을 파악해 언어 패권주의에 대한 자신의 견해를 논술문으로 작성함. 표준어는 국가의 통일성과 발전을 위해 필요하지만, 지역적·사회적인 우월성을 지니게 한다고 주장함. 그 근거로 방언 사용자들에 대한 사회적인 편견이 존재함을 객관적 통계 수치로 제시함. 표준어가 행사하는 언어 패권주의는 자유로운 언어 표현에 제한을 준다고 논술함.

'말들의 풍경(고종석)'을 읽고 현재 우리나라에서 사용되는 언어의 문제점을 밝힌 뒤 한글이 세계적 언어로 성장하기 위한 방법을 모색하여 발표함. 외국어의 남용과 유행어, 줄임말 등이 우리말을 훼손하고 있는 다양한 사례를 제시함. 문화를 보존하고, 세계적인 한류 현상을 만들 수 있었던 것은 우리 말이 있었기 때문이라고 평가함. 아름다운 우리 말을 지키려는 개인의 자각과 사회 운동이 필요함을 강력하게 주장함.

관련 논문
'아름답고 정확한' 그리고 '자유롭고 행복한' 글쓰기를 위하여: 고종석의 문장 1과 고종석의 문장 2(류찬열, 2015)

관련 도서
《사랑의 말 말들의 사랑》, 고종석, 알마
《고종석의 문장》, 고종석, 알마

관련 계열 및 학과	• 인문계열: 국어국문학과, 문예창작학과, 미학과, 심리학과, 인류학과, 철학과
	• 사회계열: 광고홍보학과, 문화콘텐츠학과, 사회학과, 신문방송학과, 언론정보학과
관련 교과	• 교육계열: 교육학과, 국어교육과, 사회교육과, 윤리교육과, 일반사회교육과

2022 개정 교육과정: 독서와 작문, 주제 탐구 독서, 독서토론과 글쓰기, 언어생활 탐구, 사회와 문화

2015 개정 교육과정: 화법과 작문, 독서, 실용 국어, 사회·문화, 사회문제 탐구

말의 품격

이기주 | 황소북스 | 2017

평소 우리가 내뱉는 말의 중요성과 힘에 대해 다시금 생각하게 하는 수필집이다. 작가는 이 책에서 경청, 공감, 반응, 뒷말, 소음 등 24개의 키워드를 통해 말과 사람과 품격에 대한 생각을 다양하게 풀어낸다. 고전과 현대를 오가는 인문학적 소양을 바탕으로 작가 특유의 감성이 더해져 생각할 거리를 동시에 제공해, 말을 소재로 한 누구나 읽을 수 있는 교양서로 평가받고 있다.

탐구 주제

주제1 '한번 뱉은 말은 주워 담을 수 없다.'라는 말에서도 알 수 있듯이 말을 신중하게 해야 한다는 사실은 아무리 강조해도 지나치지 않다. 말로 인해 발생한 자신의 경험을 제시하고, 진정으로 말을 잘하는 사람이 되기 위해 자신이 해야 할 노력을 작성하여 발표해 보자.

주제2 말 한마디로 천 냥 빚을 갚기도 하지만, 세 치 혀로 사람을 잡기도 한다. 사람들이 무심코 내뱉은 말이 누군가에게는 삶을 포기할 만큼 커다란 상처를 주기도 한다. 이와 같은 사례를 조사하고, 이 과정에서 자신이 새롭게 깨달은 것을 보고서로 작성해 보자.

주제3 청소년 언어의 문제점과 바람직한 언어생활 고찰

주제4 다문화 사회의 언어 문화 교육의 방향성 탐색

학생부 기록 예시 (교과세특)

이기주의 '말의 품격'을 읽고 말과 관련된 자신의 경험을 제시하고, 말을 잘하는 사람이 되기 위해 자신이 해야 할 노력을 정리하여 발표함. 한때 말을 잘하는 친구를 부러워한 자신의 경험을 제시하며 중요한 것은 말만 잘하는 것이 아니라 진심을 담은 말이라고 발표함. 말 한마디가 사람의 인생도 바꿀 수 있으니, 말을 하기에 앞서 상대의 말을 잘 듣는 태도가 필요하다며 경청의 중요성을 강조함.

'말의 품격(이기주)'을 읽고 사람들이 함부로 한 말로 누군가가 상처를 입은 사례를 제시하고 말의 품격을 강조하는 보고서를 작성함. 각종 뉴스나 인터넷 상에 떠도는 말들이 사실인 것처럼 인식되는 현상을 지적하고, 관련 신문 기사를 제시하여 주장을 뒷받침함. '말이란 강물을 거슬러 오르는 연어처럼 헤엄쳐 자신이 태어난 곳으로 돌아간다'라는 구절을 인용하여 품격 있는 언어 사용의 중요성을 논리적인 글로 작성함.

관련 논문
악성댓글의 문제점과 대응방안(정승민, 2007)

관련 도서
《글의 품격》, 이기주, 황소북스
《한때 소중했던 것들》, 이기주, 달

관련 계열 및 학과
- 인문계열: 국어국문학과, 문예창작학과, 미학과, 인류학과, 철학과
- 사회계열: 광고홍보학과, 문화콘텐츠학과, 사회학과, 신문방송학과, 언론정보학과
- 교육계열: 전 교육계열

관련 교과

2022 개정 교육과정: 독서와 작문, 주제 탐구 독서, 독서토론과 글쓰기, 언어생활 탐구, 사회와 문화

2015 개정 교육과정: 화법과 작문, 독서, 실용 국어, 사회·문화, 사회문제 탐구

모파상 단편선
기 드 모파상 | 열린책들 | 2022

일상적인 소재를 통해 인생을 이야기하고, 삶의 단면을 제시하는 모파상의 문학 세계가 잘 드러나는 단편 모음집이다. 특히 이 책에 실린 〈쥘 삼촌〉이라는 단편은 전쟁의 비인간성이나 인간의 허위의식을 폭로하는 모파상 특유의 냉혹함 대신 인정미 넘치는 유머가 담겨 있다. 가족들에게 끼친 손해 때문에 떠돌이 생활을 하는 쥘 삼촌의 삶에서 진정한 가족애와 휴머니즘에 대해 생각하게 한다.

탐구 주제

주제1 부자일 것이라고 여겼던 쥘 삼촌이 실제로는 누더기를 걸친 굴 파는 노인이라는 사실을 알아차렸을 때 가족들은 그를 모른 척하고 지나친다. 비참하게 생활하는 가족을 외면했던 인물들의 심리 변화를 작품에서 찾고, 오늘날 진정한 가족의 의미와 관련하여 생각해 보자.

주제2 액자식 구성이란 액자 틀이 사진을 감싸고 있듯 외부 이야기(외화)가 내부 이야기(내화)를 포함하는 문학상의 기법을 말한다. 작품을 예로 들어 액자식 구성의 형식, 연원 및 변천 과정, 의의와 평가를 설명하고 이 작품의 주제 구현 방식과 연관하여 탐구해 보자.

주제3 작품이 지닌 휴머니즘적인 요소 분석

주제4 인물의 삶의 태도를 통한 주제 의식 고찰

학생부 기록 예시 (교과세특)

기 드 모파상의 '모파상 단편선'에 실린 '쥘 삼촌'을 읽고 진정한 가족의 의미에 대한 감상문을 작성함. 비참한 삶을 살아가는 쥘 삼촌을 순간 외면하는 아빠의 태도와 심리 상태를 분석하고 이후 아빠의 삶이 더욱 힘들어졌을 것이라고 주장함. 사람이 살아가는 데 가장 큰 힘이 되는 존재가 가족이며, 가족의 사랑이 있을 때 행복한 사회가 될 수 있음을 현대의 가족 문제와 연결하여 날카롭게 지적함.

'모파상 단편선(기 드 모파상)'을 읽고 액자식 구성의 기원과 발달과정, 의의 등을 탐색하여 발표함. 액자소설은 일반적으로 외화에서 시작하여 내화를 거쳐 다시 외화로 흘러가는 구성으로, 민담이나 설화에서 신빙성이나 흥미 유발을 위한 표현에서 비롯되었다고 밝힘. '금오신화', '허생전' 등 다양한 작품에 사용되었으며 서술자의 시점을 다각화함으로써 사건을 생동감 있게 하여 주제를 부각하는 효과를 지닌다고 발표함.

관련 논문
모파상의 작품에 나타난 풍경 분석(조병준, 2012)

관련 도서
《여자의 일생》, 기 드 모파상, 민음사
《배따라기》, 김동인, 사피엔스21

관련 계열 및 학과	• 인문계열: 국어국문학과, 문예창작학과, 미학과, 불어불문학과, 상담심리학과, 철학과
	• 사회계열: 경영학과, 사회복지학과, 사회학과, 아동가족학과, 정치외교학과
관련 교과	• 교육계열: 가정교육과, 교육학과, 국어교육과, 불어교육과, 사회교육과

2022 개정 교육과정: 독서와 작문, 문학, 주제 탐구 독서, 독서토론과 글쓰기, 현대사회와 윤리

2015 개정 교육과정: 독서, 문학, 고전 읽기, 생활과 윤리, 윤리와 사상, 사회문제 탐구

무정

이광수 | 민음사 | 2010

1910년대 〈매일신보〉에 연재되는 동안 폭발적 인기와 사회적 논란을 불러일으킨 한국 최초의 근대적 장편소설이다. 작가는 인물들 사이의 관계를 통해 연애 감정 앞에서 무력한 인간의 모습을 묘사하고, 자아를 발견하는 과정을 다루었다. 개인과 사회의 미래를 함께 고민하는 '깨어난 청춘'들의 모습은 오늘날의 우리에게도 낯설지 않으며, 우리 삶의 조건을 생생하게 보여 주는 현대 한국인의 원형으로 평가된다.

탐구 주제

주제1 1918년 단행본으로 출간된《무정》은 1만 부 이상 팔리며 베스트셀러가 되었는데, 이는 당시 쉽게 볼 수 없었던 자유 연애를 중심으로 한 재미의 요소 때문이기도 하다. 이 작품이 당대의 대표 문학으로 손꼽히는 이유를 분석하여 보고서로 작성해 보자.

주제2 이 작품에는 민중 계몽을 통한 새로운 사회의 정립에 대한 작가의 열망이 드러난다. 이런 관점에서 제목이 상징하는 의미를 탐색하고,《무정》이 우리 문학사에서 현대소설의 출발점으로 평가되는 이유와 한계점에 대해 탐색해 보자.

주제3 인물들의 성격 분석을 통한 현대소설로서의 특징 고찰

주제4 현대소설과 신소설의 차이점 비교 분석

학생부 기록 예시 (교과세특)

이광수의 '무정'을 읽고 작품의 재미와 의의를 분석하여 보고서로 작성함. 흥미로운 인물 간의 삼각관계, 흔들리는 주인공들의 마음이 생생하게 묘사되어 읽는 재미를 느끼게 한다고 설명함. 또한 1910년대 유행했던 상투적인 연애 오락 소설에서 벗어나 '근대성', '계몽성'까지 담은 작품이라는 점에 의의가 있다고 분석함. 이를 나약한 개인이 성장하면서 점차 민족의 나아갈 길을 찾을 수 있게 된다는 것으로 파악함.

'무정(이광수)'을 읽고 제목의 의미와 이 작품이 지니는 의의와 한계를 탐색함. 마지막 구절을 인용하여 '무정'이란 당대 조선의 암담한 현실을 의미한다고 밝힘. 신소설의 문어체 문장에서 벗어나 구어체와 묘사적 문장에 접근하였으며, 서구적 가치관과 개성적 인물의 묘사 등에서 현대소설의 출발을 알린 소설이라고 평가함. 그러나 지나치게 계몽적인 주제와 유형적인 인물의 모습 등은 한계점이라고 분석함.

관련 논문

『무정』의 감정 체계와 순애라는 질문(이원동, 2020)

관련 도서

《흙》, 이광수, 문학과지성사
《소년의 비애》, 이광수, 훈민출판사

관련 계열 및 학과
- 인문계열: 국어국문학과, 문예창작학과, 사학과, 심리학과, 언어학과, 철학과
- 사회계열: 문화콘텐츠학과, 사회복지학과, 사회학과, 신문방송학과, 정치외교학과
- 교육계열: 국어교육과, 교육학과, 사회교육과, 역사교육과, 윤리교육과

관련 교과

2022 개정 교육과정: 독서와 작문, 문학, 주제 탐구 독서, 문학과 영상, 사회와 문화, 현대사회와 윤리

2015 개정 교육과정: 독서, 언어와 매체, 문학, 사회·문화, 생활과 윤리, 사회문제 탐구

국어교과군

영어교과군

수학교과군

사회교과군

과학교과군

예체능교과군

무진기행

김승옥 | 민음사 | 2007

세계문학전집 149

무진기행

김승옥

민음사

이 작품은 주인공이 일상을 벗어나 고향에서 다양한 경험을 한 후 다시 일상으로 돌아오는 내용을 담은 단편소설이다. 누구나 일상을 떠나고 싶은 충동을 느낄 때가 있다. 주인공 역시 재충전을 위해 젊은 날의 추억을 간직한 안개 덮인 마을 '무진'을 찾는다. 1960년대 삶에 대한 허무와 회의 의식을 작가 특유의 감각적인 문체와 언어로 표현했다는 점에서 의의가 있는 작품이다.

탐구 주제

주제1 문학은 한 시대의 모습과 그 시대를 살아가는 사람들의 삶을 반영한다. 이러한 관점에서 작품의 배경이 되는 '무진(霧津)'의 의미를 당시 시대적 배경을 고려하여 분석하고, 이것이 주제에 미치는 영향이 무엇인지 탐구해 보자.

주제2 문학의 언어는 일상적인 의사소통뿐 아니라 그 이상의 기능을 한다. 작가는 배경이나 심리 묘사, 비유적 언어를 사용하여 자신만의 문체를 지닌 작품을 창조한다. 이 작품에 사용된 작가의 문체를 탐구하고, 이것이 작품에 어떤 역할을 하는지 분석해 보자.

주제3 전후문학과의 비교를 통한 문학사적 의의 고찰

주제4 작품 속 인물들의 삶의 방식을 통한 주제 의식 탐구

학생부 기록 예시 (교과세특)

김승옥의 '무진기행'을 반영론적 입장에서 읽고 독서기록장에 자신의 생각을 논리적으로 기록함. 주인공에게 고향인 '무진'은 안개가 자주 덮이는 곳으로 권태와 절망의 추억을 불러일으키는 부정적인 공간이며, '안개'는 1960년대의 암담한 시대적 상황을 상징한다고 분석함. 또한 서정적이고 몽환적인 분위기를 효과적으로 조성하는 장치를 주인공의 삶의 태도와 연관하여 폭넓게 탐색함.

'무진기행'(김승옥)'을 읽고 이 작품의 의의를 동시대의 다른 작품들과 비교 분석하여 탐구함. 우리 문학이 전후문학의 무기력증에서 벗어나 새로운 단계로 접어들게 한 작품이라는 주장을 다양한 사례를 제시하며 설명함. 이 작품은 1950년대 소설이 지닌 엄숙주의, 교훈적인 태도 등을 뿌리째 흔들었다는 점에서 새로운 기원을 열었다고 평가하는 등 동시대의 다양한 작품과 비교, 분석하는 태도가 돋보임.

관련 논문

김승옥의 「무진기행」에 나타난 환상 연구(윤애경, 2009)

관련 도서

《비 오는 날》, 손창섭, 문학과지성사
《생명연습》, 김승옥, 문학동네

관련 계열 및 학과
- 인문계열: 국어국문학과, 문예창작학과, 미학과, 사학과, 심리학과, 철학과
- 사회계열: 문화콘텐츠학과, 미디어학부, 사회학과, 신문방송학과, 지리학과
- 교육계열: 교육학과, 국어교육과, 사회교육과, 역사교육과, 윤리교육과, 지리교육과

관련 교과

2022 개정 교육과정: 화법과 언어, 독서와 작문, 문학, 주제 탐구 독서, 문학과 영상, 한국지리탐구

2015 개정 교육과정: 독서, 언어와 매체, 문학, 심화 국어, 여행지리

문학의 숲을 거닐다

장영희 | 샘터 | 2022

저자가 2001년부터 2004년까지 조선일보의 북 칼럼 '문학의 숲, 고전의 바다'에 실었던 글들을 모아 엮은 책이다. 《오만과 편견》, 《위대한 개츠비》, 《이방인》, 《어린 왕자》, 《호밀밭의 파수꾼》 등의 고전들을 하나하나 되짚으며 책 읽는 즐거움을 전한다. 소설뿐 아니라 '릴케', '로버트 브라우닝', '에밀리 디킨슨' 등 유명 시인들의 좋은 시 작품을 감상하는 기쁨도 느낄 수 있다.

탐구 주제

주제1 이 책은 문학의 목적이 사랑이라고 강조하며 문학 작품들을 통해 발견한 희망, 용기, 사랑의 메시지를 전하고 있다. 자신이 문학에서 힘과 용기를 받았던 구체적인 경험을 제시하고, 자신이 생각하는 문학의 역할에 대해 논술해 보자.

주제2 문학은 시간적·공간적·상황적 한계 때문에 이 세상의 모든 경험을 다 할 수 없는 우리에게 다양한 삶의 경험을 제공한다. 따라서 작가와 독자 모두 문학 작품에 자신의 상상력을 첨가하여 문학 속 세계를 구성한다. 이런 관점에서 문학적 체험과 상상력에 대해 탐색해 보자.

주제3 문학과 언어의 관계 고찰

주제4 문학적 상상력과 정서의 내면화의 상관관계 탐색

학생부 기록 예시 (교과세특)

장영희의 '문학의 숲을 거닐다'를 읽고 자신이 문학에서 받은 감동적인 경험을 제시하며 이를 통해 문학의 역할에 대한 보고서를 작성함. 암울한 상황에서 부끄러움 없는 삶에 대한 의지를 노래한 윤동주의 '서시'를 읽고 현실에 불만이 가득했던 자신을 반성하게 되었다고 밝힘. 문학은 철학이나 역사 등과 달리 인간과 세계에 대한 구체적인 진술을 통해 감동을 주고, 인간 내면의 변화를 이끌어 낸다고 주장함.

'문학의 숲을 거닐다(장영희)'를 읽고 문학적 체험과 상상력에 대해 탐색함. 문학적 체험은 작가가 창조한 세계에 다시 자신의 상상력을 발휘하여 감상하는 것으로, 작가가 담고자 하는 의미와 독자가 읽어 내는 의미는 똑같지 않을 수 있음을 밝히며 '문학을 읽는다는 것은 너와 내가 같다는 것을 말한다.'라는 저자의 생각을 비판함. 따라서 저자가 남긴 고전에 대한 감상이 독자들에게 똑같이 적용될 수는 없다고 주장함.

관련 논문

미적 정서와 특성과 문학교육적 함의(염창권, 2008)

관련 도서

《어떻게 사랑할 것인가》, 장영희, 위즈덤하우스
《내 생애 단 한 번》, 장영희, 샘터사

관련 계열 및 학과	• 인문계열: 국어국문학과, 문예창작학과, 미학과, 심리학과, 철학과
	• 사회계열: 광고홍보학과, 문화콘텐츠학과, 사회학과, 신문방송학과
관련 교과	• 교육계열: 교육학과, 국어교육과, 사회교육과, 역사교육과, 윤리교육과

2022 개정 교육과정: 독서와 작문, 문학, 주제 탐구 독서, 독서토론과 글쓰기, 인문학과 윤리

2015 개정 교육과정: 독서, 문학, 고전 읽기, 사회·문화, 정치와 법, 고전과 윤리

국어교과군

영어교과군

수학교과군

사회교과군

과학교과군

도덕교과군

미움받을 용기

기시미 이치로, 고가 후미타케 |
인플루엔셜 | 2022

200만 독자가 선택한 우리 시대 새로운 고전!
"모든 고민은 인간관계에서 비롯된다.
타인에게 미움받는 것을 두려워하지 마라, 모든 것은 용기의 문제다."

(5주 연속 역대 최장기간 베스트 1위)

자유로워질 용기, 평범해질 용기 그리고 '미움받을 용기'까지, 자유롭고 행복한 삶을 위한 아들러의 가르침을 '철학자와 청년의 대화' 형식으로 재구성한 책이다. 저자는 인간의 영원한 숙제인 '어떻게 행복한 인생을 살 것인가?'라는 질문에 쉽고 명쾌한 해답을 제시한다. 플라톤의 《대화편》을 차용한 구성으로 마치 연극을 보는 듯한 느낌을 주며 인문, 자기계발, 소설이 결합된 새로운 고전의 탄생으로 평가된다.

탐구 주제

주제1 아들러 심리학에서는 공동체 감각을 이해해야 한다며 두 사람만 있으면 기본적인 사회가 만들어지고 작은 공동체가 구성된다고 설명한다. 아들러가 말하는 '공동체 감각'에 대해 탐색하고, 이에 대한 생각을 보고서로 작성해 보자.

주제2 이 책은 한 청년과 철학자의 대화로 구성된다. 철학자는 누구나 지금 당장 행복해질 수 있음을 역설한다. 청년은 처음에는 철학자의 말에 큰 반감을 지니지만 대화를 하면서 깨달음을 얻게 된다. 철학자가 청년에게 하고자 한 말과 청년의 깨달음에 대해 발표해 보자.

주제3 아들러 심리학의 특징 탐색

주제4 집단 문화와 개인의 자유 사이의 갈등 분석

학생부 기록 예시 (교과세특)

'미움받을 용기(기시미 이치로 외)'를 읽고 아들러가 말한 '공동체 감각'에 대해 탐색하고 이에 대한 생각을 보고서로 작성함. 공동체 감각이란 나와 너를 기준점으로 시작하는 생각과 감정, 그리고 행동에 관한 가치라고 정의함. 행복을 위해서 타인의 기대에 부응하지 말고 '나' 자신의 삶에 초점을 두어야 함을 강조함. 인간은 타인의 시선과 그로 인한 마음의 상처에서 벗어나야 행복에 이를 수 있다고 주장함.

'미움받을 용기(기시미 이치로 외)'를 읽고 철학자가 청년에게 말하고자 하는 바를 탐색하여 발표함. 철학자는 삶의 의미는 특정한 '목적'을 달성하기보다는 현재의 삶을 즐기고 '타자 공헌'의 태도를 가질 때 발견할 수 있음을 강조했다고 밝힘. 인간은 타인에게 가치 있는 존재가 되고 동시에 세상과 타인을 가치 있는 존재로 만드는 일을 할 때 진정한 인생의 의미와 행복을 찾을 수 있다고 설명함.

관련 논문

Adler 개인심리학을 바탕으로 '나와 세상과 관계 맺기'에 관한 존재론적 탐구(강순희, 최선남, 2021)

관련 도서

《아들러의 인간 이해》, 알프레드 아들러, 을유문화사
《알프레드 아들러》, 알프레드 아들러, 스타북스

관련 계열 및 학과
- 인문계열: 국어국문학과, 문예창작학과, 문화인류학과, 심리학과, 일어일문학과, 철학과
- 사회계열: 광고홍보학과, 문화콘텐츠학과, 사회복지학과, 사회학과, 신문방송학과

관련 교과
- 교육계열: 교육학과, 국어교육과, 사회교육과, 윤리교육과, 일어교육과

2022 개정 교육과정: 독서와 작문, 문학, 주제 탐구 독서, 독서토론과 글쓰기, 현대사회와 윤리

2015 개정 교육과정: 화법과 작문, 독서, 문학, 사회·문화, 윤리와 사상, 사회문제 탐구

바리데기

황석영 | 창비 | 2007

인간이 겪는 고통과 수난, 그 고통의 무한한 순환에 대해 질문하고 답을 찾아가는 소설이다. 〈바리데기〉란 우리나라 전역에서 거의 같은 내용으로 전해 내려오는 서사무가로, 바리데기 공주가 영혼을 구제하기 위해 저승을 다녀오는 구조로 이루어져 있다. 작가는 《바리데기》의 주인공 '바리'가 겪는 현실과 서사무가 〈바리데기〉를 나란히 두며 현실에서의 좌절과 고통, 수난에 대해 심도 있게 파고들고 있다.

탐구 주제

주제1 〈바리데기〉는 예로부터 내려오던 서사무가로, 바리데기 공주는 생명수를 얻기 위해 끝없는 고통과 수난을 자청하며 무한한 생명력을 발휘한다. 황석영의 소설 《바리데기》와 서사무가 〈바리데기〉의 공통점과 차이점을 밝히고 작가의 의도를 탐색하여 논술해 보자.

주제2 인간의 고통스러운 삶과 좌절, 끊임없이 밀어닥치는 수난의 원인을 다룬 소설은 수없이 많다. 시대나 민족적인 수난이나 고통, 개인적인 가난과 질병, 사회에서의 갈등 등으로 인한 어려움을 겪는 내용의 다른 소설과 달리 이 작품이 갖는 독특한 점을 탐색하여 발표해 보자.

주제3 작품에 나타난 문체와 묘사상의 특징 분석

주제4 소설에 나타난 민족 문제 고찰

학생부 기록 예시 (교과세특)

'바리데기(황석영)'와 서사무가 '바리데기'를 연결해 분석하고, 작가의 의도를 탐구하여 감상문을 작성함. 행복한 결말의 서사무가와 달리 이 소설의 주인공은 현실의 힘겨움을 견디지 못하고 무너지는 것을 발견함. 그러나 결말에서 '희망과 눈물이 곧 구원의 생명수'라고 한 시아버지의 말을 보고, 결국 작가는 비극적 결말을 통해 눈물과 희망이 바로 현실을 구원해 줄 생명수라는 주제 의식을 말하고자 했다고 주장함.

'바리데기(황석영)'를 읽고 인간의 고통스러운 삶을 소재로 한 작품들과 비교하여 이 작품만의 독특한 점을 분석함. 서사무가의 이야기와 현실이 병치되면서 전개되는 이야기, 독자가 겪는 것처럼 생생하게 제시되는 주인공의 고통, 지옥 같은 상황의 생생한 묘사 등이 독특한 특징이라고 밝힘. 실제로 있었던 9·11테러, 런던 지하철 테러 등을 소재로 하여 소설의 현실성을 더욱 높였다고 평가함.

관련 논문

황석영의 〈바리데기〉에 나타난 환상 서사(곽상인, 2022)

관련 도서

《해질 무렵》, 황석영, 문학동네
《삼포 가는 길》, 황석영, 문학동네

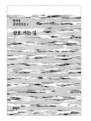

관련 계열 및 학과	• 인문계열: 고고학과, 국어국문학과, 동양사학과, 문예창작학과, 사학과, 종교학과
	• 사회계열: 군사학과, 문화콘텐츠학과, 사회학과, 정치외교학과, 정치행정학과
관련 교과	• 교육계열: 가정교육과, 국어교육과, 사회교육과, 역사교육과, 한문교육과

2022 개정 교육과정: 독서와 작문, 문학, 독서토론과 글쓰기, 사회와 문화, 현대사회와 윤리

2015 개정 교육과정: 독서, 문학, 고전 읽기, 윤리와 사상, 고전과 윤리

국어교과군

영어교과군

수학교과군

사회교과군

과학교과군

도덕교과군

백범일지

김구 | 범우 | 2023

《백범일지》는 1947년 국사원에서 최초로 출간된 이후 지금까지도 많은 사람에게 읽히는 전 국민의 필독서이다. 27년간 대한민국 임시정부를 이끌어온 민족 독립운동가이자 자신의 생애를 조국과 민족을 위해 바친 겨레의 큰 스승 백범, 일제의 침략 아래 해방된 통일 조국 건설에 혼신의 힘을 다하다 끝내 비명에 간 백범의 생애를 가장 극명하게 드러내는 자서전이다.

탐구 주제

주제1　《백범일지》에는 백범 김구의 사상과 정치 이념, 다양한 생각이 담겨 있다. 김구는 책에서 '나의 정치 이념은 한마디로 자유다.'라고 말한다. 그가 생각한 자유의 의미를 구체적으로 탐색하고, 시대를 초월하여 진정한 자유에 대한 생각을 정리하여 보고서로 작성해 보자.

주제2　김구는《백범일지》에서 자신의 소원을 언급하며 '나는 우리나라가 세상에서 가장 아름다운 나라가 되기를 원한다.'라고 말한다. 백범이 정의하고 있는 '아름다운 나라'에 대해 설명하고 이를 현재 우리나라의 모습과 비교하여 토론해 보자.

주제3　작품에 나타난 이상적인 국가관 고찰

주제4　백범이 생각하는 경제와 문화의 상관관계 탐구

학생부 기록 예시 (교과세특)

'백범일지(김구)'를 읽고 '자유'의 의미를 분석해 진정한 자유에 대한 생각을 보고서로 작성함. '자유가 있는 나라의 법은 국민의 자유로운 의사에서 오고, 자유 없는 나라의 법은 국민 중의 일부 계급에서 온다.'라는 책 구절을 인용하여 독재 정치의 위험을 강조함. 철학을 기초로 한 계급 독재 역시 개인의 자유를 억압하는 장치라고 밝히고, 우리나라의 유교 사상과 독일의 나치스를 예로 들어 설득력 있게 주장함.

'백범일지(김구)'를 읽고 백범이 생각하는 아름다운 나라에 대해 설명하고 이를 오늘날에 비추어 탐색함. 백범이 중요하게 여긴 것은 인의와 자비, 그리고 문화라고 밝히고 현재 우리나라는 정치 현실, 개인 간의 관계 등에서 서로 따뜻하게 바라보는 마음이 부족하다고 비판함. 한류 문화가 세계를 사로잡는 현상을 소개하고, 우리나라가 문화 강국이 되어 세계 평화에 이바지해야 한다고 강력하게 주장함.

관련 논문

자서전『백범일지』의 문화적 수용과 창작(윤유석, 2009)

관련 도서

《김구》, 김상렬, 서연비람
《나는 여성이고, 독립운동가입니다》, 심옥주, 우리학교

관련 계열 및 학과	• 인문계열 : 국어국문학과, 역사문화학부, 문화인류학과, 문헌정보학과, 사학과
	• 사회계열 : 경영학과, 국제관계학과, 군사학과, 문화콘텐츠학과, 정치외교학과
관련 교과	• 교육계열 : 교육학과, 국어교육과, 사회교육과, 역사교육과, 윤리교육과

2022 개정 교육과정 : 독서와 작문, 문학, 주제 탐구 독서, 사회와 문화, 정치, 법과 사회

2015 개정 교육과정 : 독서, 문학, 심화 국어, 윤리와 사상, 정치와 법, 사회·문화

백석 전 시집: 나와 나타샤와 흰 당나귀

백석 | 스타북스 | 2023

이 책은 저자의 첫 시집인 《사슴》에 실린 작품, 해방 전후와 분단 이후 발표한 작품 등 현존하는 백석 시집 중 가장 많은 시가 실린 시집이다. 우리 시를 완성한 시인 중에서도 손에 꼽히는 저자는 대중과 시인들을 매료시켰음은 물론, 윤동주를 비롯한 당대 젊은 시인들에게 깊은 영향을 주었다. 백석의 시 세계와 삶의 모습을 비롯하여 당대의 시대상을 알려주는 작품이다.

탐구 주제

주제1 백석은 1930~40년대 대중의 사랑을 가장 많이 받은 시인으로 알려져 있다. 그러나 월북 작가라는 정치적 이력 때문에 우리 문학사에서 누구보다 부당하게 취급되어 온 시인이기도 하다. 시를 중심으로 백석의 삶을 탐색하고, 역사·정치적 현실과 시인의 관계를 주제로 토론해 보자.

주제2 백석은 민속 소재와 서사적 이야기의 구조로 주로 향토적 정서와 공동체 의식을 추구하는 작품을 창작했다. 이 시집에서 가장 인상 깊었던 작품을 선정하여 작품에 나타난 시적 언어의 특성을 밝히고, 시인의 시적 세계와 연결하여 감상문을 작성해 보자.

주제3 백석 시에 나타난 '가난'과 '고향' 연구

주제4 우리 문학사에서 백석이 차지하는 의의 고찰

학생부 기록 예시 (교과세특)

백석의 '백석 전 시집: 나와 나타샤와 흰 당나귀'를 읽고 독서토론에 참여함. 천재 시인이라고 불렸던 백석은 월북 작가라는 이유로 우리 문학사에서 제대로 된 평가를 받지 못했다고 주장함. 그는 고향으로 간 것일 뿐 정치적 목적으로 월북한 것이 아님을 객관적인 근거로 밝힘. 새로운 시를 창조하고 우리말의 지평을 넓혔던 천재 시인에 대한 정당한 평가가 이루어져야 함을 강력하게 주장함.

'백석 전 시집: 나와 나타샤와 흰 당나귀(백석)'를 읽고 언어를 분석하여 시인의 경향을 분석함. 백석 시인은 여러 지방의 토착어, 방언 등을 사용하여 전통 생활과 풍습에 대한 애정을 드러낸다고 분석함. 특히 '여우난골족(백석)'에서는 유년 화자의 어조, 토속적 어휘와 어법, 반복과 열거를 통한 서술 등을 통해 어린 시절의 명절 풍경을 그대로 묘사했다고 평가함. 전통과 공동체 정서를 감각적으로 재현한 시인이라고 평가함.

관련 논문
백석 시에 수용된 한국 고전시가의 전통(임재욱, 2011)

관련 도서
《여우난골족》, 백석, 애플북스
《백석의 노래》, 김수업, 휴머니스트

관련 계열 및 학과
- 인문계열: 국어국문학과, 문예창작학과, 문헌정보학과, 미학과, 사학과, 심리학과
- 사회계열: 광고홍보학과, 문화콘텐츠학과, 사회학과, 신문방송학과, 정치외교학과

관련 교과
- 교육계열: 교육학과, 국어교육과, 사회교육과, 역사교육과, 윤리교육과

2022 개정 교육과정: 독서와 작문, 문학, 주제 탐구 독서, 독서토론과 글쓰기, 사회와 문화, 정치

2015 개정 교육과정: 독서, 언어와 매체, 문학, 정치와 법, 사회·문화, 사회문제 탐구

국어교과군

영어교과군

수학교과군

사회교과군

과학교과군

예체능교과군

밸런스

이인석 | 포르체 | 2023

일에 대한 철학과 사명, 일하는 방식과 일의 의미까지 균형적으로 생각할 수 있는 본질로 안내하는 책이다. 저자는 일하는 데 가장 중요한 것은 '밸런스', 바로 균형이라고 설명한다. 일에 대한 욕망을 어떻게 분출해야 목표를 이룰 수 있는가에 대해 사고하는 내용으로, 성장하고 성공하고자 하는 독자들에게 탁월하게 일하는 균형의 법칙을 알려 준다.

탐구 주제

주제1 저자는 이 책에서 인재가 경영의 미래라고 밝히면서 '주도권'의 중요성을 강조하고 리더의 조건에 대해 설명하고 있다. 가장 인상 깊었던 책의 구절을 인용하고 구절에 대한 생각을 논술해 보자.

주제2 이 책에서는 전략적으로 일하는 것이 중요하기 때문에 '성실한 직원'보다는 '뛰어난 리더'로 성장하라고 말한다. 이러한 주장을 비판적인 시각에서 바라보고 '최선보다 중요한 것은 최고가 되는 것'이라는 저자의 주장을 반박하는 입장의 논술문을 작성해 보자.

주제3 청소년 언어의 문제점과 바람직한 언어 생활 고찰

주제4 다문화 사회의 언어문화 교육의 방향성 탐색

학생부 기록 예시 (교과세특)

이인석의 '밸런스'를 읽고 리더의 조건에 대해 생각하고 효과적인 리더십에 대한 자신의 의견을 보고서로 작성함. 리더십이란 누군가를 이끌어갈 수 있는 능력이라고 정의하고 '리더'는 '보스'와 다르다는 저자의 생각에 공감함. '보스는 마차 위에 올라타지만 리더는 가장 앞서서 마차를 끄는 사람'이라는 문장이 인상 깊었음을 밝히고, 좋은 리더란 모든 구성원이 따를 수 있는 신뢰와 진정성을 지녀야 한다고 주장함.

'밸런스'(이인석)'를 읽고 '최선보다는 최고가 되라'는 저자의 주장을 비판하는 논술문을 작성함. 일에서는 자신의 업무에 최선을 다하는 것이 기본적인 태도임을 밝히고, 최선을 다하려는 태도 없이는 어느 누구도 최고가 될 수 없다고 주장함. '최고'가 되기 위해 부정을 저지른 사람들의 사례를 구체적으로 제시하고, 이들은 결국 목적을 위해서 수단을 가리지 않는 행동을 했다고 비판함.

관련 논문

맹자의 도덕적 리더쉽과 바람직한 리더(민황기, 2020)

관련 도서

《리더십이론》, 이인석, 교문사
《거인의 리더십》, 신수정, 앳워크

관련 계열 및 학과	• 인문계열 : 국어국문학과, 문예창작학과, 미학과, 심리학과, 인류학과, 철학과
	• 사회계열 : 경영학과, 경제학과, 무역학과, 사회학과, 통계학과
관련 교과	• 교육계열 : 교육학과, 국어교육과, 기술교육과, 사회교육과, 윤리교육과

2022 개정 교육과정 : 독서와 작문, 주제 탐구 독서, 독서토론과 글쓰기, 사회와 문화, 경제

2015 개정 교육과정 : 화법과 작문, 독서, 실용 국어, 사회·문화, 경제, 사회문제 탐구

변신·시골의사

프란츠 카프카 | 민음사 | 2009

이 책에 실린 〈변신〉은 어느 날 갑자기 벌레로 변한 한 남성과 그를 둘러싼 가족의 이야기를 다룬 중편소설이다. 작가는 현실에서 일어날 수 없는 기이한 상황과 사실적인 문체 등을 통해 소통이 부재하는 현대인의 삶을 비판하고 있다. 하루아침에 벌레로 변한 주인공을 대하는 가족들의 모습에서 '현대 사회에서의 인간관계 단절과 소외'라는 주제 의식을 엿볼 수 있다.

탐구 주제

주제1 변신 모티프는 세계의 여러나라 작가들이 즐겨 사용하는 문학의 보편적인 장치이다. 이와 같은 변신 모티프가 드러나는 한국 문학 작품을 찾아보고, 이것이 작품 전체에서 어떤 역할과 기능을 하고 있는지 탐구하여 보고서로 작성해 보자.

주제2 문학은 남녀 간의 사랑, 가족 간의 갈등과 화해, 존재의 의미 등 인간의 보편적 문제뿐 아니라 각 민족의 집단적 경험과 문화 등에 의해 생겨난 독특한 정서를 반영하기도 한다. 한국 문학 중에서 보편성과 특수성을 갖춘 작품을 각각 선정하여 외국인에게 소개하는 글을 작성해 보자.

주제3 현대 사회에서의 바람직한 인간관계 고찰

주제4 소통이 인간의 소외 의식에 미치는 영향

학생부 기록 예시 (교과세특)

카프카의 '변신·시골의사'를 읽고 인간 소외와 인간성 상실, 부조리한 현실 세계 등에 탐구하여 독후감상문을 제출함. 가족을 부양하던 그레고르가 벌레로 변하여 경제력을 상실하게 되자 냉담하게 변한 가족들의 태도를 비판적으로 바라보며 이를 현대사회의 인간 소외 현상으로 연결한 내용이 돋보임. 가족과 사회가 따뜻한 공동체의 공간이 되기 위해서는 소통해야 함을 강조하며 구체적인 해결 방법을 제시한 점이 우수함.

'변신·시골의사(프란츠 카프카)'를 읽고 글에 포함된 상징적인 장치들을 해석하고, 시간의 흐름에 따른 주인공의 심리 변화를 구체적으로 제시함. 인간관계 단절과 소외라는 주제 의식을 효과적으로 드러내기 위해 사용된 '변신 모티프'가 한국 문학에도 많이 사용된다고 설명하면서 고전소설 '박씨전'과 비교하면서 발표함. 작품의 시대적 배경과 사회적 상황을 연계하여 내용을 분석하고 파악하는 능력이 뛰어남.

관련 논문

카프카의 「변신」과 이상의 「지주회시」 비교 연구 (최정미, 2007)

관련 도서

《성》, 프란츠 카프카, 열린책들
《돌연한 출발》, 프란츠 카프카, 민음사

관련 계열 및 학과
- 인문계열: 국어국문학과, 독어독문학과, 문예창작학과, 심리학과, 인류학과, 철학과
- 사회계열: 법학과, 사회복지학과, 사회학과, 아동가족학과

관련 교과
- 교육계열: 가정교육과, 국어교육과, 독어교육과, 사회교육과, 윤리교육과

2022 개정 교육과정: 독서와 작문, 문학, 문학과 영상, 독서토론과 글쓰기, 현대사회와 윤리

2015 개정 교육과정: 독서, 언어와 매체, 문학, 고전 읽기, 경제, 윤리와 사상

봄봄 동백꽃

김유정 | 푸른책들 | 2017

이 책에 실린 단편소설 〈동백꽃〉은 산골 소년과 소녀 사이에 생긴 사랑과 갈등을 다룬 이야기이다. 작가는 일제 강점기의 농촌 생활이 드러나는 향토색 짙은 이야기를 특유의 해학적 문체로 표현하고 있다. 사랑에 눈을 떠 가는 산골 소년과 소녀 사이 미묘한 사랑의 모습을 통해 인간 본성의 아름다움, 사랑과 아픔, 성숙으로 이어지는 삶의 모습을 엿볼 수 있는 작품이다.

탐구 주제

주제1 '해학'은 현실을 과장하거나 비꼬아서 웃음을 유발하는 문학적 장치로, 한국 문학에서 즐겨 사용되어 왔다. 이 작품에서 '해학미'가 어떻게 드러나는지 탐구하고, 고전문학부터 현대문학에 이르기까지 해학미가 어떻게 계승, 발전되어 왔는지 탐구해 보자.

주제2 '시점'이란 글 속 서술자의 위치를 조정하여 이야기를 전달하는 방식으로, 서술자가 바뀌면 사건의 의미도 달라질 수 있다. 작품에 사용된 시점의 특징과 효과를 분석하고, '점순이'의 시점에서 서술된다면 어떤 변화가 나타나는지 한 장면을 예로 들어 비교 분석해 보자.

주제3 문학적 해학과 풍자의 공통점과 차이점 분석

주제4 '동백꽃'의 의미와 주제와의 상관관계 탐구

학생부 기록 예시 (교과세특)

김유정의 '동백꽃'을 읽고 책 속에 드러난 상황적, 언어적 아이러니가 조화를 이루어 작품에서 해학미가 강조된다는 독후활동지를 작성함. 남녀 간의 애정 문제에서 전통적으로는 남성이 더 적극적인 행동을 취하지만 이 작품에서는 그 역할이 전도되어 작품의 해학성을 높인다고 밝힘. 또한 판소리 소설인 '흥부전'과 비교하여 우리 문학의 전통적 특징인 해학미의 공통점과 차이점을 비교 분석한 점이 우수함.

'동백꽃(김유정)'을 읽고 작품에 나타난 소재의 역할과 의미에 대해 탐구함. 향토적 정서를 불러일으키는 '동백꽃'은 점순과 '나'와의 갈등이 해소되는 동시에 둘 사이에 새로운 사랑이 싹틈을 암시하는 중요한 소재라고 발표함. 또한 고전소설 '운영전'에 표현된 사랑의 의미와 비교하여 두 작품에서 형상화된 사랑의 차이점을 분석함. 문학이 주는 감동과 연관하여 폭넓게 파악하는 능력이 뛰어남.

관련 논문

김유정 소설에 내재된 아이러니 교육의 필요성과 방안:〈동백꽃〉을 중심으로(조소진, 2023)

관련 도서

《젊은 느티나무》, 강신재, 문학과지성사
《별》, 알퐁스 도데, 자화상

관련 계열 및 학과

- 인문계열: 국어국문학과, 문예창작학과, 심리학과, 언어학과, 철학과
- 사회계열: 문화콘텐츠학과, 미디어커뮤니케이션학과. 사회학과, 아동가족학과

관련 교과

- 교육계열: 가정교육과, 국어교육과, 사회교육과, 역사교육과, 윤리교육과

2022 개정 교육과정: 독서와 작문, 문학, 주제 탐구 독서, 문학과 영상, 언어생활 탐구, 사회와 문화

2015 개정 교육과정: 독서, 언어와 매체, 문학, 고전 읽기, 사회·문화

빌둥에서 배운다

레네 레이첼 안데르센 |
성균관대학교출판부 | 2023

이 책은 개인의 성장과 공동체의 성장은 분리될 수 없다는 전제 아래 덴마크 교육 혁신에 대한 이야기를 담고 있는 교육 안내서이다. 저자는 인류가 본질적인 것에 다시 집중하고 평생 학습, 교육 및 사고를 이해하도록 도우면서 동시에 교육에 대해 많은 생각을 하게 한다. 개인 발달 및 집단 문화 사이의 복잡한 상호 작용을 쉽게 이해하도록 발달 심리학과 '빌둥'을 비교 분석한 내용을 풍성하게 담고 있다.

탐구 주제

주제1 '빌둥(bildung)'은 영어에는 없는 독일 단어로, 간단하게 정리하면 도덕적·정서적인 성숙을 의미한다. 다시 말하면 한 개인이 사회를 발전시키는 데 필요한 교육을 받고 지식을 갖는 것이다. '빌둥'의 특성을 탐색하고 작가가 말하고자 하는 주제 의식을 탐구하여 발표해 보자.

주제2 1900년경, 북유럽 국가들은 가난한 농업 봉건 사회에서 근대의 민주적이고 산업화된 민족 국가로 변모한다. 이 과정에 '빌둥'에 기반한 교육 혁신이 있었다. 현재 우리 사회의 고질적인 교육 문제를 분석하고 바람직한 교육의 방향에 대해 탐색해 보자.

주제3 인류의 바람직한 미래를 위한 빌둥 정신 탐색

주제4 빌둥 철학과 발달 심리학의 공통점과 차이점 분석

학생부 기록 예시 (교과세특)

레네 레이첼 안데르센의 '빌둥에서 배운다'를 읽고 '빌둥'의 특징을 파악하고 주제 의식을 탐구함. '빌둥'이란 자신이 처한 상황을 이해하는 충분한 지식, 적절하게 행동하는 정서적 성숙, '어떻게'와 '왜'라는 질문을 던지는 과정을 포함하는 개념이라고 설명함. 작가는 이 책을 통해 디지털, 세계화, 환경 변화 등에 직면해 있는 우리 사회에 필요한 것은 지식이 아닌 협업하는 '빌둥'이라는 것을 말하고자 했다고 발표함.

'빌둥에서 배운다(레네 레이첼 안데르센)'를 읽고, 우리나라 교육의 현실과 진정한 교육의 목적을 탐구하여 보고서로 작성함. 현재 우리나라의 교육은 지식만을 추구하고 있다고 지적하고 학교 교육이 공동체의 문제를 해결하는 과정에 적용될 수 있어야 한다고 설명함. 지금까지 우리나라 교육의 목적은 경쟁 사회에서의 생존이었다면 이제는 삶에 대한 바른 가치와 의미를 위한 참된 교육으로 전환되어야 함을 주장함.

관련 논문
덴마크 국가 교육과정의 역량 중심 설계의 특징과 함의(온정덕, 2018)

관련 도서
《북유럽식 삶의 교육, 이야기학교》, 장한섭 외, 누림북스
《덴마크 행복교육》, 정석원, 뜨인돌 출판사

관련 계열 및 학과	• 인문계열: 국어국문학과, 문예창작학과, 미학과, 심리학과, 인류학과, 철학과
	• 사회계열: 법학과, 사회복지학과, 사회학과, 아동가족학과, 통계학과
관련 교과	• 교육계열: 전 교육계열

2022 개정 교육과정: 화법과 언어, 독서와 작문, 주제 탐구 독서, 사회와 문화, 윤리와 사상

2015 개정 교육과정: 화법과 작문, 독서, 실용 국어, 사회·문화, 생활과 윤리

삼대

염상섭 | 새움 | 2016

"돈, 사랑, 욕망이 살아 꿈틀대는 한,
아직 『삼대』의 이야기는 끝나지 않았다!"
한국 리얼리즘 문학의 거장, 염상섭 대표작!

이 작품은 1930년대 서울의 중산층인 집안을 배경으로 다양한 가치관의 충돌과 인물 간의 갈등을 다루고 있는 장편소설이다. 특히 보수와 개화로 대립되는 세대 간의 갈등과 식민지 현실에 순응하거나 저항하는 이념적 갈등을 사실적으로 그리고 있다. 타락한 인간들의 모습을 통해 위선적인 삶에 대한 비판을 드러냄과 동시에 젊은 세대에 대한 희망의 메시지를 담고 있다.

탐구 주제

주제1 갈등이란 어떤 사건에 대한 인물들의 입장이나 태도가 서로 엇갈려서 충돌을 일으키는 일을 말한다. 소설의 사건은 인물들이 일으키는 갈등을 중심으로 이루어진다. 이 작품에 나타난 갈등의 구조를 분석하고 이를 시대 상황과 연관하여 탐구해 보자.

주제2 《삼대》는 3대에 걸친 가문소설이라 일컬어진다. 가문소설이란 고전소설의 내용적인 분류의 하나로, 가문 간 갈등과 가문 내 구성원 간의 애정 문제 등을 그리고 있다. 일반적인 가문소설과 《삼대》의 공통점과 차이점을 비교하여 분석해 보자.

주제3 시대 상황이 개인의 가치관에 미치는 영향 토론

주제4 당대의 풍속과 세대 간의 갈등 양상 분석

학생부 기록 예시 (교과세특)

염상섭의 '삼대'를 읽고 인물 간 갈등의 양상을 분석하고 시대 상황과 연관지어 탐구하는 보고서를 작성함. 작품 속의 갈등의 원인을 가치관 차이, 경제력, 세대 차이, 계층 차이 등으로 분류하고 이를 각 인물의 행동과 대사를 중심으로 분석함. 조의관과 조상훈의 모습을 중심으로 당시 봉건적 가치관과 근대적 가치관이 충돌하는 사회상을 탐구하는 등 내재적 관점을 적용하여 작품을 해석하는 능력이 탁월함.

'삼대'(염상섭)'를 읽고 일반적인 가문소설과의 공통점과 차이점에 대해 비교 분석함. 일반적인 가문소설은 가문의 번영을 강조하고 가정 내 애정·갈등을 다루는 반면 '삼대'에도 이러한 공통점이 있긴 하지만 덕기라는 인물을 통해 구시대적 가치관을 버리고 새로운 가치관을 확립하는 것에 중점을 두고 있다고 발표함. 덕기는 가문의 발전만을 위한 사당지기 역할을 하지 않았음을 구체적인 근거를 제시하여 주장함.

관련 논문

소설의 담론구조와 윤리의 교육적 상관성에 대한 고찰-염상섭의 〈삼대〉를 대상으로 (우한용, 우신영, 2012)

관련 도서

《만세전》, 염상섭, 글누림
《표본실의 청개구리》, 염상섭, 장미진, 엠애드

관련 계열 및 학과
- 인문계열: 국어국문학과, 문예창작학과, 사학과, 심리학과, 철학과
- 사회계열: 문화콘텐츠학과, 법학과, 사회학과, 정치외교학과
- 교육계열: 교육학과, 국어교육과, 사회교육과, 역사교육과

관련 교과

2022 개정 교육과정: 독서와 작문, 문학, 주제 탐구 독서, 문학과 영상, 독서토론과 글쓰기, 윤리와 사상

2015 개정 교육과정: 독서, 언어와 매체, 문학, 심화 국어, 윤리와 사상

서편제

이청준 | 문학과지성사 | 2013

이 책에 실린 〈서편제〉는 한과 소리, 억압과 예술에 대한 주제를 다룬 연작소설집 《남도사람》에 수록되어 있던 단편소설이다. 일생을 소리와 함께 보내고, 딸의 눈을 멀게 해서라도 진정한 판소리꾼이 되게 하려는 한 예술인의 예술혼을 그리고 있다. 가난과 핍박, 서러움 속에서도 소리를 완성하기 위해 애쓰는 주인공의 모습에서 진정한 예술에 대해 생각하게 하는 작품이다.

탐구 주제

주제1 이 작품은 한 많은 일생을 살아가는 소리꾼을 등장시켜 현실과 예술 사이에 필연적으로 존재하는 비극성을 '한'이라는 정서로 드러내고 있다. 우리 민족 문학에 공통으로 드러나는 '한'의 정서와 비교하여 이 작품에 드러난 '한'의 특징을 고찰해 보자.

주제2 이 소설에 등장하는 아버지 '유봉'은 세상에서 가장 아름다운 소리를 만들기 위해 인생을 바치는 인물이다. 그는 딸 '송화'를 완전한 소리를 내는 소리꾼으로 키워 내려 맹인으로 만든다. 예술을 위해 딸의 눈을 멀게 하는 아버지의 행위에 대해 토론해 보자.

주제3 작품에 나타난 여로형 구조의 특징 고찰

주제4 소설 〈서편제〉와 시나리오 〈서편제〉의 비교 분석

학생부 기록 예시 (교과세특)

이청준의 '서편제'를 읽은 후 책 속에 드러난 '한'의 정서를 탐색하고, 우리 문학에서 공통으로 드러나는 '한'과의 차이점을 밝히는 보고서를 작성함. 한국 문학에서 등장하는 '한'의 정서는 아무것도 할 수 없는 암담한 현실에서 모든 것을 포기하는 체념으로 드러난다고 분석함. 그러나 이 책에서는 '한'을 체념이 아니라 화해와 사랑을 지향하는 예술혼으로 승화시키고 있는 것이 가장 큰 특징이라고 분석함.

'서편제(이청준)'를 읽고 완전한 소리를 위해 딸의 눈을 멀게 하는 아버지의 태도에 대한 자신의 생각을 구체적으로 밝힘. 진정한 예술을 위해서라면 어떤 희생도 감수해야 한다고 주장하는 '예술지상주의자'들의 시각을 비판하고, 예술은 인간의 행복한 삶을 위해 존재해야 한다고 주장함. 아버지 '유봉'의 행동은 딸의 인생을 파괴하고, 딸을 예술을 위한 수단으로 삼은 용납할 수 없는 범죄 행위라고 강력하게 비판함.

관련 논문
영화 〈서편제〉와 원작 〈서편제〉·〈소리의 빛〉 사이의 서사적 거리(박일용, 2010)

관련 도서
《이어도》, 이청준, 문학과지성사
《독 짓는 늙은이》, 황순원, 문학과지성사

관련 계열 및 학과	• 인문계열: 국어국문학과, 문예창작학과, 문화재학과, 미학과, 심리학과, 철학과
	• 사회계열: 문화콘텐츠학과, 사회복지학과, 사회학과, 아동가족학과, 지리학과
관련 교과	• 교육계열: 국어교육과, 교육학과, 사회교육과, 윤리교육과, 음악교육과

2022 개정 교육과정: 독서와 작문, 문학, 주제 탐구 독서, 문학과 영상, 사회와 문화, 현대사회와 윤리

2015 개정 교육과정: 독서, 언어와 매체, 문학, 사회·문화, 윤리와 사상

국어교과군

영어교과군

수학교과군

사회교과군

과학교과군

도덕교과군

선량한 차별주의자

김지혜 | 창비 | 2019

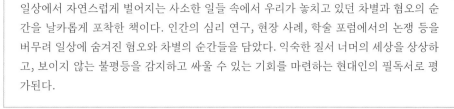

일상에서 자연스럽게 벌어지는 사소한 일들 속에서 우리가 놓치고 있던 차별과 혐오의 순간을 날카롭게 포착한 책이다. 인간의 심리 연구, 현장 사례, 학술 포럼에서의 논쟁 등을 버무려 일상에 숨겨진 혐오와 차별의 순간들을 담았다. 익숙한 질서 너머의 세상을 상상하고, 보이지 않는 불평등을 감지하고 싸울 수 있는 기회를 마련하는 현대인의 필독서로 평가된다.

탐구 주제

주제1 차별이란 평등한 지위의 집단을 자의적인 기준에 의해 불평등하게 대우함으로써 특정 집단을 사회적으로 격리하는 통제 형태이다. 우리 주위에서 나타나는 다양한 차별의 예를 살펴보고, 이를 해결하기 위한 바람직한 자세를 주제로 한 편의 글을 작성해 보자.

주제2 사람들은 대부분 차별보다는 평등이라는 원칙을 도덕적으로 옳고 정의로운 것이라고 받아들인다. 하지만 어떤 차별은 합리적이라고 생각하기도 하고, 또 어떤 차별은 차별이 아니라고 생각하기도 한다. '합리적인 차별'과 '차별 아닌 차별'을 주제로 토론해 보자.

주제3 우리 사회의 차별 감수성 탐색

주제4 다수결의 원칙과 차별의 상관관계 분석

학생부 기록 예시 (교과세특)

김지혜의 '선량한 차별주의자'를 읽고 자신도 모르게 가지고 있던 차별주의자적 시선을 찾고, 이에 대한 해결책을 보고서로 작성함. 장애인이 지하철에서 단체 행동을 하며 시민들의 출퇴근 길을 방해한다는 기사를 보고, '집단의 이기적인 행동'이라고 평가한 자신을 반성함. 우리가 보지 못하는 차별을 알아채기 위해서는 자신이 가진 사소한 특권부터 살펴보고, 역지사지의 마음으로 세상을 바라보아야 한다는 의견을 작성함.

'선량한 차별주의자(김지혜)'를 읽고 '합리적인 차별'과 '차별 아닌 차별'에 대한 생각을 논리적으로 발표함. 조선 시대 사람들은 노비 제도나 남존여비 사상을 합리적인 차별이라고 생각했다는 점, 다른 것은 다르게 대우한다는 현대의 능력주의도 객관적인 듯하지만 실제로는 차별 아닌 차별인 점을 제시하며 합리적인 차별과 차별 아닌 차별은 있을 수 없다는 자신의 입장을 강력하게 주장함.

관련 논문

내 안의 편견, 구조적 불평등의 인식과 대응 (소은영, 2020)

관련 도서

《우리 아이 꼭 지켜줄게》, 김용준, 물맷돌
《그래도 나아간다는 믿음》, 서창록, 북스톤

관련 계열 및 학과	• 인문계열 : 국어국문학과, 문예창작학과, 문화인류학과, 사학과, 심리학과, 철학과
	• 사회계열 : 문화콘텐츠학과, 법학과, 사회복지학과, 사회학과, 정치외교학과
관련 교과	• 교육계열 : 가정교육과, 교육학과, 국어교육과, 사회교육과, 윤리교육과

2022 개정 교육과정 : 화법과 언어, 독서와 작문, 독서토론과 글쓰기, 사회와 문화, 사회문제 탐구

2015 개정 교육과정 : 화법과 작문, 독서, 언어와 매체, 사회·문화, 사회문제 탐구

숨결이 바람 될 때
폴 칼라니티 | 흐름출판 | 2016

출간 후 《뉴욕타임스》에서 12주 연속 1위에 오른 베스트셀러로, 한 인간이 죽음을 맞이하는 순간을 담담하게 그린 자전적인 수필이다. 대학 병원에서 의사로 일하던 저자는 어느 날 폐암 4기 판정을 받고 이후 남은 시간을 어떻게 살아야 할 것인가를 글로 써서 기고한다. 죽어가는 순간까지도 삶의 의미와 가치를 성찰하는 저자의 모습을 통해 소중한 것이 무엇인지 생각해 볼 수 있다.

탐구 주제

주제1 암에 걸리면 어떤 사람은 절망하여 모든 것을 포기하고, 또 다른 사람은 오히려 더욱 열심히 일한다고 한다. 폴은 죽을 때까지 자신의 삶의 의미와 가치를 추구하며 열심히 살아가는 긍정적인 태도를 보인다. 이에 대한 생각을 감상문으로 작성해 보자.

주제2 이 책의 저자인 폴은 암이 뇌까지 전이되어 목에 관을 삽입해야만 연명할 수 있는 상황에서 삽관을 거부하고 자발적인 죽음을 선택한다. 사랑하는 아내와 태어난 지 8개월이 된 아이를 둔 상황에서 자발적으로 죽음을 맞이하는 폴의 태도가 과연 바람직한지에 대해 토론해 보자.

주제3 존엄사의 의미와 가치 분석

주제4 청소년의 삶과 죽음의 가치에 대한 탐색

학생부 기록 예시 (교과세특)

폴 칼라니티의 '숨결이 바람 될 때'를 읽고 자신이 지닌 삶의 가치와 의미를 찾고 책을 읽은 소감을 감상문으로 기록함. 암에 걸린 것을 알고도 절망하지 않고 평소처럼 수련의 생활을 계속하고, 부인 루시와 인공 수정을 시도하여 임신에도 성공하는 폴의 태도가 감동적이었다고 밝힘. 죽음이 닥치더라도 계속해서 자신의 길을 가는 것이 아름다운 삶이라는 것을 깨닫게 되었다는 소감을 작성함.

'숨결이 바람 될 때(폴 칼라니티)'를 읽고 죽음을 대하는 작가의 태도를 분석하고 자신의 입장을 정리하여 발표함. 의학적인 연명을 거부하고 자연스러운 죽음을 선택한 행동은 평소 죽음을 삶의 동반자로 여겼던 폴의 당연한 선택이었다고 밝힘. 마지막 순간까지도 삶의 주인이 되어 죽음을 삶의 일부로 받아들인 것이라고 분석하며, 자신이라면 그러한 상황에서 쉽게 결정하지 못했을 것이라고 발표함.

관련 논문
삶과 죽음 그리고 자유에 대한 해석학적 접근(박혜순, 2018)

관련 도서
《천 번의 죽음이 내게 알려준 것들》, 김여환, 포레스트북스
《우리는 왜 죽음을 두려워할 필요 없는가?》, 정현채, 비아북

관련 계열 및 학과
- 인문계열: 국어국문학과, 문예창작학과, 문화인류학과, 미학과, 심리학과, 철학과
- 사회계열: 문화콘텐츠학과, 법학과, 사회복지학과, 사회학과, 아동가족학과, 의료경영학과
- 교육계열: 가정교육과, 교육학과, 국어교육과, 사회교육과, 윤리교육과

관련 교과

2022 개정 교육과정: 화법과 언어, 독서와 작문, 독서토론과 글쓰기, 사회와 문화, 현대사회와 윤리

2015 개정 교육과정: 화법과 작문, 독서, 언어와 매체, 사회·문화, 생활과 윤리

언어의 온도

이기주 | 말글터 | 2016

일상에서 발견한 의미 있는 말과 글, 단어의 어원, 언어가 지닌 소중함을 담아낸 책이다. 저자는 언어에는 따뜻함과 차가움 등 나름의 온도가 있다고 말한다. 우리는 삶이 힘들다고 느낄 때 친구들과 이야기를 주고받으며 고민을 털기도 하고, 책 속의 문장이나 음악 가사 한 줄에서 삶의 위안을 얻기도 한다. 가벼운 시선으로 언어가 가진 힘에 대해 생각하게 하는 책이다.

탐구 주제

주제1 저자는 언어는 한순간 우리의 마음을 꽁꽁 얼리기도, 얼어붙었던 차가운 마음을 따뜻하게 녹이기도 한다고 말한다. 책에 제시된 내용에서 감명 깊었던 구절을 찾고, 이에 대한 자신의 경험과 생각을 보고서로 작성해 보자.

주제2 책에는 작가의 깊이 있는 사상이나 철학이 담겨 있다. 그런 의미에서 '작가'라는 직업을 가진 사람들은 삶과 인생에 대한 성찰과 고뇌를 자신만의 언어로써 표현하는 사람들이다. '언어'에 대한 작가의 생각을 담은 이 책을 비판적인 관점으로 분석하여 발표해 보자.

주제3 고등학교 학생들의 언어 생활 탐구

주제4 언어의 상호작용적 기능 고찰

학생부 기록 예시 (교과세특)

이기주의 '언어의 온도'를 읽고 감명 깊었던 문장을 찾아 이에 대한 생각을 보고서로 작성함. '어떤 일에 실패했다는 사실보다 무언가 시도하지 않거나 솔직하지 못했을 때 더 무력감에 빠진다.'라는 구절이 인상적이었다고 밝힘. 그동안 어렵거나 힘든 상황을 회피하려고 한 자신을 반성하며, 결과에 상관없이 용기를 가지고 일단 도전하는 것 자체가 값진 경험이 된다는 교훈을 얻었다는 소감을 작성함.

'언어의 온도(이기주)'를 읽고 진지한 성찰이 아닌 단순히 아름다운 풍경을 감상한 느낌이라고 밝힘. 작가들은 단어 하나조차 쉽게 쓰이지 않아 눌러썼다가 지우기를 반복한다는데, 이 책의 저자는 단어 선택이나 문장의 배치만 고민한 것 같다고 비판함. 또한 비현실적이고 아름다운 이야기만 나열하여, 스스로 어설픈 감정에 푹 빠져 버린 결과 진지한 철학적 사고가 결여되었다고 비판함.

관련 논문

언어의 온도(김현우, 2019)

관련 도서

《마음의 주인》, 이기주, 말글터
《보통의 언어들》, 김이나, 위즈덤하우스

관련 계열 및 학과
- 인문계열: 국어국문학과, 문예창작학과, 문화인류학과, 미학과, 심리학과, 언어학과
- 사회계열: 광고홍보학과, 문화콘텐츠학과, 사회학과, 신문방송학과, 항공서비스학과

관련 교과
- 교육계열: 전 교육계열

2022 개정 교육과정: 화법과 언어, 독서와 작문, 주제 탐구 독서, 독서토론과 글쓰기, 사회와 문화

2015 개정 교육과정: 화법과 작문, 독서, 언어와 매체, 사회·문화, 생활과 윤리

역마

김동리 | 커뮤니케이션북스 | 2012

이 책에 실린 〈역마〉는 주어진 운명에 순응함으로써 평온한 삶을 영위해야 한다는 작가의 운명론이 드러나는 단편소설이다. 주인공의 가족은 그들을 둘러싼 역마살에서 벗어나려고 온갖 노력을 하지만 결국 운명을 벗어나지 못하고 주어진 삶에 순응하며 산다. 비합리적인 요소들이 인간의 삶을 지배하는 듯한 모습과 토속적인 배경, 젊은 남녀의 순수한 사랑 등이 어우러져 조화를 이루는 작품이다.

탐구 주제

주제1　인간의 삶은 어떤 절대적인 힘에 의해 미리 결정되어 있고 인간은 그 결정에 따를 수밖에 없다는 생각을 운명론이라고 한다. 이 작품에 드러난 운명과 이에 대응하는 인물들의 삶의 태도를 살펴보고, 운명에 대처하는 바람직한 삶의 모습에 대해 탐구하여 발표해 보자.

주제2　문학 작품을 읽어갈 때 감정이 일정한 규칙을 띠는 경우 이를 '정서'라고 한다. 인간이 문학에서 느낄 수 있는 정서는 '숭고미, 비장미, 우아미, 골계미' 등으로 나눌 수 있다. 작품에서 느껴지는 정서를 한국인의 특징과 연관하여 밝히고 이를 외국인에게 소개하는 글을 작성해 보자.

주제3　〈역마〉에 나타난 운명론적 사고관 탐구

주제4　'화개장터'라는 지리적 공간의 상징성 고찰

학생부 기록 예시 (교과세특)

김동리의 '역마'를 읽고 한곳에 머물지 못하고 이리저리 떠돌아다녀야만 하는 '역마살'에 대해 소개하고, 작품 속 인물들의 삶의 태도를 분석함. 우리 민족의 전통적인 정서를 '한'과 '순응'이라고 밝히고, 사람들이 자신의 운명을 극복하기 위해서는 순응하기보다는 적극적인 태도로 운명에 맞서야 함을 강력하게 주장함. 특히 자신의 운명을 극복한 소설 속 인물의 행동 특성을 비교하여 분석한 내용이 돋보임.

'역마(김동리)'를 읽고 공간적 배경인 '화개장터'의 상징적 의미에 주목하여 작품을 해석하는 보고서를 작성함. 화개장터라는 공간은 많은 사람이 들렀다 가는 곳으로 인간관계가 일회성을 띠는 장소이며, 이 작품 속 인물들이 만남과 동시에 이별하는 최적의 장소가 되고 있다고 분석함. 문학 작품에서 공간적 배경은 주제를 드러내기에 가장 적합한 곳이어야 하며, 이와 관련된 다양한 예를 제시하여 설득력을 높임.

관련 논문

김동리 소설과 화개-「역마(驛馬)」에 대한 새로운 해석을 중심으로(정호웅, 2009)

관련 도서

《무녀도》, 김동리, 사피엔스21
《햄릿 : 셰익스피어 비극》, 윌리엄 셰익스피어, 해누리

관련 계열 및 학과	• 인문계열: 고고학과, 국어국문학과, 문예창작학과, 사학과, 심리학과, 종교학과, 철학과
	• 사회계열: 문화콘텐츠학과, 미디어커뮤니케이션학과, 사회학과, 지리학과
관련 교과	• 교육계열: 교육학과, 국어교육과, 사회교육과, 역사교육과, 지리교육과

2022 개정 교육과정: 독서와 작문, 문학, 주제 탐구 독서, 독서토론과 글쓰기, 윤리와 사상

2015 개정 교육과정: 독서, 언어와 매체, 문학, 심화 국어, 한국 지리, 윤리와 사상

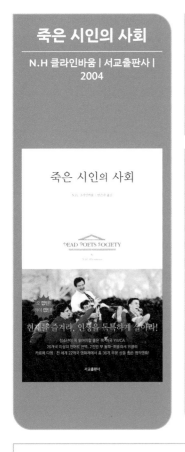

죽은 시인의 사회

N.H 클라인바움 | 서교출판사 | 2004

《죽은 시인의 사회》는 전 세계 20개국 이상의 언어로 출간되며 스테디셀러로 자리 잡은 작품이다. 미국 명문 사립 고등학교인 웰튼 아카데미에 새로 부임해 온 국어 교사와 그를 따르는 제자들의 가슴 뭉클한 이야기가 펼쳐진다. 졸업생의 70% 이상이 미국 명문 대학으로 진학하는 고등학교에서 일어나는 변화를 지켜보며 출세만을 위한 획일화된 교육이 어떤 결과를 낳는지를 알 수 있다.

탐구 주제

주제1 이 책은 교육의 진정한 역할과 의미에 대해 다시 생각하게 한다. 우리나라 학생들은 초등학교부터 고등학교까지 대학 입시만을 위해 공부하는 경우가 많다. 수능이라는 관문을 통과해야만 하는 우리나라 교육의 현실을 살펴보고, 바람직한 교육의 방향에 대해 고찰해 보자.

주제2 웰튼 아카데미에 새로 부임한 국어 교사 존 키팅은 지금까지와는 다른 새로운 교수법으로 학생들을 가르친다. 이 책에 나타난 존 키팅의 교수법을 살펴보고, 장단점을 분석하여 발표해 보자.

주제3 교사의 바람직한 리더십에 대한 탐색

주제4 제목 '죽은 시인의 사회'의 의미 분석

학생부 기록 예시 (교과세특)

N.H 클라인바움의 '죽은 시인의 사회'를 읽고 우리 교육의 현실을 살펴 바람직한 교육의 방향에 대해 고찰함. 학부모들로 가득 찬 대학 입학 설명회장의 예를 들며, 우리나라 고등학생들은 대학이나 학과 선택에 주도적이지 못하다고 비판함. 이는 획일화된 지식 암기 위주의 교육이 낳은 결과이며, 우리 교육은 학생들에게 주체적이고 독립적으로 살아갈 수 있는 방법을 가르쳐야 한다고 주장함.

'죽은 시인의 사회(N.H 클라인바움)'를 읽고, 키팅의 교수법의 장단점을 탐색하여 발표함. 키팅은 학생들에게 눈을 감고 눈에 보이거나 떠오르는 것들을 이야기하게 하며, 스스로 깨달을 수 있는 학습법을 지향했다고 설명함. 질문을 던지고 학생 스스로 답을 찾는 과정은 이상적이기는 하지만 체계적이지 못하다고 비판함. 이런 교육이 성과를 내기 위해서는 평가 방식의 변화가 선행되어야 한다고 분석함.

관련 논문
영화 『죽은 시인의 사회』와 리더십의 관계(황성근, 2016)

관련 도서
《리더의 일》, 박찬구, 인플루엔셜
《학교, 미래교육을 디자인하다》, 김현섭, 수업디자인연구소

관련 계열 및 학과
- 인문계열: 국어국문학과, 문예창작학과, 심리학과, 영어영문학과, 인류학과, 철학과
- 사회계열: 경영학과, 문화콘텐츠학과, 법학과, 사회학과, 신문방송학과, 언론정보학과
- 교육계열: 전 교육계열

관련 교과

2022 개정 교육과정: 독서와 작문, 문학, 주제 탐구 독서, 문학과 영상, 사회와 문화, 현대사회와 윤리

2015 개정 교육과정: 독서, 언어와 매체, 문학, 사회·문화, 사회문제 탐구

죽음 연습

이경신 | 동녘 | 2016

저자가 인터넷에 만 3년이 넘도록 연재한 칼럼 51편과 연재가 끝난 후 작성한 '여성이 느끼고 체험한 전쟁 속의 죽음'에 관한 두 편의 글을 단행본으로 엮은 것이다. 이 책은 죽음을 본질적으로 꿰뚫고 싶어 철학을 시작했다는 저자의 자전적 고백이자, 사회의 다양한 죽음을 목도한 철학적 에세이다. 나아가 더 많은 이들과 죽음에 대해 사색해보자고 권유하는 목소리가 진정성 있게 담겨 있다.

탐구 주제

주제1 플라톤은 인생의 목표가 죽음을 연습하는 일, 즉 '몸의 감옥에서 영혼을 해방하는 것'이라고 생각했다. 그는 죽음 이후의 세계에 대한 진리를 발견해야 한다고 강조한다. 플라톤과 이 책의 저자가 말하는 '죽음 연습'의 공통점과 차이점을 비교, 분석해 보자.

주제2 사람이 태어나서 늙어 죽는 것은 자연의 이치다. 그러나 현대 사회에서 '늙음'은 끊임없이 부정되며, 사람들은 조금이라도 더 젊어 보이기 위해 주름을 펴고 피부의 젊음을 위해 노력한다. 이러한 현상에 대한 자신의 견해를 보고서로 작성해 보자.

주제3 가난과 노인 자살의 상관관계 분석

주제4 '잘 죽는다는 것'에 대한 심층 탐구

학생부 기록 예시 (교과세특)

이경신의 '죽음 연습'을 읽고 플라톤이 '파이돈'에서 언급한 '죽음 연습'과의 공통점과 차이점을 비교 분석함. 플라톤의 '죽음 연습'이 몸에서 영혼의 자유를 되찾는 사후 세계에 대한 준비라면, 이 책은 현재 삶에 충실하면서 죽음을 준비하는 것이라고 설명함. 저자는 플라톤과 달리 죽음 이후의 세계가 아닌, 현재에 집중하며 좋은 삶을 살려고 노력해야 한다는 것을 강조하고 있다고 분석함.

'죽음 연습(이경신)'을 읽고 '늙음'이 부정되는 현대 사회를 비판하며, 이에 대한 생각을 보고서로 작성함. 많은 사람이 젊음을 유지하기 위해 노력하는 구체적인 사례를 제시하며 개인의 차원을 넘어서 사회 전체가 젊어 보이려는 욕망을 끊임없이 부추기고 있다고 비판함. 계절이 순환하듯 인간의 늙음도 인생의 자연스러운 현상으로 생각하고 이를 편안하게 바라보는 사회적인 시각의 필요성을 강조함.

관련 논문

철학적 문제로서의 죽음-플라톤의 『파이돈』을 중심으로(최성환, 민현기, 2021)

관련 도서

《마지막 질문》, 김종원, 포르체
《삶을 위한 죽음의 심리학》, 권석만, 학지사

관련 계열 및 학과	• 인문계열: 국어국문학과, 문예창작학과, 문화재학과, 심리학과, 종교학과, 철학윤리학과
	• 사회계열: 광고홍보학과, 문화콘텐츠학과, 사회학과, 신문방송학과, 아동가족학과
관련 교과	• 교육계열: 가정교육과, 교육학과, 국어교육과, 사회교육과, 윤리교육과

2022 개정 교육과정: 화법과 언어, 독서와 작문, 주제 탐구 독서, 사회와 문화, 현대사회와 윤리

2015 개정 교육과정: 화법과 작문, 독서, 언어와 매체, 사회·문화, 생활과 윤리

독서탐구분야

영어탐구분야

수학탐구분야

사회탐구분야

과학탐구분야

교과탐구분야

창작자를 위한 챗GPT 저작권 가이드

정경민 | 포르체 | 2023

인공지능 시대에 새롭게 생겨날 창작물에 대한 저작권 상식과 자신의 콘텐츠를 지키는 방법을 제시하는 안내서이다. 디지털 기술의 발달로 창작의 영역이 넓어지며 저작권과 대화형 인공지능인 챗봇에 대한 사람들의 관심이 높아졌다. 인공지능이 만든 새로운 콘텐츠가 범람하는 오늘날 챗봇을 창작에 올바르게 활용하고, 자신과 타인의 권리를 보호하기 위해 꼭 필요한 내용이다.

탐구 주제

주제1　미래 사회의 화두는 '인공지능'이다. 이 중에서도 요즘 주목을 받는 것이 챗봇이다. 챗봇은 사람과 자연스럽게 대화를 하며 순식간에 원하는 정보를 제공하기 때문에 인간이 작성해야 할 글을 챗봇에게 일임하는 현상이 나타나기도 한다. 이에 대한 생각을 논술해 보자.

주제2　저작권이란 인간의 사상이나 감정을 표현한 창작물인 저작물에 대한 권리로, 지식재산권 중 대표적인 권리이다. 인공지능 개발자들은 인공지능이 창작한 다양한 작품에도 인간과 같은 저작권을 부여해야 한다고 주장하고 있다. 이러한 현상에 대해 탐색해 보자.

주제3　대화형 인공지능인 챗봇의 장단점 탐색

주제4　저작권의 중요성과 바람직한 변화 방향 모색

학생부 기록 예시 (교과세특)

정경민의 '창작자를 위한 챗GPT 저작권 가이드'를 읽고 챗봇에 대한 생각을 논술문으로 작성함. 학교 과제를 할 때 챗봇을 활용하는 학생들의 수치를 통계 자료로 작성하여 자신의 주장을 뒷받침함. 최근 챗봇이 작성한 글을 마치 자신이 직접 쓴 것처럼 발표하는 사람들의 문제점을 날카롭게 지적함. 챗봇에게 과도하게 의존해서는 안 되며, 정보를 찾기 위한 수단으로 적절하게 활용해야 함을 주장함.

'창작자를 위한 챗GPT 저작권 가이드(정경민)'를 읽고 인공지능의 창작 작품에도 저작권을 주어야 한다는 시각을 탐색함. 최근 미국의 한 컴퓨터 공학자가 자신이 개발한 인공지능의 그림을 공개하고 인공지능의 저작권을 인정하라는 소송을 제기했지만, 미국 법원이 인공지능의 창작물은 저작권이 없다고 판결했음을 발표함. 저작권은 반드시 인간의 창의성이 개입한 작품이어야 함을 강력하게 주장함.

관련 논문

챗GPT를 활용한 시창작 방안 연구(김민지, 2023)

관련 도서

《실전 사례로 배우는 챗GPT 활용법》, 김영안 외, 에이원북스
《이제는 알아야 할 저작권법》, 정지우, 마름모

관련 계열 및 학과	• 인문계열 : 국어국문학과, 문예창작학과, 심리학과, 언어학과, 철학과
	• 사회계열 : 문화콘텐츠학과, 미디어학부, 법학과, 사회학과, 언론정보학과, 응용통계학과
관련 교과	• 교육계열 : 공학교육과, 국어교육과, 기술교육과, 사회교육과, 윤리교육과, 컴퓨터교육과

2022 개정 교육과정 : 화법과 언어, 주제 탐구 독서, 직무 의사소통, 독서토론과 글쓰기, 사회와 문화

2015 개정 교육과정 : 화법과 작문, 언어와 매체, 실용 국어, 사회·문화, 사회문제 탐구

천변풍경

박태원 | 문학과지성사 | 2005

박태원 장편소설
천변풍경

이 작품은 청계천을 배경으로 천변에 사는 사람들의 에피소드를 나열한 1930년대 모더니즘 소설이다. 작가는 단순하고 미묘한 것까지도 풍부하고 흥미롭게 이야기한다. 주인공 없이 70여 명의 다양한 삶을 보여주며 특정 화자에 의해 이야기를 서술하지 않고 다양한 서술 양식을 수용하고 있다. 세밀한 세태의 묘사를 통해 당대의 진실을 추구하려 한 작가 정신이 돋보이는 작품이다.

탐구 주제

주제1 세태소설은 어떤 특정한 시기의 풍속이나 세태의 한 단면을 묘사하는 것을 목적으로 한 소설이다. 이 작품에 나타난 세태소설의 특징을 분석하고, 반영론적 관점에서 이런 종류의 소설이 나타나게 된 원인을 분석하여 보고서로 작성해 보자.

주제2 《천변풍경》은 청계천 주변에서 살아가는 사람들을 크게 두 부류로 나누어 그들 집단이 보이는 의식과 행동을 객관적으로 묘사하고 있는 작품이다. 이러한 방식을 통해 작가가 추구하고자 하는 것을 찾고, 이 작품이 지닌 소설적 의의를 탐구해 보자.

주제3 작품 속에 나타난 의식의 흐름 탐구

주제4 소설에 나타난 1930년대의 사회상 고찰

학생부 기록 예시 (교과세특)

박태원의 '천변풍경'을 읽고 세태소설의 개념과 특징, 발생 원인 등을 보고서로 작성하여 발표함. 세태소설은 관찰자의 입장에서 정물화된 세태 묘사에 치중하는 특징을 가지는데 이것은 희망 없는 식민지 시대의 특수한 현실에서 발생되었다고 분석함. 세태소설 작가들은 모순이 가득 찬 현실에서 자신들의 이상을 구현하기가 어렵다고 생각하여 현실에 대해 무기력한 관찰자의 입장을 취하게 되었음을 반영론적 관점에서 해석함.

'천변풍경(박태원)'을 읽고 소설 속에 드러난 계층을 통해 작가가 의미하는 것을 분석하여 발표함. 작가는 가난한 서민층과 속물적인 중산층을 객관적으로 묘사함으로써 두 계층 모두 더 나은 세계에 대한 희망없이 일상적인 삶을 단순 반복하는 현실을 보여 준다고 발표함. 또한 표현하고자 하는 대상이나 인간의 감정을 정확하게 대응하는 언어를 사용함으로써 국어의 영역을 새롭게 개척한 작품이라고 평가함.

관련 논문
박태원 소설 〈천변풍경〉의 서사적 재미(김근호, 2014)

관련 도서
《소설가 구보씨의 일일》, 박태원, 사피엔스21
《탁류》, 채만식, 문학과지성사

관련 계열 및 학과
- 인문계열: 국어국문학과, 문예창작학과, 미학과, 사학과, 심리학과, 인류학과
- 사회계열: 문화콘텐츠학과, 미디어학부, 사회복지학과, 사회학과, 지리학과
- 교육계열: 가정교육과, 교육학과, 국어교육과, 사회교육과, 역사교육과, 지리교육과

관련 교과

2022 개정 교육과정: 독서와 작문, 문학, 주제 탐구 독서, 사회와 문화, 언어생활 탐구

2015 개정 교육과정: 독서, 문학, 언어와 매체, 사회·문화, 생활과 윤리, 사회문제 탐구

체호프 희곡선

안톤 파블로비치 체호프 |
을유문화사 | 2012

러시아의 대문호이자 사실주의 희곡의 대가로 불리는 안톤 파블로비치 체호프의 4대 희곡을 수록한 희곡집이다. 체호프의 희곡은 정상적인 사고를 하는 인물은 보이지 않고 인간 감정이 적나라하게 드러나는 것이 특징이다. 복잡·미묘한 인간관계를 분석하여 인물 간의 대화를 생생하게 전달하는 〈갈매기〉, 〈바냐 삼촌〉, 〈세 자매〉, 〈벚나무 동산〉 등은 체호프 극작술의 정수를 보여 주는 걸작으로 평가받고 있다.

탐구 주제

주제1 러시아의 연극, 나아가 세계의 연극은 체호프를 통해 근대 사실주의 연극의 시대를 마무리 짓고 현대 연극이 나아가야 할 새로운 길의 이정표를 세웠다. 작가가 이 작품을 통해 독자에게 말하고자 하는 것이 무엇인지 탐구해 보자.

주제2 이 작품에는 예상치 못한 운명 앞에서 무너지는 인간들의 모습이 제시된다. 작가는 인물들이 겪는 다양한 사건 속에서 그들의 목소리를 통해 '일하라'라는 조언을 반복하고 있다. 작가가 말하는 '일하는 것'의 의미를 심층적으로 탐색해 보자.

주제3 소설과 희곡의 장르적 특징 고찰

주제4 안톤 파블로비치 체호프의 작품 세계 연구

학생부 기록 예시 (교과세특)

안톤 파블로비치 체호프의 '체호프 희곡선'을 읽고 작가가 이야기하고 싶은 주제를 탐색함. '갈매기'에서 '중요한 것은 명예도, 명성도 아니고 참된 능력'이라고 한 니나의 대사를 인용하며 꿈도 사랑도 이루지 못하고 버림받은 결과 니나가 배운 교훈은 버티는 것이라고 분석함. 작가는 주는 메시지는 '힘든 상황을 벗어나기 위해 일해야 한다.'라며, 결국 인생이란 슬픈 상황에서 버티는 것임을 알려 준다고 발표함.

'체호프 희곡선(안톤 파블로비치 체호프)'을 읽고 책 속에 일관되게 제시되는 '일하라'는 말의 의미를 심층적으로 탐색하여 발표함. 저자가 말하는 '일하는 것'은 단순히 직업인으로서 자기 생계를 책임지라는 의미가 아닌, 인간으로서 운명을 스스로 책임지려는 능동적인 의지를 지녀야 한다는 의미라고 발표함. 또한 인류의 낙관적 미래를 바라보며 자신의 현실을 긍정하는 개개인에 대한 응원의 목소리라고 해석함.

관련 논문

A. 체호프의 희곡 작품에 나타난 '아버지의 부재' 연구: 문학과 휴머니즘에 관한 고찰(함영준, 2016)

관련 도서

《체호프 단편선》, 안톤 체호프, 민음사
《세자매》, 안톤 체홉, 예니

관련 계열 및 학과	• 인문계열: 국어국문학과, 노어노문학과, 문예창작학과, 심리학과, 철학과
	• 사회계열: 문화콘텐츠학과, 사회복지학과, 사회학과, 신문방송학과, 정치외교학과
관련 교과	• 교육계열: 교육학과, 국어교육과, 사회교육과, 역사교육과, 윤리교육과

2022 개정 교육과정: 독서와 작문, 문학, 주제 탐구 독서, 독서토론과 글쓰기, 사회와 문화

2015 개정 교육과정: 독서, 문학, 고전 읽기, 사회·문화, 생활과 윤리

글로벌 경제를 바탕으로 현재의 경제 위기 상황을 날카롭게 지적하고, 초강달러 시대에 대처하는 법을 설명하고 있는 책이다. 국제 금융의 중심에 있는 달러는 세계 경제를 이끄는 리더다. 달러의 흐름, 돈의 흐름을 읽는 것이 글로벌 경제를 잡는 기본이자 첫걸음이다. 무역 전문가인 저자가 세상의 움직임, 미래 경제를 예측하면 위기가 찾아와도 예측하고 대응할 수 있음을 알려 준다.

탐구 주제

주제1 달러는 전 세계에서 통용되는 화폐이다. 이런 상황에서 환율이 1600원이 넘어가는 초강달러 시대가 된다면 세계 경제는 위기를 맞을 수밖에 없다. 초강달러 시대의 원인과 이로 인해 발생하는 문제점에 대해 탐색해 보자.

주제2 현재 미국에서는 금리를 올려 세계에 풀린 달러의 유동성을 줄이고 있다. 이 상황은 중국과의 경쟁에서 비롯된 것으로, 미국의 이런 기조는 쉽게 중단되지 않을 것으로 예상된다. 우리나라가 초강달러 시대의 어려움을 극복할 수 있는 방안에 대해 토론해 보자.

주제3 전쟁과 경제의 상관관계 분석

주제4 반복되는 금융위기의 원인과 대책 고찰

학생부 기록 예시 (교과세특)

홍재화의 '초강달러 시대, 돈의 흐름'을 읽고 초강달러 시대가 의미하는 것과 이를 극복할 수 있는 방안을 토론함. 고금리 시대에는 전 세계적으로 달러가 부족한데 이는 미국의 자국 우선주의 때문이라고 밝힘. 미국이 달러를 세계에 풀지 않고 자국민의 일자리를 만든 결과라고 분석함. 이로 인해 달러를 충분히 보유하지 않은 국가는 수출도, 수입도 힘들어지는 문제점이 발생할 것이라고 전망함.

'초강달러 시대, 돈의 흐름(홍재화)'을 읽고 초강달러 사회가 불러올 어려움에 대해 탐색하고 우리나라가 이를 잘 해결할 수 있는 방안을 설명함. 우리나라는 경제가 발전한 선진국에 속하지만 석유 등의 천연자원을 수입해야 하므로 달러가 부족해져 이로 인한 위기가 찾아올 것이라고 밝힘. 그러나 세계적으로 유행하는 한류의 영향으로 우리 경제는 이를 잘 극복할 수 있을 것이라고 주장함.

관련 논문

미중 패권전쟁과 달러 패권의 미래(정재환, 2022)

관련 도서

《비트코인, 그리고 달러의 지정학》, 오태민, 거인의정원
《화폐전쟁》, 쑹훙빙, 알에이치코리아

관련 계열 및 학과	• 인문계열: 국어국문학과, 문예창작학과, 사학과, 심리학과, 언어학과, 철학과
	• 사회계열: 경영학과, 경제학과, 국제관계학과, 국제통상학과, 무역학과
관련 교과	• 교육계열: 전 교육계열

2022 개정 교육과정: 화법과 언어, 주제 탐구 독서, 독서토론과 글쓰기, 사회와 문화, 경제

2015 개정 교육과정: 화법과 작문, 독서, 언어와 매체, 사회·문화, 사회문제 탐구, 경제

국어교과군

영어교과군

수학교과군

사회교과군

과학교과군

도덕교과군

춘향전

작자 미상 | 민음사 | 2004

《춘향전》의 정확한 창작 시기와 작자는 불분명하나 조선 영조와 정조 시대에 생성되고 개화기를 거쳐 현재의 작품이 형성된 것으로 추측된다. 기생 춘향의 일화, 박색 추녀 설화, 암행어사 설화 등이 합쳐져 판소리 〈춘향가〉로 발전하였고, 판소리 사설이 소설로 각색되어 전해지고 있다. 계급을 넘은 순수한 연애와 서민들의 꿈과 정서를 담은 조선 시대 소설의 결작이다.

탐구 주제

주제1 풍자문학은 한 시대를 지배하는 모순과 불합리성을 조롱, 멸시, 분노 등의 정서를 통해 비판하고 고발하는 문학 양식으로,《춘향전》에서도 풍자문학의 특징이 나타나고 있다.《춘향전》에 나타나는 풍자문학의 특성을 찾고, 이를 통해 나타내고자 한 것이 무엇인지 토론해 보자.

주제2 예로부터 사람들은 문학 작품을 통해 자신이 꿈꾸고자 하는 것들을 이루고 카타르시스를 느꼈다고 한다. 이 작품을 통해 당대의 서민들이 원했던 삶과 이상을 살펴보고, 이에 대한 생각을 현대 사회와 연결지어 논술해 보자.

주제3 열녀 춘향의 윤리관의 현대적 해석

주제4 작품 속에 드러난 당대 서민들의 소망과 정서 분석

학생부 기록 예시 (교과세특)

‘춘향전’의 풍자문학적인 성격을 찾고, 이를 통해 무엇을 비판하고자 했는지 분석하여 발표함. 양반인 이 도령이 춘향을 유혹할 때 저지르는 실수, 방자로부터 온갖 희롱과 놀림을 당하고도 아무런 대응을 하지 못하는 모습 등이 결국 양반 사회를 조롱한다고 발표함. 기세등등하던 수령들이 더 큰 권력인 암행어사 앞에서 조아리는 장면 역시 양반의 위선을 우스꽝스럽게 묘사하는 풍자문학의 성격이 강하다고 발표함.

‘춘향전(작자 미상)’을 읽고 소설 속 시대상을 분석하고, 당대 서민들이 꿈꾸던 삶에 대한 생각을 체계적인 글로 작성함. 기생의 딸이 양반가의 자제와 혼인하는 사건, 백성을 지배하던 탐관오리가 처벌당하는 사건 등에서 억눌린 삶에서 벗어나 신분 상승을 꿈꾸던 당대 서민들의 생각이 드러난다고 밝힘. 또한 끝까지 정절을 지키는 춘향이의 모습은 열녀의 윤리관을 중요시하는 사람들의 의식이 반영된 것이라고 주장함.

관련 논문

계층의 문제로 보는 〈춘향전〉의 낭만성 (이정원, 2021)

관련 도서

《심청전》, 정출헌, 휴머니스트
《토끼전》, 장재화, 휴머니스트

관련 계열 및 학과
- 인문계열: 국어국문학과, 문예창작학과, 문화인류학과, 사학과, 역사문화학과
- 사회계열: 문화콘텐츠학과, 미디어학부, 법학과, 사회학과, 신문방송학과

관련 교과
- 교육계열: 가정교육과, 국어교육과, 사회교육과, 역사교육과, 한문교육과

2022 개정 교육과정: 독서와 작문, 문학, 주제 탐구 독서, 언어생활 탐구, 사회와 문화, 윤리와 사상

2015 개정 교육과정: 독서, 언어와 매체, 문학, 고전 읽기, 사회·문화, 고전과 윤리, 사회문제 탐구

카인의 후예

황순원 | 현대문학 | 2011

《카인의 후예》는 1953년부터 《문예》에 연재했던 작품으로, 1950년대 한국 문학을 대표하는 소설이다. 평양의 지주이던 작가 집안이 북한 공산주의 체제 수립 과정에서 내쫓겼던 실화에 근거했다. 공산 정권이 주도하는 토지 개혁의 혼란기에 전통문화와 이념의 수호자들이 새로운 질서에 적응하지 못하고 스러지는 과정을 다양한 인간 군상들의 모습으로 보여 준다.

탐구 주제

주제1 이 작품은 8·15 이후 북한의 토지 개혁으로 인한 시대 변화를 잘 표현하고 있다. 작가는 작품을 통해 시대 변동에 따른 '인간 유대 관계의 파괴와 상실'이라는 주제 의식을 드러낸다. '카인과 후예'라는 제목이 '인간 유대 관계의 파괴와 상실'이라는 주제와 어떤 관련이 있는지 탐색해 보자.

주제2 이 작품에는 재판 장면을 중심으로 토지 개혁이 실시되고 지주 제도가 몰락하는 과정이 묘사되어 있다. 당대의 사회성을 다양한 인물과 사건으로 형상화한 작가의 시각을 분석하고, 이에 대한 생각을 보고서로 작성해 보자.

주제3 시대의 격변기를 대하는 사람들의 대응 태도 탐색

주제4 《카인의 후예》의 문학사적 의의 고찰

학생부 기록 예시 (교과세특)

황순원의 '카인의 후예'를 읽고 제목과 주제의 관련성에 대해 탐색함. 카인은 하느님이 창조한 아담과 이브의 두 아들 중 맏이로, 동생인 아벨을 죽인 인류 역사 최초의 살인자라고 설명함. 이런 제목은 작품 속 이념으로 인해 형제 같은 마을 사람을 살인하는 사건, 동족상잔의 비극을 나타내는 6·25와 연관되어 있다고 분석함. 작가는 이를 통해 이념 갈등에 대한 비판적인 재인식을 촉구하고 있다고 주장함.

'카인의 후예(황순원)'를 읽고 사회상을 반영하는 작가의 태도를 분석해 이에 대한 생각을 보고서로 작성함. 작가는 작품에서 자신의 주관을 개입하여 박훈을 비롯한 지주 계급 쪽에 비중을 주고 이야기를 전개하고 있다고 설명함. 이는 과거의 상층 계급을 하층으로 끌어내리고, 오랜 관행과 풍습을 갑자기 부숴버리는 개혁은 정당하지 않다는 당대 지식인의 비판적인 태도에서 비롯된 것이라고 분석함.

관련 논문

황순원의 〈카인의 후예〉연구 (박은태, 2006)

관련 도서

《나무들, 비탈에 서다》, 황순원, 문학사상사
《학 잃어버린 사람들》, 황순원, 문학과지성사

관련 계열 및 학과
- 인문계열: 국어국문학과, 문예창작학과, 문헌정보학과, 사학과, 심리학과, 철학과
- 사회계열: 경영학과, 문화콘텐츠학과, 부동산학과, 사회학과, 정치외교학과

관련 교과
- 교육계열: 교육학과, 국어교육과, 사회교육과, 역사교육과, 윤리교육과

2022 개정 교육과정: 독서와 작문, 문학, 주제 탐구 독서, 문학과 영상, 사회와 문화, 윤리와 사상

2015 개정 교육과정: 독서, 언어와 매체, 문학, 사회·문화, 사회문제 탐구

탁류

채만식 | 문학과지성사 | 2014

이 작품은 1930년대 자본의 수렁에서 허우적거리는 식민지 조선의 부조리한 현실을 하류에 이르면서 흐려지는 금강에 비유해 풀어낸 소설이다. 한 여인을 중심으로 식민지하에 무너지는 한 가족과 주변 인물들의 모습을 그리고, 사회의 어두운 면을 풍자와 냉소적 시각으로 나타낸 작품으로 평가된다. 1937년 12월부터 6개월간 신문에 연재되며 사람들의 관심을 받았다.

탐구 주제

주제1 소설가는 작품에 등장하는 인물의 행동이나 대화를 통해 자신의 세계관이나 삶에 대한 해석을 간접적으로 제시한다. 이 작품에 등장하는 다양한 인물을 분석하고, 이를 통해 작가가 강조하고자 하는 중심 생각에 대해 토론해 보자.

주제2 소설에서 인물이 활동하고 사건을 벌이는 구체적인 시공간을 '배경'이라고 한다. 배경은 작품 속 인물과 행동의 신빙성을 높여 주고, 분위기를 조성하며, 주제를 암시적으로 드러내기도 한다. 이 작품의 배경과 제목의 상징적인 의미를 탐색해 보자.

주제3 작품의 리얼리즘적 특징과 한계점 고찰

주제4 채만식 소설에 나타난 지식인의 모습 탐구

학생부 기록 예시 (교과세특)

채만식의 '탁류'에 나타난 인물의 유형을 살펴보고 이를 통해 작가가 나타내고자 하는 바를 발표함. 무능하고 탐욕적인 인간의 전형인 정 주사, 악인의 전형인 장형보, 악인에게 짓밟히는 희생자 초봉을 통해 식민지하에서 무너지는 인간상을 나타냈다고 설명함. 또한 파멸하지 않는 인간형인 승재와 계룡을 통해 봉사 정신과 굳센 정신을 지닌 자만이 현실의 난관을 극복할 수 있음을 강조하려 했다고 주장함.

'탁류(채만식)'를 읽고 작품의 배경과 제목의 상징적 의미를 탐구하여 보고서로 작성함. 배경이 되는 '금강'은 자연적 배경이 아닌 인위적 배경으로 정 주사 일가의 운명과 초봉의 일생, 나아가 당시 우리 민족의 현실을 나타낸다고 설명함. 맑았던 강물이 흐린 탁류가 되는 것은 일제의 수탈 속에 타락해 가는 사람들의 모습을 암시한다고 분석함. 이 소설의 배경은 주제를 부각하기 위한 장치였음을 알게 되었다고 밝힘.

관련 논문

채만식 소설 「탁류」의 장소성에 관한 연구(박철웅, 2021)

관련 도서

《태평천하》, 채만식, 민음사
《레디메이드 인생》, 채만식, 문학과지성사

관련 계열 및 학과	• 인문계열: 국어국문학과, 문예창작학과, 사학과, 미학과, 심리학과, 철학과
	• 사회계열: 문화콘텐츠학과, 사회복지학과, 사회학과, 아동가족학과, 정치외교학과
관련 교과	• 교육계열: 가정교육과, 교육학과, 국어교육과, 사회교육과, 윤리교육과

2022 개정 교육과정: 독서와 작문, 문학, 주제 탐구 독서, 문학과 영상, 사회와 문화, 정치

2015 개정 교육과정: 독서, 언어와 매체, 문학, 정치와 법, 사회·문화, 사회문제 탐구

태백산맥

조정래 | 해냄출판사 | 2020

이 작품은 1945년 8.15 광복부터 1953년 휴전 협정으로 끝맺기까지의 한국 근현대사를 본격적으로 조명한 역사소설이다. 제목은 태백산맥이지만 정작 태백산맥은 나오지 않고, 지리산을 배경으로 벌교에서 펼쳐진 빨치산 활동을 사실적으로 묘사하고 있다. 근대사의 중요한 공간을 본격적으로 다루었다는 점에서 분단 문학의 새로운 지평을 연 작품으로 평가된다.

탐구 주제

주제1 《태백산맥》에는 다양한 사람들이 등장한다. 그들은 각자의 이념과 사상을 바탕으로 이를 실현하고자 하는 치열한 삶을 살아 왔다. 그러나 대부분은 현실에서 그 뜻을 이루지 못한다. 작가가 작품에서 이러한 설정을 한 의도를 분석하여 발표해 보자.

주제2 소설에서 갈등은 사건을 전개하고, 사건의 주체가 되는 인물에 대해 설명하며 소설의 구성 단계를 이끌어 가는 역할을 한다. 이 작품에 나타난 다양한 갈등의 양상을 밝히고, 오늘날의 정치 현실에 비추어 비판적인 시각에서 탐색해 보자.

주제3 《태백산맥》에 나타난 문학의 정치성 연구

주제4 《태백산맥》을 통해 본 민중 의식의 중요성 탐색

학생부 기록 예시 (교과세특)

'태백산맥(조정래)'을 읽고 소설의 탄생 배경을 설명하고, 인물들의 모습에서 작가의 의도를 탐색함. 1980년대 한국은 반공 이데올로기가 약화되며 객관적인 6.25의 실체 탐구가 가능해진 시대였는데, 이것이 작가의 관심과 어우러져 대작이 탄생했다고 발표함. 작품 속 중요 인물들이 뜻을 이루지 못함을 지적하며 이는 역사의 비극성과 지금도 해결하지 못한 과제가 있음을 후대에 강조하는 것이라고 주장함.

조정래의 '태백산맥'을 읽고 인물 간 갈등의 양상을 조사하고, 올바른 역사에 대한 생각을 발표함. 염상진을 중심으로 한 좌익 세력과 토착 지주 및 자본가 중심의 우익 세력 사이의 갈등을 설명하고, 그 사이의 민중들은 혼돈의 시대에서 저마다의 길을 택할 수밖에 없었을 것이라고 분석함. 이는 오늘날의 정치 현실과 크게 다를 바가 없으며 이념의 갈등 문제는 우리 민족이 해결해야 할 급선무라고 설득력 있게 주장함.

관련 논문

조정래의 『태백산맥』에 나타난 종교와 이데올로기(박현경, 2021)

관련 도서

《아리랑》, 조정래, 해냄출판사
《한강》, 조정래, 해냄출판사

관련 계열 및 학과

- 인문계열: 국어국문학과, 문예창작학과, 북한학전공, 사학과, 철학윤리학과
- 사회계열: 군사학과, 문화콘텐츠학과, 법학과, 사회학과, 정치외교학과, 지리학과
- 교육계열: 교육학과, 국어교육과, 사회교육과, 역사교육과, 윤리교육과, 지리교육과

관련 교과

2022 개정 교육과정: 독서와 작문, 문학, 주제 탐구 독서, 문학과 영상, 정치, 국제관계의 이해

2015 개정 교육과정: 독서, 문학, 언어와 매체, 한국지리, 사회·문화, 사회문제 탐구

토지

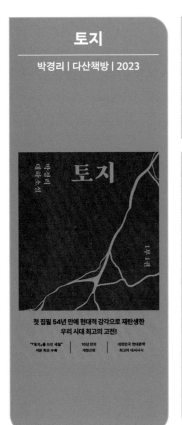

박경리 | 다산책방 | 2023

동학 농민 전쟁과 갑오개혁, 식민지 현실, 해방 등 1897년 한가위에서부터 1945년 8월 15일까지의 한국 근대사를 배경으로 완간까지 총 26년이 걸린 대하소설이다. 경남 하동을 중심으로 서울, 진주, 간도, 러시아, 일본에 이르는 방대한 공간에서 다양한 인물들의 이야기가 펼쳐진다. 격동기를 거친 우리 민족의 한과 강인한 생명력을 그린 한국 문학사의 기념비적인 작품으로 평가받는다.

탐구 주제

주제1 《토지》는 한국 근대사의 인물들이 겪는 식민지적 고통과 운명을 다룬 대하소설이자 가족소설이다. 예로부터 '토지'는 삶의 터전이자 목숨과도 같은 것이었다. 제목 '토지'가 이 작품에서 암시하고 상징하는 것이 무엇인지 탐색해 보자.

주제2 《토지》는 지방 양반 지주였던 최치수 일가와 그들을 둘러싼 칠백여 명의 다양하고 끈질긴 생애를 그리고 있다. 작가는 선악을 함께 존재하게 하며 독자들에게 운명에 대한 질문을 던진다. 작가가 작품을 통해 나타내고자 하는 '운명과 존엄성'에 대해 고찰해 보자.

주제3 서문에 나타난 암시적인 상징성 고찰

주제4 《토지》을 통해 본 민중 의식의 중요성 탐색

학생부 기록 예시 (교과세특)

'토지(박경리)'를 읽고 작품의 내용과 관련하여 제목이 지니는 상징성을 파악하고 이를 세계관과 연관해 탐색하는 보고서를 작성함. 이 작품에서 '토지'는 단순한 '땅'이 아니라 땅에 대한 인간적인 용도와 사회적인 제도를 전제하고 있다고 설명함. 토지에 대한 믿음을 가진 전통적 가치관과 약탈과 착취를 기반으로 자연의 생명력을 왜곡하려는 세계관의 첨예한 대립이 제목을 통해 암시되고 있다고 주장함.

박경리의 '토지'를 읽고 작가가 나타내고자 한 의미를 탐색해 독서감상문을 작성함. 작가는 악당 조준구와 김두수 등의 악랄한 행적을 통해 일본 제국주의자들의 죄의식을 냉철하게 그리며 남의 존엄성을 해치는 자는 결국 자신의 존엄성을 파괴하는 것을 알려 준다고 분석함. 임명희의 독백을 제시하며 인간의 존엄성을 지켜줄 수 있는 것은 '사랑'이었음을 밝히고, 올바른 역사를 창조하는 힘도 여기에 있다고 강조함.

관련 논문
박경리의 《토지》에 나타난 숭고미 (이재복, 2013)

관련 도서
《김약국의 딸들》, 박경리, 다산북스
《녹지대》, 박경리, 현대문학

관련 계열 및 학과
- 인문계열: 국어국문학과, 문예창작학과, 문화인류학과, 북한학전공, 사학과, 철학과
- 사회계열: 군사학과, 문화콘텐츠학과, 미디어학부, 사회복지학과, 사회학과
- 교육계열: 가정교육과, 국어교육과, 사회교육과, 역사교육과, 지리교육과

관련 교과

2022 개정 교육과정: 독서와 작문, 문학, 문학과 영상, 주제 탐구 독서, 사회와 문화, 한국지리 탐구

2015 개정 교육과정: 독서, 문학, 언어와 매체, 심화 국어, 한국지리, 윤리와 사상, 사회문제 탐구

페스트

알베르 카뮈 | 민음사 | 2011

20세기 문학이 남긴 기념비적인 고전으로, '페스트'라는 비극적인 현실 속에서 운명과 대결하는 인간의 모습을 그린 소설이다. 무서운 전염병으로 폐쇄된 도시에서 재앙에 대응하는 사람들의 각기 다른 모습을 통해 절망과 맞서는 것은 결국 행복에 대한 의지이며, 잔혹한 현실과 죽음 앞에서도 희망을 놓지 않는 것이야말로 부조리한 세상에 대한 진정한 반항임을 이야기한다.

탐구 주제

주제1 이 책에서 전염병은 삶과 죽음을 직면시키며, 존재의 의미와 가치에 대한 의문을 제기한다. 인류의 재앙을 마주했다는 점에서 소설 속 세상과 현재 우리가 처한 환경의 유사성을 찾고, 이러한 재앙을 이겨내기 위해 필요한 자세가 무엇인지 탐색해 보자.

주제2 어느 날 갑자기 시작된 전염병은 시민들을 혼란과 두려움에 빠트린다. 이로 인해 도시는 폐쇄되고, 주민들은 자신들의 자유와 권리를 제한받는다. 개인의 자유와 사회적 안전 간의 균형에 대해 고찰하여 보고서로 작성해 보자.

주제3 전염병을 맞이한 인간의 심리와 사회적 현상 고찰

주제4 집단 도덕과 개인 책임 사이의 갈등과 조화 탐색

학생부 기록 예시 (교과세특)

알베르 카뮈의 '페스트'를 읽고 소설 속 세상과 현실의 유사성을 찾고, 인간이 추구해야 할 삶의 자세에 대해 탐색함. 가짜 뉴스, 도시 봉쇄, 치안과 물자 부족, 개인주의 등이 만연한 소설 속 상황이 코로나 시대와 유사하다고 밝힘. 작가는 이에 대한 해법을 정해진 자리에서 자신의 몫을 다한 인간의 성실함에서 찾았으며, 코로나 역시 희망을 가지고 성실하게 일한 사람들에 의해 극복할 수 있었다고 발표함.

'페스트(알베르 카뮈)'를 읽고 개인의 자유와 사회적 안전 간의 균형에 대해 고찰함. 항구 도시인 '오랑시'가 페스트로 인해 폐쇄되고, 주민들의 삶 자체가 파괴된 것은 코로나 상황의 모습과 같았다고 설명함. 특히 코로나 초기에 사회적인 안전을 위해 개개인의 사생활이 지나치게 노출되어 생긴 문제점이 심각했다고 밝힘. 개인과 공동체 모두의 권리를 존중하는 균형을 위해 노력하는 것이 중요하다고 주장함.

관련 논문

알베르 카뮈의 『페스트』: 나, 우리, 반항(변광배, 2014)

관련 도서

《결혼·여름》, 알베르 카뮈, 녹색 광선
《이방인》, 알베르 카뮈, 민음사

관련 계열 및 학과	• 인문계열: 국어국문학과, 문예창작학과, 불어불문학과, 사학과, 심리학과, 철학과
	• 사회계열: 문화콘텐츠학과, 사회학과, 신문방송학과, 의료경영학과, 정치외교학과
관련 교과	• 교육계열: 가정교육과, 교육학과, 국어교육과, 불어교육과, 사회교육과, 역사교육과

2022 개정 교육과정: 독서와 작문, 문학, 주제 탐구 독서, 문학과 영상, 사회와 문화, 현대사회와 윤리

2015 개정 교육과정: 독서, 언어와 매체, 문학, 고전 읽기, 사회·문화, 사회문제 탐구

국어교과군

영어교과군

수학교과군

사회교과군

과학교과군

도덕교과군

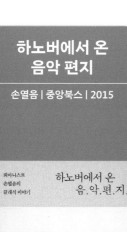

하노버에서 온 음악 편지

손열음 | 중앙북스 | 2015

젊은 거장 혹은 천재로 불리는 피아니스트 손열음이 지난 5년간 음악 칼럼니스트로 활동하며 신문에 연재한 칼럼을 책으로 엮은 것이다. 자신이 사랑하는 피아노와 음악을, 한국인이 사랑하는 명곡과 음악 거장의 일화를, 세계 정상의 연주자가 되기까지의 노력과 도움을 준 사람들의 이야기 등을 흥미롭게 이야기한다. 어렵게만 느껴졌던 클래식을 쉽게 느끼게 하는 책이다.

탐구 주제

주제1 작가가 아닌 유명인이 자신의 이야기를 출판하는 일은 흔하다. 그러나 그런 책들은 대부분 자신의 성공 일화를 풀어낸 자기계발서일 뿐, 독자에게 감동과 깨달음을 주는 책은 드물다. 이 책을 읽고 자신의 느낌을 글로 작성해 보자.

주제2 이 책에서는 피아니스트를 비롯한 연주자는 그저 악기를 잘 다루는 사람이 아니라 우리가 생각하기 어려운 방면에 대해서 고려하고 노력하는 사람이라고 말한다. 음악가가 삶을 대하는 태도를 살펴보고, 훌륭한 연주자에 대한 생각을 발표해 보자.

주제3 문학과 음악의 공통점과 차이점 분석

주제4 음악적 언어와 일상 언어의 상관성 탐구

학생부 기록 예시 (교과세특)

손열음의 '하노버에서 온 음악 편지'를 읽고 자신이 느끼고 깨달은 내용을 감상문으로 작성함. 평소 책을 많이 읽는 것으로 유명한 저자는 생각도 깊어서 마음을 움직이는 글을 쓸 수 있었을 것이라고 생각함. 1만 시간의 법칙을 비웃기라도 하듯 자신의 온 인생을 바쳐 노력하는 저자의 모습에서 깊은 감동을 받았다고 밝힘. 정신적·육체적 고통을 넘어서는 노력은 자신이 진정 좋아하는 일을 할 때 가능하다는 것을 깨달음.

'하노버에서 온 음악 편지(손열음)'를 읽고 다양한 음악가의 인생관을 통해 훌륭한 연주자에 대한 생각을 발표함. 베토벤, 모차르트, 슈베르트의 삶의 태도를 이해하고, 이들의 음악관은 슬픔에 대처하는 방식에서 비롯되었음을 알게 되었다고 설명함. 훌륭한 연주자는 기교가 뛰어난 사람이 아니라 무대에서 관객들과 진정으로 공감할 수 있는 '마법의 순간'을 음악으로 만드는 사람이라고 발표함.

관련 논문

클래식 음악 공연: 클래식 음악의 지식과 체험에 대한 이해(손현경, 2022)

관련 도서

《음악, 당신에게 무엇입니까》, 이지영, 글항아리
《당신과 하루키와 음악》, 백영옥 외, 그책

관련 계열 및 학과	
	• 인문계열: 국어국문학과, 문예창작학과, 미학과, 심리학과, 철학과
	• 사회계열: 광고홍보학과, 문화콘텐츠학과, 사회복지학과, 사회학과, 신문방송학과
관련 교과	• 교육계열: 교육학과, 국어교육과, 사회교육과, 윤리교육과, 음악교육과

2022 개정 교육과정: 화법과 언어, 독서와 작문, 주제 탐구 독서, 사회와 문화, 인문학과 윤리

2015 개정 교육과정: 화법과 작문, 독서, 언어와 매체, 사회·문화, 생활과 윤리

하늘과 바람과 별과 시

윤동주 | 스타북스 | 2022

이 작품은 윤동주 시인의 작품 전체를 비롯해 서문과 발문 및 후기까지를 모두 발굴하여 한 권에 담은 유일한 시집이다. 2017년 윤동주 탄생 100주년을 기념해 소실되지 않은 윤동주의 시와 수필뿐 아니라 윤동주를 위해 쓰인 모든 글을 취합하여 스테디셀러가 되었다. 식민지 시대 지식인으로서 가져야 할 태도와 부끄러움에 대해 노래한 윤동주 시인의 시를 읽으며 성찰의 시간을 가져볼 수 있는 책이다.

탐구 주제

주제1　윤동주는 일제 치하 지식인으로서 겪어야 했던 정신적인 고통을 섬세한 서정으로 노래한 시인이다. 그는 일제 말과 해방 후 문학사적 암흑기의 공백을 메운 민족 문학을 남겼고, 한 시대의 삶과 의식을 노래했다. 윤동주의 작품에서 보이는 공통적인 특성을 탐색해 보자.

주제2　고향이란 자기가 태어나서 자란 곳으로, 사람들의 마음속에 깊이 간직한 그립고 정든 공간이다. 윤동주의 시에는 '고향'에 대한 그리움이 지속적으로 드러난다. 그가 노래한 고향의 공통적인 의미를 다양한 시각에서 분석하여 보고서로 작성해 보자.

주제3　윤동주와 이육사 작품의 공통점과 차이점 분석

주제4　윤동주 시인의 시문학사적 의의 탐색

학생부 기록 예시 (교과세특)

윤동주의 '하늘과 바람과 별과 시'를 읽고 그의 시에서 공통으로 보이는 특성을 탐색함. '참회록', '쉽게 쓰여진 시', '자화상', '십자가' 등의 작품에 나타나는 공통점은 '부끄러움'과 '자기 성찰'이며, 이는 나라를 잃었는데도 아무것도 할 수 없는 자신의 무기력함에서 비롯되었다고 발표함. 윤동주는 그의 말대로 '부끄러운' 시인이 아니라, 진실하고 아름답고 착한 것을 사랑하고 꿈꾸는 민족적 휴머니스트였다고 주장함.

'하늘과 바람과 별과 시(윤동주)'를 읽고 그의 시에 나타나는 '고향'의 의미를 분석하여 보고서로 발표함. 그의 고향은 어릴 적 추억이 있는 공간이자 우리 민족의 전통과 정서가 살아있는 곳을 의미한다고 밝힘. 또한 추억과 역사가 살아 있으며 정신적인 안식을 누릴 수 있는 이상적인 공간이기도 하다고 설명함. 이를 반영론적 관점에서 바라보면 민족적 주체성이 회복된 미래의 독립 공간으로도 해석된다고 분석함.

관련 논문
윤동주 시 연구(강영기, 2015)

관련 도서
《윤동주를 읽다》, 전국국어교사모임, 휴머니스트
《동주》, 신연식, 시공아트

관련 계열 및 학과	• 인문계열: 국어국문학과, 문예창작학과, 사학과, 미학과, 심리학과, 철학과
	• 사회계열: 문화콘텐츠학과, 사회복지학과, 사회학과, 신문방송학과, 정치외교학과
관련 교과	• 교육계열: 전 교육계열

2022 개정 교육과정: 독서와 작문, 문학, 주제 탐구 독서, 문학과 영상, 사회와 문화, 윤리와 사상

2015 개정 교육과정: 독서, 언어와 매체, 문학, 사회·문화, 생활과 윤리

국어교과군

영어교과군

수학교과군

사회교과군

문화교과군

과학교과군

혼불

최명희 | 매안 | 2010

이 작품은 저자가 17년 동안 집필한 대하소설이다. 1930년부터 1943년까지를 배경으로 일제 강점기 사매면 매안마을의 가문을 지키려는 유서 깊은 양반가의 종부 3대와 빈민촌인 거멍굴 사람들의 이야기를 그려 냈다. 세시풍속, 관혼상제, 음식, 노래 등 민속학적, 인류학적 기록 고증에 신경을 썼으며, 수많은 순우리말 단어가 담겨 있어서 국문학적인 가치가 아주 높은 작품이다.

탐구 주제

주제1 《혼불》은 유서 깊은 문중에서 무너져 가는 종가를 지키며 사는 종부 3대와 이들의 땅을 부치며 살아가는 사람들의 삶을 그린 대하소설이다. 이 작품에 사용된 다양한 언어의 특징과 그것이 작품 전체에서 어떤 보이고 있는 지에 대해 조사해 보자.

주제2 이 작품에는 조선 말부터 일제 강점기 시기 전북 남원의 매안마을에 거주하는 다양한 인물이 등장한다. 작품에 드러난 주요 사건의 전개에 따른 인물들의 관계 변화를 고찰하고, 이를 통해 작가가 궁극적으로 말하고자 하는 것이 무엇인지 탐색해 보자.

주제3 《혼불》의 언어에 나타난 민속학적 가치 고찰

주제4 대하소설의 소설적 특징과 유형 분석

학생부 기록 예시 (교과세특)

최명희의 '혼불'에 사용된 언어를 통해 작품의 가치와 의의를 탐색함. 작품에 사용된 풍부한 고유어와 전라도 방언은 작품에 토속적인 정취를 드러내는 동시에 인물의 성격을 생동감 있게 드러내는 역할을 한다고 발표함. 또한 현재는 잘 쓰이지 않는 전통 언어를 많이 사용하였는데 이는 작가의 치밀한 자료 조사의 결과라고 정리함. 이런 측면에서 이 작품은 소설로서의 가치뿐 아니라 민속학적 자료로써의 가치가 높다고 평가함.

'혼불(최명희)'을 읽고 이 소설에 등장하는 두 인물군에 대해 심층적으로 탐색하고 이들의 관계 변화를 통해 작가가 나타내고자 하는 주제를 이끌어 냄. '매안 이씨'로 가문으로 대표되는 양반 지주 계층과 '거멍굴'의 상민 계층은 어느 정도 공생 관계를 유지하지만, 일제 강점기 때 이씨 가문이 몰락하면서 관계가 악화되었다고 분석함. 이를 통해 작가는 억눌린 민중의 삶과의 계층적 갈등을 부각하고 있다고 분석함.

관련 논문
〈혼불〉의 시적 형상화 방법과 실제(문신, 2020)

관련 도서
《장마》, 윤흥길, 민음사
《무녀도·황토기》, 김동리, 민음사

관련 계열 및 학과
- 인문계열: 국어국문학과, 문예창작학과, 문화인류학과, 민속학과, 사학과, 종교학과
- 사회계열: 문화콘텐츠학과, 사회복지학과, 사회학과, 아동가족학과
- 교육계열: 가정교육과, 교육학과, 국어교육과, 사회교육과, 역사교육과

관련 교과

2022 개정 교육과정: 독서와 작문, 문학, 주제 탐구 독서, 사회와 문화, 인문학과 윤리

2015 개정 교육과정: 회법과 작문, 독서, 문학, 사회·문화, 윤리와 사상, 사회문제 탐구

홍길동전

허균 | 민음사 | 2009

《홍길동전》은 당대 사회의 모순을 파헤치고 새로운 영웅과 이상향을 탄생시킨 고전소설이다. 적서 차별, 탐관오리의 횡포, 승려의 부패, 조정의 무능함 등 임진왜란 이후 조선 사회의 구조적인 문제점을 폭넓게 다룬 사회소설이기도 하다. 이야기 속에서 비판하는 사회 문제를 보며 현대 사회의 모습에 대해서도 생각하게 되는 작품이다.

탐구 주제

주제1 《홍길동전》은 조선사회에 대한 예리한 비판과 새로운 사회를 향한 갈망을 그린 한글 소설로, 허균이 생각하는 새로운 이상향을 그리고 있다. 홍길동이 세운 나라 '율도국'의 의미를 탐색하고, 작가가 이를 통해 나타내고자 하는 것이 무엇인지 발표해 보자.

주제2 《홍길동전》은 홍길동이라는 한 영웅의 출세뿐 아니라 임진왜란 이후 조선 사회의 다양한 문제를 폭넓게 다룬 사회소설이다. 이 책이 지금까지도 사람들에게 널리 읽히는 이유를 현대 사회의 여러 현상과 비교하여 분석해 보자.

주제3 《홍길동전》에 나타난 영웅소설의 일대기적 구성 분석

주제4 작품에 나타난 도덕교육적 가치 탐색

학생부 기록 예시 (교과세특)

허균의 '홍길동전'을 읽고 '율도국'의 의미를 탐색해 작가가 말하고자 하는 바를 발표함. 모든 사람이 평등하고 부정부패가 없는 율도국은 홍길동이 해외에 세운 이상 국가라고 설명함. 길동이 조선의 왕이 아닌 율도국의 왕이 된 것은 아무리 부패하고 무능한 왕이라 하더라도 교체할 수 없다는 당대 사람들의 인식 결과라고 분석함. 유능하고 참신한 세력이 나라를 맡아야 한다는 작가의 생각이 작품 전반에 깔려 있다고 주장함.

'홍길동전(허균)'을 읽고 당대의 사회와 현대 사회를 비교해 이에 대한 생각을 정리함. 활빈당의 두목이 되어 부패한 탐관오리들의 재물을 약탈하고, 무능한 조정과 승려들의 부패를 척결하는 홍길동의 모습에서 당대 서민들은 통쾌함을 느꼈을 것이라고 설명함. 여전히 권력자들의 위선과 부패가 존재하는 현실에서 힘없는 서민들을 위한 내용은 오늘날의 독자들에게도 대리 만족을 느끼게 했을 것이라고 발표함.

관련 논문

「홍길동전」에 나타난 정체성 문제(최천집, 2020)

관련 도서

《유토피아》, 토마스 모어, 현대지성
《천재 허균》, 신정일, 상상출판

관련 계열 및 학과

- 인문계열: 국어국문학과, 문화인류학과, 문예창작학과, 사학과, 심리학과, 철학과
- 사회계열: 문화콘텐츠학과, 사회복지학과, 사회학과, 신문방송학과, 정치외교학과
- 교육계열: 교육학과, 국어교육과, 사회교육과, 역사교육과, 윤리교육과

관련 교과

2022 개정 교육과정: 독서와 작문, 문학, 주제 탐구 독서, 문학과 영상, 사회와 문화, 현대사회와 윤리

2015 개정 교육과정: 독서, 언어와 매체, 문학, 고전 읽기, 사회·문화, 고전과 윤리

국어교과군

영어교과군

수학교과군

사회교과군

과학교과군

도덕교과군

휴머니멀

김현기 | 포르체 | 2020

한 방송사의 다큐멘터리로 제작된 프로그램을 책으로 출간한 것으로, 아프리카부터 태평양까지 전 세계 10개국에서 보낸 365일 간의 여정을 생동감 있게 담았다. 동물과 인간, 인간과 인간의 치열한 사투를 바라보며 공존과 멸종의 기로에서 동물과 인간이 더불어 사는 삶에 대한 가능성을 모색한다. 인간과 동물의 관계를 직시하고, 어떻게 살아야 할 것인가를 고심하게 만드는 책이다.

탐구 주제

주제1 이 책은 인간의 탐욕을 채우기 위해 희생되는 동물과 그 동물의 삶을 되찾아 주려는 인간의 노력을 르포르타주 형식으로 보여 준다. 이 책을 읽고, 오직 인간의 즐거움을 위해 인간의 세계로 들어와 길들여지는 동물들은 과연 행복한지에 대한 생각을 발표해 보자.

주제2 '휴머니멀'은 인간을 뜻하는 휴먼(human)과 동물을 뜻하는 애니멀(animal)의 합성어이다. 이 책에는 방송에서 미처 담지 못한 현장 이야기뿐 아니라 당시 상황에 대한 인문학적 감상이 들어 있다. 이 책을 읽고, 인간과 동물의 공존을 위한 삶의 태도에 관해 논술해 보자.

주제3 멸종 위기에 빠진 동물과 인간의 역할 고찰

주제4 야생 동물 관리를 위한 제도 탐색

학생부 기록 예시 (교과세특)

김현기의 '휴머니멀'을 읽고 우리가 보던 유명 다큐멘터리 속 동물들이 순수 야생 동물이 아니고 관찰과 촬영에 숙련된 존재였다는 사실을 알게 됨. 그동안 동물원이나 아쿠아리움 등에서 동물을 마냥 신기하고 즐거운 시선으로만 보았던 자신에 대한 부끄러움을 느낌. 인간은 동물을 희생시키는 동시에 그들을 보살필 수도 있는 존재이므로, 빼앗아 온 그들의 삶을 되찾아 주기 위해 노력해야 한다고 발표함.

'휴머니멀(김현기)'을 읽고 인간과 동물이 공존하는 것의 중요성을 인식하고 이에 대한 생각을 보고서로 작성함. 인간의 탐욕을 위해 처참하게 희생되고 본성을 빼앗긴 채 사육당하는 동물들의 모습에서 불편한 진실을 알게 되었다고 밝힘. 우리 개개인의 삶이 존중받기를 원하는 만큼 동물의 삶도 존중해야 한다고 발표함. 이를 위해 생명의 가치를 깨닫고 더불어 행복한 삶의 중요성을 인식해야 한다고 주장함.

관련 논문

동물 생명의 가치와 인간과의 공존(김광연, 2019)

관련 도서

《인간의 그늘에서》, 제인 구달, 사이언스북스
《최재천의 인간과 동물》, 최재천, 궁리

관련 계열 및 학과	• 인문계열: 국어국문학과, 문화재학과, 미학과, 심리학과, 인류학과, 철학윤리학과
	• 사회계열: 광고홍보학과, 문화콘텐츠학과, 사회복지학과, 사회학과, 신문방송학과
관련 교과	• 교육계열: 전 교육계열

2022 개정 교육과정: 화법과 언어, 독서와 작문, 주제 탐구 독서, 사회와 문화, 현대사회와 윤리

2015 개정 교육과정: 화법과 작문, 독서, 언어와 매체, 사회·문화, 사회문제 탐구

영어교과군

순번	도서명	저자명	출판사명
1	1984	조지 오웰	소담출판사
2	감시와 처벌	미셸 푸코	나남
3	고도를 기다리며	사무엘 베케트	민음사
4	노트르담 드 파리	빅토르 위고	구름서재
5	눈먼 자들의 도시	주제 사라마구	해냄출판사
6	단테의 신곡	알리기에리 단테	황금부엉이
7	데미안	헤르만 헤세	더스토리
8	돈키호테	미겔 데 세르반테스 사아베드라	열린책들
9	동물농장	조지 오웰	스타북스
10	로미오와 줄리엣	윌리엄 셰익스피어	열린책들
11	마음은 어떻게 작동하는가	스티븐 핑커	동녘사이언스
12	맥베스	윌리엄 셰익스피어	민음사
13	멋진 신세계	올더스 헉슬리	소담출판사
14	모비 딕	허먼 멜빌	현대지성
15	베니스의 상인	윌리엄 셰익스피어	민음사
16	사랑의 기술	에리히 프롬	문예출판사
17	설국	가와바타 야스나리	민음사
18	소유냐 존재냐	에리히 프롬	까치
19	소포클레스의 비극	소포클레스	숲
20	수레바퀴 아래서	헤르만 헤세	더스토리
21	쌤영어, 영어는 한마디로	윤상훈	포르체
22	앵무새 죽이기	하퍼 리	열린책들
23	어린 왕자	앙투안 드 생텍쥐페리	리나북스
24	에밀	장 자크 루소	책세상
25	연금술사	파울로 코엘료	문학동네

순번	도서명	저자명	출판사명
26	오디세이아	호메로스	살림
27	오만과 편견	제인 오스틴	시공사
28	오이디푸스왕	소포클레스	민음사
29	올리버 트위스트	찰스 디킨스	시공사
30	월든	헨리 데이빗 소로우	은행나무
31	위대한 설계	스티븐 호킹 외	까치
32	위대한 유산	찰스 디킨스	열린책들
33	이기적 유전자	리처드 도킨스	을유문화사
34	이방인	알베르 카뮈	현대지성
35	인간의 조건	한나 아렌트	한길사
36	일리아스	호메로스	숲
37	자기 앞의 생	에밀 아자르	문학동네
38	주홍글씨	너새니얼 호손	문예출판사
39	챗GPT 활용 영어 공부	윤근식	포르체
40	파리대왕	윌리엄 골딩	민음사
41	파우스트	요한 볼프강 폰 괴테	길
42	팩트풀니스	한스 로슬링 외	김영사
43	하멜 표류기	헨드릭 하멜	스타북스
44	햄릿	윌리엄 셰익스피어	민음사
45	허클베리 핀의 모험	마크 트웨인	민음사
46	호밀밭의 파수꾼	J.D. 샐린저	민음사
47	황무지	T.S. 엘리엇	민음사
48	희망의 밥상	제인 구달	사이언스북스
49	Flipped	웬들린 밴 드라닌	Ember Enterprises
50	Hope for the Flowers	트리나 폴러스	Paulist Press

1984

조지 오웰 | 소담출판사 | 2021

최고의 작품, 최고의 번역
영미 문학 번역의 대가 한기찬의 최신 완역본

조지 오웰 ｜ 한기찬 옮김

조지 오웰의 대표작《1984》는 거대한 지배 시스템 앞에 놓인 한 개인의 저항과 파멸을 그린 디스토피아 소설이다. 작품의 배경인 오세아니아는 전체주의의 극한적인 양상을 띠고 있는 나라로, 당은 허구 인물인 '빅 브라더'를 내세워 당원들의 사생활뿐 아니라 인간의 기본적인 욕구까지 통제하고 감시한다. 주인공 윈스턴 스미스는 이런 당의 통제에 반발하며 저항을 꾀하지만, 결국 무기력한 인간으로 전락한다.

탐구 주제

주제1 《1984》는 '텔레스크린'이라는 기술을 통해 인간관계를 포함한 시민들의 모든 삶을 통제하는 국가의 모습을 그린 디스토피아 소설이다. 소설을 읽고 기술의 발달로 인한 이점과 이에 따른 부작용에 대한 자신의 생각을 영어로 써 보자.

주제2 《사피엔스》의 저자 유발 하라리는 코로나19 사태 이후 '빅 브라더'의 등장을 경고하였다. 전염병을 막는다는 명분으로 정보를 독점하고 사회를 통제하는 '절대 권력'이 등장할 것이란 의미이다. 책을 읽고 '절대 권력'에 관한 의견을 작성해 보자.

주제3 작가의 시대적 배경과 주제 의식의 관련성 연구 – 《1984》를 중심으로

주제4 디스토피아 소설로 보는 이상적 사회의 조건

학생부 기록 예시 (교과세특)

글을 읽고 구체적 근거와 함께 의견을 논리적으로 서술하는 능력이 우수함. '1984(조지 오웰)'를 읽고 기술 발달로 인한 개인의 자유와 권리 침해를 주제로 에세이를 작성함. 마음만 먹으면 CCTV, 구매 내역 등을 모두 확인할 수 있는 사례를 제시하며 정보화 시대 전체주의 사회의 모습을 비판함. 개인의 행복을 우선순위로 보고 그 밖의 갈등에는 무관심한 현대인의 모습을 비판하여 모두의 자유와 개인의 행복은 함께 가야 한다고 주장함.

코로나19 사태 이후 '빅 브라더'와 같은 절대 권력자가 등장할 것이란 기사를 접한 뒤 빅 브라더의 출처인 '1984(조지 오웰)'를 읽고 생각을 정리한 글을 발표함. 오늘날의 빅 브라더는 언어와 역사의 왜곡, 개인정보 감시 등을 가능케 하는 빅데이터와 그 소유주라 정의하며, 디지털 독재의 위험성을 경고하였음. 데이터 분야의 진로를 희망하는 학생으로서 편견에 치우치지 않고 올바른 디지털 윤리 의식에 따라 성찰하는 모습이 돋보임.

관련 논문

디스토피아 소설에 나타난 유토피아적 충동: 조지 오웰의 『1984』와 마가렛 앳우드의 『대리모 시녀 이야기』(전소영, 2017)

관련 도서

《유토피아》, 토머스 모어, 현대지성
《플라톤 국가》, 플라톤, 현대지성

관련 계열 및 학과
- 사회계열: 경찰행정학과, 군사학과, 도시행정학과, 법학과, 사회학과, 언론정보학과
- 공학계열: 교통공학과, 도시공학과, 산업공학과, 소프트웨어공학과, 정보보안학과
- 예체능계열: 만화애니메이션학과, 뮤지컬학과, 미술학과, 사진학과, 음악학과

관련 교과

2022 개정 교육과정: 영어 I, 영어 II, 영미 문학 읽기, 영어 독해와 작문, 인문학과 윤리, 사회문제 탐구

2015 개정 교육과정: 영어 I, 영어 II, 영미 문학 읽기, 문학, 생활과 윤리, 사회문제 탐구

감시와 처벌
미셸 푸코 | 나남 | 2020

마르크스의 《자본론》과 함께 자본주의의 통제를 비판하는 대표적인 고전 중 하나로 평가되는 책이다. 《감시와 처벌》의 출간으로 프랑스 철학자 미셸 푸코는 세계적인 철학자로 인정받게 되었다. 감옥을 중심으로 권력과 규범의 형성 과정을 서술하고, 철학적으로 비판하고 논평하는 내용을 담고 있다. 현대 사회를 살아가는 우리에게 권력과 개인의 관계에 대해 생각할 거리를 주는 책이다.

탐구 주제

주제1 도서 《감시와 처벌》의 저자 미셸 푸코는 중세부터 현대까지 감옥의 역사를 통해 권력이 어떻게 개인을 조종하고 있는지 설명한다. 감옥의 등장으로 인해 파생된 학교나 군대 등의 규율, 형벌제, 개인의 사회화와 권력의 관계 등 다양한 이슈 중 하나를 선택해 조사해 보자.

주제2 벤담은 보이지 않는 감시자가 존재해 수감자의 교화가 용이하다는 감옥의 형태로 '파놉티콘(panopticon)'을 제시했다. 미셸 푸코는 파놉티콘 개념을 확장하여 감시자 없이 서로가 서로를 감시하는 사회를 제시한다. 이러한 맥락에서 '디지털 파놉티콘'이라 불리는 현대 사회에 관한 생각을 보고서로 작성해 보자.

주제3 자본주의 통제 문명 연구 – 마르크스와 푸코를 중심으로

주제4 공리주의 형벌론과 푸코의 《감시와 처벌》 비교 분석

학생부 기록 예시 (교과세특)

진로 독서 읽기 시간에 미셸 푸코의 '감시와 처벌'을 읽고 내용을 영어로 정리하여 발표함. 특히 죄수의 교화와 사회화에 관심이 있는 학생이기에 신체적 형벌 이후 등장한 감옥의 개념에 관심을 보임. 감옥 등장 이전과 이후의 변화를 도식으로 시각화한 점으로 보아 글에 대한 이해도가 훌륭함. 중세 시대의 왕권이 '개인의 사회화' 개념을 가시화한 것과 달리, 현대 사회는 비가시적으로 개인을 권력에 이용하는 것으로 판단한 점이 눈에 띔.

'디지털 파놉티콘'에 관련한 영자 신문을 읽고, 관련 탐구활동을 진행함. 이를 위해 윤리와 사상 시간에 배운 벤담의 공리주의와 파놉티콘의 개념을 융합하여 이해함. 특히 내용 확장을 위해 '감시와 처벌(미셸 푸코)'을 읽고 지적 호기심을 확장하는 모습이 모범이 됨. 근대의 권력을 상징하는 파놉티콘 개념에 대한 이해를 바탕으로 디지털 혁명을 새로운 파놉티시즘으로 판단하여 일목요연하게 정리한 보고서를 제출하였음.

관련 논문
코로나19 시대와 파놉티콘 다시 보기 (신응철, 2021)

관련 도서
《감옥의 대안》, 미셸 푸코, 시공사
《유현준의 인문 건축 기행》, 유현준, 을유문화사

관련 계열 및 학과
• 사회계열: 경영학과, 경찰행정학과, 공공행정학과, 법학과, 사회학과
• 공학계열: 건축공학과, 건축학과, 산업공학과, 정보보안학과, 정보통신공학과
• 교육계열: 교육학과, 사회교육과, 아동보육학과, 유아교육과, 초등교육과

관련 교과

2022 개정 교육과정: 영어 I, 영어 II, 심화 영어, 문학, 주제 탐구 독서, 정치, 법과 사회, 사회문제 탐구

2015 개정 교육과정: 영어 I, 영어 독해와 작문, 문학, 정치와 법, 사회·문화, 사회문제 탐구, 철학

67

고도를 기다리며

사뮈엘 베케트 | 민음사 | 2012

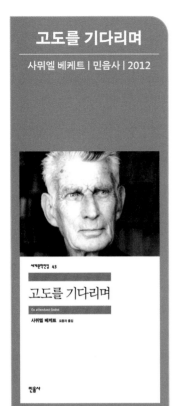

《고도를 기다리며》는 사뮈엘 베케트의 대표작으로, 현대극의 흐름을 바꾸어 놓은 부조리 문학의 정수로 평가받으며 1969년 노벨상을 수상한 작품이다. 오지 않는 고도를 기다리며 나누는 두 주인공의 의미 없는 대화는 현대인의 고독과 소외된 삶을 상징한다. 긴 기다림 에도 오지 않는 무엇에 대한 작가의 실존주의 사상과 인간의 부조리가 절절하게 표현되어 있다.

탐구 주제

주제1 부조리극을 대표하는 사뮈엘 베케트의 《고도를 기다리며》는 불확실한 무언가를 기다린다는 점을 제외한 모든 것이 모호하며, 인물들의 행동과 대화는 무의미한 놀이처럼 느껴진다. 해당 책에서 보이는 '놀이'의 개념을 자신의 진로와 관련지 어 발표해 보자.

주제2 부조리극은 1950년대 프랑스의 파리를 중심으로 시작되어 서구지역의 연극에 새로운 전망을 제시하였다. 베케트를 비롯한 당시의 극작가들은 기존의 형식과 의미가 전혀 다른 새로운 극예술을 추구했다. 그의 작품을 프랑스 문학사의 입장 에서 비평해 보자.

주제3 사무엘 베케트 《고도를 기다리며》에 드러난 '자유' 개념 분석

주제4 사뮈엘 베케트의 《고도를 기다리며》 연극 안무 분석

학생부 기록 예시 (교과세특)

교육계열에 관심이 많은 학생으로 도서 '고도를 기다리며(사뮈 엘 베케트)'에서 보이는 놀이에 대한 개념을 철학과 교육학적 관점에서 고찰한 내용을 발표하였음. 플라톤이 부정했던 놀이 에 대한 개념에서 칸트의 미학적 관점, 니체, 하이데거에 이르 기까지의 관점을 일목요연하게 조사하여 발표. 학생 본인은 낭만주의자의 입장에서 옹호하고 있으며, 놀이에 대한 존재론 적 입장을 짧은 영어 에세이로 작성하여 제출하였음.

서구의 문화와 예술에 관심이 많은 학생으로 진로 독서 시간을 활용해 '고도를 기다리며(사뮈엘 베케트)'를 읽고 프랑스 문학 사조와 부조리극에 대한 탐구보고서를 작성함. 현대 연극에서 새로운 연극예술의 모델이 된 그의 작품에서 자주 사용되는 반 복과 모순의 담론을 구체적 사례를 들어 설명하였음. 이후 발표 내용을 영어로 요약하여 작문하고 생성형 인공지능 챗봇의 도 움을 받아 수정한 내용을 발표하였음.

관련 논문
공동체 미술의 교육적 역할-폴 챈의 <고도를 기다리며>를 중심으로(고윤정, 2015)

관련 도서
《시련》, 아서 밀러, 민음사
《세일즈맨의 죽음》, 아서 밀러, 민음사

관련 계열 및 학과
- 인문계열: 국어국문학과, 독어독문학과, 불어불문학과, 언어학과, 철학과
- 예체능계열: 공예학과, 무용학과, 사회체육학과, 실용음악학과, 연극영화과
- 교육계열: 교육공학과, 교육학과, 미술교육과, 음악교육과, 초등교육과

관련 교과

2022 개정 교육과정: 공통 영어, 영어 I, 영어 II, 문학, 인문학과 윤리, 프랑스어 I, 교육학

2015 개정 교육과정: 영어, 영어 I, 영어 II, 문학, 윤리와 사상, 사회문제 탐구, 프랑스어 I, 교육학

노트르담 드 파리

빅토르 위고 | 구름서재 | 2022

《노트르담 드 파리》는 빅토르 위고의 첫 번째 걸작소설로 프랑스 낭만주의 문학의 대표작으로 꼽힌다. 15세기 파리 노트르담 대성당을 중심으로 집시 소녀 에스메랄다를 둘러싼 여러 인물의 운명과 사랑과 프랑스의 사회상이 자유분방한 필체로 화려하게 묘사되어 있다. 인물과 전개가 서사시적 요소를 담고 있어 영화와 뮤지컬로도 꾸준히 제작되고 있다.

탐구 주제

주제1 빅토르 위고의 소설에서 사실적으로 묘사된 인물의 성격과 시대적 배경은 지금까지도 자주 거론되는 당시의 사건들을 포함하고 있다. 책을 읽고, 노트르담 대성당을 둘러싼 중세 파리의 모습을 통해 작가가 보여 주고자 했던 사회적 메시지에 관해 발표해 보자.

주제2 빅토르 위고의《노트르담 드 파리》는 당시 프랑스에 만연한 지배층의 부패와 잘못된 군중심리로 인한 한 여인의 희생을 그린 사회 풍자적 고딕소설이다. 고딕예술과 고딕소설의 특징을 학습하고 해당 소설과 관련지어 설명해 보자.

주제3 소설《노트르담 드 파리》속 인물들의 양면적 특성 분석

주제4 《노트르담 드 파리》의 고딕적 특성과 그로테스크 이론 탐구

학생부 기록 예시 (교과세특)

문학작품을 보는 남다른 눈을 가진 학생으로 '노트르담 드 파리(빅토르 위고)'를 읽고 작가가 소설을 통해 보여 주는 메시지를 발표함. 소설 속 구체적 장면을 언급하며 당시 프랑스의 부조리한 제도 모순과 인간의 본질적 속성인 선과 악, 이로 인한 비극과 인간의 숙명에 관해 신랄히 비판함. 중세 고딕 예술에 대한 작가의 이중적 관점과 성당에서 발생하는 사건에 대한 관조적 이미지를 영어 원서와 비교하여 분석한 점이 우수함.

사회 문제를 예술 작품으로 승화하는 작업에 관심이 많은 학생으로 관심 있는 소설의 원서를 찾아 읽는 활동에서 빅토르 위고의 '노트르담 드 파리'를 읽고 관련 내용을 발표함. 중세의 건축물에서 영감을 얻는 고딕소설의 특징을 학습하고 해당 작품에서 보이는 기독교 문화와 고딕양식의 건축물에 대해 자세히 언급함. 더 나아가 인간의 본질에 대한 철학적 고찰을 통해 각 인물이 갖는 양면적 특성을 훌륭히 설명하였음.

관련 논문

고딕과 그로테스크 개념을 통해 본 빅토르 위고의 『파리의 노트르담』(박지수, 2020)

관련 도서

《레 미제라블》, 빅토르 위고, 구름서재
《웃는 남자》, 빅토르 위고, 비룡소

관련 계열 및 학과
- 인문계열: 국어국문학과, 불어불문학과, 언어학과, 영어영문학과, 철학과
- 사회계열: 공공행정학과, 문화콘텐츠학과, 사회복지학과, 사회학과, 언론정보학과
- 예체능계열: 뮤지컬학과, 미술학과, 사진학과, 서양학과, 연극영화학과

관련 교과

2022 개정 교육과정: 영어 I, 영어 II, 세계 문화와 영어, 문학, 프랑스어, 프랑스어권 문화

2015 개정 교육과정: 영어 I, 영어 II, 심화 영어, 문학, 생활과 윤리, 사회문제 탐구, 프랑스어 I, 프랑스어 II

69

눈먼 자들의 도시

주제 사라마구 | 해냄출판사 |
2022

도시 전체에 '실명'이라는 전염병이 퍼져 모든 사람의 눈이 멀었다. 이 책은 '실명'을 통해 인간들이 물질적 소유에 눈이 멀어 인간성을 잃어버리는 모습을 풍자하고, 수용소에 격리된 인물들이 서로 도우며 진정한 인간의 모습을 찾는 과정을 보여 준다. 인물들의 이름이 없고 시간적, 공간적 배경이 모호한 것이 특징이며, 인간은 가진 것을 잃었을 때 그것의 가치를 깨닫게 된다는 메시지를 담고 있다.

탐구 주제

주제1 주제 사라마구는 노벨문학상을 수상한 포르투갈의 소설가이자 언론인이다. 그는 소설을 통해 현 체제를 뒤집는 역사적 사건을 조명하며 인간의 본성을 우회적으로 표현하고 있다. 《눈먼 자들의 도시》를 읽고 영어로 서평을 작성해 보자.

주제2 주제 사라마구의 《눈먼 자들의 도시》는 '모두가 눈이 멀고 단 한 명만 볼 수 있게 된다면'이라는 가상의 시나리오로 전개된다. 소설 속 상황처럼 실제 전염병이 발생한다면 어떻게 해결해야 할지 모둠을 구성하여 토론해 보자.

주제3 리얼리즘 소설의 특징과 사회 풍자적 효과 연구

주제4 주제 사라마구의 필체에 보이는 독특한 문학 세계 탐구

학생부 기록 예시 (교과세특)

독서 서평 쓰기 활동에서 도서 '눈먼 자들의 도시(주제 사라마구)'를 읽고 영어로 작문한 내용을 제출하였음. 명확한 주술 관계를 사용하고 수식어와 문장 부호를 적절히 활용하여 글의 주제를 잘 드러냄. 특히 책의 제목인 '눈'과 '보다'의 의미를 세상을 꿰뚫어 보는 눈, 세상을 수용하는 눈으로 해석하고, '눈이 멀다'는 자신의 결함과 세상을 온전히 바라보지 못하는 우리 사회의 모순과 무질서로 해석한 점이 돋보임.

도서 '눈먼 자들의 도시(주제 사라마구)'를 읽고 '전염병 발생 시 무차별 격리 수용은 개인의 자유를 침해하는가'라는 주제로 토론에 참여함. 입론에서는 전염병과 전염 경로에 대한 의학적 입장을 발표하고, 개인의 격리 수용에 대해서는 공리주의적 입장의 의견을 주장함. 개인의 자유와 권리 보호를 위해 정확한 감염 경로 확인의 필요성을 강조하며, 콜레라의 사례를 들어 데이터 수집과 시각화의 중요성을 영어로 발표함.

관련 논문

현대인의 일상적인 삶의 표현: 현대사회의 인간성 상실을 중심으로(문경리, 1999)

관련 도서

《눈뜬 자들의 도시》, 주제 사라마구, 해냄출판사
《이름 없는 자들의 도시》, 주제 사라마구, 해냄출판사

관련 계열 및 학과	• 인문계열: 국어국문학과, 영어영문학과, 인류학과, 종교학과, 철학과
	• 의약계열: 간호학과, 약학과, 응급구조학과, 의예과, 임상병리학과
관련 교과	• 교육계열: 가정교육과, 교육학과, 국어교육과, 유아교육과, 초등교육과

2022 개정 교육과정: 영어 II, 영어 독해와 작문, 영어 발표와 토론, 도시의 미래 탐구, 인간과 철학

2015 개정 교육과정: 영어 II, 영어 독해와 작문, 심화 영어, 문학, 연극, 철학

국어교과군

영어교과군

수학교과군

사회교과군

과학교과군

예체능교과군

단테의 신곡

알리기에리 단테 | 황금부엉이 |
2016

《단테의 신곡》은 이탈리아 문학에서 가장 뛰어난 작품이자 인류 문학사에 길이 남을 위대한 작품으로 평가받는다. 저자의 이름과 같은 이름을 가진 주인공 단테는 지옥, 연옥, 천국을 여행하면서 수많은 신화적, 역사적 인물들과 만나 이야기를 나누며 사랑, 죄악, 구원에 대해 종교적, 철학적, 윤리적으로 고찰한다. 당시의 예술, 문학, 역사, 천문학, 자연과학 등의 방대한 분야를 다루고 있다.

탐구 주제

주제1 《단테의 신곡》은 오늘날까지도 다양한 예술 영역과 예술가에게 영향을 미치고 있다. 작품에 드러난 당시의 사회, 정치, 교회, 그리고 인간의 본성에 대한 풍자적 요소를 찾아 보고서를 작성해 보자.

주제2 《단테의 신곡》의 원래 제목은 '단테 알리기에리의 희극(la commedia di dante alighieri)'이다. 작가가 '희극'이라는 제목을 선택한 의도와 당시 절대적 언어로 여겨졌던 라틴어가 아닌 저속한 이탈리아 방언으로 작품을 쓴 이유에 대해 발표해 보자.

주제3 《단테의 신곡》에 드러난 인간의 본성과 탐욕

주제4 방언 문학이 민족 의식에 미치는 영향에 관한 고찰

학생부 기록 예시 (교과세특)

영어 진로 독서 탐구 시간에 단테의 '신곡'을 읽고 '게임 속 인문학적 세계관'이라는 주제로 보고서를 작성함. 평소 즐기는 게임의 세계관이 '신곡'을 기반으로 한다는 기사를 읽고 호기심이 생겨 읽었다고 함. 스토리 기반의 게임을 통해 인간의 이기심, 탐욕, 방종과 같은 문제를 해결하고 도덕적 성장을 유도할 수 있다는 점을 실제 게임 사례를 들어 설명하고, 인문학적 독서의 필요성과 게임의 유용성을 강조하였음.

문학 작품 속에는 한 나라의 역사와 정치, 사회 등이 담겨 있다는 영어 지문을 읽고 최초의 이탈리아 문학인 '단테의 신곡(단테)'을 읽은 뒤 독후활동에 참여함. 작품을 방언으로 집필한 이유는 당시 이탈리아의 부패한 정치와 성직 매매를 비판하고 로마의 영향에서 벗어나기를 바라는 책의 주제가 신분이 낮은 이들에게 잘 전달될 수 있도록 하려는 작가의 의도였다고 판단함. 작품의 공간적 배경 변화를 통해 제목의 의미를 유추하였음.

관련 논문

단테의 정치 철학적 연대와 그 문학적 재현: 『제정론』과 『신곡』의 「연옥」 편을 중심으로 (노동욱, 박윤영, 2017)

관련 도서

《오디세이아》, 호메로스, 살림
《천년의 수업》, 김헌, 다산북스

관련 계열 및 학과
- 인문계열: 고고학과, 기독교학과, 문화인류학과, 문화콘텐츠학과, 언어학과, 철학과
- 사회계열: 국제학부, 광고홍보학과, 미디어학과, 사회학과, 언론홍보학과

관련 교과
- 교육계열: 국어교육과, 사회교육과, 역사교육과, 윤리교육과, 영어교육과

2022 개정 교육과정: 영어 I, 영어 II, 영어 독해와 작문, 문학, 윤리와 사상, 현대사회와 윤리

2015 개정 교육과정: 영어 I, 영어 II, 영어 독해와 작문, 문학, 윤리와 사상, 사회문제 탐구

데미안

헤르만 헤세 | 더스토리 | 2023

1919년에 발표된 《데미안》은 헤르만 헤세의 대표작으로, 감수성 깊은 소년 싱클레어가 소년 데미안을 통해 진정한 삶에 대해 고민하고 올바르게 살아가며 아이에서 어른으로 성장하는 과정을 그린 작품이다. 깊이 있는 정신 분석과 자기 탐구로 가시밭 같은 자아 성찰의 길을 섬세하게 그려 낸 한 폭의 수채화같이 아름답고 유려한 문체로 전 세계인의 사랑을 받고 있다.

탐구 주제

주제1 헤르만 헤세의 《데미안》은 제1차 세계 대전 이후 상처받은 젊은이들의 마음에 커다란 공감을 일으켰다. 성장소설인 이 작품은 대중에게 누구에게나 성장의 과정은 힘들고 아픈 것임을 확실히 각인시켰다. 마음에 드는 소설 속 명문장 10개를 영어로 쓰고 선택한 이유를 발표해 보자.

주제2 헤르만 헤세는 작품 소재와 형식을 통해 문학과 음악과의 관계를 잘 보여 주는 대표적 작가이다. 따라서 그의 문학은 음악에서 시작하여 음악으로 끝난다고 해도 과언이 아니다. 헤세의 시에 곡을 붙인 음악 작품이나 그의 작품에 영감을 준 음악들을 찾아 발표해 보자.

주제3 예술(무용, 음악, 디자인 등) 창작을 위한 헤르만 헤세의 작품 탐구

주제4 헤르만 헤세의 작품을 응용한 디자인 연구

학생부 기록 예시 (교과세특)

도서 '데미안(헤르만 헤세)'을 읽고 소설 속 명문장을 영어로 작성하여 카드 뉴스로 제작한 것을 학급 친구들에게 발표함. 소설 속 은유 표현을 찾아 그 의미를 해석하고 우리나라의 문학 작품에 드러난 은유 표현과 비교하여 제시한 점이 우수함. 또한 주인공의 성장 과정 중에 드러난 자아의 표상을 자신의 관심 분야인 융의 심리학과 비교 설명하여 큰 호응을 받음.

음악에 관심과 조예가 깊은 학생으로 도서 '데미안(헤르만 헤세)'의 일부를 영어로 읽고 관련 장면에 어울리는 음악을 선곡하여 짧은 영상으로 제작함. 헤르만 헤세가 좋아했던 모차르트와 바흐의 음악을 중심으로 낭만주의 음악의 특성을 함께 조사함. 또한 해당 소설에서 사용된 순수-죄-신앙으로 이르는 3단계를 소나타의 형식과 비교 분석하여 설명한 점이 인상 깊음.

관련 논문

『데미안』에 나타난 위기, 절망, 극복의 과정 : 문학 상담 관점에서 (함희경, 2012)

관련 도서

《싯다르타》, 헤르만 헤세, 민음사
《커피의 위로》, 정인한, 포르체

관련 계열 및 학과
- 인문계열: 국어국문학과, 독어독문학과, 영어영문학과, 심리학과, 언어학과, 철학과
- 사회계열: 경영학과, 공공인재학과, 문화콘텐츠학과, 사회학과, 소비자학과

관련 교과
- 예체능계열: 관현악과, 무용학과, 뮤지컬학과, 뷰티디자인학과, 음악학과

2022 개정 교육과정: 공통 영어, 영어 I, 영어 II, 문학과 영상, 음악 연주와 창작, 미술과 매체

2015 개정 교육과정: 영어, 영어 I, 영어 II, 문학, 음악, 미술, 연극, 독일어 I, 독일어 II

국어교과군

영어교과군

수학교과군

사회교과군

과학교과군

예체능교과군

돈키호테

미겔 데 세르반테스 사아베드라 |
열린책들 | 2014

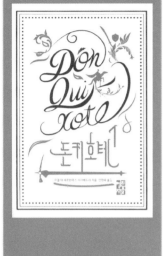

《돈키호테》는 16세기 스페인의 부조리한 사회 구조와 지배 계급의 행태를 풍자하고 조소를 보내는 작품으로, 형식과 내용 면에서 크게 호평받으며 세계적 작가들이 꼽은 가장 위대한 소설 중 하나로 평가받고 있다. 인간이 인간이기를 잊었을 때 다시 기본으로 돌아가야 한다는 주제를 바탕으로 환경, 정치, 사법 체계, 경제 등 모든 분야에서 우리가 살아가면서 갖춰야 할 기본 자세를 보여 주고 있다.

탐구 주제

주제1 1605년에 출판된 소설 《돈키호테》는 400년이 훌쩍 지난 오늘날에도 많은 이들이 읽는 인기작이다. 당시에는 기사소설, 풍자소설 정도로 인식되었으나 이후 여러 방면에서 재조명되고 있다. 책을 소개하는 내용을 만화 형식으로 제작해 보자.

주제2 총 2부작으로 구성된 세르반테스의 《돈키호테》는 1부 출판 후 다양한 언어로 번역되어 수출되면서 당대의 베스트셀러가 되었다. 번역 도구의 도움을 받아 관심 있는 언어의 원서와 한글 번역본을 비교하며 읽은 뒤, 해당 책의 인기 비결을 분석해 보자.

주제3 돈키호테의 발레, 오페라, 뮤지컬 버전 속 음악 또는 복장 연구

주제4 소설 《돈키호테》에 반영된 시대 정신

학생부 기록 예시 (교과세특)

역사에 관심이 많은 학생으로, 원서 읽기 시간에 '돈키호테(미겔 데 세르반테스)'를 읽고 내용을 압축하여 만화로 제작한 내용을 발표함. 16세기 유럽의 자본주의와 코페르니쿠스의 지동설, 종교 개혁 등 해당 책이 발간되던 당시의 시대적 배경을 조사하여 풍자적 요소를 가미한 점이 인상적임. 매체를 통한 사회 메시지 전달에 흥미가 많으며, 고등학생 수준의 영어 능력의 한계를 디지털 도구로 극복하려는 등 잠재력이 풍부함.

도서 '돈키호테(미겔 데 세르반테스)'의 영어 원서를 한글 번역본과 비교하여 교차 분석하며 읽고 독후감을 작성함. 원서 독서 과정에서 온라인 번역 도구를 적절히 활용하는 디지털 소양 능력을 보임. 특히 소설의 형식에서 근대적 맹아를 들어 설명한 점이 눈에 띔. 상호 텍스트성, 독자 비평 등 오늘날의 소설과 비교하여 큰 괴리감이 없는 작품의 형식을 구체적으로 설명하고 당시의 인기 비결을 해당 특징과 관련지어 사고한 점이 돋보임.

관련 논문

발레, 뮤지컬, 오페라의 세 장르에서 나타나는 음악특성에 관한 비교연구: 돈키호테를 중심으로(안혜란, 2014)

관련 도서

《지킬 박사와 하이드씨》, 로버트 루이스 스티븐슨, 열린책들
《갈매기의 꿈》, 리처드바크, 나무옆의자

관련 계열 및 학과

- 인문계열: 국어국문학과, 서어서문학과, 영어영문학과, 심리학과, 언어학과, 철학과
- 사회계열: 공공인재학과, 관광학과, 문화콘텐츠학과, 사회학과, 소비자학과
- 예체능계열: 관현악과, 무용학과, 뮤지컬학과, 뷰티디자인학과, 음악학과

관련 교과

2022 개정 교육과정: 영어 I, 영어 II, 세계 문화와 영어, 한국사, 세계사, 음악 연주와 창작, 스페인어

2015 개정 교육과정: 영어, 영어 I, 영어 II, 문학, 음악, 연극, 스페인어 I, 스페인어 II

동물농장

조지 오웰 | 스타북스 | 2020

《동물농장》은 조지 오웰이 우화 형식으로 쓴 작품으로, 동물 공동체가 인간의 속박에서 벗어나 혁명을 이루고 이상 사회를 건설하다가 변질되는 모습을 통해 구소련의 역사를 비판하는 내용을 담고 있다. 1945년에 출간된 이후 전 세계에서 베스트셀러 자리를 지키며 꾸준히 사랑받는 책으로, 인류가 사회를 이루고 살 때부터 벌어진 '독재'를 자세히 그려 사회 비판적 풍자 요소가 담긴 작품이다.

탐구 주제

주제1 전 세계 정보의 80% 이상이 영어로 되어 있고, 고급 정보의 90%는 영어로 보급된다고 한다. 기본적인 영어 능력이 부족하면 도태될 수밖에 없다는 뜻이다. 기술을 활용한 영어 학습 방법에 대해 발표해 보자.

주제2 소설《동물농장》에서 농장주의 압제에 반란을 일으킨 동물들은 인간의 착취가 없는 유토피아를 건설한다. 그러나 돼지들이 지도자가 되고 스노볼을 내쫓으면서 동물들은 예전보다 더 고통받게 된다.《동물농장》의 등장 인물을 분석하여 작가의 의도를 설명해 보자.

주제3 고전소설을 통한 문해력 교육 방법 탐구

주제4 《동물농장》으로 보는 위계 질서와 규율에 관한 연구

학생부 기록 예시 (교과세특)

디지털 기기를 활용한 영어 고전 읽기 시간에 도서 '동물농장(조지 오웰)'을 선택하여 읽고, 도구를 활용한 영어 학습법과 느낀 점을 소개하였음. 생성형 인공지능 챗봇과 특정 애플리케이션, 번역 도구 등의 사용법을 소개하고 우리말의 미묘한 차이에 따른 오역이나 미세한 뉘앙스 차이 등 주의할 점을 사례와 함께 상세히 설명함. 또한 기본적 독해력과 문장의 오류를 판단할 수 있는 개인의 능력의 필요성을 강조하였음.

도서 '동물농장(조지 오웰)'을 원서로 읽고 등장인물의 관계도를 도식화하여 발표함. 소설의 배경이 되는 소련의 정치 상황을 고려하여 혁명을 주동하는 돼지를 마르크스로, 독재자를 스탈린으로, 독재자에게 쫓겨나는 인물을 트로츠키로 설명하여 관련 내용을 시각적으로 그려 냄. 권력 자체를 추구하는 개인과 체제를 비판하고 권력의 타락을 막는데 무지했던 동물들을 경계하며 정치에 대한 관심의 필요성을 역설함.

관련 논문

영문학 작품을 활용한 독해 수업모형 연구: George Orwell의 동물농장(Animal Farm)을 중심으로(김한나, 2007)

관련 도서

《침묵의 봄》, 레이첼 카슨, 에코리브르
《왜 세계의 절반은 굶주리는가?》, 장 지글러, 갈라파고스

관련 계열 및 학과	• 인문계열: 국어국문학과, 문예창작학과, 언어학과, 영어영문학과, 인류학과
	• 공학계열: 소프트웨어공학과, 소프트웨어학과, 정보보안학과, 정보통신학과, 컴퓨터공학과
관련 교과	• 교육계열: 교육공학과, 교육학과, 국어교육과, 영어교육과, 컴퓨터교육과

2022 개정 교육과정: 공통 영어, 심화 영어, 영미 문학 읽기, 정치, 법과 사회, 사회문제 탐구, 교육학

2015 개정 교육과정: 영어, 영어 I, 영어 II, 영미 문학 읽기, 고전 읽기, 사회문제 탐구

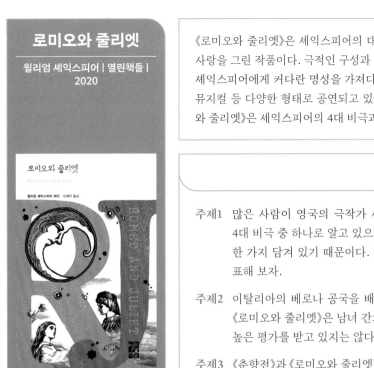

로미오와 줄리엣

윌리엄 셰익스피어 | 열린책들 |
2020

《로미오와 줄리엣》은 셰익스피어의 대표 비극으로, 집안의 반대로 비극적인 결말을 맞는 사랑을 그린 작품이다. 극적인 구성과 아름다운 문체로 구성된 이 작품은 청년 극작가였던 셰익스피어에게 커다란 명성을 가져다 주었으며, 아직까지도 연극 외에 음악, 미술, 영화, 뮤지컬 등 다양한 형태로 공연되고 있다. 엇갈린 운명에 고통받는 연인들을 그린《로미오와 줄리엣》은 셰익스피어의 4대 비극과는 또 다른 낭만적 비극을 선보인다.

탐구 주제

주제1 많은 사람이 영국의 극작가 셰익스피어의《로미오와 줄리엣》을 셰익스피어의 4대 비극 중 하나로 알고 있으나 이는 사실과 다르다. 해당 작품에 희극적 요소가 한 가지 담겨 있기 때문이다. 책을 읽고 희극적 요소에 해당하는 부분을 찾아 발표해 보자.

주제2 이탈리아의 베로나 공국을 배경으로 두 귀족 집안의 하인들 이야기로 시작되는 《로미오와 줄리엣》은 남녀 간의 비극이라는 진부한 소재라는 이유로 문학적으로 높은 평가를 받고 있지는 않다. 작품 일부를 변경하여 내용을 각색해 보자.

주제3 《춘향전》과《로미오와 줄리엣》의 비교문학 연구

주제4 《로미오와 줄리엣》의 줄리엣의 젠더 이미지 연구

학생부 기록 예시 (교과세특)

영미소설 중 '로미오와 줄리엣(윌리엄 셰익스피어)'을 읽고 독후감상문을 작성하여 제출함. 이후 '로미오와 줄리엣은 비극인가'라는 주제의 토론에서 크게 활약함. 고대 그리스 비극에서 파생되는 전통 비극의 특성이 '벗어날 수 없는 운명에 의한 위대한 영웅의 파멸'이라는 점을 근거로 '로미오와 줄리엣'의 불운은 운명과는 관련이 없으므로 비극으로 분류되지 않는다고 주장함. 또한 극의 희극적 요소들을 찾아 제시함.

도서 '로미오와 줄리엣(윌리엄 셰익스피어)'을 읽고 모둠과 협업하여 현대식으로 내용을 각색한 뒤, 인공지능 도구로 영상을 제작하고 영어로 자막을 완성하여 발표하였음. 원작의 결말에서 로미오와 줄리엣이 죽은 뒤 두 가문이 화해하는 장면은 문학 작품을 통한 카타르시스를 방해한다고 판단함. 각색한 작품의 개연성과 인과관계가 훌륭하고, 간결한 문체를 사용하여 핵심을 드러낸 점이 인상적임.

관련 논문

영상화된 문학작품으로서의 「로미오와 줄리엣」 비교연구 (홍성균, 2009)

관련 도서

《폭풍의 언덕》, 에밀리 브론테, 민음사
《사람은 무엇으로 사는가》, 레프 톨스토이, 현대지성

관련 계열 및 학과	• 인문계열: 국어국문학과, 문예창작학과, 영어영문학과, 심리학과, 언어학과, 철학과
	• 사회계열: 관광학과, 문화콘텐츠학과, 사회학과, 소비자학과, 신문방송학과
관련 교과	• 예체능계열: 관현악과, 무용학과, 뮤지컬학과, 방송연예과, 음악학과

2022 개정 교육과정: 영어 II, 심화 영어, 영미 문학 읽기, 문학과 영상, 음악 감상과 비평

2015 개정 교육과정: 영어 II, 심화 영어, 영미 문학 읽기, 영어권 문화, 언어와 매체

마음은 어떻게 작동하는가

스티븐 핑커 | 동녘사이언스 |
2007

마음은 무엇이길래 삶을 즐기고 예술을 느낄 수 있는 것일까? 마음도 진화했을까? 세계적인 인지과학자 스티브 핑커는 이 책을 통해 이러한 물음에 대한 속 시원한 답을 제공한다. 신경과학, 경제학, 사회심리학에 이르는 다양한 분야를 깊이 있게 통찰하고 인간의 정신에 대해 인지과학뿐 아니라 진화심리학의 입장에서도 만족스러운 설명을 제시하고 있어 종합과학의 서사시라 할 수 있는 책이다.

탐구 주제

주제1 우리는 마음을 그 사람 자체로 여기는 경향이 있다. 그래서 심리학, 뇌과학 등의 다양한 분야에서 자신과 타인의 마음을 알기 위한 다양한 방법을 연구한다. 저자는 자연 선택에 의한 진화론의 입장에서 마음을 설명하고 있다. 이에 대한 입장을 보고서로 작성해 보자.

주제2 도서《마음은 어떻게 작동하는가》의 저자 스티븐 핑커는 마음에 대한 과학적 이론을 정립하기 위해 다양한 실험을 진행한다. 이 중 가장 흥미롭거나 자신의 진로와 관련된 실험을 하나 골라 실험 결과와 시사점을 정리하여 발표해 보자.

주제3 계산주의 마음 이론에 따른 마음의 작동 원리 설명

주제4 '마음은 심리적 현상인가, 물리적 현상인가?'에 대한 탐구

학생부 기록 예시 (교과세특)

도서 '마음은 어떻게 작동하는가(스티븐 핑커)'의 영어 원서를 전자책으로 읽고 번역본과 비교 분석함. 시대와 인종, 국경을 초월하여 보편성을 띠는 인간의 마음은 인류의 조상이 생사에 걸린 문제를 해결하고 종족을 번식하기 위해 선택한 진화의 결과라는 작가의 입장에 동의하는 글을 작성함. 'most, all' 등의 한정사를 포함해 단어 하나하나에 담긴 의미를 문맥을 통해 정확하게 해석하며 책을 읽는 태도가 칭찬할 만함.

관심 주제에 관한 영어 지문을 읽고 독후활동을 하는 시간에 다소 어려운 주제의 도서 '마음은 어떻게 작동하는가(스티븐 핑커)'를 읽고 영어감상문을 제출함. 우리가 세상을 본다는 것을 단순히 시각적 관점이 아닌 물리적, 심리적 입장에서 분석함. 인간의 마음 모듈에 따라 같은 현상에 대해 다른 선택을 내릴 수 있으며, 사물과 3차원 좌표로 표현된 세상을 마음 모듈을 통해 읽어 내는 과정을 컴퓨터에 빗대어 설명함.

관련 논문

뇌과학에 기반한 마음 챙김의 도덕교육적 가치 (유종영, 2020)

관련 도서

《마음의 법칙》, 폴커 키츠, 마누엘 투쉬, 포레스트북스
《언어본능》, 스티븐 핑커, 동녘사이언스

관련 계열 및 학과

• 인문계열: 문예창작학과, 상담심리학과, 심리학과, 인류학과, 철학과

• 사회계열: 경영학과, 광고홍보학과, 문화콘텐츠학과, 신문방송학과, 언론정보학과

관련 교과

• 공학계열: 소프트웨어공학과, 전자공학과, 정보보안학과, 정보통신공학과

2022 개정 교육과정: 영어 I, 영어 II, 심화 영어, 문학, 경제, 생명과학, 융합과학 탐구, 심리학

2015 개정 교육과정: 영어 I, 영어 II, 심화 국어, 영어 독해와 작문, 공통과학, 심리학

국어교과군

영어교과군

수학교과군

사회교과군

과학교과군

도덕교과군

맥베스

월리엄 셰익스피어 | 민음사 |
2004

《맥베스》는 윌리엄 셰익스피어의 대표작 중 하나로 짧지만 빠른 전개와 높은 시적 완성도를 자랑하는 작품이다. 주인공인 맥베스는 마녀들의 예언과 아내의 부추김으로 왕을 살해하게 되고, 범죄를 목격한 자와 의심하는 자를 죽이게 되는 상황에 처하면서 결국 자신까지 죽음으로 몰고 간다. 인간의 숙명적인 존재 이유를 담고 있으며, 사랑과 비극적 숭고함이 작품을 빛내고 있다.

탐구 주제

주제1 셰익스피어의 4대 비극 중 하나인 《맥베스》는 인간의 욕망으로 인해 서서히 타락하다 파멸하게 되는 작품류의 원조이다. 이 작품은 실제 스코틀랜드 국왕 '막 베하드 막 핀들라크'의 일생을 다루고 있다. 작품의 내용을 실제 역사와 비교하여 발표해 보자.

주제2 윌리엄 셰익스피어의 《맥베스》에 등장하는 대사는 광고 제작에 쓰이거나 대학에서 영시를 공부할 때 자주 등장할 정도로 인지도가 높다. 관심 있는 대사를 선택하여 의미를 해석하고, 관련 내용을 패러디하여 짧은 영상을 제작해 보자.

주제3 고전소설의 현대화 작업을 위한 텍스트 연구

주제4 소설 《맥베스》의 선과 악에 관한 윤리적 접근 탐구

학생부 기록 예시 (교과세특)

한국사뿐 아니라 세계사에 관심이 많으며, 분석적이고 비판적인 사고가 돋보이는 학생임. 스코틀랜드의 역사와 관련된 소설 '맥베스(윌리엄 셰익스피어)'를 읽고 실제 역사와 비교 분석한 내용을 발표하였음. 소설의 내용이 실제 역사와 다른 이유에 대해 셰익스피어가 부정확한 기록을 참고했다는 증거를 발견하고 구체적 근거를 들어 설명함. 등장인물의 성격을 분석하여 극 전반의 흐름에 끼친 영향 등을 재치 있게 표현함.

고전과 인문학 분야의 독서량이 풍부하며, 신화나 고전을 모티브로 스토리를 구상하여 광고나 영상을 제작하는 데 잠재력이 뛰어난 학생임. 소설 '맥베스(윌리엄 셰익스피어)'를 읽고 관심 있는 장면의 대사를 자기 경험에 비추어 감상한 느낌을 발표하고, 생성형 인공지능 도구를 활용해 이를 패러디한 광고 영상을 제작함. 인간의 끝없는 욕망이 타인뿐 아니라 자신을 다치게 할 수 있음을 경고하며 탐욕을 절제하라는 교훈을 담음.

관련 논문

21세기 〈맥베스〉 영화 재구성 양상 (윤주현, 2022)

관련 도서

《오셀로》, 윌리엄 셰익스피어, 열린책들
《한여름 밤의 꿈》, 윌리엄 셰익스피어, 민음사

관련 계열 및 학과

- 인문계열: 국어국문학과, 문예창작학과, 문헌정보학과, 심리학과, 영어영문학과
- 사회계열: 경영학과, 경제학과, 문화콘텐츠학과, 미디어커뮤니케이션학과, 사회학과

관련 교과

- 예체능계열: 공예학과, 무용학과, 사회체육학과, 실용음악학과, 연극영화과

2022 개정 교육과정: 영어 I, 영어 II, 심화 영어, 영미 문학 읽기, 문학과 영상, 사회문제 탐구, 세계사

2015 개정 교육과정: 영어 I, 영어 II, 영미 문학 읽기, 영어권 문화, 언어와 매체, 문학, 세계사

멋진 신세계

올더스 헉슬리 | 소담출판사 |
2015

《멋진 신세계》는 1932년에 발표된 현대 고전으로, 과학이 최고도로 발달했으나 인간성을 상실한 미래 문명 세계를 신랄하게 풍자하고 인간의 자유와 도덕성에 관한 질문을 던지는 작품이다. 전체주의 국가가 인간을 파멸시키는 참혹한 과정이 생생하게 드러나며, 문명의 발달과 인간의 몰락이라는 반비례 원칙을 제시한다. 조지 오웰의 《1984》와 함께 충격적인 미래 예언을 담고 있는 작품으로 꼽는다.

탐구 주제

주제1 인간의 욕망과 자극이 지배하는 세상을 그린 《멋진 신세계》는 올더스 헉슬리가 1932년에 발표한 디스토피아 소설이다. 조지 오웰의 《1984》와 함께 가상의 미래를 예언한 소설로 유명하다. 두 소설의 유사성과 차이점을 분석하는 영자 신문을 작성해 보자.

주제2 이 작품은 포드 자동차와 관련이 많다. 작품의 시간 배경은 포드 자동차가 출시된 해를 기준으로 삼아 포드 기원 632년(서기 2540년)이다. 포드주의에 따른 계급 사회를 그리는 《멋진 신세계》를 읽고, 포드주의의 특징과 의미에 대해 요약해 보자.

주제3 공상 과학의 디스토피아적 미래관 분석

주제4 계층 사회의 사회 통제와 생태적 영향 – 멋진 신세계를 중심으로

학생부 기록 예시 (교과세특)

영어 독서 시간에 소설 '멋진 신세계(올더스 헉슬리)'를 읽고 영어 독서 신문을 제작함. 셰익스피어의 '템페스트'를 인용한 구절을 머리기사로 작성하고 조지 오웰의 '1984'와 비교하여 작가가 전하는 메시지를 비교, 분석하는 기사를 작성함. 특히 두 소설 모두 디스토피아를 다루지만 오웰은 책을 읽지 못하는 세상을, 헉슬리는 책을 읽지 않는 세상을 두려워하는 등 서로 다른 세계관을 그리고 있음을 심도 있게 다룬 점이 인상적임.

영미 소설 '멋진 신세계(올더스 헉슬리)'를 읽고 소설의 세계관을 분석한 글을 발표함. 소설의 세계관인 '포드주의'의 의미와 한계를 조사하였고, 탈 포드주의 탄생을 스스로 학습하면서 '포드주의에서 포스트 포드주의까지(홍성욱)'를 추가로 읽고 요약함. 공상 과학 장르의 특수 효과 제작에도 관심이 많은 학생으로 포드 자동차 생산 방식을 연출하기 위한 특수 효과 방식을 과학적으로 제시한 점이 돋보임.

관련 논문

헉슬리의 『멋진 신세계』의 사회통제와 그 생태적 영향(김애경, 2017)

관련 도서

《코스모스》, 칼 세이건, 사이언스북스
《자본주의》, EBS〈자본주의〉제작팀 외, 가나출판사

관련 계열 및 학과

- 사회계열: 경찰행정학과, 군사학과, 도시행정학과, 법학과, 사회학과, 언론정보학과
- 공학계열: 건축공학과, 도시공학과, 자동차공학과, 소프트웨어공학과, 정보보안학과
- 예체능계열: 만화애니메이션학과, 뮤지컬학과, 미술학과, 사진학과, 음악학과

관련 교과

2022 개정 교육과정: 영어 I, 영어 II, 심화 영어, 영미 문학 읽기, 정보, 인문학과 윤리, 사회문제 탐구

2015 개정 교육과정: 영어 I, 영어 II, 심화 영어, 영미 문학 읽기, 문학, 생활과 윤리, 사회문제 탐구

모비 딕

허먼 멜빌 | 현대지성 | 2022

《모비 딕》은 허먼 멜빌의 장편소설로 단순한 해양 모험이 아니라 수많은 상징과 은유를 품은 다면적 작품이다. 드넓은 바다에서 펼쳐지는 고래와 인간과의 숨 막히는 싸움과 선원들의 삶은 우리에게 인생의 의미를 다시 생각하게 한다. 집착과 광기에 사로잡힌 한 인간의 투쟁과 파멸을 그린 모험소설로, 미스터리와 공포가 충만한 미국식 고딕소설이자 뛰어난 상징주의 문학이다.

탐구 주제

주제1 허먼 멜빌이 《모비 딕》을 집필하던 시기는 산업자본주의가 동틀 시기였다. 이 작품은 고래잡이 배 주식회사, 천연자원 개발을 위한 노동 분업 등 산업자본주의 시장이 당면한 문제들을 반영하고 있다. 책을 읽고 관련 문제 중 하나를 선택하여 보고서를 작성해 보자.

주제2 미국의 고래잡이 선원들은 식수와 식량 보급, 포경선의 수리를 위해 기착할 항구가 필요했다. 결국 그들은 일본 항구의 개항을 위해 페리 원정대를 보내고 일본으로 하여금 개항하게 만든다. 19세기 당시의 상황을 조사하고 관련 내용을 발표해 보자.

주제3 《모비 딕》에 드러난 도덕과 윤리관 연구

주제4 허먼 멜빌의 《모비 딕》으로 보는 인간상 탐구

학생부 기록 예시 (교과세특)

영어 독서 보고서 수행 시간에 '모비 딕(허먼 멜빌)'을 읽고 산업자본주의에 관한 보고서를 생성형 인공지능 챗봇의 도움을 받아 영어로 작성하였음. 문학 작품 집필에 필요한 두 가지 종류의 노동을 '주머니'와 '마음'이라고 보는 작가의 말에 공감하는 부분이 인상적임. 소설 속 주식회사를 운영하는 독선적인 경영자 '에이허브'라는 인물을 마르크스의 말을 인용하여 묘사한 점 역시 주목할 만함.

무역에 관심이 많은 학생으로 진로 독서 시간에 '모비 딕(허먼 멜빌)'을 읽고 19세기 미국의 포경 활동과 일본의 개항 등에 대한 역사실 사실을 탐구하여 발표함. 북태평양에 출몰하는 고래와 포경선들의 일본 진출을 중심으로 대항해 시대 이후 아시아와 북태평양으로 눈길을 돌린 서구 열강의 움직임을 직접 그린 지도에 사실적으로 묘사해 발표함. 3D 지도를 활용한 영어 프레젠테이션을 함께 만들어 제출하였음.

관련 논문

허만 멜빌의 『모비 딕』에 나타난 포경 항로와 19세기 북태평양의 정치적 상황(김낙현, 홍옥숙, 2017)

관련 도서

《걸리버여행기》, 조나단 스위프트, 현대지성
《명상록》, 마르쿠스 아우렐리우스, 현대지성

관련 계열 및 학과	• 사회계열: 경영학과, 관광학과, 무역학과, 사회학과, 소비자학과, 신문방송학과
	• 자연계열: 농생물학과, 대기과학과, 동물자원학과, 산림학과, 해양학과
관련 교과	• 교육계열: 사회교육과, 역사교육과, 윤리교육과, 영어교육과, 초등교육과

2022 개정 교육과정: 공통 영어, 영어 I, 영어 독해와 작문, 영미 문학 읽기, 문학, 사회문제 탐구, 철학

2015 개정 교육과정: 영어, 영어 I, 영어 독해와 작문, 영미 문학 읽기, 문학, 철학

베니스의 상인

윌리엄 셰익스피어 | 민음사 |
2010

《베니스의 상인》은 르네상스 유럽의 부유한 도시 베니스를 배경으로 사랑과 우정, 돈과 명예, 법률과 유대인 문제를 다룬 희·비극적 작품이다. 당시의 시대상을 집대성한 인물인 상인 샤일록과 기타 등장인물들이 겪는 다양한 스토리를 통해 긴장감과 웃음을 골고루 끌어내며 그 시대의 종교적, 인종적 문제들을 집약적으로 보여 준다. 셰익스피어의 시적인 대사도 감상할 수 있다.

탐구 주제

주제1 셰익스피어의 《베니스의 상인》은 영국 극작가 윌리엄 셰익스피어의 5막 희극으로 소설 전반에 걸쳐 다양한 선택의 문제로 인한 갈등이 등장한다. 가장 인상 깊은 장면을 골라 선택의 의미와 중요성을 다룬 에세이를 작성해 보자.

주제2 《베니스의 상인》에는 오늘날 문제시되고 있는 여러 사회 문제와 자본주의의 속성인 이윤 추구 극대화로 인해 발생하는 각종 폐해가 드러난다. 소설 속 상황을 오늘날의 사회와 비교하여 문제점을 제시하고 느낀 점을 작성해 보자.

주제3 《베니스의 상인》에 나타난 인간 소외와 고립 문제 탐구

주제4 셰익스피어의 《베니스의 상인》으로 보는 자본주의 탐구

학생부 기록 예시 (교과세특)

'베니스의 상인(윌리엄 셰익스피어)'을 읽고 관심 있는 장면을 골라 짧은 에세이를 작성함. 소설에 등장하는 다양한 선택의 문제 중 '돈과 살 한 파운드의 선택'을 주제로 호소력 있는 에세이를 작성하였음. 사사로운 복수심에 잘못된 선택을 하게 되면서 결국에는 자기 파멸로 이르는 등장인물의 모습 속에서 이면에 깔린 인종 갈등 문제를 끄집어낸 통찰력이 돋보임.

관심 분야 영어 독서 수행 시간에 '베니스의 상인(윌리엄 셰익스피어)'을 읽고 독후활동에 참여함. 소설 속 자본주의의 이윤 추구로 인한 사회 문제에 대해 비판하는 글을 작성하고 이를 오늘날의 사회와 비교하여 발표함. 극 중 인물들이 이윤을 추구하는 과정에서 취하는 행동의 상징성과 봉건 귀족 중심 농경 사회의 실상을 분석하고 이로 인한 사회적, 경제적 갈등을 설득력 있게 발표하였음.

관련 논문

셰익스피어의 「베니스의 상인」에 재현된 유대인 문제(김숙경, 2006)

관련 도서

《자본주의 사용설명서》, EBS〈자본주의〉제작팀 외, 가나출판사
《심판》, 베르나르 베르베르, 열린책들

관련 계열 및 학과	• 인문계열: 국어국문학과, 문예창작학과, 영어영문학과, 심리학과, 언어학과, 철학과
	• 사회계열: 금융학과, 문화콘텐츠학과, 사회학과, 소비자학과, 신문방송학과
관련 교과	• 예체능계열: 관현악과, 무용학과, 뮤지컬학과, 방송연예과, 성악과, 음악학과

2022 개정 교육과정: 공통 영어, 영어 I, 영어 II, 영미 문학 읽기, 문학, 통합사회, 사회문제 탐구

2015 개정 교육과정: 영어, 영어 I, 영어 II, 영미 문학 읽기, 문학, 통합사회, 생활과 윤리, 사회문제 탐구

국어 교과군

영어 교과군

수학 교과군

사회 교과군

과학 교과군

도덕 교과군

사랑의 기술
에리히 프롬 | 문예출판사 | 2019

인류의 영원한 주제인 사랑에 대해 질문을 던지는 작품이다. 1956년 출간 이후 전 세계에서 수백만 부 이상 판매되며 현대의 고전으로 자리 잡았다. 이 책은 '사랑이 기술인가'에 대한 질문을 제기하며, 사랑의 의미를 돌아볼 수 있는 계기를 제공한다. 사회심리학적 시각으로 현대인들의 소외를 유형별로 고찰하고 인간이 참다운 자기 실현의 길을 찾아가는 방향성을 제시하고자 하였다.

탐구 주제

주제1 철학자 에리히 프롬이 1956년에 출간한 도서 《사랑의 기술》은 사람들이 쉽게 읽을 수 있도록 쓴 대중 철학 서적으로 현재까지 34개의 언어로 번역되었다. 책에서 말하는 '분리를 극복하려는 인간의 욕구'와 이를 해결하기 위한 인간의 다양한 양상을 서술해 보자.

주제2 인간은 왜 사랑받고 사랑하는 데 집중할까? 사랑을 통해 인간이 얻게 되는 것은 무엇일까? 저자가 말하는 현대인이 갖춰야 할 진정한 사랑의 기술이 무엇인지 고민해 보고 인공지능 도구를 활용하여 이를 웹툰으로 제작해 보자.

주제3 사회심리학과 진화론적 입장으로 보는 사랑의 의미 고찰

주제4 예술 작품으로 보는 사랑의 유형에 대한 탐구

학생부 기록 예시 (교과세특)

영어 지문에서 에리히 프롬의 '사랑의 기술'을 읽고 원문이 궁금하여 찾아 읽은 뒤 보고서를 작성하여 제출함. 자신의 의지와 무관하게 발생하는 탄생과 죽음으로 인해 인간은 분리와 고독을 느끼게 되고, 이를 극복하고자 토테미즘, 강제 노역, 군사 정복, 예술, 신화, 약물 등에 의지하게 되었다는 작가의 말에 공감함. 이에 종교나 철학의 역사를 공부하여 인간에 대한 이해를 심화하고 싶다는 꿈을 갖게 되었다고 발표함.

도서 '사랑의 기술(에리히 프롬)'을 영어 원서로 읽고 사랑의 요소, 사랑의 대상, 사랑의 유형에 대해 요약하고 이를 시각적 자료로 정리하여 발표함. 또한 현대 자본주의 사회가 요구하는 명령에 복종하는 노동 인력과 더 많이 소비하는 사람들로 인한 인간 소외, 고립감 등에 대한 문제의식을 촉구함. 관련 내용을 희화화한 대본을 작성하고 이를 인공지능 도구를 활용하여 웹툰으로 제작하였음.

관련 논문

인간 소외에 대한 작품 연구: 표현주의에 나타난 인간 소외를 배경으로(이현주, 1994)

관련 도서

《왜 나는 너를 사랑하는가》, 알랭 드 보통, 청미래
《구미호 식당》, 박현숙, 특별한서재

관련 계열 및 학과
- 인문계열: 문예창작학과, 문헌정보학과, 심리학과, 영어영문학과, 철학과
- 사회계열: 경영학과, 경제학과, 문화콘텐츠학과, 미디어커뮤니케이션학과, 사회학과

관련 교과
- 예체능계열: 공예학과, 무용학과, 사회체육학과, 실용음악학과, 연극영화과

2022 개정 교육과정: 영어 II, 심화 영어, 영어 독해와 작문, 독서와 작문, 철학

2015 개정 교육과정: 영어 II, 심화 영어, 영어 독해와 작문, 독서와 작문, 생활과 윤리, 윤리와 사상

설국

가와바타 야스나리 | 민음사 |
2009

노벨상 수상작인 가와비타 야스나리의《설국》은 일본 문학사상 최고의 서정소설로 꼽힌다. 눈 지방의 정경을 묘사하는 서정성과 감각적 문체가 두드러지며, 특히 눈이 오는 풍경의 계절 변화를 묘사하는 섬세함이 독자들에게 많은 사랑을 받고 있다. 명확한 플롯과 분명한 줄거리가 없어 모호하기도 하지만 우수 어린 인간 세계 묘사로 인해 누구나 그 속에 빠져들게 되는 작품이다.

탐구 주제

주제1 '국경의 긴 터널을 빠져나오자, 눈의 고장이었다'. 가와바타 야스나리의 서정 소설《설국》도입부의 첫 문장이다. 이 도입부는 일본 문학의 정수라고도 불리며 간결체로 서술하여 여유롭고 푸근하다는 느낌마저 든다. 해당 도입부를 영어로 작문해 보고 느낌을 비교해 보자.

주제2 《설국》의 남자 주인공 시마무라는 고전무용 비평가이다. 그는 북쪽의 눈이 많이 내리는 고장의 게이샤 고마코와 그녀의 친구이자 연적이었던 요코에게 빠져들면서 갈등을 겪게 된다. 각 등장인물의 성격을 분석한 인물 관계도를 포스터 형식으로 제작해 보자.

주제3 도서《설국》에 드러나지 않는 공간적 배경과 시대성 연구

주제4 가와바타 야스나리의《설국》에 나타난 민족주의에 관한 고찰

학생부 기록 예시 (교과세특)

해외 노벨문학상 수상작들의 원본, 영문본, 한국어 번역본 등을 비교하고 각 언어가 주는 정서와 느낌을 분석해 보는 시간을 가짐. '설국(가와바타 야스나리)'의 유명한 도입부를 읽고 최대한 일본어 원문의 정서를 살릴 수 있도록 다양한 영어 문장을 작문해 봄. 글 전체가 주는 필체와 통일감의 중요성과 단어 선택과 문장 부호에 따라 다양한 느낌을 줄 수 있음을 실감하고 관련 내용을 보고서로 작성함.

도서 '설국(가와바타 야스나리)'을 읽고 등장인물 간의 관계도를 그림과 함께 영어로 작문하여 북 포스터를 작성함. 소설 자체의 명확하지 않은 플롯을 최대한 구체화하기 위해 여러 차례 읽고 인물을 분석한 노력이 엿보임. 특히 등장인물에 붙은 수식어와 행위를 토대로 인물의 성격 유형 지표까지 분석한 점이 놀라웠음. 일본어 시간에 배운 어휘를 바탕으로 배경지식을 최대한 활용하여 제목의 의미를 서술한 점이 훌륭함.

관련 논문

가와바타 야스나리의 『설국』 연구: 등장인물 분석과 헛수고의 의미를 중심으로(김천미, 2008)

관련 도서

《파친코》, 이민진, 인플루엔셜
《중국 민족주의와 홍콩 본토주의》, 류영하, 산지니

관련 계열 및 학과
- 인문계열: 국어국문학과, 일어일문학과, 영어영문학과, 언어학과, 철학과
- 예체능계열: 공예학과, 무용학과, 사회체육학과, 실용음악학과, 연극영화과
- 교육계열: 교육공학과, 교육학과, 미술교육과, 음악교육과, 초등교육과

관련 교과

2022 개정 교육과정: 영어 II, 영어 독해와 작문, 문학, 문학과 영상, 일본어

2015 개정 교육과정: 영어 II, 영어 독해와 작문, 문학, 일본어

소유냐 존재냐

에리히 프롬 | 까치 | 2020

인간성 문제를 철학, 정신분석, 역사, 종교의 측면에서 분석하는 프롬의 사상에 입문할 수 있는 도서이다. 프롬은 인간의 생존 양식을 '소유'와 '존재'로 구분하고 예수, 마르크스, 석가모니의 세계를 통해 고찰한다. '소유'가 지배하는 현대 산업 사회의 문제 해결을 위한 새로운 인간상과 사회상을 제시하고, 아무것도 집착하지 않는 '존재' 양식을 통해 심리적, 사회 경제 체제의 변혁을 제시하는 책이다.

탐구 주제

주제1 에리히 프롬의 《소유냐 존재냐》는 심리학, 사회학, 철학, 역사, 신학을 총망라한 그의 일생의 마지막 역작으로 인간의 생존 양식을 소유와 존재로 구분하여 기술하였다. 책을 읽고 저자가 말하는 현대 사회의 인간성 문제를 고찰해 '소유와 존재의 관계'를 주제로 토론해 보자.

주제2 에리히 프롬은 《소유냐 존재냐》를 통해 소유와 존재는 기본적으로 모든 인간이 가진 양식이며 양자택일의 개념이 아니라고 하였다. 이는 이전 종교나 철학적 입장과는 사뭇 다른 양상이다. 각각의 입장을 분석하여 보고서를 작성해 보자.

주제3 인간의 존재와 소유에 대한 철학적 고찰

주제4 소유와 존재에 대한 내적 성찰과 표현에 관한 연구

학생부 기록 예시 (교과세특)

관심 주제 독서 활동 시간에 '소유냐 존재냐(에리히 프롬)'를 선택하여 읽고 독서토론 활동에 참여함. '사랑의 기술'을 읽고 프롬의 이론에 크게 감명받아 그의 또 다른 저서 '자유로부터의 도피' 등을 함께 읽음. 현대 사회는 소유가 인간의 존재 양식을 결정한다 여기고 소유를 내려놓을 때 현대 사회의 문제를 해결할 수 있다고 판단함. 토론 후 느낀 점을 A4 1장 정도의 영어 에세이로 제출하였음.

영어 원서 읽기 시간에 '소유냐 존재냐(에리히 프롬)'의 일부를 영어로 읽고 관련 내용을 분석하여 보고서로 제출함. 인간의 두 가지 존재 양식을 바라보는 다양한 입장을 고찰한 점이 다른 학생들에 비해 두드러짐. 특히 석가모니와 예수와 같은 종교적 입장에서는 소유를 버릴 것을, 마르크스는 사치를 빈곤처럼 악덕으로 여기고 버릴 것을 종용하는 양자택일적 입장에 대해 회의적인 태도를 보임.

관련 논문

존재 양식으로 본 도덕교육의 특징과 의의 : 에리히 프롬(E.Fromm)을 중심으로(임영희, 2009)

관련 도서

《에리히 프롬의 소유냐 존재냐 읽기》, 박찬국, 세창출판사

《아들러의 인간 이해》, 알프레드 아들러, 을유문화사

관련 계열 및 학과
- 인문계열 : 국어국문학과, 문예창작학과, 문헌정보학과, 심리학과, 철학과
- 사회계열 : 경영학과, 경제학과, 문화콘텐츠학과, 미디어커뮤니케이션학과, 사회학과
- 예체능계열 : 공예학과, 무용학과, 사회체육학과, 실용음악학과, 연극영화과

관련 교과

2022 개정 교육과정 : 영어 I, 영어 II, 심화 영어, 윤리와 사상, 현대사회와 윤리, 철학

2015 개정 교육과정 : 영어 I, 영어 II, 심화 영어, 윤리와 사상, 사회문제 탐구, 철학

소포클레스의 비극 전집

소포클레스 | 숲 | 2008

소포클레스는 아리스토텔레스가 높이 평가했던 그리스 극작가이다.《소포클레스의 비극》은 오늘날과 같은 연극의 기본 형식들이 정착된 기원전 5세기 그리스 비극의 대표적인 작품 중 하나로, 그리스 정신의 가장 위대한 구현이라 평가되고 있다. 그리스 비극은 인류의 예술과 사상, 종교, 역사 등에 큰 영향을 끼쳐 왔으며, 오늘날에도 여전히 세계 각국의 무대에서 사랑받는 주제이다.

탐구 주제

주제1 고대 그리스 비극에는 현대극에는 볼 수 없는 코러스의 춤과 노래가 있다. 그리스 비극에 코러스가 등장하지 않는 작품은 없으며, 비극의 역사가 시작된 이래 코러스는 처음부터 존재했다.《소포클레스의 비극》을 읽고 코러스의 역할에 관해 기술해 보자.

주제2 소포클레스는 그리스 비극의 3대 작가 중 한 명이다.《안티고네》,《아이아스》,《오이디푸스 왕》등 소포클레스의 비극을 읽어 보고 가장 인상 깊은 작품을 골라 이를 소개하는 카드 뉴스를 제작해 보자. 카드 뉴스에 들어갈 이미지는 생성형 인공지능 도구로 제작해 보자.

주제3 그리스 비극에 나타난 자유 의지와 저항 정신

주제4 《소포클레스의 비극》에서 보이는 구조적 통일성 연구

학생부 기록 예시 (교과세특)

연극이나 영화의 각본과 연출에 관심이 많은 학생으로 '소포클레스의 비극(소포클레스)'을 읽고 코러스의 비중과 역할에 대해 분석하고 이를 보고서로 제출하였음. 코러스로 기술된 부분은 영어로 읽고, 실제 연극 무대와 비교하며 극의 전체 흐름에서 코러스가 차지하는 역할에 대해 세밀히 분석함. 아리스토텔레스의 '시학'에 언급된 문장을 인용하여 자신의 의견에 신빙성을 높임.

'소포클레스의 비극(소포클레스)'을 읽고 그리스 비극을 모티브로 한 여러 장르에 관심을 보임. 특히 '오이디푸스 왕'에 흥미를 보이며, 그리스 비극과 관련된 여러 콤플렉스를 조사하기도 함. 독후활동으로 '오이디푸스 왕'을 소개하는 카드 뉴스를 영어로 제작하고 각 장면에 어울리는 생성형 인공지능 이미지를 사용해 제작하였음. 장면이 전환되는 부분의 핵심을 잘 포착하여 요약문을 작성해 학급 친구들의 큰 호응을 받음.

관련 논문

서양 고전 비극에 나타난 "하마르티아" 연구: 소포클레스와 셰익스피어를 중심으로(김인숙, 2012)

관련 도서

《셰익스피어의 4대 비극》, 윌리엄 셰익스피어, 브라운힐
《밤으로의 긴 여로》, 유진 오닐, 민음사

관련 계열 및 학과

• 인문계열: 국어국문학과, 문예창작학과, 영어영문학과, 심리학과, 언어학과, 철학과

• 사회계열: 관광학과, 문화콘텐츠학과, 사회학과, 소비자학과, 신문방송학과

• 예체능계열: 관현악과, 무용학과, 뮤지컬학과, 방송연예과, 음악학과

관련 교과

2022 개정 교육과정: 영어 I, 영어 II, 미디어 영어, 세계 문화와 영어, 세계사, 인문학과 윤리

2015 개정 교육과정: 영어 I, 영어 II, 문학, 생활과 윤리, 고전 읽기

국어교과군
영어교과군
수학교과군
사회교과군
과학교과군
도덕교과군

수레바퀴 아래서

헤르만 헤세 | 더스토리 | 2017

《수레바퀴 아래서》는 헤르만 헤세의 청소년기를 반영한 자전적 소설로, 강압적 교육과정과 어른들이 주는 부담 속에서 파괴되어 가는 어린 영혼의 이야기를 담고 있다. 주인공 한스는 성적 위주의 교육 속에서 자신을 잃어가다 결국 신학교를 떠나게 된다. 성적 위주의 획일화된 교육 제도를 경험했던 모든 독자에게 깊은 공감을 느끼게 하며 청소년의 삶과 교육 체계의 문제를 고찰하는 작품이다.

탐구 주제

주제1 소설 속 국가의 역할은 시험에 통과한 학생들의 교육비를 지불해 주는 것이다. 학비 지원을 받은 학생들은 국가에 충성하는 태도로 무장하고 아버지는 자식을 관비로 만드는 것이 최대의 목표이다. 청소년의 바람직한 가치관 확립을 위한 가정, 학교, 국가의 역할에 대해 토의해 보자.

주제2 소설《수레바퀴 아래서》는 교육이라는 '수레바퀴' 아래에서 신음하는 사춘기 청소년들의 내면의 혼돈과 외적인 변화를 그리고 있다. 현재의 교육 현장을 소설 속 모습과 비교해 보고 자신이 생각하는 이상적인 교육의 방향이나 정책을 제시해 보자.

주제3 청소년 갈등 문제 해결을 위한 학교교육의 방향성 재정립

주제4 청소년의 주체적 삶을 위한 예술치료 사례 탐구

학생부 기록 예시 (교과세특)

소설 '수레바퀴 아래서(헤르만 헤세)'를 읽고 '청소년기의 올바른 가치관 확립을 위한 국가, 가정, 청소년의 역할'을 주제로 하는 조별 토의 활동에 적극적으로 참여함. 교육이란 다양한 연령층의 개인이 사회화 과정을 통해 올바른 사회 가치를 훈련하는 것이라 주장함. 가정, 학교, 국가의 역할과 책, 신문, 방송, 인터넷, 사회관계망 서비스 등의 매체를 활용한 교육 방식의 창의적인 전략과 구체적 사례를 들어 효과적으로 설명하였음.

문학 작품을 읽고 인물의 심정이나 글의 분위기를 분석하는 능력이 탁월함. 도서 '수레바퀴 아래서(헤르만 헤세)'를 읽고 오늘날의 공교육과 입시 문제에 대해 고찰하는 보고서를 작성하였음. 기술의 발달로 인해 기존 인문학자의 역할이 자연과학, 기술 분야의 전문가로 대체된 작품의 시대적 배경을 고려하여 당시의 가치관 상실 문제를 성찰하였고, 영어교육 정책 제안서를 '학교교육 십계명' 방식으로 작성하여 추가 제출하였음.

관련 논문

근현대 예술가의 사회적 위치에 관한 자기이해-헤르만 헤세의 『수레바퀴 아래서』와 『데미안』 소고(홍길표, 2011)

관련 도서

《돈으로 살 수 없는 것들》, 마이클 샌델, 와이즈베리
《죽은 시인의 사회》, N.H 클라인바움, 서교출판사

관련 계열 및 학과
- 인문계열: 국어국문학과, 문예창작학과, 문헌정보학과, 심리학과, 영어영문학과
- 사회계열: 경영학과, 경제학과, 문화콘텐츠학과, 미디어커뮤니케이션학과, 사회학과
- 교육계열: 국어교육과, 교육학과, 사회교육과, 영어교육과, 윤리교육과, 초등교육과

관련 교과

2022 개정 교육과정: 공통 영어, 영어 I, 영어 II, 영어 발표와 토론, 문학, 인문학과 윤리

2015 개정 교육과정: 영어, 영어 I, 영어 II, 영어 발표와 토론, 문학, 생활과 윤리, 사회문제 탐구

쌤영어, 영어는 한마디로

윤상훈 | 포르체 | 2023

《쌤영어, 영어는 한마디로》는 왕초보도 영어를 쉽게 배울 수 있는 책으로, 저자가 미국에서 경험한 실제 생활 영어의 노하우를 담고 있다. 독서하듯이 읽으면서 자연스럽게 영어 실력을 향상시킬 수 있고 책을 읽는 독자들이 영어를 습관화할 수 있도록 집필된 책이다. 상황과 맥락을 이해하여 미국식 사고를 익힐 수 있을 뿐 아니라 1초 만에 답이 튀어나올 수 있도록 구성되어 있다.

탐구 주제

주제1 문명과 과학의 발달로 인해 매일 새로운 기술이 쏟아져 나온다. 이와 함께 새롭게 익혀야 할 단어들도 늘어날 수밖에 없다. 영어 단어를 외우는 효과적인 방법은 단어에 담긴 속뜻을 이해하는 것이다. 《쌤영어, 영어는 한마디로》를 읽고 효과적 어휘 암기법을 찾아 공유해 보자.

주제2 유치원에서부터 고등학교에 이르기까지 여러 해 동안 영어를 공부했음에도 외국인만 보면 입이 얼어붙는 이유는 무엇일까? 영어 회화는 유학 경험이 있어야만 가능할까? 영어 회화에 능통한 사람들의 사례와 학습 방법을 조사한 뒤 소개해 보자.

주제3 효율적 외국어 학습을 위한 교육 환경 조성에 관한 연구

주제4 미국식 사고가 영어학습에 미치는 영향 탐구

학생부 기록 예시 (교과세특)

'쌤영어, 영어는 한마디로(윤상훈)'를 읽고 영어 공부에 필요한 다양한 맥락적 이해의 필요성에 공감하는 모습을 보임. 책에 나온 실제 예문을 검색하여 찾아보고 어휘력을 확장하는 모습을 관찰하였음. 책에 소개되지 않은 다양한 사례들을 추가로 찾아보고 이를 노트에 정리하여 관리하기도 함. 이후 단어 지식 경매 시간을 활용해 가장 많은 어휘 지식을 판매한 어휘 왕으로 선정됨.

영어 회화를 잘하고 싶어 '쌤영어, 영어는 한마디로(윤상훈)'를 읽고 영어 공부에 의욕을 보임. 초기에는 단어 암기에 어려움을 호소하였으나 책을 읽고 미국식 생각과 단어에 담긴 속뜻을 이해하게 되고 점차 성장하는 모습을 보임. 온라인 동영상 공유 사이트에서 다양한 영어 회화 학습법을 찾아보고 공통점과 인상 깊었던 점을 정리하여 수업 시간에 발표. 유의미한 어휘와 표현을 카드 뉴스로 제작하여 친구들에게 공유함.

관련 논문

고등학교 실용영어회화 교과서를 이용한 실용영문법 지도방안 연구: 말하기를 위한 의사소통 중심으로(조은비, 2015)

관련 도서

《영어는 한마디로 자신감》, 윤상훈, 포르체
《챗GPT 영어회화》, 반병현, 김연정, 생능북스

관련 계열 및 학과
- 인문계열: 국어국문학과, 문예창작학과, 불어불문학과, 심리학과, 영어영문학과
- 사회계열: 경영학과, 경제학과, 문화콘텐츠학과, 미디어커뮤니케이션학과, 사회학과

관련 교과
- 교육계열: 교육학과, 교육공학과, 국어교육과, 영어교육과, 초등교육과

2022 개정 교육과정: 공통 영어, 영어 I, 직무 영어, 실생활 영어 회화

2015 개정 교육과정: 영어, 영어 I, 기본 영어, 실용 영어, 진로 영어

앵무새 죽이기

하퍼 리 | 열린책들 | 2015

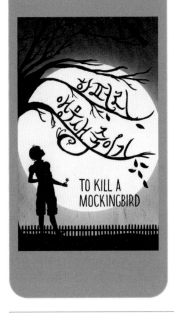

《앵무새 죽이기》는 1930년대 대공황 이후 피폐해진 미국 사회의 모습과 계층 간, 인종 간의 대립을 고스란히 보여 준다. 특히 흑인의 인권 문제와 함께 동시대를 살아가는 사람들에게 정의, 양심 등에 대해 함께 고민할 과제를 던져 주고 있어 1960년 출간 직후 꾸준한 사랑을 받고 있다. 40개 국어로 번역된 스테디셀러이며, 퓰리처상 수상과 함께 성경책 다음으로 가장 영향력 있는 도서로 꼽힌다.

탐구 주제

주제1 소설 《앵무새 죽이기》는 미국의 대공황 시기, 존경받는 한 변호사가 백인 여성을 성폭행한 혐의로 재판받는 흑인 남성을 변호하면서 일어나는 일들을 어린 소녀의 시각에서 그리고 있다. 소설 속 인종 차별 상황을 오늘날과 비교하여 설명해 보자.

주제2 《앵무새 죽이기》는 백인 변호사가 흑인 남성을 변호하며 백인을 상대로 싸운다는 이야기로 인종적 차별, 여성의 지위, 종교적 편협함 등과 같은 문제를 다루고 있다. 책의 전반적 내용을 바탕으로 제목이 주는 의미와 이를 통해 작가가 시사하는 바가 무엇인지 작문해 보자.

주제3 우리 사회의 인권 사각지대와 문제의식 개선 방안 탐구

주제4 도서 《앵무새 죽이기》를 통한 인성교육 방안 연구

학생부 기록 예시 (교과세특)

사회적 불의와 사회적 약자에 관심이 많은 학생으로 단순한 흥미를 넘어 사회적 인식과 문제 원인을 분석하여 해결하는 방법에 체계적으로 접근하는 태도가 훌륭함. '앵무새 죽이기(하퍼 리)'를 읽고 30년대 대공황 시대를 오늘날의 미국 사회와 비교하여 제시함. 국가별로 상이한 백인의 정의와 우월주의적 이념의 차이를 조사하고 여전히 진행되고 있는 흑인 증오 범죄, 과잉 대응 등의 문제를 비판적으로 고찰함.

수업 중 10분 독서 시간을 활용해 도서 '앵무새 죽이기(하퍼 리)'를 읽고 영어로 독후감상문을 작성함. 한글 번역본 중 의미 있는 부분은 원서로 발췌독을 시행함. 제목에서 앵무새로 번역된 'mockingbird'가 인간에 해를 끼치지 않는 새를 뜻함을 발견하고, 인종 차별과 혐오 문제를 아무 죄 없는 사람을 죽이는 것과 동일한 맥락이라 판단함. 비유적 표현과 문화적 특징이 강한 표현의 함축적 의미를 바르게 파악할 수 있음.

관련 논문

미국에서의 인종 차별에 의한 증오범죄에 관한 연구(최응렬, 정승민, 2005)

관련 도서

《인종 차별과 자본주의》, 알렉스 캘리니코스, 책갈피
《파수꾼》, 하퍼 리, 열린책들

관련 계열 및 학과
- 인문계열: 고고학과, 기독교학과, 인류학과, 문화콘텐츠학과, 언어학과, 철학과
- 사회계열: 국제학부, 광고홍보학과, 미디어학과, 사회학과, 언론홍보학과
- 교육계열: 국어교육과, 사회교육과, 역사교육과, 윤리교육과, 영어교육과

관련 교과

2022 개정 교육과정: 영어 I, 영어 II, 영미 문학 읽기, 인문학과 윤리, 사회문제 탐구, 현대사회와 윤리

2015 개정 교육과정: 영어 I, 영어 II, 영미 문학 읽기, 생활과 윤리, 사회문제 탐구

어린 왕자

앙투안 드 생텍쥐페리 | 리나북스 | 2021

《어린 왕자》는 앙투안 드 생텍쥐페리의 대표작으로 사막에 추락한 조종사가 지구 여행 중인 어린 왕자를 만나는 이야기이다. 디지털 시대인 오늘날에도 종이책으로 1억 5000만 부 이상 팔린 책으로 유명하며, 읽을 때마다 독자들로 하여금 새로운 의미를 발견하게 해 주는 작품이다. 순수한 마음을 가진 어린 왕자와 함께 잃어버린 마음을 찾아가는 이야기로 전 세계인의 많은 사랑을 받고 있다.

탐구 주제

주제1 《어린 왕자》는 동화 같으면서도 풍자적인 내용이 다소 섞여 있다. 보아뱀과 코끼리, 장미에 얽힌 일화는 모르는 사람이 없을 정도로 유명하다. 책을 읽고 관심 있는 일화를 선택하여 교육용 영상을 제작해 보자.

주제2 《어린 왕자》는 사막을 배경으로 시간의 역전적 구성을 통해 어른과 아이가 모두 좋아하는 동화로 꼽힌다. 생텍쥐페리는 이 작품을 통해 현대인의 공허한 삶과 이를 극복하는 데 필요한 가치를 깨우쳐 주려 하였다. 책을 읽고 느낀 점을 다양한 방식으로 표현해 보자.

주제3 다문화 교육을 위한 도구로서의 《어린 왕자》 분석

주제4 《어린 왕자》에 보이는 외로움과 도피에 관한 고찰

학생부 기록 예시 (교과세특)

영어 원서 읽기 시간에 앙투안 드 생텍쥐페리의 '어린 왕자'를 읽고 독후활동에 적극적으로 참여함. 지구에 도착한 어린 왕자에게 길들임에 대한 의미를 알려 주는 에피소드를 손 그림과 함께 애니메이션 영상으로 제작함. 시각 장애인을 위해 영한 자막을 넣고 청각 장애인을 위해 자신의 목소리로 직접 연기한 영어 음성 파일을 함께 삽입함. 아이의 순수함으로 바라보는 어른의 세상을 따뜻하게 표현하여 많은 박수를 받음.

앙투안 드 생텍쥐페리의 '어린 왕자'를 원서로 읽고 책 내용을 16페이지 분량으로 요약한 전자 동화책을 제작함. 어린 왕자가 만나는 여러 이웃 별의 어른들에게 보이는 잘못된 가치관을 일목요연하게 시각화한 점이 인상적임. 문학 작품을 감상하는 예술적 감수성이 뛰어나며, 영어 원문에 기재된 표현을 다양한 방식으로 바꿔 말할 수 있음을 확인함. 자신의 영어 표현을 번역기와 사전의 도움으로 오류를 수정하는 유연함을 보임.

관련 논문

동화 〈어린 왕자〉를 기반으로 한 실존적 미술치료 탐구(임지은, 2021)

관련 도서

《야간 비행》, 앙투안 드 생텍쥐페리, 문학동네
《키다리 아저씨》, 진 웹스터, 더클래식

관련 계열 및 학과	• 인문계열: 국어국문학과, 문예창작학과, 문헌정보학과, 심리학과, 영어영문학과
	• 사회계열: 경영학과, 경제학과, 문화콘텐츠학과, 미디어커뮤니케이션학과, 사회학과
관련 교과	• 예체능계열: 공예학과, 무용학과, 사회체육학과, 실용음악학과, 연극영화과

2022 개정 교육과정: 공통 영어, 영어 I, 미디어 영어, 세계 문화와 영어, 문학, 프랑스어

2015 개정 교육과정: 영어, 영어 I, 문학, 프랑스어

국어교과군

영어교과군

수학교과군

사회교과군

과학교과군

도덕교과군

에밀

장 자크 루소 | 책세상 | 2021

장자크 루소
에밀
ÉMILE, OU DE L'ÉDUCATION

《에밀》은 작가이자 사상가인 장 자크 루소가 '자신의 가장 중요한 저작'으로 꼽은 교육학 고전서이다. 지금도 전 세계에서 교육학 연구자와 예비 교사, 부모들에게 널리 읽힐 만큼 교육론의 정수를 보여 주고 있다. 교육에 대한 고찰은 어린이 연구에서 시작해야 한다며, 에밀이라는 고아를 통해 '자연의 흐름에 따르자'는 교육 이상론을 추구하고 있다. 루소의 인간론·종교론을 보여주기도 하며 뛰어난 문학성도 돋보인다.

탐구 주제

주제1 《에밀》이 출판되던 시기의 어린이는 민중에 의해 억압받으며 '작은 어른' 정도로 여겨졌다. 루소는 '교육에 대한 고찰은 어린이가 어떤 존재인지 연구하는 데서 시작해야 한다.'라고 지적했다. 그가《에밀》을 통해 제시하고자 했던 교육적 이상론에 대해 발표해 보자.

주제2 루소는 교육의 무용론을 주장하고 기다림과 선한 방목의 중요성을 강조한다. 그리고 인위적 교육이 아이를 망칠 수 있음을 경고한다. 자신이 교사가 된다면 어떤 교육을 실천할 것인지 구체적으로 작성해 보자.

주제3 《에밀》에 나타난 진보주의 아동 중심 교육 분석

주제4 루소의 자연주의 교육 사상과 음악교육 방안 탐구

학생부 기록 예시 (교과세특)

교육 분야에 관심이 많은 학생으로 장 자크 루소의 '에밀'을 읽고 그의 교육적 이상을 조사함. 당시 보편적으로 성행하던 주입식 교육을 거부하고 체육과 인성 등의 전인 교육을 강화해야 한다는 루소의 말에 공감해 자연 상태에 가까운 어린이를 외부 환경이나 나쁜 습관, 편견 등으로부터 보호할 수 있는 방법에 대해 고민함. 이러한 마음을 담은 내용을 영시로 작성하여 수업 시간에 낭독함.

관심 분야 독서 시간에 '에밀(장 자크 루소)'을 읽고 독후활동에 참여함. 특히 기다림과 선한 방목, 자연으로 돌아가라는 속뜻을 이해하기 위해 '루소의 『에밀』 읽기(이기범)'를 추가로 읽음. '자연과 사람은 개별 존재로서 서로 다른 환경을 지녔기에 고유한 성장 속도를 인정하고 기다려야 줘야 한다'라는 말의 의미를 깨닫고 주입식 교육의 폐해를 이해함. 이에 자신의 교육 철학을 담은 '교육 실천 십계명'을 영어로 작성함.

관련 논문

루소의 에밀에 나타난 교사의 역할과 자질(정은진, 1999)

관련 도서

《루소의 에밀 읽기》, 이기범, 세창미디어
《최고의 교육》, 로베르타 골린코프 외, 예문아카이브

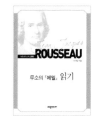

관련 계열 및 학과	• 인문계열: 국어국문학과, 기독교학과, 인류학과, 문화콘텐츠학과, 불어불문학과, 철학과
	• 사회계열: 경영학과, 경찰행정학과, 문화콘텐츠학과, 사회학과, 언론홍보학과
관련 교과	• 교육계열: 전 교육계열

2022 개정 교육과정: 영어 I, 영어 II, 심화 영어, 문학, 사회문제 탐구, 현대사회와 윤리, 교육학

2015 개정 교육과정: 영어 I, 영어 II, 심화 영어, 진로 영어, 윤리와 사상, 사회문제 탐구, 교육학

연금술사

파울로 코엘료 | 문학동네 | 2018

《연금술사》는 진정한 의미를 탐구하고 만물과 통하는 우주의 언어를 꿰뚫어 궁극의 '하나'에 이르는 길을 찾는 영혼의 여정을 그린 파울로 코엘료의 장편소설이다. 마음의 속삭임에 귀를 기울이고 자신의 보물을 찾는 평범한 양치기 청년 산티아고의 험난한 여정을 통해 자아의 신화를 찾아가는 메시지를 담았다. 전 세계 2000만 독자들이 읽은 베스트셀러로 삶의 진정한 의미를 생각하게 하는 작품이다.

탐구 주제

주제1 사람들은 모두 내면에 자기만의 이야기를 가지고 산다. 경험적 이야기일 수도 있고 상상과 예술 속의 이야기를 통해 형성된 이야기일 수도 있다.《연금술사》를 읽고 느낀 점을 자신의 경험과 연관해 500 단어 내외의 영어로 작성해 보자.

주제2 '행복의 비밀은 이 세상의 모든 아름다움을 보는 것과 절대로 숟가락에 있는 기름 두 방울을 잃어버리지 않는 데에 있다'. 파울로 코엘료의《연금술사》에 나오는 말이다. '숟가락 속의 기름 두 방울'의 의미를 고려하여 책의 특징이 드러나도록 북 트레일러를 제작해 보자.

주제3 치유 서사학적 접근으로 보는 파울로 코엘료의《연금술사》

주제4 문학 작품이 주는 자아 성찰과 개인 성장의 힘

학생부 기록 예시 (교과세특)

영어 서평 수행 시간에 '연금술사(파울로 코엘료)'를 읽고 자신의 삶과 연계한 서평을 작성하여 제출함. 주인공이 다양한 인물과 상황을 마주하며 새로운 정체성을 형성해 가는 것을 '만남 하나, 신분증 하나'라는 은유로 표현한 점이 인상적임. 작품에 대한 해석 능력과 이를 압축해 핵심만 표현하는 능력이 훌륭함. 현대인의 다양한 정체성과 그 필요성, 그리고 한계에 대해 역설한 점이 두드러짐.

'연금술사(파울로 코엘료)'를 읽고 저자가 독자에게 주는 메시지를 잘 살려 약 3분 분량의 북 트레일러를 제작하였음. 삶의 아름다움을 볼 수 있는 영혼의 눈과 자신이 가진 것을 사랑할 줄 아는 마음을 잃지 말아야 한다는 주제를 '숟가락 속 기름 두 방울'이라는 영어 강조 구문을 활용하여 호소력 있는 어조로 제시함. 문학 작품을 해석하는 감수성과 언어 표현 능력이 우수하며, 매체를 활용하여 생동감 있게 전달하는 능력이 탁월함.

관련 논문

연금술의 관점에서 본 『연금술사』(박원복, 2009)

관련 도서

《베로니카, 죽기로 결심하다》, 파울로 코엘료, 문학동네
《역행자》, 자청, 웅진지식하우스

관련 계열 및 학과	• 인문계열: 국어국문학과, 문예창작학과, 문헌정보학과, 심리학과, 영어영문학과
	• 사회계열: 경영학과, 경제학과, 문화콘텐츠학과, 미디어커뮤니케이션학과, 사회학과
관련 교과	• 예체능계열: 공예학과, 무용학과, 사회체육학과, 실용음악학과, 연극영화과

2022 개정 교육과정: 영어 I, 영어 II, 문학, 인문학과 윤리, 사회문제 탐구, 현대사회와 윤리

2015 개정 교육과정: 영어 I, 영어 II, 문학, 생활과 윤리, 사회문제 탐구

국어교과군

영어교과군

수학교과군

사회교과군

과학교과군

도덕교과군

오디세이아

호메로스 | 살림 | 2017

《오디세이아》는 고대 그리스의 영웅 오디세우스의 10년 여정을 이야기로 그려낸 대서사시로, 유럽 문학에서 가장 오래된 작품 중 하나이다. 그리스인의 지성을 대표하는 오디세우스의 모험과 바다의 노래, 아내 페넬로페의 숭고하고도 지조 있는 사랑 노래 등이 수록되어 있다. 오디세우스가 방랑을 마치고 고향으로 돌아가 텔레마코스와 함께 사악한 구혼자들을 물리치기까지의 약 40일 동안의 일들을 담고 있다.

탐구 주제

주제1 호메로스의 《오디세이아》는 트로이 전쟁 이후 고향으로 돌아가는 길에 오디세우스가 겪는 모험과 돌아오지 않는 오디세우스를 20년간 기다리는 아내 페넬로페의 이야기를 담고 있다. 이를 모티브로 한 예술 작품 하나를 선정하여 감상하고 영어로 설명하는 글을 작성해 보자.

주제2 오디세우스라는 인물은 작품마다 매우 다양하게 묘사된다. 소포클레스의 《아이아스》에 나오는 오디세우스는 호메로스 작품보다도 더 사려 깊은 인물로, 《필록테테스》에서는 아주 교활한 인물로 그려져 있다. 오디세우스의 모습이 다양하게 그려진 이유를 조사해 보자.

주제3 《오디세이아》와 《일리아스》의 인간상 비교 분석

주제4 《오디세이아》 영웅의 특징 – 《일리아스》와의 구별점 분석

학생부 기록 예시 (교과세특)

예술 작품 서평 쓰기 시간에 호메로스의 '오디세이아'에 관련된 명화를 감상하고 이를 설명하는 글을 영어로 작성함. 스톡홀름 국립미술관에 소장된 루이 고피에의 작품을 선정하고 이에 관련된 이야기를 바탕으로 감상평을 작성하였음. 이후 그리스·로마 신화에 관련된 명화에 호기심을 갖고 온라인 미술관을 활용해 작품을 다수 찾아보며 신화 속 인물을 주제로 작곡을 하거나 그림을 그리는 등 창작활동에 적극적인 모습을 보임.

도서 '오디세이아(호메로스)'를 읽고 그리스 비극에 묘사된 오디세우스의 모습이 작가마다, 작품마다 다른 이유에 의문을 품고 그 배경을 조사함. 여러 선행 연구 자료를 분석하여 당시의 아테네의 정치적 상황, 급진 민주정 및 해상 제국 정책과의 관련성 등 역사적 배경과 연관 지어 고찰하는 분석적 사고력을 보임. 우리나라 역사뿐 아니라 세계사에도 관심이 많은 학생으로 관련 분야에 대한 학업 역량과 잠재력이 넘치는 학생임.

관련 논문

호메로스의 영웅주의 윤리관(이태수, 2013)

관련 도서

《그리스 비극》, 아이스킬로스 소포클레스 에우리피데스, 동서문화사
《소크라테스의 변명·크리톤·파이돈·향연》, 플라톤, 현대지성

관련 계열 및 학과
- 인문계열: 국어국문학과, 문예창작학과, 문헌정보학과, 심리학과, 영어영문학과
- 사회계열: 경영학과, 경제학과, 문화콘텐츠학과, 미디어커뮤니케이션학과, 사회학과
- 예체능계열: 공예학과, 무용학과, 사회체육학과, 실용음악학과, 연극영화과

관련 교과

2022 개정 교육과정: 공통 영어, 영어 I, 세계 문화와 영어, 문학과 영상, 인문학과 윤리, 철학

2015 개정 교육과정: 영어, 영어 I, 문학, 고전 읽기, 고전과 윤리

오만과 편견

제인 오스틴 | 시공사 | 2016

《오만과 편견》은 작은 마을에서 벌어지는 여러 사랑 이야기를 다룬 소설이다. 주인공 엘리자베스는 인습에 사로잡히지 않고 재치가 넘치는 발랄한 아가씨이지만 자신의 편견과 오만 때문에 다아시의 구애를 거부한다. 그러나 엘리자베스는 경박한 콜린스, 싹싹하지만 성실하지 못한 위컴과 만나면서 결코 첫인상이 중요하지 않다는 사실을 깨닫는다. 사랑과 이해, 용서와 편견 극복의 중요성을 깨닫게 해 주는 책이다.

탐구 주제

주제1 제인 오스틴의《오만과 편견》은 주인공 엘리자베스와 다아시 사이의 오해와 각성, 성찰, 그리고 결혼을 그린 교훈소설이자 성장소설로 많은 주목을 받았다. 이 외에 영국의 장자 상속제에 기반한 사회 관습을 다룬 장면을 읽고 이에 관련한 생각을 발표해 보자.

주제2 제인 오스틴은 영국 BBC에서 진행한 지난 1000년 동안의 최고의 문학가 설문에서 셰익스피어에 이어 2위를 차지하였고,《오만과 편견》은 노벨 연구소가 선정한 세계문학 100대 작품에 선정되었다. 보편적 감성 안에서 통속적이지 않은 각 인물의 성격과 이중성을 분석해 보자.

주제3 18세기와 오늘날의 여성상 비교 -《오만과 편견》을 중심으로

주제4 《오만과 편견》으로 보는 관계의 상실과 회복 연구

학생부 기록 예시 (교과세특)

영미문학 읽기 시간에 제인 오스틴의 '오만과 편견'을 읽고 영국의 봉건적 장자 중심 토지 상속법에 호기심이 생겨 관련 법과 관습에 관해 추가 탐구를 진행함. 자료를 조사하던 중 영국 일간지 Daily Mail 2011년 10월호에서 '왕실의 윌리엄 부부의 장녀도 재산 상속이 가능하다'라는 법 개정 관련 기사를 발견함. 문학 작품을 읽을 때 함축적 의미와 역사적 배경을 토대로 학습을 심화하는 태도가 칭찬할 만함.

도서 '오만과 편견(제인 오스틴)'을 읽고 소설에 등장하는 주요 인물과 주변 인물을 선정하여 각 인물의 장단점, 본받을 점, 선과 악 등을 분석하고 이를 통해 작가가 보여 주는 풍자와 이중적 의미에 대해 정리한 내용을 온라인 도구를 활용해 시각화함. 인물의 태도와 대사를 세밀하게 분석하여 자기 생각에 대한 구체적 근거를 소설 속 장면을 들어 영어로 작성하였음. 문학적 감수성과 작품 이해도가 우수한 학생임.

관련 논문

『오만과 편견』의 언어적 아이러니 번역 고찰(김태훈, 최희섭, 2018)

관련 도서

《노생거 수도원》, 제인 오스틴, 시공사
《에마》, 제인 오스틴, 시공사

관련 계열 및 학과	• 인문계열: 고고학과, 국어국문학과, 문예창작학과, 사학과, 영어영문학과, 철학과
	• 사회계열: 경영학과, 경제학과, 문화콘텐츠학과, 사회학과, 소비자학과, 지리학과
관련 교과	• 예체능계열: 무용학과, 뮤지컬학과, 미술학과, 방송연예과, 실용음악학과

2022 개정 교육과정: 영어 I, 영어 II, 영미 문학 읽기, 영어 독해와 작문, 문학, 고전 읽기, 철학

2015 개정 교육과정: 영어 I, 영어 II, 영미 문학 읽기, 영어 독해와 작문, 문학, 철학

국어교과군

영어교과군

수학교과군

사회교과군

과학교과군

도덕교과군

오이디푸스 왕

소포클레스 | 민음사 | 2009

《오이디푸스 왕》은 희랍 비극의 대표작으로 소포클레스의 작품 중 가장 완벽한 작품으로 평가된다. 오이디푸스는 아무도 풀지 못한 수수께끼를 풀지만, 자신은 진실을 알지 못하는 등 모순적 모습을 보이며 모든 것을 잃고 추방되는 마지막 순간에 오히려 끈기를 회복한다. 죽음을 두려워하면서도 진실을 찾기 위해 의지대로 삶을 살아가는 주체적 인간상을 통해 변화와 성장이 가능하다는 메시지를 전한다.

탐구 주제

주제1 오이디푸스는 그리스 신화에 등장하는 도시 테베의 3대 왕 라이오스와 왕비 이오카스테의 아들이다. 오이디푸스 신화는 서사시뿐 아니라 비극 장르에도 자주 등장하는데 그중 하나가 《오이디푸스 왕》이다. 책과 관련된 스핑크스 퀴즈, 오이디푸스 콤플렉스 등을 조사해 보자.

주제2 소포클레스는 기원전 5세기의 복잡하고 모순적인 경험을 심오하게 그리면서 기교와 형식 등 다양한 면에서 희랍 비극을 완성했다. 《오이디푸스 왕》은 근원적 질문을 통해 인간의 내면을 꿰뚫고 있다. 작품에 대한 기존 해석을 바탕으로 자기 생각을 작성해 보자.

주제3 소포클레스와 호메로스의 비극 비교 분석

주제4 소포클레스의 작품에 드러난 비극 요소 탐구

학생부 기록 예시 (교과세특)

'오이디푸스 왕(소포클레스)'을 읽고 책과 관련해 오늘날에도 전해지는 다양한 에피소드에 관해 정리하고 모둠원들과 영어 독서 신문을 발행함. 실제 우리가 알고 있는 오이디푸스 콤플렉스의 진실과 이와 연관된 기타 용어들을 심리학 분야와 연계하여 정리하였음. 다른 교과 시간에 배운 지식을 융합적으로 사고하여 통합하는 능력이 우수하며, 현실 세계와 연결하여 배움의 의미를 확장하는 모습이 모범이 됨.

신화와 비극 작품에 관심이 많으며 시대별, 작품별, 작가별 영웅과 인물들을 분석하고 인간의 내면을 고찰하는 일에 재능이 많은 학생임. '오이디푸스 왕(소포클레스)'을 읽고 이 작품이 진정한 비극으로 승화될 수 있었던 이유는 진실을 파헤쳐 마주한 주인공의 태도 때문이었다고 판단함. 인간의 내면에 근원적으로 내재한 불안과 불확실, 그리고 이를 통찰하는 책임감 있는 태도에 대한 생각을 영어로 표현함.

관련 논문

오이디푸스 신화의 수용과 변형 : 소포클레스의 〈오이디푸스 왕〉을 중심으로(김기영, 2007)

관련 도서

《안티고네》, 소포클레스, 지만지드라마
《실낙원》, 존 밀턴, CH북스

관련 계열 및 학과
- 인문계열: 고고학과, 국어국문학과, 문예창작학과, 사학과, 영어영문학과, 심리학과
- 사회계열: 경영학과, 경제학과, 문화콘텐츠학과, 사회학과, 소비자학과, 지리학과
- 예체능계열: 무용학과, 뮤지컬학과, 미술학과, 방송연예과, 실용음악학과

관련 교과

2022 개정 교육과정: 영어 I, 영어 II, 심화 영어, 영어 독해와 작문, 문학, 고전 읽기, 철학

2015 개정 교육과정: 영어 I, 영어 II, 심화 영어, 영어 독해와 작문, 문학, 철학

올리버 트위스트

찰스 디킨스 | 시공사 | 2020

《올리버 트위스트》는 널리 알려진 찰스 디킨스의 대표작 중 하나로, 생생하고 매력적인 인물들과 미스터리적 플롯, 극적인 반전과 권선징악적 결말 등 대중이 원하는 요소를 충실히 담고 있다. 어린 고아 소년 올리버의 이야기를 담고 있는데, 빅토리아 시대 최초로 어린아이를 주인공으로 한 이 소설은 다양한 장르로 재생산되며 대중문화 전반에 영향력을 미치고 있다.

탐구 주제

주제1 《올리버 트위스트》는 빅토리아 시대의 왜곡된 시대 정신과 그 과정에서 파괴되는 한 남자의 삶을 사실적으로 묘사하여 '대영제국' 성공의 밝은 면과 어두운 면을 동시에 볼 수 있는 작품이다. 작품 전반에 드러난 도덕적 요소를 오늘날 혹은 동서양과 비교하여 분석해 보자.

주제2 1830년대의 영국은 산업 불안과 정치적·사회적 혼란이 가득하던 시기로 빈곤층은 잠재적 범죄자라는 인식이 만연하였다. 이에 따라 당시 지배 계급은 신 빈민법을 포함한 많은 조치를 취했다. 이러한 빈곤 통제 방식에 대한 대안을 제시해 보자.

주제3 디킨스 작품으로 보는 빅토리아 시대의 남성상과 여성상

주제4 《올리브 트위스트》에 드러난 도시화 과정에 대한 인식 변화

학생부 기록 예시 (교과세특)

영어 소설 읽기 시간에 서구의 권선징악 요소를 동양과 비교 분석하고자 영국의 산업자본주의 소설 '올리버 트위스트(찰스 디킨스)'를 선택하여 완독함. 역경 속에서도 선한 본성을 지키려는 주인공의 모습을 맹자의 철학과 비교하여 보고서를 작성하였음. 공포, 폭력과 같은 외부 환경 속에서 선한 본성을 유지하려는 주인공의 모습이 맹자의 가르침과 유사하다고 보았으며 글의 세부 맥락을 전체 흐름 안에서 독해하는 능력이 우수함.

도서 '올리버 트위스트(찰스 디킨스)'를 읽고 지배 계급과 노동 계급의 입장을 객관적으로 바라보고 비교 분석한 점을 보고서로 제출함. 군중을 'mass', 'mob' 등의 단어로 묘사한 부분에서 노동 계층을 잠재적 범죄자, 예측 불가의 폭력 집단 등으로 바라보는 당시 지배 계급의 인식을 파악하는 등 문학 작품에 나타난 타 문화를 이해하고 언어에 수반된 사회·문화적 배경 지식을 분석하는 능력이 우수한 학생임.

관련 논문

공간과 빌둥스로만-움직이는 「올리버 트위스트」(함유진, 2022)

관련 도서

《위대한 유산》, 찰스 디킨스, 민음사
《작은 아씨들》, 루이자 메이 올콧, 인디고

관련 계열 및 학과	• 인문계열: 문예창작학과, 문헌정보학과, 심리학과, 인류학과, 종교학과, 철학과
	• 사회계열: 경영학과, 경제학과, 경찰행정학과, 공공인재학과, 사회학과, 정치외교학과
관련 교과	• 교육계열: 가정교육과, 사회교육과, 역사교육과, 윤리교육과, 지리교육과

2022 개정 교육과정: 공통 영어, 영어 I, 영미 문학 읽기, 문학, 사회문제 탐구, 현대사회와 윤리

2015 개정 교육과정: 영어, 영어 I, 영미 문학 읽기, 문학, 생활과 윤리, 사회문제 탐구

국어교과군

영어교과군

수학교과군

사회교과군

과학교과군

기술교과군

월든

헨리 데이빗 소로우 | 은행나무 |
2011

19세기 미국의 사상가이자 저술가인 헨리 데이빗 소로우의 대표작인《월든》은 대자연의 예찬과 문명 사회에 대한 비판을 담고 있다. 소로우는 월든 호숫가의 숲속에 들어가 통나무집을 짓고 자급자족하며 생활한다. 현대인들에게 깊은 깨우침과 위안을 주는 작품으로 물질만능주의에서 벗어나 자연과 조화를 이루는 삶을 통해 행복을 추구하려는 소로우의 사상을 아름다운 문장으로 담아 내고 있다.

탐구 주제

주제1 1820년대 운하와 철도 건설로 인해 미국은 산업화와 근대화 과정을 겪는다.《월든》의 저자는 이러한 미국의 근대화 과정을 자신의 고향 콩코드에서 직접 경험하게 된다. 책을 읽고 19세기의 근대화 과정이 미국과 인류에 미친 영향을 조사해 보자.

주제2 문명의 발달로 인간은 물질적 풍요와 안락을 얻게 되었으나, 인간의 탐욕과 쾌락은 끊임없이 자연을 파괴하였고 인간은 인위적인 삶을 살아가고 있다. 오늘날의 다양한 환경 운동을 찾아보고, 실천할 수 있는 것들을 찾아 홍보하는 포스터를 제작해 보자.

주제3 소로우의 실존적이며 지속 가능한 삶의 방식 연구

주제4 《월든》을 통한 생태시민 양성교육 방안 탐구

학생부 기록 예시 (교과세특)

사회 선생님의 추천으로 '월든(헨리 데이빗 소로우)'을 읽고 원서로도 접하고 싶어 독서 수행 과제로 선택하게 됨. 소로우가 살았던 시대의 미국 산업화 과정 중 산업 기반 시설의 건설과 자연 파괴, 이에 따른 인간의 무한 탐욕의 양상을 살펴보고 근대화 과정에 따른 자연 파괴와 인간성 훼손이 서로 관련되어 있음을 실감하는 호소문을 작성함. '자연 없는 인간은 불가능하다.'라는 강렬한 첫 문구가 인상적임.

매체 영어 홍보물 제작 활동에서 '월든(헨리 데이빗 소로우)'을 읽고 생태적 삶과 지속 가능한 삶을 강조하는 환경 운동 홍보물을 제작함. 이를 위해 환경 운동의 방법과 종류를 학습하고 다른 나라의 사례를 조사하는 준비 과정을 거침. 제로 웨이스트와 미니멀 라이프를 강조하며, 우리가 소비하는 모든 것들이 환경과 관련되어 있음을 강조하는 문구를 영어로 작성하여 카드 뉴스, 포스터, 온라인 게시물 등의 다양한 형식으로 제작함.

관련 논문

치유와 성찰의 자연 공간 월든: 소로우의 『월든』과 발달적 독서치료(안동현, 2019)

관련 도서

《순례자》, 파울로 코엘료, 문학동네
《나는 풍요로웠고, 지구는 달라졌다》, 호프 자런, 김영사

관련 계열 및 학과	• 인문계열: 문예창작학과, 문헌정보학과, 심리학과, 언어학과, 영어영문학과
	• 공학계열: 건축공학과, 교통공학과, 도시공학과, 산업공학과, 전기공학과, 환경공학과
관련 교과	• 의약계열: 간호학과, 물리치료학과, 미술치료학과, 언어치료학과, 의예과

2022 개정 교육과정: 영어 I, 영어 II, 심화 영어, 영어 독해와 작문, 문학, 윤리와 사상, 철학, 교육학

2015 개정 교육과정: 영어 I, 영어 II, 심화 영어, 영어 독해와 작문, 문학, 윤리와 사상, 철학, 교육학

위대한 설계

스티븐 호킹 외 | 까치 | 2010

《위대한 설계》는 양자론에 기반한 최신 과학적 성취를 명쾌하게 설명하고 있어 누구나 쉽게 접근할 수 있는 책이다. 저자 스티븐 호킹은 다수의 우주를 가정하는 양자 이론을 바탕으로 우주와 생명의 기원 및 존재에 관한 질문을 탐구한다. 새로운 아이디어들이 가득 담겨 있어, 우주와 생명에 대해 새로운 시야를 얻고 호킹의 논리와 현대 물리학을 이해하는 데 도움이 되는 책이다.

탐구 주제

주제1 갈릴레오가 별세한 뒤 300년이 되던 해 태어난 스티븐 호킹은 아인슈타인 이래 가장 위대한 이론 물리학자로 칭송되고 있다. 그는 28년이란 긴 세월 동안 불치병으로 고생하면서도 유머와 용기를 잃지 않은 인물로도 유명하다. 위대한 과학자들을 주제로 영어 보고서를 작성해 보자.

주제2 밤하늘의 우주를 보면서 소원을 비는 사람, 감탄하는 사람 등 다양한 사람들의 생각이 존재할 것이다. 그중에서 '우주는 어떻게 탄생했을까?'를 생각한 많은 과학자들 덕분에 우주의 신비가 밝혀지고 있다. 관심 분야의 책을 읽고 독서 신문을 작성해 보자.

주제3 스티븐 호킹의 블랙혼 이론 탐구

주제4 스티븐 호킹의 이론에 대한 종교학적 고찰

학생부 기록 예시 (교과세특)

관심 분야 도서를 읽고 관련 인물에 대한 소감문을 영어로 작성하는 관심 분야 인물 탐색 시간에 스티븐 호킹을 주제로 글을 작성함. 유대인으로 박해받은 아인슈타인, 이단으로 몰려 종교 재판을 받은 갈릴레오 등 여러 시대의 과학자를 아우르는 동시에 호킹의 업적과 인간으로서 본받을 점 등을 담담한 필체로 작성하였음. 종합적 사고와 비판적 사고가 우수하며 서론, 본론, 결론의 흐름을 자연스럽게 작성하는 능력이 뛰어남.

진로 영어 원서 읽기 시간에 물리와 우주에 관한 짧은 전공 개론서를 읽고 관심 분야의 진로를 탐색하는 시간을 가짐. 이후 '위대한 설계(스티븐 호킹)'를 추가로 읽고 학급 영어 독서 신문에 호킹의 '블랙홀' 이론에 대한 의견을 담은 기사를 투고함. 무신론자인 호킹의 이론을 종교적 입장에서 고찰한 것으로 보아 다양한 입장에서 객관적 사고를 발휘하였음을 알 수 있었음. 또한 학생의 전문적 지식을 과학 선생님을 통해 검증함.

관련 논문

호킹의 〈위대한 설계〉에 대한 비판적 고찰(허정윤, 2017)

관련 도서

《호킹의 빅 퀘스천에 관한 간결한 대답》, 스티븐 호킹, 까치
《짧고 쉽게 쓴 시간의 역사》, 스티븐 호킹, 까치

관련 계열 및 학과

- 자연계열: 대기과학과, 물리학과, 생명과학과, 천문우주학과, 환경학과
- 공학계열: 기계공학과, 도시공학과, 에너지공학과, 전기공학과, 항공우주공학과
- 교육계열: 과학교육과, 교육공학과, 기술교육과, 물리교육과, 지구과학교육과

관련 교과

2022 개정 교육과정: 영어 I, 영어 II, 영어 독해와 작문, 공통과학, 물리학, 과학탐구실험, 철학

2015 개정 교육과정: 영어 I, 영어 II, 영어 독해와 작문, 공통과학, 물리학, 과학탐구실험, 미적분, 과학사

국어교과군

영어교과군

수학교과군

사회교과군

과학교과군

도덕교과군

위대한 유산
찰스 디킨스 | 열린책들 | 2014

《위대한 유산》은 찰스 디킨스의 대표작으로 작가 자신의 불우한 유년 시절을 담은 자전적 소설이다. 작품의 배경은 산업 혁명의 영향으로 물질적 부를 축적한 중산 계급이 사회적 영향력을 발휘하게 되는 빅토리아 여왕 시대이다. 인간의 진정한 가치와 따뜻한 사랑에 관한 이야기를 다루고 있으며, 교양있는 신사가 되려는 대장장이 소년 핍의 성장을 통해 웃음과 긴장을 골고루 끌어내는 명작이다.

탐구 주제

주제1 찰스 디킨스의 소설《위대한 유산》은 빅토리아 시대 순진한 시골 소년 '핍'이 산업 혁명 과정 중에 속물로 변했다가 자신의 정체성을 찾고 점차 신사로 성장하는 과정을 보여 주고 있다. 이러한 과정을 통해 작가가 전달하려는 주제가 무엇인지 독후감을 작성해 보자.

주제2 알폰소 쿠아론 감독의 영화〈위대한 유산〉의 원작 소설이기도 한 찰스 디킨스의 《위대한 유산》은 당시의 사회상뿐 아니라 욕망과 사랑에 관한 인간의 본성을 동시에 보여 준다. 책을 읽고 느낀 점을 3분 내외의 북 트레일러로 제작해 보자.

주제3 《위대한 유산》으로 보는 사회적 위치와 매너 탐구

주제4 영화로 보는 찰스 디킨스의《위대한 유산》비교 분석

학생부 기록 예시 (교과세특)

영어 독서 시간에 찰스 디킨스의 '위대한 유산'을 읽고 영어 독후감상문을 작성함. 한글로 자신의 글을 작성한 뒤, 문장 형식과 영어의 언어 형식에 맞게 글을 수정함. 이 과정에서 자신의 작문 습관의 문제를 파악하고 주술 관계의 호응과 수식어 처리 등이 크게 개선되었음. 또한 책에서 말하는 '신사'의 가치관은 단순한 물질적 부를 언급하는 것이 아닌 정신적 성숙에 있으며, 자신의 가치를 인정하는 데서 기인한다고 강조하였음.

북 트레일러 제작 활동에서 '위대한 유산(찰스 디킨스)'을 읽고 가장 많은 공감을 받은 작품을 만들어 제출하였음. 익명의 인물에게 유산을 받고 신분 상승의 욕망을 이루려 신사 교육을 받으러 떠나는 주인공 핍의 모습을 명문대만을 향해 나가는 오늘날의 고등학생에 비유하여 신랄하게 비판함. 누구나 쉽게 영상을 보고 이해할 수 있는 문장 표현을 구사하였음. 배경 음악 선곡도 좋았고 영상 편집 실력도 꽤 우수함.

관련 논문
『위대한 유산』에 내재된 독서치유구조의 탐구(전미숙, 윤진구, 2011)

관련 도서
《크리스마스 캐럴》, 찰스 디킨스, 더스토리
《머그비 교차로》, 찰스 디킨스 외, B612북스

관련 계열 및 학과	• 인문계열: 문예창작학과, 문헌정보학과, 심리학과, 영어영문학과, 종교학과, 철학과
	• 사회계열: 경영학과, 경제학과, 경찰행정학과, 공공인재학과, 사회학과, 정치외교학과
관련 교과	• 교육계열: 가정교육과, 사회교육과, 역사교육과, 윤리교육과, 지리교육과

2022 개정 교육과정: 공통 영어, 영어 I, 영어 II, 영미 문학 읽기, 영어 독해와 작문, 문학, 통합사회

2015 개정 교육과정: 영어, 영어 I, 영어 II, 영미 문학 읽기, 영어 독해와 작문, 문학, 통합사회

이기적 유전자

리처드 도킨스 | 을유문화사 |
2023

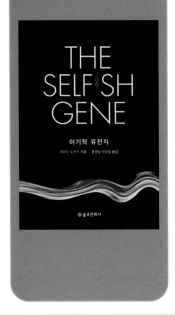

세계적인 석학 리처드 도킨스의 대표작인 《이기적 유전자》는 다윈의 '적자 생존과 자연 선택'이라는 개념을 유전자 단위로 끌어내어 진화를 설명하며 진화론의 새로운 패러다임을 제시하는 책이다. 인간의 본질에 대한 근원적인 물음을 통해 독자에게 큰 울림을 준다는 점에서 과학계와 일반 대중들에게 폭발적인 반향을 불러일으키며, 누구나 한 번쯤 반드시 읽어야 할 과학 교양서의 바이블로 자리 잡았다.

탐구 주제

주제1 도킨스는 《이기적 유전자》를 통해 인간은 유전자의 꼭두각시라 주장했다. 진화의 주체는 유전자이며, 인간은 유전자 보존을 위해 맹목적으로 프로그램된 기계에 불과하다는 것이다. 책을 읽고 이에 대한 자신의 입장을 정리하여 토론해 보자.

주제2 유전자란 피부나 눈의 색깔, 얼굴 생김, 신체 구조 등을 결정하는 세포 물질을 말한다. 《이기적 유전자》의 저자 리처드 도킨스는 생물의 성질은 유전자를 통해 결정되며, 생존과 번식을 위해 이기적 행동을 취할 수밖에 없다고 말한다. 그렇다면 인간의 문화는 생존 및 번식과 어떤 관련이 있을지 의견을 작성해 보자.

주제3 도킨스의 유전자 결정론에 대한 비판적 탐구

주제4 유전자의 독재에서 벗어나는 방법에 대한 고찰

학생부 기록 예시 (교과세특)

관심 분야 영어 토론 시간에 '인간은 유전자의 꼭두각시인가'라는 주제를 선택하여 반대 측의 관점에서 자신의 의견을 정리하여 발표함. 토론을 준비하는 총 2차시의 과정 동안 '이기적 유전자(리처드 도킨스)'를 읽고 자신의 입장을 글로 정리한 뒤 영어로 번역함. 인간은 동물과 달리 자유 의지와 문명을 통해 유전자를 극복할 수 있으며, 최근의 출산율 저하 문제를 인간의 자유 선택 문제와 관련지어 설명하였음.

영어 신문 읽기 시간에 진화와 유전에 관한 글을 읽고 심화 탐구활동에 참여함. 이를 위해 '이기적 유전자(리처드 도킨스)'를 읽고 북 포트폴리오를 제작함. 그 중 '문화도 유전자처럼 복제할 수 있을까'라는 주제의 글로 친구들에게 많은 호응을 얻음. 요즘 세대의 '밈(meme)' 문화를 사례로 들어 '밈'이 그리스어의 유전자에서 유래하였음을 확인하고 음악, 언어, 종교 등의 문화가 타인에게 전달되듯이 문화도 복제된다고 주장함.

관련 논문
도킨스의 "이기적 유전자"에 대한 반론-데니스 노블의 "생명의 음악"을 중심으로(신동의, 2011)

관련 도서
《종의 기원》, 찰스 다윈, 사이언스북스
《동물에게도 문화가 있다》, 리듀거킨, 지호

관련 계열 및 학과	• 자연계열: 농생물학과, 동물자원과학과, 생명과학과, 생물학과, 해양학과, 환경학과
	• 공학계열: 생명공학과, 식품공학과, 에너지공학과, 화학공학과, 환경우주공학과
관련 교과	• 교육계열: 과학교육과, 교육공학과, 생물교육과, 윤리교육과, 환경교육과

2022 개정 교육과정: 영어, 문학, 인문학과 윤리, 사회문제 탐구, 현대사회와 윤리

2015 개정 교육과정: 영어, 문학, 생활과 윤리, 사회문제 탐구

국어교과군

영어교과군

수학교과군

사회교과군

과학교과군

도덕교과군

이방인

알베르 카뮈 | 현대지성 | 2023

《이방인》은 현대 프랑스 문단에서 독창적인 형식으로 나타난 소설로 현실에서 소외되어 이방인으로 살아가는 현대인이 죽음을 앞두고 마주하는 실존적인 경험을 강렬하게 그리고 있다. 작가 알베르 카뮈는 이처럼 기존의 관습과 규칙에서 벗어난 새로운 인간상을 제시하는 '뫼르소'라는 인물을 통해 억압적인 관습과 부조리 속에 살아가는 고독한 현대인의 초상을 그려내고 있다.

탐구 주제

주제1 인생이란 살 만한 가치가 있는가? 알베르 카뮈의 《이방인》은 세상의 부조리 속에서 그럴 수밖에 없는 주인공의 상황, 그리고 현실과 동떨어져 있는 주인공의 심리를 묘사하고 있다. 카뮈의 《이방인》을 포함한 부조리극 작가들의 특징을 비교해 보자.

주제2 카뮈의 《이방인》 속 인물들은 자연의 침묵 속에 살아간다. 문명 세계의 언어에 서툰 주인공 뫼르소는 살인사건으로 문명의 재판을 받게 되고 문명의 언어에 의해 침묵을 강요당한다. 주인공 뫼르소가 취하는 침묵의 의미와 글의 주제를 담아 책을 소개하는 카드 뉴스를 제작해 보자.

주제3 인문 교양교육 관점에서 카뮈의 《이방인》 탐구

주제4 알베르 카뮈 《이방인》의 탈 신화화 연구

학생부 기록 예시 (교과세특)

영어 도서 분석 시간에 '이방인(알베르 카뮈)'을 읽고 부조리극에 대한 자신의 의견을 작성하여 제출함. 부조리극의 비교를 위해 실존주의와 초현실주의를 먼저 학습한 뒤 2차 세계 대전 이후의 프랑스 사회를 조사하는 열의를 보임. 장 폴 사르트르, 알베르 카뮈, 사무엘 베케트 등의 프랑스 극작가들을 비교 대조한 점을 영어로 간결하게 표로 정리하는 등 역사를 기반으로 프랑스 문학에 관한 관심을 확장하는 모습이 기특함.

세계문학 전집 도서 소개 카드 뉴스 제작 활동에서 '이방인(알베르 카뮈)'을 읽고 관련 내용을 성실히 작성하였음. 삶의 진실에 다가가는 방법으로 작품을 통해 작가가 전하려는 주제를 '침묵'과 '자연'으로 보고 이를 강조한 카드 뉴스를 제작하였음. 해당 내용에 관한 종교적 철학적 고찰이 두드러짐. 부조리를 대표하는 타 작품과 비교 분석한 점으로 보아 정보를 재구성하고 융합하는 발산적 사고가 두드러지는 학생임.

관련 논문
탈식민적 관점에서 카뮈의 『이방인』(다시) 읽기(박치완, 2023)

관련 도서
《노르웨이의 숲》, 무라카미 하루키, 민음사
《반항인》, 알베르 카뮈, 현대지성

관련 계열 및 학과	• 인문계열: 국어국문학과, 독어독문학과, 불어불문학과, 언어학과, 철학과
	• 예체능계열: 공예학과, 무용학과, 사회체육학과, 실용음악학과, 연극영화과
관련 교과	• 교육계열: 교육공학과, 교육학과, 윤리교육과, 음악교육과, 초등교육과

2022 개정 교육과정: 공통 영어, 영어 I, 영어 II, 문학, 영어 독해와 작문, 세계 문화와 영어, 프랑스어

2015 개정 교육과정: 영어, 영어 I, 영어 II, 문학, 영어 독해와 작문, 프랑스어

인간의 조건
한나 아렌트 | 한길사 | 2019

어떻게 근본 악이 이 세상에 있을 수 있는가?《인간의 조건》은 유대인으로서 근대적 '근본 악'을 경험한 철학자 한나 아렌트가 근본 악을 극복하고 살아가는 방법에 관해 사유한 책이다.《인간의 조건》은 이전에 나온《전체주의의 기원》과 이후에 나온《정신의 삶》에 이르는 근본 악에 관한 관심을 유지하고, 형이상학적 전통을 넘어서 인간답게 살아갈 수 있는 실천 철학적 방향을 제시한다.

탐구 주제

주제1 유대인으로서 경험한 근본 악을 철학적으로 사유한 한나 아렌트는 20세기 가장 영향력 있는 정치 이론가로 꼽힌다.《인간의 조건》에는 인간의 탄생을 인간 실존의 근본적 조건인 노동, 작업, 행위로 보는 관점이 언급되어 있다. 이에 대한 자신의 의견을 정리해 보자.

주제2 《인간의 조건》의 독일어 제목은 '활동적 삶(vita activa)'이다. 이 책은 인간의 활동 양식이 어떻게 변화했는가에 대한 역사 철학이기도 하며, 인간성의 조건을 비판적 시각으로 기술한다는 점에서 사회철학이기도 하다. 저자가 말하는 '인간을 인간 되게 하는 활동'에 관해 기술해 보자.

주제3 《인간의 조건》으로 보는 전쟁 후 사회과학적 전체주의 탐구

주제4 아렌트 르네상스에 대한 철학적 고찰

학생부 기록 예시 (교과세특)

영어 원서 읽기 시간에 '인간의 조건(한나 아렌트)'의 일부를 읽고 관심이 생겨 책 전체를 읽고 이에 대한 심화 탐구활동을 진행함. 인간의 탄생 활동인 출산을 가부장적 제도와 국가 정치의 기반으로 보고 노동, 작업, 행위로 여기는 행태를 비판하는 작가의 말에 공감하는 글을 작성함. 또한 출산의 과정을 과학 기술로 인위 조작하는 오늘날의 모습을 비판하며 인간의 조건에 대해 비판적으로 성찰하는 모습을 보임.

도서 '인간의 조건(한나 아렌트)'을 읽고 학급 독서 신문에 철학적 글을 기고하였음. 인간의 노동 즉, 생존을 위한 활동은 동물에게도 존재하는 것이기에 인간의 인간성이 아닌 인간의 동물성이라 지적함. 아리스토텔레스의 자유인이 수행하는 세 가지 활동을 언급하며, 폴리스를 경영하는 정치적 삶이 결여된 영역에 대해 특히 관심을 보임. 인공지능 도구의 도움을 받아 영어 문장을 수정하여 완성도 높은 기사를 작성하였음.

관련 논문
한나 아렌트의 인간학적 전체주의 개념과 냉전＝친화성과 긴장의 근거 (이삼성, 2015)

관련 도서
《도덕적 인간과 비도덕적 사회》, 라인홀드 니버, 문예출판사
《정의론》, 존 롤즈, 이학사

관련 계열 및 학과	• 인문계열: 국어국문학과, 영어영문학과, 언어학과, 심리학과, 인류학과, 철학과
	• 자연계열: 농생물학과, 미생물학과, 생명과학과, 생물학과, 식물자원학과
관련 교과	• 교육계열: 교육공학과, 교육학과, 영어교육과, 윤리교육과, 음악교육과, 초등교육과

2022 개정 교육과정: 공통 영어, 영어 I, 영어 II, 문학, 영어 독해와 작문, 영미 문학 읽기, 세계사, 철학

2015 개정 교육과정: 영어, 영어 I, 영어 II, 문학, 영미 문학 읽기, 세계사, 윤리와 사상, 철학

국어교과군

영어교과군

수학교과군

사회교과군

과학교과군

도덕교과군

일리아스

호메로스 | 숲 | 2015

《일리아스》는 현존하는 고대 그리스 문학 중 가장 오래된 작품으로 서양의 문학, 예술과 문화에 큰 영향을 끼쳤다. 트로이 전쟁 51일을 배경으로 하여 트로이의 왕세자 헥토르와 아카이오이족의 용장인 아킬레우스를 중심으로 한 복수와 응징에 관한 영웅들의 이야기, 신의 뜻에 따라 트로이 전쟁을 수행하는 그리스군과 트로이군의 이야기를 통해 전쟁과 죽음, 삶에 대해 성찰하게 하는 작품이다.

탐구 주제

주제1 호메로스의《일리아스》는 신의 뜻에 따라 트로이 전쟁을 수행하는 그리스군과 트로이군의 비극적인 운명, 즉 전쟁과 죽음과 삶에 대한 인간의 통찰을 담고 있다. 모둠을 구성하여《일리아스》의 내용을 5분 분량으로 압축하여 영상으로 제작해 보자.

주제2 호메로스의《일리아스》에는 '칼로스(kalos)'라는 말이 총 222번 등장한다. 칼로스는 아름다움이란 뜻으로 소크라테스와 플라톤과 같은 철학자들이 자주 논했던 주제이다. 호메로스의《일리아스》에서 의미하는 칼로스가 무엇인지 조사하여 발표해 보자.

주제3 분노의 적절성 기준과《일리아스》의 사례

주제4 오디세이아에서 바라본《일리아스》

학생부 기록 예시 (교과세특)

영어 대본 작성하기 시간에 호메로스의 '일리아스'를 읽고 모둠원들과 협력하여 5분 분량의 영상을 제작하였음. 아카이오이 진영에 역병이 돌던 시기부터 헥토르의 장례식이 진행되는 시기까지를 압축하여 핵심만을 잘 전달하였음. 원문을 훼손하지 않는 선에서 제작한 해설과 대사 부분의 영어 표현이 간결하고 설득력 있음. 활동 후 느낀 점에서 호메로스가 취했던 중립적 시각을 분석한 점이 칭찬할 만함.

영어 고전 읽기 시간에 '일리아스(호메로스)'를 읽고 주제 탐구활동에 참여하여 보고서를 작성함. 책 속에 등장하는 아름다움을 뜻하는 '칼로스'의 신화적 의미에 흥미를 갖고 관련 내용을 탐구하였음. 빅데이터 통계 사이트에서 용어의 횟수와 등장하는 문장을 분석하였으며, 기본적인 칼로스의 의미와 전사나 영웅에게 쓰일 때 의미가 다르다는 점을 구체적으로 제시함. 데이터 수집과 처리 과정에서 학생의 잠재력과 전문성이 돋보임.

관련 논문

호메로스의 『일리아스』에서 왕과 영웅들의 수사 (손윤락, 2012)

관련 도서

《금오신화》, 김시습, 서해문집
《아이네이스》, 베르길리우스, 문학과지성사

관련 계열 및 학과	• 인문계열: 고고학과, 국어국문학과, 문예창작학과, 영어영문학과, 심리학과, 철학과
	• 사회계열: 경영학과, 경제학과, 문화콘텐츠학과, 사회학과, 소비자학과, 지리학과
관련 교과	• 예체능계열: 무용학과, 뮤지컬학과, 미술학과, 방송연예과, 실용음악학과

2022 개정 교육과정: 공통 영어, 영어 I, 영어 II, 심화 영어, 영어 독해와 작문, 고전 읽기, 윤리와 사상

2015 개정 교육과정: 영어, 영어 I, 영어 II, 심화 영어, 영어 독해와 작문, 문학, 윤리와 사상, 철학

자기 앞의 생

에밀 아자르 | 문학동네 | 2013

'사랑할 사람 없이 사람이 살 수 있나요?' 이 구절이 등장하는《자기 앞의 생》은 프랑스 현대 문학을 대표하는 로맹 가리가 에밀 아자르라는 필명으로 발표해 두 번의 공쿠르상을 수상한 작품이다. 소년 모모와 주변 인물들은 밑바닥 인생을 살아가지만, 비참한 삶 속에서도 인종과 나이, 성별을 초월한 사랑을 통해 생의 비밀을 깨닫는다. 무한하고 깊은 애정이 담겨 있어 슬프고도 아름다운 소설로 평가받고 있다.

탐구 주제

주제1 《자기 앞의 생》의 주인공 모모는 인생이란 모든 사람에게 공평하지 않다는 것을 너무 일찍 알아 버린다. 사랑과 삶에 대한 모모의 이야기를 읽고 모모에게 영어로 편지를 작성해 보자.

주제2 영화로도 제작된 에밀 아자르의《자기 앞의 생》은 어린 모모의 시선에서 각자의 방식으로 생을 걸어가는 사람들을 그리고 있다. 책의 내용 중 고치고 싶은 부분을 골라 '반전소설'을 만들어 보고 자신의 작품을 홍보하는 북 트레일러를 제작해 보자.

주제3 《자기 앞의 생》의 모모로 보는 상호문화적 공감 인식 분석

주제4 《자기 앞의 생》의 죽음에 대한 실존철학적 고찰

학생부 기록 예시 (교과세특)

영어 작문 시간에 '자기 앞의 생(에밀 아자르)'을 읽고 어린 모모에게 보내는 영어 편지글을 작성함. '인생에 있어 완전히 희거나 완전히 검은 것은 없다'라는 등장인물의 대사를 다양한 구문으로 표현해 보고 문학적 은유가 드러나는 문장을 선별하여 작성하는 등 표현력이 풍부한 학생임. 상황과 매체 수단에 따라 자신의 목적과 의도에 맞게 문장을 수정하려는 노력이 돋보임.

반전소설 만들기 활동에서 '자기 앞의 생(에밀 아자르)'을 읽고 병을 얻어 죽게 되는 주인공 모모의 결말을 바꾸어 인생의 행복은 누구나 공평하게 주어진다는 내용으로 북 트레일러를 제작함. 암담함과 비참함을 통해 카타르시스를 느끼는 것도 중요하지만, 삶은 그래도 살아가는 사람들의 몫이기에 긍정과 희망의 메시지를 전하고 싶은 자신의 의도를 담담히 살려 친구들로부터 많은 공감을 받음.

관련 논문

에밀 아자르 작품에 나타나는 아버지 탐색과 정체성 탐구(이광진, 2021)

관련 도서

《참을 수 없는 존재의 가벼움》, 밀란 쿤데라, 민음사
《역행자》, 자청, 웅진지식하우스

관련 계열 및 학과

• 인문계열: 문예창작학과, 문헌정보학과, 심리학과, 영어영문학과, 불어불문학과

• 사회계열: 경영학과, 경제학과, 문화콘텐츠학과, 사회학과, 언론정보학과

• 교육계열: 가정교육과, 교육학과, 사회교육과, 영어교육과, 윤리교육과, 초등교육과

관련 교과

2022 개정 교육과정: 공통 영어, 영어 I, 영어 II, 미디어 영어, 세계 문화와 영어, 문학, 프랑스어

2015 개정 교육과정: 영어, 진로 영어, 기본 영어, 문학, 프랑스어

국어교과군
영어교과군
수학교과군
사회교과군
과학교과군
도덕교과군

주홍글씨

너새니얼 호손 | 문예출판사 |
2004

《주홍글씨》는 1850년에 출판된 너새니얼 호손의 장편소설로, 청교도주의의 인습적 도덕 사회에서 죄를 짓고 냉혹한 제재를 받으며 살아가는 여주인공의 모습을 그려 낸 윤리소설이다. 여주인공의 가슴에 붙어 있는 상징적인 주홍글씨는 소설이 전개됨에 따라 다른 양상을 보이며 인간의 죄가 더 큰 구원을 이끈다는 메시지를 전한다. 미국 문학사에서 중요하게 꼽히는 고전으로 자리매김하고 있다.

탐구 주제

주제1 19세기 미국소설《주홍글씨》의 영어 제목은《The Scarlet Letter》로, '주홍글씨'가 아닌 '주홍 글자'로 번역해야 하므로 오역에 해당한다는 의견이 있다. 책을 읽고 이에 대한 자신의 의견을 작성해 보자.

주제2 소설《주홍글씨》는 뉴잉글랜드 식민지가 개척된 직후의 어둡고 준엄한 청교도 사회를 배경으로 한다. 작가인 너새니얼 호손 역시 청교도인이다. 작품이 쓰인 배경을 바탕으로 주홍글씨가 상징하는 것과 주제에 대해 독후감상문을 작성해 보자.

주제3 형벌 제도의 역사 및 형량과 재범 비율의 관계 고찰

주제4 범죄의 낙인 효과와 교화의 관계 분석

학생부 기록 예시 (교과세특)

영미 소설 읽기 시간에 '주홍글씨(너새니얼 호손)'를 읽고 보고서를 작성함. 소설 대부분을 원서와 번갈아 읽으며 영어 표현을 익히고 번역 방식을 스스로 이해하였음. '겨울왕국'의 오역 논란에 관한 기사를 읽고, 번역과 오역에 대한 관심이 많아 책 제목인 '주홍글씨'에 대한 오역 문제에도 관심을 보임. 주인공의 가슴에 새겨진 글자 자체를 말해야 하기에 글씨가 아닌 '주홍 글자'로 표기해야 한다며 문학적 상징성에 대해 발표함.

도서 '주홍글씨(너새니얼 호손)'를 읽고 영어 독후감상문을 발표하였음. 소설의 배경이 되는 청교도 사회가 이루려는 이상 사회에서 주홍글씨는 불완전할 수밖에 없는 인간의 모습을 상징적으로 나타내고 있다고 분석함. 죄를 옹호하는 것은 아니라는 입장과 함께 종교를 앞세워 완벽한 도덕을 요구하는 지배층의 행태를 비판적으로 바라봄. 일반적인 사회 속에서도 낙인 효과는 오히려 범죄자를 양산하는 결과를 초래할 수 있음을 강조함.

관련 논문

호손의 문제의식과 인류구원의 길(엄미혜, 2016)

관련 도서

《좁은 문》, 앙드레 지드, 열린책들
《너새니얼 호손 단편선》, 너새니얼 호손, 보물창고

관련 계열 및 학과
- 인문계열: 문예창작학과, 문헌정보학과, 심리학과, 사학과, 영어영문학과
- 사회계열: 경찰행정학과, 문화콘텐츠학과, 미디어커뮤니케이션학과, 사회학과, 언론정보학과
- 교육계열: 가정교육과, 교육학과, 사회교육과, 영어교육과, 윤리교육과, 초등교육과

관련 교과

2022 개정 교육과정: 공통 영어, 영어 I, 영미 문학 읽기, 인문학과 윤리, 사회문제 탐구, 윤리와 사상

2015 개정 교육과정: 영어, 영어 I, 영미 문학 읽기, 생활과 윤리, 사회문제 탐구, 윤리와 사상

챗GPT를 활용하여 선생님의 도움 없이 혼자서도 자신의 수준에 맞는 수준별 개인 학습이 가능한 시대가 열렸다. 특히 영작문은 영어 실력의 완성이라고도 볼 수 있는데, 챗GPT의 도움을 받아 누구나 영어 작문 수업을 받을 수 있게 된 것이다. 이 책은 챗GPT의 도움을 받기 위해 필요한 명령어와 전문 지식을 모두 안내하고 있다. 실제 학교에서 사용 중인 사례들이기에 더 유용한 책이다.

탐구 주제

주제1 좋은 질문이란 무엇일까? 인공지능과 챗GPT의 시대가 도래하면서 좋은 질문에 대한 관심이 높아졌다. 챗GPT에게 원하는 정보를 얻기 위해서는 좋은 질문, 즉 좋은 프롬프트(명령어)가 필요하다. 좋은 질문과 프롬프트를 주제로 영어 에세이를 작성해 보자.

주제2 챗GPT를 활용해 수준별 영어를 학습하는 것이 가능해졌다. 그러나 챗GPT는 영어 기반 프로그램이기 때문에 효과적인 프롬프트는 영어로 질문해야 좋은 답변을 얻을 수 있다. 나에게 맞는 영어 학습을 위한 프롬프트를 영어로 작성해 보자.

주제3 챗GPT의 도움을 받은 글이나 예술 작품의 소유권 문제 고찰

주제4 인공지능 교사와 인간 교사의 비교 분석

학생부 기록 예시 (교과세특)

'챗GPT 활용 영어 공부(윤근식)'를 읽고 '생성형 인공지능 챗봇 시대의 좋은 질문과 프롬프트'라는 영어 에세이를 작성함. 간결한 도입부와 서론, 본론, 결론의 단락별 구성이 조화로움. 인공지능 시대의 핵심은 누가 얼마만큼의 지식을 갖고 있느냐의 문제가 아니라 내가 무엇을 원하고 무엇을 모르는지 알고, 모르는 점을 채울 수 있는 질문이 중요함을 강조함. 넓은 범주의 구체화, 한 번에 하나의 질문 등과 같은 방법을 제시함.

영어 학습 능력 향상을 위한 영어 프롬프트를 작성하는 활동에서 훌륭한 예제를 작성하여 발표하였음. 또한 프롬프트 작성을 위해 아이디어 생성에 필요한 배경지식을 먼저 쌓고 도서 '챗GPT 활용 영어 공부(윤근식)'를 참고하여 프롬프트 예제를 작성한 점이 우수함. 프롬프트 엔지니어링에 관심이 많은 학생으로 무엇보다 챗봇이 제안한 답변을 무조건 수용하지 않고 여러 차례 검증하고 보완한 태도가 훌륭함.

관련 논문

인공지능과 인간의 역동적 관계 형성을 위한 교육 패러다임 전환 탐색(김지연, 김성희, 2023)

관련 도서

《챗GPT 영어 혁명》, 슈퍼월 김영익, 동양북스
《논리가 살아나는 영어 에세이 쓰기》, 이현주, 넥서스

관련 계열 및 학과	• 인문계열: 국어국문학과, 문예창작학과, 문헌정보학과, 영어영문학과, 언어학과
	• 공학계열: 소프트웨어공학과, 전자공학과, 정보보안학과, 정보통신공학과
관련 교과	• 교육계열: 국어교육과, 과학교육과, 교육공학과, 영어교육과, 컴퓨터교육과

2022 개정 교육과정: 공통 영어, 영어 I, 영어 II, 심화 영어, 영어 독해와 작문, 영어 발표와 토론

2015 개정 교육과정: 영어, 영어 I, 영어 II, 심화 영어, 영어 독해와 작문

국어교과군

영어교과군

수학교과군

사회교과군

과학교과군

도덕교과군

파리대왕

윌리엄 골딩 | 민음사 | 2000

핵 사용 이후 회의적인 분위기가 만연하던 냉전 시대 사람들에게 충격을 안겨주며 베스트셀러가 된 작품이다. 윌리엄 골딩은 이 작품으로 노벨문학상을 수상하며 세계적인 명성을 얻었다. 핵 전쟁으로 인해 고립된 영국 소년들의 생존 모험담으로, 인류가 지켜야 하는 보편적 가치들이 무너지게 되면 인간성을 상실하고 약육강식과 각자도생의 사회가 될 수밖에 없다는 메시지를 담고 있다.

탐구 주제

주제1 윌리엄 골딩은 《파리대왕》을 통해 인간 본성의 선과 악의 갈등을 다룬다. 25인의 소년들은 무인도에 고립되어 문명 사회와 분리된 채 살아가다 통제력을 잃고 인간 본성에 내재된 악에 굴복한다. 조원들과 협력하여 소설을 각색하여 만화, 영화, 연극, 뮤지컬 등으로 제작해 보자.

주제2 《파리대왕》의 작가는 제2차 세계 대전이 발발한 이듬해 영국 해군에 입대했다. 그는 전쟁의 참혹한 현장을 목격하며 인간의 본성에 회의를 느낀다. 작가가 처한 현실을 바탕으로 등장인물들의 심리 변화를 분석해 보자.

주제3 소설 《파리대왕》과 영화 〈파리대왕〉의 주제와 재현

주제4 탈식민주의적 관점에서 보는 《15소년 표류기》와 《파리대왕》

학생부 기록 예시 (교과세특)

소설 '파리대왕(윌리엄 골딩)'을 읽고 현대판으로 각색한 내용을 영상으로 제작함. 원작에서는 인간 본성의 악함을 보여 주었다면, 현대판에서는 과학 기술의 발달로 피폐해진 현대 사회를 비틀고 인간성 회복을 촉구하는 메시지를 담아 많은 칭찬을 받음. 영상 자막을 영어로 작성하는 과정에서 인공지능의 도움을 받아 오류를 수정하는 디지털 소양 능력을 발휘함. 활동을 통해 스스로 배우고 성장하는 모습을 관찰할 수 있었음.

인간성 상실에 관한 미디어를 접한 뒤 현대인의 인간성 문제를 해결하고 싶어 '파리대왕(윌리엄 골딩)'을 읽음. 외부 환경 요인에 따른 등장인물의 심리 변화를 맹자와 순자의 철학적 관점에서 분석하고 느낀 점을 영어로 작성함. 인공지능의 도움을 받아 철자와 문법 오류를 수정하고 코퍼스를 적절히 활용하여 과제를 완수하였으며, 여러 차례 글을 다듬는 과정에서 번역에 따른 문장의 미세한 뉘앙스 차이를 빠르게 습득하였음.

관련 논문

『파리대왕』: 맹자의 성선설로 다시 읽기 (김철수, 2006)

관련 도서

《프랑켄슈타인》, 메리 셸리, 문학동네
《페스트》, 알베르 카뮈, 민음사

관련 계열 및 학과

• 사회계열: 문화콘텐츠학과, 미디어커뮤니케이션학과, 법학과, 사회학과, 신문방송학과

• 예체능계열: 만화애니메이션학과, 뮤지컬학과, 방송연예과, 사진학과, 연극영화과

관련 교과

• 교육계열: 전 교육계열

2022 개정 교육과정: 영어 I, 영어 II, 심화 영어, 문학, 인문학과 윤리, 사회문제 탐구, 현대사회와 윤리

2015 개정 교육과정: 영어 I, 영어 II, 문학, 생활과 윤리, 통합사회, 사회문제 탐구

파우스트

요한 볼프강 폰 괴테 | 길 | 2019

《파우스트》는 독일의 대문호 요한 볼프강 폰 괴테의 대표작으로 구상에서 완성까지 60년이 걸린 위대한 산물이다. 총 2부로 구성된 희곡이며, 1부는 게르만 요소를 바탕으로 파우스트 박사가 악마에게 영혼을 팔면서 겪게 되는 과정을, 2부는 서구 문명 전통의 그리스 요소를 담아 인간의 구원 문제를 다루고 있다. 한 시대의 사회, 역사, 자연을 통찰하고자 일생을 바친 괴테의 모든 것이라 볼 수 있다.

탐구 주제

주제1 '파우스트(faust)'는 악마 메피스토펠레스와 금지된 지식을 교환하는 계약을 맺는 독일 전설 속 인물로 이와 관련된 작품들이 꽤 다양하다. 파우스트의 전설을 조사해 보고, 무한한 지식과 쾌락을 위해 자신의 영혼을 거래하는 선택을 원하는지 친구들과 자유롭게 영어로 대화해 보자.

주제2 독일의 기존 파우스트의 전설은 악마에게 영혼을 빼앗기는 결말이지만, 괴테가 쓴 《파우스트》는 천사의 구원을 받게 된다는 기독교적 양상을 보인다. 자신이 작가라면 파우스트라는 인물에게 어떤 결말을 내릴 것인지 발표해 보자.

주제3 《파우스트》로 보는 인간의 자율성 요구에 관한 탐구

주제4 괴테《파우스트》의 윤리적 고찰

학생부 기록 예시 (교과세특)

'인간의 한계를 넘어선 무한한 지식을 얻을 수 있다면 악마에게 영혼을 팔 수 있는가?'라는 주제로 영어 자유 연설 활동을 진행함. 활동을 위해 자신의 의견을 우리말로 먼저 작성한 뒤, 문장의 형식에 맞게 영어로 작문하였음. 인공지능과 번역 도구의 도움을 받아 문장을 다듬고 오류를 개선함. 무한한 지식을 얻어 악마에게 빼앗긴 영혼을 되찾아 오는 방법을 알아 오겠다는 재치 있는 답을 하여 가장 많은 공감을 받음.

도서 '파우스트(요한 볼프강 폰 괴테)'를 읽고 결말을 바꿔 보는 '전지적 작가 시점' 활동에 적극적으로 참여함. 실제 파우스트가 독일의 전설 속 인물이라는 사실을 확인하고 다양한 버전의 파우스트 이야기를 조사해 본 뒤 슈펭글러의 관점을 취하기로 함. 파우스트를 행동하는 인간으로 볼 것인지, 노력하는 학자로 볼 것인지에 따라 달라지는 전개를 구상하고 두 가지 버전의 결론을 완성함. 과제 집착력과 수행 능력이 뛰어난 학생임.

관련 논문

파우스트와 역사 세계의 관계: 괴테의 『파우스트. 비극 제2부』를 중심으로(이인웅, 2004)

관련 도서

《괴테의 『파우스트』 읽기》, 안삼환, 새창미디어
《죄와 벌》, 도스토예프스키, 민음사

관련 계열 및 학과	• 인문계열: 국어국문학과, 문예창작학과, 문헌정보학과, 심리학과, 철학과
	• 사회계열: 경영학과, 경제학과, 문화콘텐츠학과, 미디어커뮤니케이션학과, 사회학과
관련 교과	• 예체능계열: 공예학과, 무용학과, 사회체육학과, 실용음악학과, 연극영화과

2022 개정 교육과정: 영어 I, 영어 II, 심화 영어, 세계 문화와 영어, 영어 회화, 통합사회, 통합과학

2015 개정 교육과정: 영어 I, 영어 II, 심화 영어, 영어 독해와 작문, 영어 회화, 통합사회, 독일어

팩트풀니스

한스 로슬링 외 | 김영사 | 2019

확증 편향이 기승을 부리는 탈진실의 시대에서 막연한 두려움과 편견을 이기는 팩트의 중요성을 일깨우는 세계적 역작이다. 빈곤, 교육, 환경, 에너지 등 다양한 영역에서 우리가 생각하는 세계와 실제 세계의 간극을 좁히고 선입견을 깨는 통찰을 제시하며, 명확한 데이터로 세상이 나날이 진보하고 있음을 증명한다. 세상을 바라보는 방식을 바꾸고 미래의 위기와 기회에 대처하기 위해 반드시 읽어야 할 책이다.

탐구 주제

주제1 우리가 세상을 오해하는 이유는 무엇일까? 생각보다 세상이 살 만한 이유는 무엇일까? 세상에 대해 잘못된 사실을 바로잡을 방법은 무엇일까? 진실과 왜곡된 사실을 구별할 수 없는 오늘날의 시대에 우리에게 가장 필요한 것이 무엇인지 책을 읽고 느낀 점을 써 보자.

주제2 《팩트풀니스》는 두려움과 편견을 이기는 방안으로 팩트를 제시한다. 그리고 똑똑하고 현명해 보이는 사람일수록 진실을 알지 못한다고 말한다. 책에서 보여 주는 인간의 비합리적 본능, 데이터, 통계 사례 중 자신에게 가장 의미 있었던 점을 영어로 작성하여 발표해 보자.

주제3 탈 진실의 의미와 진실 추구에 대한 주체적 태도의 필요성 탐구

주제4 탈 진실 발생의 배경이 되는 해체주의와 탈 진실의 관계 분석

학생부 기록 예시 (교과세특)

영어 지문에서 '탈 진실(post-truth)'의 개념에 관한 내용을 접한 뒤 호기심이 생겨 영어 독서 탐구 시간에 '팩트풀니스(한스 로슬링 외)'를 읽고 독후활동을 진행함. 읽고 쓰기와 같은 통합적 글쓰기를 다각도로 할 수 있으며 내용이 명확하고 전달력 있음. 책에서 제시된 다양한 통계와 사실들을 바탕으로 사실적 해석을 하려는 태도를 보이고 있으며, 사회 현상의 오해들을 찾아 데이터로 분석하는 비판적 사고력을 보임.

데이터를 분석하여 의미 있게 해석하는 일에 관심이 많은 학생으로 도서 '팩트풀니스(한스 로슬링 외)'의 주요 여러 단원을 발췌독하고 영어로 요약함. 특히 특정 부정적 기사에 치우쳐 한국이 싫다고 말하는 친구들의 말을 듣고 국가별, 시기별 데이터로 통계 분석을 시행하여 사실 여부를 확인한 점이 우수함. 접속사와 담화의 사용이 자연스럽고 문장 간의 연결이 유기성과 통일성을 유지하고 있어 모범 사례로 꼽힘.

관련 논문

'탈진실'과 배려 주체의 거리두기-푸코의 진실과 저항의 문제를 중심으로(김분선, 2020)

관련 도서

《평균의 종말》, 토드 로즈, 21세기북스
《모두 거짓말을 한다》, 세스 스티븐스 다비도위츠, 더퀘스트

관련 계열 및 학과	• 사회계열: 경영학과, 경제학과, 공공행정학과, 국제통상학과, 사회학과, 소비자학과
	• 자연계열: 농생물학과, 수학과, 지구환경과학과, 통계학과, 환경학과
관련 교과	• 교육계열: 사회교육과, 수학교육과, 역사교육과, 윤리교육과, 컴퓨터교육과

2022 개정 교육과정: 영어 I, 영어 II, 심화 영어, 영어 독해와 작문, 확률과 통계, 사회문제 탐구

2015 개정 교육과정: 영어 I, 영어 II, 심화 영어, 영어 독해와 작문, 확률과 통계

하멜 표류기

헨드릭 하멜 | 스타북스 | 2020

《하멜 표류기》는 네덜란드 선원이던 헨드릭 하멜이 1653년 스페르베르호를 타고 일본 나가사키로 가던 중 일행 서른 여섯 명과 함께 제주도에 표류해 조선에서 약 13년간 겪은 경험을 담은 기록문이다. 기록을 남긴 목적은 조선에 억류된 기간의 임금을 동인도회사에 청구하기 위해서였다. 당시 조선 사회에 대한 객관적인 기술과 우리 조상들의 일상이 선원의 소박하고 솔직한 문체로 기록되어 있다.

탐구 주제

주제1 네덜란드 동인도 회사 소속 선원 하멜은 스페르베르호를 타고 일본으로 건너가던 중 난파되어 제주도에 표류한다. 이후 그는 13년간 조선에서 억류되어 있다가 우여곡절 끝에 네덜란드로 귀국하게 된다. 책을 읽고 모둠원과 협업하여 5분 내외의 영상으로 요약해 보자.

주제2 13년간의 제주도 표류 생활을 담은《하멜 표류기》는 조선의 생활을 세세하게 담은 최초의 유럽 서적이라는 점에서 가치가 높지만, 소설이라기보다는 밀린 임금을 받기 위한 '산업 재해 보고서'라 볼 수 있다. 책을 읽고 밀린 임금을 요구하는 편지글을 작성해 보자.

주제3 네덜란드 동인도회사의 동북아시아 차(茶) 무역에 관한 고찰

주제4 조선 시대 근대화 과정의 임금 체납 문제 탐구

학생부 기록 예시 (교과세특)

영어 독후활동을 위해 '하멜 표류기(헨드릭 하멜)'를 읽고 내용을 압축하여 영화 형식으로 영어 동영상을 제작함. 대본과 연출을 맡아 핵심 문장으로 대사를 표현하고 세세한 지시 사항을 담은 원고를 완성해 촬영하였음. 시제와 태에 맞추어 주술 관계가 명확한 문장을 만들었으며, 친구들과 협업하여 문장의 오류를 수정하는 작업을 거침. 유사한 주제의 영상을 감상하고 실제 구어체에서 사용하는 언어를 구사한 점이 훌륭함.

도서 '하멜 표류기(헨드릭 하멜)'를 읽고 다양한 방식의 영작문 활동에 참여함. 그중 하멜의 입장에서 네덜란드의 동인도회사에 밀린 임금을 요구하는 편지글을 작성한 것이 가장 두드러짐. 격식과 예의를 갖추어 일반적인 업무 메일 방식으로 문어체의 글을 훌륭히 작성하였음. 또한 조선에서 받은 지나친 관심과 고국에 대한 향수병에 대해 정서적 심리적 보상을 요구하는 문장에서 당시의 시세와 정서를 고려한 부분이 인상 깊었음.

관련 논문

『하멜 표류기』에 의한 관광문화산업의 허와 실(이영란, 2018)

관련 도서

《쉽게 읽는 북학의》, 박제가, 돌베개
《세계사를 바꾼 15번의 무역전쟁》, 자오타오, 류후이, 위즈덤하우스

관련 계열 및 학과	• 인문계열: 고고학과, 문예창작학과, 문헌정보학과, 사학과, 영어영문학과, 철학과
	• 사회계열: 경영학과, 경제학과, 국제통상학과, 문화콘텐츠학과, 무역학과, 사회학과
관련 교과	• 교육계열: 가정교육과, 교육학과, 사회교육과, 영어교육과, 윤리교육과, 초등교육과

2022 개정 교육과정: 공통 영어, 영어 I, 영미 문학 읽기, 세계 문화와 영어, 문학, 한국사, 세계사

2015 개정 교육과정: 영어, 영어 I, 영미 문학 읽기, 문학, 한국사, 세계사

국어교과군

영어교과군

수학교과군

사회교과군

과학교과군

도덕교과군

햄릿

윌리엄 셰익스피어 | 민음사 | 2009

'To be or not to be, that's the question(사느냐 죽느냐, 그것이 문제로다)'. 윌리엄 셰익스피어 4대 비극 중 하나인 《햄릿》의 명대사이다. 햄릿은 덴마크를 배경으로 인간의 존재와 도덕성을 탐구하는 내용으로, 왕자 햄릿이 자신의 아버지를 죽이고 어머니와 결혼한 클라우디우스에게 복수하는 과정에서 일어나는 비극이다. 영어로 된 문학 중 가장 큰 영향력을 발휘하는 작품으로 꼽힌다.

탐구 주제

주제1 셰익스피어의 4대 비극 중 가장 유명한 《햄릿》은 르네상스의 흐름을 그대로 반영하는 최고의 작품으로 꼽힌다. 선과 악 사이에서 갈등하고 인간의 존재 이유를 고민하는 《햄릿》의 원문을 읽고 'To be or not to be'의 의미를 분석해 보자.

주제2 많은 연구자가 햄릿의 성격을 연구할 때 '왜 햄릿은 아버지의 복수를 대신하지 않았는가'에 의문을 가졌다. 그러나 심리학자 비고츠키는 '왜 셰익스피어는'이라며 주어를 바꾸어 질문한다. 선택하지 못하고 우유부단하다고 여겨지는 햄릿의 성격에 대한 자신의 의견을 발표해 보자.

주제3 연극 〈햄릿〉의 무대 연출, 무대 의상 연구

주제4 《햄릿》에 나타난 혐오와 민주주의 탐구

학생부 기록 예시 (교과세특)

영국 최고의 극작가인 셰익스피어의 '햄릿'을 읽고 글의 맥락을 고려하여 번역본과 원본을 비교해 봄. 갈릴레이와 에섹스 백작의 왕위 계승 문제로 시끄러웠던 당시의 시대적 배경을 고려하여, 셰익스피어가 '햄릿'이라는 인간을 통해 '진정한 선은 무엇일까'라는 질문을 던진 것이라는 내용의 감상문을 작성하였음. 문학 작품을 감상할 때 철학적, 윤리적으로 사유하는 태도가 다른 학생들에 비해 두드러지는 학생임.

영미 문학작품 감상 시간에 '햄릿(윌리엄 셰익스피어)'을 읽음. 햄릿의 성격에 대해 호기심을 갖고 탐구한 내용을 발표하였음. '죽느냐, 사느냐'와 같은 선택 장애, 결정 장애의 대명사로 꼽히는 햄릿을 대부분 사람은 줏대가 없다고 여기지만, 문제를 해결하는 방식에 있어서는 신중하면서 강인한 성격으로 보인다는 비고츠키의 입장에 공감한다는 자신의 입장을 구체적 대사와 사례를 들어 발표하였음.

관련 논문

『햄릿』의 각색과 영화적 변용(박민영, 2017)

관련 도서

《셰익스피어 카운슬링》, 체사레 카타, 다산북스
《문학의 역사》, 존 서덜랜드, 소소의책

관련 계열 및 학과
- 인문계열: 국어국문학과, 문예창작학과, 문헌정보학과, 심리학과, 영어영문학과
- 사회계열: 경영학과, 문화콘텐츠학과, 미디어커뮤니케이션학과, 신문방송학과, 언론정보학과
- 예술계열: 관현악과, 무용학과, 미술학과, 방송연예과, 서양학과, 성악과, 음악과

관련 교과

2022 개정 교육과정: 영어 I, 영어 II, 심화 영어, 영미 문학 읽기, 영어 독해와 작문, 문학, 철학

2015 개정 교육과정: 영어 I, 영어 II, 심화 영어, 영미 문학 읽기, 영어 독해와 작문, 문학, 철학

허클베리 핀의 모험

마크 트웨인 | 민음사 | 2009

노벨문학상 수상자인 어니스트 헤밍웨이가 '미국의 모든 현대 문학은 마크 트웨인의 《허클베리 핀의 모험》에서부터 나온다.'라고 말했을 정도로 유명한 작품이다. 사회 부적응자인 주인공 '허크'가 흑인 노예 '짐'과 함께 뗏목을 타고 미시시피 강을 건너며 겪게 되는 다양한 모험을 담았다. 마크 트웨인이 직접 겪은 남북 전쟁 당시의 인종 차별과 미국 사회가 가진 모순을 사회 풍자적으로 그리고 있다.

탐구 주제

주제1 다양한 전략을 활용하여 글의 전개 방식을 파악하며 읽어 보고, 작품을 통해 알 수 있는 남북 전쟁 당시의 미국의 인종 차별과 노예 문제를 자신만의 관점에서 해석하여 감상문을 작성해 보자.

주제2 《허클베리 핀의 모험》을 통해 미국의 역사, 정치, 문화, 모순 등을 간접적으로 알 수 있다. 흑인을 향한 백인의 비속어를 통해 작가가 보여 주고자 했던 미국 사회의 문제점을 생각해 보고, 언어가 사회 관습 형성에 미치는 영향에 대해 발표해 보자.

주제3 사회 문제를 소재로 한 문학 작품이 사회에 미치는 긍정적 효과

주제4 마크 트웨인의 작품 속에 드러난 미국의 인권 문제

학생부 기록 예시 (교과세특)

마크 트웨인의 '허클베리 핀의 모험'을 핵심 어구의 반복, 재구성, 예시 등의 전략을 활용해 직독 직해 원리에 따라 완독함. 이후 책 속에 드러난 남북 전쟁 직전의 미국 사회와 도덕, 관습 등을 바탕으로 느낀 점을 작성하여 감상문을 제출함. 겉과 속이 다른 어른들의 허식과 위선적 모습을 아이의 시각에서 비판적으로 바라보고, 인종 차별 문제를 기존의 온정주의적 시각에서 바라보던 관점에서 벗어나야 한다는 관점을 제시함.

도서 '허클베리 핀의 모험(마크 트웨인)'을 원서로 읽고 남북 전쟁 당시 미국 사회에 대해 비판하는 글을 발표함. 당시 미국인들이 자신의 지배주의적 입장을 합리화하여 흑인은 열등하다는 식의 사회적 관습을 가졌던 점을 신랄하게 비판하였음. 또한 백인들이 쓰는 비속어와 사투리에 표현된 흑인에 대한 무시와 차별을 근거로 작가가 의도한 주제 의식의 핵심을 논리적으로 분석하여 발표하였음.

관련 논문

『허클베리 핀의 모험』에 나타난 배타적 인종주의의 원인과 현상-다윈의 진화론적 관점을 중심으로(김효실, 2018)

관련 도서

《톰 소여의 모험》, 마크 트웨인, 문학동네
《왕자와 거지》, 마크 트웨인, 보물창고

관련 계열 및 학과
- 인문계열: 문예창작학과, 인류학과, 문화콘텐츠학과, 언어학과, 영어영문학과
- 사회계열: 광고홍보학과, 문화콘텐츠학과, 미디어학과, 사회학과, 정치외교학과

관련 교과
- 교육계열: 사회교육과, 역사교육과, 윤리교육과, 영어교육과, 초등교육과

2022 개정 교육과정: 공통 영어, 영어 I, 영어 독해와 작문, 영미 문학 읽기, 문학, 철학

2015 개정 교육과정: 영어, 영어 I, 영어 독해와 작문, 영미 문학 읽기, 문학, 철학

국어교과군

영어교과군

수학교과군

사회교과군

과학교과군

독서교과군

호밀밭의 파수꾼

J.D. 샐린저 | 민음사 | 2023

The Catcher in the Rye
J. D. Salinger

호밀밭의 파수꾼

J. D. 샐린저

민음사

20세기 미국 최고의 소설로 평가받는《호밀밭의 파수꾼》은 주인공 '홀든'이 경박한 수업과 거짓으로 가득 찬 학교 생활에 회의를 느끼고 뉴욕 시가를 배회하며 목격한 것들을 회상 형식으로 풀어내고 있다. 그러던 중 홀든은 호밀밭의 파수꾼처럼 아이들의 수호자가 되고 싶은 마음을 가지게 된다. 세상의 허위와 가식, 위선적인 기성세대를 향한 독백으로 많은 독자들의 공감을 얻은 작품이다.

탐구 주제

주제1 《호밀밭의 파수꾼》은 현대 문학의 고전이라 할 수 있다. 홀든은 위선자들이 판을 치는 학교를 떠난다는 핑계로 뉴욕으로 떠나지만, 위선자들은 어디에나 존재했다. 책의 제목, 등장인물의 이름 등을 토대로 비판적 독서를 하고 서평을 작성해보자.

주제2 2차 세계대전 이후 미국은 물질적 번영을 누리게 된다. 그러나 이러한 구도 이면에는 인간 소외가 있다.《호밀밭의 파수꾼》에 등장하는 16세의 홀든은 이러한 현상을 일인칭으로 묘사하고 있다. 당시의 인간 소외 현상을 오늘날의 사회와 비교하여 서술해 보자.

주제3 《호밀밭의 파수꾼》의 주인공 홀든의 정체성 탐구

주제4 《호밀밭의 파수꾼》으로 보는 미국인의 꿈 연구

학생부 기록 예시 (교과세특)

영어 독서 시간에 다수의 책을 읽고 독서 서평단으로 활동함. J.D. 샐린저의 '호밀밭의 파수꾼'을 읽고 책 소개를 담은 서평을 작성하였음. 책의 제목과 의미를 주인공의 대사와 주제를 바탕으로 유추하고, 주인공의 이름인 홀든은 영어 단어 'hold'의 예전 형태의 과거분사로 유추하여 중의적 의미로 볼 수 있다는 의견을 작성하였음. 다양한 매체와 정보를 분석하여 유의미한 결과를 도출하는 능력과 융합적 사고력이 돋보이는 학생임.

도서 '변신(프란츠 카프카)'을 읽고 자본주의와 인간 소외에 관심이 생겨 '호밀밭의 파수꾼(J.D. 샐린저)'을 추가로 읽고 독후활동을 진행함. 자본주의 사회에서 존재감 없이 쓸쓸히 살아가는 현대인의 모습을 두 주인공 그레고르와 홀든에 투영해 봄. 이러한 현상은 과거와 오늘날이 크게 변함이 없으며 우리나라 역시 1960년대 산업화를 겪으면서 비슷한 양상을 보인다고 판단하고 이를 극복하기 위한 다양한 예술인과 작품을 소개함.

관련 논문

J. D. Salinger의 The Catcher in the Rye-'순수'를 지켜내는 '경계인'(양소정, 2017)

관련 도서

《변신》, 프란츠 카프카, 열린책들
《나의 라임 오렌지나무》, J.M. 바스콘셀로스, 동녘

관련 계열 및 학과
- 인문계열: 국어국문학과, 문예창작학과, 문헌정보학과, 심리학과, 영어영문학과
- 사회계열: 경영학과, 문화콘텐츠학과, 미디어커뮤니케이션학과, 사회학과, 언론정보학과
- 교육계열: 교육학과, 교육공학과, 사회교육과, 영어교육과, 윤리교육과, 초등교육과

관련 교과

2022 개정 교육과정: 영어 I, 영어 II, 심화 영어, 영미 문학 읽기, 영어 독해와 작문, 문학, 윤리와 사상

2015 개정 교육과정: 영어 I, 영어 II, 심화 영어, 영미 문학 읽기, 영어 독해와 작문, 문학, 윤리와 사상

황무지

T.S. 엘리엇 | 민음사 | 2017

《황무지》는 모더니스트 시인 T. S. 엘리엇의 대표작으로 제1차 세계 대전 후 유럽의 정신적 혼미와 황폐, 꿈 같은 환상의 세계와 사회 정의 구현, 개인의 자유를 위한 투쟁의 기록들을 담고 있는 시집이다. 이 작품으로 1948년 노벨문학상을 받은 엘리엇은 난해하고 혁신적인 다섯 편의 시를 하나로 묶어 엄청난 명성을 얻었다. 의식의 흐름 기법, 곳곳에 인용된 유명 작품들이 특징으로, 영국 현대 문학의 대표작 중 하나로 꼽힌다.

탐구 주제

주제1 '낭만적 서정 시인', '이상적 혁명 주의자'는 모두 T.S. 엘리엇을 일컫는 수식어들이다. 그는 시를 통해 환상의 세상을 주관적으로 그려 내고 사회 정의 구현과 개인의 자유를 위한 투쟁을 표현하였다. 엘리엇의 시를 감상하고 시청각 자료를 이용해 느낀 점을 발표해 보자.

주제2 《황무지》는 미국 태생 영국의 시인인 T.S.엘리엇의 장시로 '의식의 흐름' 방법으로 쓰여 있으며, 단테나 셰익스피어와 같은 작가들의 작품이 곳곳에 인용되어 있다. 《황무지》에 있는 다양한 시들을 감상하고 영어로 패러디 시를 작성해 보자.

주제3 엘리엇의 시의 시청각적 심상 연구

주제4 T.S. 엘리엇의 《황무지》에 대한 철학적·종교적 고찰

학생부 기록 예시 (교과세특)

영시 감상 시간에 '황무지(T.S.엘리엇)'를 읽고 느낀 점을 '엘리엇에게 보내는 답가'라는 제목의 영어 랩 가사로 표현한 뒤 짧은 공연을 시연함. 엘리엇의 여러 영시 중 '프루프록의 사랑 노래'을 선택하여, 시에 대한 감상평을 이야기하듯이 작사하였음. 가사에 멜로디를 붙여 실제 발음해 보면서 자연스러운 노래로 만들기 위해 문장의 길이를 조절하고 단어를 여러 차례 교체하는 노력을 기울임. 재치 있고 예술 감각이 넘치는 학생임.

'황무지(T.S.엘리엇)'에 나오는 다양한 시를 읽고 패러디하여 영시를 지음. '황무지'에 나오는 '사월은 가장 잔인한 달'이라는 표현을 대학 수학 능력 시험이 있는 11월로 바꿔 수험생의 일상을 표현하고, '전주곡들'이라는 시는 점심 급식 시간을 묘사하여 친구들의 호응을 얻음. 학습에 대한 참여도와 열의가 높으며, 글의 종류에 따라 각기 다른 전략으로 독해와 쓰기가 가능함.

관련 논문

엘리엇의 『황무지』에 나타난 토성신화(김성현, 2018)

관련 도서

《해설과 함께 읽는 영미시 50선》, 오인용, 신아사
《로버트 프로스트 명시 읽기》, 로버트 프로스트, 한국문화사

관련 계열 및 학과

- 인문계열: 문예창작학과, 문헌정보학과, 사학과, 심리학과, 영어영문학과, 철학과
- 사회계열: 경찰행정학과, 공공행정학과, 군사학과, 사회학과, 정치외교학과

관련 교과

- 교육계열: 교육학과, 국어교육과, 사회교육과, 영어교육과, 윤리교육과, 초등교육과

2022 개정 교육과정: 공통 영어, 영어 I, 영미문학 읽기, 문학, 통합사회, 사회문제 탐구, 현대사회와 윤리

2015 개정 교육과정: 영어, 영어 I, 영미문학 읽기, 문학, 통합사회, 사회·문화, 세계사

국어교과군

영어교과군

수학교과군

사회교과군

과학교과군

도덕교과군

희망의 밥상

제인 구달 | 사이언스북스 | 2014

아프리카 열대 우림에서 침팬지들을 연구하며 지구 위 생명체의 소중함을 전파한 제인 구달 박사가 먹을거리에 대해 상세히 밝힌 책이다. 우리가 먹는 것들이 어떻게 생산되고 어떤 영향을 미치는지를 다루며, 지구와 인류의 건강을 위협하는 질병들이 잘못된 먹거리와 연관되어 있다고 주장한다. 우리의 식습관을 되돌아보고 변화를 불러일으켜야 한다는 생활 지침을 제안하고 있다.

탐구 주제

주제1 코로나19 감염병 확산과 1인 가족의 증가로 직접 마트에서 장을 보고 요리하는 것보다 효율적인 배달 음식과 간단 조리 음식 판매량이 급증하였다. 건강을 위한 밥상을 위해 생활에서 개선할 점들을 영어로 작성해 보자.

주제2 《희망의 밥상》 저자 제인 구달은 40여 년간을 침팬지와 살아 온 생태학자이다. 그는 동물과 자연에 대한 학대를 반대하고 '루츠 앤 슈츠(뿌리와 싹) 운동' 등을 통해 자신의 소신을 전하고 있다. 우리가 지구를 보호하는 데 동참해야 할 근본적인 이유에 대해 발표해 보자.

주제3 먹거리 개선을 통한 건강한 삶 – 청소년 먹거리 탐구

주제4 지구와 환경을 사랑하는 열 가지 실천 방법 탐구

학생부 기록 예시 (교과세특)

영어 독서 과제 수행 시간에 '희망의 밥상(제인 구달)'을 읽고 건강한 밥상에 대한 자기 생각을 영어로 작성하고 이를 포스터로 제작하여 학급에 게시하였음. 단순히 건강한 식단을 제시하는 것을 넘어 자연과 공생하고 환경을 파괴하지 않는 구체적 방안을 함께 담은 점이 우수함. 저자인 제인 구달의 '생명 십계명'을 참고하여 '교내 급식 십계명'을 별도로 작성하여 큰 호응을 받음.

'나도 전문가' 시간을 이용해 환경에 대한 자기 생각을 3분 영어 연설로 발표함. 이를 위해 다수의 과학 잡지와 제인 구달의 '희망의 밥상'을 읽고 자기 생각을 과학적 근거와 함께 설득력 있게 전달함. 특히 환경을 보호해야 하는 이유를 화학적으로 설명하고, 지구상의 모든 동식물을 화학적 공생 관계라고 표현함. 자신의 의견을 설득력 있게 설명할 수 있으며, 감상적 의견이 아닌 분석적 사고와 체계적 자료 조사로 뒷받침할 수 있음.

관련 논문

침팬지 연구의 어머니 제인 구달의 과학과 사상(석혜진, 양승훈, 2011)

관련 도서

《육식의 종말》, 제레미 리프킨, 시공사
《동물해방》, 피터 싱어, 연암서가

관련 계열 및 학과
- 사회계열: 경영학과, 관광학과, 무역학과, 사회학과, 소비자학과, 신문방송학과
- 자연계열: 농생물학과, 대기과학과, 동물자원학과, 산림학과, 식품영양학과, 외식산업학과

관련 교과
- 의약계열: 간호학과, 보건관리학과, 수의예과, 약학과, 의예과, 한의예과

2022 개정 교육과정: 공통 영어, 영어 I, 영어 II, 영어 발표와 토론, 문학, 사회문제 탐구, 현대사회와 윤리

2015 개정 교육과정: 영어, 문학, 생활과 윤리, 사회문제 탐구

Flipped

웬들린 밴 드라닌 |
Ember Enterprises | 2003

Wendelin Van Draanen

FLIPPED
New bonus material inside!

《Flipped》는 괴짜 소녀 줄리 바커와 외모만 번듯한 소심한 소년 브라이스 로스키라는 두 중학생의 복잡한 관계를 그리고 있다. 두 주인공이 일기를 쓰듯 각자의 속마음을 1인칭 시점으로 번갈아 이야기를 서술하고 있다. 동일한 사건을 받아들이는 남녀의 차이와 이로 인한 오해들은 독자들에게 재미를 주는 소설이다. 2010년 〈플립〉이라는 제목의 영화로 국내 개봉했다가, 수년 후 관객의 요청으로 재개봉되었다.

탐구 주제

주제1 《Flipped》는 중학생들 사이의 관계와 성장을 다룬 작품으로 많은 주제와 교훈을 담고 있으며, 영화로도 제작되어 소설과 영화를 비교하며 읽어 볼 수도 있다. 해당 도서에 사용된 독특한 문법 구조를 파악하고 어휘에 담긴 문화적 맥락을 찾아 보고서로 작성해 보자.

주제2 청소년의 자아정체성 형성을 위한 문학 교육에 알맞은 청소년 문학은 '청소년이 중심인물로 등장하고, 청소년들이 읽어서 정신적인 고양의 역할을 할 수 있는 문학'이라 정의할 수 있다. 청소년 문학의 개념과 청소년 문학의 교육적 효과에 대해 조사해 보자.

주제3 청소년 문학의 교육적 효과

주제4 《Flipped》에 사용된 독특한 문법 구조 분석

학생부 기록 예시 (교과세특)

도서 'Flipped(웬들린 밴 드라닌)'을 읽고 책 속에 담긴 다양한 문법 구조 다섯 가지를 정리하여 제시하고 어휘의 뉘앙스를 문화적 맥락 안에서 이해한 내용을 보고서로 작성하였음. 특히 가정법과 조건문의 차이, 관계대명사의 이중 수식, 간접 화법 등에 대해 배운 내용을 적용 및 분석한 점이 우수함. 또래의 청소년들이 사용하는 영어 표현을 우리말과 비교하고 소설에 쓰인 현대적 어휘와 표현들을 찾아 워드 클라우드로 제시함.

청소년 문학의 교육적 효과와 이를 통한 청소년의 자아정체성 형성에 대해 관심이 많은 학생으로 교육자를 꿈꾸고 있음. 'Flipped(웬들린 밴 드라닌)'를 영어 원서로 읽고, 미리암 프레슬러의 '씁쓸한 초콜릿', 김려령의 '우아한 거짓말', 크리스티네 뇌스틀링거의 '오이대왕' 등과 비교하며 청소년 또래 문화와 사회화 과정 등에 대해 정리하여 발표함. 청소년 문학을 통해 올바른 자아정체성 확립의 의의에 대해 고찰하는 태도를 보임.

관련 논문
청소년문학을 통한 자아정체성의 형성 및 세계에 대한 이해(국미진, 2018)

관련 도서
《Wonder》, R. J. 팔라시오, Random House
《Number the Stars》, 로이스 라우리, Clarion Books

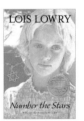

관련 계열 및 학과	• 인문계열: 국어국문학과, 문예창작학과, 문헌정보학과, 심리학과, 영어영문학과
	• 사회계열: 경영학과, 경제학과, 문화콘텐츠학과, 미디어커뮤니케이션학과, 사회학과
관련 교과	• 교육계열: 국어교육과, 교육학과, 사회교육과, 영어교육과, 윤리교육과, 초등교육과

2022 개정 교육과정: 공통 영어, 영어 I, 영어 II, 영어 발표와 토론, 문학, 인문학과 윤리

2015 개정 교육과정: 영어, 영어 I, 영어 II, 영어 회화, 문학, 생활과 윤리

국어교과군

영어교과군

수학교과군

사회교과군

과학교과군

미술교과군

Hope for the flowers

트리나 폴러스 | Paulist Press | 1973

《Hope for the flowers(꽃들에게 희망을)》는 세상에 처음 태어난 호랑 애벌레가 자기 삶의 의미를 찾기 위해 여행을 떠나는 이야기이다. 여행하며 다양한 경험을 하고 자신의 모습을 발견하면서 삶의 희망을 되찾는 과정을 통해 많은 사람에게 희망을 전하고 있다. 끝없는 여정을 비유로 하여 자신의 참모습을 발견하는 과정을 그리고 있어 삶에 대한 의미를 생각하게 하는 책이다.

탐구 주제

주제1 호랑 애벌레는 삶의 의미를 찾아 떠난 길에 애벌레 기둥을 발견하고 다른 애벌레들과 경쟁을 하지만 노란 애벌레와 친구가 되고, 자신의 소망은 꼭대기에 오르는 것이 아님을 깨닫게 된다. 책을 읽고 작가가 전하고자 했던 메시지를 가사로 써서 노래로 만들어 보자.

주제2 벌레가 찬란한 날개를 가진 나비가 되기까지의 여정을 그린 《Hope for the flowers(꽃들에게 희망을)》는 인내를 통해 나비가 될 수 있지만 주변의 많은 것들이 희생되기도 하는 우리 인생의 모습처럼 여겨진다. 현재의 자신을 돌아 보고 앞으로의 계획을 영어로 작성해 보자.

주제3 비유와 은유 문학을 통한 자아 성찰과 성장 방법 탐구

주제4 동화를 통한 어린이와 청소년 인성교육 방안 연구

학생부 기록 예시 (교과세특)

영어 팝송 개사하기 활동에서 트리나 폴러스의 원서 'Hope for the flowers'를 읽고 영감을 받아 가사를 쓰고 영상을 제작함. 미술에 소질 있는 학생으로 영상에 들어갈 이미지를 직접 손으로 그림. 기존의 팝송 가사들을 분석하여 절제된 형식의 가사를 작성하였고, 특정 음에서 잘 들리는 소리를 조사하여 어휘를 교체하는 전문적 기량을 보임. 어휘력이 풍부하고 시적인 느낌의 표현력이 뛰어난 학생임.

도서 'Hope for the flowers(트리나 폴러스)'를 영어 원서로 읽고 자기 삶을 성찰하는 글을 영어로 작성함. 나비가 되기까지 겪어야 하는 고뇌만을 생각했는데, 자신이 지나쳤던 수많은 이들의 희생과 고통을 이제야 돌아볼 수 있게 되었다는 반성을 담음. 마지막 부분에 책을 읽고 느낀 점을 짧은 영시로 작성한 점이 인상적임. 각 문장 끝의 라임을 맞춰 노래 가사처럼 리듬 있는 독특한 시였으며, 박자에 맞춰 친구들 앞에서 발표함.

관련 논문

동화를 활용한 대학생 독서치료의 경험적 사유와 의미 분석 : '꽃들에게 희망을' 작품을 중심으로(전보라, 2020)

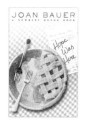

관련 도서

《Hope was here》, Joan Bauer, Puffin Books
《Coraline》, 닐 게이먼, 롱테일북스

관련 계열 및 학과
- 인문계열: 국어국문학과, 문예창작학과, 문헌정보학과, 심리학과, 영어영문학과
- 사회계열: 경영학과, 경제학과, 문화콘텐츠학과, 미디어커뮤니케이션학과, 사회학과

관련 교과
- 교육계열: 국어교육과, 교육학과, 사회교육과, 영어교육과, 윤리교육과, 초등교육과

2022 개정 교육과정: 공통 영어, 실생활 영어 회화, 기본 영어, 실용 영어, 영어 I, 미디어 영어, 문학

2015 개정 교육과정: 영어, 영어 회화, 기본 영어, 실용 영어, 진로 영어, 영어 I, 문학

수학교과군

순번	도서명	저자명	출판사명
1	교실 밖 수학여행	김선화, 여태경	사계절
2	길 위의 수학자	릴리언 R. 리버	궁리
3	나는 수학으로 세상을 읽는다	롭 이스터웨이	반니
4	넘버스	키스 테블린, 게리 로든	바다출판사
5	다시, 수학이 필요한 순간	김민형	인플루엔셜
6	대량살상 수학무기	캐시 오닐	흐름출판
7	두근두근 수학 공감	권오남 외	해나무
8	문명, 수학의 필하모니	김홍종	효형출판
9	문명과 수학	EBS 〈문명과 수학〉 제작팀	민음인
10	미래의 수학자에게	이언 스튜어트	미래인
11	미술관에 간 수학자	이광연	어바웃어북
12	미적분으로 바라본 하루	오스카 E. 페르난데스	프리렉
13	박경미의 수학N	박경미	동아시아
14	박경미의 수학콘서트 플러스	박경미	동아시아
15	법정에 선 수학	레일라 슈넵스, 코랄리 콜메즈	아날로그
16	보이는 수학책	박만구	추수밭
17	새빨간 거짓말, 통계	대럴 허프	청년정신
18	색다른 수학의 발견	안정미 외	살림
19	생명의 수학	이언 스튜어트	사이언스북스
20	세계를 바꾼 17가지 방정식	이언 스튜어트	사이언스북스
21	세상을 바꾼 수학자들 이야기	이무현	교우
22	세상의 모든 수학	에르베 레닝	다산사이언스
23	수학 생각공작소	크리스티안 헤세	지브레인
24	수학, 세계사를 만나다	이광연	투비북스
25	수학, 인문으로 수를 읽다	이광연	한국문학사

순번	도서명	저자명	출판사명
26	수학은 암기다	김현정	한국경제신문
27	수학의 감각	박병하	행성B
28	수학의 눈으로 보면 다른 세상이 열린다	나동혁	지상의책
29	수학의 쓸모	닉 폴슨, 제임스 스콧 벨	더퀘스트
30	수학의 아름다움	우쥔	세종서적
31	수학의 언어로 세상을 본다면	오구리 히로시	바다출판사
32	수학의 원리 철학으로 캐다	김용운	상수리
33	수학자들	마이클 아티야 외	궁리
34	수학책을 탈출한 미적분	류치	동아엠앤비
35	어느 수학자의 변명	G. H. 하디	세시
36	오일러가 사랑한 수 e	엘리 마오	경문사
37	우리가 수학을 사랑한 이유	전혜진	지상의책
38	위험한 숫자들	사너 블라우	더퀘스트
39	이상한 수학책	벤 올린	북라이프
40	이토록 아름다운 수학이라면	최영기	21세기북스
41	일하는 수학	시노자키 나오코	타임북스
42	천재 수학자들의 영광과 좌절	후지와라 마사히코	사람과책
43	청소년을 위한 수학자 이야기	모리 쓰요시	살림Friends
42	카오스	제임스 글릭	동아시아
45	통계의 미학	최제호	동아시아
46	틀리지 않는 법	조던 엘렌버그	열린책들
47	페르마의 마지막 정리	사이먼 싱	영림카디널
48	피타고라스 생각 수업	이광연	유노라이프
49	학문의 즐거움	히로나카 헤이스케	김영사
50	X의 즐거움	스티븐 스트로가츠	웅진지식하우스

교실 밖 수학여행

김선화, 여태경 | 사계절 | 2007

이 책은 고등학교 1학년 수학의 체계인 수와 집합, 방정식과 부등식, 함수, 기하, 최신 수학으로 이루어져 있다. 교과서에는 드러나지 않는 수학의 역사와 수학자들에 관한 재미있는 이야기를 담았다. 여러 수학 문제에 대한 새로운 시각과 다양한 접근 방법, 최신의 이론, 중요한 수학자들의 일화를 통해 수학과 수학사에 대한 흥미와 자신감을 길러 준다.

탐구 주제

주제1 이 책에는 모든 평행선이 만난다는 주장이 등장한다. 비유클리드 기하학의 존재를 인식하고, 유클리드 기하학의 역사와 그 속에서 비유클리드 기하학이 등장하게 된 배경 및 의의, 그리고 비유클리드 기하학이 주장하는 이론의 내용에 대해 정리한 후 토론해 보자.

주제2 자연수, 정수, 실수 등 무한집합에도 차등이 있다는 사실, 아킬레우스의 거북이 이야기, 자기 닮음 도형에 이르기까지 무한의 신비는 대단하다. 무한에 대한 직관적 사고의 오해에 대해 토의하고 연구해 발표해 보자.

주제3 논증 기하와 해석 기하의 공통점 및 차이점에 대한 탐구

주제4 3차 방정식의 근의 공식에 대한 탐구

학생부 기록 예시 (교과세특)

‘교실 밖 수학여행(김선화 외)’를 읽고 모든 평행선이 만난다는 책 내용에 의문을 품어 조사 활동을 통해 비유클리드 기하학의 존재를 알게 됨. 2000년 이상 이어진 유클리드 기하학의 이론과 역사를 탐구하고, 그 속에서 등장한 비유클리드 기하학의 출현에 하나의 기하학만 옳다는 생각을 포기하고 똑같이 모순이 없고 타당한 다른 기하학들이 있음을 받아들임으로써 생각의 폭을 넓히는 계기가 됨.

‘교실 밖 수학여행(김선화 외)’를 읽고 모든 식의 계산에서 0으로 나누는 것을 제외하는 이유에 대해 알고, 문항에 나오는 모든 조건을 당연하게 받아들이던 자세에서 조건에 이유가 있다는 점을 다시 한번 실감함. 고교 교육과정 속 3차 방정식은 인수분해되는 식만 나옴을 이상하게 여겨 3차 방정식의 근의 공식과 증명 과정을 탐구하여 방정식을 비롯한 대수적 여러 분야의 심화 단계에 자신감을 가짐.

관련 논문

비유클리드 기하학의 역사와 수학에 미친 영향에 대하여(이이찬, 2006)

관련 도서

《유클리드의 창: 기하학 이야기》, 레오나르드 믈로디노프, 까치
《십대를 위한 영화 속 수학 인문학 여행》, 염지현, 팜파스

관련 계열 및 학과	• 자연계열: 수학과, 물리학과, 화학과, 통계학과, 생명과학과, 생물학과, 농생물학과
	• 공학계열: 기계공학과, 전기공학과, 전자공학과, 컴퓨터공학과, 반도체공학과
관련 교과	• 사회계열: 경영학과, 경제학과, 통계학과, 금융보험학과, 법학과

2022 개정 교육과정: 공통 수학 1, 공통 수학 2, 대수, 미적분 II, 기하, 수학과제 탐구, 인공지능 수학

2015 개정 교육과정: 수학, 수학 I, 수학 II, 미적분, 확률과 통계, 실용수학, 인공지능 수학, 기하

국어교과군

영어교과군

수학교과군

사회교과군

과학교과군

독서교과군

길 위의 수학자

릴리언 R. 리버 | 궁리 | 2016

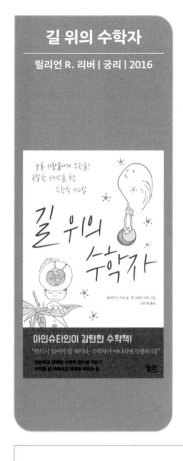

수학의 세계에서 창의적이고 자유로운 사고를 할 수 있도록 도와주는 책이다. 현대 수학의 주제들을 쉽고 재미있게 설명하며, 수학의 아름다움과 공부에 대한 자신감을 더해 준다. 1942년에 처음 출간되어 현재까지도 전 세대의 독자들에게 꾸준히 읽히며 수학 분야의 고전 필독서로 인정받고 있다. 쉽고 재미있는 설명으로 수학에 대한 흥미를 한층 더 일깨우는 책이다.

탐구 주제

주제1 현대 수학의 아버지로 불리는 힐베르트는 1900년 세계 수학자 대회에서 스물세 가지 문제를 제안했다. 이 중 열다섯 가지만 해결이 된 상태인데, 해결된 문제 중 하나를 골라 그 문제와 해법에 대해 탐구하고 토론해 보자.

주제2 책에 나오는 '과학과 수학은 홍수, 번개, 질병 같은 물리적 위험에서 우리를 보호해 줄 뿐만 아니라 대충 생각해서 잘못을 저지르는 걸 막아줄 사고 체계를 확립하는 데 도움을 줘.'라는 문장에 어울릴 만한 사례를 찾아 연구한 내용을 발표해 보자.

주제3 데카르트의 아름다운 결과물에 대한 탐구

주제4 '2+2는 4가 될 수도 있고, 아닐 수도 있다.'에 대한 탐구

학생부 기록 예시 (교과세특)

'길 위의 수학자(릴리언 R.리버)'를 읽고 과학과 수학이 홍수를 막아 줄 사고 체계에 대해 탐색함. 과학과 수학이 지리적 정보를 수집하고 분석하는 데 사용됨을 알고 미스테리한 위험 지역을 구별하고 예방을 위한 활동 계획 개발에 도움을 주는 GIS 시스템에 대한 탐구활동을 펼침. 그 외 강물 범람, 해일, 빙하의 녹은 양 등의 다양한 원인을 관리하는 것에 초점을 맞추어 홍수를 효과적으로 막을 수 있는 추가 연구 의지를 보임.

'길 위의 수학자(릴리언 R.리버)'를 읽고 현대 수학의 아버지 힐베르트가 제안한 23개의 문항 중 부정적으로 해결된 3번 문항을 연구하려 애씀. 부피가 같은 두 다면체에서 하나의 다면체를 절단하여 항상 다른 다면체를 만들 수 있는가에 대한 2차원적 탐구에 열중했으며, 윌리스-보여이-게르빈 정리의 증명 과정을 학습해 나가며 진전을 보였으나 3차원의 경우까지 살펴보기는 한계가 있어 추가 연구를 다짐함.

관련 논문

조선시대 수학과 현대수학의 연관성에 관한 연구: 방정식을 중심으로(김겸, 2008)

관련 도서

《수학평전》, 김정희, 시공사
《수학 방정식의 사생활》, 리치 코크런, 해나무

관련 계열 및 학과

- 자연계열: 전 자연계열
- 사회계열: 경영학과, 경제학과, 지리학과, 도시행정학과, 사회학과, 법학과
- 교육계열: 가정교육과, 기술교육과, 과학교육과, 수학교육과, 지리교육과, 사회교육과

관련 교과

2022 개정 교육과정: 공통 수학 1, 공통 수학 2, 대수, 미적분 II, 기하, 수학과제 탐구, 인공지능 수학

2015 개정 교육과정: 수학, 수학 I, 수학 II, 미적분, 확률과 통계, 실용수학, 인공지능 수학, 기하

나는 수학으로 세상을 읽는다

롭 이스터웨이 | 반니 | 2020

논리와 패턴을 파악하는 능력을 키우기 위한 책이다. 저자는 영국에서 수학 대중화를 주도하는 수학자이자 작가로, 특히 청소년이나 수학에 어려움을 겪는 사람들을 위해 교육하고 있다. 이 책에서는 경제 전망, 스포츠 통계, 장바구니 계산까지 숫자 뒤에 숨어 있는 진짜 세상을 파악하는 수학적 사고법을 공개한다. 이 책을 읽으면 수학으로 세상을 읽는다는 말이 무슨 뜻인지 이해할 수 있을 것이다.

탐구 주제

주제1 간단한 산술을 빠르게 파악하고 적용하는 능력은 참과 거짓을 구별하는 논리적 사고가 바탕이며, 이는 패턴과 연관성을 보는 능력을 입증한다. 우리가 일상에서 만나는 숫자에서 오류와 함정을 벗어날 수 있는 논리와 패턴을 파악하는 능력에 대해 토론해 보자.

주제2 인공지능이 이끄는 4차 산업 혁명 시대에서는 사회의 불확실성이 많아질수록 데이터와 통계를 이해하는 능력과 수학적 사고방식으로 세상의 문제와 사회 현안을 이해하는 능력이 중요해지고 있다. 그 이유를 연구하고 내용을 발표해 보자.

주제3 실생활에서 정확도와 정밀도의 차이에 대한 탐구

주제4 어림 계산의 방식인 '제로 등식'에 대한 유용성 탐구

학생부 기록 예시 (교과세특)

수와 식을 비롯한 사회, 자연 현상의 패턴과 규칙성의 파악은 문제해결 과정에서 중요하게 이용됨. 특히, 수열 분야 수의 규칙성을 여러 각도로 파악하려 노력했으며 이를 통해 여러 가지 수열의 일반항은 물론 점화 관계를 이해하는 능력을 보임. 증가하거나 감소하는 패턴의 수열을 다양한 현상에 적용하여 설명하였고, 수학적 모델을 통해 경제 현상을 분석·예측하며, 물리학의 우주 운동을 설명하고 예측하기도 함.

'나는 수학으로 세상을 읽는다(롭 이스터웨이)'를 읽고 수학은 오차의 정도에 따라 답이 달라진다는 점을 이해하고 정확도와 정밀도에 대해 탐색하고 적용해 보는 활동을 펼침. 정밀도는 관측 과정 및 우연 오차와 밀접한 관계를 가짐으로 우연 오차의 원인, 대응 등에 대해 조원들과 의견을 나눔. 더 나아가 편향과 계통 오차에 관련한 오차의 패턴을 연구함. 이를 데이터 수집과 연결 지어 오차의 크기와 정보의 추론을 탐구해 나감.

관련 논문

고등학교에서 '수열'의 지도방법에 대한 고찰(김보배, 2013)

관련 도서

《이해하는 미적분 수업》, 데이비드 애치슨, 바다출판사
《한입 매일 철학》, 황진규, 지식너머

관련 계열 및 학과

- 자연계열: 수학과, 응용수학과, 정보수학과, 정보보안암호수학과, 화학과, 통계학과, 천문학과
- 공학계열: 기계공학과, 전기공학과, 전자공학과, 컴퓨터공학과, 정보통신공학과, 생명공학과
- 사회계열: 경영학과, 경제학과, 금융보험학과, 지리학과, 회계학과, 공공행정학과

관련 교과

2022 개정 교육과정: 공통 수학 1, 공통 수학 2, 대수, 수학과제 탐구, 확률과 통계, 실용 통계, 인공지능 수학

2015 개정 교육과정: 수학, 수학 I, 수학 II, 수학과제 탐구, 확률과 통계, 실용 수학, 인공지능 수학

국어교과군
영어교과군
수학교과군
사회교과군
과학교과군
도덕교과군

넘버스

키스 테블린, 게리 로든 |
바다출판사 | 2023

《넘버스》의 수학은 사실일까? 수학을 이용하면 정말로 범죄를 해결할 수 있을까? 이 책은 DNA와 지문 감식에서 안면 인식, 영상 화질 개선까지 현재 경찰, FBI, CIA가 범죄와의 전쟁에서 실제로 이용하고 있는 주요 수학적 기법의 원리를 밝히고 있다. 학교에서 이론적으로만 배우는 수학이 아닌 우리의 생활에 깊숙이 침투해 있는 수학의 실제 응용 사례들을 통해 살아 있는 수학을 만난다.

탐구 주제

주제1 우리 주변에서 발생하는 각종 범죄 해결을 위해 통계적 가설 설정과 분석, 다양한 분야의 프로파일링 등 수학적 기법이 사용되고 있다. 역사적으로 발생했던 사건들을 탐구하고 그중 하나를 선택하여 다양한 수학적 기법을 활용해 해결한 사건의 과정을 탐구해 보자.

주제2 우리는 어려운 수학 문제를 풀 때 언제나 수많은 시행착오를 겪지만, 실패의 과정을 통해 점점 발전된 방향으로 나아가고 마침내 문제를 해결한다. 자신의 일상에서의 문제해결이 필요했던 경험 중 하나를 선택하여 어떠한 과정과 방법을 통해 문제를 해결해 나갔는지 토론해 보자.

주제3 각종 사건을 예측하는 과정에서의 수학적 요소에 대한 탐구

주제4 암호의 제작과 해독 과정에서의 수학적 요소에 대한 고찰

학생부 기록 예시 (교과세특)

'넘버스(키스 테블린 외)'를 읽고 암호의 해독 과정, 사건 예측에서의 수학적 요소에 대해 관심을 가짐. 특히, 범죄 발생 가능성이 높은 지역과 시점을 예측하는 지리적 범죄 분석 기술을 도입한 프레드 폴에 대해 탐구함. 수학이라는 학문이 필연적으로 시행착오를 겪는다는 것을 자신의 인생과 빗대어 실패로 인한 좌절보다는 실패가 주는 교훈을 발판 삼아 한층 더 성장할 수 있음을 경험하고, 수학을 인생의 긍정적 사고로 발전시킴.

'넘버스(키스 테블린 외)'를 읽고 미국의 범죄예방 프로그램인 '헌치랩'과 국내 범죄예방 프로그램 '프리카스'의 공통점과 차이점을 분석하는 탐구활동을 펼침. 또한 수학적 기법을 통한 범죄 해결 분야에도 관심을 가지고 통계 분석을 통한 통계적 가설 설정, 흐릿한 영상을 선명하게 하는 화질 개선의 수학 분야에도 관심을 보임. 더 나아가 DNA 프로파일링 과정에서 수학과 과학의 연관성을 밝히는 등 자신감 있는 모습을 보여 줌.

관련 논문

정보보호 기능성을 고려한 수학 교육 모델 연구(김종택, 2001)

관련 도서

《운동의 뇌과학》, 제니퍼 헤이스, 현대지성
《이기적 유전자》, 리처드 도킨스, 을유문화사

관련 계열 및 학과

• 자연계열: 수학과, 응용수학과, 정보수학과, 물리학과, 화학과, 통계학과, 생명과학과

• 공학계열: 기계공학과, 전기공학과, 전자공학과, 컴퓨터공학과, 재료공학과, 생명공학과

• 사회계열: 경영학과, 경제학과, 금융보험학과, 지리학과, 회계학과, 공공행정학과

관련 교과

2022 개정 교육과정: 공통 수학 1, 공통 수학 2, 대수, 수학과제 탐구, 확률과 통계, 실용 통계, 인공지능 수학

2015 개정 교육과정: 수학, 수학 I, 수학 II, 수학과제 탐구, 확률과 통계, 실용 수학, 인공지능 수학

다시, 수학이 필요한 순간

김민형 | 인플루엔셜 | 2020

이 책은 수학의 거장이 세대와 성별을 뛰어넘는 다양한 독자 7인과 교감하며 나눈 아홉 번의 세미나를 책으로 엮은 것이다. 피타고라스의 정리와 같은 기본적인 공식에서부터 벡터, 기하, 등 '수포자'들을 벽에 부딪치게 만들었던 개념들에 정면으로 도전한다. 이 책을 통해 우리를 둘러싼 모든 순간에 수학이 존재하고 있음을 깨닫게 될 것이다.

탐구 주제

주제1 자연과 우주는 물론 인간의 생각이 작동하는 방식까지 모든 순간에 수학이 존재한다는 점에서 인간의 사고는 수학으로 진화한다고 한다. '규칙의 기계적인 적용'만 이용하는 알고리즘 작업이 치명적 질병의 확산을 막기 위해 취하는 조치에서 수학의 역할에 대해 토론해 보자.

주제2 실수나 등식이 없던 그리스 시대와 감염 추이 그래프를 누구나 쉽게 이해하는 지금, 인간의 사고법에 어떤 차이가 있는지를 정리해 보자. 수학으로 세상을 본다는 것은 무슨 의미인지, 눈이 보이지 않는 사람이 기하를 이해할 수 있는지에 대해 발표해 보자.

주제3 컴퓨터의 발달 과정에 대한 탐구

주제4 증강현실과 가상현실 기술 발전에 따른 현실과의 경계 탐구

학생부 기록 예시 (교과세특)

'다시, 수학이 필요한 순간(김민형)'을 읽고 수학적 사고법의 차이에 대해 탐구활동을 펼침. 고대와 현대 사람들 모두 추상적인 사고와 논리적인 분석, 문제 분해 및 해결 방법 탐색 등 공통적으로 수학적 사고법을 사용하고 있지만 사회의 모습, 과학 기술 발전의 정도에 따라 수학적 사고법이 마치 다른 분야에 적용되는 것처럼 보일 수 있다는 생각을 함. 수학이 사회의 변화 과학 기술의 발달로 앞으로 진화될 모습을 상상해 봄.

코로나19와 같은 치명적 질병의 확산을 막기 위한 조치에서 수학의 역할에 대해 토론함. 제약회사들이 질병을 제압할 신약을 만드는 동안 방역 활동이 동반되어야 하는데 의료진 배치, 병상 확보 등의 대책을 세우기 위해 정확한 피해 예측 기술의 동반 필요성을 설명함. 수학은 이러한 방어막 구축에 과학적 근거를 제공함을 알고, 그 과정에서 기초 감염 재생산 수에 관심을 갖고 탐구하여 질병의 확산 예측에 이해의 폭을 넓힘.

관련 논문

수학적 모델을 이용한 중동호흡기증후군 질병 전파의 통제 전략에 관한 연구(이동호, 2018)

관련 도서

《수학의 기쁨 혹은 가능성》, 김민형, 김영사
《수학은 우주로 흐른다》, 송용진, 브라이트

관련 계열 및 학과

- 자연계열: 수학과, 응용수학과, 정보수학과, 정보보안암호수학과, 화학과, 통계학과, 산림학과
- 공학계열: 기계공학과, 전기공학과, 전자공학과, 컴퓨터공학과, 정보통신공학과, 생명공학과

관련 교과

- 인문계열: 철학과, 종교학과, 인류학과, 문화인류고고학과, 사학과

2022 개정 교육과정: 수학과제 탐구, 확률과 통계, 기하, 실용 통계, 사회문제 탐구, 융합과학 탐구

2015 개정 교육과정: 수학, 수학 I, 수학과제 탐구, 확률과 통계, 기하, 실용 수학, 통합사회, 통합과학

대량살상 수학무기
캐시 오닐 | 흐름출판 | 2017

이 책은 불평등을 확산하고 민주주의를 위협하는 대량 살상무기의 특징을 상세한 사례와 분석을 통해 파헤치며 알고리즘에 주목한다. 저자는 알고리즘을 '신' 같은 존재로 비유한다. 알고리즘의 의사결정 과정은 수학과 IT 기술로 숨겨져 있어서 수학자와 컴퓨터 과학자들을 제외하고는 그 누구에게도 작동 방식을 알 수 없다. 대중에게 빅데이터의 위험성에 대한 경종을 울리는 책이다.

탐구 주제

주제1 각종 데이터와 IT 기술이 결합하여 만들어진 빅데이터 모형은 그 어떤 것보다 공정하며 개인의 권리와 이익을 보호한다고 알려져 있으나, 오히려 차별과 불평등을 양성한다는 주장도 많다. 숨겨져 있는 알고리즘의 의사결정 과정에 대해 연구하고 토론해 보자.

주제2 빅데이터는 방대한 데이터를 논리적이고 합리적인 알고리즘으로 계산해 인간이 인지하지 못하는 질서와 규칙을 찾아내 알려 준다고 한다. 그러나 그러한 빅데이터가 사회 통제의 기능을 담당한다는 부정적 견해에 대해 정리하고 비판해 보자.

주제3 빅데이터가 초래하는 윤리적 위험에 대한 토론

주제4 유토피아와 디스토피아에 대한 비교 분석에 관한 탐구

학생부 기록 예시 (교과세특)

'대량살상 수학무기(캐시 오닐)'를 읽고 빅데이터가 초래하는 윤리적 위험에 대한 탐구활동을 펼침. 개인 정보 보호의 문제, 특정 개체, 개인, 연령을 중심으로 결정을 내릴 수 있다는 점, 보안 문제, 데이터 소유권 및 접근 권한에 대한 공정성 등의 문제를 인식하고 의견을 제시함. 각각의 자세한 사례와 해결책에 대해 탐구함. 또한 데이터 수집, 저장, 분석, 공유, 보안등의 단계에 규정과 가이드 라인 준수를 강조함.

'대량살상 수학무기(캐시 오닐)'를 읽고 유토피아와 디스토피아는 사회와 정부의 형태, 인간의 삶, 자유, 균등화 등에 상반되는 개념임을 알고 각각에서 우리가 해야 할 역할에 대해 탐구함. 특히, 4차 산업 혁명이라는 새로운 기술 전환기를 맞은 우리에게 과학 기술 유토피아와 디스토피아의 장점과 전망, 개선점을 알아봄. 보완적인 개념 습득을 바탕으로 둘 사이의 상호작용을 분석하며 미래 사회를 준비할 역량 개선에 도움을 받음.

관련 논문
4차산업혁명 시대의 중등수학교육 교수·학습방법 연구 (김영지, 2019)

관련 도서
《이미 시작된 전쟁》, 이철, 페이지2북스
《숫자 사회》, 임의진, 웨일북

관련 계열 및 학과
- 자연계열: 수학과, 응용수학과, 정보수학과, 정보보안암호수학과, 화학과, 통계학과
- 공학계열: 기계공학과, 전기공학과, 전자공학과, 컴퓨터공학과, 재료공학과, 응용시스템학과

관련 교과
- 사회계열: 경영학과, 경제학과, 금융보험학과, 부동산금융보험학과, 회계학과, 지리학과

2022 개정 교육과정: 공통 수학 1, 공통 수학 2, 수학과제 탐구, 확률과 통계, 기하, 인공지능 수학

2015 개정 교육과정: 수학, 수학과제 탐구, 확률과 통계, 기하, 인공지능 수학, 정보

두근두근 수학 공감

권오남 외 | 해나무 | 2013

교육부에서 추진한 '창의 인성 수학 프로젝트'에서 제시한 열한 가지 수학적 사고법을 스토리텔링 방식으로 소개하는 책이다. 청소년들이 수학에 대한 색다른 접근법과 기발하고 다양한 수학적 사고법을 경험함으로써 수학을 좀 더 재미있고 창의적으로 학습할 수 있도록 안내하고 있다. 실생활에서 수학을 창의적으로 '발견'할 수 있는 방법도 함께 소개하고 있어 수학을 즐겁게 공부하고 싶은 학생들에게 도움이 될 책이다.

탐구 주제

주제1 기계적인 문제 풀이 위주로 수학을 학습하게 되면 창의적으로 응용하는 부분에서 많은 어려움에 봉착하게 된다. 고등학교 1학년 과정인 도형의 방정식 부분을 창의성 요소와 인성 요소를 유기적으로 연결하여 내용을 재구성해 보고 이를 발표해 보자.

주제2 실생활 속 수학의 발견 중 '세상은 온통 자료다'라는 말은, 자료를 정확하게 이해하고 알기 쉽고 정직하게 표현하기 위해 수학이 필요하다는 뜻으로 '빅데이터'를 의미한다. 빅데이터의 정의와 등장 배경, 앞으로의 활용 범위 및 사례에 대해 연구하고 발표해 보자.

주제3 수학의 개념과 원리가 사회 현상에 적용된 사례에 대한 탐구

주제4 수학의 개념과 원리가 자연 현상에 적용된 사례에 대한 탐구

학생부 기록 예시 (교과세특)

'두근두근 수학 공감(권오남 외)'을 읽고 열한 가지 수학적 사고법을 전 교과에 반영하도록 애씀. 또한 수학의 원리가 자연 현상에 적용된 사례를 찾아 탐구하기를 즐겨 함. 음료수 캔이 원기둥인 이유에 대해 토의 활동을 펼쳐 용기를 만드는 데 드는 재료를 최소화할 수 있다는 점으로부터 용기 재료 비용의 최소화에 대해 발표함. 그 외에도 꿀벌의 집이 육각형인 이유도 다양한 측면에서 탐구하여 발표함.

'두근두근 수학 공감(권오남)'을 읽고 자료를 정확하게 이해하고, 알기 쉽고 정직하게 표현하기 위해 수학과 밀접한 관계인 빅데이터에 관해 연구함. 미적분학에서는 데이터의 경향성을 분석하고 최적화 문제를 해결할 수 있는 힘이 생겼으며, 통계학에서는 신뢰할 수 있는 검증, 신뢰와 통계적 개념을 이해하고 데이터를 통계적으로 분석할 수 있는 능력이 함양됨. 또한 데이터의 크기 축소, 특징 선택 등의 능력이 향상됨.

관련 논문

중등학교 수학과 학습의 흥미유발을 위한 실생활 수학에 대한 고찰(이지혜, 2011)

관련 도서

《지금 시작해도 수학이 된다》, 쓰루사키 히사노리, 비전코리아
《침팬지도 이해하는 5분 수학》, 에르하르트 베렌츠, 살림MATH

관련 계열 및 학과	• 자연계열: 수학과, 물리학과, 화학과, 통계학과, 생명과학과, 생물학과, 식물자원학과
	• 공학계열: 컴퓨터공학과, 전자공학과, 전기공학과, 정보보안학과, 정보통신학과
관련 교과	• 사회계열: 경영학과, 경제학과, 법학과, 사회학과, 금융보험학과, 도시행정학과

2022 개정 교육과정: 공통 수학 1, 공통 수학 2, 대수, 미적분 II, 기하, 수학과제 탐구, 인공지능 수학

2015 개정 교육과정: 수학, 수학 I, 수학 II, 미적분, 확률과 통계, 실용수학, 인공지능 수학, 기하

문명, 수학의 필하모니

김홍종 | 효형출판 | 2009

이 책은 사상, 예술, 사회, 기술, 자연, 언어 등 다양한 관점에서 세상과 수학을 연결하고 있다. 그리스 철학과 피타고라스를 통해 수학의 원형을 개괄하고, 음악과 미술이 발전하는 데 수학이 어떤 역할을 했는지를 비롯해 선거 제도 속의 수학, 전쟁에서 승패를 결정짓는 중요한 역할을 했던 암호, 경제학에 큰 영향을 끼친 게임이론 등을 수학적으로 살펴본다.

탐구 주제

주제1 수학은 세상 만물에 두루 영향을 미치거나 통하는 보편적 성질을 밝혀내는 학문이라고 한다. 수학에는 전혀 다르게 보이는 것들이 같은 원리에서 나온다는 이치를 깨닫게 하는 '증명'이 있다. 수학에서 말하는 '증명'의 의미에 대해 생각해 보고, 의견을 나눠 보자.

주제2 세상의 모든 것을 디지털 숫자로 표현하고, 그런 숫자를 더하고, 빼고, 곱하고, 나누는 산술은 유용하다. 이러한 수학의 영역이 민주주의 사회에서 내 권리를 보장받고, 다른 사람의 권리를 존중하는 선거 제도에 어떻게 쓰이는지에 대해 연구해 보고, 이를 발표해 보자.

주제3 수학적 동기 부여에 도움이 되는 문제 풀이에 대한 탐구

주제4 음악과 미술의 발전에 있어 수학의 역할에 대한 고찰

학생부 기록 예시 (교과세특)

'문명, 수학의 필하모니(김홍종)'를 읽고 수학은 어느 곳에서도 변화하지 않는 성질을 추구한다는 점에서 사상, 예술, 사회, 자연, 과학, 언어, 심리 등 다양한 관점에서 세상과 수학 연결되어 있다는 의견에 대해 탐구함. 도형이나 방정식들의 대칭성을 이해하면서 전혀 다르게 보이는 것들이 같은 원리에서 나온다는 이치를 깨닫고, 이 과정에서 발견한 내용을 타인들도 이해할 수 있도록 설명하는 증명의 과정에 대해 깊은 관심을 보임.

'문명, 수학의 필하모니(김홍종)'를 읽고 민주주의 사회에서 자신의 권리를 보장받고 타인의 권리를 존중하는 방법, 선거나 전쟁에서 승패를 결정짓는 역할을 했던 암호, 경제학에 큰 영향을 끼친 게임이론 등을 수학적으로 탐구함. 고대문명에서부터 이어져 온 '있음(1)'과 '없음(0)'의 문제가 현재 디지털 혁명의 시작이며, 이후에 맞이하게 될 새로운 패러다임을 위해서도 수학적 지식이 널리 쓰일 것을 예측하고 학업에 만전을 기함.

관련 논문

고대 수학이 인류의 삶에 기여한 업적에 관한 연구(송유진, 2015)

관련 도서

《자연과 문명 속의 수학》, 조용승, 이화여자대학교 출판부
《파브르 식물기》, 장 앙리 파브르, 휴머니스트

관련 계열 및 학과
- 자연계열: 수학과, 응용수학과, 정보수학과, 정보보안암호수학과, 화학과, 통계학과
- 공학계열: 기계공학과, 전기공학과, 전자공학과, 컴퓨터공학과, 정보통신공학과

관련 교과
- 인문계열: 고고학과, 문화재학과, 사학과, 언어학과, 인류학과, 종교학과, 철학과

2022 개정 교육과정: 공통 수학 1, 공통 수학 2, 수학과제 탐구, 확률과 통계, 기하, 사회문제 탐구

2015 개정 교육과정: 수학, 수학과제 탐구, 확률과 통계, 기하, 심리학, 종교학, 정치와 법

이 책은 '기술'과 '계산'이라는 수학에 대한 오해를 바로잡기 위해 세상에 왜 '수'라는 것이 탄생했는지, 그 뿌리로의 접근을 시도한다. 피타고라스, 유클리드, 뉴턴 등 수학자들이 만들어 낸 문제가 단순한 난해함과 복잡함을 넘어, 자기 사상의 표현 수단이자 새로운 문명의 열쇠였음을 들려준다. 방송에서는 다루지 않았던 이슬람 국가의 이야기를 더해 더욱 흥미로워진 수학의 세계로 안내하는 책이다.

탐구 주제

주제1 이집트인들은 4000년 전 인류 최초의 수학책인 아메스 파피루스에 현대 수학 못지않은 계산법과 상형 숫자 등을 이용해 화려한 문명을 꽃피웠다. 세상에 왜 '수'라는 것이 탄생했는지, '보이지 않는 수'를 다루는 수학과 우리 삶은 어떤 연관이 있는지 토론해 보자.

주제2 인도인들이 만들었다는 기묘한 숫자인 '0'은 수학을 무한의 세계로 뻗어가게 만들었고, 과학에게는 우주를 상상할 수 있는 힘을 주었다. 인류 최고의 발명품 '0'이 탄생한 내력과 천문학에 필요한 큰 자릿수 계산 방법에 대해 연구하고 발표해 보자.

주제3 '수'의 기원과 수학적 원리의 발전과 사용 과정의 탐구

주제4 이집트 문명과 그리스 문명의 수학적 사고의 차이점 탐구

학생부 기록 예시 (교과세특)

'문명과 수학(EBS 〈문명과 수학〉 제작팀)'을 읽고 도형 계산법을 이용한 토지 측정법, 60진법의 체계, 원주율의 역사 등 고대 수학에 대한 탐구활동을 펼침. 고대 입체 도형의 부피를 구하는 과정에서 평면 도형을 쌓아 올려 만들어진 것이 입체 도형임을 짐작케하는 현재의 계산이 고대 수학 계산식에도 이용되었단 사실에 감동을 받음. 60진법 사용에 흥미를 느끼고 관련된 가설을 수집하고, 각각의 가설의 근거를 찾는 활동을 함.

'문명과 수학(EBS 〈문명과 수학〉 제작팀)'을 읽고 이집트와 그리스를 포함한 수학의 중심지별 수학의 발달에 대해 탐구함. 이집트에서 사용한 분수들의 특징 등을 살피며 이집트 사람들은 기하와 대수를 포함하는 수준 높은 수학 지식을 갖고 있음을 알게 됨. 반면 그리스는 수학 자체를 위해 연구했으며 여기서 사용된 연역을 통해 모든 경우에 명제가 참임을 보이는 수학적 증명을 알고 교과서에 실린 연역적 증명을 찾아내 탐구를 계속함.

관련 논문
방정식 단원의 역사 발생적 분석 및 교육적 활용(박은경, 2012)

관련 도서
《인류의 여정》, 오데드 갤로어, 시공사
《시간의 지도》, 데이비드 크리스천, 심산

관련 계열 및 학과	• 자연계열: 수학과, 응용수학과, 정보수학과, 정보보안암호수학과, 화학과, 통계학과, 산림학과
	• 공학계열: 기계공학과, 전기공학과, 전자공학과, 컴퓨터공학과, 정보통신공학과, 컴퓨터과학과
관련 교과	• 인문계열: 철학과, 종교학과, 인류학과, 문화인류고고학과, 사학과, 문화재학과

2022 개정 교육과정: 공통 수학 1, 공통 수학 2, 수학과제 탐구, 확률과 통계, 기하, 실용 통계, 수학과문화

2015 개정 교육과정: 수학, 수학과제 탐구, 확률과 통계, 기하, 실용 수학, 세계사, 한국사

국어교과군

영어교과군

수학교과군

사회교과군

과학교과군

도덕교과군

미래의 수학자에게

이언 스튜어트 | 미래인 | 2008

《미래의 수학자에게》는 수학에 대한 우리의 편견을 깨 주고 진정한 수학과 수학자의 역할에 대해 이야기한다. 이 책은 워릭대학교 수학과 교수이자 왕립학회 특별회원으로 활동하고 있는 저자가 수학자를 꿈꾸는 한 여학생에게 쓴 편지 형식의 글이다. 20개의 큰 질문을 던지고 그에 답하는 형식을 통해 실질적인 것에서부터 철학적인 것에 이르기까지 수학에 관한 다양한 주제를 다루고 있다.

탐구 주제

주제1 수학이란 수량 및 공간의 성질에 관하여 연구하는 학문이다. 특히 과학과 수학은 불가분의 관계를 가진다. 물리, 화학, 생명, 지구과학 중 하나를 선택하고 선택한 학문의 발전 과정을 탐구하면서 학문 내에서 수학의 역할에 대해 논의하고, 그 내용을 발표해 보자.

주제2 저자는 수학과 관련 없는 분야의 책을 읽는 것이 새로운 수학적 아이디어를 얻는 방법 중 하나라고 말하고 있다. 자신이 배우는 과목 중 수학과 전혀 관련이 없을 것 같은 분야를 선택하여 수학과의 연관성을 탐구하고 탐구한 결과를 함께 토론해 보자.

주제3 실생활에서 수학이 활용된 사례에 관한 탐구

주제4 수학적 증명 과정이 학업에 미치는 영향에 대한 고찰

학생부 기록 예시 (교과세특)

'미래의 수학자에게(이언 스튜어트)'를 읽고 수학과 관련된 실질적인 것부터 철학적인 것까지 다양한 주제를 명확하게 이해하는 모습을 보임. 특히 발표 내용에 '수학과 관련 없는 분야의 책을 읽는 것이 새로운 수학적 아이디어를 얻는 방법 중 하나'라는 본문의 구절을 인용해 친구들에게 깊은 인상을 줌. 수학적 귀류법이 재판 과정에서 활용된 예시를 통해 법학과 수학의 연관성을 밝힌 발표는 최우수작으로 선정됨.

'미래의 수학자에게(이언 스튜어트)'를 읽고 '수학적 원리가 적용된 자연 현상'에 큰 관심을 가지고 수학적 패턴이 담긴 자연 현상에 대한 발표를 준비함. 발표 준비 과정에서 꿀벌의 집이 정육각형인 이유를 도형 간 부피의 상관관계와 관련해 찾아보며 꿀벌에게는 정육각형이 정삼각형, 정사각형에 비해 안정성과 효율성을 지닌 도형이며, 곤충의 집에도 이러한 수학적 원리가 숨어 있는 것의 원인과 이유에 대한 탐구활동을 펼침.

관련 논문

고등학교 1학년 수학교과서에 수록된 증명 방법의 분석(정성희, 2010)

관련 도서

《나보다 똑똑한 AI와 사는 법》, 반병현, 북트리거
《미래의 의사에게》, 페리 클라스, 미래인

관련 계열 및 학과	• 자연계열: 수학과, 응용수학과, 정보수학과, 정보보안암호수학과, 화학과, 통계학과, 산림학과
	• 공학계열: 기계공학과, 전기공학과, 전자공학과, 컴퓨터공학과, 재료공학과, 응용시스템학과
관련 교과	• 사회계열: 경영학과, 경제학과, 금융보험학과, 부동산금융보험학과, 회계학과, 지리학과

2022 개정 교육과정: 공통 수학 1, 공통 수학 2, 대수, 수학과제 탐구, 확률과 통계, 실용 통계, 인공지능 수학

2015 개정 교육과정: 수학, 수학 I, 수학 II, 수학과제 탐구, 확률과 통계, 실용 수학, 인공지능 수학

미술관에 간 수학자

이광연 | 어바웃어북 | 2018

수학이 어떻게 미술 작품의 구도를 바꾸게 되었는지를 신화와 역사를 곁들여 흥미진진하게 이야기하는 책이다. 수학의 역사가 새겨진 중요한 사료로서의 가치를 지닌 미술 작품들을 발굴해 그 속에 감춰진 뒷이야기를 낱낱이 파헤친다. 피타고라스 정리에서부터 등식과 비례, 거듭제곱, 함수 등 다양한 수학 원리를 복잡한 수식 없이도 명화들과 엮어서 풀어내고 있다. 미술과 수학에 관심이 있는 학생에게 추천한다.

탐구 주제

주제1 미술이란 공간 및 시각의 미를 표현하는 예술이다. 미술에는 다양한 기법이 존재하며, 각각의 기법에 따라 표현되는 방식, 주는 느낌이 달라진다. 미술 기법 중 하나를 선택하여 연구해 보고 선택한 미술 기법 내에 사용된 수학적인 요소에 대해 논의해 보자.

주제2 전 세계적으로 널리 알려진 미술 작품에서도 여러 가지 수학적 원리를 찾아볼 수 있다. 읽은 책의 내용을 기반으로 새로운 예술 작품 하나를 선정하고, 선정한 작품에서 찾아볼 수 있는 수학적인 요소들을 탐구해 정리한 후 함께 토론해 보자.

주제3 원근법에 대한 탐구

주제4 1:1.618의 황금 비율이 나타나게 된 과정에 대한 탐구

학생부 기록 예시 (교과세특)

'미술관에 간 수학자(이광연)'를 읽고, 조르주 쇠라의 작품인 '그랑드자트섬의 일요일 오후'에서 수학적 기법을 찾는 활동을 함. 위 활동에서 작은 점부터 시작하여 선을 형성하고 더 나아가 하나의 면을 형성하면서 작품을 완성시키는 점묘법을 수학적으로 설명함. 특히, 자신의 인생과 연관 지어 작은 부분부터 착실하게 준비하는 것이 궁극적인 목적을 이루는 방법임을 설명한 부분은 창의적이고 새로운 접근으로 인정받음.

'미술관에 간 수학자(이광연)'를 읽고 미술 작품 속 황금 비율을 찾는 활동을 통해 피트 몬드리안의 작품 속에서 위 원리를 찾아냄. 실제로 그의 작품 '빨강, 파랑과 노랑의 구성'에는 비례와 균형의 수학적 요소와 가로 세로의 비율이 황금비인 사각형들이 존재함을 설명함. 이러한 사실이 시각적 안정을 주기 때문에 편안한 작품 감상으로 이어진다는 점, 더 나아가 색상과 구조에서 반영된 작가의 철학적 사고까지 발견함.

관련 논문

황금비의 지도방안에 대한 연구(최영준, 2011)

관련 도서

《동양의 이상》, 오카쿠라 텐신, 산지니
《설민석의 조선왕조실록》, 설민석, 세계사

관련 계열 및 학과

- 자연계열: 수학과, 응용수학과, 정보수학과, 정보보안암호수학과, 화학과, 통계학과
- 공학계열: 기계공학과, 전기공학과, 전자공학과, 컴퓨터공학과, 정보통신공학과, 건축학과

관련 교과

- 인문계열: 고고학과, 문화재학과, 사학과, 언어학과, 인류학과, 종교학과, 철학과

2022 개정 교육과정: 공통 수학 1, 공통 수학 2, 대수, 수학과제 탐구, 확률과 통계, 실용 통계, 인공지능 수학

2015 개정 교육과정: 수학, 수학 I, 수학 II, 수학과제 탐구, 확률과 통계, 실용 수학, 인공지능 수학

국어교과군

영어교과군

수학교과군

사회교과군

과학교과군

도덕교과군

미적분으로 바라본 하루

오스카 E. 페르난데스 | 프리렉 | 2015

어렵게만 느끼던 미적분을 일상의 하루를 통해 스토리텔링으로 쉽게 이해할 수 있도록 풀어 쓴 책이다. 미적분학을 통해 사람의 혈관이 특정한 각도를 유지하면서 나뉘는 이유, 공중으로 던진 모든 물체가 포물선을 그리는 이유 등을 설명하고, 시간 여행이 가능하다는 사실이나 우주의 팽창 사실을 증명하면서 우리가 알고 있는 시간과 공간에 대해서 다시 생각해 보게 한다.

탐구 주제

주제1 기업은 수요와 공급의 분석을 통한 시장의 균형 상태를 이해하고, 이익을 최대화하기 위한 활동을 펼친다. 경제학에서 이익과 비용을 분석하는 데에도 사용되는 미적분의 생산 함수와 비용함수를 통해 이를 탐구하고 토의해 보자.

주제2 천문학에서도 미적분은 중요한 역할을 한다. 로켓을 발사하기 위해 태양과 달의 중력 영향 아래 궤도 속도를 정확하게 계산할 수 있어야 한다. 얼마 전 대한민국의 누리호가 발사에 성공한 바 있다. 누리호에 담긴 미적분학의 내용을 찾아 연구하고 이를 발표해 보자.

주제3 공중으로 던져진 물체의 포물선 운동에 대한 탐구와 사례 분석

주제4 미적분학의 기본 정리에 대한 고찰

학생부 기록 예시 (교과세특)

공중으로 던져진 물체의 포물선 운동에 대한 탐구활동을 펼침. 포물선 운동의 이유와 원인에 대해 정확하고 자세하게 탐구함. 이어 포물선 방정식의 기본적인 특징으로부터 포물선 운동의 특징을 파악함. 그 밖의 여러 포물선 운동 사례들을 조사하고 궁금증을 해결해 나갔으며, 로봇공학에서의 로봇의 팔과 다리의 움직임을 최적화하기 위해 포물선이 적용되었다는 사실에 이 분야 추가 연구의 의지를 불태움.

'미적분으로 바라본 하루(오스카 E. 페르난데스)'를 읽고 일변수 함수의 미분과 적분의 정의를 탐구함. 기하학적 직관을 통한 미분과 적분의 관계, 미적분학의 기본 정리 및 기본 정리에 대한 증명을 통해 그동안 당연시 여겼던 기본 정리들을 고찰할 기회를 가짐. 미적분을 적용해 속도와 변위도 다루어 봄. 이러한 활동을 통해 문제 풀이보다 개념의 깊은 이해를 경험하고 미적분 단원의 생각의 확장을 이어 나감.

관련 논문

대학수학과 연계한 고교 수학 수업지도안 연구: 미적분과 통계기본과 경영,경제 수학을 중심으로(정재윤, 2011)

관련 도서

《프랙탈전》, 수학사랑 기업부설연구소, 수학사랑

《시원폭발 함수》, 수냐(김용관), 지노

관련 계열 및 학과

• 자연계열: 수학과, 응용수학과, 정보수학과, 물리학과, 화학과, 통계학과, 생명과학과

• 공학계열: 기계공학과, 전기공학과, 전자공학과, 컴퓨터공학과, 재료공학과, 생명공학과

• 사회계열: 경영학과, 경제학과, 금융보험학과, 지리학과, 회계학과, 공공행정학과

관련 교과

2022 개정 교육과정: 미적분 I, 미적분 II, 수학과제 탐구, 확률과 통계, 기하, 실용 통계, 경제 수학

2015 개정 교육과정: 미적분, 수학과제 탐구, 확률과 통계, 기하, 경제 수학, 수학 II

박경미의 수학N

박경미 | 동아시아 | 2016

수학과 일상생활을 접목하여 친근하게 다가가는 책으로, 상형 문자로 쓰인 숫자부터 영화에 등장하는 아스키코드까지 다양한 주제를 다루며 인류의 역사와 함께한 수학 이야기를 담고 있다. 또한 수학이 과학의 기초이자 언어라는 것을 강조하며 우리가 일상에서 경험하던 것들도 수학임을 보여준다. 수학과 인문학을 융합해 색다른 시각으로 수학에 접근하게 하는 책이다.

탐구 주제

주제1 이 책에서는 영화 〈마션〉의 주인공이 미국항공우주국과 교신하는 '아스키(ASCII) 코드' 방법을 소개한다. 아스키코드는 컴퓨터 과학, 정보 기술, 데이터 통신 및 정보 처리 분야에서 중요한 주제이다. 아스키코드의 역사 및 활용에 대해 토론하고 발표해 보자.

주제2 수학적 대칭의 아름다움이나 반복의 힘을 나타내는 '테셀레이션(tessellation)'은 수학과 컴퓨터 그래픽스, 공간 기하학 등 다양한 분야에서 연구되는 중요한 주제이다. 다양한 테셀레이션의 수학적 속성과 역사적 중요성을 연구해 발표해 보자.

주제3 영화 〈페르마의 밀실〉에서 찾을 수 있는 수학적 요소의 탐구

주제4 원주율(π)의 의미와 활용에 관한 탐구

학생부 기록 예시 (교과세특)

'박경미의 수학N(박경미)'을 읽고 원주율의 의미와 활용에 관한 탐구함. 원의 특정한 성질로부터 발견된 원주율의 역사를 통해 원주율에 대한 위대함을 느끼기 시작했으며 동양에서도 원주율 발견에 놀라운 발전을 이뤘다는 사실에 경이로움을 느끼기도 함. 원주율을 이해하는 것은 원형 구조물, 기어, 바퀴 등을 설계하는 데 가장 기본이 되는 요소이며 원주율이 공학에 사용된다는 사실을 알고 관련 내용들을 끊임없이 탐색해 나감.

흔히 볼 수 있는 목욕탕 타일의 패턴을 수학적으로 설명할 수 있다는 사실을 알고 이에 대해 탐색활동을 펼침. '테셀레이션'이라 함은 다양한 도형을 반복적으로 배열한 구성을 의미하는데, 이 패턴에 논리적 규칙이 있다는 사실에 흥미를 느끼며 각 패턴에서 논리적 사실을 찾고자 노력함. 다각형의 여러 가지 성질로부터 테셀레이션의 새로운 패턴에 관한 연구와 3차원에서의 정규 테셀레이션의 탐구에 몰두함.

관련 논문
중등수학에서의 암호학 지도법 연구(김미정, 2002)

관련 도서
《마션》, 앤디 위어, 알에이치코리아
《박사가 사랑한 수식》, 오가와 요코, 현대문학

관련 계열 및 학과	• 자연계열: 수학과, 물리학과, 화학과, 환경학과, 대기과학과, 생명과학과, 생물학과
	• 사회계열: 경영학과, 경제학과, 경찰행정학과, 법학과, 금융보험학과, 문화컨텐츠학과
관련 교과	• 예체능계열: 미술학과, 산업디자인학과, 시각디자인학과, 만화애니메이션학과

2022 개정 교육과정: 공통 수학 1, 공통 수학 2, 대수, 미적분 II, 기하, 수학과제 탐구, 인공지능 수학

2015 개정 교육과정: 수학, 수학 I, 수학 II, 미적분, 확률과 통계, 실용수학, 인공지능 수학, 기하

국어교과군

영어교과군

수학교과군

사회교과군

과학교과군

독서교과군

박경미의 수학 콘서트 플러스

박경미 | 동아시아 | 2013

수학 개념을 인문학적 상상력과 논리적 사고를 결합하여 재미있게 이해할 수 있게 하는 책이다. 문학, 과학, 음악, 미술, 역사, 사회, 스포츠 등과 연결되어 수학의 재미를 극대화하며, 다양한 그래프, 이미지, 사진, 삽화 등을 활용하여 수학에 대한 흥미를 높인다. 독자들이 직접 문제를 풀고 게임을 즐길 수 있는 QR 코드와 웹사이트도 제공하고 있다.

탐구 주제

주제1 이 책에서는 영화 〈머니볼〉을 통해 야구에 숨어 있는 수학을 소개하고 있다. 영화의 주인공은 다른 구단에서 외면받던 선수들을 경기 데이터에만 의존해 팀에 합류시키며 머니볼 기적을 이루길 기대한다. 머니볼 이론의 특징과 그것의 긍정적 효과 및 부정적 효과에 대해 탐구해 보자.

주제2 소수는 공개 키 암호를 만드는 기반이므로, 암호 보안 체계를 유지하는 열쇠와도 같다. 세계적인 통신 회사들도 소수와 리만 가설의 연구에 막대한 연구비를 투자하고 있을 만큼 소수는 암호학에서 중요한 비중을 차지하고 있다. 소수와 관련된 미해결 문제에 대해 탐구해 보자.

주제3 영화 〈플랫랜드〉에 소개된 4차원 도형에 대한 탐구

주제4 수학적인 공식과 음계를 정의한 음계 이론에 대한 탐구

학생부 기록 예시 (교과세특)

'박경미의 수학 콘서트 플러스(박경미)' 속에 등장하는 4차원 도형에 대한 이해와 탐구활동을 수행함. 4차원의 도형의 종류, 4차원 기하학의 성질 파악, 3차원에서 4차원의 도형의 표현법, 4차원 도형의 점, 선, 면, 입체의 갯수에 대해 파악함. 이를 통해 공간 도형의 성질을 이해하는 능력이 향상되었고 자신감을 가짐. 또한 주변 현상을 기하학적 대상으로 표현하고 대상들의 구조와 관계를 파악하는 역량을 키움.

'박경미의 수학 콘서트 플러스(박경미)'를 읽고 암호학에 중요한 비중을 차지하는 소수에 대한 탐구를 진행해 봄. 효율적인 소수 식별을 위한 프로그램을 만들려는 시도를 했으며, 골드바흐의 추측에 사로잡혀 100여 개의 짝수에 대해 가설 검증을 시도함. 골드바흐 추측의 역사와 여러 수학자가 시도하고 실패했던 증명 과정을 탐색하고 이해하는 과정을 통해 흥미로운 소수의 세계와 그 분포에 대한 통찰력을 키움.

관련 논문

수학과 음악과의 융합교육 자료개발연구(이성희, 2022)

관련 도서

《수학이 일상에서 이렇게 쓸모 있을 줄이야》, 클라라 그리마, 하이픈
《다빈치 코드》, 댄 브라운, 문학수첩

관련 계열 및 학과

- 공학계열: 컴퓨터공학과, 소프트웨어공학과, 소프트웨어학과, 건축공학과, 건축학과
- 사회계열: 경영학과, 경제학과, 금융보험학과, 소비자학과, 지리학과, 회계학과
- 예체능계열: 음악학과, 관현악과, 스포츠학과, 사회체육학과, 스포츠레저학과

관련 교과

2022 개정 교육과정: 공통 수학 1, 공통 수학 2, 대수, 미적분 II, 기하, 수학과제 탐구, 인공지능 수학

2015 개정 교육과정: 수학, 수학 I, 수학 II, 미적분, 확률과 통계, 실용수학, 인공지능 수학, 기하

법정에 선 수학

레일라 슈넵스, 코랄리 콜메즈 |
아날로그 | 2020

수학적 계산 오류로 인해 발생한 부당한 법정 판결을 다루는 책이다. 유언장 위조나 국가 기밀 누설 사건 등 19세기부터 법정에서 사용되던 수학 개념을 살피며 확률 계산의 오해나 수학적 계산 경시로 인해 무고한 사람이 살인범으로 몰리거나 교활한 범죄자가 무죄 판결을 받아 낸 사례들을 소개한다. 법정에서 사용되는 수학적 개념과 이것을 올바르게 적용하는 것의 중요성을 강조한다.

탐구 주제

주제1 상품의 설명, 투자의 방식, DNA 분석 등 일상생활의 거의 모든 분야에서 수학적 근거가 사용되면 사람들은 그 주장이 객관적이고 옳을 것이라고 판단한다. 수학적 근거가 사용된 주장 중에서도 확률과 통계에 오류가 있을 수 있다는 것을 사례를 들어 토론해 보자.

주제2 사람들은 다단계 사기에서 제시하는 엄청난 투자 수익에 쉽게 현혹된다. 투자 여부를 결정하기 전에 무엇을 먼저 계산해 본다면 눈이 번쩍 뜨일 정도로 높은 수익률을 약속하는 투자 상품에 속지 않을 수 있을지 정리하여 발표해 보자.

주제3 통계 자료가 만들어 내는 눈속임을 알아차리는 법 탐구

주제4 AI와 빅데이터가 해결해 줄 수 있는 것과 없는 것 비교

학생부 기록 예시 (교과세특)

'법정에 선 수학(레일라 슈넵스 외)'을 읽고 두 어린 형제의 돌연사 판결에 이용된 확률에 대한 연구를 진행함. 영아 돌연사 증후군으로 두 아이가 연속해서 사망할 확률 7300만 분의 1을 어머니의 유죄로 판결한 책 속에 등장한 판결의 문제점을 찾아 토론 활동을 펼침. 유전적 요인과 환경적 요인을 배제한 점, 종속 사건을 독립 사건으로 판단한 점을 비롯한 확률의 오류 찾기와 합리적 계산식을 찾으려는 활동을 이어 감.

'법정에 선 수학(레일라 슈넵스 외)'을 읽고 확률 계산의 오해나 필요한 계산의 간과를 포함한 수학적 계산 오류가 엄청난 결과를 낳는 사례를 보며, 정확한 수학적 개념 이해를 통한 계산의 중요성을 크게 깨달음. 왜곡 없이 기초 원리를 이해하려는 태도를 갖게 되었으며, 문장이나 수식의 계산식을 끝까지 보는 습관을 통해 시험에서 실수를 줄이는 등 변화된 모습을 보임. 이를 통해 비판적 사고가 향상되어 토론을 즐기게 됨.

관련 도서

《코스모스》, 칼 세이건, 사이언스북스
《이야기로 읽는 확률과 통계》, 정완상, 이지북
《숫자는 어떻게 생각을 바꾸는가》, 폴 굿윈, 한국경제신문

관련 계열 및 학과

- 자연계열: 수학과, 물리학과, 생명과학과, 생물학과, 미생물학과, 화학과, 통계학과
- 사회계열: 경영학과, 경제학과, 경찰행정학과, 공공인재학과, 법학과, 사회학과
- 교육계열: 교육공학과, 사회교육과, 윤리교육과, 기술교육과, 교육학과, 컴퓨터교육과

관련 교과

2022 개정 교육과정: 공통 수학 1, 공통 수학 2, 대수, 미적분 II, 기하, 수학과제 탐구, 인공지능 수학

2015 개정 교육과정: 수학, 수학 I, 수학 II, 미적분, 확률과 통계, 실용수학, 인공지능 수학, 기하

보이는 수학책

박만구 | 추수밭 | 2022

교과서에서 한 번쯤 봤을 법한 수학 공식이나 개념, 용어를 우리의 실생활과 연결해 소개하고, 다양한 시각적 도구로 수학의 논리적인 바탕을 풀이한 새로운 교양서이다. 그동안 보지 못했던 신기한 계산법, 도형을 자르고 붙이며 공간 감각을 익히는 기하학, 인공지능에 쓰이는 알고리즘의 비밀, 인생에서 최대 행복을 얻는 공식에 이르기까지 다양한 분야에 적용되는 수학의 원리를 보여 준다.

탐구 주제

주제1 똑같은 하늘의 달이라도 수학자와 인문학자, 그리고 예술가가 바라보는 시각은 다르다. 때로는 의견이 달라 서로 반목하기도 하고, 때로는 서로에게 영감이 되기도 한다. '수학과 예술은 상호 대립적 관계인가? 보완적 영역인가?'를 주제로 토론하고 발표해 보자.

주제2 고등학교 교육과정 속 가장 자신 있는 단원에 대한 문항을 만들고, 다양한 풀이로 해결해 보자. 이를 통해 해당 문항 및 문항이 속한 단원에 대한 이해를 새롭게 한 뒤, 다양한 풀이법이 수학적 사고 향상에 미치는 영향에 대해 토론해 보자.

주제3 무작정 외웠던 중학교 수학 공식의 증명을 통한 원리 탐구

주제4 기하를 가장 흥미 있게 접근하는 과정에 대한 연구

학생부 기록 예시 (교과세특)

'보이는 수학책(박만구)'을 읽고 도형의 방정식 특히 원과 직선의 위치 관계에 관련된 문제에 흥미를 보임. 일차식을 이차식에 대입해 판별식으로 풀어 가는 대수적 방법으로의 접근과 원의 중심과 직선 사이의 거리를 이용한 기하학적 방법 등 여러 가지 접근을 통해 각각의 방법의 장단점을 파악하여 수학의 이해력을 높임. 다양한 수학적 사고를 경험함으로써 생각의 폭을 넓히고 깊이 있게 파고드는 계기가 됨.

기하의 접근은 시각 자료를 이용하는 것이 가장 효율적이라는 생각을 가지고 꼭짓점이 붙어 있는 두 원뿔을 여러 각도에서 잘라 보며 단면에 의해 만들어지는 원뿔 곡선들의 특징을 찾아보려 노력함. 기하의 교육과정 중 공간도형과 좌표가 나오는데, 이는 2차원의 도형의 방정식에 하나의 성분을 추가하여 그대로 확장해 놓은 것이라는 걸 깨닫고 2차원 도형의 방정식의 정확한 이해를 위해 노력함.

관련 논문

중·고등학교 학생들의 수학적 사고 스타일과 함수번역능력 (손재의, 2016)

관련 도서

《챗GPT 세상을 만드는 기본 수학 공식 100》, 박구연, 지브레인
《수학으로 생각하기》, 스즈키 간타로, 포레스트북스

관련 계열 및 학과
- 자연계열 : 전 자연계열
- 공학계열 : 전 공학계열

관련 교과
- 사회계열 : 경영학과, 경제학과, 세무학과, 지리학과, 소비자학과, 금융보험학과

2022 개정 교육과정 : 공통 수학 1, 공통 수학 2, 인공지능 수학, 확률과 통계, 기하, 실용 통계, 음악

2015 개정 교육과정 : 수학, 수학 I, 수학 II, 기하, 인공지능 수학, 확률과 통계, 음악, 미술

새빨간 거짓말, 통계

대럴 허프 | 청년정신 | 2022

통계와 여론조사가 가지고 있는 수많은 함정과 대중을 속여 넘기는 숫자 놀음을 신랄하게 적시하는 내용을 담은 책이다. 통계 전문가들이 즐겨 사용하는 표본 연구, 도표화, 인터뷰 기법들로부터 결론을 추출하는 방법 등을 분석하면서 통계 전문가들이 숫자와 다양한 통계 기법들을 통해 어떻게 대중을 기만하며 자신의 의도를 관철하는지를 명확하게 보여 주고 있다.

탐구 주제

주제1 사람들은 언론, 광고, 정치 등 다양한 분야에서 통계를 사용한 주장을 쉽게 신뢰한다. 그러나 통계는 종종 사람들을 현혹해 오인하게 만들거나 그들의 의사결정을 조작하는 데 사용될 수 있다. 통계를 올바르게 해석하고 정확하게 판단하는 방법에 대해 토론해 보자.

주제2 사람들의 의사결정에 큰 영향을 미치는 도구인 통계의 역사와 개념에 대한 배경 지식을 공부한 뒤 언론에 나타난 통계적 주장을 비판적으로 검토하고, 가설 설정의 '타당성'만을 기준으로 타당한 모형과 그렇지 않은 모형을 판단할 수 있는지 분석해 발표해 보자.

주제3 통계적 상관관계가 인과관계로 성립하는지에 대한 탐구

주제4 그래프의 축 조작이 데이터를 왜곡시키는지에 대한 사례 탐구

학생부 기록 예시 (교과세특)

'새빨간 거짓말 통계(대럴 허프)'를 읽고 통계의 맹점을 피하기 위해 통계 발표의 출처와 조사 방법, 빠진 데이터나 숨겨진 자료, 내용을 뒤바꾼 쟁점 바꿔치기, 상식적인 판단에 주의해야 함을 파악하고 이해하는 활동을 함. 전후관계와 인과관계의 혼동이라는 논리적 오류가 주제를 바꿔치기하는 원인이라는 수법임을 밝히고 표본 추출 방법 및 표본 오차에 관한 연구로 통계에 대한 인식의 폭을 넓히는 계기가 됨.

'새빨간 거짓말 통계(대럴 허프)'를 읽고 통계와 여론조사가 가지고 있는 수많은 함정과 대중을 속이는 숫자 놀음 및 다양한 그래프와 도표의 왜곡된 사용을 심도 있게 분석하는 활동을 펼침. 공장의 전력 소비량, 시간당 평균 임금, 주당 평균 노동시간은 인과관계가 아니라 그냥 시간적으로 동시에 발생하는 우연한 사건들임에도 인과관계로 가설을 설정하는 문제점 등 가설의 타당성에 대한 연구로 발전시켜 나감.

관련 논문

'통계적 추정'단원에서 학생들이 범하는 오류분석과 그 원인연구(김지혜, 2012)

관련 도서

《프로그래머, 수학으로 생각하라》, 유키 히로시, 프리렉
《가르쳐주세요! 통계에 대해서》, 이운영, 지브레인

관련 계열 및 학과
- 자연계열: 수학과, 응용수학과, 정보수학과, 정보보안암호수학과, 화학과, 통계학과, 산림학과
- 공학계열: 기계공학과, 전기공학과, 전자공학과, 컴퓨터공학과, 정보통신공학과, 건축학과
- 사회계열: 경영학과, 경제학과, 금융보험학과, 부동산금융보험학과, 회계학과, 지리학과

관련 교과

2022 개정 교육과정: 수학과제 탐구, 미적분 I, 확률과 통계, 실용 통계, 사회문제 탐구, 금융과 경제생활

2015 개정 교육과정: 수학, 미적분, 수학과제 탐구, 확률과 통계, 기하, 실용 수학, 통합사회, 경제

국어교과군

영어교과군

수학교과군

사회교과군

과학교과군

도덕교과군

색다른 수학의 발견

안정미 외 | 살림 | 2018

카이스트 학생들에게 수학은 어떤 존재일까? "카이스트 다니면 수학 잘하겠네요?"라는 말은 귀가 따갑도록 들어도 수학에 관한 진솔한 자기 이야기를 꺼내 볼 기회는 많지 않았을 것이다. 카이스트 학생이라도 수학이 어렵기는 마찬가지다. 하지만 젊은 과학도에게 수학은 피할 수 없는, 더불어 살아가야 하는 운명과 같은 존재이다. 카이스트 학생들이 직접 들려주는 그들의 슬기로운 수학 생활에 귀 기울여 보자.

탐구 주제

주제1 수학과 과학은 떼려야 뗄 수 없는 불가분의 관계이며, 과학이 모든 것을 예측하고 분류하고 설명하는 것을 목표로 하는 학문이라는 관점에서 수학은 과학의 언어라고 불린다. 관심 있는 대학 내 학과 중 하나를 선정하고 선정한 학과와 수학의 연관성에 대해 탐구해 보자.

주제2 아이작 뉴턴에 의해 발견된 만유인력 법칙은 세계적으로 유명한 과학 이론 중 하나이다. 만유인력의 법칙 외에도 지금까지 증명되거나 설명된 과학적 이론 중 하나를 선택하여 그 과정을 탐구하는 과정에서 활용된 수학적 원리와 요소에 대해 정리하고 발표해 보자.

주제3 무한대라는 개념에 대한 탐구

주제4 운동 종목에서 수학이 쓰이는 과정의 탐구

학생부 기록 예시 (교과세특)

'색다른 수학의 발견(안정미 외)'을 읽고 무한대 개념에 대한 탐구활동을 함. 뫼비우스의 띠를 주제로 선정하고 이를 분석, 탐구하는 활동을 통해 위상기하학적인 상태에서의 무한대를 나타내는 예시 중 하나로 뫼비우스의 띠를 설명함. 특히 도서, 게임, 영화, 웹툰 등의 창작물에서 뫼비우스의 띠 개념이 어떻게 사용되었는지를 설명하는 과정은 수학적 원리를 실생활에 빗대어 설명한 적절하고 좋은 예시로 호평을 받음.

'색다른 수학의 발견(안정미 외)'을 읽고 컴퓨터 과학과 수학의 연관성을 탐구함. 컴퓨터 과학 분야의 코딩을 주제로 선정해 코딩이란 컴퓨터 프로그램을 만드는 행위이며, 코딩을 하는 과정에서 문제가 발생했을 때 하나 이상의 문제해결 방법 중 최적을 선택하는 점이 여러 접근을 통해 최적의 풀이 과정을 찾아내는 수학적 문제 풀이와 연관성을 가진다는 발표를 진행함. 비선형 구조를 사용한 발표로 좋은 평가를 받음.

관련 논문

무한대와 무한소 개념과 학생들의 오개념 및 극복 방안: 중고등학교를 중심으로(권기환, 2011)

관련 도서

《한번 읽고 평생 써먹는 수학 상식 이야기》, 정경훈, 살림FRIENDS
《과학이 내게로 왔다》, 김동준 외, 살림FRIENDS

관련 계열 및 학과
- 자연계열: 수학과, 응용수학과, 정보수학과, 정보보안암호수학과, 화학과, 통계학과, 산림학과
- 공학계열: 기계공학과, 전기공학과, 전자공학과, 컴퓨터공학과, 정보통신공학과, 생명공학과
- 인문계열: 철학과, 종교학과, 인류학과, 문화인류고고학과, 사학과

관련 교과

2022 개정 교육과정: 공통 수학 1, 공통 수학 2, 대수, 수학과제 탐구, 확률과 통계, 실용 통계, 인공지능 수학

2015 개정 교육과정: 수학, 수학 I, 수학 II, 수학과제 탐구, 확률과 통계, 실용 수학, 인공지능 수학

생명의 수학

이언 스튜어트 | 사이언스북스 | 2015

생명의 탄생과 진화, 확산과 멸종의 비밀을 탐구하는 현대 수학의 혁명적인 과정을 살펴본 책이다. 생물학에서 수학의 역할은 매우 중요해지고 있으며, 21세기의 생물학은 누구도 상상하지 못했던 방식으로 수학을 활용하고 있다. 20세기 수학이 물리학에서 발전의 원동력을 얻었다면 21세기 수학은 생명과학에서 새로운 에너지를 얻게 될 것임을 이 책을 통해 확인할 수 있다.

탐구 주제

주제1 생명의 탄생과 진화, 확산과 멸종의 비밀을 탐구하다 보면 수학은 늘 자연과 가까이에 있었다는 것을 확인할 수 있다. 자연의 패턴에 대한 수학적 이해가 생명학을 발전시켰던 원동력 중 하나라고 말하기도 한다. 이를 대표할 사례를 찾고 그에 대해 토론해 보자.

주제2 대부분 생명체의 유전 정보를 담고 있는 DNA는 이중나선 구조로 되어 있다. 이에 대해 생명과학자들이 유전 정보를 담는 데에는 이중나선 구조가 가장 효율적이라는 사실을 밝혀냈다고 한다. 기하학적 분석을 통해 이중나선 구조가 효율적인 이유를 연구하고, 이를 발표해 보자.

주제3 매듭 이론에 대한 탐구

주제4 수리 생물학의 적용 분야에 관한 탐구

학생부 기록 예시 (교과세특)

'생명의 수학(이언 스튜어트)'을 읽고 수리생물학의 존재를 알게 됨. 수리생물학은 생명 체계를 디지털에 가상으로 구현하여 데이터 분석 등 수학적으로 생명 현상을 분석하는 학문이며, 생물학의 혁명이라 불린다는 것을 발견함. 피보나치수열을 비롯해 뇌를 컴퓨터 안에서 구현하는 게 최대 이슈라는 이 학문에 매료되어 수리생물학의 일부인 생체시계에 대해 탐색하고 본인의 생체시계를 작성하여 건강에 활용하려는 의지를 보임.

'생명의 수학(이언 스튜어트)'을 읽고 생명체의 유전 정보를 담고 있는 DNA의 이중나선 구조에 대한 탐구활동을 펼침. DNA가 이중구조인 이유와 나선형 구조에서의 유리함을 조사하고 가장 효율적인 구조라는 사실을 증명하고자 관련 정보를 탐색하고, 관련 서적을 탐독함. 더 나아가 나선형 구조의 건축물과 일반 건축물과의 비교 분석을 통해 기하학적 차원의 나선형 구조의 안정성에 대한 추가 연구 의지를 나타냄.

관련 논문

수리생물의 모델과 학교수업에서의 활용 방안(이원재, 2012)

관련 도서

《모든 것의 수다》, 고계원 외, 반니
《복잡한 세상을 이기는 수학의 힘》, 류쉐핑, 미디어숲

관련 계열 및 학과	· 자연계열: 수학과, 물리학과, 화학과, 통계학과, 농생물학과, 동물자원과학과, 미생물학과
	· 공학계열: 생명공학과, 시스템생명공학과, 식품생명공학과, 바이오식품공학과
관련 교과	· 의학계열: 간호학과, 미술치료학과, 약학과, 의예과, 임상병리학과, 치의예과

2022 개정 교육과정: 수학과제 탐구, 확률과 통계, 기하, 통합과학 1, 생명과학, 과학의 역사와 문화

2015 개정 교육과정: 수학과제 탐구, 확률과 통계, 기하, 통합과학, 생명과학 I, 생명과학 II

세계를 바꾼 17가지 방정식

이언 스튜어트 | 사이언스북스 |
2016

방정식의 역사, 관련 수학자들의 일화, 실제 생활에서의 쓰임새뿐만 아니라 방정식을 이해하는 데 꼭 필요한 개념과 원리를 모두 설명하는 책이다. 각 장의 첫 페이지에는 그 장에서 핵심이 되는 수학 방정식과 더불어 그 의미와 중요성, 실생활에서의 쓰임새가 깔끔하게 정리되어 있다. 수학 기초가 부족하더라도 핵심 내용을 놓치지 않으면서 전체 내용을 조망할 수 있어 유익하다.

탐구 주제

주제1　수학은 금융계에서도 중요하게 활용된다. 금융 상품의 현재 가치가 미래에 어떻게 변화할지를 추정하고 이것을 얼마에 사야 적정 투자가 될지를 계산해 내는 데 이용되는 블랙-숄즈(Black-Scholes) 방정식에 대해 탐구하고 발표해 보자.

주제2　우리에게 잘 알려진 피타고라스 정리는 당시에 땅을 측량하기 위해 사용되었다고 한다. 피타고라스 정리에 근거해 두 농부의 땅을 공평하게 나누어 준 일화도 있다. 피타고라스 정리 발견 전, 후 세상의 변화에 대해 알아 보고 탐구한 내용을 발표해 보자.

주제3　자연은 균형 상태라는 환상의 카오스 이론에 대한 탐구

주제4　나비에-스토크스(Navier-Stokes) 방정식과 그 활용 범위에 대한 탐구

학생부 기록 예시 (교과세특)

'세계를 바꾼 17가지 방정식(이언 스튜어트)'을 읽고 금융수학에 관심을 가짐. 중세 암흑기 이후 르네상스 시대에 수학이 더욱 발전할 수 있었던 이유를 파악해 수학이 역사적으로 금융 분야와 밀접한 관계를 맺은 것에 대해 알게 됨. 일본 수학자의 미적분법을 적용해 파생 상품 옵션 가격을 계산할 수 있도록 한 블랙-숄즈 방정식이 고전 열역학의 열전도 방정식과 비슷하다는 점을 알아내고, 탐구활동을 진행함.

'세계를 바꾼 17가지 방정식(이언 스튜어트)'에 등장하는 카오스 이론에 대해 조사활동을 함. 나비 효과와 같은 개념을 중요시한다는 점과 이론의 이름 때문에 혼돈과 무질서에 관한 것으로 오해받지만 실제로는 예측 불가능한 현상을 분석하고 이해하려는 시도 즉, 언뜻 보기에 무질서한 현상이나 패턴에서 숨겨진 질서를 찾아내려는 이론임을 깨달음. 이론의 탐구를 통해 우리의 사는 세상 이해를 넓히는 기회를 가짐.

관련 논문

경제학에서 수학의 활용에 관한 연구(임선엽, 2010)

관련 도서

《천재 수학자 가우스가 들려주는 수학》, 김중명, 지브레인
《아름다움은 왜 진리인가》, 이언 스튜어트, 승산

관련 계열 및 학과	• 자연계열: 전 자연계열
	• 공학계열: 전 공학계열
관련 교과	• 사회계열: 경영학과, 경제학과, 금융보험학과, 지리학과, 회계학과, 무역학과

2022 개정 교육과정: 공통 수학 1, 공통 수학 2, 미적분 I, 미적분 II, 확률과 통계, 수학과제 탐구

2015 개정 교육과정: 수학, 수학 I, 수학 II, 미적분, 확률과 통계, 실용수학, 기하, 수학과제 탐구

세상을 바꾼 수학자들 이야기

이무현 | 교우 | 2017

세상을 바꾼
수학자들 이야기

이무현 지음

KYOWOO

수학의 발견은 어떻게 세상을 변화시켰을까? 이 책은 수학의 할아버지 탈레스, 혁명을 꿈꾼 철학자 피타고라스, 기하학의 설계자 유클리드, 위대한 수학자 아르키메데스, 0을 발견한 인도의 수학자 브라마굽타, 중심을 잘 잡은 코페르니쿠스, 좌충우돌 혁명가 갈릴레오, 역사상 가장 위대한 천재 뉴턴 등 세상을 바꾼 수학자들과 그의 생애를 소개하며 수학이 세상을 변화시켰다는 것을 알기 쉽게 설명한다.

탐구 주제

주제1 어떤 값이 주어지면 그에 대응하는 다른 값이 주어지는 관계를 함수라고 한다. 함수라는 도구가 생기면서 복잡한 문제를 간단히 표현하고 심지어는 앞으로 벌어질 현상을 예측할 수 있게 되었다. 함수가 어떻게 발전했고 좋은 함수란 어떤 것인지에 대해 연구하고 토론해 보자.

주제2 지수·로그함수, 삼각함수는 우리 생활에서 떼려야 뗄 수 없을 만큼 다양한 곳에서 쓰인다. 물리학에 쓰이는 뉴턴의 운동 제2 법칙인 $F=ma$도 함수이다. 자연 과학이나 사회 과학에 쓰인 함수의 사례를 찾고 각 변수의 변화량에 대해 토론해 보자.

주제3 좋은 함수와 중요한 함수에 대한 비교 탐구

주제4 어떤 결론의 독립 변수와 종속 변수에 대한 고찰

학생부 기록 예시 (교과세특)

'세상을 바꾼 수학자들 이야기(이무현)'를 읽고 우리가 관심 있는 현상을 표현할 수 있고 식을 이해하는 데에도 문제가 없는 좋은 함수 즉, 어떤 양(y)이 특정한 방식(a)에 따라 변하는 양(x)과 변하지 않는 양(b)에 의해 구성되는 관계(y=ax+b)의 일차함수 사례를 탐구함. 과거의 데이터로 이익률을 높이는 특정한 함수를 찾아서 투자 수익을 최대화하는 함수 등 생활에서 함수가 차지하는 역할을 찾아 함수 학습의 중요성을 깨달음.

'세상을 바꾼 수학자들 이야기(이무현)'를 읽고 인문학적 관점에서 함수가 남긴 의미에 관심을 가지고 전혀 관계가 없어 보이는 것 사이에도 규명하지 못한 관계가 있다는 함수적 사고의 폭을 넓힘. 개념, 사물, 사건 등 개체의 관계를 나타내는 지식과 그래프에 대해 의견을 제시함. 또한 현상에 대해 관측하고 가설을 설정해 결과를 예측하는 등 모든 것을 연결하는 함수를 잘 예측하고 학습해야 세상 변화의 대응력을 키우게 됨을 이해함.

관련 논문

삼각함수에 대한 인식 조사 및 수학사를 이용한 학습 자료 개발(조은진, 2015)

관련 도서

《수학의 모험》, 이진경, 생각을말하다
《읽어야 풀리는 수학》, 나가노 히로유키, 어바웃어북

관련 계열 및 학과	• 자연계열: 수학과, 응용수학과, 정보수학과, 정보보안암호수학과, 화학과, 통계학과
	• 공학계열: 기계공학과, 전기공학과, 전자공학과, 컴퓨터공학과, 정보통신공학과
관련 교과	• 인문계열: 고고학과, 문화재학과, 사학과, 언어학과, 인류학과, 종교학과, 철학과

2022 개정 교육과정: 공통 수학 1, 공통 수학 2, 수학과제 탐구, 확률과 통계, 기하, 과학의 역사와 문화

2015 개정 교육과정: 수학, 수학과제 탐구, 확률과 통계, 기하, 실용 수학, 미적분

국어탐구단

영어탐구단

수학탐구단

사회탐구단

과학탐구단

도덕탐구단

세상의 모든 수학

에르베 레닝 | 다산사이언스 | 2020

수학자이자 대중 강연가로 수년간 프랑스 전역의 과학 축제에 강사로 참여하며 한 저자가 대중과 소통한 경험을 바탕으로 읽을거리가 풍부한 수학 교양서를 써 냈다. 책에는 수학에 대한 깊은 이해뿐 아니라 역사와 종교를 함께 전공한 그의 인문학적 통찰을 녹여내 독자들에게 풍부한 독서 경험을 준다. 프랑스에서는 이미 수학 고전으로 소개되는 책이다.

탐구 주제

주제1 선사 시대부터 수학과 우리의 생활은 불가분의 영역이라고 여겨졌다. 현재의 상황에 대한 측량과 측정부터 미래의 일을 예측하는 것 모두 수학적 요소가 가미되어 있다. 하나의 특정한 시대를 선정하고 선정한 시대에 존재했던 수학적 요소에 대해 정리하고 토론해 보자.

주제2 프랑스의 수학자 앙리 푸앵카레는 하나의 닫힌 삼차원 공간 X 위에서 모든 폐곡선이 수축해 하나의 점이 될 수 있다면, 이 공간 X는 구로 변형될 수 있다는 가설을 제시했다. 이 가설은 해밀턴과 페렐만에 의해 증명되었는데 그 증명 과정에 대해 탐구해 보자.

주제3 여론조사 내 수학적 요소에 대한 탐구

주제4 수학이 날씨 예측에 활용되는 과정의 탐구

학생부 기록 예시 (교과세특)

'세상의 모든 수학(에르베 레닝)'을 읽고 선사 시대 수학적 요소에 대한 토론 과정에서 수메르인들이 가졌던 수학적 요소에 대해 발표함. 교역 과정에서 발전한 수량과 값에 대한 계산, 바퀴와 돛을 언급하면서 수학적 요소가 학문의 발전뿐만 아니라, 생활 수준의 발전을 가져온다는 의견을 피력함. 특히, 수메르인이 달을 활용해 발전시킨 태음력에 수학적으로 주기가 존재한다는 분석을 탁월하게 수행함.

'세상의 모든 수학(에르베 레닝)'을 읽고 여론조사의 과정을 탐구하는 활동을 함. 실제로 2022년 이루어졌던 대통령 선거의 여론조사 결과와 실제 선거 결과를 분석하고, 더 나아가 교내 반장 선거의 과정에 접목하여 자신이 조사한 여론조사와 실제 선거 사이의 편차를 분석하며 표본의 개수에 따른 결과의 차이점을 역설하는 등 상당한 수학적 지식을 함양하는 모습을 보임. 이를 통해 통계 단원에 대한 이해의 폭을 넓히는 계기가 됨.

관련 논문
고등학교 통계 교육의 실태와 개선방향: 교육수요자 중심고찰(최정은, 2007)

관련 도서
《수학자가 아닌 사람들을 위한 수학》, 모리스 클라인, 승산
《엔드 오브 타임》, 브라이언 그린, 와이즈베리

관련 계열 및 학과
- 자연계열: 수학과, 응용수학과, 정보수학과, 정보보안암호수학과, 화학과, 통계학과, 천문학과
- 공학계열: 기계공학과, 전기공학과, 전자공학과, 컴퓨터공학과, 정보통신공학과, 생명공학과
- 인문계열: 고고학과, 문화재학과, 사학과, 인류학과, 종교학과, 철학과, 문화인류고고학과

관련 교과

2022 개정 교육과정: 공통 수학 1, 공통 수학 2, 대수, 수학과제 탐구, 확률과 통계, 실용 통계, 인공지능 수학

2015 개정 교육과정: 수학, 수학 I, 수학 II, 수학과제 탐구, 확률과 통계, 실용 수학, 인공지능 수학

수학 생각공작소

크리스티안 헤세 | 지브레인 | 2021

수학이 '이야기의 학문'이라 주장하는 이들도 있다. 이 책은 수학에 얽힌 다양한 이야깃거리, 생각할 거리, 고민거리들을 소개해 수학으로 우리 인생의 어려움을 헤쳐나갈 방법을 소개한다. 질문 속에 담긴 여러 가지 흥미로운 이야기, 세련되고 정교한 질문 해결 과정과 마술과도 같은 증명 과정, 거기에서 비롯된 결론을 통해 수학이 생활 속 다양한 영역에 영향을 미친다는 점을 발견하게 될 것이다.

탐구 주제

주제1 특정 사실로부터 전체를 추론하는 행위를 일반화라 한다. 이 원칙으로 도출되는 결론은 그만큼 개연성이 크다는 의미에 불과하므로 수학과 달리 반례 하나 갖고 모든 것을 부정하지는 않는다. 일반화의 사례를 찾고 여기서 파생되는 일반화의 오류에 대해 토론해 보자.

주제2 페르마의 마지막 정리에서 오일러와 페르마가 n=3과 n=4인 경우를 증명할 때 사용된 '무한강하법'은 공집합이 아닌 모든 자연수의 부분집합에는 항상 최솟값이 존재한다는 성질을 이용한 증명이다. 무한강하법에 대해 조사하고 그 내용을 발표해 보자.

주제3 디리클레의 정리 및 증명에 대한 탐구

주제4 무차별 대입 원칙의 유불리에 관한 연구

학생부 기록 예시 (교과세특)

'수학 생각공작소(크리스티안 헤세)'를 읽고 무한강하법에 대해 알게 됨. $\sqrt{2}$가 무리수라는 것을 증명하는 데에 사용될 수 있다는 사실로부터 증명 과정을 탐색하여 이해력을 넓힘. 이 증명 방식은 특정 명제를 참으로 만드는 최소의 값이 존재한다면 그보다 더 작은 값이 존재한다는 것을 증명하여 모순을 보이고, 따라서 그러한 최소의 값은 존재하지 않는다는 것을 증명하는 방식이라는 것을 이해함.

'수학 생각공작소(크리스티안 헤세)'를 읽고 비둘기 집 원리라고도 불리는 디리클레의 방 나누기 원칙의 원리를 이해하고 이에 대한 증명 과정을 탐구함. 또한 이 원리의 증명 과정에서 비둘기가 두 마리 이상 존재하는 집이 정확히 어떤 집인지는 알아낼 수 없다는 사실을 알았는데, 이를 알기 위해 추후 탐구의 계획의 포부를 밝힘. 비둘기 집의 원리의 일반화에 공감하고 이를 이용한 간단한 문제를 계산해 냄.

관련 도서

《하버드 수학 박사의 슬기로운 수학 생활》, 크리스티안 헤세, 추수밭
《배낭에서 꺼낸 수학》, 안소정, 휴머니스트
《수학의 역사》, 데이비드 벌린스키, 을유문화사

관련 계열 및 학과
- 자연계열 : 전 자연계열
- 공학계열 : 기계공학과, 전기공학과, 전자공학과, 컴퓨터공학과, 정보통신공학과
- 사회계열 : 경영학과, 경제학과, 금융보험학과, 세무학과, 소비자학과, 지리학과

관련 교과

2022 개정 교육과정 : 공통 수학 1, 공통 수학 2, 확률과 통계, 수학과제 탐구, 수학과 문화, 실용 통계

2015 개정 교육과정 : 수학, 수학 I, 확률과 통계, 수학과제 탐구

국어교과군

영어교과군

수학교과군

사회교과군

과학교과군

도덕교과군

수학, 세계사를 만나다

이광연 | 투비북스 | 2017

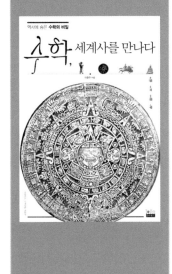

인문 교양과 자연 과학의 수준 높은 만남을 보여 주는 이 책은 문과생에게는 지금껏 몰랐던 수학의 매력을, 역사를 지루해 하는 이과생에게는 인문학적인 교양을 선사한다. 인류의 오랜 역사 갈피마다 숨어 있는 수학의 비밀을 통해 역사 속 인물들이 어떻게 수학으로부터 지혜를 구하여 역사를 움직였는지 간단하고 단순한 수학으로 쉽고 재미있게 설명한다.

탐구 주제

주제1 저자는 인류의 역사에서 '○○이 아니었으면'이라는 가정적 상상은 별 의미가 없다며, 인류 역사가 우리가 알고 있는 결과처럼 펼쳐질 수밖에 없는 이유에 수학이 있다고 한다. '대항해 시대 탐험가들이 지구의 둘레를 어떻게 계산했을까'에 대해 조사하고 토론해 보자.

주제2 어떤 시행에서 사건이 일어날 수 있는 가짓수인 '경우의 수'를 바탕으로 가정적 상황을 생각해 보는 일은 즐거운 작업이다. 분업이 효율적인 일에서 5명의 사람을 두 팀이나 세 팀으로 나누어 시키는 경우의 수를 계산하고 가장 효율적 방법에 대해 토론해 보자.

주제3 역사에 숨은 수학의 비밀 사례 탐구

주제4 1000년 전 석탑이 무너지지 않은 수학적 계산 과정의 연구

학생부 기록 예시 (교과세특)

'수학, 세계사를 만나다(이광연)'를 읽고 1000년 전 석탑이 무너지지 않은 수학적 계산에 대해 탐구활동을 펼침. 먼저 일반적인 탑의 명칭, 탑의 구조, 탑의 종류에 대해 알아 봄. 이어 석탑에 관심을 두고 석탑의 설계, 석탑의 구조 속 어떤 부분에서 어떤 힘이 작용하는지 등에 대해 탐구함. 건축 재료에 관한 연구, 좌·우 측 이해를 토대로 한 구조적 균형, 대칭성의 원리, 각 부분의 크기와 강도에 이르기까지의 연구를 이어 나감.

역사에 숨은 수학의 사례를 찾아 봄. 조선 시대를 대표하는 인물 세종대왕이 집현전 학자들과 한글을 창제하던 순간에도 수학이 이용되었고, 세종대왕은 따로 수학을 공부하기까지 했다는 사실에 한글의 위대함에 앞서 수학의 위대함을 느낌. 한글은 자음과 모음을 서로 조합하고, 거기에 다시 받침을 더해 엄청난 '경우의 수'를 만들어 내는 과학적인 문자였다는 사실로부터 수학과 한글의 인과 관계를 더 밝혀내려 노력함.

관련 도서

《창세기, 인문의 기원》, 평샹, 글항아리
《한국사에서 수학을 보다》, 이광연, 위즈덤하우스
《황금비율》, 이광연, 교우사

관련 계열 및 학과

- 자연계열: 수학과, 응용수학과, 정보수학과, 정보보안암호수학과, 화학과, 통계학과
- 공학계열: 기계공학과, 전기공학과, 전자공학과, 컴퓨터공학과, 정보통신공학과

관련 교과

- 인문계열: 고고학과, 문화재학과, 사학과, 인류학과, 종교학과, 철학과, 문화인류고고학과

2022 개정 교육과정: 수학과제 탐구, 확률과 통계, 기하, 실용 통계, 사회문제 탐구, 사회와 문화

2015 개정 교육과정: 수학과제 탐구, 확률과 통계, 기하, 실용 수학, 통합사회, 세계사, 한국사

수학, 인문으로 수를 읽다

이광연 | 한국문학사 | 2014

이 책은 인문학적 사고를 기반으로 수학 원리를 스토리텔링 방식으로 전개하여 일반인도 쉽게 이해할 수 있도록 한 책이다. 중학교 수준의 수학 지식만으로도 이해가 가능한 내용을 선별하여 설명하며, 실생활과 다른 분야와 융합된 수학적 원리를 다룬다. 사진, 그림, 표, 그래프 등의 자료를 통해 수학에 대한 이해도를 높이면서 새로운 교과과정과도 통해 있어 수학에 다가가고자 하는 학생에게 도움이 된다.

탐구 주제

주제1 인간이 논리적으로 생각하고 행동하는 이면에는 수학적 사고가 있다고 하지만, 학교에서 배운 수학의 내용만으로는 세상의 모든 일을 설명하기 어려운 것도 사실이다. 모든 분야에서 융합과 통섭을 지속적으로 반복한다는 수학적 사고에 대해 토론해 보자.

주제2 일부의 작은 조각이 전체와 비슷한 기하학적 형태인 자기 유사성을 갖는 구조를 '프랙탈(fractal) 구조'라고 한다. 프랙탈 구조는 뇌의 패턴이나 폐의 구조, 심장의 박동 등 의학에도 있다. 규칙성, 불규칙성과 맞물린 인간의 삶에 대해 정리하여 발표해 보자.

주제3 생활 속에서 찾을 수 있는 피보나치 수와 황금비 사례 탐구

주제4 조선 궁궐 건축에 담긴 수학적 원리의 사례 탐구

학생부 기록 예시 (교과세특)

'수학, 인문으로 수를 읽다(이광연)'를 읽고 궁궐 건축은 많은 수학적 원리와 원칙을 활용하여 건축되고 있음을 알고, 이에 대한 탐구활동을 펼침. 시각적 구조, 대칭과 패턴을 이해하고 공감하며 아름다움을 감상함. 벽돌 또는 석재 배치, 지붕 구조, 해체의 무게 및 지탱 등 수학적 무게를 통해 최적화하게 되는 건축 기술 이외에도 기둥의 크기, 높이, 각도 등 수학적인 원리를 찾아 계산식을 찾아보는 활동을 함.

'수학, 인문으로 수를 읽다(이광연)'를 통해 자기 유사성을 갖는 프랙탈 구조를 알게 됨. 폐와 뇌의 프랙탈 구조를 알고, 뇌의 프랙탈 구조에 대해 우선 탐구함. 양서류, 파충류, 포유류의 프랙탈 뇌 구조를 비교하며 밋밋한 구조의 불리함과 질병으로부터의 취약함을 발견함. 인간 뇌가 프랙탈 구조를 통해 면적을 최대한으로 만드는 것은 뇌에 많은 신경세포를 배치하려는 것임에 흥미를 느끼고 인체의 신비에 대한 추가 탐구를 계획함.

관련 논문

Fractal차원과 수학교육에서 Fractal 개념의 활용(임명일, 2004)

관련 도서

《수학은 어떻게 문명을 만들었는가》, 마이클 브룩스, 브론스테인
《하루 한 문제 취미 수학》, 오카베 쓰네하루, 위즈덤하우스

관련 계열 및 학과	• 자연계열: 전 자연계열
	• 공학계열: 기계공학과, 전기공학과, 전자공학과, 컴퓨터공학과, 정보통신공학과
관련 교과	• 인문계열: 고고학과, 문화재학과, 사학과, 언어학과, 인류학과, 종교학과, 철학과

2022 개정 교육과정: 공통 수학 1, 공통 수학 2, 확률과 통계, 수학과제 탐구, 수학과 문화, 실용 통계

2015 개정 교육과정: 수학, 수학 I, 확률과 통계, 수학과제 탐구

국어교과군

영어교과군

수학교과군

사회교과군

과학교과군

도덕교과군

수학은 암기다

김현정 | 한국경제신문 | 2023

수학의 기본 원리에 대한 이해도 중요하지만, 학생이라면 수학 점수에 신경이 쓰이기 마련이다. 이 책은 수학 시험을 잘 보는 방법을 알려 준다. 저자는 수학 실력과는 또 다르게 시험을 잘 보기 위한 시험 요령이 존재한다고 말한다. 학생들이 본래 실력을 실제 시험장에서 최대한으로 발휘하도록 돕는 시험을 잘 보기 위한 요령을 다양하게 소개하는 이 책을 읽으면 수학 점수를 한 단계 높일 수 있을 것이다.

탐구 주제

주제1 저자는 '수학은 선행이다'라며 중등 수학의 개념이 고등 수학까지 이어진다고 말하고 있다. 그렇다면 초등, 중등, 고등으로 개념의 확장이 이루어지는 단원을 찾아 개념 확장의 당위성을 밝히고, 더 효과적인 단원 확장의 전개 사례를 구성해 이를 발표해 보자.

주제2 성적이 오르는 수학 공부법에는 여러 가지가 있다. 기출 문제 많이 풀기, 무조건 공식을 사용하는 것은 지양하기, 공식 암기보다 중요한 정리 증명하기 등이다. 고등 수학 개념에 등장하는 정리 5개를 뽑아 이를 적고, 이들의 증명을 전개하며 의견을 나누어 보자.

주제3 '수학은 암기다'에 대한 긍정적 의견과 부정적 의견 탐구

주제4 목차 학습을 통한 단원 구조화에 관한 탐구

학생부 기록 예시 (교과세특)

평소 성적이 오르는 수학 공부법에 관심이 많아 '수학은 암기다(김현정)'를 읽고 책에서 소개하는 공식 암기보다 중요한 정리 증명하기 활동을 펼침. 중선 정리의 대수적 증명과 기하학적 증명을 통한 깊이 있는 이해, 지수 법칙 증명을 통한 지수에 따르는 밑의 조건 이해, 로그의 성질 증명을 통해 로그에 대한 친숙함과 정확하고 빠른 계산 등을 성취함. 왜곡 없이 원리를 이해하며 관련 단원을 깊이 있게 이해하는 기회가 됨.

'수학은 암기다(김현정)' 속 등장하는 초등, 중등, 고등으로의 개념 확장 사례를 방정식에서 찾아 설명함. 미지수를 갖는 방정식의 이해로부터 중등의 일차, 이차방정식의 풀이와 활용, 고등에서의 일차식만의 곱으로 인수분해가 가능한 고차방정식의 접근과 그렇지 않은 경우의 해법, 연립방정식, 더 나아가 지수, 로그, 삼각방정식까지의 계통의 확장을 통해 방정식 단원의 자신감과 폭넓은 이해를 가져 옴.

관련 논문

고등학생들의 수학학습양식에 따른 수학학습법 (최점민, 2016)

관련 도서

《늦기 전에 공부정서를 키워야 합니다》, 김선호, 길벗
《교과서는 사교육보다 강하다》, 배혜림, 카시오페아

관련 계열 및 학과	• 자연계열: 수학과, 물리학과, 화학과, 통계학과, 생물학과, 미생물학과, 식물자원학과
	• 공학계열: 기계공학과, 전기공학과, 전자공학과, 컴퓨터공학과, 정보통신공학과
관련 교과	• 사회계열: 경영학과, 경제학과, 금융보험학과, 세무학과, 회계학과

2022 개정 교육과정: 공통 수학 1, 공통 수학 2, 대수, 미적분 I, 확률과 통계, 기하, 미적분 II

2015 개정 교육과정: 수학, 수학 I, 수학 II, 미적분, 확률과 통계, 실용 수학, 기하, 경제 수학

수학의 감각

박병하 | 행성B | 2018

무한, 숫자 0, 평행선 공리 등 우리에게 익숙한 수학 요소들에서 인문학적인 메시지를 끌어내는 책이다. '무한'을 통해 어떤 문제에 부딪쳤을 때 좌절 대신 긍정적인 에너지를 상상하게 하고, '수와 셈'에선 우리 모두 수와 셈처럼 서로가 없으면 존재할 수 없음을 깨우치며, '평행선 공리'를 통해 어떤 문제가 풀리지 않을 때는 시스템 자체를 의심해 보길 권하는 등 수학을 우리 삶과 연결해 생각해 보게 한다.

탐구 주제

주제1 직관이란 객관적 설명이나 조사 없이 대상을 즉각적으로 파악하는 작용이다. 수학은 논리적인 학문이지만 때로는 직관적 접근도 도움이 된다. 그러나 직관은 간단한 문제에 엉뚱한 답을 내기도 한다. 수학에서 직관의 오류를 잘 보여 주는 예를 찾아 이를 설명해 보자.

주제2 이 책에서는 어떤 질문에 곧바로 정답을 말해 버리면 더 할 이야기가 없어지는 반면 잘 틀려 주면 역동적인 분위기가 되어 상황을 더 면밀히 검토하게 된다고 말한다. 로그의 정의와 성질을 잘 틀려가며 증명해 보고, 옳기만 한 증명 과정과의 차이를 발표해 보자.

주제3 자연수 설명에 가장 최소한의 단위 구조인 소수에 대한 고찰

주제4 일상에서 명제와 역의 참, 거짓이 동치 관계인 명제에 대한 탐구

학생부 기록 예시 (교과세특)

'수학의 감각(박병하)'을 읽고 직관은 복잡한 도형을 다루거나 그림으로 나타낼 수 없는 고차원적인 대상을 다룰 때 도움이 되기도 하지만 엄청난 오류를 보여 주기도 한다는 점을 인지함. 후속활동으로 직관의 오류를 잘 보여 주는 '끈 늘이기 문제'에 대해 조사하고 이해하는 활동을 함. 직관적 오류를 보여주는 문제를 여러 개 만들어 조별 토론을 하고 이를 통해 올바른 직관을 기르는 기회와 문제를 엄밀히 보는 관점을 가지게 됨.

'수학의 감각(박병하)'을 읽고 잘 틀려 주면 분위기는 역동적이 되고 상황을 더 면밀히 검토하게 된다는 본문의 문장에 깊은 인상을 받아 로그의 정의와 성질을 잘 틀려 가며 증명함. 잘 틀리는 사례의 발문을 증명의 중간에 여럿 넣어 실수를 줄일 기회를 제공했으며 잘 틀리는 증명을 통해 이후 겪을 혼란을 미리 경험하고 정확한 개념을 이해함. 이후 잘 틀리는 증명과 옳기만 한 증명 과정과의 이해도 차이를 조사해 발표함.

관련 논문

직관적 교수방안과 시각적 표현을 이용한 대수학습 (배지선, 2009)

관련 도서

《숫자 감각의 힘》, 사이토 고타츠, 클랩북스
《이토록 굉장한 세계》, 에드 용, 어크로스

관련 계열 및 학과
- 자연계열: 수학과, 응용수학과, 정보수학과, 정보보안암호수학과, 화학과, 통계학과, 산림학과
- 공학계열: 기계공학과, 전기공학과, 전자공학과, 컴퓨터공학과, 재료공학과, 응용시스템학과
- 사회계열: 경영학과, 경제학과, 금융보험학과, 부동산금융보험학과, 회계학과, 지리학과

관련 교과

2022 개정 교육과정: 공통 수학 1, 공통 수학 2, 대수, 수학과제 탐구, 확률과 통계, 기하, 실용 통계

2015 개정 교육과정: 수학, 수학 I, 수학 II, 미적분, 수학과제 탐구, 확률과 통계, 기하, 실용 수학

국어교과군

영어교과군

수학교과군

사회교과군

과학교과군

도덕교과군

수학의 눈으로 보면 다른 세상이 열린다

나동혁 | 지상의책 | 2019

수학 공식을 공부하며 누구나 '이걸 외워서 어디에 쓰지?'라고 생각한 적이 있을 것이다. 많은 학생이 수학을 왜 공부해야 하냐고 묻는다. 생각의 지평을 넓히는 도구로 수학을 사용해 본 경험이 많지 않기 때문이다. 이 책을 통해 수학의 눈으로 세상을 읽는 경험을 갖게 되면 '수학을 왜 공부하냐?'는 질문에 스스로 답하고 수학적 사고로 영화, 드라마, 소설 등 여러 장르의 텍스트를 새롭게 읽는 경험을 하게 될 것이다.

탐구 주제

주제1 사고 도구로써 수학은 흥미롭고 다양한 역할을 할 수 있다. 사고력과 논리력에 도움이 되는 수학을 통해 포털 사이트나 유튜브와 같은 온라인 플랫폼의 정보나 확인되지 않은 뉴스의 옳고 그름을 판단하는 방법에 대해 토론해 보자.

주제2 기초가 튼튼하지 못하면 연구는 불가능하다. 기초과학이란 마치 큰 웅덩이를 파는 작업과 같아서 웅덩이가 클수록 큰 물고기가 살아가듯이, 연구의 결과는 기초과학의 발전과 비례한다고 한다. 그렇다면 기초과학의 중요성에 수학이 차지하는 비중을 정리하여 발표해 보자.

주제3 조리 기구의 크기와 각도에 담긴 수학적 사실에 대한 탐구

주제4 수학의 가치 중립성에 대한 고찰

학생부 기록 예시 (교과세특)

'수학의 눈으로 보면 다른 세상이 열린다(나동혁)'를 읽고 기하학에 흥미를 가짐. 미적분과 벡터를 이용해서 도형의 속성을 연구하는 미분기하학을 접할 수 있었으며, 곡선이 구부러진 정도(곡률)나 휜 정도(비틀림)를 수량화하는 영역의 탐색 활동을 통해 곡선에 대한 이해를 높이고, 곡선 탐구의 다양한 방향을 경험함. 논리의 엄밀성, 연역과 귀납의 과정 등 수학적 사고법이 모든 산업 및 학문의 근간임을 알게 됨.

'수학의 눈으로 보면 다른 세상이 열린다(나동혁)'를 읽고 과학 기술의 발전사에 수학이 끼친 영향을 탐색함. 우주선 나로호의 개발과 같은 과학 발달뿐 아니라 수십 년 전의 유전자 정보를 이용한 과학 범죄 수사에도 수학이 이용된다는 점을 깨닫고 물리, 화학, 생명과학, 지구과학 등 기초과학에서 수학의 중요성을 파악함. 또한 기초과학 연구를 지원하는 '카오스재단'의 자료들을 찾아 탐구함으로써 수학에 대한 관심의 폭을 넓힘.

관련 논문

현실적 수학교육 관점에 따른 고등학교 수학 교과서 분석 : 10가 대수영역 중심으로(최진, 2009)

관련 도서

《수학자가 알려주는 전염의 원리》, 애덤 쿠차르스키, 세종서적
《세상에서 가장 재미있는 미적분》, 래리 고닉, 궁리

관련 계열 및 학과
- 자연계열: 수학과, 응용수학과, 정보수학과, 정보보안암호수학과, 화학과, 통계학과
- 공학계열: 기계공학과, 전기공학과, 전자공학과, 컴퓨터공학과, 재료공학과, 소프트웨어학과
- 사회계열: 경영학과, 경제학과, 금융보험학과, 지리학과, 회계학과, 공공행정학과

관련 교과

2022 개정 교육과정: 대수, 수학과제 탐구, 확률과 통계, 기하, 과학의 역사와 문화, 사회문제 탐구

2015 개정 교육과정: 수학, 수학 I, 수학과제 탐구, 확률과 통계, 기하, 통합사회, 사회문제 탐구

수학의 쓸모

닉 폴슨, 제임스 스콧 벨 |
더퀘스트 | 2020

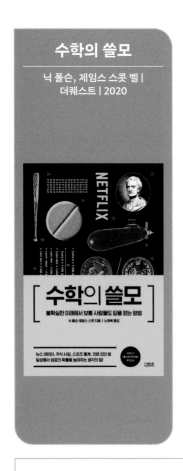

《수학의 쓸모》는 두 교수가 마음을 합쳐 수학적 사고와 그 유용성에 관해 설명하는 모범 사례 같은 책이다. 오늘날 변화의 최전선에 있는 음성 인식 인공지능부터 영상 인식 알고리즘에 이르는 기술들이 확률을 정확하게 활용한 결과라는 사실, 역사적인 인물들이 수학을 이용함으로써 어떻게 문제를 해결하고 역사를 바꿨는지 등 다양한 이야기를 통해 수학에 대한 흥미를 끌어낸다.

탐구 주제

주제1 별의 밝기는 별이 방출하는 에너지와 밀도, 크기 등에 따라 결정되며 이를 바탕으로 별의 거리를 추정할 수 있다. 이 방법은 오차가 크기 때문에 다른 방법들과 함께 사용되는데, 우주의 크기와 별의 거리를 재는 효과적인 다른 방법들에 대해 토론해 보자.

주제2 나이팅게일은 간호사에 대한 대중의 이미지를 현대적으로 바꿨으며 크림 전쟁의 경험을 통해 의료 데이터 수집과 분석의 새로운 표준을 세우는 데 공헌했다. 앞으로 수학을 어떻게 활용해 더 나은 의료 시스템을 만들 수 있을지에 대해 탐구해 보자.

주제3 '단어가 어떻게 숫자가 되는가?'에 관한 탐구

주제4 정보화 시대에도 여전히 수학이 필요한 이유에 대한 탐구

학생부 기록 예시 (교과세특)

'수학의 쓸모(닉 폴슨 외)'를 읽고 별의 밝기는 별의 거리와 밀접한 관련이 있다는 사실을 알게 되어 이를 통해 별의 거리를 재는 여러 방법들에 대해 조사함. 별이 방출하는 에너지와 밀도, 크기 등에 오차가 크기 때문에 밝기만으로는 별의 거리 측정이 어렵다는 점을 이해함. 지구의 공전 운동으로 인해 별의 위치가 변화하는 정도를 측정하여 해당 별까지의 거리를 추정하는 패럴렉스(Parallax) 방법에 대해 연구하여 이를 발표함.

'수학의 쓸모(닉 폴슨 외)'를 읽고 4차 산업 혁명 시대에도 여전히 수학의 필요성이 늘어날 것이라는 추측을 가지고 스포츠 분야를 통계학·수학적으로 분석하는 방법에 대해 탐색활동을 펼침. 경기 활동을 측정한 방대한 데이터를 팀 전력 운용으로 활용하는 세이버 매트릭스에 대해 탐색하고 선수 평가가 틀릴 수도 있다는 것을 인정하며 기존의 방식보다 데이터 분석을 기반으로 한 평가에 객관적 신뢰가 생기는 이유에 대해 찾아봄.

관련 논문

2015 개정 교육과정에 따른 중등수학에서의 암호학 지도법 연구(차경화, 2017)

관련 도서

《세상에 수학이 사라진다면》, 매트 파커, 다산사이언스
《One World or None》, 알베르트 아인슈타인 외, 인간희극

관련 계열 및 학과	• 자연계열: 수학과, 물리학과, 화학과, 통계학과, 식물자원학과, 농생물학과, 산림학과
	• 공학계열: 기계공학과, 전기공학과, 전자공학과, 컴퓨터공학과, 정보통신공학과
관련 교과	• 사회계열: 경영학과, 경제학과, 금융보험학과, 소비자학과, 지리학과, 회계학과

2022 개정 교육과정: 공통 수학 1, 공통 수학 2, 대수, 확률과 통계, 실용 통계, 수학과제 탐구, 지구과학

2015 개정 교육과정: 수학, 수학 I, 확률과 통계, 인공지능 수학, 수학과제 탐구, 지구과학 I

수학의 아름다움

우친 | 세종서적 | 2019

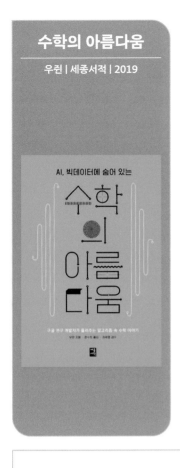

AI, 빅데이터에 숨어 있는
수학의 아름다움

구글 연구 개발자가 들려주는 알고리즘 속 수학 이야기
우친 지음 · 한수희 옮김 · 주재걸 감수

《수학의 아름다움》은 구글에서 개발한 AI 분야의 토대인 정보 이론과 컴퓨터공학 기술을 다루는 책으로, 자연어 처리와 음성인식, 정보 검색, 빅데이터 등 분야에서 실제 활용 가능한 코딩 기술과 알고리즘 모델을 조목조목 해설한다. 구글에서 만난 수많은 공학자와 수학자들의 천재적 발견, AI 기술 동향, IT 업계 이야기 등 수학과 관련한 많은 에피소드를 통해 IT 세계에 대한 이해를 높일 수 있다.

탐구 주제

주제1 AI 개발의 필수 요소인 빅데이터를 분석하는 데에는 통계학, 위상수학, 미적분학, 선형대수학 등 여러 수학적 지식이 요구된다. 그중 통계학은 많은 양의 자료 사이의 의미를 찾아내기 위한 자료 정리를 위해 이용된다. 통계학의 구체적 활용 이론과 사례에 대해 토론해 보자.

주제2 우리 주변에서 흔히 접하는 그래프 이론과 게임 이론의 영역도 다양한 AI 및 컴퓨터 과학 응용 분야에 사용된다. 두 이론 중 하나를 선택하여 AI와 컴퓨터 기술에 제공된 개념을 정리하고 어떤 도구로 사용되었는지에 대해 연구한 내용을 발표해 보자.

주제3 통계적 언어 모델과 조건부 확률의 관계에 대한 연구

주제4 빅데이터 속 수학적인 아름다움에 대한 탐구

학생부 기록 예시 (교과세특)

'수학의 아름다움(우친)'을 읽고 확률 이론 및 통계가 기계 학습 알고리즘의 설계 및 평가에 필수적이라는 점을 알게 됨. 통계 기법을 사용하여 모델 매개변수를 추정하고 모델 성능을 평가하며 데이터의 불확실성을 처리한다는 사실과 가설 테스트와 같은 개념이 데이터에서 의미 있는 결론을 도출하고 강력한 AI 시스템을 구축한다는 사실에서 통계에 흥미를 느낌. 특히 모평균 및 모비율을 추정하고 결과를 해석하는 능력이 월등해짐.

'수학의 아름다움(우친)'을 읽고 세상 만물에는 규칙이 있다는 점, 컴퓨터 공학, 정보통신 기술 분야에서 규칙성을 발견하는 가장 좋은 도구가 '수학'이라는 점, 거대한 계산 능력을 지닌 컴퓨터에게 고도의 머신러닝 능력을 수행하게 하는 것은 정교하게 설계된 수학 명령이라는 점을 알게 됨. 이를 통해 수학이 아름다운 이유를 설명할 수 있었고, 매개 변수에 관심이 커져 미적분학에 대한 의욕이 높아짐.

관련 논문

빅데이터를 활용한 국가정보 분석기법 적용에 관한 연구(김종현, 2019)

관련 도서

《알고리즘이 지배한다는 착각》, 데이비드 섬프터, 해나무
《지금, 한국을 읽다》, 배영, 아날로그

관련 계열 및 학과
- 자연계열: 전 자연계열
- 공학계열: 전 공학계열

관련 교과
- 사회계열: 경영학과, 경제학과, 금융보험학과, 도시행정학과, 법학과, 회계학과

2022 개정 교육과정: 공통 수학 1, 공통 수학 2, 대수, 미적분 II, 기하, 수학과제 탐구, 인공지능 수학

2015 개정 교육과정: 수학, 수학 I, 수학 II, 미적분, 확률과 통계, 실용수학, 인공지능 수학, 기하

수학의 언어로 세상을 본다면

오구리 히로시 | 바다출판사 | 2017

초끈 이론으로 세계적 명성을 얻은 캘리포니아 공대 교수 오구리 히로시가 고등학교에 입학하는 딸에게 수학의 기본 원리부터 설명하며 21세기를 살아가는데 수학이 얼마나 중요한 도구인지를 보여준다. 소수는 왜 중요한가?, 음수와 음수를 곱하면 왜 양수가 되나?, 해의 공식은 어떻게 나왔고 왜 외워야 할까? 등 무작정 외우기만 했던 수학 기호와 공식들의 의미를 이해할 수 있는 책이다.

탐구 주제

주제1 수학은 정해진 결론을 받아들이는 것이 아니라 한사람 한 사람이 자신의 머리로 자유롭게 생각하고 판단하는 것이라고 한다. 이런 자세는 민주주의가 건전하게 기능하기 위해서도 필요하다. 수학과 민주주의의 유기적 관계에 대해 탐구하고 이를 발표해 보자.

주제2 현재 고등학교 수학은 대부분 미분을 먼저 설명한 후 그 역연산으로서 부정적분을 도입하고, 면적을 계산하기 위한 정적분을 부정적분의 차이로서 정의한다. 역사적인 발전 순서로 보면 정반대이다. 미적분학의 발생학적 역사에 대해 연구하고 이를 발표해 보자.

주제3 구면학에 관한 탐구

주제4 조건부 확률과 베이즈의 정리에 대한 고찰

학생부 기록 예시 (교과세특)

'수학의 언어로 세상을 본다면(오구리 히로시)'을 읽고 조건부 확률에 대해 흥미를 가지게 됨. 이를 통해 두 확률 변수의 사전 확률과 사후 확률 사이의 관계를 나타내는 베이즈의 정리의 배경과 정의, 정리 유도과정을 조사하여 이론의 전개를 따라가는 등 탐색 활동을 펼침. 더 나아가 경험적 베이즈 방법에 대해서도 탐색 과정을 펼쳐 확률 개념의 확장을 경험하여 수학적 사고에 도움이 됨.

'수학의 언어로 세상을 본다면(오구리 히로시)'을 읽고 미적분학 발전의 역사에 대해 탐색활동을 펼침. 미적분학의 발생과 뉴턴의 미분법, 라이프니츠의 미분법의 연구를 놓고 실용성과 효율성을 비교 분석하였으며, 미적분학의 사용처에 대한 폭넓은 연구를 진행함. 과속카메라와 곡선 도로, 의료와 건축 등에서의 미분의 요소, 적분의 요소를 찾아내고 이를 탐구함으로써 함수에 대한 해석의 폭을 넓힘.

관련 논문
중등학교 수학과 교육과정에서 실생활적용 수업시간 도입의 필요성과 운영방안(박예성, 2015)

관련 도서
《누구나 수학》, 위르겐 브릭, 지브레인
《혁명을 위한 수학》, 저스틴 조크, 장미와동백

관련 계열 및 학과
- 자연계열: 수학과, 응용수학과, 정보수학과, 정보보안암호수학과, 화학과, 통계학과
- 공학계열: 기계공학과, 전기공학과, 전자공학과, 컴퓨터공학과, 재료공학과, 소프트웨어학과
- 사회계열: 경영학과, 경제학과, 금융보험학과, 지리학과, 회계학과

관련 교과

2022 개정 교육과정: 공통 수학 1, 공통 수학 2, 대수, 수학과제 탐구, 확률과 통계, 기하, 수학과제 탐구

2015 개정 교육과정: 수학과제 탐구, 확률과 통계, 기하, 실용 수학, 통합사회, 정치와 법

국어교과군

영어교과군

수학교과군

사회교과군

과학교과군

교양교과군

수학의 원리 철학으로 캐다

김용운 | 상수리 | 2017

이 책은 숫자 0의 발명에서부터 음수와 양수, 피타고라스의 정리, 방정식과 근의 공식, 기하학과 대수학, 유한과 무한 등 수학의 중요한 개념들을 빠짐없이 설명하고 있다. 동시에 이 책은 철학에 관한 책이기도 하다. 철학의 아버지 탈레스에서부터 플라톤, 아리스토텔레스, 피타고라스, 유클리드, 데카르트에 이르기까지 철학의 A부터 Z까지를 망라하며 수학의 원리를 철학적으로 이해하는 데 도움을 준다.

탐구 주제

주제1 수학은 공식을 외워 적용하는 과목으로 알고 있는 사람에게, 수학이 암기가 필요 없고 정해진 공식이 없는 학문이라는 규정은 신선하다. 논리적 사고를 바탕으로 새로운 것을 창조해 가는 학문으로 수학을 정의하는 이유에 대해 탐색하고 이를 토론해 보자.

주제2 건축가는 단순히 기능만으로 건물을 지어서는 안 되며 그 속에 건축에 대한 철학이 필요하다. 그 철학은 수학적 사유에서 출발한다고 한다. 그런 점에서 정사각뿔 형태인 피라미드의 예를 들어 수학을 배워야 하는 이유를 탐구하고 그 내용을 발표해 보자.

주제3 남을 설득하는 기술인 논증의 과정에 대한 탐구

주제4 세상의 학문을 기호화·수식화하는 보편수학에 대한 고찰

학생부 기록 예시 (교과세특)

'수학의 원리 철학으로 캐다(김용운)'를 읽고 숫자 0과 인도의 공(空) 철학, 중국의 음양론과 음수와 양수, 플라톤과 기하학 등 중요한 수학적 개념과 철학의 관련성을 탐구함. 또한 수학은 자연에 대한 철학적 의문에서 출발하여 실험과 관측의 결과를 수식으로 표현하며, 이 과정에서 수학이 창의적 사고를 필요로 하는 학문임을 이해함. 세상의 모든 학문을 기호화하고 수식으로 표현하는 보편 수학에 대해서도 큰 관심을 가지게 됨.

'수학의 원리 철학으로 캐다(김용운)'를 읽고, 목수와 석공은 기능만 익히면 되지만 건축가와 미술가는 철학이 필요하다는 것에 관심을 갖고 사례를 찾아보면서 수학의 역할이 위대함을 알게 됨. 황금비가 적용된 건축물이나 음악의 악절, 비너스 상의 분할 등 수학이 우리의 일상생활 속에 강력한 영향력을 행사한다는 것에서 대상의 본질을 찾아 계속 질문해가는 것이 바로 철학이자 수학임을 깨닫고 수학에 대한 탐구를 이어 나감.

관련 논문

칸트 철학의 수학교육적 고찰(유충현, 2002)

관련 도서

《수학 평전》, 김정희, 시공사
《수학에 관해 생각하기》, Stewart Shapiro, 교우

관련 계열 및 학과
- 자연계열 : 수학과, 응용수학과, 정보수학과, 정보보안암호수학과, 화학과, 통계학과
- 공학계열 : 기계공학과, 전기공학과, 전자공학과, 컴퓨터공학과, 정보통신공학과
- 인문계열 : 철학과, 종교학과, 인류학과, 문화인류고고학과, 사학과, 문화재학과

관련 교과

2022 개정 교육과정 : 대수, 수학과제 탐구, 확률과 통계, 기하, 실용 통계, 수학과 문화, 인간과 철학

2015 개정 교육과정 : 수학, 수학과제 탐구, 실용 수학, 확률과 통계, 기하, 철학

수학자들

마이클 아티야 외 | 궁리 | 2014

국경과 인종을 초월하여 전 세계적으로 생각을 나누는 세계적 수학자 54인이 쓴 수학 에세이이다. 수학과 이론 물리학 분야의 세계적 석학들부터 수학계의 권위있는 상인 필즈상 수상자와 젊은 박사논문 준비생들까지, '수를 해독하는 자들'이 털어놓은 진솔한 일상의 모습과 삶의 철학, 그들이 생각하는 수학의 본질에 대한 이야기들이 오롯이 담겨 있다.

탐구 주제

주제1 1과 같거나 큰 자연수 n이 있다. n이 짝수라면 2로 나누고, n이 홀수라면 3을 곱한 다음 1을 더한다. 이대로 계산하면 처음에 출발한 수가 무엇이든 간에 마지막에 가서는 결국 1을 얻는다고 한다. 그 누구도 풀지 못한 문제의 결과가 1인 이유에 대해 탐구해 보자.

주제2 막심 콘체비치의 글을 보면 계산 가능성과 결정 가능성 문제를 연구하는 것은 뭐든지 완전히 장악하고 싶은 욕구에서 시작된다고 한다. 이렇듯 인간은 자신의 약점을 수학에 투사할 때가 있다고 한다. 인간의 약점 해결과 수학의 절차를 관련지어 의견을 나눠 보자.

주제3 수학자들의 희열과 좌절의 과정에 대한 탐구

주제4 수학자들의 헌신과 열정에 대한 탐구

학생부 기록 예시 (교과세특)

'수학자들(마이클 아티야 외)'을 읽고 참일 가능성이 높지만 아직 증명해내지 못한 콜라츠 추측에 대해 실험을 거듭함. 100여 개 자연수의 실험을 통해 명제가 참임을 확인했으며 특히 27이라는 수는 단순해 보이지만 111번을 거쳐야 1이 된다는 사실로부터 그 이유를 찾으려 애씀. 콜라츠 추측의 일반화 공식과 일반화 공식의 응용까지 살펴보며 수들의 특징을 찾고자 노력함.

'수학자들(마이클 아티야 외)'을 읽고 미적분을 찾아내고 자연과학자인 동시에 국회의원과 조폐국장을 지내고, 기사 작위까지 받았지만 사람에 대한 그리움을 안고 일생을 독신으로 보냈으며, 삶을 다할 때까지 진리를 찾기 위한 고독한 싸움을 벌인 뉴턴의 영광과 좌절이 담긴 생애를 보고 감동을 받음. 뉴턴처럼 포기하지 않고 진리를 탐구하고 노력을 실천하겠다는 다짐을 하는 계기가 됨.

관련 논문

영화 속 수학자의 이미지 분석 : 영화 '박사가 사랑한 수식'을 중심으로(김보경, 2019)

관련 도서

《딱 하루만 수학자의 뇌로 산다면》, 크리스 워링, 위즈덤하우스
《내가 사랑한 수학자들》, 박형주, 푸른들녘

관련 계열 및 학과	• 자연계열: 수학과, 응용수학과, 정보수학과, 정보보안암호수학과, 화학과, 통계학과
	• 공학계열: 기계공학과, 전기공학과, 전자공학과, 컴퓨터공학과, 재료공학과, 소프트웨어학과
관련 교과	• 사회계열: 경영학과, 경제학과, 금융보험학과, 회계학과

2022 개정 교육과정: 공통 수학 1, 공통 수학 2, 대수, 수학과제 탐구, 확률과 통계, 기하, 수학과제 탐구

2015 개정 교육과정: 수학과제 탐구, 확률과 통계, 기하, 실용 수학, 통합사회, 정치와 법

국어교과군

영어교과군

수학교과군

사회교과군

과학교과군

도덕교과군

수학책을 탈출한 미적분

류치 | 동아엠앤비 | 2020

학교에서 배울 수 없는 미적분의 원리를 알기 쉽게 접할 수 있는 좋은 기회를 제공하는 책이다. 미적분의 원리와 더불어 집합, 대칭 관계, 수열과 극한, 가속도, 마방진, 함수, 직선, 수직선, 기울기, 수의 범위, 도형 같은 내용이 양념으로 첨가되어 있고, 때로는 수학자들의 흥미로운 역사도 곁들이는 등 수학의 재미를 돋우는 장치들이 곳곳에 포진되어 있어 쉽고 재미있게 읽을 수 있다.

탐구 주제

주제1 이 책에는 '만두소가 많이 든 만두가 맛있다.' 라는 명제를 검증하기 위한 절차가 들어 있다. 위의 명제를 검증하기 위한 수학적 요소를 담고 있는 또 다른 절차를 찾아 새로운 알고리즘을 계획하고, 여기서 등장하는 수학적 요소에 대해 토론해 보자.

주제2 적분은 직선이 아닌 곡선이나 곡면으로 이루어진 대상들의 길이와 넓이, 부피를 간편하게 구할 수 있는 방법이다. 병원에서 환자들이 많이 이용하는 컴퓨터 단층 촬영 장치인 CT에도 적분의 원리가 적용되어 있다. 이에 대해 연구하고 연구한 내용을 발표해 보자.

주제3 곡선 맞춤을 통한 전염병 전파 분석 탐구

주제4 평균값의 정리 이해와 증명 과정의 탐구

학생부 기록 예시 (교과세특)

'수학책을 탈출한 미적분(류치)'을 읽고 병원에서 환자들이 많이 이용하는 컴퓨터 단층 촬영 장치인 CT에 숨어 있는 적분 원리에 대한 탐구활동을 펼침. CT는 몸속 장기의 단면을 무수히 잘게 나누어 계속 찍고 그 사진들을 종합하여 장기의 전체적인 모양이나 크기를 비롯한 문제점을 알아내는 원리인데 여기에 정적분의 기본 개념인 구분구적법이 사용되었다는 사실을 알게 됨. 정적분에 대한 폭넓은 이해의 기회를 가짐.

'수학책을 탈출한 미적분(류치)'을 읽고 이 책은 물론 교과서에도 등장하는 평균값의 정리에 대해 탐구함. 롤의 정리와 증명 과정, 이를 일반화시킨 평균값의 정리의 증명 과정을 탐구함. 이를 통해 가까운 두 점을 한 점의 함숫값과 그 점 인근의 미분값을 이용해서 계산할 수 있다는 것과 이것이 바로 선형근사의 기본 접근 방식임을 파악함. 고등학교에서 배우는 평균값의 정리를 좀 더 일반화한 코시의 평균값 정리까지 확장하여 살펴봄.

관련 논문

실생활과 관련된 미적분학 지도에 관한 연구(정원정, 2019)

관련 도서

《톡 쏘는 방정식》, 수냐, 지노
《수학보다 데이터 문해력》, 정성규, EBSBOOKS

관련 계열 및 학과
- 자연계열: 수학과, 물리학과, 화학과, 통계학과, 생물학과, 생명과학과, 천문우주학과
- 공학계열: 전 공학계열

관련 교과
- 사회계열: 경영학과, 경제학과, 금융보험학과, 도시행정학과, 무역학과, 회계학과

2022 개정 교육과정: 대수, 미적분 I, 미적분 II, 기하, 경제 수학, 수학과 문화, 수학과제 탐구

2015 개정 교육과정: 수학, 수학 I, 수학 II, 미적분, 기하, 실용수학, 경제 수학, 수학과제 탐구

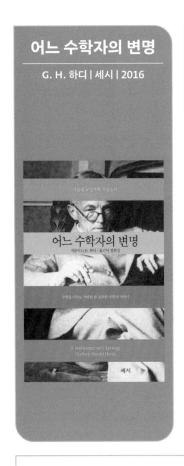

어느 수학자의 변명

G. H. 하디 | 세시 | 2016

20세기 초 영국의 대표적인 수학자로 수학 개념의 현대적인 엄밀성을 도입하는 데 선도적인 역할을 하며 뛰어난 업적을 남긴 G. H. 하디가 말년에 저술한 회고록 형식의 책이다. 진정한 수학의 의미와 수학의 가치를 전문 수학자의 입장에서 말하는 그의 주장을 보며 학문에 대한 진지한 태도와 수학에 대한 깊은 애정, 사물에 대한 예리한 분석을 발견할 수 있을 것이다.

탐구 주제

주제1 저자는 수학은 아름다운 것이어야 하고, 그런 의미에서 수학은 미술이나 음악, 그리고 시와 본질적으로 다르지 않다고 말한다. 자신이 생각하는 수학의 아름다움에는 무엇이 있으며 그렇다고 생각한 이유는 무엇인지에 대해 탐구하고 발표해 보자.

주제2 저자는 논리에 기반을 둔 귀류법이 수학자들이 가지고 있는 가장 훌륭한 무기이며, 체스를 두는 사람과 게임 자체를 담보로 한다는 점에서 차이점을 갖는다고 설명한다. 귀류법에 대한 탐구를 통해 귀류법이 실생활에서 활용되는 예시를 찾아보고 토론해 보자.

주제3 응용수학의 활용 사례에 관한 고찰

주제4 영화 속에서 찾을 수 있는 수학적 요소에 관한 분석

학생부 기록 예시 (교과세특)

'어느 수학자의 변명(G.H.하디)'을 읽고 수학적인 아름다움을 탐구함. 탐구의 과정에서 시각적으로 표현되는 수학적 아름다움과 숫자 자체가 가지는 아름다움을 비교하는 발표를 진행함. 황금비, 수학적 패턴 등 시각적인 아름다움은 일시적이지만, 정보의 전달, 설득의 과정 등에 사용되며 사회적 현실을 내포하고 있는 숫자 자체에서 오는 아름다움은 항구적임을 말한 발표는 수를 이해하기에 충분했다는 평가를 이끌어 냄.

'어느 수학자의 변명(G.H.하디)'을 읽고 수학적 귀류법에 대한 탐구활동을 진행함. 귀류법이 어떤 명제가 참이라고 가정한 후 모순을 밝혀내 그 가정이 거짓임을 증명하는 방법임을 언급하며 법률 분야에서의 심화 활용 가능성을 발표함. 법학적성시험의 문제 중 귀류법을 활용하여 빠르고 정확하게 해결할 수 있는 문제가 많다는 점을 인용하면서 귀류법은 수학에만 국한되지 않고 다양한 분야에서 활용될 수 있음을 언급함.

관련 논문

중등학교 집합과 명제단원 분석 및 개선방안 연구(정은아, 2002)

관련 도서

《어느 수학자가 본 기이한 세상》, 강병균, 살림
《R 통계의 정석》, 김종엽, 사이언스북스

관련 계열 및 학과	• 자연계열: 수학과, 응용수학과, 정보수학과, 정보보안암호수학과, 화학과, 통계학과
	• 공학계열: 기계공학과, 전기공학과, 전자공학과, 컴퓨터공학과, 정보통신공학과, 건축학과
관련 교과	• 인문계열: 고고학과, 문화재학과, 사학과, 언어학과, 인류학과, 종교학과, 철학과

2022 개정 교육과정: 공통 수학 1, 공통 수학 2, 대수, 수학과제 탐구, 확률과 통계, 실용 통계, 인공지능 수학

2015 개정 교육과정: 수학, 수학 I, 수학 II, 수학과제 탐구, 확률과 통계, 실용 수학, 인공지능 수학

국어교과군

영어교과군

수학교과군

사회교과군

과학교과군

도덕교과군

오일러가 사랑한 수 e

엘리 마오 | 경문사 | 2020

이 책에서 다루는 수는 'e'이다. 이 수는 원주율과 같이 분수로 나타낼 수 없는 수, 무리수이다. e를 소수로 나타내면 약 2.71828……인 작은 수이지만 수의 크고 작음이 중요성을 결정하지는 않는다. 역사의 길고 짧음도 중요성의 척도가 될 수는 없을 것이다. 수 e는 수학적으로 수 이상의 중요성이 있으며, 그 쓰임새도 훨씬 더 다양하다. 이 책을 통해 수 e의 모든 것을 알아볼 수 있다.

탐구 주제

주제1 17세기 초 네이피어가 발명한 로그를 가장 먼저 이용한 사람 중에 케플러가 있었다. 그는 로그를 이용해서 행성의 궤도를 정교하게 계산하는 데 성공하였다. 로그의 발생부터 로그 함수의 활용까지를 탐구하고 그에 대해 발표해 보자.

주제2 얼핏 보면 포물선으로 보이는 현수선은 세계에서 가장 인상적인 건축 기념비의 하나다. 현수선의 방정식도 자연 대수 e를 이용해 나타낼 수 있다. 현수선의 방정식에 대해 탐구하고, 탐구한 내용을 발표해 보자.

주제3 지수 함수에서의 자연 대수 e의 의미에 대한 탐구

주제4 로그에서의 자연 대수 e의 의미에 대한 탐구

학생부 기록 예시 (교과세특)

'오일러가 사랑한 수 e(엘리 마오)'를 읽고 양 끝이 고정된 두 점에 매달리고 자유롭게 늘어진 줄이 형성하는 곡선인 현수선의 식에 대해 탐구함. 현수선의 방정식은 처음엔 이차곡선으로 후에 캐터너리 곡선을 찾기까지의 과정도 흥미롭게 탐구함. 현수선의 방정식은 사슬의 장력을 사슬의 단위 길이 당 무게로 나눈 값이라는 식으로부터 현수선의 방정식을 유도하여 지수함수에 대한 개념 확장에 도움이 됨.

지수 함수의 역함수로 정의되어 있는 로그 함수는 공학, 과학, 경제학 등 실생활에서 매우 많은 응용 분야를 가지고 있음을 알고 이에 대한 발생부터 활용까지의 탐구활동을 펼침. 전기공학에서는 전류와 전압의 비율을 표현하는 데 사용되고, 경제학에서는 이자 계산 등에 이용되는 사례를 통해 로그 함수의 매력을 느끼며, 나아가 로그 함수의 계산을 더욱 효율적으로 할 수 있는 매클로린 급수까지 살펴봄.

관련 논문

고등학교 미분적분학과 무리수 e의 지도방안(곽성훈, 2015)

관련 도서

《단 하나의 방정식》, 미치오 카쿠, 김영사
《신의 방정식 오일러 공식》, 데이비스 스팁, 동아엠앤비

관련 계열 및 학과
- 자연계열: 수학과, 물리학과, 화학과, 통계학과, 생명과학과, 분자생물학과, 미생물학과
- 공학계열: 기계공학과, 전기공학과, 전자공학과, 컴퓨터공학과, 반도체공학과, 건축학과

관련 교과
- 사회계열: 경영학과, 경제학과, 금융보험학과, 회계학과, 지리학과

2022 개정 교육과정: 대수, 미적분 II, 기하, 수학과제 탐구, 인공지능 수학, 지구과학

2015 개정 교육과정: 수학 I, 수학 II, 미적분, 실용수학, 인공지능 수학, 기하, 지구과학 I

우리가 수학을 사랑한 이유

전혜진 | 지상의책 | 2021

시대와 장소는 다르지만 차별과 편견에 맞서 수학의 역사에 자신만의 성취를 남긴 여성 수학자 29명의 이야기이다. 고대 그리스의 테아노와 히파티아부터 마리 소피 제르맹, 캐런 울런벡 등 수학사에 알려진 이들에 영수합 서씨, 홍임식 등 지금껏 조명받지 못했던 한국 여성 수학자도 등장한다. 수학을 하고 싶다는 마음 하나로 개척해 온 여성 수학자들의 인생이 드라마틱하게 펼쳐진다.

탐구 주제

주제1 나이팅게일이 창안한 장미 도표는 구체적인 숫자 없이도 색깔과 면적을 통해 빠르게 내용을 전달하며, 잉그리드 도브시가 창안한 웨이블릿이라는 수학 이론은 미술품의 진위를 가리거나 복원 작업에 쓰였다. 처럼 수학이 활용된 실생활 사례를 찾아 보고서를 작성해 보자.

주제2 동서고금을 막론하고 여성이 수학을 한다는 건 낯설고 어려웠던 시대가 있었다. 이처럼 뿌리 깊은 차별과 편견 속에서도 오로지 수학을 사랑하며 연구하여 수학사에 커다란 성취를 남긴 여성 수학자에 대해 연구한 내용을 발표해 보자.

주제3 수학으로 가짜 미술품을 가려낸 사례에 대한 탐구

주제4 여성과 남성의 수학적 역량에 대해 편견을 가진 이유 탐구

학생부 기록 예시 (교과세특)

'우리가 수학을 사랑한 이유(전혜진)'를 읽고 수학을 잘하는 데 중요한 것은 재능이 아니라 스스로 재능이 있다고 느끼는 자기 믿음의 과정임을 탐색하고 이해하는 활동을 펼침. 특히 기하학적인 해석학을 창시한 페미니스트 캐런 울런백이라는 여성 수학자의 수학적 성취를 탐색하면서 차별과 편견을 이겨 낸 여성 수학자들이 인류 역사의 진보에 미친 영향에 대한 인식의 폭을 넓히는 계기가 됨.

'우리가 수학을 사랑한 이유(전혜진)'를 읽고 플로렌스 나이팅게일의 간호 철학 및 교육 체계 정립, 위생 개념 도입 등 간호학과 관련한 업적 중에서 통계 데이터를 시각화하고 이를 간호와 위생에 활용하여 야전 병원에서의 사망률을 크게 낮춘 업적에 대한 탐구활동에 매진함. 시각화한 통계 데이터인 장미 도표에서 색깔과 면적만으로도 내용을 빠르게 전달할 수 있음을 파악하면서 수학적 성취의 과정에 대해 심화된 성장을 보임.

관련 도서

《고교수학의 아름다운 이야기》, 마스오, 수학사랑
《공식의 아름다움》, 양자학파, 미디어숲
《수학, 풀지 말고 실험해 봐》, 라이이웨이, 미디어숲

관련 계열 및 학과
- 자연계열: 수학과, 응용수학과, 정보수학과, 정보보안암호수학과, 화학과, 통계학과
- 공학계열: 기계공학과, 전기공학과, 전자공학과, 컴퓨터공학과, 정보통신공학과, 건축학과
- 인문계열: 고고학과, 문화재학과, 사학과, 언어학과, 인류학과, 종교학과, 철학과

관련 교과

2022 개정 교육과정: 공통 수학 1, 공통 수학 2, 대수, 수학과제 탐구, 확률과 통계, 실용 통계, 인공지능 수학

2015 개정 교육과정: 수학, 수학 I, 수학 II, 수학과제 탐구, 확률과 통계, 실용 수학, 인공지능 수학

국어교과군

영어교과군

수학교과군

사회교과군

과학교과군

도덕교과군

위험한 숫자들

사너 블라우 | 더퀘스트 | 2022

숫자가 없는 세상을 상상해 보라. 경제 통계, 시험 점수, 여론조사 결과는 물론이고 중환자실 병상이 몇 개 남았는지, 백신이 효과가 있는지 등을 알지 못할 것이다. 말 그대로 숫자가 세상을 가른다. 당신은 숫자가 이끄는 대로 살아가는 사람이 될 것인가, 숫자 뒤의 진실을 꿰뚫어 보는 사람이 될 것인가?《위험한 숫자들》의 마지막 페이지를 덮는 순간, 당신은 숫자를 제대로 사용하는 사람이 될 것이다.

탐구 주제

주제1 이 책은 인간의 쓰임에 따라 새로운 사회적 현상과 개념을 위해 만들어진 숫자들이 세상을 지배하고 있다고 이야기하고 있다. 사회적 사건 중 하나를 선택하고 선택한 사회적 사건과 숫자를 포함한 수학과의 연관성에 대해 정리하고 토론해 보자.

주제2 개별적인 면접이나 질문서 따위를 통하여 국가나 사회의 여러 가지 문제에 대한 사회 대중의 공통된 의견을 조사하는 일을 여론조사라고 한다. 이와 같은 여론조사에 대한 분석 과정을 탐구하고 여론조사의 분석과정이 담고 있는 수학적 요소에 대해 논의해 보자.

주제3 GDP와 경기 침체의 연관성에 관한 고찰

주제4 시간의 흐름에 따라 변화하는 숫자의 의미에 관한 탐구

학생부 기록 예시 (교과세특)

'위험한 숫자들(사너 블라우)'을 읽고 한 국가의 경제 상황이 숫자로써 표현됨에 크게 공감하며 국내 총생산(GDP)에 대해 탐구함. 탐구의 과정 중 명목 GDP와 실질 GDP의 비교 분석에 자신감을 보임. 특히, 당해의 시장 가격을 바로 반영하여 경제 상황을 수치화하는 명목 GDP의 경우 인플레이션이 반영되어 연도 간의 비교는 어렵지만, 국가의 경제 규모 확인, 국가 간 경제 상황 비교에서 용이하다는 점을 역설함.

'위험한 숫자들(사너 블라우)'을 읽고 사회적 사건과 숫자를 포함한 수학과의 연관성 탐구에 매진함. 특히 고사성어 중 세 사람이 호랑이를 만든다는 뜻의 '삼인성호'를 언급하면서 세 사람이 모이면 집단이 형성되고 그 집단의 주장에 힘이 실리는 심리학적 현상을 수학과 연관 지어 설명하는 발표를 진행함. 발표의 과정 중 숫자 3이 주는 힘에 대해 역설하면서 사회적으로 집단이 형성되면서 다양한 효과로 귀결됨을 보여 줌.

관련 논문

경제·경영을 위한 수학교육 연구(권윤미, 2010)

관련 도서

《거짓을 간파하는 통계학》, 가미나가 마사히로, 윤출판
《다크데이터》, 데이비드 핸드, 더퀘스트

관련 계열 및 학과
- 자연계열: 수학과, 응용수학과, 정보수학과, 물리학과, 화학과, 통계학과, 생명과학과
- 공학계열: 기계공학과, 전기공학과, 전자공학과, 컴퓨터공학과, 재료공학과, 생명공학과
- 사회계열: 경영학과, 경제학과, 금융보험학과, 지리학과, 회계학과, 공공행정학과

관련 교과

2022 개정 교육과정: 공통 수학 1, 공통 수학 2, 대수, 수학과제 탐구, 확률과 통계, 실용 통계, 인공지능 수학

2015 개정 교육과정: 수학, 수학 I, 수학 II, 수학과제 탐구, 확률과 통계, 실용 수학, 인공지능 수학

이상한 수학책

벤 올린 | 북라이프 | 2020

이 책은 수학을 다루고 있지만 수학 문제나 해설은 단 하나도 나오지 않는 '이상한' 수학책이다. 작가는 수학 개념에 초점을 맞춰 이야기를 풀어나간다. 로또와 보험에서 확률 개념은 어떻게 활용될까? 승자 독식 방식을 취하는 미국 대통령 선거에는 어떤 수학 개념이 영향을 주었을까? 이런 질문들에 답하며 우리가 당연하게 받아들이는 현실 속에 숨어 있는 수학 개념을 하나하나 보여 준다.

탐구 주제

주제1 수학을 전문적으로 연구하고 발전시켜 나가는 사람을 수학자라고 한다. 수학자 이외에도 특정 학문을 연구하는 사람들에게 '~자'라는 말을 붙이곤 한다. 특정한 학문을 연구하는 전문적인 학자들 중 한 사람을 선택하여 학문을 탐구하는 과정을 수학자와 비교하여 설명해 보자.

주제2 수학의 이론은 필연적으로 증명 과정을 거치기 마련이다. 이러한 증명의 과정에서 뜻밖의 결과를 얻어 내 다른 이론의 증명에 사용하기도 한다. 이를 자신의 인생에 빗대어 자신을 발전시키기 위한 과정과 그 과정에서 얻어질 수 있는 뜻밖의 결과까지 탐색하여 의견을 나눠 보자.

주제3 피라미드 구조에 대한 고찰

주제4 뛰어난 수학자와 위대한 수학자의 비교 분석 과정의 탐구

학생부 기록 예시 (교과세특)

'이상한 수학책(벤 올린)'을 읽고 수학의 이론 증명 과정을 자신의 삶과 연관 짓는 탐구활동을 함. '주장낙토'를 주제로 그래프의 정확한 이해가 있으면 대수적 접근 없이도 3, 4차 방정식과 부등식을 해결할 수 있다는 사례를 탐구함. 고차원의 수학 문제를 풀기 위해 다양한 방향으로 접근하며 실패를 경험하는 것과 목표를 위해 여러 활동을 하며 성패를 경험하는 것을 연관 지으며 실패를 두려워하지 않는 태도의 중요성에 관해 역설함.

'이상한 수학책(벤 올린)'을 읽고 뛰어난 수학자와 위대한 수학자의 비교 분석에 매진함. 그 과정에서 위대한 사람과 뛰어난 사람 중 어떤 사람이 되고 싶은가에 대한 확장적 토론을 진행함. 토론의 마지막에 뛰어남과 위대함은 절대적인 의미와 상대적인 의미로 구분된다고 연관 지으며, 누군가는 절대적인 수치에서 뛰어남을 보여 대중에게 인정받을 수 있고, 누군가는 수치로 나타나진 않아도 다양한 노력으로 인정받는다고 역설함.

관련 논문

수리철학을 통한 효과적인 증명지도(김경민, 2005)

관련 도서

《더 이상한 수학책》, 벤 올린, 북라이프
《아주 위험한 과학책》, 랜들 먼로, 시공사

관련 계열 및 학과	• 자연계열: 수학과, 응용수학과, 정보수학과, 정보보안암호수학과, 화학과, 통계학과
	• 공학계열: 기계공학과, 전기공학과, 전자공학과, 컴퓨터공학과, 정보통신공학과, 건축학과
관련 교과	• 인문계열: 고고학과, 문화재학과, 사학과, 언어학과, 인류학과, 종교학과, 철학과

2022 개정 교육과정: 공통 수학 1, 공통 수학 2, 대수, 수학과제 탐구, 확률과 통계, 실용 통계, 인공지능 수학

2015 개정 교육과정: 수학, 수학 I, 수학 II, 수학과제 탐구, 확률과 통계, 실용 수학, 인공지능 수학

교과연계
진로연계
수학교과군
사회교과군
과학교과군
기타교과군

이토록 아름다운 수학이라면

최영기 | 21세기북스 | 2019

《이토록 아름다운 수학이라면》은 서울대 수학교육과 최영기 교수가 수학의 아름다움에 대한 깊고 넓은 단상을 편안한 언어로 풀어낸 대중 교양서이다. 수학이 단순한 계산의 반복, 복잡한 수식을 풀어내는 지겨운 과정이 전부라는 편견을 깨고자 하는 데 중점을 두고 수학이 본래 추구하는 아름다운 정신을 소개하고 있다. 수학의 진면목을 느낄 수 있는 책이다.

탐구 주제

주제1 점과 숫자 0으로부터 시작하여 위상수학, 비유클리드 기하, 갈루아 이론 같은 하나의 개념을 마주하는 순간, 그 개념이 나의 생각을 뛰어넘는 어떤 깊은 의미를 지니고 있다면 우리는 감탄을 넘어 숙연해지기까지 한다. 여기서 말하는 수학의 본질에 대해 토론해 보자.

주제2 현대 수학은 어떤 현상이 있을 때 그 현상을 가장 효과적으로 잘 설명할 수 있는 최적의 체계를 추구한다. 천동설과 지동설 문제에서 그 현상을 잘 설명하느냐 혹은 해석하느냐가 현대 수학의 질문이라고 한다. 수학에서 말하는 질문의 의미에 대해 발표해 보자.

주제3 '질문'이라는 개념을 바탕으로 현대 수학의 특징에 대한 탐구

주제4 플라톤의 이데아를 수학적으로 정리한 과정의 탐구

학생부 기록 예시 (교과세특)

'이토록 아름다운 수학이라면(최영기)'을 읽고 로마자 숫자로 4칙 계산을 할 때의 어려움을 그림으로 보여주면서 0의 발견은 수의 표현 방식을 바꾸었고, 십진법의 표현이 가능하게 된 혁명적 발상이었음을 탐색함. + 방향과 − 방향으로 향해 가는 1차원의 직선이 무한대에서 만나므로 양 끝을 한점에서 붙인 것이 원이 된다는 푸앵카레의 추측을 정리하고 발표함. 동양학의 공부 방법까지 탐구하며 인식의 폭을 넓히는 계기가 됨.

'이토록 아름다운 수학이라면(최영기)'을 읽고 방정식, 도형, 함수, 삼각형, 소수 등 초보적인 수학 개념과 추상, 같음, 표현 방식 등 수학이 추구하는 가치가 어떻게 연결되며 수학적으로 생각한다는 것이 우리 일상과 얼마나 밀접한 관련이 있는지를 탐구하는 활동에 매진함. 수학의 문제 풀이 과정과 삶의 문제해결 과정이 유사하다는 점에서 수학은 인간의 본질을 탐구하는 학문이라는 점을 정리하여 발표함.

관련 논문

영재 학생들을 위한 비유클리드 기하학의 소개(이일현, 2011)

관련 도서

《수학은 어떻게 무기가 되는가》, 다카하시 요이치, 센시오
《수학이 일상에서 이렇게 쓸모 있을 줄이야》, 클라라 그리마, 하이픈

관련 계열 및 학과	• 자연계열: 수학과, 응용수학과, 정보수학과, 정보보안암호수학과, 화학과, 통계학과, 원예학과
	• 공학계열: 기계공학과, 전기공학과, 전자공학과, 컴퓨터공학과, 재료공학과, 소프트웨어학과
관련 교과	• 인문계열: 고고학과, 사학과, 언어학과, 인류학과, 종교학과, 철학과, 심리학과

2022 개정 교육과정: 공통 수학 1, 공통 수학 2, 대수, 수학과제 탐구, 확률과 통계, 기하, 실용 통계

2015 개정 교육과정: 수학, 수학 I, 수학 II, 수학과제 탐구, 확률과 통계, 기하, 실용 수학

일하는 수학

시노자키 나오코 | 타임북스 | 2016

이 책은 우리 주변에서 쉽게 볼 수 있는 직업에서 필요한 수학 지식을 통해 수학이 우리 삶 속에서 어떻게 적용되고 있으며 실생활과 얼마나 밀접한지를 알려 준다. 직업을 소재로 수학에 접근하고 있지만 꼭 직업을 가진 성인들에게만 해당되는 이야기는 아니다. 많은 분야에서 활용할 수 있는 수학적 사고법을 통해 학생들은 수학으로 생각하는 기술을, 성인들은 수학으로 일하는 기술을 배울 수 있을 것이다.

탐구 주제

주제1 날씨는 우리의 하루 시작과 매우 밀접한 관계를 가지고 있다. 그래서 현대인은 일기 예보와 그 정확도에 대해 관심이 매우 높은 편이다. 일기 예보에 관련한 수치 예보 모델이 구현하는 대기 지배 방정식에 대해 탐구하고 그에 대해 토론해 보자.

주제2 세상의 많은 약들은 저마다 다른 약효 시간을 가지고 있다. 그 이유는 약물의 '반감기'가 다르기 때문이다. 반감기는 방사성 물질의 초당 붕괴수가 반으로 줄어드는 데 필요한 시간으로, 수학의 지수 함수와 관련이 있다. 반감기에 관해 탐구하고 이를 발표해 보자.

주제3 전기 회로 설계자의 업무에 필요한 수학에 대한 탐구

주제4 파일럿의 업무에 필요한 수학에 관한 탐구

학생부 기록 예시 (교과세특)

'일하는 수학(시노자키 나오코)' 속 수학적·과학적 메커니즘에 대해 날씨를 예측하는 기상 예보사에 대한 탐색활동을 펼침. 수치 예보 모델이 구현하는 대기 지배방정식의 종류와 특징들에 대해 알아봄. 운동 방정식, 질량 보존의 법칙, 열역학 제1 법칙을 폭넓게 이해함. 일기 예보를 생산하기 위해 각각의 방정식의 변수 자리에 공기의 기본 변화 값을 넣어, 대기 지배 방정식으로 사용하는 과정을 확인하고 발전시키려 노력함.

감기약을 복용하던 중 약의 효과가 지속되는 시간에 궁금증을 느껴 자료를 찾아봄. 반감기가 그 원인이라는 사실을 알게 되고 이에 대해 탐구활동을 함. 반감기와 지수 함수가 관련이 있음을 알고 함수를 이용해 반감기를 표현하기도 하고, 반감기 이외에 1/3감기, 3증기에 대해서도 탐구활동을 펼침. 이를 통해 지수 함수의 이해의 폭을 넓혔으며 지수 함수의 활용 분야에 자신감을 갖는 계기가 됨.

관련 논문

확률과 의사결정 구조의 관련성: 중등수학교과 과정을 중심으로(권미현, 2012)

관련 도서

《어디서나 필요한 수학의 원리》, 킴 행킨슨, 올리
《이토록 재미있는 수학이라니》, 리여우화, 미디어숲

관련 계열 및 학과	• 자연계열: 수학과, 통계학과, 식품영양학과, 외식산업학과, 원예학과, 의류학과
	• 의약계열: 간호학과, 약학과, 재활학과, 물리치료학과, 보건관리학과, 작업치료학과
관련 교과	• 사회계열: 경영학과, 경제학과, 무역학과, 사회학과, 호텔경영학과, 행정학과

2022 개정 교육과정: 공통 수학 1, 공통 수학 2, 대수, 미적분 II, 기하, 수학과제 탐구, 인공지능 수학

2015 개정 교육과정: 수학, 수학 I, 수학 II, 미적분, 확률과 통계, 실용수학, 인공지능 수학, 기하

국어교과군

영어교과군

수학교과군

사회교과군

과학교과군

도덕교과군

천재 수학자들의 영광과 좌절

후지와라 마사히코 | 사람과책 | 2006

미국 콜로라도 대학, 영국 케임브리지 대학 교수를 지낸 저자 후지와라가 9명의 천재 수학자에 관한 흥미로운 뒷담화를 풀어낸 책이다. 저자는 수학자의 선구자들이 나고 자란 곳, 학문적 발자취를 좇으며 그들의 삶과 업적을 생생한 목소리로 들려준다. 위대한 학자들에 대한 존경심과 더불어 인간적인 호기심을 자극하는 은밀한 에피소드들로 채워진 책이다.

탐구 주제

주제1 만유인력 법칙을 발견한 아이작 뉴턴과 군 이론이라는 새로운 분야를 창시한 갈루아 등 천재 수학자들은 좌절을 이겨내고 영광스러운 업적을 만들었다고 한다. 위대한 수학자들의 성취 배경에 대해 정리하고 토론해 보자.

주제2 헤르만 바일은 사실과 이미지의 연계 없이 과학의 발달은 이루어질 수 없고, 이 연계를 위해서는 반드시 언어가 필요하며 그 언어가 수학이라고 믿었다고 한다. 그런 점에서 수학은 사람의 사고를 연구하는 학문이며 과학의 언어라고 하는 것에 대해 연구하고 토론해 보자.

주제3 수학자들이 전 생애를 걸고 사실 탐구에 몰두하는 이유 탐구

주제4 대수학과 기하학을 통합시킨 군 이론의 발견 과정 탐구

학생부 기록 예시 (교과세특)

'천재 수학자들의 영광과 좌절(후지와라 마사히코)'을 읽고 지역적인 특색, 역사적 상황, 주변 환경, 민족, 문화 등의 배경이 수학적 성취에 어떤 영향을 미치는지를 탐색하는 활동을 함. 수학자들 중에는 자신들이 집중하는 하나의 수학적 명제와 증명을 위해 평생을 연구하면서 일반인들이 보기에는 불행하다 여길 정도로 비정상적 삶을 산 경우가 많다는 점도 파악하면서 수학적 성취를 위해서는 도전과 열정이 중요함을 인식하게 됨.

'천재 수학자들의 영광과 좌절(후지와라 마사히코)'을 읽고 수학을 광학 분야에 응용한 '광선계의 이론'으로 주목받은 해밀턴, 미적분법, 만유인력의 법칙, 빛과 색에 관한 세 가지 위대한 이론의 단서를 발견한 뉴턴, '편미분 방정식의 정리에 대해서'라는 논문으로 초기 값이 주어진 편미분 방정식의 해가 있음을 보증하는 정리를 밝힌 소냐 등 위대한 수학자들의 삶의 과정을 정리하면서 새로운 세계에 대한 끊임 없는 탐구 열정을 보임.

관련 논문

역사에 남을 위대한 여성 수학자들(엄아은, 2014)

관련 도서

《수학자의 지도》, 시무라 고로, 이끼미디어
《계산하는 생명》, 모리타 마사오, 두번째테제

관련 계열 및 학과	• 자연계열: 수학과, 응용수학과, 정보수학과, 정보보안암호수학과, 화학과, 통계학과
	• 공학계열: 기계공학과, 전기공학과, 전자공학과, 컴퓨터공학과, 재료공학과, 소프트웨어학과
관련 교과	• 인문계열: 고고학과, 사학과, 언어학과, 인류학과, 종교학과, 철학과

2022 개정 교육과정: 공통 수학 1, 공통 수학 2, 대수, 수학과제 탐구, 확률과 통계, 기하, 실용 통계

2015 개정 교육과정: 수학, 수학 I, 수학 II, 수학과제 탐구, 확률과 통계, 기하, 실용 수학

청소년을 위한 수학자 이야기

모리 쓰요시 | 살림Friends |
2015

《청소년을 위한 수학자 이야기》에는 위대한 업적에 감춰진 수학자들의 뒷모습이 생생하게 담겨 있다. 평생 마더 콤플렉스에 시달렸던 뉴턴, 수학자를 8명이나 배출한 수학 명가에서 태어났지만 삶이 평탄하지 않았던 베르누이, 수학을 사랑하는 대가로 시력을 잃어야만 했던 오일러 등 숫자나 책만 파고든 모범생이 아니라 상상력과 기질이 뛰어났던 한 '평범한 사람의 특이한' 이야기를 들을 수 있다.

탐구 주제

주제1 평생 마더 콤플렉스에 시달렸던 뉴턴, 수학 명가에 태어났지만 삶이 평탄하지 않았던 베르누이, 수학을 사랑한 대가로 시력을 잃어야 했던 오일러 등 숫자나 책만 파고 들었던 '위인'이 아닌 '인간'으로서의 그들이 수학에 몰입한 배경에 대해 토론해 보자.

주제2 16세 때 쿰바코남에 있는 국립대학에 들어간 라마누잔은 이 무렵부터 고풍스러운 수학 노트에 사로잡혔으며, 여신이 꿈속에서 수학을 가르쳐주기 시작했다고 한다. 아직도 남아 있는 '라마누잔의 예상'이라는 미증명 공식 이론에 대해 조사하고 발표해 보자.

주제3 복잡한 공식을 만든 수학자들의 숨겨진 이야기 사례 탐구

주제4 야코비가 말한 수학의 가치에 대한 탐구

학생부 기록 예시 (교과세특)

'청소년을 위한 수학자 이야기(모리 쓰요시)'를 읽고 수학자들을 수학에 몰입하게 했던 배경과 좌절을 극복해 간 과정을 탐색하고 이해하는 활동을 함. 특히 수학자 라마누잔의 짧은 일대기를 비롯한 그의 업적에 대해 조사하고, 그의 수학 노트의 의미를 깊게 생각하여 탐구 자세를 갖고자 노력함. 라마누잔의 합이 갖는 모순과 증명 과정들을 탐구했으며, 이와 관련 있는 여러 무한수열의 합을 통해 확장성을 넓힘.

'수학자 이야기(모리 쓰요시)'를 읽고 오일러의 업적과 그의 연구에 대해 탐구함. 천문학 난제를 풀고 명성을 얻어 쏟아지는 업무량을 해결하다 한쪽 눈을 실명하면서도 계속되는 연구로 두 눈을 실명하고, 후에 장님이 된 채로 하인에게 구술 작업까지 시킨 그의 지식 탐구 열정에 감명을 받음. 한붓그리기에서 비롯된 그래프 이론에 대한 탐구활동을 펼쳐 오일러의 경로를 따라 누구나 이해하기 쉬운 지도 제작을 실행함.

관련 논문

수학사를 활용한 고등학교 수업자료 연구(박혜영, 2006)

관련 도서

《수학의 천재들》, 윌리엄 던햄, 경문사
《유클리드기하학, 문제해결의 기술》, 박종하, 김영사

**관련 계열
및 학과**

- 자연계열: 수학과, 응용수학과, 정보수학과, 정보보안암호수학과, 화학과, 통계학과
- 공학계열: 기계공학과, 전기공학과, 전자공학과, 컴퓨터공학과, 재료공학과, 소프트웨어학과
- 인문계열: 고고학과, 문화재학과, 사학과, 언어학과, 인류학과, 종교학과, 철학과, 문화인류학과

관련 교과

2022 개정 교육과정: 공통 수학 1, 공통 수학 2, 대수, 수학과제 탐구, 확률과 통계, 기하, 실용 통계

2015 개정 교육과정: 수학, 수학 I, 수학 II, 수학과제 탐구, 확률과 통계, 기하, 실용 수학

문학계열

외국어계열

수학계열

사회계열

보건계열

도덕계열

카오스

제임스 글릭 | 동아시아 | 2013

나비 효과 개념을 대중들에게 널리 알린 《카오스》의 20주년 기념판으로 과학의 전반적 역사, 카오스 연구자들의 삶과 과학을 소설처럼 흥미진진하게 그려내고 있다. 20여 년간 카오스를 연구한 카오스 전공자의 꼼꼼한 감수, 저자의 유려하고 흥미진진한 문체를 그대로 살린 번역으로 한층 더 편안하게 카오스 이론을 이해할 수 있는 계기가 될 것이다.

탐구 주제

주제1 나비 효과란 어느 한 곳에서 일어난 작은 나비의 날갯짓이 뉴욕에 태풍을 일으킬 수 있다는 이론으로 초기 조건의 사소한 변화가 전체에 막대한 영향을 끼칠 수 있음을 이르는 말이다. 이를 바탕으로 수학의 증명 과정에서 나비 효과의 영향을 받은 사례를 비교 분석하고 토론해 보자.

주제2 이 책은 자연의 본질은 비선형적이라고 말한다. 이는 초기의 작은 변화가 예측 불가능한 큰 변화로 귀결될 수 있으며, 상상할 수 없는 결과를 초래할 수 있음을 의미한다. 이를 바탕으로 인류의 역사에서 존재했던 비선형적 사례를 선정한 후 탐구하고 토론해 보자.

주제3 실생활에서 발견할 수 있는 동역학적 안정성에 관한 탐구

주제4 인간의 몸에서 발견할 수 있는 혼돈(비선형 과학)에 관한 탐구

학생부 기록 예시 (교과세특)

'카오스(제임스 글릭)'를 읽고 나비 효과에 대한 탐구 활동에 매진함. 9.11테러를 주제로 선정해 9.11테러 사건과 나비 효과와의 연관성에 대해 발표함. 미국 내 정치, 경제, 항공, 건축, 스포츠 등의 다양한 분야뿐 아니라 세계적으로도 거대한 파급 효과가 나타났음을 주장하면서 특히, 경제학적으로 미국의 주식 시장 개장 전 일어난 참사가 세계 주식 시장의 붕괴로 이어졌음을 조리 있게 역설한 부분이 인상적이었음.

'카오스(제임스 글릭)'를 읽고 인류의 역사에서의 비선형적 사례 탐구 활동을 진행함. 기상학적, 문화 예술적, 공학적 분야 등 다양한 분야에서의 비선형성의 활용에 대해 언급함. 특히, 문화 예술적 측면에서 관객에게 예측할 수 없는 요소와 기대감을 제공하며, 긴장감과 흥미, 관객의 참여를 유도할 수 있는 영화의 비선형적 구조에 대해 영화 '오펜하이머'를 예로 들어 발표하면서 발표 대회에서 동 학년 최우수 발표로 선정되기도 함.

관련 논문

프랙탈과 카오스 게임을 활용한 수학 영재교육 프로그램 연구 (배유진, 2011)

관련 도서

《우리 몸은 전기다》, 샐리 에이디, 세종서적
《형태의 기원》, 크리스토퍼 윌리엄스, 이데아

관련 계열 및 학과	• 자연계열: 수학과, 응용수학과, 정보수학과, 정보보안암호수학과, 화학과, 통계학과, 산림학과
	• 공학계열: 기계공학과, 전기공학과, 전자공학과, 컴퓨터공학과, 정보통신공학과, 컴퓨터과학과
관련 교과	• 인문계열: 철학과, 종교학과, 인류학과, 문화인류고고학과, 사학과

2022 개정 교육과정: 공통 수학 1, 공통 수학 2, 대수, 수학과제 탐구, 확률과 통계, 실용 통계, 인공지능 수학

2015 개정 교육과정: 수학, 수학 I, 수학 II, 수학과제 탐구, 확률과 통계, 실용 수학, 인공지능 수학

통계의 미학

최제호 | 동아시아 | 2007

통계는 세상을 움직이는 과학이다

통계의 미학
Statistical Thinking
·최제호 지음·

복잡한 세상의 이면을 꿰뚫어 보는 유쾌한 통계 이야기

데이터 수집의 중요성과 다양성의 통찰, 비교와 예측, 판단에 이르기까지 통계적으로 사고하는 방법을 설명하는 책이다. 기본적으로 통계 자료가 어떻게 만들어지는지, 또 어떻게 활용되는지 등을 이해하기 쉽게 소개한다. 또한 다양성을 염두에 두고 다양성이 발생하는 모양과 대상을 이해하는 통계적 사고의 개념을 익혀 관련한 주장의 타당성을 평가할 수 있도록 한다.

탐구 주제

주제1 정보의 홍수 속에서 살아가는 현대인들에게 통계적 사고를 통해 정보를 분석과 판단의 유용한 도구로서 활용하는 것은 매우 중요하다. 이를 토대로 잘못된 정보 활용의 사례를 탐구하고 통계적 사고를 통한 대안을 찾아 제시해 보자.

주제2 통계란 집단적 현상이나 수집된 자료의 내용에 관한 수량적인 기술이며 종합적으로 한눈에 알아보기 쉽게 일정한 체계에 따라 숫자로 나타낸 것을 말한다. 실생활에서 어렵지 않게 찾아볼 수 있는 통계 활용 사례를 찾아 탐구하고 그 내용을 발표해 보자.

주제3 인과관계와 상관관계에 관한 고찰

주제4 기본적인 통계 자료 생산과정에 관한 탐구

학생부 기록 예시 (교과세특)

'통계의 미학(최제호)'을 읽고 인과관계와 상관관계에 관한 탐구활동에 매진함. 원인과 결과가 되는 인과관계와 하나의 통계적 변화가 다른 여러 통계적 변화를 가져오는 함수적인 성격을 띠는 상관관계 각각의 예시를 분석함. 이를 통해 상관 분석이란 확률과 통계 분야와 큰 연관성을 지니면서 변수 간의 어떠한 선형적 관계를 가지는지 분석하고 예측하는 것이라고 설명하면서 확률과 통계 분야에 대한 생각의 폭을 확장시킴.

'통계의 미학(최제호)'을 읽고 역사적으로 통계 분석이 사용된 사례를 발표함. 세종대왕의 훈민정음 창제 과정에서의 통계 분석을 설명하면서 당시 사람들의 언어 습관, 발음 등을 조사하여 우리의 한글 창제에 통계 분석의 원리가 사용되었음을 주장의 근거로 사용함. 발표 과정 중 국문학과의 연관성을 예시로 통계적 분석은 숫자로 표현되는 수치에만 국한되는 것이 아닌 다양한 범주에서 유용하게 활용될 수 있음을 역설함.

관련 논문

중등학교 상관관계와 종속관계 지도 방법 개선을 위한 대학교재 비교 분석(김소현, 2012)

관련 도서

《신은 주사위 놀이를 하지 않는다》, 데이비드 핸드, 더퀘스트
《AI시대, 문과생은 이렇게 일합니다》, 노구치 류지, 시그마북스

관련 계열 및 학과
- 자연계열: 수학과, 응용수학과, 정보수학과, 정보보안암호수학과, 화학과, 통계학과, 산림학과
- 공학계열: 기계공학과, 전기공학과, 전자공학과, 컴퓨터공학과, 정보통신공학과, 건축학과

관련 교과
- 사회계열: 경영학과, 경제학과, 금융보험학과, 부동산금융보험학과, 회계학과, 지리학과

2022 개정 교육과정: 공통 수학 1, 공통 수학 2, 대수, 수학과제 탐구, 확률과 통계, 실용 통계, 인공지능 수학

2015 개정 교육과정: 수학, 수학 I, 수학 II, 수학과제 탐구, 확률과 통계, 실용 수학, 인공지능 수학

인문계열

예체능계열

수학계열

사회계열

과학계열

교육계열

틀리지 않는 법

조던 엘렌버그 | 열린책들 | 2016

우리가 살아가는 데 왜 수학이 필요한지, 실제로 어디에 어떻게 써먹을 수 있을지 등 우리가 수학을 대할 때 느끼는 근본적인 의문에 대해 다른 어떤 책보다도 치밀하게, 명료하게 그리고 유쾌하게 보여주는 책이다. 복잡한 현실에서 수학이 없다면 우리가 얼마나 틀리기 쉬운지, 반대로 수학을 통해 어떻게 틀리지 않을 수 있는지를 분명하게 알려 주고 있다.

탐구 주제

주제1 공부 시간과 시험 점수 간의 관계에 있어 종속변수(시험 점수)가 독립변수(공부 시간)에 따라 어떻게 바뀌는지 보고 그 관계를 찾는 것을 선형회귀라고 한다. 선형 예측 함수를 사용해 회귀식을 모델링하며, 알려지지 않은 파라미터를 데이터로 추정하는 과정에 대해 발표해 보자.

주제2 세율과 조세 수입의 관계를 나타내는 래퍼 곡선은 적정 세율까지는 세율을 올리면 조세 수입도 증가하는데, 그 이후부터는 그렇지 못하다는 결과를 보여 준다. 래퍼 곡선이 정비례 함수가 되기 위한 사회적 보장을 비롯한 사회적 변화에 대해 탐구하고 이를 토론해 보자.

주제3 부자가 더 부자가 될 수 있음에 대해 기댓값을 이용한 탐구

주제4 공정한 결정 기법인 다수결의 모순에 대한 탐구

학생부 기록 예시 (교과세특)

'틀리지 않는 법(조던 엘렌버그)'을 읽고 종속 변수와 독립 변수와의 선형 상관관계를 모델링하는 회귀 분석 기법을 탐구함. 실제 몇 개의 데이터를 가지고 선형 함수 기울기의 평균 오차 제곱의 값을 경사 하강법을 통해 가장 작은 값으로 구하고, y절편도 같은 방법으로 구하여 최적선을 구함. 독립 변수에 따라 종속 변수의 예측값을 알려 주는 프로그램을 경험하고, 수학적 논리를 통한 인공지능의 과정을 이해하게 됨.

'틀리지 않는 법(조던 엘렌버그)'을 읽고 다수결의 모순에 대해 탐구함. 다수결의 역사와 드 보르다가 연구한 선거 제도에서 사용되는 다수결의 수학적인 문제점에 대해 찾아내고 공정성을 담보로 한 투표 방법의 개선점을 찾으려 노력함. 다우돌 투표법과 콩도르세의 제안에서도 드러나는 수학적 모순들을 찾아내고, 계산식을 통해 수학적 오류 없이 투표를 운영할 방법을 찾으려 노력함으로써 확률에 대한 지식의 폭을 넓힘.

관련 논문

수학적 사고력 신장을 위한 지도방안(정승연, 2008)

관련 도서

《수학하는 뇌》, 안드레아스 니더, 바다출판사
《지금 시작해도 수학이 된다》, 쓰루사키 히사노리, 비전코리아

관련 계열 및 학과
- 자연계열: 수학과, 응용수학과, 정보수학과, 물리학과, 화학과, 통계학과, 생명과학과
- 공학계열: 기계공학과, 전기공학과, 전자공학과, 컴퓨터공학과, 재료공학과, 생명공학과
- 사회계열: 경영학과, 경제학과, 금융보험학과, 지리학과, 회계학과, 공공행정학과

관련 교과

2022 개정 교육과정: 수학과제 탐구, 확률과 통계, 기하, 실용 통계, 사회문제 탐구, 금융과 경제생활

2015 개정 교육과정: 수학, 수학과제 탐구, 확률과 통계, 기하, 실용 수학, 통합사회, 경제, 사회·문화

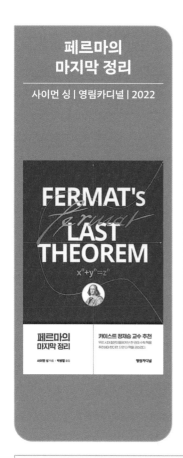

페르마의 마지막 정리

사이먼 싱 | 명림카디널 | 2022

수학자들은 17세기 프랑스의 아마추어 수학자 피에르 드 페르마가 남긴 정리에 350여 년 간 혹독한 시련을 겪었다. 수많은 사람이 페르마의 정리 증명을 위해 일생을 바쳤지만, 끝 내 빗장은 열리지 않는 듯했다. 그러나 끝내 영국의 수학자 앤드루 와일즈가 증명하면서 수학사는 새로운 장을 열게 되었다. '수학의 아름다움'에 미쳐버린 천재들의 꿈을 한 편의 이야기로 엮은 책이다.

탐구 주제

주제1 영국의 수학자 앤드루 와일즈는 10살에 페르마의 마지막 정리를 접하고, 반드시 증명해 내고 싶다는 꿈을 갖게 되었다. 결국 1993년 6월 증명을 했으나 오류가 발 생하였고, 1년 뒤 완벽히 증명을 하게 된다. 오류를 바로잡아 나간 과정을 설명하 고 그에 대해 토론해 보자.

주제2 피타고라스 정리와 형태적으로는 유사하지만 357년 동안 수학 난제로 존재했던 페르마의 마지막 정리를 증명하는 과정은 오랜 시간에 걸쳐 완성되었다. 앤드루 와일즈의 증명 이전, 페르마의 정리를 증명하고자 했던 발전 과정에서 사용된 특 정 이론에 대해 연구한 내용을 발표해 보자.

주제3 페르마의 수학사적 업적에 대한 탐구

주제4 페르마의 마지막 정리 증명 과정의 탐구

학생부 기록 예시 (교과세특)

'페르마의 마지막 정리(사이먼 싱)'를 읽고 350여 년간 수많은 수학자가 증명에 도전하며 보였던 열정과 집념에 자극받아 자 신도 페르마 정리의 증명 과정 탐구에 참여하여 정보를 탐색하 고 페르마의 정리를 이해하는 활동을 함. 특히 n=4인 경우의 증명 과정을 잘 이해하여 발표하게 되었고, 조원들이 페르마의 정리를 이해하는 과정을 도왔음. 이번 활동을 통해 피타고라스 정리에 대한 인식의 폭을 넓히는 계기가 됨.

'페르마의 마지막 정리(사이먼 싱)'를 읽고 변호사인 페르마가 보였던 수론 분야의 업적을 통해 지식 추구의 가치를 확고히 하 며 탐구활동에 매진함. 증명의 과정 중 자연수를 소수와 합성수 로 나누어 증명하려는 움직임에 크게 공감하고 소수인 경우의 증명, 일명 모델 추측에 대한 이해와 탐구에 힘을 기울임. 이 과 정에서 수학적 분류에 대한 당위성을 터득하였고 특히 방정식, 부등식 단원의 심화 단계에 자신감을 보임.

관련 논문

피타고라스 정리를 가르치기 위한 교사의 배경지식에 관한 연구(김효진, 2017)

관련 도서

《악마에 홀린 수학자들》, 야무차, 지브레인
《수학사 가볍게 읽기》, 샌더슨 스미스, 청문각

관련 계열 및 학과	• 자연계열: 수학과, 물리학과, 화학과, 생명과학과, 생물학과, 분자생물학과, 통계학과
	• 공학계열: 기계공학과, 전기공학과, 전자공학과, 반도체공학과, 컴퓨터공학과
관련 교과	• 사회계열: 경영학과, 경제학과, 금융보험학과, 도시행정학과, 법학과

2022 개정 교육과정: 공통 수학 1, 공통 수학 2, 대수, 미적분 II, 기하, 수학과제 탐구, 인공지능 수학

2015 개정 교육과정: 수학, 수학 I, 수학 II, 미적분, 확률과 통계, 실용수학, 인공지능 수학, 기하

국어교과군

영어교과군

수학교과군

사회교과군

과학교과군

도덕교과군

피타고라스 생각 수업

이광연 | 유노라이프 | 2023

고대 수학자이자 위대한 철학자 피타고라스에 대한 이야기이다. 그는 철학을 하기 위해 수학을 사용했으며, 인생을 이해하려면 수학을 반드시 배워야 한다고 강조했다. 피타고라스가 말하는 수는 '나와 세상을 연결하고, 몰랐던 세상을 발견할 수 있는 지식'의 정점이었다. 수학은 어렵지만, 일상의 복잡한 생각을 확장하고 명료하게 만들고 싶은 사람에게 도움이 될 만한 내용을 담고 있다.

탐구 주제

주제1 지문을 통해 범인을 찾는 과정에서 수많은 사람의 지문을 일일이 비교하느라 시간과 노력을 허비하지 않아도 분류와 추정의 수학 기법을 이용해 빠르고 정확하게 같은 지문을 찾을 수 있다. 분류와 추정의 수학 기법에 대해 탐구하고 그 내용을 발표해 보자.

주제2 핵무기 개발 계획 '맨해튼 프로젝트'를 수행한 물리학자 페르미에게서 기인했다는 '페르미 추정'에 대해 알아보자. 그는 트리니티 실험에서 실험용 폭탄이 터질 때 그 위력이 어느 정도인지 간단한 실험으로 추측했다고 한다. 이에 대해 탐구하고 설명해 보자.

주제3 천재 수학자 허준이 교수의 연결과 구조 이론에 대한 고찰

주제4 감성 주기 곡선과 사인 곡선의 관계에 대한 탐구

학생부 기록 예시 (교과세특)

'피타고라스의 생각 수업(이광연)'을 읽고 분류와 추정은 머신러닝 및 통계 분야에서 중요한 개념임을 알고 탐구활동을 펼침. 입력 데이터를 미리 정의한 클래스 또는 범주로 나누는 작업을 분류, 어떠한 문제에 대해 기초적인 지식과 논리적인 추론만으로 짧은 시간 안에 대략적 근사치를 짐작하는 법을 추정이라 한다는 개념을 이해함. 분류와 추정의 다양한 종류 탐색 및 두 개념의 수학 기법을 활용한 실생활 사례에 대해 탐구함.

'피타고라스의 생각 수업(이광연)'을 읽고 수학을 활용하는 이유는 한 치의 오차도 없는 결과를 찾아 그것을 이용하기 위함이지만 일상을 살아가며 대략의 수치가 필요한 경우 페르미 추정이 이용된다는 걸 심화 독서를 통해 알게 됨. 짧은 시간에 논리적인 가설과 가정을 통해 추정치를 얻는 페르미 추정의 과정을 흥미 있게 분석하였으며 이를 환경 분야에 활용해 공기 중의 이산화탄소 양과 증가량에 대한 연구를 해 나감.

관련 논문

피타고라스학파 사상의 수학교육학적 함의(차영주, 2015)

관련 도서

《하늘과 바람과 별과 인간》, 김상욱, 바다출판사
《역사를 품은 수학, 수학을 품은 역사》, 김민형, 21세기북스

관련 계열 및 학과

- 자연계열: 수학과, 응용수학과, 정보수학과, 정보보안암호수학과, 화학과, 통계학과

- 공학계열: 기계공학과, 전기공학과, 전자공학과, 컴퓨터공학과, 재료공학과, 소프트웨어학과

관련 교과

- 인문계열: 고고학과, 문화재학과, 사학과, 언어학과, 인류학과, 종교학과, 철학과, 문화인류학과

2022 개정 교육과정: 공통 수학 1, 공통 수학 2, 대수, 수학과제 탐구, 확률과 통계, 기하, 실용 통계

2015 개정 교육과정: 수학, 수학 I, 수학과제 탐구, 확률과 통계, 기하, 실용 수학

학문의 즐거움

히로나카 헤이스케 | 김영사 |
2013

이 책은 즐겁게 공부하다 인생에도 도통해 버린 어느 늦깎이 수학자의 인생 이야기를 담고 있다. 유년 학교 시험에도 떨어진 소년이 어떻게 하버드에서 박사를 따내고 수학의 노벨상이라는 필즈상까지 받았는지, 쟁쟁한 천재들을 제치고 학문의 기적을 이룩한, 이 평범한 사람의 비밀은 대체 무엇인지 이 책에서 확인할 수 있다.

탐구 주제

주제1 인간의 두뇌는 과거에 습득한 지식의 상당 부분을 모두 기억할 수는 없기 때문에 끊임없이 배우려고 한다. 배우는 과정이 매우 어렵지만 자신이 원하는 것을 공부하고 그것을 업으로 삼는 사람은 건강하다고 한다. 수학을 통해 얻을 수 있는 즐거움에 대해 토론하고 이를 발표해 보자.

주제2 '수학계의 노벨상'이라고 불리는 필즈상은 탁월하고 독창성 있는 수학적 연구를 한 40세 미만 수학자에게만 수여된다. 다른 상과 대비되는 특이한 조건들이 있는 필즈상 수상자의 연구 분야에 대해 조사하고 이를 탐구해 보자.

주제3 현실의 문제를 해결하는데 기초학문의 중요성에 대한 고찰

주제4 대수 다양체의 특이점 해소 정리의 증명 과정의 탐구

학생부 기록 예시 (교과세특)

'학문의 즐거움(히로나카 헤이스케)'을 읽고 사람들이 긴 시간 고생 하면서도 무엇인가를 배우고, 지식을 얻으려는 여러 이유에 대해 생각함. 첫째로 지식 추구의 큰 가치 때문이라는 점, 둘째로 인간의 삶에서 계속되는 새로운 문제 발생을 해결하기 위함이라는 점, 셋째로 자신을 계발하기 위해서라는 점, 넷째로 의사소통 및 사회적 관계를 유지하기 위함이라는 등 여러 이유를 찾아 친구들과 토의함으로 지식 추구의 가치를 고취함.

'학문의 즐거움(히로나카 헤이스케)'을 읽고 수학계의 노벨상인 필즈상에 대해 알게 되어 이에 대해 탐구함. 필즈상의 개요, 시상식, 수상 조건, 상금, 역대 수상자, 국가별 필즈상 수상자, 필즈상 스승과 제자 계보 등을 살펴보면서 일본의 세 번째 필즈상 수상자 모리 시게 후미와 그의 연구에 대해 조사 활동을 펼침. 그의 수상 업적인 3차원 대수 다양체의 최소 모형 이론에 대해 조사하고, 1차원 대수 다양체에 대해 탐색하고 이해함.

관련 논문

2015 개정 교육과정 수학 교과서의 의사소통 문항 분석: 고등학교 1학년 중심으로(고병수, 2019)

관련 도서

《방정식의 이해와 해법》, 다무라 사부로, 전파과학사
《우리가 세상을 이해하길 멈출 때》, 벵하민 라바투트, 문학동네

관련 계열 및 학과
- 자연계열: 수학과, 응용수학과, 정보수학과, 정보보안암호수학과, 화학과, 통계학과
- 공학계열: 기계공학과, 전기공학과, 전자공학과, 컴퓨터공학과, 정보통신공학과, 컴퓨터과학과
- 사회계열: 경영학과, 경제학과, 금융보험학과, 부동산금융보험학과, 회계학과, 지리학과

관련 교과

2022 개정 교육과정: 공통 수학 1, 공통 수학 2, 대수, 수학과제 탐구, 확률과 통계, 기하, 실용 통계

2015 개정 교육과정: 수학, 수학과제 탐구, 확률과 통계, 기하, 실용 수학

X의 즐거움

스티븐 스트로가츠 |
웅진지식하우스 | 2014

산수에서 대수학까지 단계를 밟아 가며 독자들을 즐거운 수학의 세계로 초대하는 책이다. 저자는 우리에게 익숙한 기초 수학 개념을 신선하게 해석하며 우리를 처음 수학을 배우던 때로 돌아가게 한다. 어린이 프로그램부터 셰익스피어의 〈로미오와 줄리엣〉, 얼룩말의 줄무늬와 크림치즈를 바른 베이글에 이르기까지 일상생활과 대중문화, 역사 등 세상 모든 것에 깃든 수학을 발견할 수 있다.

탐구 주제

주제1 우리는 수가 주는 편리함에 의지해 일상을 살아간다. 인류는 생활상의 필요에 의해 셈이라는 조작을 시작했고, 이를 통해 수를 지각하게 되었다는 사실만은 분명하다. 생활상의 필요에 의한 수의 발생에 관해 연구하고 이를 토론해 보자.

주제2 수학이 필요한 문제해결의 상황에서는 조건들을 수학의 언어로 바꾸고, 해의 범위로 수를 확장하고, 문장제의 함정을 뛰어넘어 근을 구하기까지의 해결 과정을 거친다. 방정식의 해결 과정과 우리의 삶의 과정을 비교하고 관련성을 연구하고 이를 발표해 보자.

주제3 도, 레, 미, 파, 솔, 라, 시, 도 음계의 진동 수에 관한 탐구

주제4 종이접기와 수학의 관련성에 관한 탐구

학생부 기록 예시 (교과세특)

'x의 즐거움(스티븐 스트로가츠)'을 읽고 종이접기와 수학의 관련성에 대한 탐구활동을 펼침. 종이 뭉치의 두께는 약 두 배씩 증가하면서 지수함수적으로 증가하기 때문에 최대 접는 횟수의 한계가 있다는 사실 관계를 알아냄. 반면에 종이 뭉치의 길이는 매번 절반으로 줄어들어 지수함수적으로 빠르게 감소한다는 사실로부터 지수함수의 특성과 그래프 개형 등을 유추하여 이해력을 향상을 얻음.

'x의 즐거움(스티븐 스트로가츠)'을 읽고 방정식을 탐구함. 조건들을 수학의 언어로 바꾸고, 해의 범위로 수를 확장하고, 문장제의 함정을 뛰어넘어 근을 구하기까지의 절차를 오류 없이 진행 시켜 가며 활용의 범위를 넓혀 나감. 함수를 이용한 방정식 풀이로 다양한 방정식의 풀이에 도전함으로써 다항함수의 그래프에 대한 이해의 폭을 넓히며 자신감을 드러냄. 부등식 영역에까지 적용을 확장시켜 나감.

관련 논문

생활속의 수학에 관한 연구(안성호, 2005)

관련 도서

《수학, 생각의 기술 UP》, 박종하, 김영사
《신도 주사위 놀이를 한다》, 이언 스튜어트, 북라이프

관련 계열 및 학과

• 자연계열: 수학과, 물리학과, 화학과, 통계학과, 생물학과, 미생물학과, 생명과학과

• 공학계열: 기계공학과, 전기공학과, 전자공학과, 컴퓨터공학과, 정보통신공학과

관련 교과

• 사회계열: 경영학과, 경제학과, 군사학과, 금융보험학과, 도시행정학과

2022 개정 교육과정: 공통 수학 1, 공통 수학 2, 미적분 I, 인공지능 수학, 확률과 통계, 수학과 문화

2015 개정 교육과정: 수학, 수학 I, 수학 II, 미적분, 실용수학, 확률과 통계, 인공지능 수학

사회교과군

순번	도서명	저자명	출판사명
1	가족 각본	김지혜	창비
2	권력과 진보	대런 아세모글루, 사이먼 존슨	생각의힘
3	그들이 말하지 않는 23가지	장하준	부키
4	그래서 역사가 필요해	신동욱	포르체
5	금융 오디세이	차현진	메디치미디어
6	기후 리바이어던	조엘 웨인라이트, 제프 만	앨피
7	넛지 파이널 에디션	리처드 탈러, 캐스 선스타인	리더스북
8	노동에 대해 말하지 않는 것들	전혜원	서해문집
9	당신이 모르는 민주주의	마이클 샌델	와이즈베리
10	돈의 속성	김승호	스노우폭스북스
11	돈의 역사는 되풀이된다	홍춘욱	포르체
12	동물들의 위대한 법정	장 뤽 포르케	서해문집
13	두 번째 지구는 없다	타일러 라쉬	알에이치코리아
14	디지털 치료제	김선현	포르체
15	디지털 팩토리	모리츠 알텐리트	숨쉬는책공장
16	미디어의 이해	마셜 매클루언	커뮤니케이션북스
17	버추얼 휴먼	오제욱	포르체
18	법 짓는 마음	이보라	유유
19	법은 얼마나 정의로운가	폴커 키츠	한스미디어
20	붕괴하는 세계와 인구학	피터 자이한	김앤김북스
21	사다리 걷어차기	장하준	부키
22	선거로 읽는 한국 정치사	김현성	웅진지식하우스
23	선량한 차별주의자	김지혜	창비
24	소유의 종말	제러미 리프킨	민음사
25	어떤 양형의 이유	박주영	모로

순번	도서명	저자명	출판사명
26	언택트 비즈니스	박경수	포르체
27	왜 세계의 절반은 굶주리는가?	장 지글러	갈라파고스
28	우리가 살 수 없는 미래	마이클 해리스	어크로스
29	우리에게는 다른 데이터가 필요하다	김재연	세종서적
30	우리에게는 헌법이 있다	이효원	21세기북스
31	우발적 충돌	스티븐 로치	한국경제신문
32	위기의 역사	오건영	페이지2북스
33	인간은 기계보다 특별할까?	인문브릿지연구소	갈라파고스
34	있지만 없는 아이들	은유	창비
35	장애시민 불복종	변재원	창비
36	저널리즘의 기본 원칙	빌 코바치, 톰 로젠스틸	한국언론진흥재단
37	정의란 무엇인가	마이클 샌델	와이즈베리
38	존중받지 못하는 아이들	박명금 외	서사원
39	좋아요는 어떻게 지구를 파괴하는가	기욤 피트롱	갈라파고스
40	죽은 경제학자의 살아있는 아이디어	토드 부크홀츠	김영사
41	중국은 어떻게 실패하는가	마이클 베클리, 할 브랜즈	부키
42	지속 불가능한 불평등	뤼카 샹셀	니케북스
43	창업가의 답	성호철, 임경업	포르체
44	총, 선, 펜	린다 콜리	에코리브르
45	총 균 쇠	재레드 다이아몬드	김영사
46	커넥트 파워	박명규 외	포르체
47	펭귄과 리바이어던	요차이 벤클러	반비
48	플랫폼노믹스	윤상진	포르체
49	한국인의 생각 2	강철구 외	푸른나무
50	AI 비즈니스 레볼루션	이진형	포르체

가족 각본

김지혜 | 창비 | 2023

이 책은 가족 제도에 숨은 불평등과 차별을 다룬다. 가족은 사회적 불평등을 강화하고 차별을 재생산해내는 제도라는 것이다. 결혼이 출산의 필수 조건인 것 등 우리 사회에서 깊게 박혀 있는 가족과 관련한 고정 관념을 비판하며, 현대 사회의 가족 형태가 다양해짐에 따라 변화하는 가족을 위한 새로운 제도의 필요성과 인식의 변화를 강조한다.

탐구 주제

주제1 저자는 현대 사회에서 다양해진 가족 형태에 따라 가족에 대한 인식 변화의 필요성을 강조한다. 가족에 대한 고정 관념과 편견을 고착화하는 기존의 공익 광고들을 찾아보고, 다양한 가족의 형태를 반영하는 공익 광고를 친구들과 함께 UCC로 제작하여 발표해 보자.

주제2 시대의 흐름에 따라 가족의 형태는 다양하게 변화되고 있다. 기존의 가족 형태에서 나타나는 사회 불평등 현상을 조사해 보고, 다양한 가족의 형태의 등장에 발맞추어 우리 사회에 필요한 제도 또는 정책을 제안하는 보고서를 작성해 보자.

주제3 현대 사회의 가족 형태와 기존 가족 형태의 비교 분석

주제4 다양한 가족의 형태에 따른 사회적 논의 및 판례 탐구

학생부 기록 예시 (교과세특)

사회·문화 수업에서 사회 불평등 현상에 관심을 가지고 '가족 각본(김지혜)'을 읽음. 해당 책의 저자가 현대 사회에서 다양해진 가족 형태에 따라 가족에 대한 인식 변화의 필요성을 강조한 점에 공감하며 모둠 활동을 실시함. 가족에 대한 고정 관념과 편견을 고착화하는 기존의 공익 광고들을 찾아보았으며, 다양한 가족의 형태를 반영하는 공익 광고를 친구들과 함께 UCC로 제작하여 발표한 활동 과정이 돋보였음.

우리 사회에서 나타나는 불평등을 알아보기 위한 도서로 '가족 각본(김지혜)'을 선정하여 탐독함. 이후 시대의 흐름에 따라 가족의 형태가 어떻게 변화되었는지를 분석하고, 기존의 가족 형태에서 나타나는 사회 불평등 현상에 대해 심층적으로 조사하였음. 우리 사회에 불평등 현상을 해결하기 위한 보고서 제작 활동에서 다양한 가족 형태에 따라 새로운 제도와 정책이 필요함을 강조한 점이 칭찬할 만함.

관련 논문

다양한 가족 유형의 확산에 따른 「민법」의 개선 과제 검토(김민지, 2020)

관련 도서

《선량한 차별주의자》, 김지혜, 창비
《나는 정상인가》, 사라 채니, 와이즈베리

관련 계열 및 학과	· 인문계열 : 인류학과, 언어학과, 철학과, 사학과, 문헌정보학과, 심리학과, 상담심리학과
	· 사회계열 : 사회학과, 사회복지학과, 언론정보학과, 미디어콘텐츠학과, 법학과, 행정학과
관련 교과	· 교육계열 : 가정교육과, 사회교육과, 윤리교육과, 아동보육학과, 교육학과, 유아교육과

2022 개정 교육과정: 통합사회, 사회와 문화, 아동발달과 부모, 인간과 경제활동, 생애설계와 자립

2015 개정 교육과정: 통합사회, 사회·문화, 경제, 생활과 윤리, 철학, 보건, 체인지메이커

인문계열

사회계열

수학계열

사회계열

자연계열

교육계열

권력과 진보

대런 아세모글루, 사이먼 존슨 |
생각의힘 | 2023

그동안은 경제학자 대부분이 기술의 진보가 노동의 생산성을 높인다고 보았다. 그러나 이 책의 저자는 기술의 발전이 곧 진보라고 확언할 수 있는지에 의문을 가진다. 특히 인공지능이 과연 모두에게 번영을 가져다 주었냐는 것이다. 기술 발전 방향을 정하는 집단은 소수 엘리트층에 불과하므로 기술 발전에 따른 후생을 모두 누릴 수 있도록 정치적·사회적 권력 기반이 재구성되어야 한다고 주장한다.

탐구 주제

주제1 챗GPT가 등장한 후 골드만삭스는 챗GPT가 생산성을 높여 세계 GDP를 7조 달러가량 높일 것으로 예측했다. 4차 산업 혁명 시대에서 AI 자동화로 나타날 수 있는 현상을 조사하고, AI 자동화의 한계점을 해결할 수 있는 방안을 제시하는 보고서를 작성해 보자.

주제2 저자는 기술의 진보가 결과적으로 사회적 후생을 낮추고 민주주의를 쇠퇴시켰으며, 온라인 민주주의는 AI 환상과 부합하지 않는다고 한다. 4차 산업 혁명 시대 온라인 민주주의의 사례를 조사하고, 온라인 민주주의의 장단점을 탐구하여 발표해 보자.

주제3 4차 산업 혁명 시대에 따른 기술 지체 현상 사례 조사

주제4 정보 격차의 실태와 해결 방안 탐구

학생부 기록 예시 (교과세특)

'권력과 진보(대런 아세모글루 외)'를 읽고 기술의 발전이 곧 진보를 의미하는지에 대한 의문을 가짐. 평소 AI 자동화에 관심이 많은 학생으로 챗GPT가 등장한 이후 현대 사회에 나타난 변화뿐만 아니라 4차 산업 혁명 시대에서 AI 자동화로 나타날 수 있는 현상을 심층적으로 조사하였음. 또한 다양한 자료를 통해 AI 자동화의 한계점을 파악하였으며, 이를 해결할 수 있는 방안을 제시하는 보고서를 작성함.

정치와 법 수업에서 학습한 민주주의 단원과 연계하여 자율 탐구 도서로 '권력과 진보(대런 아세모글루 외)'를 선정해 읽음. 이 책에서 기술의 진보가 결과적으로 사회적 후생을 낮추고 민주주의를 쇠퇴시켰다는 저자의 말이 인상 깊어 온라인 민주주의에 대해 탐구하기로 함. 4차 산업 혁명 시대에 온라인 민주주의가 도입된 사례를 모둠원들과 함께 조사하였으며, 온라인 민주주의가 도입될 경우의 장단점을 발표하였음.

관련 논문

챗(Chat) GPT의 이용과 저작권 쟁점 고찰(정윤경, 2023)

관련 도서

《칩워》, 크리스 밀러, 부키
《AI 이후의 세계》, 헨리 키신저 외, 월북

관련 계열 및 학과	• 인문계열: 문헌정보학과, 사학과, 심리학과, 사학과, 철학과, 언어학과, 인류학과
	• 사회계열: 사회학과, 정치외교학과, 경제학과, 경영학과, 미디어커뮤니케이션학과
관련 교과	• 교육계열: 과학교육과, 기술교육과, 사회교육과, 컴퓨터교육과, 교육공학과, 교육학과

2022 개정 교육과정: 통합사회, 통합과학, 정보, 정치, 사회와 문화, 생활과학 탐구, 인공지능 기초

2015 개정 교육과정: 통합사회, 통합과학, 정보, 사회·문화, 정치와 법, 생활과 과학, 융합과학

그들이 말하지 않는 23가지

장하준 | 부키 | 2023

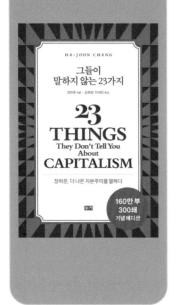

자본주의는 수많은 문제점을 가지고 있지만, 동시에 인류가 만들어 낸 가장 좋은 경제 시스템으로 여겨진다. 그러나 저자는 자유 시장 체제가 자본주의를 운영하는 유일한 방법이나 최선의 방법이 아니라며 자본주의를 더 나은 시스템으로 만들 방법에 대해서 고민해야 한다고 말한다. 경제 시민으로서 적극적인 권리를 행사하기 위해 필요한 경제의 주요 원칙과 기본적인 사실들을 알려 주는 책이다.

탐구 주제

주제1 본문 21장에는 미국이 유럽 여러 나라에 비해 복지 제도가 미비한데도 더 낮은 성장률을 보였다는 내용이 있다. '정부의 시장 개입과 복지 확대가 경제 발전을 저해할까?'라는 논제에 대해 생각해 보고, 의견을 발표해 보자.

주제2 저자는 자유 시장 경제학자들이 시장의 자유를 제한한다는 이유로 특정 규제의 도입을 반대하는 것은 그 규제를 통해 보호될 권리들을 부정한다는 정치적 견해 표명에 불과하다고 말한다. 자유 시장 경제의 한계점과 발전 방향 제안하는 보고서를 작성해 보자.

주제3 자본주의의 역사적 전개 과정에 대한 탐구

주제4 계획 경제 체제와 시장 경제 체제의 비교 분석

학생부 기록 예시 (교과세특)

통합사회 시간에 배운 대공황을 극복하기 위한 케인스의 주장과 연계하여 '그들이 말하지 않는 23가지(장하준)'를 읽음. 이를 통해 미국이 유럽 여러 나라에 비해 복지 제도가 미비한데도 더 낮은 성장률을 보이는 이유에 대해 알아봄. 또한 교사가 제시한 '정부의 시장 개입과 복지 확대가 경제 발전을 저해할까?'라는 논제에 친구들과 함께 토의하는 시간을 가졌으며, 본인의 의견을 논리적으로 발표하였음.

경제학에 관심이 많은 학생으로서 수업 시간에 배운 개념을 확장하고자 '그들이 말하지 않는 23가지(장하준)'를 읽고, 자유 시장 체제가 자본주의를 운영하는 최선의 방법인지에 대한 의문을 가짐. 저자의 입장에 공감하며 자유 시장 경제 체제에 대해 다양한 문헌을 활용하여 탐구하였음. 이후 자유 시장 경제 체제의 한계점을 규명하고, 자유 시장 경제 체제가 더 나은 방향으로 발전할 수 있는 방안을 제안하는 보고서를 작성함.

관련 논문
불로소득 자본주의와 현대 자본주의의 위기(지주형, 2022)

관련 도서
《돈의 속성》, 김승호, 스노우폭스북스
《나쁜 사마리아인들》, 장하준, 부키

관련 계열 및 학과	• 인문계열: 상담심리학과, 심리학과, 인류학과, 철학과
	• 사회계열: 경영학과, 경제학과, 국제통상학과, 금융보험학과, 무역학과, 소비자학과
관련 교과	• 교육계열: 교육학과, 사회교육과, 윤리교육과, 환경교육과, 기술교육과

2022 개정 교육과정: 통합사회, 경제 수학, 경제, 금융과 경제생활, 생애설계와 자립, 인간과 경제활동

2015 개정 교육과정: 통합사회, 경제 수학, 경제, 사회문제 탐구

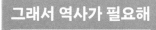

그래서 역사가 필요해
신동욱 | 포르체 | 2021

삶의 무기가 되는 역사 속 인물 이야기를 풀어 낸 책이다. 우리는 인생에서 수많은 좌절을 경험하기도 하고, 중요한 선택의 순간에 놓이기도 한다. 저자에 따르면 현대 사회에서 우리가 처하게 되는 위기들을 극복할 수 있는 해답이 바로 '역사'다. 역사 속 인물들의 처세뿐만 아니라 삶을 살아가는 자세, 가치관과 신념의 기준은 직면한 문제들을 해결해 나가는 데 도움을 줄 것이다.

탐구 주제

주제1 저자는 역사 속 인물들의 삶을 살아가는 자세, 가치관 및 신념을 통해 우리가 현대 사회에서 직면하게 되는 위기를 극복할 수 있다고 말한다. 내 삶에 가장 큰 영향을 미친 역사적 인물을 선정하고, 해당 인물의 삶에 대해 조명하는 자료를 만들어 발표해 보자.

주제2 2장에서는 정치적·이념적 갈등이 심한 사회 속 '김병로'라는 인물의 삶에 대해 이야기한다. 과거 한국 사회에서 정치적·이념적 갈등이 나타났던 사례를 조사해 보고, 현대 사회에서 나타나는 정치적·이념적 갈등 양상 및 해결 방안에 관한 보고서를 작성해 보자.

주제3 역사 속 인물을 통해 살펴보는 현대 사회 행복의 의미 고찰

주제4 역사 속 인물들이 겪은 사건, 사고와 행동 분석

학생부 기록 예시 (교과세특)

독립운동가의 생애와 삶에 대해 탐구했던 경험을 바탕으로 '그래서 역사가 필요해(신동욱)'를 읽음. 책에서 '역사 속 인물의 가치관, 신념을 통해 우리가 현대 사회에서 직면하게 되는 위기를 극복할 수 있다'라는 부분이 가장 인상 깊었다고 함. 이에 본인의 삶에 가장 큰 영향을 미치는 역사적 인물로 '김병로'를 선정하고 친구들과 함께 공유함. 또한 김병로의 삶에 대해 분석하고 조명하는 자료를 만들어 발표하였음.

한국사 속에서 나타나는 정치적 갈등에 관심을 가지고 1학년 때 한국사 수업에서 배운 지식을 확장하기 위해 '그래서 역사가 필요해(신동욱)'를 읽음. 한국 사회의 역사에서 나타나는 정치적·이념적 갈등의 사례를 다양한 문헌을 활용하여 조사하고 정리하였음. 이후 현대 사회에서 나타나는 정치적·이념적 갈등 양상을 분석하였으며, 이러한 갈등을 해결할 수 있는 방안에 관한 보고서를 작성한 점이 돋보임.

관련 논문
역사인물에 대한 영화적 탐구와 해석-연산군에 대한 영화를 중심으로(황혜진, 2022)

관련 도서
《역사의 쓸모》, 최태성, 다산초당
《벌거벗은 한국사: 사건편》, 〈벌거벗은 한국사〉 제작팀, 프런트페이지

관련 계열 및 학과
- 인문계열: 사학과, 고고학과, 고고미술사학과, 문헌정보학과, 인류학과, 언어학과, 철학과
- 사회계열: 문화콘텐츠학과, 미디어커뮤니케이션학과, 정치외교학과, 사회학과, 지리학과

관련 교과
- 교육계열: 역사교육과, 교육학과, 사회교육과, 윤리교육과, 국어교육과, 초등교육과

2022 개정 교육과정: 한국사, 통합사회, 역사로 탐구하는 현대 세계, 언어생활과 한자, 인간과 철학

2015 개정 교육과정: 한국사, 통합사회, 세계사, 동아시아사, 한문, 세계문제와 미래 사회, 철학

금융 오디세이

차현진 | 메디치미디어 | 2021

금융을 제대로 이해하기 위해서는 돈의 정체와 가치에 대해 알아야 하고, 경제학 교과서를 넘어 인류 문명사를 고찰해야 한다. 이 책에서 주로 다루는 것은 돈의 역사, 은행이 만들어진 이유, 중앙은행이 돈을 발행하게 된 이유 등이다. 저자가 설명하는 돈의 가치, 은행업의 시작, 글로벌 금융 위기와 같은 금융 이야기를 살피다 보면 새롭게 맞이할 금융 환경의 변화에도 대처할 수 있을 것이다.

탐구 주제

주제1 저자는 한국, 유럽, 미국의 금융 역사와 글로벌 금융 위기에 대해 말하며, 금융의 과거와 미래에 대해 조명하고 있다. 모둠원들과 함께 한국 사회의 금융과 관련된 역사적 사건에 대해 조사하고, 해당 역사적 사건이 현대 사회에 주는 시사점을 발표해 보자.

주제2 3부에서는 케인즈의 화폐 개혁론, 케인즈의 일반 이론과 대공황에 관한 내용을 파악할 수 있다. 경제적 위기인 대공황을 극복하기 위한 케인즈와 애덤 스미스의 견해 차이에 대해 분석해 보고, 두 경제학자 중 한 사람을 택하여 해당 학자의 의견을 지지하는 글을 작성해 보자.

주제3 '돈'에 대한 동서양의 관점 비교 분석

주제4 인물을 중심으로 한 세계 경제의 역사적 사건 탐구

학생부 기록 예시 (교과세특)

'금융 오디세이(차현진)'를 읽고 한국, 유럽, 미국의 금융 역사와 글로벌 금융 위기에 대해 파악하였으며, 금융의 과거와 미래에 대해 이해하는 능력을 기름. 금융에 대한 지속적인 관심을 바탕으로 모둠원들과 함께 한국 사회의 금융과 관련된 역사적 사건에 대해 조사함. 모둠에서 분석한 역사적 사건이 현대 사회에 주는 시사점을 발표하며 활동을 마무리하였으며, 경제학과 관련한 본인의 진로를 확고히 하게 되었다고 밝힘.

통합사회 시간에 배운 자본주의의 역사적 전개 과정 부분에서 애덤 스미스와 케인즈의 주장이 기억에 남아 '금융 오디세이(차현진)'를 관련 도서로 선정해 읽음. 도서를 통해 케인즈의 화폐 개혁론, 케인즈의 일반 이론과 대공황에 관한 내용을 파악하였음. 또한 경제적 위기인 대공황을 극복하기 위한 케인즈와 애덤 스미스의 견해 차이에 대해 분석하였으며, 케인즈를 택하여 케인즈의 의견을 지지하는 글을 논리적으로 작성함.

관련 논문

우리나라 금융사건·사고의 역사와 교훈: 금융규제와 금융윤리의 관점에서 (양채열, 신영직, 2022)

관련 도서

《50대 사건으로 보는 돈의 역사》, 홍춘욱, 로크미디어
《금융의 역사》, 윌리엄 N. 괴츠만, 지식의날개

관련 계열 및 학과
- 인문계열: 사학과, 철학과, 인류학과, 고고학과, 영어영문학과, 문헌정보학과
- 사회계열: 경제학과, 경영학과, 국제통상학과, 회계학과, 소비자학과, 정치외교학과
- 교육계열: 가정교육과, 사회교육과, 역사교육과, 교육학과, 영어교육과, 수학교육과

관련 교과

2022 개정 교육과정: 경제 수학, 실용 통계, 통합사회, 경제, 세계사, 금융과 경제생활, 인간과 경제활동

2015 개정 교육과정: 경제 수학, 통합사회, 경제, 세계사, 국제경제, 철학

국어교과군

영어교과군

수학교과군

사회교과군

과학교과군

도덕교과군

기후 리바이어던

조엘 웨인라이트, 제프 만 | 앨피 | 2023

세계가 급속한 기후 변화를 겪는 지금, 국가들의 기후변화 대응은 인류의 삶에 큰 영향을 미칠 것이다. 이 책에서는 주권과 자본이라는 두 가지 질문으로 나누어 미래에 출현할 수 있는 기후 리바이어던, 기후 베헤못, 기후 마오, 기후 X에 대해 설명한다. 특히 저자는 지구적 기후 정의에 적합하다고 생각하는 기후 X를 강조하고 있다. 기후 변화를 정치적 차원에서 전망한 점이 주목할 만한 책이다.

탐구 주제

주제1 이 책은 지구 미래에 관한 정치 이론이자 기후 정의에 대한 정치 이론이라는 평가를 받는다. 기후 위기와 국제 정치의 연관성을 탐구하고, 지구온난화가 우리 사회에 불러온 위기에 대응할 가장 적합한 정치 형태는 무엇인지에 관한 논설문을 작성해 보자.

주제2 저자는 국가들의 기후 변화에 대한 대응이 앞으로의 인류의 삶에 큰 영향을 미칠 것이라고 말한다. 한국의 기후 위기 대응 정책에 어떤 변화가 있었는지를 분석하고, '기후 X'의 입장에서 기후 위기를 극복할 수 있는 방안을 제안하는 보고서를 작성해 보자.

주제3 기후 위기 대응을 위한 국제 행위 주체의 역할 탐구

주제4 유엔 기후변화협약 당사국 회의(COP28)의 주요 의제 분석

학생부 기록 예시 (교과세특)

국제 정치 이론에 관심이 많은 학생으로 '기후 리바이어던(조엘 웨인라이트)'을 통해 기후 위기와 국제 정치의 연관성을 탐구함. 또한 모둠 친구들과 함께 지구온난화가 우리 사회에 불러온 위기에 대응하기 위한 가장 적합한 정치 형태는 무엇인지를 고민하는 시간을 가짐. 이후 기후 위기 대응에 가장 적합한 정치 형태를 논리적인 근거를 들어 설명하는 논설문을 작성한 점에서 창의력과 문제해결력을 확인함.

'기후 리바이어던(조엘 웨인라이트)'에서 국가들의 기후 변화에 대한 대응이 앞으로의 인류의 삶에 큰 영향을 미칠 것이라고 말한 것이 가장 인상 깊었다고 함. 추후 활동에서는 한국 사회의 기후 위기 대응 정책에서 어떤 변화가 있었는지를 분석하였음. 또한 책 속에서 지구적 기후 정의에 가장 적합하다고 생각하는 '기후 X'의 입장에서 기후 위기를 극복할 수 있는 방안을 제안하는 보고서를 작성함.

관련 논문

기후변화와 국제정치: 경제, 안보, 개발, 행위자 연구 어젠다(이태동, 2022)

관련 도서

《기후변화, 그게 좀 심각합니다》, 빌 맥과이어, 양철북
《기후 정의》, 한재각, 한티재

관련 계열 및 학과	• 인문계열: 철학과, 사학과, 심리학과, 상담심리학과, 문헌정보학과, 인류학과, 언어학과
	• 사회계열: 정치외교학과, 사회학과, 무역학과, 미디어커뮤니케이션학과, 행정학과
관련 교과	• 교육계열: 환경교육과, 사회교육과, 윤리교육과, 과학교육과, 기술교육과, 교육학과

2022 개정 교육과정: 통합사회, 통합과학, 세계시민과 지리, 윤리와 사상, 기후변화와 지속가능한 세계

2015 개정 교육과정: 통합사회, 통합과학, 윤리와 사상, 정치와 법, 국제정치, 지구과학, 생태와 환경

넛지 파이널 에디션

리처드 탈러, 캐스 선스타인 |
리더스북 | 2022

'넛지'란 선택 설계를 실현하는 장치를 말한다. 선택 설계란 큰 비용을 들이지 않고 약간의 개입만으로 바람직한 선택을 할 수 있도록 유도하는 방식이다. 이번 개정판은 팬데믹 이후 시대의 변화에 따라 새롭게 등장한 아이디어를 반영하여 넛지의 새로운 시사점을 제공한다. 기후 위기와 같은 시대에 맞는 넛지의 최신 사례와 다양한 선택 설계 아이디어 등 인간의 행동과 선택에 대한 관점을 뒤집는 책이다.

탐구 주제

주제1 행동경제학은 일반 경제학이 설명할 수 없는 합리적이지 못하거나 공정하지 않은 선택을 하는 이유에 대해 설명한다. 합리성과 효용에 관련된 사례(소유효과, 닻 내림 효과 등)를 조사하고, 세계 각국의 행동경제학을 바탕으로 하는 정책에 대해 탐구해 보자.

주제2 저자는 사람들의 원하는 결과를 얻기 어렵게 하는 '슬러지'를 없애야 한다고 주장한다. 마케팅 분야에서 소비자들의 현명한 선택을 어렵게 하는 슬러지의 사례를 탐구하고, 불필요한 슬러지를 없애는 방안에 대해 발표해 보자.

주제3 행동주의와 합리주의의 특징 및 장단점 비교 분석

주제4 넛지 효과를 활용한 금융 정책 제안 및 금융 상품 탐구

학생부 기록 예시 (교과세특)

'넛지(리처드 탈러 외)'를 읽고 인간이 합리적인 선택을 하기 어려운 이유에 대해 주목함. 합리성과 효용에 관련된 소유효과, 닻 내림 효과, 심리적 회계, 프레이밍 효과를 조사하고 실제 일상생활에서 해당 효과들이 어떤 모습으로 나타나는지 다양한 사례를 제시함. 이후 세계 각국의 행동경제학을 바탕으로 하는 다양한 정책을 탐구함. 특히 우리나라 지방 자치 단체에서 운영하는 행동경제학을 접목한 공공사업에 대해 발표함.

마케팅에 많은 흥미를 가지고 있는 학생으로 '넛지(리처드 탈러 외)'를 읽은 후 경제 수업 시간에 학습한 '합리적 선택'과 연계하여 탐구 활동을 수행함. 넛지 효과와 대비하여 '슬러지'는 합리적 선택을 어렵게 하는 선택 설계임을 설명하였으며, 광고와 마케팅 속에서 나타나는 슬러지의 사례에 대해 조사함. 이후 소비자들이 현명한 선택을 할 수 있도록 슬러지를 없앨 수 있는 방안에 대해 제안하였음.

관련 논문

팬데믹(Pandemic) 시대의 감염 예방을 위한 넛지(Nudge) 커뮤니케이션디자인 (이혜수, 2021)

관련 도서

《자본주의》, EBS〈자본주의〉제작팀, 가나출판사
《행동경제학》, 리처드 탈러, 웅진지식하우스

관련 계열 및 학과
- 인문계열: 상담심리학과, 심리학과, 인류학과, 철학과
- 사회계열: 경영학과, 경제학과, 국제통상학과, 금융보험학과, 무역학과, 소비자학과

관련 교과
- 교육계열: 교육학과, 사회교육과, 윤리교육과, 환경교육과, 기술교육과

2022 개정 교육과정: 통합사회, 경제, 금융과 경제생활, 사회문제 탐구, 인간과 경제활동, 실용 통계

2015 개정 교육과정: 통합사회, 경제, 사회문제 탐구, 실용 경제, 국제경제

국어교과군

영어교과군

수학교과군

사회교과군

과학교과군

도덕교과군

노동에 대해 말하지 않는 것들

전혜원 | 서해문집 | 2021

이 책은 우리 사회에 지속되는 정규직과 비정규직의 차별, 신산업의 혁신이 숙련 노동자를 해체하는 현상, 노동 현장의 각종 사고 등을 다루고 있다. 저자는 왜 여전히 노동법의 보호를 받지 못하는 사람들이 있는지, 동일 노동 동일 임금의 원칙이 왜 제대로 작동되지 않는지에 대한 의문을 던진다. 플랫폼 노동에서부터 중대 재해 처벌법에 이르기까지 노동과 관련한 쟁점들을 파악할 수 있는 책이다.

탐구 주제

주제1 저자는 쿠팡, 타다 등의 신산업은 혁신이 아닌 약탈이 된다고 말한다. 현대 사회에서 기술이 숙련 노동자를 해체하고 있는 사례를 조사하고, 4차 산업 혁명 시대에 기술이 노동을 대체하게 될 때 숙련 노동자들이 겪게 되는 위기에 관해 고찰하는 자료를 제작해 보자.

주제2 2부 고용 없는 노동에서는 플랫폼 일자리와 진화하는 노동법에 대해 다룬다. 다양한 문헌 자료를 활용하여 한국 사회의 노동 현장에서 플랫폼 노동자가 겪고 있는 실태를 조사하고, 플랫폼 노동자를 보호할 방안을 제안하는 보고서를 작성해 보자.

주제3 정규직과 비정규직의 투쟁 속에 숨은 차별 구조 분석

주제4 현행 근로 기준법의 문제점 고찰 및 개정안 제안

학생부 기록 예시 (교과세특)

'노동에 대해 말하지 않는 것들(전혜원)'에서 저자가 주장하는 '쿠팡, 타다 등의 신산업은 혁신이 아닌 약탈이 된다'는 것이 가장 인상 깊었다고 함. 이에 현대 사회에서 기술이 숙련을 해체하고 있는 사례를 조사하였음. 또한 4차 산업 혁명 시대에 기술이 노동을 대체하게 될 때 숙련 노동자들이 겪게 되는 위기에 관해 고찰하는 자료를 제작하여 발표하였음. 해당 활동을 통해 노동 인권과 노동 문제에 관한 본인의 관심을 확장함.

최근 이슈가 되고 있는 플랫폼 노동자 관련 문제에 관해 관심을 가지고, '노동에 대해 말하지 않는 것들(전혜원)'을 읽음. 해당 책을 통해 플랫폼 일자리와 진화하는 노동법에 대해 알아보았음. 이후 다양한 문헌 자료를 활용하여 한국 사회의 노동 현장에서 플랫폼 노동자가 겪고 있는 실태를 조사하고, 플랫폼 노동자를 보호할 수 있는 방안을 제안하는 보고서를 작성한 점이 인상 깊었음.

관련 논문

한국 플랫폼노동시장의 노동과정과 사회보장제의 부정합 (이승윤 외, 2020)

관련 도서

《오늘도 2명이 퇴근하지 못했다》, 신다은, 한겨레출판사
《미디어, 노동인권을 말하다》, 진선미, 메이킹북스

관련 계열 및 학과
- 인문계열 : 인류학과, 심리학과, 사학과, 철학과, 문헌정보학과, 심리학과
- 사회계열 : 공공행정학과, 행정학과, 경영학과, 경제학과, 사회복지학과, 사회학과

관련 교과
- 교육계열 : 교육학과, 기술교육과, 사회교육과, 과학교육과, 컴퓨터교육과, 윤리교육과

2022 개정 교육과정 : 통합사회, 사회와 문화, 정치, 법과 사회, 사회문제 탐구, 정보, 소프트웨어와 생활

2015 개정 교육과정 : 통합사회, 정치와 법, 사회·문화, 사회문제 탐구, 정보

당신이 모르는 민주주의

마이클 샌델 | 와이즈베리 | 2023

민주주의는 정말 선한가? 저자는 1990년대부터 현재까지 민주주의와 자본주의가 불편한 공존을 이루게 된 서사를 추적하며, 민주주의의 근본적인 문제와 그 해결방안을 모색하고 있다. 특히 우리는 소비자일 뿐 아니라 민주적 시민이라는 사실을 잊지 않아야 한다고 강조하며, 효과적인 민주 시민으로 거듭나려면 공적 삶을 어떻게 재구축해야 하는지에 대해 다룬다. 민주주의에 대한 시야를 넓혀 주는 책이다.

탐구 주제

주제1 이 책의 6장은 절차적 공화주의의 승리와 고난에 대해 다룬다. 논리적인 근거를 들어 자유주의적 자유와 공화주의적 자유 중 본인은 어떤 것을 더 중요시하는지에 대한 입장을 밝히고, 본인이 생각하는 바람직한 민주주의 체제에 대해 발표해 보자.

주제2 저자는 신자유주의적 자본주의는 어떤 사람들은 부유하게 만들고 어떤 사람들은 가난하게 만들었지만, 능력주의는 승자와 패자를 확연히 갈라 놓았다고 말한다. 기능론과 갈등론의 관점에서 현대 사회의 능력주의를 고찰하고, 능력주의에 대한 본인의 의견을 작성해 보자.

주제3 정당을 통해 고찰하는 미국 민주주의의 역사

주제4 자유 민주주의의 위기와 해결방안 제안

학생부 기록 예시 (교과세특)

'당신이 모르는 민주주의(마이클 샌델)'에서 절차적 공화주의의 승리와 고난에 대해 다룬 부분이 가장 인상 깊었다는 소감을 밝힘. 수업 시간에 실시한 자유주의적 자유와 공화주의적 자유 중 본인이 더 중요시하는 것은 무엇인지에 대해 입장을 밝혀 보는 활동에서 논리적 근거가 돋보였음. 이후 본인이 생각하는 바람직한 민주주의 체제는 절차적 공화주의라고 설명하는 자료를 제작하여 발표함.

공정한 사회에 관심이 많은 학생으로 진로 관련 도서로 '당신이 모르는 민주주의(마이클 샌델)'를 선정해 읽음. 저자가 주장하는 능력주의는 승자와 패자를 확연히 갈라 놓았다는 부분이 가장 인상 깊어 현대 사회의 능력주의에 대해 탐구해 보고자 함. 이를 위해 기능론과 갈등론의 관점에서 능력주의를 고찰해 보고, 능력주의는 우리 사회에서 소득 불평등을 만들어 낸다는 것을 주장하는 의견서를 작성하였음.

관련 논문

한국의 민주주의관과 민주주의 위기: 역사적 배경 (유은식, 김경미, 2023)

관련 도서

《미국에서 본 미국 정치》, 박홍민, 국승민, 오름
《어떻게 민주주의는 무너지는가》, 스티븐 레비츠키, 대니얼 지블랫, 어크로스

관련 계열 및 학과
- 인문계열: 철학과, 사학과, 심리학과, 언어학과, 인류학과, 상담심리학과, 문헌정보학과
- 사회계열: 사회학과, 경제학과, 경영학과, 정치외교학과, 사회복지학과, 행정학과

관련 교과
- 교육계열: 사회교육과, 윤리교육과, 교육학과, 영어교육과, 가정교육과, 기술교육과

2022 개정 교육과정: 통합사회, 사회와 문화, 정치, 법과 사회, 사회문제 탐구, 현대사회와 윤리, 철학

2015 개정 교육과정: 통합사회, 정치와 법, 사회·문화, 사회문제 탐구, 철학

돈의 속성

김승호 | 스노우폭스북스 | 2020

돈에 대한 기존의 생각들을 과감히 수정하는 책이다. 저자는 돈을 인격체로 설명하며, 돈은 인격체가 가진 품성을 그대로 가지고 있으므로 함부로 대하는 사람에게 돈이 다가가지 않는다고 말한다. 돈을 다루는 네 가지 능력, 부의 속성, 돈을 모으는 네 가지 습관, 돈에 대한 불편한 진실 등 돈에 대한 저자의 철학을 읽다 보면 돈의 노예가 아닌 주인이 될 수 있는 방법을 알게 될 것이다.

탐구 주제

주제1 저자는 좋은 돈이 찾아오는 일곱 가지 방법으로 '장기 목표를 가져라, 기록하고 정리하라, 시간이 많다고 생각하지 마라' 등을 말하고 있다. 저자의 관점을 반영하여 본인의 장기적인 재무 목표를 세워 보고, 성년기부터 노년기까지 생애 주기에 따른 재무 설계서를 작성해 보자.

주제2 저자는 '달걀을 한 바구니에 담지 마라'라는 격언에 따라 한 시장 안에서 여러 상품을 사 두고 분산 투자라고 착각하는 것은 위험하다고 한다. 전통적인 투자 방법인 예금, 적금, 부동산, 주식, 채권, 현물 등의 특성을 조사하고, 본인의 재무 목표에 따른 분산 투자 전략을 발표해 보자

주제3 예금과 적금에서 단리와 복리의 차이점 비교 분석

주제4 이자와 원리 합계 및 현재 가치와 할인율에 대한 탐구

학생부 기록 예시 (교과세특)

금융 분야에 많은 관심을 가지고 있는 학생으로서 진로 관련 도서로 '돈의 속성(김승호)'을 선택해 읽음. 책에서 가장 인상 깊었던 부분으로 좋은 돈이 찾아오는 일곱 가지 방법인 '장기 목표를 가져라, 기록하고 정리하라, 시간이 많다고 생각하지 마라.' 등을 선정함. 생애 주기에 따른 재무 설계 활동에서는 저자의 관점을 반영하여 본인의 장기적인 재무 목표를 세웠으며, 성년기부터 노년기까지에 이르는 재무 설계서를 작성하였음.

통합사회 시간에 분산 투자와 관련된 격언 중 '달걀을 한 바구니에 담지 마라'라는 말이 인상 깊었다고 함. 이에 투자에 관심을 가지고 '돈의 속성(김승호)'을 읽음. 한 시장 안에서 여러 상품을 사 두고 분산 투자라고 착각하는 것은 위험하다고 한다고 한 부분이 기억에 남았다는 소감을 밝힘. 이후 전통적인 투자 방법인 예금, 적금, 부동산, 주식, 채권, 현물 등의 특성을 조사하였으며, 본인의 재무 목표에 따른 분산 투자 전략을 발표함.

관련 논문

ESG 관점에서의 금융상품 관련 제도설계(최승재, 2022)

관련 도서

《돈의 심리학》, 모건 하우절, 인플루엔셜
《2030 축의 전환》, 마우로 기엔, 리더스북

관련 계열 및 학과	• 인문계열 : 사학과, 철학과, 인류학과, 고고학과, 영어영문학과, 문헌정보학과
	• 사회계열 : 경제학과, 경영학과, 국제통상학과, 회계학과, 소비자학과, 정치외교학과
	• 교육계열 : 가정교육과, 사회교육과, 역사교육과, 교육학과, 영어교육과, 수학교육과

관련 교과	2022 개정 교육과정 : 통합사회, 경제, 금융과 경제생활, 경제 수학, 인간과 경제활동, 실용 통계
	2015 개정 교육과정 : 통합사회, 경제, 경제 수학, 사회문제 탐구, 실용 경제, 국제경제

돈의 주도권을 잡기 위해서는 돈의 흐름을 읽을 수 있어야 한다. 저자는 제로 금리 시대에 투자는 선택이 아닌 필수라며 불확실한 미래를 대비하기 위해서는 반드시 돈 공부를 해야 한다고 말한다. 이 책은 투자, 주식, 무역, 경제 위기, 금리 등 현실과 밀접한 경제 흐름을 알려 준다. 더불어 최근 밀레니얼 세대들이 자산 시장에 뛰어든 현상에 대한 고찰을 바탕으로 현실적인 재테크 전략을 제시한다.

탐구 주제

주제1 1장에는 '이스털린의 역설은 사실일까?'라는 논제가 등장한다. 이스털린은 일정 수준의 이상의 돈을 가지면 더 이상 행복하지 않다는 주장을 했다. '이스털린의 역설'에 대한 본인의 의견을 발표하고, 이스털린의 역설에 대한 반론을 제시하는 글을 작성해 보자.

주제2 저자는 '열 명이 있는 술집에 워런 버핏이 들어오면?'이라는 질문을 던지며 평균의 오류에 대해 말한다. 우리 사회에서 평균의 오류를 보여 주는 현상에는 어떤 것들이 있는지 조사하고, 평균의 오류를 최소화하기 위한 예측 모델을 제안하는 보고서를 작성해 보자.

주제3 미국 국채 수익률과 한국 증시의 관계 분석

주제4 자유 무역이 우리나라 경제에 미치는 영향 탐구

학생부 기록 예시 (교과세특)

'돈의 역사는 되풀이된다(홍춘욱)'를 읽고 통합사회 시간에 행복 단원을 배우며 접한 이스털린의 역설이 가장 인상 깊었다고 함. '부유한 국가일수록 국민이 행복할까?'라는 주제로 진행한 토론 활동 시간에는 스티븐슨과 울퍼스의 관점을 예시로 들어 반론을 제기함. 특히 소득이 늘어나면 선택할 기회가 많아져 더 자유롭고 건강한 생활을 하므로 돈이 행복에 미치는 영향에는 한계가 없다고 말한 점이 돋보였음.

'평균의 종말(토드 로즈)'을 읽은 후 후속 독서 활동으로 '돈의 역사는 되풀이된다(홍춘욱)'를 읽음. 저자가 던지는 '열 명이 있는 술집에 워런 버핏이 들어오면?'이라는 질문에서 평균의 오류를 찾아낸 후 이를 탐구하기로 함. 우리 사회의 경제 현상에서 평균의 오류를 보여 주는 현상에는 어떤 것들이 있는지 조사하였으며, 평균의 오류를 최소화하기 위한 예측 모델을 제안하는 보고서를 작성함.

관련 논문

이스털린 역설에 대한 연구-만족점의 존재여부를 중심으로(문진영, 2012)

관련 도서

《투자의 신세계》, 김영익 외, 리치캠프
《부의 대이동》, 오건영, 페이지2북스

관련 계열 및 학과
- 인문계열: 사학과, 철학과, 인류학과, 고고학과, 영어영문학과, 문헌정보학과
- 사회계열: 경제학과, 경영학과, 국제통상학과, 회계학과, 소비자학과, 정치외교학과

관련 교과
- 교육계열: 가정교육과, 사회교육과, 역사교육과, 교육학과, 영어교육과, 수학교육과

2022 개정 교육과정: 통합사회, 경제, 금융과 경제생활, 경제 수학, 인간과 경제활동, 실용 통계

2015 개정 교육과정: 통합사회, 경제, 경제 수학, 사회문제 탐구, 실용 경제, 국제경제

국어교과군

영어교과군

수학교과군

사회교과군

과학교과군

도덕교과군

동물들의 위대한 법정

장 뤽 포르케 | 서해문집 | 2022

이 책에서는 급격한 기후 변화로 인해 생물 다양성이 감소한 상황을 가정한다. 인간이 멸종 위기 동물 열 종 중 한 종만 배심원 판결을 통해 보호할 수 있다는 것이다. 우리는 각각의 동물들이 자기가 살아남아야 하는 이유에 대해 호소하는 변론을 듣고, 어떤 종을 선택해야 할 것인지 정해야 한다. 생물 다양성 상실이 가져올 미래를 보여 줌으로써 공생의 방법을 고민하게 하는 우화이다.

탐구 주제

주제1 우리나라 정부는 동물 복지 강화를 위한 법적 추진 기반을 마련하기 위해 현행 동물보호법을 '동물복지법'으로 개편할 예정이다. 대한민국 정책 브리핑 사이트를 활용해 현행 동물 보호법의 문제점을 찾아보고, 2024년 동물복지법 개편안에 대한 의견을 발표해 보자.

주제2 동물의 권리를 보호하는 변호사들은 '지구의 주인이라는 시대착오 속에 돈키호테로 살고 있는 것은 인간뿐이다'라고 말한다. 우리나라의 동물권 침해 사례를 조사하고, 일상생활에서 동물권 보호를 실천할 수 있는 방안에 대한 보고서를 작성해 보자.

주제3 동물권 보호를 위한 윤리적 소비 제안

주제4 동물권 운동의 역사적 전개 과정 탐구

학생부 기록 예시 (교과세특)

평소 동물의 복지에 많은 관심을 가지고 있어 동물권에 관한 기사를 찾아보던 중 길고양이 학대 등 우리나라에서 지속적으로 발생하는 동물 학대에 문제의식을 느낌. 우리나라 정부가 현행 동물보호법을 '동물복지법'으로 개편할 예정임을 확인한 후, 우리나라의 정책 및 법률 관련 사이트를 활용해 현행 동물법과 동물 복지에 관련된 정책을 찾아보았음. 또한 2024년 동물복지법 개편안에 대한 본인의 의견을 발표한 점이 인상 깊음.

'동물들의 위대한 법정(장 뤽 포르케)'을 읽고 동물의 권리 보호를 위한 지속적인 실천 행동에 대해 고민을 하게 되었다고 함. '지구의 주인이라는 시대착오 속에 돈키호테로 살고 있는 것은 인간뿐이다'라는 동물의 권리를 옹호하는 변호사들의 말을 인용하며 동물 복지의 중요성을 역설함. 이후 우리나라에서 나타나는 동물권 침해 사례를 조사하고, 일상생활부터 동물권을 보호를 실천할 수 있는 방안에 대한 보고서를 작성하였음.

관련 논문

동물권 운동과 다문화주의(최훈, 2019)

관련 도서

《침묵의 봄》, 레이첼 카슨, 에코리브르
《미래 세대를 위한 채식과 동물권 이야기》, 이유미, 철수와영희

관련 계열 및 학과	• 인문계열 : 철학과, 인류학과, 언어학과, 사학과, 심리학과, 상담심리학과, 문헌정보학과
	• 사회계열 : 사회학과, 사회복지학과, 행정학과, 법학과, 정치외교학과, 소비자학과
관련 교과	• 교육계열 : 윤리교육과, 사회교육과, 생물교육과, 가정교육과, 교육학과, 초등교육과

2022 개정 교육과정: 통합사회, 법과 사회, 현대사회와 윤리, 사회문제 탐구, 생명과학, 철학

2015 개정 교육과정: 통합사회, 정치와 법, 생활과 윤리, 사회문제 탐구, 생명과학, 철학

두 번째 지구는 없다

타일러 라쉬 | 알에치코리아 | 2020

저자는 기후 위기가 인간이 자연의 일부라는 생각을 외면하면서 시작되었다고 한다. 2050년까지 한국은 기후 위기로 인해 100억 달러의 경제적 손실을 보게 되고, 산불과 가뭄, 홍수 등 재난은 일상화되며, 코로나19 이외의 전염병이 다시 등장하게 될 것이라는 것을 강조한다. 자연과 단절되어 기후 위기의 심각성을 깨닫지 못하는 현대인들에게 코로나 이후의 기후 위기를 직면하게 해 주는 입문서이다.

탐구 주제

주제1 저자는 자연과 인간의 존재를 연결하는 성찰, 환경 문제를 바라보는 새로운 시각의 필요성을 강조한다. 기후 위기로 인해 한국 사회에 나타날 수 있는 손실을 조사하여 발표하고, 생태중심주의의 필요성에 대해 강조하는 글을 작성해 보자.

주제2 이 책에서 저자는 환경을 살릴 수 있는 유일한 방법이 우리의 요구와 적극적인 행동이라고 말한다. 일상생활에서 기후 위기를 극복하기 위해 실천할 수 있는 방안을 조사하고, 교내 학생들에게 기후 위기의 심각성을 알리는 캠페인을 진행해 보자.

주제3 일상생활 속 경제활동과 기후 위기의 상관관계 분석

주제4 인간중심주의와 생태중심주의의 비교

학생부 기록 예시 (교과세특)

통합사회 시간에 배운 인간중심주의, 생태중심주의와 연계하여 '두 번째 지구는 없다(타일러 라쉬)'를 읽음. 자연과 인간의 존재를 연결하는 성찰이 필요하며, 환경 문제를 바라보는 새로운 시각의 필요성을 강조하는 저자에 입장에 깊이 공감하였다고 밝힘. 이후 기후 위기로 인해 한국 사회에 나타날 수 있는 손실을 조사하여 발표하였으며, 현대 사회를 살아가는 사람들에게 생태중심주의의 필요성에 대해 강조하는 글을 작성하였음.

'두 번째 지구는 없다(타일러 라쉬)'를 읽고 코로나19 이후 기후 위기의 심각성을 느껴 이를 극복하기 위한 노력을 고민하게 되었다고 함. 이에 일상생활에서 기후 위기를 극복하기 위해 실천할 수 있는 방안으로 플라스틱 통 여러 번 재사용하기, 과대 포장한 제품 및 선물 세트 피하기 등을 제안함. 추후 실천 활동으로 교내 학생들에게 기후 위기의 심각성을 알리는 캠페인을 진행한 점이 인상 깊었음.

관련 논문

기후위기 담론에서 인문학의 위상과 인문정책 방안(임철희, 이정철, 2022)

관련 도서

《최종 경고: 6도의 멸종》, 마크 라이너스, 세종서적

《나는 풍요로웠고, 지구는 달라졌다》, 호프 자런, 김영사

관련 계열 및 학과	• 인문계열: 사학과, 문헌정보학과, 인류학과, 철학과, 심리학과, 상담심리학과
	• 사회계열: 사회학과, 지리학과, 국제통상학과, 경영학과, 경제학과, 정치외교학과
관련 교과	• 교육계열: 전 교육계열

2022 개정 교육과정: 통합사회, 통합과학, 세계시민과 지리, 윤리와 사상, 기후변화와 지속가능한 세계

2015 개정 교육과정: 통합사회, 통합과학, 지구과학, 생태와 환경, 윤리와 사상

국어과교과군

영어과교과군

수학과교과군

사회과교과군

과학과교과군

도덕과교과군

디지털 치료제

김선현 | 포르체 | 2022

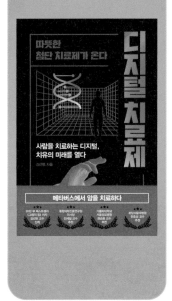

삶의 필수 요소가 된 디지털은 코로나19와 함께 더욱 가속화되었고 '디지털 치료제'까지 등장했다. 디지털 치료제란 스마트 워치처럼 헬스 케어를 도와주는 서비스로, 우울증을 앓는 사람의 마음을 어루만지는 역할도 가능한 따뜻한 치료제이다. 저자는 이 책을 통해 디지털 치료가 디지털 격차의 해답이 될 수 있다고 말하며, 디지털 치료에 대한 편견을 깨고자 한다.

탐구 주제

주제1 2장에서 저자는 '첨단기술이 인간적일 수 있을까?'라는 질문을 던지며, 소외된 사람들, 미술 치료가 필요한 사람들에게 디지털 치료가 하나의 답이 될 수 있다고 말한다. 디지털과 인간의 관계에 대해 고찰하고, 디지털화가 인간에게 미칠 수 있는 영향을 발표해 보자.

주제2 저자는 디지털을 어떻게 우리 삶에 잘 받아들일 것인지를 고민해야 하며, 고도의 디지털화가 오히려 디지털 격차를 해소하는 방안이 될 수도 있다고 한다. 디지털 소외 계층이 겪고 있는 디지털 양극화 실태를 조사하고, 이를 해결하기 위한 방안을 제안하는 보고서를 작성해 보자.

주제3 코로나 블루의 원인과 해결 방안 탐구

주제4 전통적 치료 방식의 한계 극복을 위한 디지털 치료 방식 고찰

학생부 기록 예시 (교과세특)

심리학에 많은 관심을 가지고 있는 학생으로 4차 산업 혁명 시대에 인간의 심리 치료를 지원할 수 있는 방안에 관해 고민하던 중 '디지털 치료제(김선현)'를 접함. 2장 '첨단 기술이 인간적일 수 있을까?'에서 소외된 사람들, 미술 치료가 필요한 사람들에게 디지털 치료가 하나의 답이 될 수 있음을 알게 되었다고 함. 이후 디지털과 인간의 관계에 대해 고찰하고, 디지털화가 인간에게 미칠 수 있는 영향을 발표하였음.

사회·문화 수업에서 현대 사회의 문제 중 정보 격차가 있음을 알고 해결 방안을 찾기 위해 '디지털 치료제(김선현)'를 읽음. 디지털을 어떻게 삶에 잘 받아들일 것인지를 고민해야 하며, 고도의 디지털화가 오히려 디지털 격차를 해소하는 방안이 될 수도 있다는 저자에 관점에 동의한다는 의견을 밝힘. 디지털 소외 계층이 겪고 있는 디지털 양극화 실태를 조사하고, 디지털 양극화의 해결 방안을 제안하는 보고서를 작성한 점이 인상적임.

관련 논문

디지털 격차가 노인의 디지털 일상생활에 미치는 영향 분석(허성호, 2020)

관련 도서

《AI 세계미래보고서 2023》, 박영숙 외, 더블북
《메타버스 2》, 김상균, 플랜비디자인

관련 계열 및 학과

- 인문계열: 인류학과, 문헌정보학과, 심리학과, 상담심리학과, 철학과, 언어학과

- 사회계열: 사회학과, 사회복지학과, 경영학과, 미디어커뮤니케이션학과, 정치외교학과

관련 교과

- 교육계열: 컴퓨터교육과, 기술교육과, 사회교육과, 과학교육과, 환경교육과, 교육학과

2022 개정 교육과정: 통합사회, 통합과학, 정보, 매체와 의사소통, 소프트웨어와 생활, 인공지능 기초

2015 개정 교육과정: 통합사회, 통합과학, 정보, 언어와 매체, 인공지능 기초, 사회문제 탐구

디지털 팩토리

모리츠 알텐리트 | 숨쉬는책공장 | 2023

디지털 자본주의 시대에 맞추어 아마존, 구글 등 다양한 형태의 디지털 공장이 생겨났다. 디지털 공장은 자유롭게 일할 수 있다고 착각하기 쉽지만 실제로는 노동이 서열화되고, 은폐되는 것이 현실이다. 저자는 디지털 노동의 실태를 알리고, 노동 환경을 개선하기 위한 사회적 노력이 필요함을 말한다. 전 세계 디지털 공장 노동자들의 이야기를 통해 디지털로 인한 강제 노동 시스템을 비판하는 책이다.

탐구 주제

주제1 저자는 디지털 기술이 만든 작업 환경이 20세기 초 테일러주의 공장과 유사하다고 말한다. 테일러주의 공장, 디지털 공장의 공통점과 차이점을 비교하고, 4차 산업 혁명 이후 노동 현장에 어떤 변화가 나타났는지 조사하여 발표해 보자.

주제2 19세기 영국에서는 공장 감독관 보고서가 공개되고 공장법과 노동법이 만들어졌다. 플랫폼 종사자 보호법에 명시된 핵심 내용을 고찰하고, 노동법의 사각지대에서 보호를 받지 못하는 플랫폼 노동자들을 위한 입법 제안서를 작성해 보자.

주제3 플랫폼 공장 노동자를 보호하기 위한 정책 제안

주제4 플랫폼 종사자 보호법을 바라보는 경영자와 노동자의 입장 차이

학생부 기록 예시 (교과세특)

플랫폼 노동자의 실태에 관해 알아보기 위해 '디지털 팩토리(모리츠 알텐리트)'를 읽음. 디지털 공장에서 노동자들은 플랫폼을 위한 연료로 갈려 나가고 있으며, 디지털 기술이 만든 작업 환경이 20세기 초 테일러주의 공장과 유사하다는 것에 충격을 받았다고 함. 이에 테일러주의 공장과 디지털 공장의 공통점과 차이점을 비교하고, 4차 산업 혁명 이후 노동 현장에 나타난 변화에 대해 조사하여 발표하는 탐구력을 보여 줌.

노동 환경과 노동 문제에 관심을 가지고 지속적인 탐구 활동을 하는 학생임. 진로 도서로 '디지털 팩토리(모리츠 알텐리트)'를 읽고, 플랫폼 노동자에 관해 심층적으로 알아보기로 함. 책을 읽은 후 4차 산업 혁명 이후 플랫폼 공장에서 노동자들이 겪는 현실에 문제의식을 느끼고 플랫폼 종사자 보호법을 탐색함. 해당 법에 명시된 핵심 내용을 고찰하였으며, 노동법의 보호를 받지 못하는 플랫폼 노동자들을 위한 입법 제안서를 작성함.

관련 논문

노동의 디지털화에 따른 일하는 방식의 변화와 노동법의 미래-재택근로의 제도화를 중심으로(권혁, 2020)

관련 도서

《노동의 미래》, 라이언 아벤트, 민음사
《디지털이 할 수 없는 것들》, 데이비드 색스, 어크로스

관련 계열 및 학과	• 인문계열: 인류학과, 문헌정보학과, 심리학과, 상담심리학과, 철학과, 언어학과
	• 사회계열: 사회학과, 경영학과, 경제학과, 법학과, 정치외교학과, 사회복지학과
관련 교과	• 교육계열: 컴퓨터교육과, 기술교육과, 사회교육과, 과학교육과, 윤리교육과, 교육학과

2022 개정 교육과정: 통합사회, 기술과 가정, 법과 사회, 사회문제 탐구, 정보, 인공지능 기초

2015 개정 교육과정: 통합사회, 기술과 가정, 정치와 법, 정보, 인공지능 기초, 사회문제 탐구

미디어의 이해

마셜 매클루언 | 커뮤니케이션북스 |
2011

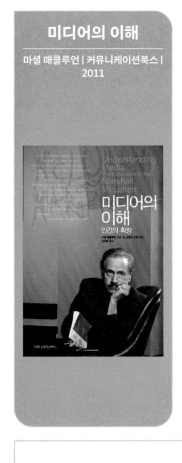

저자는 미디어를 '인간이 만들어 낸 어떤 형태의 매개체'라고 정의한다. 즉 미디어는 다양한 형태로 존재하며 인간 사회에서 정보를 전달하고 교류하는데 중요한 역할을 한다는 것이다. 또한 미디어는 인류의 사고 방식과 감각을 형성하는 힘이라고 주장하며 미디어를 '인간의 확장'이라고 부른다. 이 책을 통해 오늘날의 미디어 연구에도 큰 영향을 미치고 있는 마셜 매클루언의 미디어 이론에 대해 알아볼 수 있다.

탐구 주제

주제1 스마트폰의 등장에 따라 소셜 미디어, 비디오 게임, 온라인 동영상 스트리밍을 이용하는 청소년들이 증가했다. 우리 학교 학생들을 대상으로 질문지법을 활용하여 청소년들의 미디어 의존도를 조사하고, 미디어 소비 패턴을 분석하는 보고서를 작성해 보자.

주제2 저자는 〈뉴미디어의 이해에 관한 연구 보고서〉를 바탕으로 이 책을 저술했다고 한다. 4차 산업 혁명 시대에서 인공지능이 미디어 산업에 미치는 영향을 조사하고, 뉴미디어를 넘어 미래의 미디어 형태와 콘텐츠를 예측하는 자료를 만들어 발표해 보자.

주제3 미디어 리터러시의 중요성과 교육 방안 탐구

주제4 미디어가 현대 사회의 정치적 결정에 미치는 영향 분석

학생부 기록 예시 (교과세특)

미디어와 매체에 관해 관심이 많은 학생으로 진로 도서로 '미디어의 이해(마셜 매클루언)'를 읽음. 이후 우리 학교 학생들을 대상으로 질문지법을 활용하여 청소년들의 미디어 의존도를 조사하였으며, 조사 결과 스마트폰의 등장으로 미디어 의존도가 높아졌다는 결론을 도출함. 뿐만 아니라 우리 학교 학생들의 미디어 의존도와 미디어 소비 패턴을 분석하는 보고서를 작성하여 발표한 점이 돋보였음.

사회·문화 수업에서 학습한 대중매체 및 뉴미디어와 연계하여 '미디어의 이해(마셜 매클루언)'를 읽음. 뉴미디어에 대한 본인의 관심을 확장하여 4차 산업 혁명 시대에서 인공지능이 미디어 산업에 미치는 영향에 대해 조사함. 뉴미디어를 넘어 미래의 미디어 형태와 콘텐츠를 예측하는 시각 자료를 만들어 논리적으로 발표하여 급우들에게 큰 호응을 얻음. 자신만의 창의적인 관점으로 미래를 예측하여 발표를 준비한 점이 인상적임.

관련 논문
뉴미디어 시대의 알고리즘과 민주적 의사형성 (이승택, 2021)

관련 도서
《현대사회와 미디어커뮤니케이션》, 한국언론정보학회, 한울아카데미
《뉴미디어와 정보사회》, 오택섭 외, 나남

관련 계열 및 학과
- 인문계열: 문헌정보학과, 철학과, 인류학과, 사학과, 문예창작학과, 국어국문학과
- 사회계열: 미디어커뮤니케이션학과, 문화콘텐츠학과, 언론정보학과, 사회학과
- 교육계열: 사회교육과, 기술교육과, 컴퓨터교육과, 교육공학과, 과학교육과

관련 교과

2022 개정 교육과정: 매체와 의사소통, 통합사회, 사회와 문화, 음악과 미디어, 지식 재산 일반

2015 개정 교육과정: 통합사회, 사회·문화, 언어와 매체, 정보

버추얼 휴먼

오제욱 | 포르체 | 2022

위암으로 세상을 떠난 한 가수가 되살아나 무대에 올라 많은 사람이 감동했던 일화가 있다. 인공지능과 확장 현실 기술을 영상에 접목한 AI 복원 기술의 사례였다. 저자는 메타버스 세계의 신인류인 '버추얼 휴먼'을 소개하고, 비즈니스에서 버추얼 휴먼을 활용할 방법, 디지털 부캐, MZ 세대와 소통하기 위해서는 버추얼 휴먼을 활용해야 한다는 점 등을 이야기한다. 버추얼 휴먼의 미래를 보여 주는 책이다.

탐구 주제

주제1 저자는 메타버스 시대에는 가상 세계에서 본인의 모습을 다양하게 표출하고자 하는 욕구가 커질 것이라고 한다. 또한 MZ 세대가 트렌드를 주도하면서 버추얼 휴먼 산업이 더욱 각광 받고 있다고 설명한다. MZ 세대의 의사소통 방식 및 버추얼 휴먼에 대한 인식을 발표해 보자.

주제2 저자가 운영하는 회사의 비즈니스 모델은 '가상 얼굴 분양센터'이며, 딥페이크를 활용하여 만든 하이퍼리얼리즘 가상 얼굴 '루이'는 개개인의 자아실현을 돕고자 하는 목표를 가지고 있다고 한다. 딥페이크 기술의 한계점을 조사하고, 개선 방향을 제안하는 보고서를 작성해 보자.

주제3 버추얼 휴먼의 비즈니스 활용 사례 탐구

주제4 디지털 캐릭터와 버추얼 휴먼 비교 분석

학생부 기록 예시 (교과세특)

'버추얼 휴먼(오제욱)'을 읽고 메타버스 시대에는 가상 세계에서 본인의 모습을 다양하게 표출하고자 하는 욕구가 커질 것이며, MZ 세대가 트렌드를 주도하면서 버추얼 휴먼 산업이 더욱 주목받고 있다고 설명한 부분이 가장 기억에 남았다고 함. 이에 기존 세대와 비교하여 MZ 세대의 의사소통 방식을 탐구하고, 질문지법을 활용하여 MZ 세대의 버추얼 휴먼에 대한 인식을 조사하여 발표한 점이 인상 깊음.

평소 메타버스와 인공지능에 관심이 많은 학생으로 가상 현실 세계 인물에 대해 알아보기 위해 '버추얼 휴먼(오제욱)'을 읽음. 책에서 딥페이크를 활용하여 만든 하이퍼리얼리즘 가상 얼굴 '루이'는 개개인의 자아실현을 돕고자 하는 목표를 가지고 있다는 점에 흥미를 느꼈다고 함. 딥페이크를 심층적으로 탐구하기 위해 다양한 문헌을 활용하여 딥페이크 기술의 한계점에 대해 조사하였으며, 개선 방향을 제안하는 보고서를 작성함.

관련 논문

초소형 버추얼 프로덕션 환경에서 디지털 휴먼을 이용한 촬영 사례(임재호 외, 2023)

관련 도서

《버추얼 콘텐츠 메타버스 퓨처》, 고찬수, 세창출판사

《메타버스 사피엔스》, 김대식, 동아시아

관련 계열 및 학과	• 인문계열: 인류학과, 문헌정보학과, 심리학과, 상담심리학과, 철학과, 언어학과
	• 사회계열: 사회학과, 경영학과, 경제학과, 법학과, 정치외교학과, 사회복지학과
관련 교과	• 교육계열: 컴퓨터교육과, 기술교육과, 사회교육과, 과학교육과, 윤리교육과, 교육학과

2022 개정 교육과정: 통합사회, 기술과 가정, 생활과 윤리, 사회문제 탐구, 정보, 인공지능 기초

2015 개정 교육과정: 통합사회, 기술과 가정, 생활과 윤리, 정보, 인공지능 기초, 사회문제 탐구

국어교과군

영어교과군

수학교과군

사회교과군

과학교과군

도덕교과군

법 짓는 마음
이보라 | 유유 | 2023

10년 넘게 국회의 보좌관으로 일하는 저자는 이 책에 입법의 모든 과정을 세세히 담고 있다. 저자는 법을 만드는 사람도 법의 내용과 성격에 따라 다양한 마음을 지닌다고 말한다. 특히 최근 우리 사회 이슈가 되고 있는 '2050 탄소중립법', '웹하드 카르텔 방지 5법', '동물원법', '청년기본법', '가정폭력범죄의 처벌 등에 관한 특례법' 등의 법들이 어떤 과정을 거쳐 발의되었는지를 설명한다.

탐구 주제

주제1 매년 발표되는 국가 기관 신뢰도 조사에 따르면 국회는 10년 넘게 국민 신뢰도가 가장 낮은 기관이라고 한다. 국회의 법률 제·개정 절차는 어떻게 이루어지는지 알아보고, 국회의 국민 신뢰도를 높이는 방안을 제안하는 자료를 제작해 보자.

주제2 저자는 《법 짓는 마음》에서 최근 우리 사회의 이슈와 맞닿아 있는 법들의 입법 과정에 대해 설명하고 있다. 국민참여입법센터 홈페이지에서 최근 이슈가 되고 있는 사건과 관련된 법의 입법 예고를 살펴보고, '국민 발안제' 도입에 관한 본인의 의견을 발표해 보자.

주제3 '스토킹범죄의 처벌 등에 관한 법률'과 관련된 기본권 탐구

주제4 우리나라 지방자치제에서의 직접 민주주의 요소 탐구

학생부 기록 예시 (교과세특)

정치와 법 시간에 국가 기관에 대해 학습한 후, 국가 기관 중 국회에 관심을 가지게 되어 '법 짓는 마음(이보라)'을 읽음. 매년 발표되는 국가 기관 신뢰도 조사에 따르면 국회는 10년 넘게 국민 신뢰도가 가장 낮은 기관이라는 점에 문제의식을 느꼈다고 함. 이에 국회에서 법률 제·개정 절차는 어떻게 이루어지는지 알아보았으며, 국회의 국민 신뢰도를 높일 수 있는 방안을 제안하는 자료를 제작하였음.

'법 짓는 마음(이보라)'을 읽고 최근 우리 사회의 이슈와 맞닿아 있는 법들의 입법 과정에 대해 알게 되었다고 함. 지식을 확장하기 위한 탐구 활동으로 국민 참여 입법 관련 홈페이지에서 '기후 위기 대응을 위한 탄소중립·녹색성장 기본법'의 입법 예고를 살펴봄. 뿐만 아니라 직접 민주주의의 요소 중 우리나라에 아직 도입되지 않고 있는 '국민 발안제'의 도입이 필요하다는 본인의 의견을 논리적인 근거와 함께 발표하였음.

관련 논문
제10차 개헌안인 국민발안제의 전망과 과제 (박재영, 2020)

관련 도서
《국회라는 가능성의 공간》, 박선민, 후마니타스
《평범한 규칙》, 정도영, 우물이있는집

관련 계열 및 학과
- 인문계열: 인류학과, 문헌정보학과, 심리학과, 국어국문학과, 철학과, 언어학과, 사학과
- 사회계열: 법학과, 정치외교학과, 사회학과, 경영학과, 행정학과, 국제통상학과
- 교육계열: 사회교육과, 윤리교육과, 과학교육과, 교육학과, 초등교육과, 국어교육과

관련 교과

2022 개정 교육과정: 통합사회, 법과 사회, 현대사회와 윤리, 사회문제 탐구, 생명과학, 철학

2015 개정 교육과정: 통합사회, 정치와 법, 생활과 윤리, 사회문제 탐구, 생명과학, 철학

법은 얼마나 정의로운가

폴커 키츠 | 한스미디어 | 2023

우리 사회 법의 기능, 법의 적용 범위에 대해 설명할 뿐만 아니라 국가의 감시, 잊힐 권리, 여성 할당제, 동물 보호, 종교의 자유, 표현의 자유, 교육권, 동성결혼, 안락사 등과 관련한 법적 물음을 던지는 책이다. 독일에서 발생한 실제 사건과 판결 등을 통해 법과 정의에 관한 근원적인 질문들에 답해 보며 오늘날 법치국가에서 모든 법이 과연 정의로운지에 대해 생각해 볼 수 있다.

탐구 주제

주제1 저자는 '다른 사람이 내 정보를 유포해도 되는가?'라는 물음을 던진다. 해당 물음과 관련하여 현대 사회에 새롭게 등장한 '잊힐 권리'에 대해 조사하고, 잊힐 권리와 표현의 자유가 충돌할 때 어떤 권리가 더 우선시 되어야 하는지에 본인의 의견을 발표해 보자.

주제2 정치와 법 과목에서는 형식적 법치주의의 한계점과 실질적 법치주의의 특징에 대해서 배운다. 현대 사회에서 실질적 법치주의를 실현할 수 있는 다양한 사회 제도에 대해 조사하고, 본인이 생각하는 '진정한 정의'에 해당하지 않는 법에 대한 개정 의견서를 작성해 보자.

주제3 법치국가에서의 법의 기능, 법의 원칙 및 법의 적용 범위 탐구

주제4 헌법을 통해 살펴본 종교의 자유 및 양심적 병역 거부에 대한 논의

학생부 기록 예시 (교과세특)

통합사회 시간에 현대 사회에 등장한 새로운 인권으로 배운 잊힐 권리와 연계하여 '법은 얼마나 정의로운가(폴커 키츠)'를 읽음. 책에서 '다른 사람이 내 정보를 유포해도 되는가?'라는 저자의 질문에 주목하여, 해당 물음에 관해 친구들과 토의함. 또한 잊힐 권리와 표현의 자유가 충돌할 때 어떤 기본권이 더 우선시 되어야 하는지에 대한 본인의 의견을 발표하였으며, 그 근거로 이익형량 이론과 규범 조화적 해석 이론을 제시함.

정치와 법 시간에 형식적 법치주의와 실질적 법치주의를 학습한 후 '법은 얼마나 정의로운가(폴커 키츠)'를 읽음. 형식적 법치주의의 한계점과 실질적 법치주의의 의미 및 특징에 관해 탐구한 후, 현대 사회에서 실질적 법치주의를 실현할 수 있는 다양한 사회 제도에 대해 조사함. 이후 본인이 생각하는 '진정한 정의'에 해당하지 않는 법에 대한 의견을 제시하고, 해당 법에 대한 개정안을 작성하여 친구들에게 발표한 점이 기억에 남음.

관련 논문

잊힐 권리와 인격권-적법하게 공표된 정보, 표현물과 관련하여 (권태상, 2020)

관련 도서

《법을 왜 지켜?》, 황도수, 열린생각
《지켜야 법이다》, 박유미, 명인문화사

관련 계열 및 학과
- 인문계열: 철학과, 사학과, 인류학과, 심리학과, 상담심리학과
- 사회계열: 법학과, 정치외교학과, 언론정보학과, 미디어커뮤니케이션학과, 행정학과
- 교육계열: 교육학과, 사회교육과, 윤리교육과, 초등교육과

관련 교과

2022 개정 교육과정: 통합사회, 법과 사회, 정치, 사회와 문화, 세계사, 사회문제 탐구, 인간과 철학

2015 개정 교육과정: 통합사회, 정치와 법, 사회·문화, 생활과 윤리, 세계사, 사회문제 탐구, 논술, 철학

붕괴하는 세계와 인구학

피터 자이한 | 김앤김북스 | 2023

지정학 전략가인 저자는 지정학과 인구학의 조합으로 이어졌던 75년간의 황금 시대가 끝나고 세계화와 산업화가 붕괴할 것이라 예언한다. 탈세계화를 넘어서 탈산업화 및 탈문명화가 전개된다는 것이다. 탈세계화가 진행되면 에너지와 원자재, 식량의 대부분을 수입하는 동아시아와 한국은 큰 타격을 받을 수 있다. 탈세계화와 인구 붕괴 시대에 한국이 살아남을 전략을 생각해 볼 수 있는 책이다.

탐구 주제

주제1 저자는 2020년대와 2030년대에 다가올 에너지, 안보, 노동력, 원자재 등의 문제에 한국이 가장 심각하게 노출되어 있다고 경고한다. 탈세계화가 한국 사회에 미치는 영향을 조사하고, 탈세계화 및 인구 붕괴 시대에 대응할 수 있는 한국의 전략을 세워 발표해 보자.

주제2 책의 1부에서는 우발적 초강대국인 미국이 가장 막강한 해양 세력이자 안정적인 산업 국가라고 말한다. 국제정치와 국제관계 이론을 바탕으로 탈세계화 현상을 설명하고, 북미의 지리적, 인구적, 기후적 여건 분석하는 자료를 만들어 보자.

주제3 중국의 대규모 식량 부족 원인과 해결 방안 탐구

주제4 탈세계화가 운송, 금융, 에너지, 농업에 미치는 영향 분석

학생부 기록 예시 (교과세특)

'붕괴하는 세계와 인구학(피터 자이한)'을 읽고 탈세계화 문제에 심각성을 느꼈다고 함. 특히 에너지, 안보, 노동력, 원자재 등의 문제에 한국이 가장 심각하게 노출되어 있다고 경고하는 저자의 말이 기억에 남아 탈세계화를 주제로 탐구활동을 수행함. 탈세계화가 한국 사회에 미치는 영향에 대해 조사하였으며, 탈세계화 및 인구 붕괴 시대에 대응할 수 있는 한국의 전략을 세워 발표한 점이 기억에 남음.

국제정치에 관심을 가지고 있는 학생으로 진로 도서로 '붕괴하는 세계와 인구학(피터 자이한)'을 선정해 읽음. 책에서 우발적 초강대국인 미국이 가장 막강한 해양 세력이자 안정적인 산업 국가라고 말한 부분이 인상 깊었다는 소감을 밝힘. 세계 속 미국의 힘을 알아보고자 국제 정치와 국제 관계 이론을 바탕으로 탈세계화 현상을 조사하였음. 또한, 북미의 지리적, 인구적, 기후적 여건을 분석하는 자료를 만들어 발표함.

관련 논문

동북아 안보정세의 변화와 시사점 고찰: 주변국의 정체성 변화를 중심으로(이강경, 2023)

관련 도서

《세계화의 종말과 새로운 시작》, 마크 레빈슨, 페이지2북스
《초거대 위협》, 누리엘 루비니, 한국경제신문

관련 계열 및 학과
- 인문계열: 인류학과, 사학과, 문헌정보학과, 고고학과, 철학과, 언어학과
- 사회계열: 사회학과, 경영학과, 경제학과, 정치외교학과, 무역학과, 지리학과, 국제통상학과

관련 교과
- 교육계열: 사회교육과, 역사교육과, 윤리교육과, 지리교육과, 영어교육과, 교육공학과

2022 개정 교육과정: 통합사회, 통합과학, 기술과 가정, 정치, 사회문제 탐구, 국제관계의 이해

2015 개정 교육과정: 통합사회, 통합과학, 기술과 가정, 정치와 법, 국제정치, 사회문제 탐구

사다리 걷어차기

장하준 | 부키 | 2020

선진국의 성장 신화 속에 숨은 역사적 사실을 알리며, 선진국의 개발도상국과 후진국에 대한 '사다리 걷어차기'를 고발하는 책이다. 선진국이 현재 개발도상국에 강요하는 정책과 제도는 선진국의 경제 개발 과정에서 채택한 제도와 거리가 멀다. 저자는 경제 개발 정책의 역사를 바탕으로 바람직한 산업 무역 기술 정책과 통치 체제 등에 대해 자세히 설명한다. 경제학의 이면에 감춰진 세계 경제의 작동 원리를 살필 수 있다.

탐구 주제

주제1 저자는 제도 발전 분야에서 선진국의 과거가 아닌 현재를 살펴봄으로써 교훈을 얻을 수 있다고 말한다. 선진국과 개발도상국의 제도 발전 역사를 비교 분석하고, 경제 발전의 역사적 관점에서 바람직한 통치 체제를 제안하는 보고서를 작성해 보자.

주제2 저자는 역사적 사실과 함께 선진국이 현재 개발도상국에 강요하는 정책과 제도가 '사다리 걷어차기'라고 고발한다. 저자의 입장과 관련이 깊은 경제 발전 이론은 무엇인지 살펴보고, 선진국과 개발도상국의 경제적 불평등을 해결할 수 있는 방안을 발표해 보자.

주제3 유한 책임 회사의 특징과 한계점 검토

주제4 세계 각국의 특허 제도의 발전 역사와 지적 재산권 탐구

학생부 기록 예시 (교과세특)

'사다리 걷어차기(장하준)'를 읽은 후 진행된 서평 활동 시간에 이 책을 통해 선진국의 제도 발전과 성장에 대한 역사를 파악할 수 있었다고 평가함. 다양한 문헌 자료를 활용하여 모둠원들과 함께 선진국의 제도 발전 역사 및 개발도상국의 제도 발전 역사를 비교하고 분석하였음. 추후 활동으로 구체적인 근거 자료와 함께 경제 발전의 역사적 관점에서 바람직한 통치 체제를 제안하는 보고서를 작성함.

국제 경제와 국제 정치에 관심이 많은 학생으로 '사다리 걷어차기(장하준)'을 읽고 독서 연계 탐구활동을 진행함. 선진국이 현재 개발도상국에 강요하는 정책과 제도가 '사다리 걷어차기'라고 고발하는 저자의 관점이 인상 깊었다고 밝힘. 이에 국제 정치 교과서를 참고하여 저자의 입장과 관련이 깊은 경제 발전 이론은 무엇인지 살펴보았으며, 선진국과 개발도상국의 경제적 불평등을 해결할 수 있는 방안을 발표하였음.

관련 논문

애덤 스미스의 경제발전 이론체계와 불균등성장(김광수, 2023)

관련 도서

《지리의 힘》, 팀 마샬, 사이
《지포그래픽 세계화의 세계》, 로랑 카루에, 이다미디어

관련 계열 및 학과

• 인문계열: 사학과, 철학과, 영어영문학과, 인류학과, 고고학과, 중어중문학과, 문헌정보학과

• 사회계열: 경제학과, 경영학과, 정치외교학과, 사회학과, 국제통상학과, 행정학과

• 교육계열: 사회교육과, 윤리교육과, 역사교육과, 지리교육과, 영어교육과, 교육학과

관련 교과

2022 개정 교육과정: 통합사회, 통합과학, 세계사, 국제관계의 이해, 역사로 탐구하는 현대 세계

2015 개정 교육과정: 통합사회, 통합과학, 세계사, 사회문제 탐구, 국제정치, 정치와 법, 철학

국어교과군

영어교과군

수학교과군

사회교과군

과학교과군

독서교과군

선거로 읽는 한국 정치사

김현성 | 웅진지식하우스 | 2021

이 책은 한국에서 치러진 50여 차례의 선거 역사를 통해 결정적인 순간에 선거가 어떻게 운명을 바꾸었는지를 설명한다. 다가올 선거에서 승리하고 싶은 후보자와 정당은 지난 선거를 검토해야 한다. 1948년 대한민국의 첫 선거, 권력자의 도구로 전락한 선거, 꺼져가는 민주주의의 불씨를 되살린 선거, 새로운 시대를 열어젖힌 선거 등 대한민국의 선거와 그에 얽힌 역사를 상세히 다루는 책이다.

탐구 주제

주제1　'1998-2007 새로운 시대를 열어젖힌 선거들'에서는 밀레니엄 시대에도 살아남은 지역 감정에 대해 다루고 있다. 대통령 선거, 국회의원 선거, 지방 선거까지 우리나라 선거에서 나타나는 주요 특징들을 살펴보고, 유권자의 투표 성향에 많은 영향을 주는 요인에 관해 발표해 보자.

주제2　4.19혁명, 10.26사태, 6월 항쟁 등 대한민국을 뒤흔든 역사적 사건 뒤에는 언제나 선거가 있었다. 대한민국의 운명을 바꾼 선거의 역사를 정리하고, 첫 선거부터 최초의 비례대표제 도입, 중선거구제 도입 등 대한민국 선거 제도의 변천 과정을 설명하는 자료를 제작해 보자.

주제3　정치적 무관심의 원인과 해결 방안 탐구

주제4　우리나라 선거 제도의 특징과 한계점 고찰

학생부 기록 예시 (교과세특)

'선거로 읽는 한국 정치사(김현성)'를 읽고 '1998-2007 새로운 시대를 열어젖힌 선거들'에서 밀레니엄 시대에도 살아남은 지역감정을 설명한 부분이 가장 흥미로웠다고 밝힘. 이에 대통령 선거, 국회의원 선거, 지방 선거까지 우리나라 선거에서 나타나는 주요 특징들을 살펴보고자 탐구 활동을 실시함. 대한민국 유권자의 투표 성향에 많은 영향을 주는 요인에 관한 자료를 수집하였으며, 분석한 결과를 논리적으로 발표함.

정치와 법 시간에 독서 활동으로 '선거로 읽는 한국 정치사(김현성)'를 읽음. 4.19혁명, 10.26사태, 6월 항쟁 등 대한민국을 뒤흔든 역사적 사건 뒤에는 언제나 선거가 있었다는 저자의 말이 인상 깊었다고 함. 추후 연계 활동으로는 대한민국의 운명을 바꾼 선거의 역사를 정리하였음. 또한 첫 선거부터 최초의 비례대표제 도입, 중선거구제 도입 등 대한민국 선거 제도의 변천 과정을 설명하는 자료를 제작하였음.

관련 논문

정치적 대상의 신뢰성 분석-국가·통치체제·정부·선거과정에 대한 대한민국 헌법 규범을 중심으로(류태건, 2022)

관련 도서

《선거 쫌 아는 10대》, 하승우, 풀빛
《한국 정치의 결정적 순간들》, 강원택, 21세기북스

관련 계열 및 학과	• 인문계열: 철학과, 사학과, 인류학과, 심리학과, 상담심리학과, 문헌정보학과
	• 사회계열: 법학과, 정치외교학과, 언론정보학과, 미디어커뮤니케이션학과, 행정학과
관련 교과	• 교육계열: 교육학과, 사회교육과, 윤리교육과, 초등교육과, 역사교육과, 국어교육과

2022 개정 교육과정: 통합사회, 한국사, 정치, 사회문제 탐구, 인간과 심리, 논술

2015 개정 교육과정: 통합사회, 한국사, 정치와 법, 사회문제 탐구, 심리학, 논술

선량한 차별주의자

김지혜 | 창비 | 2019

세상은 정말 평등한가? 저자는 누구나 평등을 원하는데도 차별이 사라지지 않는 이유에 대해 주목하며 우리가 일상생활 속에서 본인도 모르는 사이에 '선량한 차별주의자'가 될 수 있다고 말한다. 무의식적으로 차별에 가담함으로써 차별이 '공정함'으로 숨겨지는 원리를 살펴보고, 차별과 혐오에 대응하는 자세를 배워 보자. 우리 사회에서 평등이 지니는 의미를 생각하게 하는 책이다.

탐구 주제

주제1 책의 2부 '차별은 어떻게 지워지는가'에서는 때로는 웃자고 한 말에 죽자고 덤벼야 하는 이유를 설명한다. 미디어 속에서 나타나는 차별과 혐오 표현의 사례를 조사하고, '비하적 농담'이 우리 사회에 미치는 영향과 인권 감수성을 높일 수 있는 방안에 대해 탐구해 보자.

주제2 저자는 우리가 때에 따라 특권을 가진 다수자가 되기도 하고, 차별받는 소수자가 되기도 한다고 주장한다. '사회적 소수자의 상대성'을 설명할 수 있는 사례를 조사하고, 우리 사회에서 시행되고 있는 사회적 소수자 권리 보호 정책의 효과성에 대한 탐구 보고서를 작성해 보자.

주제3 생활 속 차별과 혐오 사례 고찰 및 해결 방안 제안

주제4 차별금지법을 둘러싼 논쟁과 사회적 운동 탐구

학생부 기록 예시 (교과세특)

일상생활 속에서 학생들이 사용하는 차별과 혐오 표현에 관심을 가지고 '선량한 차별주의자(김지혜)'를 읽음. 도서를 읽고 미디어 속 비하적 농담들이 학생들에게 큰 영향을 미치고 있음을 깨달음. 청소년들의 차별과 혐오 표현 사용 빈도를 알아보기 위해 조사한 결과 많은 학생이 습관적으로 비하적 농담을 사용하고 있음을 확인함. 비하적 농담이 우리 사회에 미칠 수 있는 영향을 제시한 점이 돋보이는 연구 보고서를 작성함.

'선량한 차별주의자(김지혜)'를 읽고 사회·문화 수업에서 배운 '사회적 소수자의 상대성'과 연계하여 심화 탐구를 실시함. 문헌 연구법을 활용하여 시대와 장소에 따라 사회적 소수자의 정의가 달라지는 사례를 조사하였음. 이후 우리 사회에서 실시되고 있는 정책 중 사회적 소수자의 권리를 보호할 수 있는 정책을 알아보기 위해 다양한 논문을 탐독하였으며, 해당 정책의 효과성에 대해 탐구한 점이 우수함.

관련 논문

미디어상의 혐오표현과 해결방안으로서의 대응표현 연구: 교양교육에서의 활용 방안을 중심으로(최유숙, 2021)

관련 도서

《인권도 차별이 되나요?》, 구정우, 북스톤
《편견의 이유》, 프라기야 아가왈, 반니

관련 계열 및 학과	• 인문계열: 심리학과, 사학과, 철학과, 언어학과, 인류학과
	• 사회계열: 공공인재학과, 사회학과, 미디어커뮤니케이션학과, 법학과, 행정학과
	• 교육계열: 교육학과, 사회교육과, 윤리교육과, 역사교육과, 초등교육과
관련 교과	

2022 개정 교육과정: 통합사회, 사회와 문화, 사회문제 탐구, 현대사회와 윤리, 인간과 철학

2015 개정 교육과정: 통합사회, 사회·문화, 생활과 윤리, 사회문제 탐구, 체인지메이커, 철학

인문계열

사회계열

수학계열

자연계열

공학계열

교육계열

소유의 종말

제러미 리프킨 | 민음사 | 2020

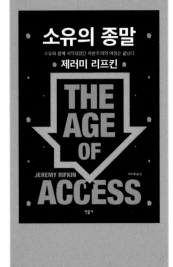

저자는 '소유의 시대는 가고 접속의 시대가 왔다'라고 말한다. 그에 따르면 접속이란 물건을 완전히 소유하는 것이 아니라 임시적으로 접속하여 사용하는 것을 말한다. 저자는 이러한 변화는 긍정적인 면도 있지만 문화 상품과 지적 재산의 독점이 일어나며 문화적 다양성이 소멸하는 등 부정적인 측면이 있다는 점을 강조한다. 소유와 문화적 다양성에 대해 고찰할 기회를 제공하는 책이다.

탐구 주제

주제1 저자는 접속의 시대에 문화는 상업을 위한 재료 공급원으로 전락했으며, 문화 자본주의로 인해서 문화 다양성이 소멸되고 있다고 진단한다. 고갈되어 가는 지역 문화를 활성화하고 문화 다양성을 보호할 수 있는 방안을 제안하는 보고서를 작성해 보자.

주제2 1부 '자본주의의 새로운 프론티어'에서는 혁신의 시대 소비자들은 경험과 시간에 돈을 지불한다고 분석하며 기업에게 중요한 것은 고객과 지속적인 관계 맺기라고 한다. 구독 경제의 도입에 따른 변화에 대해 분석하고, 구독 경제 서비스를 활용한 마케팅 전략을 발표해 보자.

주제3 소유와 접속의 비교 및 접속의 시대에 따른 변화 분석

주제4 현대 사회 문명 위기와 대응 방안 탐구

학생부 기록 예시 (교과세특)

'소유의 종말(제러미 리프킨)'을 읽고 '소유의 시대는 가고, 접속의 시대가 왔다'라는 저자의 말에 흥미를 느꼈다고 함. 또한 접속의 시대에 문화는 상업을 위한 재료 공급원으로 전락했으며, 문화 자본주의로 인해서 문화 다양성이 소멸되고 있다는 저자의 진단에 문제의식을 느껴 탐구활동을 진행함. 고갈되어 가는 지역 문화를 활성화하고 문화 다양성을 보호할 수 있는 방안을 고민해 이를 제안하는 보고서를 작성하였음.

마케팅 분야로의 진출을 꿈꾸는 학생으로서 '소유의 종말(제러미 리프킨)'을 읽은 후 구독 경제에 관심을 가짐. 이 책에서 혁신의 시대에 소비자들은 경험과 시간에 돈을 지불하며, 기업에게 중요한 것은 고객과 지속적인 관계를 맺는 것이라는 내용이 가장 인상 깊었다고 함. 이에 구독 경제의 도입에 따른 현대 사회의 변화에 대해 분석하고, 구독 경제 서비스를 활용한 마케팅 전략을 발표한 점이 돋보임.

관련 논문

공유·구독경제관련 입법동향 및 입법정책의 과제에 관한 연구(고형석, 2019)

관련 도서

《구독경제 소유의 종말》, 전호겸, 베가북스
《노동의 종말》, 제러미 리프킨, 민음사

관련 계열 및 학과	• 인문계열: 사학과, 철학과, 영어영문학과, 인류학과, 고고학과, 중어중문학과, 문헌정보학과
	• 사회계열: 경제학과, 경영학과, 정치외교학과, 사회학과, 국제통상학과, 행정학과
관련 교과	• 교육계열: 사회교육과, 윤리교육과, 역사교육과, 지리교육과, 영어교육과, 교육학과

2022 개정 교육과정: 통합사회, 통합과학, 경제, 사회와 문화, 정보, 데이터 과학, 기술과 가정

2015 개정 교육과정: 통합사회, 통합과학, 사회·문화, 기술과 가정, 경제, 정보

어떤 양형의 이유

박주영 | 모로 | 2023

저자인 박주영 판사가 형사 재판을 담당하며 판결문 말미에 적은 '양형의 이유'를 담아낸 책이다. '양형의 이유' 부분은 판결문에서 형식에 구애받지 않고 판사의 생각을 표현할 수 있는 유일한 곳이다. 성추행 사건, 산업재해 사건, 가정폭력 사건 등 비참한 현실과 참혹한 사건에 대한 지속적인 관심이 필요해 이와 같은 판결문을 쓰게 되었다는 저자의 글을 통해 법을 대하는 법관의 태도를 느껴볼 수 있다.

탐구 주제

주제1 저자는 인간의 고통과 비참한 현실을 보여 주는 참혹한 사건을 다루며 이러한 사건을 해결하고 방지하기 위해서는 지속적인 관심이 필요하다고 말한다. 양형 위원회 사이트의 양형 체험 프로그램을 활용하여 한 가지 사건을 선정한 후, 사건에 적용할 법률을 조사하고 양형 심리 및 판결 선고를 해 보자.

주제2 이 책은 실제 판결문에 실린 양형의 이유와 법을 사랑으로 대하는 법관의 태도가 담긴 책이다. 형법을 통해 형벌의 종류를 살펴보고, 양형 위원회 사이트를 활용하여 양형의 기준, 양형의 조건에 대해 조사하여 발표해 보자.

주제3 국민참여재판의 절차와 실제 사건 탐구

주제4 성범죄 사건에 대한 미국과 한국의 양형 비교 분석

학생부 기록 예시 (교과세특)

'어떤 양형의 이유(박주영)'를 읽고 인간의 고통과 비참한 현실을 보여주는 참혹한 사건에 대한 지속적인 관심이 필요하다고 하는 저자의 말이 인상 깊었다고 함. 모의 재판을 위한 사전 활동에서 양형 관련 국가 위원회의 사이트에서 양형 체험 프로그램을 활용하여 사회적 논의가 되었던 다양한 사건을 살펴봄. 그중 횡령죄와 관련된 사건을 선정하였으며, 형법에서 횡령죄에 대해 조사한 후 양형 심리 및 실제 판결 선고 활동을 진행함.

진로 독서 시간에 '어떤 양형의 이유(박주영)'를 선정하여 읽은 후, 이 책을 '실제 판결문에 실린 양형의 이유와 법을 사랑으로 대하는 법관의 태도가 담겨있는 책'이라고 설명함. 책 속의 사건에 대한 양형에 관심을 가지고, 형법에서 형벌의 종류를 살펴보았음. 이후, 양형 관련 국가 위원회의 사이트를 활용하여 양형의 기준, 양형의 조건에 대해 세부적으로 조사하여 친구들에게 발표한 점이 돋보임.

관련 논문

형사판례에 나타난 양형조건으로서 초범의 정당성과 법적 근거 (박달현, 2020)

관련 도서

《법정에서 못다 한 이야기》, 박형남, 휴머니스트
《법정의 얼굴들》, 박주영, 모로

관련 계열 및 학과	• 인문계열: 인류학과, 문헌정보학과, 심리학과, 상담심리학과, 철학과, 언어학과
	• 사회계열: 사회학과, 경영학과, 경제학과, 법학과, 정치외교학과, 사회복지학과
관련 교과	• 교육계열: 사회교육과, 역사교육과, 윤리교육과, 교육학과, 가정교육과, 초등교육과

2022 개정 교육과정: 통합사회, 법과 사회, 현대사회와 윤리, 사회문제 탐구, 생명과학, 철학

2015 개정 교육과정: 통합사회, 정치와 법, 생활과 윤리, 사회문제 탐구, 생명과학, 철학

국어교과군

영어교과군

수학교과군

사회교과군

과학교과군

교양교과군

언택트 비즈니스

박경수 | 포르체 | 2020

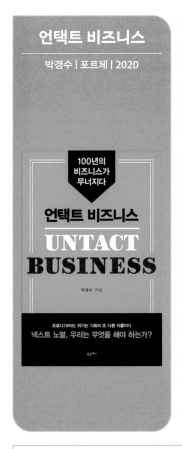

코로나19로 인해 100년의 비즈니스는 빠른 속도로 무너지고, 언택트 시대로 전환되고 있다. 저자는 코로나19라는 위기를 기회로 보고 언택트 솔루션으로 위기를 돌파할 수 있다고 말한다. 이 책에서는 포스트 코로나 시대에 도태되지 않기 위해 비대면 트렌드를 파악할 수 있도록 안내하며, 언택트를 중심으로 다양하고 새로운 비즈니스 모델을 소개한다.

탐구 주제

주제1 2장에서는 집을 중심으로 모든 것이 스마트화되는 '홈 블랙홀 현상'에 따라 나타난 '홈루덴스족'에 대해 다루고 있다. 카우치 포테이토, 코드 네버, 빈지왓칭 등 언택트 시대에 새롭게 등장한 소비자의 유형에 대해 조사하고, 새로운 소비자를 공략하기 위한 전략을 세워 발표해 보자.

주제2 생산성 포커스란 비대면 중심 기업 활동의 생산성에 집중하는 것을 의미한다. 3장에서는 스마트 퍼포먼스를 꿈꾸는 디지털 조직을 말하고 있다. 언택트 시대에 나타나는 기업의 변화를 찾아보고, 재택 근무 및 원격 근무의 장단점에 대한 보고서를 작성해 보자.

주제3 코로나19 이전과 이후의 비즈니스 전략 비교 분석

주제4 언택트 시대 라이브 커머스 소비자의 유형과 유통 플랫폼 탐구

학생부 기록 예시 (교과세특)

마케팅 분야로의 진출을 꿈꾸는 학생으로서 비즈니스 관련 도서로 '언택트 비즈니스(박경수)'를 읽음. 집을 중심으로 모든 것이 스마트화되는 홈 블랙홀 현상에 따라 나타난 홈루덴스족에 대해 흥미를 느끼고 탐구활동을 실시함. 언택트 시대에 새롭게 등장한 소비자의 유형인 카우치 포테이토, 코드 네버, 빈지왓칭 등에 대해 조사하였음. 책 속의 내용을 바탕으로 새로운 소비자를 공략하기 위한 전략을 세워 발표한 점이 인상 깊었음.

'언택트 비즈니스(박경수)'를 읽고 본인에게 가장 영향을 끼친 부분으로 '생산성 포커스' 파트를 선정함. 이후 진행된 탐구활동에서 생산성 포커스란 비대면 중심의 기업 활동의 생산성에 집중하는 것을 의미함을 설명하였음. 뿐만 아니라 언택트 시대에 나타난 기업의 변화인 재택근무, 무인화, AI 면접, 스마트 워크, 화상 회의에 대해 발표하고 이러한 변화에 대한 본인의 생각을 담은 보고서를 작성함.

관련 논문

팬데믹 선언이 언택트 기업의 기업가치에 미치는 영향: 투자자 마니아 가설을 중심으로(박수규, 조진형, 2022)

관련 도서

《세계미래보고서 2035-2055》, 박영숙, 제롬 글렌, 교보문고
《언택트 시대 생존 방법》, 박희용 외, 정보문화사

관련 계열 및 학과
- 인문계열: 심리학과, 상담심리학과, 사학과, 철학과, 인류학과, 문헌정보학과, 언어학과
- 사회계열: 경영학과, 경제학과, 소비자학과, 행정학과, 회계학과, 사회학과, 무역학과
- 교육계열: 사회교육과, 기술교육과, 영어교육과, 컴퓨터교육과, 교육공학과, 교육학과

관련 교과

2022 개정 교육과정: 통합사회, 통합과학, 경제, 정보, 인공지능 기초, 생활과학 탐구, 인간과 경제활동

2015 개정 교육과정: 통합사회, 통합과학, 경제, 정보, 인공지능 기초, 사회문제 탐구, 생활과 과학

왜 세계의 절반은 굶주리는가?

장 지글러 | 갈라파고스 | 2016

저자는 세계의 기아 문제의 심각성과 실태를 알리며 기아 문제의 원인인 불평등한 사회 구조에 주목한다. 지구에는 충분히 모두가 먹을 수 있는 식량이 있음에도 불구하고 5초에 1명씩 굶주림으로 아동이 사망하는 이유는 불평등한 식량 분배 때문이다. 그 외 사막화와 환경 난민, 국제구호기구 활동의 딜레마 등의 문제들을 접하며 세계 시민으로서 지구의 문제에 대해 고민하는 태도를 기를 수 있다.

탐구 주제

주제1 저자는 환경 난민은 정치 난민과 달라서, 국제 사회가 정한 '난민 조약'에 규정된 난민으로서의 권리를 인정받지 못하고 있다고 주장한다. UN 난민 협약을 통해 환경 난민에 대한 정의를 내려 보고, 기후 불평등 문제에 대한 해결 방안을 제안하는 보고서를 작성해 보자.

주제2 맬서스는 기아란 자연이 인구를 조절하는 산아 제한 수단이라는 자연 도태설에 관한 논문을 발표했다. 저자는 기아에 대한 범세계적인 투쟁이 어려운 것은 무차별적인 신자유주의 때문이라고 지적한다. 맬서스의 인구론과 신자유주의가 세계 기아 문제에 미친 영향을 분석하고 평가하는 자료를 제작해 보자.

주제3 경제, 사회, 정치적 차원에서의 세계 기아 문제 해결 방안

주제4 국제관계 이론을 바탕으로 한 빈곤 문제 원인 분석 및 탐구

학생부 기록 예시 (교과세특)

'왜 세계의 절반은 굶주리는가?(장 지글러)'를 읽고 환경 난민 문제에 관심을 가짐. 환경 난민이 난민 조약에 규정된 난민으로서의 권리를 인정받지 못한다는 것에 문제 의식을 느끼고, 세계 각국의 기후 및 환경 난민에 관한 사례를 조사함. UN 난민 협약을 통해 환경 난민에 대한 정의를 내린 후 친구들과 공유하였으며, 특히 기후 불평등 문제에 대한 해결방안을 제안한 점이 인상 깊은 보고서를 작성하였음.

'왜 세계의 절반은 굶주리는가?(장 지글러)'에서 맬서스의 자연 도태설에 관해 이야기하는 '기아는 자연도태? 아니면 어쩔 수 없는 운명?' 부분이 가장 인상 깊었다고 함. 또한 기아에 대한 범세계적인 투쟁이 어려운 것은 무차별적인 신자유주의 정책 때문이라고 지적하는 저자의 의견에 공감하며 맬서스의 인구론과 신자유주의가 세계 기아 문제에 미친 영향을 분석하고 평가하는 자료를 제작하여 발표함.

관련 논문

기후변화와 인권의 연관성에 관한 국제법적 검토(박병도, 2019)

관련 도서

《왜 세계의 가난은 사라지지 않는가》, 장 지글러, 시공사
《인간 섬》, 장 지글러, 갈라파고스

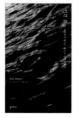

관련 계열 및 학과
- 인문계열: 인류학과, 사학과, 상담심리학과, 심리학과, 철학과
- 사회계열: 경제학과, 국제통상학과, 무역학과, 사회복지학과, 사회학과, 정치외교학과

관련 교과
- 교육계열: 전 교육계열

2022 개정 교육과정: 통합사회, 사회문제 탐구, 기후변화와 지속가능한 세계, 기후변화와 환경생태

2015 개정 교육과정: 통합사회, 사회·문화, 생활과 윤리, 사회문제 탐구, 생태와환경

국어교과군

영어교과군

수학교과군

사회교과군

과학교과군

교육교과군

우리가 살 수 없는 미래

마이클 해리스 | 어크로스 | 2023

우리가 살 수 없는 미래

마이클
해리스 지음
김하현 옮김

함께한 풍요의 시대,
돈으로 살 수 없는 삶의 방식을 모색하다

Building the Life We Cannot Buy

All
We Want

어크로스

저자는 GDP가 성장의 척도라는 믿음은 GDP의 허상임을 밝히며, 우리 뇌의 도파민 시스템도 소비 중심 사회를 강화했다고 말한다. 저자는 이 책을 통해서 소비 중심 사회에 대해 비판하며 지속 불가능한 소비 문화를 해체하기 위한 방향을 제시한다. 특히 소비 문화와 반대되는 '돌봄'을 강조하며 소비 문화의 서사를 벗어나 새로운 생활 방식과 문화가 필요함을 주장한다.

탐구 주제

주제1 저자는 디지털 시대에 끝없는 소비를 부추기는 광고 전략과 사냥하듯 물건을 사들이고 쟁여 놓게 만드는 도파민 시스템에 대해 말한다. 4차 산업 혁명 시대 현대인들의 소비 문화를 조사하고, 허위·과장 광고의 문제점과 해결방안에 대한 보고서를 작성해 보자.

주제2 9장 '돌봄, 거대하고 지속적인 배려의 그물망'에서 저자는 피터 싱어의 주장을 인용하여 돌봄은 소비 문화와는 반대되는 것이라고 말한다. 피터 싱어의 입장에서 윤리적 소비의 중요성과 윤리적 소비를 일상생활에서 실천할 수 있는 방안에 대해 발표해 보자.

주제3 청소년의 소비 문화에 미치는 사회적 요인 분석

주제4 물질만능주의의 원인과 해결방안 탐구

학생부 기록 예시 (교과세특)

광고와 마케팅에 관심이 많은 학생으로 평소 SNS 속 여러 광고를 경험하며 소비를 부르는 허위·과장 광고에 심각성을 느꼈다고 함. 이에 '우리가 살 수 없는 미래(마이클 해리스)'를 읽고, 디지털 시대에 소비를 부추기는 것은 광고 전략뿐만 아니라 도파민 시스템도 있다는 것을 알게 되었다는 소감을 밝힘. 또한 4차 산업 혁명 시대 현대인들의 소비 문화를 조사해 허위·과장 광고의 문제점과 해결 방안에 대한 보고서를 작성함.

'우리가 살 수 없는 미래(마이클 해리스)'를 읽고 가장 인상 깊었던 부분으로 '돌봄, 거대하고 지속적인 배려의 그물망'에서 저자가 피터 싱어의 주장을 인용하여 돌봄은 소비 문화와는 반대되는 것이라고 말한 부분을 선정함. 추후 활동으로 피터 싱어의 입장에서 윤리적 소비의 중요성에 대해 학급 친구들과 함께 의견을 공유하였으며, 윤리적 소비를 일상생활에서 실천할 수 있는 방안에 대해 발표한 점이 인상 깊었음.

관련 논문

과장광고의 형성과 전개에 관한 역사적 연구: 17세기 중엽~1910년대까지를 중심으로(김동규, 2017)

관련 도서

《사막의 고독》, 에드워드 애비, 라이팅하우스
《착한 소비는 없다》, 최원형, 자연과생태

관련 계열 및 학과
- 인문계열: 사학과, 문헌정보학과, 인류학과, 철학과, 심리학과, 상담심리학과
- 사회계열: 사회학과, 지리학과, 국제통상학과, 경영학과, 경제학과, 정치외교학과
- 교육계열: 과학교육과, 기술교육과, 사회교육과, 윤리교육과, 컴퓨터교육과, 환경교육과

관련 교과

2022 개정 교육과정: 통합사회, 사회와 문화, 기후변화와 환경생태, 미디어 영어, 인간과 경제활동

2015 개정 교육과정: 통합사회, 통합과학, 사회·문화, 경제, 융합과학, 생활과 과학

우리에게는 다른 데이터가 필요하다

김재연 | 세종서적 | 2023

저자는 왜곡된 데이터가 차별을 낳고, 세대를 이어 불평등을 만든다고 말한다. 접근성이 높은 정부를 만들기 위해서는 '시빅 데이터(civic data)'로 차별을 줄이고 기회는 늘려야 한다는 것이 저자의 입장이다. 또한 데이터를 통해 모든 사람이 더 쉽고 편리하게 정부의 혜택을 누리는 것이 시빅 데이터의 목표라고 한다. 차별을 만드는 데이터가 아닌 기회를 만드는 데이터가 필요함을 역설하는 책이다.

탐구 주제

주제1   5장에서는 정부와 시민이 만나는 기본적인 접점이 공문서이며, 부의 가장 큰 문제는 공문서의 난해함이라고 말한다. 질문지법을 활용하여 정부 서비스의 이용 시 시민들이 가장 불편해하는 요소들을 조사하고, 이를 개선하는 방안에 대한 보고서를 작성해 보자.

주제2   저자는 6장에서 복지 정책에 사각지대가 존재하는 이유에 대해 설명한다. 빅데이터를 활용하여 복지 사각지대를 발굴할 수 있는 방법에 알아보고, 현대 대한민국 사회에서 복지 사각지대를 해소하기 위한 방법을 발표해 보자.

주제3   한국과 미국의 공공 정책 분야에서의 데이터 사용 사례 비교

주제4   시빅 데이터(civic Data) 및 시빅 테크의 탐구

학생부 기록 예시 (교과세특)

행정학과 진학을 꿈꾸는 학생으로 정부 서비스와 정책에 관심이 많음. 이에 '우리에게는 다른 데이터가 필요하다(김재연)'를 읽고, 정부와 시민이 만나는 기본적인 접점이 공문서이며, 부의 가장 큰 문제가 공문서의 난해함이라는 것을 알게 되었다고 함. 이후 질문지법을 활용하여 정부 서비스의 이용 시 시민들이 가장 불편해 하는 요소들을 조사하였으며, 이를 개선할 수 있는 방안에 대한 보고서를 작성함.

사회·문화 수업에서 사회 복지 제도에 대한 개념을 학습한 후 추후 활동으로 '우리에게는 다른 데이터가 필요하다(김재연)'를 읽음. 책을 통해 복지 정책에 사각지대가 존재하는 이유에 대해 알게 되었다는 소감을 밝힘. 본인의 관심 분야인 빅데이터를 활용하여 복지 사각지대를 발굴할 수 있는 방법을 조사하였으며, 현대 대한민국 사회에서 복지 사각지대 해소를 위한 방법을 급우들 앞에서 자신감 있게 발표한 점이 돋보임.

관련 논문

주민이 참여하는 인적 안전망이 복지 사각지대 해소에 미치는 영향(이영글 외, 2021)

관련 도서

《보이지 않는 여자들》, 캐럴라인 크리아도 페레스, 웅진지식하우스
《대량살상 수학무기》, 캐시 오닐, 흐름출판

관련 계열 및 학과	• 인문계열: 문헌정보학과, 언어학과, 인류학과, 철학과, 심리학과, 상담심리학과
	• 사회계열: 행정학과, 회계학과, 사회학과, 소비자학과, 정치외교학과, 법학과, 도시행정학과
관련 교과	• 교육계열: 기술교육과, 컴퓨터교육과, 사회교육과, 환경교육과, 교육공학과, 교육학과

2022 개정 교육과정: 통합사회, 실용 통계, 확률과 통계, 경제 수학, 사회와 문화, 사회문제 탐구, 정보

2015 개정 교육과정: 통합사회, 확률과 통계, 경제 수학, 사회·문화, 정보, 실용 경제, 사회문제 탐구

국어교과군

영어교과군

수학교과군

사회교과군

과학교과군

도덕교과군

우리에게는 헌법이 있다

이효원 | 21세기북스 | 2020

대한민국을 헌법과 통일법의 권위자인 이효원 교수의 강연을 바탕으로 만든 책이다. '헌법은 행복한 국가의 미래상이다.'라고 말하는 저자는 대한민국 헌법에 담겨 있는 핵심 가치로 국민주권, 법치국가, 자유민주주의, 평화와 통일에 대해 설명한다. 특히 헌법은 최고법이며, 국가의 철학과 비전을 담고 있기에 헌법이 국가의 미래상이자 대한민국이 앞으로 나아가야 할 길이라고 주장한다.

탐구 주제

주제1 책의 3부는 민주주의에 대해 다룬다. 서로 다른 생각들이 공존하는 방식을 민주주의라고 한다. 민주주의의 역사적 발전 과정에 대해 조사하고, 헌법에 나타나는 직접 민주주의 요소와 간접 민주주의 요소에 대해 분석해 자료를 제작해 보자.

주제2 4부에서 저자는 대한민국은 평화적 통일을 지향하며, 헌법의 궁극적 가치는 평화라고 말한다. 헌법 제4조 '대한민국은 통일을 지향하며, 자유민주적 기본질서에 입각한 평화적 통일정책을 수립하고 이를 추진한다.'를 바탕으로 우리나라 통일 정책의 변천사를 정리하고 발표해 보자.

주제3 국민 주권의 원리를 실현하는 정책 및 제도 탐구

주제4 대한민국 건국 헌법의 역사적 기원 분석

학생부 기록 예시 (교과세특)

정치와 법 수업 시간에 독서 활동으로 '우리에게는 헌법이 있다(이효원)'를 읽음. 이 책에서 서로 다른 생각들이 공존하는 방식을 민주주의라고 하는 저자의 주장이 인상 깊어 민주주의에 대해 자세히 탐구함. 민주주의의 역사적 발전 과정에 대해 조사하였으며, 우리나라 헌법에 나타나는 직접 민주주의 요소와 간접 민주주의 요소를 분석하여 한 눈에 들어오는 자료를 제작한 점이 돋보였음.

'우리에게는 헌법이 있다(이효원)'를 읽고, 평화 통일을 지향하는 대한민국의 통일 정책과 지금부터 준비해야 할 통일 국가의 기초에 대해 관심을 갖게 되었다고 함. 헌법 제4조의 관점을 바탕으로 우리나라 통일 정책의 변천사에 조사하였으며, 각 정권에 따라 통일 정책이 어떻게 달라지는지에 대해 자세히 발표함. 또한 통일 국가를 위해서는 앞으로 어떤 정책이 필요한지를 추가로 설명한 점이 인상 깊음.

관련 논문

세 가지 렌즈로 바라본 한국 정부의 통일정책: 주요 특징과 변화 (허재영, 2021)

관련 도서

《헌법의 자리》, 박한철, 김영사
《헌법의 풍경》, 김두식, 교양인

관련 계열 및 학과	• 인문계열: 인류학과, 문헌정보학과, 심리학과, 상담심리학과, 철학과, 언어학과
	• 사회계열: 사회학과, 경영학과, 경제학과, 법학과, 정치외교학과, 사회복지학과
관련 교과	• 교육계열: 사회교육과, 역사교육과, 윤리교육과, 교육학과, 가정교육과, 초등교육과

2022 개정 교육과정: 통합사회, 법과 사회, 현대사회와 윤리, 사회문제 탐구, 생명과학, 철학

2015 개정 교육과정: 통합사회, 정치와 법, 생활과 윤리, 사회문제 탐구, 생명과학, 철학

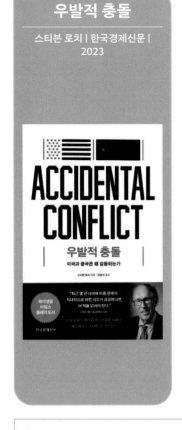

우발적 충돌

스티븐 로치 | 한국경제신문 |
2023

저자는 최근 미국과 중국의 갈등이 심화된 것은 '거짓 서사' 때문이라고 말한다. 미국과 중국은 서로 협력 관계에 가까웠으나 수년간 서로의 주장을 왜곡하고 비난하면서 양국 간에 무역 전쟁, 기술 전쟁 등 신냉전 위기가 발생했다는 것이다. 이 책은 미중 관계의 역사, 미중 갈등의 구체적인 양상과 원인, 두 국가 간의 갈등이 심화될 경우 발생할 피해에 대해 분석하며 상호 의존성으로 나아가는 길을 제안한다.

탐구 주제

주제1 저자는 2부와 3부에서 중국에 대한 미국의 거짓 서사, 미국에 대한 중국의 거짓 서사를 말하고 있다. 다양한 문헌을 활용하여 미국과 중국이 공유하는 역사와 양국 간 거짓 서사에는 어떤 것들이 있는지 조사하고, 미중 갈등의 구체적인 양상과 원인을 분석하여 보고서로 작성해 보자.

주제2 4부에서 저자는 미국과 중국의 맞대결 서사에 대해 설명하며 상호 의존성을 바탕으로 하여 새로운 관계로 나아가는 길을 제안한다. 국제정치학 이론 중 현실주의 이론을 바탕으로 미중 패권 경쟁의 원인을 살펴보고, 미중 패권 경쟁에서 한국이 취해야 할 태도에 대해 발표해 보자.

주제3 주요국의 국제 질서 재편 방향 제안

주제4 역사적 흐름에 따른 미중 관계 탐구

학생부 기록 예시 (교과세특)

'우발적 충돌(스티븐 로치)'을 읽고 본인이 알고 있던 미중 관계에 대한 생각을 바꾸게 되는 계기가 되었다고 함. 특히 책 속에서 양국의 거짓 서사를 우발적 충돌이라고 설명하는 부분이 인상 깊어 다양한 문헌을 활용하여 미국과 중국이 공유하는 역사와 양국 간 거짓 서사에는 어떤 것들이 있는지 조사함. 또한 미중 갈등의 구체적인 양상과 원인을 분석하여 보고서로 작성한 점이 돋보였던 학생임.

공동 교육과정에서 국제정치학 수업을 수강한 후 미중 관계에 관심이 생겨 '우발적 충돌(스티븐 로치)'을 읽음. 미국과 중국의 맞대결 서사에 대해 설명하며, 상호 의존성을 바탕으로 새로운 관계로 나아가는 길을 제안하는 저자의 입장이 인상 깊었다고 밝힘. 이후 국제정치학 이론 중 현실주의 이론을 바탕으로 미중 패권 경쟁의 원인을 살펴보았으며, 미중 패권 경쟁에서 한국이 취해야 할 태도를 탐구해 발표함.

관련 논문
미중 패권경쟁과 인공지능 군사력 경쟁(차정미, 2022)

관련 도서
《강대국 국제정치의 비극: 미중 패권경쟁의 시대》, 존 J. 미어셰이머, 김앤김북스
《이미 시작된 전쟁》, 이철, 페이지2북스

관련 계열 및 학과
- 인문계열: 사학과, 고고학과, 철학과, 영어영문학과, 중어중문학과, 심리학과, 인류학과
- 사회계열: 정치외교학과, 국제통상학과, 지리학과, 관광학과, 행정학과, 경제학과

관련 교과
- 교육계열: 사회교육과, 역사교육과, 지리교육과, 영어교육과, 교육학과, 교육공학과

2022 개정 교육과정: 통합사회, 세계 문화와 영어, 정치, 중국 문화, 사회문제 탐구, 세계사

2015 개정 교육과정: 통합사회, 정치와 법, 사회문제 탐구, 국제정치, 중국 문화, 영어권 문화, 세계사

위기의 역사
오건영 | 페이지2북스 | 2023

2022년 미국의 금리 인상 이후 물가와 금리는 계속해서 높아지며 집값은 종잡을 수 없게 되었다. 저자는 이러한 경제 위기가 처음 있는 일이 아니라 과거에도 벌어졌던 일들이라고 말한다. 이 책에서는 우리나라뿐만 아니라 세계의 역사 속에서 경제적 위기의 생성과 소멸에 대해 다루고 있다. 글로벌 경제 위기와 영향을 이해하다 보면 사람들이 가진 막연한 불안감도 해결할 수 있다고 설명하는 책이다.

탐구 주제

주제1 저자는 현재의 경제 위기는 비슷한 이유로 과거에도 벌어졌던 일들이라고 말하며, 객관적 시선으로 지금의 경제 상황을 파악해야 한다고 말한다. 코로나19 이후 발생한 세계 경제 위기에 대해 조사하고, 이를 해결하려는 각국 정부의 노력에 관해 발표해 보자.

주제2 1부에서 저자는 한국 경제의 큰 위기였던 IMF 외환 위기에 대해 설명한다. IMF가 한국인들의 삶에 어떤 영향을 주었는지 알아보고, 우리나라의 수출 부진을 부른 고베 대지진의 나비 효과와 반도체 쇼크를 설명하는 자료를 제작해 보자.

주제3 인플레이션의 원인과 대응 방안 탐구

주제4 닷컴 버블 현상과 붕괴 원인 분석

학생부 기록 예시 (교과세특)

'위기의 역사(오건영)'를 읽고 현재의 경제 위기는 비슷한 이유로 과거에도 벌어졌던 일들이라고 말하며 객관적 시선으로 지금의 경제 상황을 파악해야 한다고 말하는 저자의 입장에 공감한다는 의견을 밝힘. 추후 활동으로 코로나19 이후 40년 만에 발생한 인플레이션에 대해 조사하였음. 뿐만 아니라 세계 경제 위기에 대응하는 각국 정부의 노력에 관해 발표한 점이 인상 깊었던 학생임.

통합사회 시간에 한국 경제의 큰 위기였던 IMF 외환 위기를 접한 후, 이와 관련하여 '위기의 역사(오건영)'를 읽음. 다양한 문헌 자료를 활용하여 역사 속에서 IMF는 한국인들의 삶에 어떤 영향을 주었는지에 대해 알아봄. 이후 책 속의 내용 중 가장 심화 탐구하고 싶었던 내용으로 우리나라의 수출 부진을 부른 고베 대지진 나비효과와 반도체 쇼크를 선정해 조사했으며, 관련하여 설명하는 자료를 제작해 발표함.

관련 논문
글로벌 금융위기 전후의 통화정책과 거시경제변수 간의 구조적 관계 비교(박준서, 최경욱, 2021)

관련 도서
《미국 자본주의의 역사》, 앨런 그린스펀, 에이드리언 올드리지, 세종서적
《세 번째 위기, 세 번째 기회》, 박병창 외, 베가북스

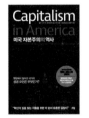

관련 계열 및 학과
- 인문계열: 사학과, 철학과, 영어영문학과, 인류학과, 문헌정보학과, 심리학과
- 사회계열: 정치외교학과, 경제학과, 국제통상학과, 사회학과, 경영학과, 행정학과
- 교육계열: 역사교육과, 사회교육과, 교육학과, 수학교육과, 초등교육과, 교육공학과

관련 교과

2022 개정 교육과정: 통합사회, 한국사, 경제, 세계사, 경제 수학, 실용 통계, 인간과 경제활동

2015 개정 교육과정: 통합사회, 한국사, 경제, 세계사, 경제 수학, 확률과 통계, 사회문제 탐구

인간은 기계보다 특별할까?

인문브릿지연구소 | 갈라파고스 |
2020

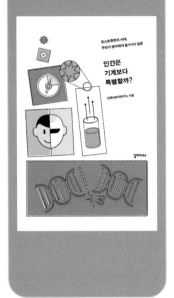

인공지능, 빅데이터, 소셜미디어, 가상현실 등의 기술은 인간의 삶을 크게 변화시키고 있다. 인간은 완벽하게 이성적이거나 윤리적인 존재가 아니기에 인간의 이성이 기술을 충분히 통제하기에는 어렵다. 저자는 인간을 인간이게 하는 조건은 무엇인지, 인간과 기계가 공존할 때 인간이 취해야 할 태도는 무엇인지 등에 대해 말한다. 과학의 진보와 인류의 삶에 대해 고민할 수 있는 책이다.

탐구 주제

주제1 '포스트 휴먼'이란 인간과 기술의 융합으로 나타나는 미래의 인간상을 의미한다. 포스트 휴먼 시대에 나타나는 변화를 조사하고, '인간은 기계보다 특별할까?'에 대한 본인의 의견을 작성하여 이를 주제로 모둠원들과 함께 토론 활동을 진행해 보자.

주제2 책의 4장에서는 두 영화를 제시하며 노동에 대한 관점이 어떻게 변화해야 할 것인지를 고찰한다. 기계가 인간의 일자리를 대체하는 '노동의 종말'에 관한 입장을 밝히고, 인공지능의 등장에 따른 노동과 여가의 변화에 대해 발표해 보자.

주제3 포스트 휴먼 시대의 도덕에 관한 주요 논쟁 탐구

주제4 포스트 휴먼 시대의 인간과 포스트 휴먼의 공존 가능성 연구

학생부 기록 예시 (교과세특)

'인간은 기계보다 특별할까?(인문브릿지연구소)'를 읽은 후 인간과 기술의 융합으로 나타나는 미래의 인간상을 의미하는 포스트 휴먼에 대해 처음 알게 되었다고 함. 이에 포스트 휴먼에 대해 관심을 가지고 심층적으로 탐구하기로 함. 포스트 휴먼 시대에 나타나는 사회의 변화상을 조사하였으며, '인간은 기계보다 특별할까?'를 주제로 토론 활동을 진행함. 인간은 기계보다 특별하지 않다는 의견을 논리적 근거를 들어 주장함.

'인간은 기계보다 특별할까?(인문브릿지연구소)'를 읽고 생각을 나누는 활동에서 4장 '힘든 노동은 기계가, 인간은 자유로운 여가를?' 부분이 가장 인상 깊었다고 밝힘. 특히 영화를 사례로 들어 노동에 대한 관점이 어떻게 변화해야 할 것인지를 고찰할 수 있는 계기가 되었다고 함. 이후 기계가 인간의 일자리를 대체하는 '노동의 종말'에 관한 본인의 입장을 밝혔으며, 인공지능의 등장에 따른 노동과 여가의 변화에 대해 발표함.

관련 논문

포스트휴먼 시대, 인간 지위에 대한 고찰(김분선, 2017)

관련 도서

《노동의 시대는 끝났다》, 대니얼 서스킨드, 와이즈베리
《포스트휴먼이 몰려온다》, 신상규 외, 아카넷

관련 계열 및 학과
- 인문계열: 철학과, 인류학과, 언어학과, 사학과, 심리학과, 상담심리학과, 문헌정보학과
- 사회계열: 사회학과, 경영학과, 사회복지학과, 미디어커뮤니케이션학과, 언론정보학과

관련 교과
- 교육계열: 기술교육과, 사회교육과, 과학교육과, 컴퓨터교육과, 윤리교육과, 교육학과

2022 개정 교육과정: 통합사회, 생명과학, 기술·가정, 정보, 인공지능 기초, 윤리문제 탐구, 철학

2015 개정 교육과정: 통합사회, 생명과학, 기술·가정, 정보, 인공지능 기초, 사회문제 탐구, 철학

있지만 없는 아이들
은유 | 창비 | 2021

저자는 유엔아동권리협약에 근거해 교육을 받을 권리는 있지만, 언제든 추방당할 위험에 처해 있는 미등록 이주 아동을 '있지만 없는 아이들'이라고 표현한다. 대학 진학, 보험 가입이 필요한 수학여행, QR 체크인 등 특히나 코로나19 이후 일상생활 곳곳에서 배제와 좌절을 겪는 미등록 장기체류 이주 아동의 체류 자격 부여 제도가 속히 마련되기를 바라는 저자의 마음이 담긴 책이다.

탐구 주제

주제1 저자는 한국 사회에서 미등록 이주 아동이 겪고 있는 인권 침해 사례를 말한다. 질문지법을 활용하여 미등록 이주 아동이 코로나19 이후 우리 사회에서 겪는 고난에 대한 인식을 조사하고, 이를 해결하기 위한 개인적 차원과 사회적 차원의 방안을 제안하는 보고서를 작성해 보자.

주제2 법무부가 발표한 '국내 출생 불법 체류 아동 조건부 구제 대책 시행 방안'은 소수의 아동에게만 적용되며 제도의 대상에 해당하지 않는 아동들은 언제든 추방될 수 있다는 한계점이 있다. 미등록 이주 아동의 기본권이 구체적으로 보장될 수 있는 모의 입법안을 제작하여 발표해 보자.

주제3 아동 권리 협약에서 아동에게 보장하고 있는 다양한 권리

주제4 미등록 이주 아동의 건강권, 의료 접근권의 보장 실태

학생부 기록 예시 (교과세특)

아동 인권에 대해 관심이 많은 학생으로 '있지만 없는 아이들(은유)'을 읽고 미등록 이주 아동이 우리나라에서 겪는 고난에 심각성을 느꼈다고 함. 이에 본교 학생들을 대상으로 미등록 이주 아동이 코로나19 이후 겪는 고난에 대한 인식을 조사하고자 질문지법을 실시함. 이후 한국 사회에서 미등록 이주 아동이 겪고 있는 인권 침해 사례를 탐구하고, 개인적 차원과 사회적 차원의 해결 방안을 제안하는 보고서를 작성하였음.

'있지만 없는 아이들(은유)'을 통해 제도의 대상에 해당하지 않는 아동들은 언제든 추방될 수 있는 '국내 출생 불법 체류 아동 조건부 구제 대책 시행 방안'에 문제 의식을 가짐. 미등록 이주 아동의 기본권이 우리 사회에서 구체적으로 보장받을 수 있는 방법은 무엇인지 다양한 자료를 통해 조사하였으며, 미등록 이주 아동의 의료 접근권 보장을 위한 모의 입법안을 제작한 점이 인상 깊었음.

관련 논문
미등록 이주아동의 기본권 보장에 관한 연구-유럽 국가를 중심으로(김나루, 2022)

관련 도서
《어린이라는 세계》, 김소영, 사계절
《울고 있는 아이에게 말을 걸면》, 변진경, 아를

관련 계열 및 학과
- 인문계열: 철학과, 인류학과, 사학과, 심리학과, 상담심리학과, 언어학과
- 사회계열: 사회복지학과, 사회학과, 정치외교학과, 국제통상학과, 법학과, 행정학과

관련 교과
- 교육계열: 전 교육계열

2022 개정 교육과정: 통합사회, 사회와 문화, 사회문제 탐구, 현대사회와 윤리, 보건, 국제관계의 이해

2015 개정 교육과정: 통합사회, 사회·문화, 생활과 윤리, 사회문제 탐구, 철학, 보건, 체인지메이커

장애시민 불복종

변재원 | 창비 | 2023

지체 장애인이자 인권 활동가, 또 소수자 정책 연구자로 활동하고 있는 저자는 장애인들의 지하철 탑승 투쟁이 이해되지 않는 사람에게 이 책을 권한다. '존재하지 않는 제도를 만들기 위해서는 현행하는 법 제도의 한계를 넘어서야 한다.'라는 저자의 말에 따라 현재 장애인의 사회 운동은 시민 불복종의 형태를 보인다. 장애인의 인권 투쟁들이 시민으로서 권리를 보장받기 위한 장애인들의 노력임을 알리기 위한 책이다.

탐구 주제

주제1 저자는 민주주의의 사각지대에 장애 시민이 있다고 말한다. 우리 지역 사회에는 장애인 이동권을 보장하기 위한 조례가 제정되어 있는지 자치 법규 포털을 활용하여 살펴보고, 장애인 이동권이 구체적으로 실현될 수 있는 조례 개정안을 작성해 보자.

주제2 헌법에는 인간의 존엄성과 행복 추구권, 인간다운 생활을 할 권리가 보장되어 있다. 헌법재판소 사이트에서 장애인 이동권 관련 헌법 재판 사례 및 헌법재판소의 판단을 살펴보고, 장애인 이동권 보장을 위한 개인적 차원과 사회적 차원의 해결 방안을 제안하는 보고서를 작성해 보자.

주제3 장애인의 기본권 보장을 위한 인권 투쟁의 역사 탐구

주제4 장애인의 이동권 보장을 위한 사회 복지 정책 제안

학생부 기록 예시 (교과세특)

사회적 소수자를 위한 정책에 관심이 많은 학생으로, '장애시민 불복종(변재원)'을 읽고 장애인 이동권이 우리 사회에서 제대로 보장되지 않는 현실에 문제의식을 가짐. 이에 본인이 살고 있는 지역 사회에는 장애인 이동권을 보장하기 위한 조례가 제정되어 있는지에 관해 자치 법규 관련 사이트를 활용하여 살펴보고, 장애인 이동권이 구체적으로 실현될 수 있는 조례 개정안을 작성한 점이 기억에 남음.

헌법 제10조 인간의 존엄성과 행복추구권, 헌법 34조 인간다운 생활을 할 권리와 관련하여 '장애시민 불복종(변재원)'에서 말하는 장애인의 이동권의 보장 문제에 관심을 가짐. 헌법재판소 사이트를 활용하여 장애인의 이동권과 관련한 헌법 재판 사례 및 헌법재판소의 판단을 살펴봄. 이후, 장애인 이동권 보장을 위한 개인적 차원과 사회적 차원의 해결 방안을 제안하는 보고서를 작성하여 친구들에게 발표함.

관련 논문

기본권으로서의 장애인의 이동권(박창석, 2021)

관련 도서

《인권 관점에서 보는 장애인 복지》, 유동철, 학지사
《평균의 종말》, 토드 로즈, 21세기북스

관련 계열 및 학과	• 인문계열: 인류학과, 철학과, 상담심리학과, 심리학과, 언어학과
	• 사회계열: 사회학과, 사회복지학과, 공공행정학과, 공공인재학과, 법학과, 행정학과
관련 교과	• 교육계열: 전 교육계열

2022 개정 교육과정: 통합사회, 사회와 문화, 법과 사회, 사회문제 탐구, 윤리문제 탐구, 생애설계와 자립

2015 개정 교육과정: 통합사회, 사회·문화, 정치와 법, 생활과 윤리, 사회문제 탐구, 보건

국어교과군

영어교과군

수학교과군

사회교과군

과학교과군

도덕교과군

저널리즘의 기본 원칙

빌 코바치, 톰 로젠스틸 |
한국언론진흥재단 | 2021

미국 언론계에서 실천하고 있는 저널리즘의 열 가지 원칙을 정리했다. 저널리즘이 무엇을 위해서 존재하는지, 저널리즘의 진실과 진실에 도전하는 새로운 저널리즘의 규범들을 설명하고, 기자는 누구를 위해서 존재하는지에 대해서도 생각해 볼 수 있다. 사실을 확인할 수 있는 저널리즘과 공공포럼으로서의 저널리즘뿐만 아니라 저널리즘 환경과 관련한 세 가지 흐름까지 살펴볼 수 있는 책이다.

탐구 주제

주제1 언론 미디어 산업에 인공지능이 등장하면서 전 세계의 주요 언론사들은 인공지능과 공존하고 있다. 특히 자동화 저널리즘 로봇을 통해 스포츠 관련 뉴스 등을 전하는 언론사들이 등장했다. AI 프로그램을 활용한 자동화 기사의 특징을 분석하고 장단점에 대해 발표해 보자.

주제2 책에서는 저널리즘의 본질이 사실 확인의 규율이라고 한다. 디지털 미디어 시대에 문제가 되고 있는 여러 가짜 뉴스 사례를 조사하고, 본교 학생들을 대상으로 가짜 뉴스와 진실을 구분할 수 있는 활동 자료를 직접 제작해 보자.

주제3 디지털 미디어 시대에 요구되는 저널리즘 윤리 탐구

주제4 MZ 세대의 저널리즘과 미디어에 대한 인식 조사

학생부 기록 예시 (교과세특)

자동화 저널리즘 로봇을 통해 스포츠 관련 뉴스를 전하는 언론사들이 등장했다는 신문 기사를 보고 흥미를 느껴 디지털 미디어 시대의 인공지능과 언론의 공존에 관한 탐구 계획을 세움. '저널리즘의 기본 원칙(빌 코바치 외)'을 읽고, 저널리즘 환경과 관련한 세 가지 흐름을 자세히 살펴보았음. 이후, AI 프로그램을 활용한 자동화 기사의 특징을 분석하였으며, 장단점에 대해 발표한 점이 돋보임.

사회·문화 수업에서 대중매체에 대해 학습한 후, 저널리즘을 주제로 심화 탐구활동을 실시함. '저널리즘의 기본원칙(빌 코바치 외)'을 참고 문헌으로 선정하여 읽고, 저널리즘의 본질은 사실 확인의 규율임을 알게 되었다고 발표함. 또한 디지털 미디어 시대에 문제가 되고 있는 선거 및 코로나19 관련 가짜 뉴스 사례를 조사하고, 본교 학생들을 대상으로 가짜 뉴스와 진실을 구분할 수 있는 활동 자료를 직접 제작하였음.

관련 논문

저널리즘에서 인공지능 활용과 기본권 보호(이희옥, 2021)

관련 도서

《AI 저널리즘》, 박창섭, 두리반
《한국 언론 직면하기》, 이정환 외, 자유언론실천재단

관련 계열 및 학과

- 인문계열: 문헌정보학과, 철학과, 인류학과, 사학과, 문예창작학과, 국어국문학과
- 사회계열: 미디어커뮤니케이션학과, 문화콘텐츠학과, 언론정보학과, 사회학과
- 교육계열: 사회교육과, 기술교육과, 컴퓨터교육과, 교육공학과, 과학교육과

관련 교과

2022 개정 교육과정: 매체와 의사소통, 통합사회, 사회와 문화, 음악과 미디어, 지식 재산 일반

2015 개정 교육과정: 통합사회, 사회·문화, 언어와 매체, 정보

정의란 무엇인가

마이클 샌델 | 와이즈베리 | 2014

'논쟁이야말로 건강한 사회의 상징'이라고 주장하는 저자는 이 책을 통해 옳고 그름, 평등과 불평등, 개인의 권리와 공공선 등 정의를 둘러싼 철학자들의 다양한 주장들을 다룬다. 불공정과 불평등이 만연하고 사회적 갈등이 심화되고 있는 현대 사회에서 자유, 평등, 행복 등 이 시대에 필요한 도덕과 정의에 대해 탐구하고, 독자들 스스로 옳은 행동과 바람직한 삶의 방식을 정립할 수 있도록 하는 책이다.

탐구 주제

주제1 우리 사회에서 실시되고 있는 사회적 약자를 위한 적극적 우대 조치의 사례와 사회 복지 제도에 대해 조사하고, 우리 사회에서 진정한 정의를 실현할 수 있도록 사회적 약자를 위한 정책을 제안하는 보고서를 작성해 보자.

주제2 저자는 개인의 권리와 공공선 등 정의에 관한 서로 다른 철학자들의 입장을 다룬다. 개인의 권리와 공동선을 둘러싼 도덕적 딜레마 사례를 제시하고, 노직과 롤즈의 '정의'에 대한 상반되는 입장을 바탕으로 도덕적 딜레마 상황에 대한 해결방안을 탐구해 보자.

주제3 정의를 실현하기 위한 인권의 역사적 발전 과정 탐구

주제4 정의에 대한 노직과 롤즈의 견해 비교 분석

학생부 기록 예시 (교과세특)

'정의란 무엇인가(마이클 샌델)'를 읽고 사회·문화 수업에서 배운 사회 복지 제도와 연계하여 우리 사회에서 실시되고 있는 사회적 약자를 위한 적극적 우대 조치의 사례 및 대한민국의 사회 복지 제도에 대해 조사함. 특히 적극적 우대 조치 중 여성 할당제, 장애인 의무 고용 제도 등에 대해 심층 탐구하였음. 이후 우리 사회에서 진정한 정의를 실현할 수 있도록 사회적 약자를 위한 정책을 제안하는 보고서를 작성하였음.

'정의로운 사회 실현'에 관심을 가지고 '정의란 무엇인가(마이클 샌델)'를 읽음. 특히 해당 도서에서 노직의 자유 지상주의와 롤즈의 이론에 주목하여 두 사상가의 이론을 비교하고 분석함. 이후 학급 친구들과 함께 노직과 롤즈의 입장에서 바라본 '정의'란 무엇인지를 토의하였음. 또한 노직과 롤즈의 입장에서 도덕적 딜레마 상황에 대한 해결방안을 탐구함. 개인의 권리와 공동선을 둘러싼 도덕적 딜레마 사례를 제시한 점이 돋보임.

관련 논문

『한국 사회에서 정의란 무엇인가』에 대한 비판적 검토(손제연, 2021)

관련 도서

《공정하다는 착각》, 마이클 샌델, 와이즈베리
《돈으로 살 수 없는 것들》, 마이클 샌델, 와이즈베리

관련 계열 및 학과	• 인문계열: 철학과, 상담심리학과, 심리학과, 언어학과, 인류학과, 종교학과
	• 사회계열: 경영학과, 경제학과, 공공인재학과, 공공행정학과, 사회복지학과, 사회학과
관련 교과	• 교육계열: 교육학과, 국어교육과, 사회교육과, 역사교육과, 윤리교육과, 초등교육과

2022 개정 교육과정: 통합사회, 현대사회와 윤리, 윤리와 사상, 사회문제 탐구, 윤리문제 탐구

2015 개정 교육과정: 통합사회, 윤리와 사상, 생활과 윤리, 고전과 윤리, 사회문제 탐구, 철학, 논술

존중받지 못하는 아이들

박명금 외 | 서사원 | 2023

사회를 떠들썩하게 했던 여러 사건을 보면 우리나라는 일상생활에서 아동 인권에 대한 인식과 보호가 부족한 편이다. 다양한 아동 인권 관련 단체에서 오랫동안 활동한 저자들이 쓴 이 책은 일상 곳곳에서 존중받지 못하는 아이들의 이야기를 구체적으로 말하고 있다. 가정과 학교, 아동 간의 관계, 아동과 관련된 중대한 결정에서 나타나는 인권 침해 사례를 보여 주는 책이다.

탐구 주제

주제1 '노키즈존'이란 영유아와 어린이, 그리고 이들을 동반한 고객의 출입을 제한하는 업소를 의미한다. 사회에서는 노키즈존이 아동 혐오라는 인식이 확산되고 있다. 우리의 일상생활에 만연한 아동 혐오 사례를 조사하고, 노키즈존에 대한 본인의 의견을 발표해 보자.

주제2 이 책은 아동 학대와 아동 인권 문제가 중요한 사회적 문제로 대두되고 있는 현 시점에 많은 부모와 교사에게 중요한 지침이 될 것이라는 평가를 받는다. 가정에서 발생하는 아동 학대 사례를 분석하고, 아동 학대법을 개정하기 위한 의견서를 작성해 보자.

주제3 유엔 아동 권리 협약을 통해 고찰하는 아동 인권

주제4 역사적 사건을 통한 청소년 인권 발전 과정 탐구

학생부 기록 예시 (교과세특)

신문 기사를 통해 노키즈존을 둘러싼 여론에 대해 알아보던 중 전 연령대에서 66% 이상이 노키즈존을 허용할 수 있다고 답한 결과가 가장 인상 깊었다고 함. 이에 '존중받지 못하는 아이들(박명금 외)'을 읽고, 노키즈존과 관련하여 현대 사회에서 나타나는 아동 혐오 현상에 대한 탐구 활동을 실시하였으며. 우리의 일상생활에 만연한 아동 혐오 사례를 조사하고, 노키즈존에 대한 본인의 의견을 발표한 점이 인상적임.

아동 인권에 관심이 많은 학생으로서 진로 관련 도서로 '존중받지 못하는 아이들(박명금 외)'을 선정해 읽음. 다양한 문헌 자료를 활용하여 가정에서 발생하는 아동 학대 사례를 분석하여 친구들에게 공유하였음. 또한 직접 법률 관련 사이트를 통해 아동 학대법에 대해 자세히 탐구하였으며, 현재 시행되고 있는 아동 학대법을 개정하기 위한 의견서를 작성하였음. 해당 활동을 통해 문제해결력과 비판적 사고력을 증진함.

관련 논문

학령기 아동인권 보장의 전개와 법적 실현(나달숙, 2021)

관련 도서

《아동인권》, 김희진, 푸른들녘
《유엔아동권리협약을 만나다》, 밥장, 한울림

관련 계열 및 학과	• 인문계열: 인류학과, 언어학과, 철학과, 사학과, 문헌정보학과, 심리학과, 상담심리학과
	• 사회계열: 사회학과, 사회복지학과, 언론정보학과, 미디어콘텐츠학과, 법학과, 행정학과
관련 교과	• 교육계열: 전 교육계열

2022 개정 교육과정: 통합사회, 사회문제 탐구, 법과 사회, 운동과 건강, 기술과 가정, 아동발달과 부모

2015 개정 교육과정: 통합사회, 사회문제 탐구, 정치와 법, 운동과 건강, 심리학, 기술과 가정

좋아요는 어떻게 지구를 파괴하는가

기욤 피트롱 | 갈라파고스 | 2023

4차 산업 혁명 시대가 도래한 후, 현대인들은 디지털 산업이 친환경이라는 착각을 하고 있다. 저자는 사실 디지털 세계는 물리적 실체를 가졌으며, 데이터 센터를 유지하기 위해서는 엄청난 자원과 에너지가 필요하다는 점을 강조한다. 또한 디지털 인프라를 둘러싼 기업과 강대국의 영유권 전쟁 실태와 디지털 세계의 팽창을 가속화 하는 디지털 지정학에 대해서도 다루고 있다.

탐구 주제

주제1 저자는 우리가 누르는 '좋아요'로 인해 탄소가 배출되어 환경이 파괴된다고 말한다. 인스타그램, 페이스북과 같은 SNS와 온라인 쇼핑, E-Book 등 디지털 세계와 밀접한 우리의 일상생활에서 어떤 과정을 통해 환경 파괴가 이루어지는지에 대한 발표 자료를 제작해 보자.

주제2 저자는 디지털 기술의 홍보에 '친환경', '녹색', '지속 가능'과 같은 어휘들이 동원되면서 환상을 심는 점을 지적한다. 실제로는 친환경적이지 않지만 친환경적 가치를 표방하는 기업의 '그린 워싱(green washing)' 사례에 대해 조사하고, 이를 해결하기 위한 정책 제안서를 작성해 보자.

주제3 디지털을 둘러싼 지정학적 문제와 환경 문제의 관련성 탐구

주제4 4차 산업 사회에서 나타나는 디지털 영유권 분쟁 사례 조사

학생부 기록 예시 (교과세특)

'좋아요는 어떻게 지구를 파괴하는가(기욤 피트롱)'에서 우리가 SNS에서 누르는 '좋아요'로 인해 탄소가 배출되어 환경이 파괴된다는 저자의 말이 가장 인상 깊었다고 함. 이에 현대인들의 일상생활을 지배하고 있는 뉴미디어, 온라인 쇼핑, E-Book 등 디지털 세계에서 어떤 과정을 통해 환경 파괴가 이루어지는지를 알아보기 위해 다양한 문헌을 통해 조사하였으며, 수집한 자료를 바탕으로 발표 자료를 제작함.

지속 가능한 발전에 관한 본인의 관심을 확장하기 위해 '좋아요는 어떻게 지구를 파괴하는가(기욤 피트롱)'를 읽음. 해당 책에서 디지털 기술의 홍보에 '친환경', '녹색', '지속 가능'과 같은 어휘들이 동원되면서 위험한 환상을 심어주게 된다는 부분에서 '그린 워싱(green washing)' 개념을 떠올림. 이후 친환경적 가치를 표방하는 기업의 그린 워싱의 사례에 대해 조사하고, 이를 해결하기 위한 정책 제안서를 작성하였음.

관련 논문

디지털 전환의 기후효과: 현황과 전망(오형나, 홍종호, 2022)

관련 도서

《고릴라는 핸드폰을 미워해》, 박경화, 북센스
《지구는 괜찮아, 우리가 문제지》, 곽재식, 어크로스

관련 계열 및 학과

- 인문계열: 사학과, 문헌정보학과, 인류학과, 철학과, 심리학과, 상담심리학과
- 사회계열: 사회학과, 지리학과, 국제통상학과, 경영학과, 경제학과, 정치외교학과

관련 교과

- 교육계열: 과학교육과, 기술교육과, 사회교육과, 윤리교육과, 컴퓨터교육과, 환경교육과

2022 개정 교육과정: 통합사회, 사회와문화, 기후변화와 지속가능한 세계, 기후변화와 환경생태, 정보

2015 개정 교육과정: 통합사회, 사회·문화, 정보, 사회문제 탐구, 생태와 환경, 융합과학, 생활과 과학

인문계열

예체능계열

수학계열

사회계열

과학계열

교육계열

죽은 경제학자의 살아있는 아이디어

토드 부크홀츠 | 김영사 | 2023

애덤 스미스의 국부론부터 맬서스의 인구론, 마셜의 수요공급 곡선, 루카스의 합리적 기대 이론, 대니얼 카너먼의 행동경제학까지 경제학 거장들의 사상을 모두 담고 있는 책이다. 저자는 경제학이 지루하다고 생각하는 사람들의 편견을 깨고자 죽은 경제학자들을 불러내 그들의 실추된 명예를 되찾아 주고, 경제학자들이 남긴 교훈을 사람들이 배울 수 있도록 하고 있다.

탐구 주제

주제1 9장에서는 1929년 미국의 대공황을 극복하기 위해 유효 수요 이론을 주장하며 등장한 케인스주의의 이론에 대해 자세히 설명한다. 케인스의 주장이 등장하게 된 시대적 배경을 조사하고, 하이에크의 신자유주의 정책과 비교하는 자료를 제작해 보자.

주제2 저자는 애덤 스미스의《국부론》에서 소비자 보호를 위해 독과점 기업들의 로비 활동과 가격 담합을 막아야 한다는 주장의 원형을 찾을 수 있다고 말한다. 국부론을 통해 애덤 스미스의 사상에 대해 고찰하고, 애덤 스미스의 사상이 현대 사회에 주는 시사점에 대해 발표해 보자.

주제3 합리적 기대 이론과 경제 안정화 정책의 상관관계 분석

주제4 존 스튜어트 밀의 합리주의 및 낭만주의 사상 탐구

학생부 기록 예시 (교과세특)

통합사회 시간에 자본주의의 역사적 전개 과정과 그 특징을 학습한 후 심화 탐구 활동을 위해 '죽은 경제학자의 살아있는 아이디어(토드 부크홀츠)'를 읽음. 이 책을 통해 1929년 미국의 대공황을 극복하기 위한 유효 수요 이론을 주장하며 등장한 케인스의 이론에 대해 자세히 알아보고 관심을 갖게 되었다고 밝힘. 이에 케인스의 주장이 등장하게 된 시대적 배경을 조사하였으며, 하이에크의 신자유주의 정책과 비교하는 자료를 제작함.

이전에 읽은 '국부론(애덤 스미스)'과 연계하여 '죽은 경제학자의 살아있는 아이디어(토드 부크홀츠)'를 읽음. 저자의 설명에 따라 애덤 스미스의 국부론에서 소비자 보호를 위해 독과점 기업들의 로비 활동과 가격 담합을 막아야 한다는 주장의 원형을 찾을 수 있다는 것을 알게 되었다고 설명함. 이후 '국부론(애덤 스미스)'을 통해 애덤 스미스의 사상을 고찰하였으며, 애덤 스미스의 사상이 현대 사회에 주는 시사점에 대해 발표함.

관련 논문

불확실성에서의 의사결정과 확률: 케인즈와 행동경제학(황재홍, 2019)

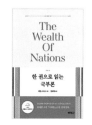
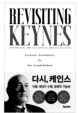

관련 도서

《국부론》, 애덤 스미스, 박영사
《다시, 케인스》, 존 메이나드 케인스 외, 포레스트북스

관련 계열 및 학과	• 인문계열: 상담심리학과, 심리학과, 인류학과, 철학과
	• 사회계열: 경영학과, 경제학과, 국제통상학과, 금융보험학과, 무역학과, 소비자학과
관련 교과	• 교육계열: 교육학과, 사회교육과, 윤리교육과, 환경교육과, 기술교육과

2022 개정 교육과정: 통합사회, 경제, 금융과 경제생활, 사회문제 탐구, 인간과 경제활동, 실용 통계

2015 개정 교육과정: 통합사회, 경제, 사회문제 탐구, 실용 경제, 국제경제

중국은 어떻게 실패하는가

마이클 베클리, 할 브랜즈 | 부키 | 2023

중국의 관점에서 보면 중국이 차상위권 강대국으로 머물 수밖에 없는 미국 주도의 세계 질서는 정상이 아니다. 그러나 저자는 우리는 영원히 상승하는 중국의 시대가 아니라 이미 정점에 도달한 중국의 시대에 살고 있다고 말한다. 미국의 중국 봉쇄 전략 가운데 상당수는 이미 실행에 옮겨졌거나 추진 중에 있다. 이 책을 통해 미중 간의 경쟁을 이해하고, 신냉전 시기 한반도의 운명에 대해 생각해 볼 수 있다.

탐구 주제

주제1 최근 반중 여론이 전세계에서 확산되고 있는 이유는 중국의 영향력 확대를 위협으로 인식하고 있기 때문이라는 연구 결과가 있다. 중국의 개혁과 개방 정책에 대해 알아보고, 중국의 성장세가 계속될 것인지 또는 정점을 지나 하락세에 접어들었는지에 대한 의견을 발표해 보자.

주제2 저자는 냉전 종식 이후 21세기가 시작된 지 불과 20년 만에 미중 패권 대결로 인한 신냉전 질서가 강화되는 혼돈의 시기를 통과하고 있다고 한다. 신냉전이 장기간 지속될 경우 한반도에 미칠 영향을 예측하고, 미중 외교 정책을 제안하는 보고서를 작성해 보자.

주제3 미중 패권 경쟁의 전망과 대책 탐구

주제4 중국의 안보 전략 및 디지털 권위주의 분석

학생부 기록 예시 (교과세특)

최근 반중 여론이 전세계에서 확산되고 있는 이유는 중국의 영향력 확대를 위협으로 인식하고 있기 때문이라는 연구 결과를 확인한 후, 중국의 외교 전략에 대한 탐구 계획을 세움. '중국은 어떻게 실패하는가(마이클 베클리 외)'를 읽고, 중국의 개혁 및 개방 정책에 관해 정리하였음. 또한 저자가 질문하는 '중국의 성장세가 계속될 것인지 또는 정점을 지나 하락세에 접어들었는지'에 대해서 본인의 의견을 발표한 점이 인상 깊었음.

'중국은 어떻게 실패하는가(마이클 베클리 외)'를 읽고, 냉전의 종식 이후 21세기가 시작된 지 불과 20년 만에 미중 패권 대결로 인한 신냉전 질서가 강화되는 혼돈의 시기를 통과하고 있다는 저자의 말이 기억에 남았다고 함. 이에 미중 패권 전쟁과 신냉전 시기의 국제 질서에 관심을 가지고 신냉전이 장기간 지속될 경우 한반도에 미칠 영향을 예측해 보았다. 뿐만 아니라 미중 외교 정책을 제안하는 보고서를 작성한 점이 돋보임.

관련 논문

냉전과 신냉전 역학비교: 미·중 패권경쟁의 내재적 역학에 대한 고찰을 중심으로(반길주, 2021)

관련 도서

《예정된 전쟁》, 그레이엄 앨리슨, 세종서적
《용의 불길, 신냉전이 온다》, 이언 윌리엄스, 반니

관련 계열 및 학과	• 인문계열: 사학과, 고고학과, 철학과, 영어영문학과, 중어중문학과, 심리학과, 인류학과
	• 사회계열: 정치외교학과, 국제통상학과, 지리학과, 관광학과, 행정학과, 경제학과
관련 교과	• 교육계열: 사회교육과, 역사교육과, 지리교육과, 영어교육과, 교육학과, 교육공학과

2022 개정 교육과정: 통합사회, 세계 문화와 영어, 정치, 중국 문화, 사회문제 탐구, 세계사

2015 개정 교육과정: 통합사회, 정치와 법, 사회문제 탐구, 국제정치, 중국 문화, 영어권 문화, 세계사

지속 불가능한 불평등

뤼카 샹셀 | 니케북스 | 2023

경제적 불평등은 교육, 문화적 불평등으로 이어지면서 정치적 양극화와 같은 갈등을 유발한다. 또한 기후 위기로 인한 자연 재해는 인종과 소득에 따라 다르게 나타난다. 저자는 '어떻게 생태 위기에서 벗어날 수 있는가'와 '어떻게 불평등을 극복할 수 있는가'를 함께 다루며 해결해야 한다고 말한다. 20세기 이후 경제적 불평등이 심화된 실태와 환경에 대해 함께 고찰할 수 있는 책이다.

탐구 주제

주제1 기후 재해로 인한 피해 정도는 인종과 소득 등에 따라 다르게 나타나며, 이를 통해 기후 불평등을 확인할 수 있다. 다양한 통계 자료를 활용하여 소득 수준에 따라 기후 불평등 양상이 어떻게 나타나는지에 대해 조사하고, 소득 수준이 탄소 배출에 미치는 상관관계를 발표해 보자.

주제2 저자는 3부에서 기후 문제를 해결하기 위한 다양한 사회 정책 및 환경 정책에 관해 설명한다. 여러 나라에서 실시되었던 환경 정책 시행 사례를 분석하고, 기후 불평등 문제를 해결하기 위한 지역 사회, 정부, 국제단체의 역할에 관한 자료를 제작해 보자.

주제3 사회적 불평등과 환경 불평등의 악순환 문제 분석

주제4 지역 간 홍수 및 폭염에 대한 대응 방식 비교

학생부 기록 예시 (교과세특)

기후 재해로 인한 피해 정도는 인종과 소득 등에 따라 다르게 나타나며, 이를 통해 기후 불평등을 확인할 수 있다고 말하는 논문을 읽고, 기후 불평등 문제에 관해 자세히 탐구하기로 함. 연관 도서로 '지속 불가능한 불평등(뤼카 샹셀)'을 탐독하였으며, 다양한 통계 자료를 활용하여 소득 수준에 따라 기후 불평등 양상이 어떻게 나타나는지에 대해 조사함. 뿐만 아니라 소득 수준이 탄소 배출에 미치는 상관관계를 발표하였음.

'지속 불가능한 불평등(뤼카 샹셀)'을 읽고 기후 문제와 이를 해결하기 위한 국가 간의 노력에 관심을 보이며 심화 탐구 활동을 실시함. 특히 다양한 사회 정책 및 환경 정책에 관해 설명한 부분을 자세히 읽고, 여러 나라에서 실시되었던 환경 정책 시행 사례를 직접 분석하였음. 또한 기후 불평등 문제를 해결하기 위한 지역 사회, 정부, 국제 단체의 역할에 관한 자료를 제작하여 발표한 점이 기억에 남음.

관련 논문
기후불평등의 공간적 평가: 서울시 홍수재해를 대상으로(박지수, 임철희, 2023)

관련 도서
《21세기 자본》, 토마 피케티, 글항아리
《세계불평등보고서 2018》, 파쿤도 알바레도 외, 글항아리

관련 계열 및 학과	• 인문계열 : 인류학과, 사학과, 상담심리학과, 심리학과, 철학과
	• 사회계열 : 경제학과, 국제통상학과, 무역학과, 사회복지학과, 사회학과, 정치외교학과
관련 교과	• 교육계열 : 전 교육계열

2022 개정 교육과정: 통합사회, 사회문제 탐구, 기후변화와 지속가능한 세계, 기후변화와 환경생태

2015 개정 교육과정: 통합사회, 사회·문화, 생활과 윤리, 사회문제 탐구, 생태와환경

창업가의 답

성호철, 임경업 | 포르체 | 2021

'네카라쿠배당토'란 밀레니엄 시대에 개발자와 취업 준비생들이 가장 가고 싶어하는 기업인 네이버, 카카오, 라인, 쿠팡, 배달의민족, 당근마켓, 토스를 의미하는 신조어이다. 이 책에서는 안정적인 직장을 두고 데스밸리를 넘어 혁신을 이룬 스타트업 창업가들과 조선일보 기자들의 인터뷰를 담고 있다. 스타트업이 이미 성공한 뒤 전하는 신화가 아닌 현실과 치열하게 부딪히고 있는 스타트업의 이야기를 들을 수 있는 책이다.

탐구 주제

주제1 이 책에서는 성공한 창업가들의 공통점으로 미래 산업을 주도할 패러다임을 찾아내는 혜안뿐만 아니라 모든 것을 버무리는 조직을 이끄는 리더십을 꼽는다. 질문지법을 활용하여 MZ세대가 선호하는 노동 환경을 조사하고, 새로운 조직 형태를 제안하는 자료를 제작해 보자.

주제2 이 책은 페인 포인트를 발견해 고객의 일상에 터닝 포인트를 만들어 낸 스타트업 창업가들의 이야기를 담고 있다. 스타트업 창업가들의 인터뷰를 통해서 기업가 정신이 무엇인지 고찰하고, 스타트업의 창업가가 되어 기업가 정신이 드러나는 창업 계획서를 작성해 보자.

주제3 관료제와 탈관료제 조직의 형태 비교

주제4 스타트업 창업의 본질과 성공 요인 분석

학생부 기록 예시 (교과세특)

사회·문화 수업에서 관료제와 탈관료제 조직에 관해 학습한 후, 조직의 형태에 관심을 갖게 되었다고 함. 이에 '창업가의 답(성호철 외)'을 읽고, 성공한 창업가들의 공통점은 미래 산업을 주도할 패러다임을 찾아내는 혜안뿐 아니라 모든 것을 버무리고 조직을 이끄는 리더십임을 파악함. 질문지법을 활용하여 MZ 세대가 선호하는 노동 환경을 조사하였으며, 새로운 조직 형태를 제안하는 자료를 제작한 점이 인상 깊음.

실제 스타트업 기업으로의 취업이나 창업을 꿈꾸는 학생으로서 진로 도서로 '창업가의 답(성호철 외)'을 선정해 읽음. 해당 책에서 스타트업 창업가들의 인터뷰를 통해 기업가 정신이 무엇인지 고찰하여 발표하였음. 뿐만 아니라 본인이 실제 스타트업의 창업가가 되어 창업 계획서를 작성하는 활동에서 제안한 창업 아이템이 창의적이고, 기업가 정신이 드러나 교사와 친구들에게 긍정적인 피드백을 받음.

관련 논문

창업환경 요인이 창업인식(개인/조직)에 미치는 영향: 한국·영국·미국을 중심으로(김종식, 남정민, 2021)

관련 도서

《무기가 되는 시스템》, 도널드 밀러, 윌북
《보도 섀퍼의 이기는 습관》, 보도 섀퍼, 토네이도

관련 계열 및 학과	• 인문계열: 인류학과, 철학과, 사학과, 상담심리학과, 영어영문학과, 심리학과
	• 사회계열: 경영학과, 경제학과, 국제통상학과, 세무학과, 사회학과, 소비자학과, 회계학과
	• 교육계열: 사회교육과, 기술교육과, 과학교육과, 윤리교육과, 컴퓨터교육과, 교육학과

관련 교과	

2022 개정 교육과정: 통합사회, 경제, 기술과 가정, 인간과 경제활동, 직무 영어, 직무 의사소통

2015 개정 교육과정: 통합사회, 경제, 기술과 가정, 사회·문화, 실용 영어, 실용 국어, 진로와 직업

총, 선, 펜

린다 콜리 | 에코리브르 | 2023

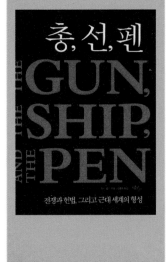

1750년대부터 20세기에 이르기까지 발생한 전쟁과 성문 헌법의 출현 및 확산의 연관성을 담아냈다. 또한 전쟁 과정에서 나타난 유명 헌법들을 평가하고, 근대 세계의 부상에 핵심 역할을 한 헌법들을 다룬다. 1861년 튀니지에서 제정된 근대적 이슬람 헌법, 일본 제국주의의 부상에 따른 천황들의 새로운 헌법 등 구체적인 사례로 설명하고 있어 흥미롭게 읽을 수 있는 책이다.

탐구 주제

주제1 저자는 한 국가의 남성 거주민은 높은 세금 또는 징병을 수락한 대가로 선거권 부여와 같은 특정 권리를 제공받았으며, 성문 헌법에 의해 법제화되어 공포되었다고 한다. 헌법을 통해 참정권이 부여되었거나 소외 및 배제된 사례를 조사하여 발표해 보자.

주제2 이 책에서는 헌법이 민주주의의 열망이나 혁명의 산물이 아니라 전쟁의 잿더미나 침략의 위협에서 생겨났다고 말한다. 한국 전쟁이 헌법에 어떤 영향을 주었는지에 대해 발표하고, 분단 이후 남북한의 헌법을 정치 체제, 권력 구조, 경제 제도 측면에서 비교하는 보고서를 작성해 보자.

주제3 헌법 저술가 및 제정자들의 헌법 구획 방식 분석

주제4 인쇄술의 발전이 끼친 영향이 성문 헌법에 끼친 영향 탐구

학생부 기록 예시 (교과세특)

정치와 법 시간에 선거권 확장의 역사에 관해 학습한 후 선거권에 관심이 생겨 '총, 선, 펜(린다 콜리)'을 읽음. 이 책을 통해서 한 국가의 남성 거주민은 높은 세금 또는 징병을 수락한 대가로 선거권 부여와 같은 특정 권리를 제공받았으며, 성문 헌법에 의해 법제화되어 공포되었음을 알게 되었다고 함. 이러한 역사에 지적 호기심을 가지고 헌법을 통해 참정권이 부여되었거나 소외 및 배제된 사례를 조사하여 발표하였음.

'총, 선, 펜(린다 콜리)'을 읽고, 가장 인상 깊은 부분으로 헌법이 민주주의의 열망이나 혁명의 산물이 아니라 전쟁의 잿더미나 침략의 위협에서 생겨났다는 부분을 선정함. 이에 한국 전쟁과 헌법 발전의 역사에 관한 심화 탐구활동을 실시함. 한국 전쟁이 헌법에 어떤 영향을 주었는지에 대해 발표하였으며, 분단 이후 남북한의 헌법을 정치 체제, 권력 구조, 경제 제도 측면에서 비교하는 보고서를 작성하였음.

관련 논문

분단과 헌법-1948년 헌법을 중심으로(이상명, 2010)

관련 도서

《김영란의 헌법 이야기》, 김영란, 풀빛
《미국 헌법과 인권의 역사》, 장호순, 개마고원

관련 계열 및 학과	• 인문계열: 인류학과, 문헌정보학과, 심리학과, 상담심리학과, 철학과, 언어학과, 사학과
	• 사회계열: 사회학과, 경영학과, 경제학과, 법학과, 정치외교학과, 사회복지학과
관련 교과	• 교육계열: 사회교육과, 역사교육과, 윤리교육과, 교육학과, 가정교육과, 초등교육과

2022 개정 교육과정: 통합사회, 법과 사회, 정치, 사회와 문화, 세계사, 사회문제 탐구, 인간과 철학

2015 개정 교육과정: 통합사회, 정치와 법, 사회·문화, 생활과 윤리, 세계사, 사회문제 탐구, 논술, 철학

총 균 쇠

재레드 다이아몬드 | 김영사 |
2023

재러드 다이아몬드는 '왜 인류의 역사가 대륙마다 다르게 전개되었는가?'에 대한 물음에 지리적 조건 때문이라고 말한다. 지리 환경에 따라 문화의 방향성이 달라진다는 것이다. 과거에는 백인 우월주의에 기반한 제국주의 측면에서 역사적 사건을 바라보았지만 저자는 역사적 사건들을 공간적 관점에서 주목한다. 문명의 생성과 번영의 과정뿐 아니라 현대 사회 불평등의 원인을 종합적으로 규명해 볼 수 있는 책이다.

탐구 주제

주제1 저자는 대륙마다 역사가 다르게 진행된 것은 각 민족의 생물학적 차이 때문이 아니라 환경적 차이 때문이라고 주장한다. 현대 사회 세계 각국에서 문화의 차이를 야기하는 환경적 차이 사례를 조사하고, 다가올 미래의 총, 균, 쇠에 대해 전망하는 발표 자료를 제작해 보자.

주제2 저자는 환경이 식량을 결정하고, 식량에 따라 영양과 열량이 다른 탓에 식량의 차이가 인구 증가와 문명의 발달 차이로 이어짐에 주목한다. 공간적 관점에서 우리 사회 식량 문제의 원인을 규명하고, 식량 문제에 대한 해결 방안을 제안하는 보고서를 작성해 보자.

주제3 전쟁, 전염병, 도구의 관점에서 바라보는 인류의 문명사 탐구

주제4 도구의 사용과 발전이 문명의 번영과 쇠퇴에 미치는 영향 분석

학생부 기록 예시 (교과세특)

'총 균 쇠(재레드 다이아몬드)'를 읽고 대륙마다 역사가 다르게 진행된 것은 각 민족의 생물학적 차이 때문이 아니라 환경적 차이 때문이라는 저자의 주장을 파악함. 이후 현대 사회에서 세계 각국의 문화적 차이를 야기하는 환경적 차이에 대한 사례에 대해 조사하기 위해 논문, 도서, 등 다양한 문헌 자료를 활용하였음. 수집한 자료를 바탕으로 다가올 미래의 총, 균, 쇠는 '정보'임을 전망한 점이 인상적이었음.

환경과 세계 인권 문제에 관심이 많은 학생으로 '총 균 쇠(재레드 다이아몬드)'에서 환경이 식량을 결정하고, 식량에 따라 영양과 열량이 달라 식량의 차이가 인구 증가와 문명의 발달차로 이어진다는 저자의 주장이 가장 기억에 남았다는 소감을 발표함. 해당 도서에서 주로 취하고 있는 공간적 관점으로 우리 사회에서 나타나는 식량 문제의 원인을 규명하였으며, 식량 문제에 대한 해결 방안을 제안하는 보고서를 작성함.

관련 도서

《나와 세계》, 재레드 다이아몬드, 김영사
《대변동: 위기, 선택, 변화》, 재레드 다이아몬드, 김영사
《사피엔스》, 유발 하라리, 김영사

관련 계열 및 학과

- 인문계열: 고고학과, 인류학과, 사학과, 철학과, 언어학과
- 사회계열: 국제통상학과, 사회학과, 지리학과, 정치외교학과, 경제학과, 공공행정학과

관련 교과

- 교육계열: 지리교육과, 역사교육과, 사회교육과, 윤리교육과, 기술교육과

2022 개정 교육과정: 통합사회, 세계사, 국제관계의 이해, 역사로 탐구하는 현대 세계, 세계문화와 영어

2015 개정 교육과정: 통합사회, 세계사, 세계지리, 동아시아사, 여행지리, 사회문제 탐구, 영어권문화

국어교과군

영어교과군

수학교과군

사회교과군

과학교과군

도덕교과군

커넥트 파워

박명규 외 | 포르체 | 2019

이 책에서는 디지털 문명 전환기라고 불리는 초연결 시대에 성공적인 비즈니스를 위해서 필요한 전략은 무엇인지에 관해 말한다. 저자는 기술 혁신으로 인한 변화에 대응하려면 빅데이터, 인공지능, 플랫폼의 기회 공간을 활용할 수 있는 능력을 길러야 한다고 설명한다. 미래의 불확실성은 긴장과 갈등도 동반하기에 4차 산업 혁명이 동반할 긍정적 효과뿐만 아니라 부정적인 효과도 고찰해야 한다는 것이 저자의 입장이다.

탐구 주제

주제1 제1장에서는 새로운 소비 형태인 '공유 경제'에 관해 설명하고 있다. '공유 경제'란 이미 생산된 제품을 여럿이 함께 공유해서 사용하는 협력 소비 경제를 의미한다. 현대 사회에서 볼 수 있는 공유 경제의 사례를 조사하고, 공유 경제의 장점 및 전망에 관해 설명하는 자료를 제작해 보자.

주제2 책에서는 초연결 사회의 도래가 심대한 문명적 도전이며, 그 미래가 유토피아일지 디스토피아일지는 도전에 대한 대응 방식과 역량이 좌우한다고 말한다. 초연결 사회의 도래를 설명할 수 있는 사회 변동 이론에 관해 조사하고, 각 이론의 관점에서 사회 변동의 대응책을 발표해 보자.

주제3 초연결 시대에 필요한 조직 구조 분석

주제4 알고리즘과 빅데이터에 관한 상반된 견해 비교

학생부 기록 예시 (교과세특)

'커넥트 파워(박명규 외)'를 읽고 4차 산업 혁명 시대와 함께 등장한 공유 경제에 관해 관심을 갖게 되었다고 밝힘. 해당 책에서 저자가 중점적으로 다루고 있는 새로운 소비 형태인 공유 경제를 주제로 심화 탐구활동을 실시함. 공 경제가 무엇인지에 대해 정확한 정의를 확인하였으며, 현대 사회에서 볼 수 있는 공유 경제의 사례를 조사함. 또한, 공유 경제의 장점 및 전망에 관해 설명하는 자료를 제작해 발표하였음.

독서 활동에서 '커넥트 파워(박명규 외)'에 관한 서평 중 '초연결 사회의 도래는 심대한 문명적 도전이며, 그 미래가 유토피아일지 디스토피아일지는 이 도전에 대한 대응 방식과 역량이 좌우한다.'라는 내용이 가장 인상이 깊다고 설명함. 사회·문화 수업에서 학습한 사회 변동 이론과 연계하여 초연결 사회의 도래를 설명할 수 있는 사회 변동 이론에 관해 조사하였으며, 각 이론의 관점에서 사회 변동에 대응책을 발표한 점이 두드러짐.

관련 논문

소비가치에 기반한 공유경제 서비스의 이용의도에 관한 연구(손조기, 윤성준, 2020)

관련 도서

《공유 경제 쫌 아는 10대》, 석혜원, 풀빛
《공유 경제 시대의 네트워크 마케팅》, 김학천, 책연

관련 계열 및 학과	• 인문계열 : 심리학과, 상담심리학과, 사학과, 철학과, 인류학과, 문헌정보학과, 언어학과
	• 사회계열 : 경영학과, 경제학과, 소비자학과, 행정학과, 회계학과, 사회학과, 무역학과
관련 교과	• 교육계열 : 사회교육과, 기술교육과, 영어교육과, 컴퓨터교육과, 교육공학과, 교육학과

2022 개정 교육과정 : 통합사회, 통합과학, 경제, 정보, 인공지능 기초, 생활과학 탐구, 인간과 경제활동

2015 개정 교육과정 : 통합사회, 통합과학, 경제, 정보, 인공지능 기초, 사회문제 탐구, 생활과 과학

펭귄과 리바이어던

요차이 벤클러 | 반비 | 2013

홉스의 '리바이어던'에 기반해 오랜 시간 동안 비즈니스, 법률, 교육 등 인간의 모든 조직은 인센티브, 보상, 처벌 중심으로 구축되어 이기적인 모습을 띠었다. 그러나 저자는 인간은 어느 한쪽의 성향만을 지닌 존재가 아니며, 처한 상황에 따라 다양한 모습을 보이는 존재라고 주장한다. 사람들이 집단적인 노력에 참여하도록 동기를 부여하는 협력 시스템의 요소를 설명하며 협력의 중요성을 강조하는 책이다.

탐구 주제

주제1 저자는 위키피디아, 리눅스 등 누구나 자유롭게 확인하고 수정할 수 있는 소프트웨어인 오픈소스에 주목하며, 이타심과 선의에 기반한 경제 협력 시스템이 다음 세대를 이끌어 나갈 것이라 주장한다. 현대 사회에서 오픈소스의 사례를 조사하고, 이와 관련된 논쟁점들에 대해 발표해 보자.

주제2 인간의 이기심은 오랫동안 모든 사회 조직의 전제가 되어 테일러 주의와 포드 시스템이 등장했다. 보상과 처벌의 한계점을 분석한 후, 경영 분야에서 협동을 기반으로 한 성공 모델들을 조사하고 새로운 경영 관리 방식을 제안하는 보고서를 작성해 보자.

주제3 '인간은 이타적인 존재인가, 이기적 존재인가?'에 대한 토의

주제4 협력 시스템을 기반으로 한 사회 제도의 개혁 방안 제안

학생부 기록 예시 (교과세특)

'펭귄과 리바이어던(요차이 벤클러)'을 읽고 이타심과 선의에 기반한 경제 협력 시스템이 우리 사회의 다음 세대를 이끌어 나갈 것이라는 저자의 입장을 이해하는 모습을 보임. 도서에서 제시된 오픈소스 이외에 현대 사회에서 도입되고 있는 오픈소스 사례를 조사하였으며, 오픈소스 라이선스, 오픈소스 모델과 개방형 협업 등 오픈소스에 관련된 논쟁점들에 대해 발표한 점이 인상 깊었음.

'펭귄과 리바이어던(요차이 벤클러)'을 통해 홉스의 리바이어던에 기반한 인간의 이기심이 오랫동안 모든 사회 조직의 전제였음을 파악함. 20세기 초의 테일러주의, 포드 시스템에 대해 심층적으로 탐구한 후, 두 시스템에 대해 저자의 관점을 바탕으로 비판하고 보상과 처벌의 한계점을 발표한 점이 훌륭했음. 또한 경영 분야에서 협동을 기반으로 한 성공 모델들을 조사하고, 새로운 경영 관리 방식을 제안하는 보고서를 작성함.

관련 논문

오픈소스 소프트웨어 기반의 소프트웨어 개발 과정에서 업무 성과에 미치는 영향을 미치는 요인(김윤우, 채명신, 2016)

관련 도서

《협력의 유전자》, 니컬라 라이하니, 한빛비즈
《홉스의 리바이어던》, 선우현, EBS BOOKS

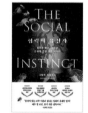

관련 계열 및 학과
- 인문계열: 철학과, 심리학과, 상담심리학과, 사학과, 언어학과, 인류학과
- 사회계열: 경영학과, 경제학과, 미디어커뮤니케이션학과, 사회학과, 행정학과

관련 교과
- 교육계열: 사회교육과, 윤리교육과, 과학교육과, 기술교육과

2022 개정 교육과정: 통합사회, 현대사회와 윤리, 사회와 문화, 윤리와 사상, 수학과제 탐구

2015 개정 교육과정: 통합사회, 사회·문화, 윤리와 사상, 생활과 윤리, 사회문제 탐구, 철학, 수학과제 탐구

플랫폼노믹스

윤상진 | 포르체 | 2021

미디어의 발달과 함께 플랫폼은 현대인의 일상에 깊숙이 스며들었다. 저자는 미래에는 플랫폼을 설계하는 자가 세상을 지배할 것이라고 주장한다. 책의 제목인 '플랫폼노믹스'란 플랫폼(platform)과 경제를 뜻하는 이코노믹스(economics)의 합성어이다. 이 책을 통해 플랫폼 경제와 미래 경제 패권 작동 원리 및 애플, 구글, 아마존, 페이스북 등 플랫폼 기업이 세상을 지배하는 이유에 대해 알 수 있다.

탐구 주제

주제1 '플랫폼노믹스'란 플랫폼과 경제를 뜻하는 이코노믹스의 합성어를 의미한다. 저자는 이미 모든 산업 분야가 플랫폼화되고, 수많은 경제활동이 플랫폼을 중심으로 이루어지고 있음을 강조한다. 플랫폼 경제의 특징과 작동 원리를 조사하고, 플랫폼 경제의 파급력에 대해 발표해 보자.

주제2 11장에서는 사람들이 왜 블록체인에 열광하는지에 대해 설명한다. 블록체인의 기본 원리 및 구현 사례에 관해 조사하고, 블록체인이 가져올 미래에 필요한 통화 정책을 제안하는 보고서를 작성해 보자.

주제3 코로나19 이후 미디어 플랫폼 트렌드 경향 분석

주제4 온라인 연결 시대의 판매 기술 '쇼핑 라이브'에 대한 고찰

학생부 기록 예시 (교과세특)

'플랫폼노믹스(윤상진)'를 읽은 후 이미 모든 산업 분야가 플랫폼화되고, 수많은 경제활동이 플랫폼을 중심으로 이루어지고 있음을 강조하는 저자의 입장이 인상 깊어 플랫폼 경제 및 플랫폼 기업에 관해 관심을 갖게 되었다고 밝힘. 이와 관련한 심화 탐구활동으로 플랫폼 경제의 특징과 작동 원리를 조사하였으며, 플랫폼 경제의 파급력을 고찰한 자료를 제작하여 친구들에게 발표한 점이 돋보였음.

2학년 학급 특색활동 중 진로 관련 탐구활동을 한 후, 가상 화폐에 관심이 생겨 지식을 확장하기 위해 '플랫폼노믹스(윤상진)'를 읽었다고 함. 특히 책 속에서 사람들이 왜 블록체인에 열광하는지에 대해 설명한 부분이 가장 기억에 남았다고 밝힘. 추후 연계활동을 위해 블록체인의 기본 원리 및 구현 사례에 관해 조사하고, 블록체인이 가져올 미래에 필요한 통화 정책을 제안하는 보고서를 작성하였음.

관련 논문

디지털화와 블록체인이 가져올 통화의 미래-가상통화 시대의 법적 대비(김상진, 2021)

관련 도서

《플랫폼 레볼루션》, 마셜 밴 앨스타인, 부키
《플랫폼 제국의 미래》, 스콧 갤러웨이, 비즈니스북스

관련 계열 및 학과
- 인문계열: 심리학과, 상담심리학과, 사학과, 철학과, 인류학과, 문헌정보학과, 언어학과
- 사회계열: 경영학과, 경제학과, 소비자학과, 행정학과, 회계학과, 사회학과, 무역학과
- 교육계열: 사회교육과, 기술교육과, 영어교육과, 컴퓨터교육과, 교육공학과, 교육학과

관련 교과

2022 개정 교육과정: 통합사회, 통합과학, 경제, 정보, 인공지능 기초, 생활과학 탐구, 인간과 경제활동

2015 개정 교육과정: 통합사회, 통합과학, 경제, 정보, 인공지능 기초, 사회문제 탐구, 생활과 과학

한국인의 생각 2

강철구 외 | 푸른나무 | 2023

노동, 주식투자, 부동산투자, 긴급복지지원, 코로나 후유증, 코로나 방역 정책, 온라인 수업, 쓰레기 문제, 정시와 수시 입시 제도, 청소년 참정권, 여성 혐오, 위안부 운동, 장애인 이동권, 이태원 사회적 참사 등 현대 한국 사회 쟁점에 대한 여론조사 결과를 반영한 책이다. 설문조사 결과, 데이터 분석, 지리정보 분석 등을 통해 수많은 사회 현안들에 한국 사회의 여론 흐름은 어떻게 변화했는지 파악할 수 있다.

탐구 주제

주제1 이 책의 5장에서는 마음의 문을 닫고 고립된 청년들의 문제에 대해 다룬다. 청년들에게 설문조사를 한 결과, 청년 고립 문제의 원인을 사회 구조적인 이유라고 생각한다는 답변이 다수였다. 청년 고립 현상의 실태에 관해 고찰하고 해결 방안을 제안하는 보고서를 작성해 보자.

주제2 이태원 참사가 국가적 지원을 해야 하는 사회적 참사라는 의견에 대해 응답자 중 57.8%가 '공감하는 편'이라고 답했다는 설문조사 결과가 있다. 한국 사회에서 발생한 사회적 참사들의 사례를 조사하고, 국가적 재난이 발생했을 때 정부의 역할에 관해 발표해 보자.

주제3 선거권 연령 하향과 청소년 정치적 효능감의 상관관계 분석

주제4 반려동물 보호세에 관한 쟁점 분석과 정책 제안

학생부 기록 예시 (교과세특)

현대 사회 문제에 관해 관심을 가지고 '한국인의 생각 2(강철구 외)'를 읽던 중 마음의 문을 닫고 고립된 청년들의 문제에 호기심이 생겨 심화 탐구활동을 실시함. 이 책에서 청년들에게 설문조사를 한 결과, 청년 고립 문제의 원인을 사회 구조적인 이유라고 생각한다는 답변이 대다수였던 점이 인상 깊었다고 함. 이에 청년 고립 현상의 실태에 관해 고찰하고 해결 방안을 제안하는 보고서를 작성한 점이 돋보였음.

최근 발생한 이태원 참사 유족들의 아픔과 관련한 신문 기사를 읽고, 깊이 공감하며 탐구활동을 진행하였음. '한국인의 생각 2(강철구 외)'를 읽고, 이태원 참사가 국가적 지원을 해야 하는 사회적 참사라는 의견에 대해 응답자 중 57.8%가 '공감하는 편'이라고 답했다는 설문조사 결과를 확인함. 또한 한국 사회에서 발생한 사회적 참사들의 사례를 조사하였으며, 국가적 재난이 발생했을 때 정부의 역할에 관해 발표함.

관련 논문
대한민국 경제헌법의 새로운 과제(차진아, 2022)

관련 도서
《다시 태어난다면, 한국에서 살겠습니까》, 이재열, 21세기북스
《트렌드 코리아 2024》, 김난도 외, 미래의창

관련 계열 및 학과
- 인문계열: 인류학과, 문헌정보학과, 심리학과, 상담심리학과, 철학과, 언어학과, 사학과
- 사회계열: 사회학과, 경영학과, 경제학과, 법학과, 정치외교학과, 사회복지학과

관련 교과
- 교육계열: 사회교육과, 역사교육과, 윤리교육과, 교육학과, 가정교육과, 초등교육과

2022 개정 교육과정: 통합사회, 통합과학, 사회와 문화, 정보, 사회문제 탐구, 보건, 인간과 철학

2015 개정 교육과정: 통합사회, 통합과학, 사회·문화, 정보, 한국 사회의 이해, 사회문제 탐구, 보건

국어과목군

영어과목군

수학과목군

사회과목군

과학과목군

도덕과목군

AI 비즈니스 레볼루션

이진형 | 포르체 | 2023

저자는 모건 스탠리, 카카오 브레인, 네이버 등의 사례를 제시하며 글로벌 대기업이 인공지능을 업무에 어떻게 활용하는지에 관해 설명한다. 기존의 인공지능 챗봇과 달리 답변의 수준이 높아진 챗GPT는 새로운 비즈니스 모델을 제시하며 경영의 판도를 흔들어 놓고 있다. 저자는 더 이상 생성형 AI를 도입할 것인지를 논의해야 하는 단계가 아니며 이를 활용하는 방식에 관해 고민해야 하는 시점이라고 주장한다.

탐구 주제

주제1 코로나19 이후 가속화되는 교실의 디지털 전환에 따라 학교 현장에서도 챗GPT를 활용하는 학생들이 증가하고 있다. 학생들을 대상으로 챗GPT 활용 경험에 대해 조사하고, 인공지능 시대에 요구되는 교사의 역할은 무엇인지에 관해 본인의 의견을 작성해 보자.

주제2 5장에서는 생성형 AI의 등장에 따른 새로운 비즈니스의 탄생에 관해 설명하고 있다. 기업에서 현재 활용하고 있는 챗GPT 비즈니스 사례를 조사하고, 기업가 정신에 기반하여 기업에서의 챗GPT 활용 전략을 제시하는 보고서를 작성해 보자.

주제3 자율 주행 기술과 윤리적 문제 탐구

주제4 챗GPT가 변화시킬 미래 전망 예측

학생부 기록 예시 (교과세특)

교육 분야에 관심이 많은 학생으로 'AI 비즈니스 레볼루션(이진형)'을 읽고 디지털 전환에 따른 인공지능 및 미래 교육에 관심이 생겼다고 밝힘. 신문 기사를 통해 코로나19 이후 가속화되는 교실의 디지털 전환에 따라 학교 현장에서도 챗GPT를 활용하는 학생들이 증가하고 있음을 확인함. 이에 학생들을 대상으로 챗GPT의 활용 경험에 대해 조사하였으며, 인공지능 시대에 요구되는 교사의 역할에 관해 본인의 의견을 작성함.

진로 연계 심화 독서 활동 도서로 'AI 비즈니스 레볼루션(이진형)'을 심층적으로 읽음. 해당 책에서 가장 인상 깊은 부분으로 5장 '새로운 세상의 시작, 챗GPT 비즈니스'에서 생성형 AI의 등장에 따른 새로운 비즈니스의 탄생에 관해 설명한 부분을 선정함. 연계활동으로 기업에서 현재 활용하고 있는 챗GPT 비즈니스 사례를 조사하였으며, 기업가 정신에 기반하여 기업에서의 챗GPT 활용 전략을 제시하는 보고서를 작성함.

관련 도서

《GPT 제너레이션》, 이시한, 북모먼트
《비전공자도 이해할 수 있는 AI 지식》, 박상길, 반니
《챗GPT 교육혁명》, 정제영 외, 포르체

관련 계열 및 학과
- 인문계열: 인류학과, 문헌정보학과, 심리학과, 상담심리학과, 철학과, 언어학과
- 사회계열: 사회학과, 사회복지학과, 경영학과, 미디어커뮤니케이션학과, 정치외교학과

관련 교과
- 교육계열: 컴퓨터교육과, 기술교육과, 사회교육과, 과학교육과, 환경교육과, 교육학과

2022 개정 교육과정: 통합사회, 통합과학, 정보, 매체와 의사소통, 소프트웨어와 생활, 인공지능 기초

2015 개정 교육과정: 통합사회, 통합과학, 정보, 언어와 매체, 인공지능 기초, 사회문제 탐구

과학교과군

순번	도서명	저자명	출판사명
1	거의 모든 것의 역사	빌 브라이슨	까치
2	건축, 음악처럼 듣고 미술처럼 보다	서현	효형출판
3	경험은 어떻게 유전자에 새겨지는가	데이비드 무어	아몬드
4	공학이란 무엇인가	성풍현 외	살림Friends
5	과학으로 풀어보는 음악의 비밀	존 파웰	뮤진트리
6	과학은 논쟁이다	이강영 외	반니
7	과학의 미래 청소년이 묻고 과학자가 답하다	박승덕 외	자유로운상상
8	과학혁명의 구조	토머스 S. 쿤	까치
9	그림으로 보는 시간의 역사	스티븐 호킹	까치
10	기계 속의 악마	폴 데이비스	바다출판사
11	나노에 둘러싸인 하루	김문제, 송선경	살림Friends
12	나무를 심은 사람	장 지오노	두레
13	노화 공부	이덕철	위즈덤하우스
14	눈먼 시계공	리처드 도킨스	사이언스북스
15	디지털 포트리스 1	댄 브라운	문학수첩
16	링크	A. L. 바라바시	동아시아
17	세상에 존재하는 모든 물리학	곽영직	세창출판사
18	물의 자연사	앨리스 아웃워터	예지
19	미래에서 온 남자 폰 노이만	아난요 바타차리야	웅진지식하우스
20	미술관에 간 화학자	전창림	어바웃어북
21	바이오테크 시대	제러미 리프킨	민음사
22	부분과 전체	베르너 하이젠베르크	서커스
23	상상 오디세이	최재천 외	다산북스
24	새로운 약은 어떻게 창조되나	교토대학대학원 약학연구과	서울대학교출판문화원
25	생명설계도, 게놈	매트 리들리	반니

국어과 도서
영어과 도서
수학과 도서
사회과 도서
과학과 도서
기타 도서

순번	도서명	저자명	출판사명
26	세상을 바꾼 과학 이야기	권기균	종이책
27	소탐대실	JTBC 소탐대실 제작진	포르체
28	시크릿 스페이스	서울과학교사모임	어바웃어북
29	신약의 탄생	윤태진	바다출판사
30	엔트로피	제러미 리프킨	세종연구원
31	엘러건트 유니버스	브라이언 그린	승산
32	우주미션 이야기	황정아	플루토
33	위대하고 위험한 약 이야기	정진호	푸른숲
34	의사와 수의사가 만나다	바버라 내터슨 호러위츠, 캐스린 바워스	모멘토
35	이기고 싶으면 스포츠 과학	제니퍼 스완슨	다른
36	인수공통 모든 전염병의 열쇠	데이비드 콰먼	꿈꿀자유
37	입속에서 시작하는 미생물 이야기	김혜성	파라북스
38	재밌어서 밤새읽는 화학 이야기	사마키 다케오	더숲
39	정재승의 과학콘서트	정재승	어크로스
40	종의 기원	찰스 다윈	사이언스북스
41	죽음의 밥상	피터 싱어, 짐 메이슨	산책자
42	치과의사는 입만 진료하지 않는다	아이다 요시테루	정다와
43	침묵의 봄	레이첼 카슨	에코리브르
44	코스모스	칼 세이건	사이언스북스
45	파인만 씨, 농담도 잘하시네! 1	리처드 파인만	사이언스북스
46	팬데믹	홍윤철	포르체
47	하리하라의 바이오 사이언스	이은희	살림Friends
48	호모 커먼스	홍윤철	포르체
49	화학으로 이루어진 세상	K. 메데페셀헤르만 외	에코리브르
50	IT 삼국지	김정남	e비즈북스

거의 모든 것의 역사

빌 브라이슨 | 까치 | 2020

저자가 3년에 걸쳐 과학에 관한 방대한 정보 수집과 집요한 학습을 통해 완성한 이 책은 우리 은하, 태양계 등 거대 세계로부터 시작하여 소립자, 세포 등의 미시 세계까지 다룬다. 또한 인류 문명의 기원과 그 기반이 되는 지구 그리고 다윈, 아인슈타인, 뉴턴, 호킹 등 여러 과학자의 이론까지 과학에 대하여 알고 싶은 거의 모든 것을 다루면서 누구나 쉽게 이해할 수 있도록 설명하고 있다.

탐구 주제

주제1 저자는 어릴 적 과학 교과서에 있는 지구 단면을 보고 '지구 속을 어떻게 알아냈을까?'란 궁금증을 해결하기 위해 과학책을 봤지만, 답은 찾을 수 없었다고 한다. 지식을 밝혀낸 과정을 중요하게 생각한 저자처럼 관심 있는 분야의 지식이 어떻게 발견된 것인지 소개해 보자.

주제2 책에서는 '45억 년 지구의 역사가 두 팔을 뻗은 상태라면 인간이 등장한 시기는 손톱 줄로 손톱을 다듬을 때 떨어져 나오는 중간 크기의 손톱 부스러기 하나에 들어간다.'라고 비유하였다. 저자와 같이 과학 개념을 이해하기 쉽도록 비유를 사용하여 발표해 보자.

주제3 과학자가 저자인 다른 책과 비교 분석

주제4 과학자가 지식을 얻기 위한 탐구 과정 고찰

학생부 기록 예시 (교과세특)

'거의 모든 것의 역사(빌 브라이슨)'와 '코스모스(칼 세이건)'에서 두 작가가 우주와 지구의 역사를 설명한 방식을 비교 분석하여 과학적 사고력을 발휘함. 두 작가 모두 과학 지식을 쉽게 설명했다는 공통점이 있지만, 천문학자인 칼 세이건은 전문가다운 깊이가 느껴지는 설명을, 비과학자인 빌 브라이슨은 재치 있는 설명을 하고 있다며 자신도 전문성을 가지고 대중의 눈높이에 맞춰 글을 쓰는 작가로 성장하고 싶다고 밝힘.

'거의 모든 것의 역사(빌 브라이슨)'를 읽고 저자가 과학 개념을 표현한 구절을 인포그래픽으로 나타냄. 두 팔을 뻗은 상태가 45억 년 지구의 역사라면 왼쪽 손부터 오른쪽 팔목까지는 선캄브리아기, 고등 생물이 탄생한 시기는 오른손 손바닥이라고 표현함. 손톱 깎은 조각을 확대하여 '인간 출연 시기'라고 표현한 부분이 인상적임. 학습한 내용을 꾸준히 인포그래픽으로 표현하여 자기 주도적 학습 능력과 창의적 사고력을 보여 줌.

관련 논문

과학연구의 역사성 vs 과학지식의 비역사성 (이상욱, 2006)

관련 도서

《모든 것의 기원》, 데이비드 버코비치, 책세상
《시간의 역사》, 스티븐 호킹, 레오나르드 믈로디노프, 까치

관련 계열 및 학과
- 자연계열: 전 자연계열
- 인문계열: 국어국문학과, 문예창작학과, 문헌정보학과, 사학과, 인류학과, 철학과

관련 교과
- 교육계열: 과학교육과, 물리교육과, 지구과학교육과, 생명과학교육과

2022 개정 교육과정: 통합과학 1, 지구과학, 생명과학, 물리학, 지구시스템과학, 행성우주과학

2015 개정 교육과정: 통합과학, 지구과학 I, 지구과학 II, 생명과학 I, 생명과학 II, 물리학 I, 물리학 II, 과학사, 융합과학

국어교과군
영어교과군
수학교과군
사회교과군
과학교과군
도덕교과군

건축, 음악처럼 듣고 미술처럼 보다

서현 | 효형출판 | 2014

건물을 설계하고 지을 때의 구체적인 건축 행위 자체에 관한 지식과 정보를 설명하는 책이다. 건축가들은 어떤 관점에서 건축과 건물을 바라보는지, 여기에는 어떤 고려 요소가 있는지를 밝히고 있다. 건물이 만들어지는 과정에 따라서 점과 선, 비례, 상자, 공간으로 확장된다는 점을 설명하고, 벽돌, 돌, 콘크리트 등 흔히 쓰이는 건축 재료를 사진으로 보여 주며 달라지는 건물의 느낌을 느끼게 한다.

탐구 주제

주제1 이 책은 건물이 만들어지는 과정에 따라 점, 선, 비례, 상자(원통), 공간으로 확장하여 설명하고, 벽돌, 돌, 콘크리트, 유리, 철, 나무 등 건축 재료에 따라 달라지는 건물의 느낌을 보여 준다. 과학 기술 발전에 따른 건축 재료 변화가 건축물에 미친 영향을 탐구해 보자.

주제2 저자는 권위적인 의식, 정치 이데올로기, 남녀평등의 문제 등이 건축물이나 디자인에 담겨 있다고 표현한다. 시대적 상황과 건축가의 철학이 어떻게 건축에 표현되었는지 제시된 사례를 비교 분석해 보자.

주제3 건축가가 갖춰야 할 역량과 철학에 대한 고찰

주제4 역사와 사회적 배경에 따른 건축 양식 변화 탐구

학생부 기록 예시 (교과세특)

'건축, 음악처럼 듣고 미술처럼 보다(서현)'를 읽고 표를 이용해 건축 재료에 따라 달라지는 건축물의 느낌을 비교 설명하는 과정에서 과학적 사고력을 발휘함. 최근 3D 로봇 팔이 개발되어 다양한 소재로 건축물을 만들게 되었고, 3D 프린터 기술을 이용한 건축물은 건축 시간 절약, 건축 폐기물 감소 등의 장점과 더불어 기존의 재료로는 표현할 수 없던 다양한 형태와 구조로 제작될 수 있다는 것을 구체적인 사례를 통해 설명함.

'건축, 음악처럼 듣고 미술처럼 보다(서현)'를 읽고 사회적 배경과 건축의 상관관계에 대해 설득력 있게 발표함. 고딕 건축물에 성서 이야기가 표현된 것은 당시 글을 모르는 사람이 많았기 때문이며, 도시에 사각형 건물이 많은 것은 사각형이 어떤 도형보다 경제적이기 때문이라고 설명함. 다양한 사례를 들어 설명한 점이 우수함. 빛과 건축 자재의 특성을 지혜롭게 이용할 줄 아는 건축가로 성장하고 싶다는 의지를 밝힘.

관련 논문

그린 빌딩 설계기법과 기술-친환경 건축의 바른 길 (최영호, 2010)

관련 도서

《건축 콘서트》, 이영수 외, 효형출판
《건축을 향하여》, 르 코르뷔지에, 동녘

관련 계열 및 학과	• 공학계열: 건축공학과, 건축학과, 도시공학과, 토목공학과
	• 예체능계열: 미술학과, 사진학과, 산업디자인학과, 서양화과, 음악학과, 작곡과
관련 교과	• 인문계열: 국어국문학과, 문예창작학과, 문헌정보학과, 사학과, 인류학과, 철학과

2022 개정 교육과정: 과학탐구실험 2, 역학과 에너지, 과학의 역사와 문화

2015 개정 교육과정: 과학탐구실험, 물리학 I, 물리학 II, 생활과 과학

경험은 어떻게 유전자에 새겨지는가

데이비드 무어 | 아몬드 | 2023

생물학 분야의 가장 뜨거운 주제 후성유전학을 다루는 책이다. 후성유전은 다양한 맥락 또는 상황에 따라 유전 물질이 활성화되거나 비활성화되는 방식으로 DNA가 작동하는 방식을 바꿈으로써 우리의 몸과 마음에 영향을 미친다. 경험이 우리에게 어떤 영향을 미치는지 연구하는 행동 후성유전학을 집중적으로 다루며 후성유전학이 앞으로 미래의 삶을 어떻게 바꾸어 놓을지 제시하고 있다.

탐구 주제

주제1 《이기적 유전자》의 저자 리처드 도킨스는 인간은 유전자를 운반하는 도구에 불과하다는 유전자 중심적 관점을 주장하고, 시스템 생리학자인 데니스 노블은 환경에 따라 개체가 유전자 형질을 변화시킬 수 있다고 주장한다. 이러한 논쟁에 대한 과학적 근거를 알아보고 토론해 보자.

주제2 동일한 유전자를 가진 일란성 쌍둥이가 염증반응과 만성 통증의 표현형이 다르게 나타나는 것이 발견되어 만성 통증의 기전 이해와 치료법 개발에서 후성유전학 연구가 주목받고 있다. 만성 통증 외에도 우울증, 암, 당뇨병 등 다양한 질병과 관련된 후성유전학 연구를 탐구해 보자.

주제3 후성유전학의 국내외 연구 동향

주제4 후성유전학 발달의 역사 고찰

학생부 기록 예시 (교과세특)

'경험은 어떻게 유전자에 새겨지는가(데이비드 무어)'를 읽고 후성유전학의 발달 역사를 발표함. 인간 게놈 프로젝트를 통해 인간 유전자 지도가 완성되었으나 인간의 다양성과 질병 발생의 개인차를 설명할 수 없어 환경 요인을 분석하는 후성유전학이 주목받기 시작함을 설득력 있게 설명함. 다양한 사진과 연구 자료를 근거로 발표한 점이 인상적임. 질병 분야에서 후성유전학 연구를 통해 세상에 기여하고 싶다는 의지를 밝힘.

'경험은 어떻게 유전자에 새겨지는가(데이비드 무어)'를 읽고 환경과 인간의 유전자 형질 발현의 연관성을 깨닫게 되었다고 밝힘. 동일한 유전자를 가진 일란성 쌍둥이 친구들에게 성격 등 개인차가 발생하는 원인이 궁금해 후성유전학에 대하여 깊이 있게 탐구하고 싶다는 생각을 밝힘. 후성유전학의 국내외 연구를 분석하여 보고서를 체계적으로 작성하고 그 연구 결과를 공유하는 과정에서 탐구 능력의 우수성을 발휘함.

관련 논문

자유의지에 대한 과학적 증명, 그 의미와 한계 -후성유전학을 둘러싼 철학적 논의를 중심으로(손향구, 조은희, 2017)

관련 도서

《나를 나답게 만드는 것들》, 빌 설리번, 브론스테인
《유전자 스위치》, 장연규, 히포크라테스

관련 계열 및 학과
- 의학계열: 전 의학계열
- 공학계열: 생명공학과, 식품공학과, 화장품공학과, 화학공학과

관련 교과
- 자연계열: 미생물학과, 농생물학과, 분자생물학과, 생명과학과, 생물학과, 수산생명의학과

2022 개정 교육과정: 통합과학 1, 생명과학, 화학, 생물의 유전, 과학의 역사와 문화, 융합과학 탐구

2015 개정 교육과정: 통합과학, 생명과학 I, 생명과학 II, 화학 I, 화학 II, 과학사, 생활과 과학, 융합과학

국어교과군

영어교과군

수학교과군

사회교과군

과학교과군

도덕교과군

공학이란 무엇인가

성풍현 외 | 살림Friends | 2013

'공학과 과학이 다른가요?'라는 질문에 답을 하기 위해 19명의 카이스트 교수가 신소재공학, 화학공학, 기계공학뿐 아니라 원자력공학, 항공우주공학, 지식서비스공학 등 최근 쟁점이 되는 공학까지 열네 가지 공학 분야를 소개한다. 공학은 인류가 최첨단을 향유하게 하며 인류 삶의 전반적인 변화를 일으키는 학문이다. 공학의 역사와 역할 그리고 비전을 설명하고 있다.

탐구 주제

주제1 공학은 기술적인 문제를 대상으로 하며 문제를 발견하고 이에 대한 기술적 해결책을 제시하는 학문이다. 기술적인 문제는 고장이나 오류뿐 아니라 일상생활의 불편함까지도 의미한다. 공학으로 해결한 기술적 문제 사례를 조사하여 발표해 보자.

주제2 원자력공학, 해양시스템공학, 항공우주공학, 기계공학, 산업디자인학, 지식서비스공학, 산업 및 시스템공학, 바이오 및 뇌공학, 바이오 및 뇌공학, 컴퓨터공학, 전자공학, 녹색교통공학, 건설 및 환경공학, 신소재공학, 생명화학공학 중 자신의 진로 관심 분야를 선택하여 소개해 보자.

주제3 공학 발달의 역사적 고찰

주제4 과학, 기술과 비교한 공학의 개념적 정의

학생부 기록 예시 (교과세특)

'공학이란 무엇인가(성풍형 외)'를 읽고 자신의 진로 분야인 산업디자인에 대하여 소개함. 디자인은 일상에서 만나는 불편하고 불합리한 일을 해결하기 위한 처방이며, 예술적인 면과 인간 중심적으로 사고하는 것도 중요하다고 설명함. 책에 제시된 디자인적 편견에 대한 질문과 그 대답을 제시하고, '디자인이란 무엇인가'란 질문 이전에 디자인이라 할 수 없는 것은 무엇인지를 탐구하는 것이 중요하다며 설득력 있게 발표함.

'공학이란 무엇인가(성풍형 외)'를 읽고 공학의 개념과 역사, 열네 가지 공학 분야에 대해 체계적으로 정리하여 보고서를 작성함. 내비게이션, 핸드폰 등 사례를 들어 인류 삶의 전반적인 변화를 일으키는 학문이 공학임을 설득력 있게 제시함. 주차 문제를 해결하기 위해 카트의 원리를 반영한 '변신 자동차'를 실현하기 위해 노력하는 사례를 제시하면서 자신도 일상생활 속 문제를 해결하는 공학자로 성장하고 싶다는 포부를 밝힘.

관련 논문
공학이란 무엇인가-공학의 개념정립을 위한 고찰(김유신, 이병기, 1996)

관련 도서
《공대에 가고 싶어졌습니다》, 서울대학교 공과대학 우수학생센터 '공우', 메가스터디북스
《공학의 눈으로 미래를 설계하라》, 연세대학교 공과대학, 해냄출판사

관련 계열 및 학과
- 공학계열: 전 공학계열
- 자연계열: 전 자연계열

관련 교과
- 사회계열: 경영학과, 경제학과, 광고홍보학과, 국제통상학과, 도시행정학과, 소비자학과

2022 개정 교육과정: 과학탐구실험 2, 과학의 역사와 문화, 기후변화와 환경생태, 융합과학 탐구

2015 개정 교육과정: 과학탐구실험, 생활과 과학, 융합과학

과학으로 풀어보는 음악의 비밀

존 파웰 | 뮤진트리 | 2022

모차르트의 조성에 얽힌 비밀, 귀를 잡아채는 팝송의 매력, 작곡에서 화성이 하는 역할, 어떤 음들은 서로 충돌하고 어떤 음들은 조화롭게 들리는 이유 등 음악을 이해하도록 도와주는 책이다. 음악의 기본 원리를 이해하면 음악 감상과 음악 연주 등 음악과 관련된 활동의 즐거움이 더욱 커질 것이다. 음악의 과학과 심리학에 관련된 문제들을 유쾌하고 재미있게 설명한다.

탐구 주제

주제1 고대인들은 질병의 원인을 신이 분노라고 생각하고 음악을 이용한 신과의 교감을 통해 치유받고자 하였다. 현대에는 음악이 가지는 치유의 힘을 과학적이고 체계적으로 다듬어 '음악 치료학'으로 발전시켰다. '음악 치료학'의 발전 역사와 국내외 연구 동향을 조사해 보자.

주제2 파동에 의한 진동이 귀의 고막을 진동시키면 소리를 들을 수 있는데 악기마다 진동하는 방법이 다르다. 관악기는 공기 기둥의 고유 진동 주파수와 일치하는 진동이 입력되면 공진 현상에 의해 소리가 확대되어 음이 발생한다. 악기에 종류에 따른 소리 발생 원리를 알아보자.

주제3 과학-음악 융합교육이 창의성에 미치는 영향

주제4 음악에 나타난 과학적 특성 탐구

학생부 기록 예시 (교과세특)

'과학으로 풀어보는 음악의 비밀(존 파웰)'을 읽고 음악과 과학의 연관성이 깊다는 것을 깨달아 관련 연구 사례를 탐구함. 고대 철학자 피타고라스가 발견한 수의 비례는 협화음·불협화음을 파악하는 데 영향을 주었으며, 근대 헬름홀츠의 '소리에 대한 과학 연구'는 음향학과 악기 제작 발전에 큰 영향을 주었다고 설명함. 음악에 담긴 과학에 대한 이해를 바탕으로 아름다운 음악을 만드는 작곡가로 성장하고 싶다는 포부를 밝힘.

'과학으로 풀어보는 음악의 비밀(존 파웰)'을 읽고 악기의 종류에 따라 다른 소리가 나는 이유를 탐구함. 오케스트라에 사용되는 악기를 소재로 분류하고 각 악기군의 소리 발생 원리를 조사함. 같은 관악기인 금관악기와 목관악기의 대표 악기로 플루트, 대표 현악기로 바이올린, 대표 타악기로는 실로폰을 준비하여 직접 연주하면서 원리를 설명하는 모습이 인상적임. 원리를 이해한 후 악기 연주가 더 즐거워졌다는 소감을 밝힘.

관련 논문

음악에 나타난 과학적 성격 (최미세, 2014)

관련 도서

《우리가 음악을 사랑하는 이유》, 존 파웰, 뮤진트리
《음악과 학습의 뇌과학》, 박세근, 북랩

관련 계열 및 학과	• 예체능계열: 관현악과, 음악학과, 작곡과, 실용음악학과, 음악치료학과, 악기제작학과
	• 자연계열: 물리학과, 생명과학과, 수학과, 통계학과
관련 교과	• 인문계열: 사학과, 상담심리학과, 심리학과, 인류학과, 종교학과, 철학과

2022 개정 교육과정: 과학탐구실험 2, 물리학, 과학의 역사와 문화, 융합과학 탐구, 음악 연주와 창작

2015 개정 교육과정: 과학탐구실험, 물리학 I, 물리학 II, 과학사, 생활과 과학, 융합과학, 음악 연주

과학은 논쟁이다

이강영 외 | 반니 | 2021

과학은 논쟁이라는 주제로 진행된 토론회에서 펼쳐진 과학자와 과학철학자가 논리 대결을 바탕으로 만들어진 책이다. 사회 현상을 설명하려는 과학의 시도, 물리 법칙의 존재 유무 등의 주제로 구성되어 있다. 이 책을 통해 과학을 바라보는 새로운 관점을 갖고, 과학자와 과학철학자의 생각의 공통점과 차이점, 초월하려는 과학을 향해 문제를 제기하는 철학에 대해 확인할 수 있다.

탐구 주제

주제1 과학철학은 과학적 인식의 기본문제에 관하여 고찰하는 학문이다. 과학의 발전이 인류에 큰 영향을 끼치는 만큼 과학을 비판적으로 바라보고 새로운 과학 기술을 검증하며 종합적으로 확인하는 과정이 필요하다. 구체적인 사례를 통해 과학철학의 필요성과 교육 방법을 제시해 보자.

주제2 이 책은 사회 현상을 설명하려는 과학의 시도, 물리법칙의 존재 유무, 양자 이론의 완벽성, 인간의 한계를 초월하려는 생물학 등을 주제로 과학자와 과학철학자가 토론을 진행한 내용을 담았다. 자신의 진로 관심 분야와 관련된 논쟁 주제를 선정하여 토론해 보자.

주제3 과학 논쟁에 대한 중·고등학생 인식 및 교육 필요성

주제4 과학철학의 역사 탐구

학생부 기록 예시 (교과세특)

'과학은 논쟁이다(이강영 외)'를 읽고 '과학 논쟁에 대한 중고등학생 인식 및 교육 필요성'을 주제로 탐구보고서를 작성함. 뉴스와 자료 분석을 통해 과학 논쟁 주제를 선정하고, 논쟁 주제에 대하여 모둠별 토론을 진행하고 토론 전후의 사전 지식과 인식 정도에 관한 설문조사를 진행함. 과학 논쟁 과정 전후 설문조사 결과를 그래프를 이용하여 나타내 그 필요성을 쉽게 인지하도록 하는 등 과학적 탐구 능력을 보여 줌.

'과학은 논쟁이다(이강영 외)'를 읽고 과학철학의 필요성을 인식해 과학철학의 역사에 관한 만화를 제작하여 공유함. '과학철학의 근원 그리스 철학자 밀레토스의 탈레스', '갈릴레오 갈릴레이와 브루노의 삶과 죽음' 등 인물을 중심으로 하여 주요 내용을 이해하기 쉽게 구성하고, 인물의 특성을 재치 있게 표현하여 놀라움을 줌. 급우들에게 과학 분야의 가짜 뉴스 판별법을 알려 주는 등 배움을 삶과 연결하는 자세를 보임.

관련 논문

과학개념의 구성을 위한 하나의 과학 철학적 수업전략(오준영, 강용희, 2005)

관련 도서

《과학과 가치》, 이상욱 외, 이음
《도대체 과학》, 이강영 외, 반니

관련 계열 및 학과	• 자연계열: 전 자연계열
	• 인문계열: 문헌정보학과, 철학과, 사학과, 인류학과, 심리학과, 종교학과
관련 교과	• 교육계열: 전 교육계열

2022 개정 교육과정: 생명과학, 화학, 물리학, 지구과학, 과학의 역사와 문화, 융합과학 탐구

2015 개정 교육과정: 지구과학 I, 생명과학 I, 생명과학 II, 화학 I, 화학 II, 물리학 I, 물리학 II, 생활과 과학, 과학사, 융합과학

과학의 미래 청소년이 묻고 과학자가 답하다

박승덕 외 | 자유로운상상 | 2011

중·고등학생을 대상으로 해마다 진행했던 과학강의 자원봉사활동을 정리한 책이다. 과학과 우리의 삶, 자연, 우주, 생명과학 등 다양한 주제를 다루고 있다. 과학에 대한 개념과 원리를 넘어 과학 기술이 어떻게 사용되고 있는지, 미래에는 우리 삶의 어떤 부분까지 차지하게 될 것인지 과학자의 눈으로 설명한다. 청소년들에게 과학에 대한 흥미를 일으키고 과학 기술 분야의 꿈을 가질 수 있도록 도와준다.

탐구 주제

주제1 책에서는 분야를 막론하고 영웅 반열에 오른 사람들의 공통점을 네 가지로 제시한다. 자신의 재능과 소질에 맞는 분야 선택, 최고가 되려는 목표 설정, 목표 달성을 위한 열정과 노력, 겸손한 자세 유지가 그것이다. 진로 희망 분야에서 영웅 반열에 오른 사람의 사례를 발표해 보자.

주제2 저자는 생명을 가지고 살아간다는 것은 120억 년의 역사적 산물이라 표현했다. '내가 존재하기 위해서 적어도 120억 년이라는 시간이 필요했고, 1천억 개의 은하로 구성된 대우주를 가슴에 품게 된 것이다.'라는 말의 의미를 고찰하고, 생명 존중을 위한 캠페인을 기획하여 실천해 보자.

주제3 과학기술자 양성을 위한 국가별 교육정책 비교

주제4 과학의 순기능과 역기능에 관한 고찰

학생부 기록 예시 (교과세특)

'과학의 미래 청소년이 묻고 과학자가 답하다(박승덕 외)'를 읽고 과학 기술 발전을 위한 지원과 인식의 중요성을 깨달아 일본과 한국의 과학 기술 관련 정책을 비교 분석함. 일본은 1932년에 일본학술진흥회를 설립하여 '틈새 파고들기 프로젝트'를 실시한 지 87년 만에 노벨상 30인을 달성했다며 과학에 대한 올바른 이해, 국가적인 차원에서의 꾸준한 지원, 올바른 인재 양성 정책과 교육이 이루어져야 함을 설득력 있게 제안함.

'과학의 미래 청소년이 묻고 과학자가 답하다(박승덕 외)'를 읽고 '과학 기술, 당신은 두 얼굴인가'를 주제로 과학의 양면성에 관한 사례를 발표함. 하버는 비료의 주성분인 암모니아의 합성법을 개발하여 식량 문제를 해결한 공로로 노벨 화학상까지 받았지만, 해당 기술이 폭탄 제조에 사용되어 많은 생명을 앗아갔다며 어릴 적부터 과학기술의 양면성에 대하여 토론하며 윤리적 인식이 자연스럽게 자라나도록 교육해야 함을 강조함.

관련 논문

과학기술 혁신과 법 (차성민, 2007)

관련 도서

《원더풀 사이언스》, 나탈리 앤지어, 지호
《위험한 과학책》, 랜들 먼로, 시공사

관련 계열 및 학과	· 자연계열: 전 자연계열
	· 공학계열: 전 공학계열
관련 교과	· 교육계열: 과학교육과, 물리교육과, 지구과학교육과, 생명과학교육과

2022 개정 교육과정: 통합과학, 생명과학,화학, 물리학, 지구과학, 과학의 역사와 문화, 융합과학 탐구

2015 개정 교육과정: 생명과학Ⅰ, 화학Ⅰ, 화학Ⅱ, 물리학Ⅰ, 물리학Ⅱ, 지구과학Ⅰ, 지구과학Ⅱ, 과학사, 생활과 과학, 융합과학

국어교과군
영어교과군
수학교과군
사회교과군
과학교과군
기타교과군

과학혁명의 구조

토머스 S. 쿤 | 까치 | 2013

출간 50주년 기념 제4판

과학혁명의 구조
THE STRUCTURE OF SCIENTIFIC REVOLUTIONS

토머스 S. 쿤
THOMAS S. KUHN
김명자·홍성욱 옮김

까치

이 책은 과학의 본질적인 성격을 파헤친다. 현대인들이 꼭 읽어야 하는 고전이며 전 세계에 번역되어 100만 부 이상 팔리기도 했다. 패러다임, 과학혁명, 정상과학 등의 개념들을 사용한 쿤의 과학관은 과학철학, 과학사, 역사학, 철학은 물론 사회과학 분야까지 영향을 미쳤다. 문학과 예술 이론에도 영향을 미친 그의 영향력은 현재에도 계속되고 있다.

탐구 주제

주제1 '패러다임'이란 한 시대의 인식 체계나 보편적 사고의 틀을 의미한다. 1천 년 동안 견고하게 지켜왔던 패러다임인 천동설은 케플러와 뉴턴 등 근대 자연과학이 등장하면서 지동설로 전환되었다. 진로 희망 분야에서 이루어진 패러다임의 전환 역사를 탐구해 보자.

주제2 저자는 하나의 패러다임이 지배적일 때 과학은 '정상과학' 상태에 들어가 발전을 이루고, 일부 반례들은 초기에는 무시당하지만, 점차 영향력이 커지면서 새로운 패러다임이 등장하게 된다고 설명하였다. 양자역학, 상대성 이론 등 과학 혁명 사례를 조사하여 발표해 보자.

주제3 과학철학의 흐름과 쟁점 탐구

주제4 쿤의 과학관이 사회에 미친 영향

학생부 기록 예시 (교과세특)

'과학혁명의 구조(토머스 S. 쿤)'를 읽고 '과학 혁명이 계몽사상에 미친 영향'을 주제로 심화활동을 진행함. 과학 혁명이 과학철학뿐 아니라 사회 전반에 큰 영향을 미쳤음을 사례를 제시하여 발표함. 지동설은 합리주의 철학과 계몽사상 정립에 영향을 주었으며, 계몽사상가들은 신앙과 언론의 자유를 강조하는 등 민주주의 토대를 마련하고, 자유방임주의에도 영향을 미쳤음을 논리적으로 발표하여 의사소통 역량의 우수성을 보여 줌.

'과학혁명의 구조(토머스 S. 쿤)'를 읽고 진로 희망 분야인 화학에서 패러다임의 변화가 일어난 사례로 '연소의 개념 변화'를 발표함. 18세기 패러다임이었던 '플로지스톤'은 금속을 태우면 무거워지는 것을 설명하지 못하였는데 라부아지에가 산소 개념을 도입하면서 금속의 연소를 설명할 수 있게 되어 패러다임이 변화함을 설명함. 패러다임은 항상 변할 수 있음을 깨닫고, 다른 의견이나 이론을 수용하는 자세가 중요함을 강조함.

관련 논문

쿤 대 부르디외: 쿤에게는 없지만 부르디외에게는 있는 과학 혁명의 구조(민병교, 2023)

관련 도서

《만화로 보는 과학의 역사》, 안토니오 피셰티, 이숲
《세상에서 가장 쉬운 과학 수업 양자혁명》, 정완상, 성림원북스

관련 계열 및 학과	• 자연계열: 전 자연계열
	• 공학계열: 전 공학계열
관련 교과	• 인문계열: 문헌정보학과, 사학과, 인류학과, 종교학과, 철학과

2022 개정 교육과정: 통합과학, 생명과학, 화학, 물리학, 지구과학, 과학의 역사와 문화, 융합과학 탐구

2015 개정 교육과정: 통합과학, 생명과학 I, 생명과학 II, 화학 I, 물리학 I, 물리학 II, 지구과학 I, 지구과학 II, 과학사, 융합과학

그림으로 보는 시간의 역사

스티븐 호킹 | 까치 | 2021

물리학자 스티븐 호킹을 물리학의 아이콘으로 만들어 준 책이다. 우리의 우주상, 시간과 공간, 팽창하는 우주, 불확정성 원리 등 총 12개의 장을 통해 인류가 우주를 발견하고 본질을 탐구하는 역사를 되돌아보고, 상대성 이론, 소립자 물리학 등 우주와 물질 등 시간과 공간의 역사에 대한 방대한 이야기를 간결하고 쉬운 예들을 통해 자세히 설명하고 있다.

탐구 주제

주제1 이 책은 특수 상대성 이론과 일반 상대성 이론, 양자론, 소립자 물리학, 초끈 이론, 블랙홀 등 현대 물리학 주요 이론을 바탕으로 우주의 원리와 구성을 설명한다. 책을 읽은 후 저자가 찾고자 했던 '우리가 왜 여기에 존재하는지, 어디에서 왔는지'에 대한 해답을 찾아보자.

주제2 블랙홀은 빛을 흡수하고 내뿜지 않아 '검기만 하다'는 뜻으로 '블랙홀'이란 이름이 붙었다. 그러나 저자는 7장에서 블랙홀은 그다지 검지 않다며 블랙홀도 에너지를 갖는 입자를 방출하고 결국에는 증발해 없어질 수 있다는 이론을 펼쳤다. 이러한 주장의 근거를 설명해 보자.

주제3 우주 기원에 대한 이론과 역사 탐구

주제4 생명과 우주 기원에 대한 과학자들의 논쟁

학생부 기록 예시 (교과세특)

'그림으로 보는 시간의 역사(스티븐 호킹)'에서 '블랙홀은 그다지 검지 않다'는 저자의 주장을 주제로 탐구보고서를 작성함. 일반 상대성 이론과 양자역학을 결합하는 '양자 중력 이론'과 블랙홀의 성질을 수학적으로 규명했을 때 고전 열역학의 법칙에 대응하는 관계가 성립한다는 '블랙홀 역학의 4대 법칙'에 대하여 설명함. 이러한 이론을 근거로 블랙홀이 흑체 복사를 방출하기 때문에 검지 않다고 설명한 것임을 설득력 있게 발표함.

'그림으로 보는 시간의 역사(스티븐 호킹)'를 읽고 우주의 원리와 구성을 이해하기 쉽게 설명한 스티븐 호킹의 삶과 연구를 깊이 있게 탐구하여 소개함. 루게릭병을 앓고 있던 저자는 겨우 움직일 수 있는 두 손가락만을 이용해서 대화와 강연을 했으며, 두 손가락마저 움직일 수 없게 되자 안면 근육을 이용해서 컴퓨터를 작동시키며 연구를 멈추지 않았다며, 절망적인 상황에도 꿈을 잃지 말고 우리 모두 노력하자고 격려하여 감동을 줌.

관련 논문

우주기원의 고에너지 입자가 기후에 미치는 영향: 연구 현황과 정책적 시사점(김지영, 장근일, 2017)

관련 도서

《당신이 우주다》, 디팩 초프라, 미나스 카파토스, 김영사
《아인슈타인: 삶과 우주》, 월터 아이작슨, 까치

관련 계열 및 학과
- 자연계열: 대기과학과, 물리학과, 생명과학과, 지구환경과학과, 천문우주학과
- 교육계열: 과학교육과, 물리교육과, 지구과학교육과, 생명과학교육과
- 사회계열: 문화콘텐츠학과, 미디어커뮤니케이션학과, 사회학과, 언론정보학과

관련 교과

2022 개정 교육과정: 통합과학 1, 물리학, 지구과학, 지구시스템과학, 행성우주과학, 과학의 역사와 문화

2015 개정 교육과정: 통합과학, 물리학 I, 물리학 II, 지구과학 I, 지구과학 II, 화학 I, 화학 II, 과학사, 과학사, 융합과학

국어교과군

영어교과군

수학교과군

사회교과군

과학교과군

도덕교과군

기계 속의 악마

폴 데이비스 | 바다출판사 | 2023

생명을 사유하는 물리학자 폴 데이비스가 생물학, 물리학, 수학, 컴퓨터과학, 후성유전학 등의 최신 연구성과를 바탕으로 생명의 의미를 근원적으로 탐구한다. 생명의 기원, 암세포의 진화, 정보를 처리하는 몸속 분자가 일종의 양자컴퓨터일 가능성 등 생명을 둘러싼 수수께끼에 답하고 있다. 시스템생물학, 정보생물학, 합성생물학, 양자생물학 등 생명과학에 대한 학문을 다루며 독자들의 이해를 돕는다.

탐구 주제

주제1 양자물리학자 슈뢰딩거는 1943년 '생명이란 무엇인가?'를 주제로 한 강연에서 생명을 물리학으로 설명하고자 하였고, 이후 분자생물학 이외에도 시스템생물학, 정보생물학, 합성생물학 등 다양한 학문이 발달했다. 생물학 관련 학문 발달 과정과 연구 동향을 탐구해 보자.

주제2 양자생물학은 생명체에서 구현 가능한 양자역학적 현상을 이론적, 실험적 방법으로 연구하고 생물학적인 의미를 탐구한다. 양자생물학의 필요성을 인식하고, 광합성, 효소 촉매 작용에서의 양자 터널링 효과 등 관련 연구를 알아보자.

주제3 생명과학 분야에서 학문 간 융합의 필요성 고찰

주제4 생명의 개념 변화에 관한 역사 탐구

학생부 기록 예시 (교과세특)

'기계 속의 악마(폴 데이비스)'를 읽고 생명 현상을 수학, 컴퓨터, 물리학 등 다양한 학문과 관점으로 설명하는 것에 신선한 충격을 받았다는 소감을 밝힘. 양자생물학의 필요성과 연구 동향에 관하여 이해하기 쉽게 설명하여 과학적 의사소통 역량을 보여 줌. 양자생물학은 현재 기초 연구 단계에 머물러 있지만, 의료 기술 발전과 에너지 및 환경 문제 해결의 열쇠라 생각되어 양자생물학 연구 발전에 참여하고 싶다는 포부를 밝힘.

'기계 속의 악마(폴 데이비스)'를 읽고 시대에 따라 생명의 개념이 어떻게 변화했는지를 과학사적 시각으로 탐구하여 발표함. 19세기 물리주의와 생기론 논쟁, 맥스웰의 악마, 세포 오토마타 등 굵직한 과학 주제를 관련 영상과 사진 등을 활용하여 학급 친구들이 이해할 수 있도록 짜임새 있게 구성한 점이 인상적임. 과학 지식을 그대로 받아들이지 않고 의심하고 토론하며 깊이 있게 탐구하는 자세의 중요성을 깨달았다는 소감을 밝힘.

관련 논문

생명과학은 물리과학으로 환원되는가? (고인석, 2005)

관련 도서

《생명, 경계에 서다》, 짐 알칼릴리, 존조 맥패든, 글항아리사이언스
《생명의 물리학》, 찰스 S. 코켈, 열린책들

관련 계열 및 학과
- 자연계열: 분자생물학과, 생명과학과, 생물학과, 물리학과, 수학과, 통계학과, 화학과
- 공학계열: 전 공학계열

관련 교과
- 교육계열: 과학교육과, 생명과학교육과, 물리교육과, 수학교육과, 화학교육과, 컴퓨터교육과

2022 개정 교육과정: 생명과학, 물리학, 화학, 과학의 역사와 문화, 융합과학 탐구, 정보

2015 개정 교육과정: 통합과학, 물리학 I, 물리학 II, 생명과학 I, 생명과학 II, 화학 I, 화학 II, 과학사, 융합과학, 정보

나노에 둘러싸인 하루

김문제, 송선경 | 살림Friends | 2010

나노 분야의 전문가인 김문제 교수와 과학을 알기 쉽게 설명해 주는 송선경 아나운서가 청소년을 대상으로 나노과학 기술에 대하여 쉽고 재미있게 소개한 책이다. 다양한 사례를 제시하며 나노과학 기술의 정의, 나노과학 기술의 발전 과정, 현황과 전망, 변화될 미래의 모습 등 나노과학 기술의 모든 것을 이해하기 쉽게 설명한다. 교과와 관련된 유익한 과학 지식도 얻을 수 있다.

탐구 주제

주제1 나노는 난쟁이를 뜻하는 '나노스(nanos)'에서 유래되었으며, 나노의 크기는 10억 분의 1미터를 의미한다. 정보통신, 생명공학, 우주항공 등 다양한 분야에서 나노 기술이 사용되고 있다. 자신의 진로 희망 분야에서 나노 기술이 사용되는 사례를 탐구해 보자.

주제2 지극히 작은 크기의 물질을 만들거나 가공하는 과학 기술을 '나노과학 기술'이라 한다. 이 기술이 중요한 이유는 물질이 나노미터 크기로 작아지면 원래 물질과는 다른 특성이 나타나기 때문이다. 원래 크기와 나노 크기에 따른 물질의 특성과 그에 따른 사용 사례를 조사해 보자.

주제3 나노 기술에 대한 정책 흐름 분석

주제4 나노 기술의 국내외 현황과 전망

학생부 기록 예시 (교과세특)

'나노에 둘러싸인 하루(김문제 외)'를 읽고 나노 기술의 정의와 발전 과정을 설명하고, 자신의 진로 희망 분야인 의학 분야 적용 사례에 대하여 조사함. 1982년 주사터널현미경이 개발되면서 본격적인 연구가 시작되었으며, 조기에 암세포를 찾아낼 수 있는 조영제인 산화철 나노입자, 패혈증 치료제로 세리아-지르코니아 나노입자 등을 소개함. 항암 치료 부작용이 없도록 암세포만 죽이는 나노로봇을 개발하고 싶다는 생각을 밝힘.

'나노에 둘러싸인 하루(김문제 외)'를 읽고 금 나노입자의 특징과 응용 분야에 대한 탐구보고서를 작성함. 고대의 미스터리라고 불리는 '리쿠르거스컵'에 대한 이야기로 흥미를 유발함. 빛을 비추는 방향에 따라 청색과 붉은색으로 변하는 것은 금 나노입자의 색이 이용된 원리임을 설명함. 예술가들이 스테인드글라스를 만들 때 금 나노입자를 이용한 것이 경이로우며 자신도 과학적 원리를 이용한 예술가로 성장하고 싶다고 발표함.

관련 논문

고등학생의 나노기술에 대한 인식과 태도(김현정 외, 2011)

관련 도서

《나노 화학》, 장홍제, 휴머니스트
《나노기술이 세상을 바꾼다》, 이인식, 고즈원

관련 계열 및 학과	· 자연계열: 전 자연계열
	· 공학계열: 전 공학계열
관련 교과	· 의약계열: 간호학과, 수의예과, 안경광학과, 약학과, 의료공학과, 의예과, 임상병리학과

2022 개정 교육과정: 통합과학 2, 지구과학, 생명과학, 화학, 물리학, 기후변화와 환경생태, 융합과학 탐구

2015 개정 교육과정: 지구과학 I, 지구과학 II, 생명과학 I, 생명과학 II, 화학 I, 화학 II, 물리학 I, 물리학 II, 생활과 과학, 융합과학

나무를 심은 사람

장 지오노 | 두레 | 2018

프로방스의 알프스 끝자락에 사는 한 노인이 수십 년 동안 나무를 심어 결국 황량한 계곡을 생명이 살아 숨 쉬는 풍요로운 숲으로 바꾸었다는 단편소설이다. 작가가 여행 중 만난 한 사람에게 감명을 받아 초고를 쓰기 시작한 후 20여 년 동안 다듬어 완성되었다. 이 이야기를 소재로 한 애니메이션이 세계적으로 큰 반향을 일으키며 수많은 영화제에서 상을 받기도 했다.

탐구 주제

주제1 가족을 잃고 홀로 사는 주인공은 땅이 죽어 가고 있다는 생각에 나무를 심기 시작했다. 이 책의 배경인 제1차 세계 대전 시기에는 산에 나무가 많이 없었는데, 우리나라도 6.25 전쟁을 겪어 비슷한 환경에 처한 적이 있다. 전쟁 이후에 진행된 식목 관련 정책을 조사해 보자.

주제2 저자는 작품을 쓴 이유를 '사람들이 나무를 사랑할 수 있게 하기 위해서, 나무를 심는 것을 장려하기 위해서'라고 설명했다. 저자의 바람대로 이 책은 지구 녹화 운동의 교육 자료로 전 세계에 활용되고 있다. 이 작품처럼 사람들의 인식 변화를 일으킨 작품이나 인물을 탐구해 보자.

주제3 《나무를 심은 사람》이 생태 환경 분야에 미친 영향

주제4 소설《나무를 심은 사람》과 애니메이션 작품 비교

학생부 기록 예시 (교과세특)

'나무를 심은 사람(장 지오노)'을 읽고 공공의 선을 꾸준히 실천하여 변화를 만든 주인공이 진정한 영웅이란 깨달음을 얻어 영웅에 대한 학생들의 인식 조사 및 개선을 위한 프로젝트를 구상함. 영웅의 정의와 조건 등에 대한 문항과 사례를 제시하여 설문조사를 실시하고 결과를 분석함. 결과를 공유하고, 토의 시간을 거쳐 부, 권력, 힘을 가진 특별한 사람만이 아니라 평범한 사람 누구나 영웅이 될 수 있음을 깨닫는 계기를 만듦.

프레데릭 백이 '나무를 심은 사람(장 지오노)'을 애니메이션으로 변환 과정에서 사용된 기법을 탐구함. 자연의 변화를 표현하는 데 사용된 기법인 '메타모포시스'와 무광택 아세테이트 위에 색연필로 그려 표현한 '인상주의 화풍'은 갈등 요소가 거의 없는 원작에 효과적으로 서정성과 리듬감을 불어넣어 주었음을 설명함. 애니메이션 기법에 대한 정보뿐 아니라 작품의 의미까지 효과적으로 전달하여 의사소통 역량의 우수성을 보여 줌.

관련 논문

생태 복원과 이상적인 농경 공동체-장 지오노의 소생과 나무를 심은 사람을 중심으로(송태현, 2021)

관련 도서

《사계절 생태 환경 수업》, 지구하자 초등환경교육연구회, 지식프레임
《지구를 살리는 생태 환경 활동 대백과》, 엘렌 라이차크, 봄나무

관련 계열 및 학과

- 자연계열: 지구환경과학과, 환경학과, 산림학과, 식물자원학과, 조경학과
- 인문계열: 문예창작학과, 문헌정보학과, 철학과
- 교육계열: 환경교육과, 과학교육과, 교육학과, 국어교육과, 윤리교육과

관련 교과

2022 개정 교육과정: 통합과학 2, 기후변화와 환경생태, 과학의 역사와 문화, 문학과 영상

2015 개정 교육과정: 통합과학, 지구과학 I, 지구과학 II, 생명과학 I, 생명과학 II, 독서, 문학

노화 공부

이덕철 | 위즈덤하우스 | 2023

텔로미어부터 노화 세포, 호르몬, 활성산소,
미토콘드리아까지
우리 몸을 나이 들게 하는 것들

노화 공부

노인의학 분야 국내 최고 권위자
이덕철 교수의 노화 과학 강의

노화방지의학 분야에서 국내 최고 권위자인 저자가 최신 노화 과학에 대하여 쉽게 풀어 쓴 책이다. 텔로미어, 노화 세포, 활성산소, 호르몬, 미토콘드리아 등 우리 몸의 노화에 관한 내용을 종합적이고 체계적으로 제시하여 이해를 돕는다. 생체나이 판별 원리, 노화 관련 생물학적 신호, 노화에 관한 학설 등을 통해 노화의 원인과 원리를 알려 주고, 건강하게 오래 살 수 있는 식단, 운동 등 노화 방지책을 소개한다.

탐구 주제

주제1 노화방지의학은 정상적 나이 듦에 따른 병적 현상과 변화의 출현을 지연시키는 치료법이다. 그러나 노화방지 요법에 관한 연구 결과가 미흡하고, 확립된 치료 기준이 없어 법적, 윤리적 논란이 있다. 노화방지의학 분야의 쟁점 사항에 대하여 토론해 보자.

주제2 '헤이플릭 한계'는 세포의 분열 수의 한계로 배양된 정상 인간 세포의 수명이 유한함을 밝힌 것이다. 그러나 박테리아는 세포 무한 복제가 가능하다. 인간은 선형 DNA이고, 박테리아는 원형 DNA이기 때문이다. 인간과 박테리아의 DNA 복제 과정을 비교하여 탐구해 보자.

주제3 노화와 유전자 관계 탐구

주제4 노화에 관한 연구 동향 분석

학생부 기록 예시 (교과세특)

'노화 공부(이덕철)'를 읽고 노화의 원인에 대한 탐구보고서를 작성함. DNA 복제 과정에 대한 과학적 이해를 바탕으로 선형 DNA 복제는 방향성을 갖고 있으며 복제를 거듭할 때마다 DNA의 끝부분인 텔로미어가 짧아지는 문제로 인해 복제에 한계가 있음을 논리적으로 설명함. 반면 박테리아는 원형 DNA로 무한 복제가 가능하기에 전염병 확산이 빠르며, 미생물 분야의 연구를 통해 전염병 확산 및 예방에 기여하고 싶다는 포부를 밝힘.

'노화 공부(이덕철)'를 읽고 '노화의 원인과 노화 방지법'을 탐구하여 발표함. 호흡 과정에서 생성된 활성산소는 DNA에 손상을 주는데 비타민을 섭취하면 활성산소와 반응하여 예방할 수 있다는 내용을 화학 시간에 배운 산화 환원 반응으로 설명하여 과학적 사고력을 보여 줌. 또한 아이오딘 반응을 이용해 비타민 음료의 비타민 C 함량 측정 실험을 진행하고 실험 과정 및 결과, 실험 원리를 체계적으로 정리하여 탐구 능력을 발휘함.

관련 논문

노화 관련 유전자의 후성유전학적 특성 분석 (류제운 외, 2013)

관련 도서

《늙지 않는 비밀》, 엘리자베스 블랙번, 엘리사 에펠, 알에이치코리아
《유전자를 알면 장수한다》, 설재웅, 고려의학

관련 계열 및 학과
- 의학계열: 전 의학계열
- 자연계열: 미생물학과, 농생물학과, 분자생물학과, 생명과학과, 생물학과, 수산생명의학과

관련 교과
- 공학계열: 생명공학과, 식품공학과, 화장품공학과, 화학공학과

2022 개정 교육과정: 통합과학 1, 생명과학, 화학, 세포와 물질대사, 융합과학 탐구

2015 개정 교육과정: 통합과학, 생명과학 I, 생명과학 II, 화학I, 화학II, 생활과 과학, 융합과학

국어과분야

영어과분야

수학과분야

사회과분야

과학과분야

도덕과분야

눈먼 시계공

리처드 도킨스 | 사이언스북스 |
2004

창조론과 진화론의 대결 양상을 적나라하게 드러내며, 창조론 대 진화론 논쟁을 수면 위로 급부상시킨 과학서의 고전이다. 이 책은 생명이 신에 의해 탄생했다는 자연신학을 반박하면서 컴퓨터 모형과 실제 자연의 사례들을 통해 다윈의 진화론을 설득력 있게 설명한다. 이 책을 읽으면 진화라는 '눈먼 시계공'이 시계를 만들어 낼 수 있음을 깨닫게 될 것이다.

탐구 주제

주제1 리처드 도킨스는 저서《이기적 유전자》와《확장된 표현형》에서 진화의 단위가 유전자라는 것을 밝히고,《눈먼 시계공》에서는 과학적 근거를 통해 누적된 자연 선택으로 생물이 복잡하게 진화했다는 것을 밝혔다. 3개의 책에서 제시된 진화 관련 내용을 비교하여 설명해 보자.

주제2 저자는 자연 선택에 의한 진화를 설명하기 위해 자신이 직접 개발한 '바이오모프 프로그램'을 사용하였다. '바이오모프 프로그램'이란 한 가지 형태의 생물이 주어진 환경 속에서 자신을 복제하는 프로그램이다. 이외에도 저자가 진화설을 설명하기 위해 사용한 근거에 대해 알아보자.

주제3 리처드 도킨스가 진화생물학 분야에 미친 영향

주제4 진화론과 창조론의 대립 역사

학생부 기록 예시 (교과세특)

'눈먼 시계공(리처드 도킨스)'을 읽고 핵심 내용을 체계적으로 정리하여 과학적 사고력을 보여 줌. 지적설계론 주장을 반박할 때 '자연을 설계한 시계공은 장님일 것이다.'라고 하였는데 이는 눈의 맹점처럼 신이 인간을 불완전하게 설계했겠는가를 역설적으로 비유한 것이라 볼 수 있으며, 우리가 지금까지 당연하다고 생각하고 있는 것들에 대하여 논리적으로 생각하고 검증하는 것이 중요하다는 것을 깨달았다는 소감을 밝힘.

'눈먼 시계공(리처드 도킨스)'에서 자연 선택에 의한 진화설을 주장하는 데 사용한 과학적 근거와 논증에 대하여 분석해 소개함. '바이오모프 프로그램'은 자연 선택에 따른 돌연변이가 발생 과정을 시각적으로 볼 수 있는 프로그램임을 설명함. 글보다도 저자처럼 직접 개발하여 체험하게 하는 것이 좋겠다는 생각이 들어 '진화 과정 구현'이란 앱을 제작하게 되었다는 동기를 밝히고, 이 과정에서 프로그래밍 설계 능력의 우수성을 보여 줌.

관련 논문

과학소설에 기반한 융복합교육의 가능성 탐색-'눈먼 시계공'을 중심으로(유리, 김시정, 2017)

관련 도서

《이기적 유전자》, 리처드 도킨스, 을유문화사
《확장된 표현형》, 리처드 도킨스, 을유문화사

관련 계열 및 학과
- 자연계열: 농생물학과, 동물자원과학과, 분자생물학과, 생명과학과, 생물학과, 수산생명의학과
- 공학계열: 생명공학과, 식품공학과, 화학공학과, 컴퓨터공학과

관련 교과
- 의학계열: 약학과, 수의예과, 의예과, 임상병리학과

2022 개정 교육과정: 통합과학 2, 생명과학, 생물의 유전, 과학의 역사와 문화

2015 개정 교육과정: 통합과학, 지구과학 I, 지구과학 II, 생명과학 I, 생명과학 II, 과학사

디지털 포트리스 1

댄 브라운 | 문학수첩 | 2010

《다빈치 코드》라는 소설로 유명한 댄 브라운의 첫 작품이다. 이 작품은 스페인을 배경으로 국가 안보와 테러 방지를 위해 감청과 암호화된 메시지를 해석하는 미국 국가안보국, 그리고 개인의 사생활 보호와 권리를 주장하는 프로그래머 사이의 치열한 두뇌 싸움을 중심으로 전개되는 소설이다. 정교한 복선, 치밀한 구성, 반전의 연속으로 저자의 매력을 느낄 수 있다.

탐구 주제

주제1 이 책은 국가 안보와 테러 방지를 위해 감청과 암호화된 메시지를 해석하는 미국가안보국과 개인의 사생활 보호와 권리를 주장하는 프로그래머 사이의 갈등을 다루고 있다. '국가 안보 등 공공의 목적을 위해 개인 정보의 수집과 이용을 허용해야 하는가?'를 주제로 토론해 보자.

주제2 '정보 보안'이란 불법적인 접근 및 정보 시스템과 관련된 자원들을 안전하게 보호하는 것을 의미한다. 인터넷 사용이 늘어남에 따라 이용자 동의 없는 개인 정보 유출 사례가 급증하고 있다. 정보 보안의 필요성과 피해 사례에 대하여 알아보고, 예방 및 대처 방안에 조사해 보자.

주제3 개인 정보 보호의 개념과 제도 이해

주제4 공공기관의 정보 보안 실태 연구

학생부 기록 예시 (교과세특)

'디지털 포트리스 1(댄 브라운)'에서 국가 안보를 위하여 슈퍼컴퓨터로 정보를 수집하고 암호를 해독하는 것이 현재 인공지능 정보 수집 논의와 같은 상황임을 제시함. 좋은 인공지능 모델을 개발을 위해 많은 데이터가 필요하지만, 개인 정보 보호를 위해 규제도 필요하다며 두 가지를 모두 충족하는 인공지능 학습법으로 '연합학습'을 소개함. 개인의 정보를 지키며 특히 의료 분야의 인공지능 기술 개발에 참여하고 싶다는 의지를 밝힘.

'디지털 포트리스 1(댄 브라운)'을 읽고 공공의 이익을 위한 정보 수집 동의와 개인의 사생활 보호를 위한 정보 수집 반대에 관한 학생들의 인식을 조사하기 위해 설문조사를 실시함. 설문 결과 학생들의 정보 보안 인식이 매우 저조하다는 것을 깨닫고 캠페인을 계획함. 정보 보안의 정의와 필요성, 구체적인 개인 정보 침해 사례와 피해 상황, 개인이 실천할 수 있는 정보 보안 방법 등을 포스터와 영상으로 제작하여 적극적으로 홍보함.

관련 논문

공공기관의 정보보안 솔루션 도입이 정보보안 수준 향상에 미치는 영향(김협 외, 2017)

관련 도서

《보안의 기본》, Miyamoto Kunio, Okubo Takao, 위즈플래닛
《청소년 다빈치 코드 1》, 댄 브라운, 문학수첩

관련 계열 및 학과
- 인문계열: 문예창작학과, 문헌정보학과, 심리학과, 상담심리학과, 사회심리학과
- 공학계열: 소프트웨어공학과, 소프트웨어학과, 정보보안학과, 정보통신공학과, 컴퓨터공학과

관련 교과
- 사회계열: 공공행정학과, 행정학과, 문화콘텐츠학과, 미디어커뮤니케이션학과, 법학과

2022 개정 교육과정: 통합과학 1, 물리학, 전자기와 양자, 융합과학 탐구, 정보, 데이터 과학

2015 개정 교육과정: 통합과학, 물리학 I, 물리학 II, 융합과학, 정보

국어교과군

영어교과군

수학교과군

사회교과군

과학교과군

도덕교과군

링크

A. L. 바라바시 | 동아시아 | 2002

복잡계 네트워크 이론의 창시자인 저자가 레오나르드 오일러의 그래프 이론부터 세포 네트워크를 기반한 암 치료제 개발까지 상호 연결된 시스템의 역사를 설명하는 책이다. 네트워크는 어떻게 생겨났으며 어떻게 진화했는가를 다루면서 자연, 사회, 비즈니스에 대한 그물망적 시각을 제시한다. 웹상에서 일어나는 민주주의 법칙, 인터넷의 취약성 등 다양한 이슈들을 이해할 수 있도록 돕고 있다.

탐구 주제

주제1 '네트워크 과학'은 복잡한 세계에 대한 이해와 해답을 요구하고 전체를 유기적으로 통찰하려는 세계관이자 방법론이다. 네트워크의 과학적 연구는 오일러의 '그래프 이론'에서 시작되었다. 네트워크 과학이 현재 도달한 지점에 이르기까지 이론적 발전 과정을 조사해 보자.

주제2 '네트워크'란 그물(net)과 일(work)의 합성어로, 컴퓨터들이 통신망을 통해 서로 그물처럼 연결된 체계를 말한다. 네트워크는 21세기 특징 중 하나라 할 정도로 일상생활 전반에 사용되고 있다. 자신의 진로 희망 분야에서 네트워크 개념이 적용된 사례를 탐구해 보자.

주제3 네트워크의 위상 구조가 실생활에 적용된 사례 탐구

주제4 복잡계 네트워크 구조 및 응용

학생부 기록 예시 (교과세특)

'링크(A. L. 바라바시)'를 읽고 네트워크 과학의 정의, 발전 과정, 적용 분야 등을 조사하여 발표함. 네트워크 과학의 시초인 수학자 오일러의 그래프 이론을 깊이 있게 탐구한 결과를 설명함. 그래프 이론이 나오게 된 '쾨니히스베르크의 다리 건너기 문제'를 제시하고, 토의를 통해 해결 방법을 찾도록 하여 수학적 사고력과 의사소통 역량의 우수성을 보여 줌. 오일러처럼 세상에 도움이 되는 수학자로 성장하고 싶다는 포부를 밝힘.

'링크(A. L. 바라바시)'를 읽고 '네트워크의 개념 및 적용'을 주제로 보고서를 작성함. 전염병 확산 과정에 대한 연구 사례를 제시하면서 네트워크 성장 과정이 위상구조를 결정한다고 설명함. 세계보건기구가 코로나19와 같은 감염병 위험의 사전 대처 및 예방을 위해 '국제병원체감시네트워크'를 만든 것처럼 국가 간 빠른 정보 공유와 협력적인 네트워크 구축을 통해 인간이 만든 지구의 위기를 함께 해결해야 함을 강조함.

관련 논문

재난안전관리 과학기술 네트워크: 전문가 수요조사를 중심으로(허정은, 양창훈, 2018)

관련 도서

《그림으로 이해하는 네트워크 구조와 기술》, 나카오 신지, 길벗
《한 권으로 끝내는 네트워크 기초》, 오키타 토시야, 길벗

관련 계열 및 학과
- 자연계열: 전 자연계열
- 공학계열: 전 공학계열

관련 교과
- 사회계열: 국제통상학과, 공공행정학과, 경제학과, 무역학과, 행정학과, 지리학과, 회계학과

2022 개정 교육과정: 통합과학 1, 물리학, 생명과학, 과학의 역사와 문화 융합과학 탐구, 정보

2015 개정 교육과정: 통합과학, 물리학 I, 물리학 II, 생명과학 I, 생명과학 II, 과학사, 융합과학, 정보

세상에 존재하는 모든 물리학

곽영직 | 세창출판사 | 2023

세상에 존재하는 모든 물리학
탈레스부터 힉스입자까지

이 책은 물리학을 '자연을 이루는 가장 기본적인 구성 요소가 무엇이며, 이 요소들이 어떻게 상호작용하는지를 연구하는 학문'이라 소개한다. 고대 물리학, 천문학, 뉴턴역학, 광학, 전자기학, 열역학, 상대성이론, 양자역학, 핵에너지, 카오스 등 고대부터 현대에 이르기까지 자연 현상을 설명하는 방식의 변화를 다채롭게 풀어 가고 있다. 물리학의 역사를 한 권의 책으로 만나 보자.

탐구 주제

주제1 과학 중에서 가장 오래된 역사를 가진 물리학은 물질의 구조 및 운동, 그 때문에 일어나는 현상을 분석하는 학문이다. 물리학 분야의 최초 출판물은 아리스토텔레스의 《자연학》이라고 한다. 자신의 진로와 관련된 물리학 분야의 출판물이나 논문을 선정하여 발표해 보자.

주제2 엠페도클레스는 클렙시드라 실험으로 공기의 실체를 밝혀 냈고, 아르키메데스는 목욕을 하다 물질의 질량과 부피의 관계를 알아냈다. 슈뢰딩거는 고양이 실험을 통해 양자역학의 역설을 입증했다. 그 밖에 물리학 분야 발전에 공헌한 실험과 이론은 무엇이 있는지 조사해 보자.

주제3 물리학 발달이 기술과 사회에 미친 영향

주제4 현대 물리학 연구 동향 탐구

학생부 기록 예시 (교과세특)

물리학자라는 진로 목표를 갖고 있어 '세상에 존재하는 모든 물리학(곽영직)'을 읽고 물리학 역사에 큰 역할을 한 인물과 실험을 체계적으로 정리한 보고서를 작성함. 자신이 아는 데에 그치지 않고 물리학 각 분야의 중요 인물과 실험을 카드 뉴스 형태로 제작해 학급 게시판과 온라인 커뮤니티에 공유하고 동반 성장하는 모습을 보임. 이론 물리학과 실험 물리학의 다리 역할을 하는 전산 물리학 분야에서 연구하고 싶다는 포부를 밝힘.

'세상에 존재하는 모든 물리학(곽영직)'에서 '상대성이론과 시공간에 대한 새로운 이해'를 주제로 아인슈타인의 생애와 특수상대성이론 및 일반상대성이론에 대하여 발표함. 일반상대성이론의 근거가 된 사고 실험 '아인슈타인의 엘리베이터'를 그림으로 쉽게 설명하여 과학적 사고력과 의사소통 능력의 우수성을 보여 줌. 아인슈타인이 마지막까지 연구에 매진했던 '통일장이론' 분야 발전에 공헌하고 싶다는 의지를 밝힘.

관련 논문

20세기 전반 수학과 물리학의 새로운 발견과 예술 변화 문맥에서 바라본 르네 마그리트와 마우리츠 에셔 작품에 관한 연구(신실라, 2024)

관련 도서

《세상을 바꾼 물리학》, 원정현, 리베르스쿨
《슈뢰딩거의 고양이》, 애덤 하트데이비스, 시그마북스

관련 계열 및 학과
- 공학계열: 에너지공학과, 원자력공학과, 정보보안학과, 정보통신공학과, 항공우주공학과
- 자연계열: 물리학과, 수학과, 통계학과, 화학과, 생명과학과, 천문우주학과

관련 교과
- 교육계열: 과학교육과, 물리교육과, 수학교육과, 지구과학교육과, 초등교육과, 교육학과

2022 개정 교육과정: 통합과학 1, 물리학, 화학, 역학과 에너지, 전자기와 양자, 과학의 역사와 문화

2015 개정 교육과정: 통합과학, 과학탐구실험, 물리학 I, 물리학 II, 화학 I, 과학사, 융합과학

국어교과군

영어교과군

수학교과군

사회교과군

과학교과군

도덕교과군

물의 자연사

앨리스 아웃워터 | 예지 | 2010

이 책은 저자가 '보스턴 항구 오염 제거 공사'에 참여해 하수 처리 과정에서 생기는 침전물인 슬러지를 조사했던 경험에서 시작되었다. 저자는 미국에서 60년 동안 수질을 개선하려 노력했음에도 불구하고 물이 깨끗해지지 못한 이유가 준설과 댐 건설, 수로 변경을 통해 물이 스스로 정화하는 과정을 간섭하거나 제거했기 때문임을 입증하고, 현재 미국의 수질 개선 방향과 방법을 전환하는 데 공헌하였다.

탐구 주제

주제1 물은 본연의 자정 능력이 있다. 물에 오염 물질이 유입되면 물은 희석, 확산, 미생물의 분해 작용, 화학 반응을 통한 중화 등을 통해 스스로를 정화한다. 물의 자정 과정에서 작용하는 과학적 원리와 적용 분야를 탐구해 보자.

주제2 납과 같은 중금속이 포함되거나 유기물이 과다하게 들어오면 물이 자정 능력으로 오염 물질을 처리할 수 없게 된다. 그래서 우리가 쓰는 생활 하수들은 하수처리장에서 처리한다. 하수처리장 물 정화 과정의 단계와 각 단계에 작용하는 과학적 원리를 조사해 보자.

주제3 우리 지역 수질 검사 및 개선 방안

주제4 국가별 수질 개선 정책 비교

학생부 기록 예시 (교과세특)

수질환경과학연구원이란 진로 목표를 갖고 있어 '물의 자연사(앨리스 아웃워터)'를 읽고 물의 자정 능력의 개념, 미치는 요인, 과학적 원리를 정리하여 발표함. 심화 탐구활동으로 수질 오염 측정 및 분석 도구를 이용하여 우리 지역의 하천 수질 특성과 수질오염 정도를 조사함. 하천의 위치별 수질 오염 정도를 비교하여 오염 원인을 찾아내고, 지역 수질 담당 기관에 개선을 요청하여 지역의 공공복지를 위해 실천하는 태도를 보여 줌.

'물의 자연사(앨리스 아웃워터)'의 1장 내용인 '모피와 수질의 관계'에 대하여 흥미를 느끼고 깊이 있게 탐구함. 미국의 수질 오염 시작은 모피의 원료인 비버를 마구잡이로 잡아 자연 정화 시스템이 파괴되었기 때문임을 설명함. 생명 윤리에서 시작했으나 환경 문제로 지지를 받는 '퍼 프리 운동'을 소개함. 이러한 과정에서 물의 정화에 생물이 미치는 영향력이 크다는 것을 깨닫는 계기가 되었으며, '퍼 프리 운동'에 동참할 것을 독려함.

관련 논문

CVM을 이용한 수질개선의 경제적 가치평가 연구(오희균 외, 2015)

관련 도서

《수문학》, 이재수, 구미서관
《수질분석의 기초》, 일본분석화학회, 성안당

관련 계열 및 학과

• 자연계열: 수산생명의학과, 식물자원학과, 지구환경과학과, 해양학과, 환경학과

• 공학계열: 기계공학과, 제어계측공학과, 조선해양공학과, 화학공학과, 환경공학과

관련 교과

• 사회계열: 공공행정학과, 도시행정학과, 가족복지학과, 사회복지학과, 지리학과, 행정학과

2022 개정 교육과정: 통합과학 2, 물리학, 지구과학, 생명과학, 화학, 기후변화와 환경생태, 융합과학 탐구

2015 개정 교육과정: 물리학 I, 물리학 II, 지구과학 I, 지구과학 II, 생명과학 I, 생명과학 II, 화학 I, 화학 II, 생활과 과학, 융합과학

미래에서 온 남자 폰 노이만

아난요 바타차리야 |
웅진지식하우스 | 2023

'우리는 폰 노이만이 만든 세계에 살고 있다'라는 표현이 있을 만큼 폰 노이만은 21세기 핵심 과학 기술의 토대를 만든 인물이다. 그는 양자역학의 수학적 기초를 다지는 데 기여하고, '맨해튼 프로젝트'의 중추 역할을 했으며, '게임 이론'으로 현대 경제 이론의 기초를 세우고, 최초로 프로그래밍이 가능한 디지털 컴퓨터를 만들었다. 수학자, 물리학자, 경제학자, 컴퓨터공학자 등 수많은 수식어가 붙는 그의 일대기가 펼쳐진다.

탐구 주제

주제1 폰 노이만은 CPU, 메모리, 프로그램을 갖는 컴퓨터 구조를 제시하고, 세계 최초의 프로그램 내장 방식 컴퓨터인 'EDSAC'을 제작하였다. 현대 디지털 컴퓨터의 모태인 '폰 노이만 구조'가 컴퓨터 발전과 사회에 미친 영향을 탐구해 보자.

주제2 게임 이론은 사람들의 선택이 타인의 선택을 염두에 둔 상호 간의 합리적인 계산이라는 이론으로 경제뿐만 아니라 스포츠, 게임, 무역 정책, 국가 간 전쟁, 기업 전략 등 다방면에 적용된다. 게임 이론이 자신의 관심 분야에 미친 영향을 알아보자.

주제3 게임 이론의 발전 역사 탐구

주제4 폰 노이만이 21세기 사회에 미친 영향

학생부 기록 예시 (교과세특)

컴퓨터공학자가 되기를 희망하여 '미래에서 온 남자 폰 노이만(아난요 바타차리야)'을 읽고 '폰 노이만 구조'에 관해 탐구함. 폰 노이만은 프로그램을 메모리에 저장하여 순차적으로 실행하는 프로그램 내장 방식을 처음 고안하였고, 이후 모든 디지털 컴퓨터는 노이만 구조로 만들어져 '현대 컴퓨터의 아버지'라 불리게 되었다고 설명함. 프로세서와 메모리 간 작업 처리가 지연되는 '폰 노이만 병목' 문제를 해결하고 싶다는 의지를 밝힘.

'미래에서 온 남자 폰 노이만(아난요 바타차리야)'을 읽고 '게임 이론의 역사와 적용'을 주제로 발표함. 게임 이론이 경제, 게임, 무역 정책, 국가 간 전쟁 등에 어떻게 적용되는지 사례를 들어 논리적으로 설명함. 게임 이론을 창시한 폰 노이만, 죄수의 딜레마란 개념을 만든 앨버트 터커, 게임 이론 적용 분야를 확대한 '존 내시' 등 게임 이론으로 사회에 영향을 준 수학자들의 이야기를 풀어내며 수학자의 꿈이 더 커졌다는 소감을 밝힘.

관련 논문

전기를 통해 본 존 폰 노이만과 앨런 튜링의 정보 영재성 비교 및 분석 (우수현, 2018)

관련 도서

《HOW TO 게임이론 플레이어, 전략, 이익》, 가와니시 사토시, 경영아카이브
《김상욱의 양자 공부》, 김상욱, 사이언스북스

관련 계열 및 학과	· 공학계열: 전 공학계열
	· 자연계열: 물리학과, 수학과, 통계학과, 천문우주학과, 지구환경과학과, 환경학과
관련 교과	· 사회계열: 경제학과, 경영학과, 군사학과, 문화콘텐츠학과, 무역학과, 회계학과

2022 개정 교육과정: 물리학, 전자기와 양자, 과학의 역사와 문화, 융합과학 탐구, 정보, 경제 수학, 경제

2015 개정 교육과정: 물리학Ⅰ, 물리학Ⅱ, 과학사, 생활과 과학, 융합과학, 정보, 경제 수학, 경제

국어교과군

영어교과군

수학교과군

사회교과군

과학교과군

도덕교과군

미술관에 간 화학자

전창림 | 어바웃어북 | 2013

이 책은 과학자의 시각으로 본 미술에 관한 이야기이다. 저자는 '미술은 화학에서 태어나 화학을 먹고 사는 예술'이라 표현한다. 시대 배경, 화가의 인생, 명화의 구도, 미술 재료의 화학적 특성 등을 설명하면서, 명화를 읽는 즐거움과 과학적 시각으로 명화를 새롭게 해석할 수 있게 도와준다. 과학사를 비롯하여 거울의 반사 원리, 양자역학, 산소의 발견 등 명화 속에 담긴 과학 이야기를 흥미롭게 담아냈다.

탐구 주제

주제1 렘브란트의 〈야경〉은 원래 대낮을 그린 것인데 18세기에 이르러 어둡게 변한 그림을 보고 추측으로 이름이 붙여졌다. 저자는 이러한 흑변 현상을 주황색 물감에 들어가 있는 황과 납의 화학 반응으로 설명한다. 이렇듯 명화에 들어 있는 과학 이야기를 소개해 보자.

주제2 '키네틱 아트'는 물리적인 힘이나 자극을 주어 움직이는 예술이다. 스스로 움직이며 운동하는 작품, 빛을 투과하는 작품, 자극을 주어 운동하며 키네틱 효과를 만드는 정적인 작품, 관람객이 참여하는 작품 등으로 나뉜다. 키네틱 아트의 역사, 종류에 따른 과학적 원리를 조사해 보자.

주제3 과학 발달이 미술계에 미친 영향

주제4 미술 복원에 쓰이는 과학 기술 탐구

학생부 기록 예시 (교과세특)

미술품 복원사란 진로 목표를 갖고 있어 '미술관에 간 화학자(전창림)'를 읽고 재료의 화학적 특성을 중심으로 명화 사례를 정리하여 발표함. 복원은 미술품을 미학적·역사적으로 인식할 수 있도록 되살리는 방법이고, 원작과 복원 부분이 쉽게 구별되고 쉽게 제거될 수 있도록 복원해야 한다는 복원 원칙을 설명함. 자신의 진로 목표를 실현하기 위해서 과학 원리를 정확히 이해하고 적용해야 한다는 점을 깨닫는 계기가 되었음을 밝힘.

'미술관에 간 화학자(전창림)'에서 '화가를 죽인 흰색 물감'을 주제로 역사 배경과 과학적 원리를 발표함. 휘슬러가 작품에서 사용한 '연백'의 주성분이 납이며, 휘슬러의 사망 원인이 납 중독임을 설명함. 당시 얼굴을 창백하게 화장하는 것이 유행하여 많이 사용된 미백 화장품에도 납이 함유되어 피해가 컸음을 이야기함. 납은 생물학적 반감기가 길기 때문에 예방의 중요성을 강조하고, '납중독 예방 생활 수칙'을 포스터로 만들어 공유함.

관련 논문

Firenze산 담근석회를 이용한 미술도자재료 발색연구(안재영, 2012)

관련 도서

《모든 것에 화학이 있다》, 케이트 비버도프, 문학수첩
《한 번 읽으면 절대 잊을 수 없는 화학 교과서》, 사마키 다케오, 시그마북스

관련 계열 및 학과	• 사회계열: 관광학과, 광고홍보학과, 문화콘텐츠학과, 미디어커뮤니케이션학과
	• 공학계열: 금속공학과, 신소재공학과, 화학공학과, 공업화학과, 나노화학공학과
관련 교과	• 예체능계열: 공예학과, 미술학과, 산업디자인학과, 서양화과, 시각디자인학과, 조소과

2022 개정 교육과정: 통합과학 2, 화학, 화학 반응의 세계, 물리학, 과학의 역사와 문화, 융합과학 탐구

2015 개정 교육과정: 통합과학, 화학 I, 화학 II, 물리학 I, 물리학 II, 과학사, 생활과 과학, 융합과학

바이오테크 시대

제러미 리프킨 | 민음사 | 2020

컴퓨터 기술과 유전공학의 결합으로 등장한 생명공학 혁명을 다루고 있다. 식량의 생산, 인류의 출생, 아이들의 유전형질 변경 등 생명에 대한 조작이 확대되고 있다. 저자는 우리가 새로운 시대로 한 걸음씩 나아갈 때마다 생명공학 혁명이 가져올 이익과 치러야 할 대가를 고민해야 함을 지적한다. 생명공학 기술에 대한 기술적, 윤리적, 사회적, 경제적 문제들을 전반적으로 제시하면서 인류의 책임과 각성을 요구하고 있다.

탐구 주제

주제1 '바이오테크놀로지'라 불리는 생명공학 기술은 인간의 유전자를 인위적으로 재조합하여 유전자 형질을 전환하거나 생체 기능을 모방하여 다양한 분야에 응용하는 기술이다. 유전자 재조합 기술, 나노바이오 기술 등 바이오테크놀로지의 종류와 적용 분야를 탐구해 보자.

주제2 선진국과 개발도상국의 시장 주도 세력은 농부들에게 종래의 농작물 경작을 그만두고 높은 성과를 올릴 수 있는 단일 재배로 전환하도록 유도해 왔다. 결국 소수의 식물 유전자에 의존하게 되어 유전자 다양성이 감소하게 된다. 유전자 다양성을 지켜야 하는 이유를 설명해 보자.

주제3 국가별 바이오테크 관련 정책 비교

주제4 바이오테크 시대의 윤리원칙

학생부 기록 예시 (교과세특)

'바이오테크 시대(제러미 리프킨)'를 읽고 '생물특허권의 역사와 논의'를 주제로 발표함. 1972년 유전공학 기술로 만들어 낸 박테리아의 특허 출원이 거부되다 1980년 대법원에서 '인간이 만든 것이라면 어떠한 것'도 특허가 될 수 있다고 판결된 이후 생명공학 분야에서 특허 출원과 소송이 증가하게 되었다고 설명함. '생명을 특허할 수 있는가?'를 주제로 찬반 토론을 주도하여 학급 친구들의 생명윤리 인식 향상에 도움을 줌.

'바이오테크 시대(제러미 리프킨)'에서 'DNA 컴퓨터'를 주제로 탐구보고서를 작성함. DNA 컴퓨터와 기존 컴퓨터의 메모리 및 정보 처리 방식을 비교하여 논리적으로 설명함. 기존 컴퓨터는 이분법으로 처리하지만 DNA 컴퓨터는 유전자 염기 네 가지 신호로 처리하기 때문에 용량이 크고 한꺼번에 많은 연산을 처리할 수 있는 장점이 있음을 소개함. 분야의 전문가로 성장하여 의약 분야의 인공지능 발전에 기여하고 싶다는 포부를 밝힘.

관련 논문

네트워크 분석을 이용한 국내 바이오테크(BT)연구의 협력특성과 특허성과의 관계에 대한 실증연구(김병근, 조현정, 2016)

관련 도서

《생물철학》, 최종덕, 씨아이알
《20세기 기술의 문화사》, 김명진, 궁리

관련 계열 및 학과
- 자연계열: 농생물학과, 분자생물학과, 생명과학과, 생물학과, 수산생명의학과
- 공학계열: 생명공학과, 식품공학과, 화학공학과, 소프트웨어공학과, 컴퓨터공학과

관련 교과
- 의학계열: 전 의학계열

2022 개정 교육과정: 통합과학 1, 생명과학, 생물의 유전, 융합과학 탐구, 윤리문제 탐구, 정보

2015 개정 교육과정: 통합과학, 생명과학 I, 생명과학 II, 융합과학, 사회문제 탐구, 정보

부분과 전체

베르너 하이젠베르크 | 서커스 | 2023

이 책은 양자역학을 창시한 공로로 노벨 물리학상을 받은 베르너 하이젠베르크의 학문적 자서전으로 양자역학의 발전 과정뿐만 아니라 철학적, 인간적, 정치적인 문제들도 다뤄지고 있다. 닐스 보어, 볼프강 파울리, 아인슈타인, 플랑크, 슈뢰딩거 등 20세기 과학 분야 최고의 천재들과 펼치는 대화와 토론, 새로운 이론에 대한 다양한 사고 실험 등은 양자역학이 어떻게 발전해 왔는지를 알 수 있도록 안내한다.

탐구 주제

주제1 양자역학의 발전은 기존의 개념들을 재검토하도록 만들었다. 불확정성 원리는 칸트의 인과율에 대한 절대성을 흔들었고, 아인슈타인은 '신은 주사위 놀이를 하지 않는다.'라는 말로 양자역학을 부정했다. 견고했던 학문이 어떤 과정을 거쳐 새로운 학문으로 대체되는지 탐구해 보자.

주제2 에너지값이 불연속적이라는 개념인 양자역학은 반도체, 원자폭탄, 핵발전소, 레이저, 초전도체 등이 만들어지는 초석이 되었다. 일기 예보나 주식 변동 전망, 복잡한 암호 체계 등도 양자역학의 특성으로 개발되고 있다. 양자역학이 과학 기술 발전에 미친 영향을 조사해 보자.

주제3 고전역학과 양자역학 비교

주제4 양자역학이 사회에 미친 영향

학생부 기록 예시 (교과세특)

'부분과 전체(베르너 하이젠베르크)'를 읽고 '빛의 이중성과 양자역학'을 주제로 UCC를 만들어 과학적 사고력을 보여 줌. 빛의 입자설과 파동설이 팽팽하게 대립하고 있었던 학계에서 빛의 이중성이란 돌파구를 마련한 것이 양자역학임을 설득력 있게 제시함. 빛의 입자설을 주장한 뉴턴과 아인슈타인, 파동설을 주장한 토마스 영과 맥스웰의 실험과 이론을 이해하기 쉽게 애니메이션으로 만들어 설명하여 창의적 사고력을 발휘함.

'부분과 전체(베르너 하이젠베르크)'를 읽고 '양자역학이 과학 기술 발전에 미친 영향'을 주제로 탐구보고서를 작성함. 반도체는 불연속적인 에너지 차이가 작아 열에너지에 의해 도약할 수 있는 특성을 이용한 것이고, 원자력 발전은 작은 질량 차이가 큰 에너지를 만들 수 있다는 것에서 출발하였다는 것을 설명함. 양자역학을 활용해 기존 컴퓨터보다 복잡한 문제를 빠르게 해결하는 '양자 컴퓨터' 개발에 참여하고 싶다는 의지를 밝힘.

관련 논문

2015 개정 교육과정 고등학교 물리 교과서에서 나타나는 양자역학에 관한 설명 분석(조헌국, 2018)

관련 도서

《냉장고를 여니 양자역학이 나왔다》, 박재용, MID
《세상에서 가장 쉬운 양자역학 수업》, 리먀오, 더숲

관련 계열 및 학과
- 자연계열 : 대기과학과, 물리학과, 수학과, 응용수학과, 천문우주학과, 통계학과, 화학과
- 공학계열 : 전 공학계열
- 사회계열 : 경영학과, 경제학과, 경제통상학과, 국제통상학과, 군사학과, 금융보험학과

관련 교과

2022 개정 교육과정 : 통합과학 1, 과학탐구실험 2, 물리학, 화학, 전자기와 양자, 융합과학 탐구, 정보

2015 개정 교육과정 : 통합과학, 과학탐구실험, 물리학 I, 물리학 II, 화학 I, 화학 II, 융합과학, 정보

상상 오디세이

최재천 외 | 다산북스 | 2009

마이크로소프트 회장 빌 게이츠, 비디오게임의 아버지 놀런 부쉬넬, 코스모스 스튜디오 경영자 앤 드루얀, 진화생물학자 최재천 등 세계 최고의 석학들과 비즈니스 리더들이 상상을 통해 미래를 밝히는 모험 정신을 수록한 책이다. 이 시대의 리더들이 상상하는 새로운 세계가 생물학과 생태학에서 출발하여 디지털 세계를 거쳐 광활한 우주로 뻗어나가는 탐험 기회를 제공한다.

탐구 주제

주제1 이 책은 미디어, 정보통신, 엔터테인먼트 등 다양한 분야의 비즈니스 리더들과 환경공학, 생명공학, 우주공학과 같은 분야의 석학들이 빚어낸 놀라운 상상들에 대하여 설명되어 있다. 자신의 진로 희망 분야에 해당하는 내용과 앞으로 펼쳐질 미래에 대한 의견을 발표해 보자.

주제2 2장에서는 테크놀로지, 바이오혁명, 디지털과 아날로그, 우주 환경을 주제로 이야기가 펼쳐진다. 네 가지 주제 중 한 분야를 골라 발달 역사와 비즈니스에서 어떻게 이용되고 있는지를 조사해 보자.

주제3 빅데이터 기반의 트렌드 분석

주제4 미래 산업에 대응하는 인재 역량 탐구

학생부 기록 예시 (교과세특)

'상상 오디세이(최재천 외)'에서 '바이오 혁명과 인간의 진화'를 주제로 탐구보고서를 작성함. 정보통신 기술과 바이오 기술이 접목되면서 바이오 산업과 바이오 경제가 급속도로 성장하고 있음을 설명함. 스마트폰 카메라와 플래시 기능으로 안과 검진이 가능한 '피크레티나'를 소개함. 간단한 검진으로도 실명을 막을 수 있다며 이러한 적정 기술처럼 많은 사람에게 도움을 주는 공학자로 성장하고 싶다는 의지를 밝힘.

환경공학자란 진로 목표를 가지고 있어 '상상 오디세이(최재천 외)'를 읽고 '미세플라스틱'을 주제로 탐구활동을 진행함. 1950년대 이후 플라스틱 생산량 증가와 비교하며 코로나19 이후 미세플라스틱 발생량이 급격하게 증가함을 통계자료를 통해 인지하게 함. 미세플라스틱의 개념, 성분, 독성 영향 실험 결과를 제시하고 인체 부위마다 미세플라스틱에 노출되면 어떠한 악영향이 있는지를 인체 조직 모식도로 시각화하여 표현함.

관련 논문

항공산업 미래유망분야 선정을 위한 텍스트 마이닝 기반의 트렌드 분석(김현정 외, 2015)

관련 도서

《모바일 미래보고서 2024》, 커넥팅랩, 비즈닉스북스
《트렌드 코리아 2024》, 김난도 외, 미래의창

관련 계열 및 학과	• 공학계열: 전 공학계열
	• 자연계열: 전 자연계열
관련 교과	• 사회계열: 경영학과, 경제학과, 국제통상학과, 문화콘텐츠학과, 미디어커뮤니케이션학과

2022 개정 교육과정: 통합과학 2, 지구과학, 생명과학, 화학, 물리학, 기후변화와 환경생태, 융합과학 탐구

2015 개정 교육과정: 지구과학 I, 지구과학 II, 생명과학 I, 생명과학 II, 화학 I, 화학 II, 물리학 I, 물리학 II, 생활과 과학, 융합과학

국어교과군

영어교과군

수학교과군

사회교과군

과학교과군

도덕교과군

새로운 약은 어떻게 창조되나

교토대학대학원약학연구과 |
서울대학교출판문화원 | 2012

신약 창조의 전반적인 개념을 알기 쉽게 설명하고 있는 약학 입문서이다. 교토대학 약학부와 대학원 약학연구과의 교수진이 '새로운 약은 어떻게 창조되나'에 대해 전문성과 경험을 바탕으로 하여 해설하고 있다. 약의 역사와 신약 개발의 방법론을 소개하고, 감염증 치료제 등 구체적인 질병에 대한 신약 개발 과정, 신약 개발에 관련된 교육과 연구가 어떻게 진행되고 있는지를 이해하도록 도와준다.

탐구 주제

주제1 이쑤시개는 일본 말로 '요지(楊枝)'라고 하며, 버드나무 가지란 뜻이다. 버드나무 가지가 이 아픈 데 효과가 있다는 것은 우연히 발견되었는지 모르지만 버드나무에서 아스피린을 합성한 것은 과학자들이 만든 노력의 결과이다. 아스피린의 개발 역사와 합성 반응을 조사해 보자.

주제2 약학은 학술적인 부분뿐만 아니라 질병 치료라는 사회적 공헌이 동시에 가능한 학문이다. 약의 개발에는 물리화학, 유기화학, 분자생물학, 약제학, 약리학 등 다양한 학문 영역에서 종합적인 지식이 필요하다. 국내외 약학대학의 교육과정과 기초소양 교육을 비교 분석해 보자.

주제3 임상약리학 최신 동향 연구

주제4 약리학 발전 역사 탐구

학생부 기록 예시 (교과세특)

'새로운 약은 어떻게 창조되나(교토대학대학원약학연구과)'의 '왜 약효가 있는지 알지 못했던 약들'을 주제로 발표하는 과정에서 청자의 흥미를 유발해 의사소통 역량의 우수성을 보여줌. 이쑤시개가 버드나무 가지를 의미하는 '요지'로 불리는 이유가 버드나무 가지가 이의 통증 감소에 효과가 있었기 때문이며, 버드나무 가지에서 추출한 '살리실산'의 부작용을 줄이기 위해 '아세틸살리실산' 즉 '아스피린'이 개발되었음을 설명함.

의약 분야에 진로 목표를 가지고 있어 '새로운 약은 어떻게 창조되나(교토대학대학원약학연구과)'를 읽고 '알츠하이머병 치료제'를 주제로 탐구보고서를 작성함. 알츠하이머병의 개념과 발생 원인, 최근 치료제로 주목받는 다섯 가지 약물을 비교하여 설명함. 약학은 학술 발전과 질병 치료라는 사회적 공헌을 함께 이룰 수 있는 분야이며, 알츠하이머병이나 파킨슨병 같은 뇌 질환 연구에 참여하여 치료제를 개발하고 싶다는 포부를 밝힘.

관련 논문

벤조디아제핀 : 약리학의 최신지견 및 현실적 문제(강웅구 외, 2023)

관련 도서

《그림으로 이해하는 알기 쉬운 약리학》, Machitani Yasunori, 신흥메드싸이언스
《약의 과학》, 크리스티네 기터, 초사흘달

관련 계열 및 학과	• 의학계열 : 전 의학계열
	• 자연계열 : 분자생물학과, 생명과학과, 생물학과, 수산생명의학과, 화학과, 생물약제학과
관련 교과	• 공학계열 : 생명공학과, 식품공학과, 화장품공학과, 화학공학과, 바이오공학과

2022 개정 교육과정 : 통합과학 1, 생명과학, 화학, 세포와 물질대사, 화학 반응의 세계, 융합과학 탐구

2015 개정 교육과정 : 통합과학, 생명과학 I, 생명과학 II, 화학 I, 화학 II, 생활과 과학, 융합과학

생명설계도, 게놈

매트 리들리 | 반니 | 2016

'게놈'은 유전자와 염색체의 합성어로, 생물 세포에 담긴 유전 정보 전체를 말하며 생명 현상을 결정짓기 때문에 '생명 설계도'라고도 부른다. 23개의 염색체마다 하나의 특징적 유전자를 선택하여 이 유전자가 어떻게 발견되고, 인간에게는 어떤 영향을 미치는지 설명하여 게놈에 대한 전반적인 이해를 돕고 있다. '게놈'에 대한 이해도를 높이고 이를 바라보는 정확한 관점을 정립할 수 있는 책이다.

탐구 주제

주제1 저자는 서문에서 '우리는 게놈이라는 책을 처음으로 읽는 행운의 세대다.'라고 표현했다. 게놈은 유전자와 염색체의 합성어로 생물 세포에 담긴 유전 정보 전체를 의미한다. 23개의 염색체에 관한 이야기 중 인상 깊었던 염색체에 관하여 탐구하여 발표해 보자.

주제2 저자는 '유전자 부호의 교과서를 편집할 수 있는 단계에 서게 되었다. … 유전학 연구의 최종 종착역 또 원한다면 궁극적 선물은 유전자 조작에 의하여 탄생하는 인간일 것이다.'라고 하였다. 유전자 조작이 어디까지 허용되어야 할지를 주제로 토의해 보자.

주제3 유전자 조작의 윤리적 문제에 대한 고찰

주제4 유전자 조작 기술의 장단점 비교

학생부 기록 예시 (교과세특)

'생명설계도, 게놈(매트 리들리)'을 읽고 염색체에 대해 소개하면서 윤리적인 고민을 함께 나누자고 제안함. 21번 염색체가 3개 있을 때 다운증후군으로 태어나며, 태아의 유전자 검사로 다운증후군인지 판별되면 낙태를 허용해야 하는지에 대한 찬반 토론을 이끎. 낙태 허용은 현대판 우생학이 될 것을 우려하는 목소리를 내며, 윤리적인 잣대를 견고히 하면서 유전자 연구 발전이 이루어져야 함을 설득력 있게 발표함.

'생명설계도, 게놈(매트 리들리)'에서 1번 염색체에 있는 락타아제 유전자에 대한 보고서를 작성함. 우유를 먹으면 배가 아픈 사람들이 있는데 이를 유당불내증이라 하며, 이를 해결하기 위해 유당을 제거한 우유가 따로 판매되고 있다고 설명함. 포유류는 수유기에만 락타아제가 발현되지만 유전자 돌연변이로 평생 발현되는 사람들이 있다며, 지역과 인종에 따라 나타나는 돌연변이 발현 빈도수와 그 원인을 조사하여 논리적으로 발표함.

관련 논문

인간 게놈 프로젝트의 기원과 역사(이한음, 2000)

관련 도서

《게놈 혁명》, 이민섭, MID
《코드 브레이커》, 월터 아이작슨, 웅진지식하우스

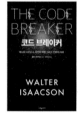

관련 계열 및 학과	• 자연계열: 농생물학과, 분자생물학과, 생명과학과, 생물학과, 수산생명의학과
	• 공학계열: 생명공학과, 식품공학과, 화학공학과
관련 교과	• 의학계열: 약학과, 수의예과, 의예과, 임상병리학과

2022 개정 교육과정: 통합과학 1, 생명과학, 생물의 유전, 과학의 역사와 문화, 융합과학 탐구

2015 개정 교육과정: 통합과학, 생명과학 I, 생명과학 II, 과학사, 융합과학

국어교과군

영어교과군

수학교과군

사회교과군

과학교과군

도덕교과군

세상을 바꾼 과학 이야기

· 권기균 | 종이책 | 2021

위대한 발견과 발명, 그리고 그것을 이뤄낸 사람들의 이야기를 통해 과학으로 세상을 읽도록 도와주는 책이다. 인문학, 역사학 등 다방면에 해박한 저자가 폭넓은 과학 상식을 재미있는 이야기 형식으로 알려 주며, 과학적 통찰력을 통해 세상을 보는 눈을 밝혀 준다. 4차 산업 혁명이 가져올 과학의 미래를 통해 청소년의 창의력과 도전 의식을 높일 수 있다.

탐구 주제

주제1 나일론이 발명되지 않았다면 지금도 돼지털로 이를 닦고 있을 수도 있으며, 지퍼가 없었다면 부츠의 끈을 묶느라 많은 시간을 소모했을 것이다. 과학 분야의 발명과 발견으로 세상은 끊임없이 변하고 있다. 자신의 진로 희망 분야에서 위대한 발명과 발견 사례를 조사해 보자.

주제2 미국의 물리화학자 라이어스 폴링은 1954년에 화학결합의 본질을 밝히고 복잡한 물질구조를 밝히며 화학결합론의 기초를 구축한 업적으로 노벨화학상을, 1962년에 지표 핵실험 반대로 노벨평화상을 수상하였다. 인류의 삶을 바꾼 과학자의 삶과 업적을 소개해 보자.

주제3 발명과 특허, 지식재산권의 이해

주제4 새로운 미래를 만드는 특허 활용

학생부 기록 예시 (교과세특)

'세상을 바꾼 과학 이야기(권기균)'를 읽고 세상을 바꾼 발명 중 최초의 합성 섬유인 나일론의 탄생 비화와 사업 이야기를 재미있게 발표함. 나일론을 처음 사용한 제품은 기존에 사용되던 돼지털 칫솔을 밀어낸 나일론 칫솔이었고 나일론의 가치를 높인 상품은 여성용 스타킹이었음을 설명함. '강철보다 강하고, 거미줄보다 얇다.'라는 나일론의 광고처럼 상품의 특성을 잘 살리는 광고 기획자로 성장하고 싶다는 포부를 밝힘.

'세상을 바꾼 과학 이야기(권기균)'를 읽고 '발명과 특허, 지식재산권'을 주제로 탐구보고서를 작성함. 발명의 개념과 종류, 특허 제도의 의미와 목적, 지식재산권의 종류와 보호 기간에 대하여 논리적으로 설명함. 창업을 위해서는 문제 발견과 문제 해결 능력이 중요하며, 자신의 창업 동아리 활동을 통해 '주기율 퍼즐'과 '원소 기억 카드' 등을 제작하고 펀딩을 진행했던 과정을 소개하여 창의적 사고력과 도전 정신의 우수성을 보여 줌.

관련 논문
의약발명의 특허대상적격성 (이진희, 2022)

관련 도서
《아주 위험한 과학책》, 랜들 먼로, 시공사
《세상을 놀라게 한 미생물과 감염병 이야기》, 사마키 다케오 외, 북스힐

관련 계열 및 학과
· 공학계열 : 전 공학계열
· 자연계열 : 전 자연계열

관련 교과
· 사회계열 : 관광학과, 광고홍보학과, 문화콘텐츠학과, 미디어커뮤니케이션학과

2022 개정 교육과정 : 통합과학 2, 화학, 지구과학, 생명과학, 물리학, 과학의 역사와 문화, 융합과학 탐구

2015 개정 교육과정 : 화학 I, 화학 II, 지구과학 I, 지구과학 II, 생명과학 I, 생명과학 II, 물리학 I, 과학사, 생활과 과학, 융합과학

소탐대실

JTBC 소탐대실 제작팀 | 포르체 |
2023

일상의 호기심을 집요하게 탐사하는 유튜브 채널인 '소탐대실'은 구독자 제보 중 '누구나 궁금한 질문들'을 엄선하고 전문가의 검증을 받아 가며 직접 실험하여 일상의 호기심에서 시작한 궁금증을 시원하고 재미있게 해소해 준다. 다양한 궁금증과 이를 해결하는 탐사를 따라가다 보면 저절로 역사, 과학, 문화 등 다양한 지식과 교양을 쌓을 수 있다. 가볍지만 깊이 있어 흥미롭게 읽히는 책이다.

탐구 주제

주제1 '소탐대실'은 '작은 탐사, 큰 결실'이란 뜻이다. 이 책은 일상 속 궁금증을 먹다가 생긴 호기심, 쓰다가 생각난 질문, 이상해서 느껴진 궁금증, 불편해서 떠오른 의문 네 가지 분야로 분류하여 설명한다. 각 파트에서 인상 깊게 느꼈던 궁금증과 그 해답을 탐색해 보자.

주제2 '의사 가운은 왜 흰색일까?', '눈을 찌푸리면 왜 더 잘 보일까?', '백신은 꼭 주사로 맞아야 할까?', '팔에 맞는 주사와 엉덩이에 맞는 주사는 무슨 차이일까?' 등은 모두 의약 분야에 해당하는 질문이다. 이렇듯 자신의 진로 희망 분야와 관련된 질문과 답변을 분류하여 소개해 보자.

주제3 학습 환경이 과학에 대한 흥미와 호기심에 미치는 영향

주제4 질문 중심 학습과 강의 기반 학습 효과 비교

학생부 기록 예시 (교과세특)

'소탐대실(JTBC 소탐대실 제작팀)'에서 '백신은 꼭 주사로 맞아야 할까?'를 주제로 탐구함. 주사로 맞는 경우 약물을 확실하게 주입할 수 있는 장점이 있지만 주사에 대한 환자의 거부감, 과민반응에 의한 부작용뿐 아니라 주사를 놓을 수 있는 전문 의료인 부족으로 인력이 부족한 국가는 백신 공급이 원활하지 않다는 단점을 제시함. 약처럼 먹거나 점막에 뿌리는 형태로 백신을 개발하여 보급해야 한다는 의견을 설득력 있게 제시함.

건축 분야에 진로 목표를 가지고 있어 '소탐대실(JTBC 소탐대실 제작팀)'에서 '아파트에서 종종 보이는 구멍은 대체 뭘까?' 등 건축 관련 질문에 대해 발표함. 심화활동으로 학급 친구들에게 건축과 관련된 질문을 받아 답을 찾아 주는 프로젝트를 진행하여 지식 나눔을 실천함. '국회의사당 지붕은 왜 민트색일까?'란 질문에 구리로 만들어졌기 때문이며 구리가 산화되면 민트색으로 변하면서 더 치밀해지는 특성을 갖게 됨을 설명함.

관련 논문

지적 호기심의 심리적 메커니즘: 호기심 충족 방식에 따른 차이 비교(성영신 외, 2008)

관련 도서

《과학잡학사전 통조림: 일반과학편》, 사마키 다케오, 사람과나무사이
《사소해서 물어보지 못했지만 궁금했던 이야기》, 사물궁이 잡학지식, 아르테

관련 계열 및 학과	• 공학계열: 전 공학계열
	• 자연계열: 전 자연계열
관련 교과	• 사회계열: 공공행정학과, 문화콘텐츠학과, 미디어커뮤니케이션학과, 언론정보학과

2022 개정 교육과정: 통합과학 2, 화학, 지구과학, 생명과학, 물리학, 융합과학 탐구, 매체 의사소통

2015 개정 교육과정: 화학 I, 화학 II, 지구과학 I, 지구과학 II, 생명과학 I, 생명과학 II, 물리학 I, 물리학 II, 생활과 과학, 융합과학

인문계열

사회계열

자연계열

공학계열

의약계열

예체능계열

교육계열

시크릿 스페이스

서울과학교사모임 | 어바웃어북 | 2017

네티즌들이 포털을 통해 질문한 과학 원리를 토대로 주제를 선정하여 대중의 궁금증을 해결하였다. 나사못, 자물쇠 등 사물과 지진, 쓰나미, 해양심층수 등 자연 현상뿐 아니라 인공지능 등 4차 산업 혁명, 블루투스, 무선 충전기 등 IT 기술과 관련된 주제에 이르기까지 폭넓은 주제를 다룬다. 일러스트를 이용하여 과학 원리를 이해하기 쉽게 설명하고 있다.

탐구 주제

주제1 책 속에서는 밀레의 작품을 통해 1920년대 나무와 구리와 철로 제작된 세탁기가 과학적으로 어떻게 변화했는지를 조명하고, 레오나르도 다빈치의 스케치와 아르키메데스의 나선형 펌프 구조를 다루면서 나사의 과학 원리를 설명한다. 명화 속 과학 원리를 탐구해 보자.

주제2 화장실이란 공간에도 과학 원리가 숨어 있다. 거울은 반사의 법칙, 조명은 열복사의 원리, 뚫어뻥은 고기압에서 저기압으로 공기가 이동하는 원리, 탈취제를 뿌린 용기가 차가운 것은 기화열에 의한 냉각 원리가 들어 있다. 공간에 따른 일상생활 속 과학 원리를 발표해 보자.

주제3 영화 속 과학 원리 탐구

주제4 스포츠와 과학의 연관성 탐구

학생부 기록 예시 (교과세특)

'시크릿 스페이스(서울과학교사모임)'를 읽고 물건을 주제로 통합적으로 과학 원리를 이해할 수 있음을 깨닫고, 지식 공유의 장을 계획하고 실천하는 과정에서 과학적 사고력과 리더십의 우수성을 보여 줌. 학급 친구들과 '과학 원리 탐구팀'을 조직한 후 매달 '물건 속 과학 원리 파헤치기'란 과학 뉴스를 만들어 공유함. 이러한 경험을 통해 융합 사고 능력이 향상되고, 협업을 통해 무엇이든 할 수 있다는 것을 깨달았다는 소감을 밝힘.

'시크릿 스페이스(서울과학교사모임)'에서 거실, 주방, 욕실 등 실내 공간과 길 등 실외에서 접하는 물건에 들어있는 과학 원리를 설명하는 것에 아이디어를 얻어 메타버스를 활용하여 공간에 따른 과학 원리를 구현함. 가정집과 야외 공간을 디자인하고, 실내에 주방, 욕실 등에 사용하는 물건을 배치해 놓고, 물건 가까이 가면 과학 원리를 설명하는 영상이나 정보가 제공되도록 설계하여 창의력과 적용 능력의 우수성을 보여 줌.

관련 논문

자연형태 구조를 해석한 과학원리의 시각적 표현연구(조은지, 2015)

관련 도서

《과학 원리》, DK 과학 원리 편집 위원회, 사이언스북스
《세상을 바꾼 위대한 과학실험 100》, 존 그리빈, 메리 그리빈, 예문아카이브

관련 계열 및 학과
- 자연계열: 전 자연계열
- 공학계열: 전 공학계열

관련 교과
- 예체능계열: 산업디자인학과, 스포츠과학과, 스포츠의학과, 시각디자인학과, 미술학과

2022 개정 교육과정: 통합과학, 생명과학, 화학, 물리학, 지구과학, 과학의 역사와 문화, 융합과학 탐구

2015 개정 교육과정: 생명과학 I, 생명과학 II, 화학 I, 화학 II, 물리학 I, 지구과학 I, 지구과학 II, 과학사, 생활과 과학, 융합과학

신약의 탄생

윤태진 | 바다출판사 | 2020

과학 기술은 계속 발전하고 있지만 희귀 암, 감염병, 알츠하이머병, 면역 질환 등 많은 질병이 명확한 치료제가 없이 난치병으로 존재하고 있으며, 인류의 마지막 숙제인 노화도 풀지 못하고 있다. 인류의 삶을 혁신적으로 바꿀 것이라 기대하는 신약 개발의 현 위치와 개발 방향을 거시적인 관점에서 살펴보는 이 책을 통해 약물 작용의 근본적인 방식을 대체하는 새로운 혁신에 대해 알 수 있다.

탐구 주제

주제1 신약 개발의 패러다임을 주도하는 새로운 흐름으로 CAR-T 치료법, 프로탁, 트림어웨이 등의 치료법이 있으며 지금 개발되는 약물은 기존 약물보다 약물 적용 가능성과 범용성을 크게 확대하는 것을 목표로 한다. 이러한 목표가 실현 가능한지 신약 개발의 방법과 원리를 조사해 보자.

주제2 암은 죽음의 공포심을 일으키는 대표적인 질병이다. 1980년대 각국 정부가 천문학적 단위의 예산을 투여하며 암 치료제 개발에 나섰지만 암 정복은 쉽사리 이루어지지 않고 있다. 과거 치료법의 문제점과 새로운 치료제의 방식은 어떻게 다른지 치료제의 개발 역사를 조사해 보자.

주제3 신약 개발 분야 연구 동향

주제4 인공지능과 빅데이터 기반 신약 개발

학생부 기록 예시 (교과세특)

의약분야에 진로 목표를 가지고 있어 '신약의 탄생(윤태진)'에서 '불가능을 가능으로 만들 인공지능 연구'를 주제로 탐구보고서를 작성함. '인공지능 신약 개발'은 인공지능 알고리즘을 활용해 신약을 개발하는 것이며, 코로나19 백신 개발도 인공지능을 활용하여 10년 이상 걸렸던 기간을 1년 이내로 단축했음을 설명함. 국내 제약회사도 인공지능 기업과 협업을 진행하고 있다며 국내외 인공지능 신약 개발의 사례를 들어 발표함.

'신약의 탄생(윤태진)'을 읽고 '신약 개발 방법'에 대하여 깊이 있게 탐구함. 새로운 패러다임을 열었다는 '카트 치료법', '프로탁', '트림어웨이' 등에 대한 개념, 원리, 장단점 등을 이해하기 쉽게 설명하여 의사소통 역량의 우수성을 보여 줌. 신약 적용 범위가 크게 넓어진 것을 깨닫는 계기가 되었으며, 난치병으로 고통받는 사람들에게 희망을 주는 신약 개발자로 성장하고 싶다는 의지를 밝힘.

관련 논문

영역조절모형(RAM)을 활용한 신약개발 국가연구개발사업의 효율성 분석(엄익천 외, 2016)

관련 도서

《생명과 약의 연결고리》, 김성훈, 웅진지식하우스
《한 권으로 이해하는 독과 약의 과학》, 사이토 가쓰히로, 시그마북스

관련 계열 및 학과	• 의학계열: 전 의학계열
	• 공학계열: 생명공학과, 식품공학과, 화장품공학과, 화학공학과, 바이오공학과
관련 교과	• 자연계열: 분자생물학과, 생명과학과, 생물학과, 수산생명의학과, 화학과, 생물약제학과

2022 개정 교육과정: 통합과학 I, 생명과학, 화학, 세포와 물질대사, 화학 반응의 세계, 융합과학 탐구

2015 개정 교육과정: 통합과학, 생명과학 I, 생명과학 II, 화학 I, 화학 II, 생활과 과학, 융합과학

국어교과군

영어교과군

수학교과군

사회교과군

과학교과군

도덕교과군

엔트로피

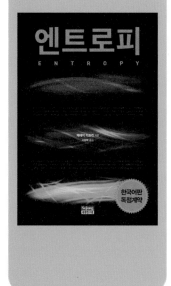

제레미 리프킨 | 세종연구원 | 2015

이 책에서는 엔트로피를 쓸 수 없는 에너지로 정의한 뒤 인간이 쓰는 에너지를 초과하여 사용하는 상황을 경고한다. 엔트로피 법칙에 따르면 어디서든 질서를 창조하기 위해선 더 큰 무질서를 만들어 내야 한다. 질서를 창조하기 위해 사용된 에너지 일부가 환경 오염과 실업 등 문제를 가져왔음을 설명하면서 지구 자원의 한계를 인식하고 저 엔트로피 세계관을 받아들여야 함을 강조한다.

탐구 주제

주제1 엔트로피는 열역학 제2 법칙과 관련이 있다. 열역학 제2 법칙은 '엔트로피 법칙'으로 불리며, 에너지가 다른 상태로 변할 때마다 일할 수 있는 유용한 에너지가 손실되는 것을 의미한다. 실험적으로 증명된 네 가지 열역학에 사용되는 법칙의 개념 및 증명 과정을 탐구해 보자.

주제2 저자는 '엔트로피 법칙을 충분히 이해한다면 인생관이 바뀔 것이다.'라고 말했다. 이 세상에 유용한 에너지가 계속 손실되면 그로 인한 무질서, 폐기물, 쓰레기 등 엔트로피가 증가한다는 것이다. 저자가 말하는 엔트로피 세계관을 근거로 인간이 가져야 할 삶의 태도에 대하여 토의해 보자.

주제3 엔트로피 이론 적용 분야 탐구

주제4 엔트로피가 산업 사회에 미친 영향

학생부 기록 예시 (교과세특)

'엔트로피(제레미 리프킨)'를 읽고 '열역학 법칙에 근거한 환경 보호 필요성'에 대하여 발표. 열역학 제1 법칙과 열역학 제2 법칙을 화석 연료 사용에 적용함. 화석 연료를 연소시켜 고온의 열에너지로 엔진을 움직이면 마찰과 소리 등 저온의 열에너지로 바뀌게 되는 과정에서 화석 연료가 고갈되고 지구의 온도가 높아지는 문제가 발생한다고 설명함. 에너지 효율을 높이고 친환경적인 에너지원 연구의 필요성을 설득력 있게 제안함.

'엔트로피(제레미 리프킨)'에 제시된 '엔트로피 이론'이 자신의 진로 희망 분야인 미술에 미친 영향에 대하여 탐구보고서를 작성함. 엔트로피 이론을 적용한 예술의 의미와 가치를 이야기한 루돌프 아른하임과 현대 예술의 엔트로피 특성을 보여 준 로버트 스미드슨의 작품 등을 소개함. 엔트로피 개념은 정치, 경제, 역사뿐만 아니라 미술에도 영향을 미쳤으며 모더니즘에 반기를 든 미니멀리즘이 나오게 되었음을 논리적으로 설명함.

관련 논문

로버트 스미드슨의 장소특정적 예술에 나타난 엔트로피 성향: 루돌프 아른하임의 이론을 중심으로(김상철, 2019)

관련 도서

《열과 엔트로피는 처음이지?》, 곽영직, 북멘토
《화학의 미스터리》, 김성근 외, 반니

관련 계열 및 학과	· 공학계열 : 전 공학계열
	· 자연계열 : 전 자연계열
관련 교과	· 인문계열 : 문예창작학과, 문헌정보학과, 사학과, 심리학과, 인류학과, 종교학과, 철학과

2022 개정 교육과정 : 물리학, 화학, 역학과 에너지, 물질과 에너지, 기후변화와 환경생태, 융합과학 탐구

2015 개정 교육과정 : 물리학 I, 물리학 II, 화학 I, 화학 II, 생활과 과학, 융합과학

엘러건트 유니버스

브라이언 그린 | 승산 | 2022

컬럼비아 대학의 수학과 및 물리학과 교수인 저자는 '끈 이론'의 선두 주자이다. 끈 이론의 신비를 낱낱이 파헤치고, 찢었다가 다시 붙이는 시공간을 비롯하여 가장 작은 쿼크로부터 거대한 초신성에 이르기까지, 미세한 끈의 진동으로 생성하고 유지되고 있는 우주의 모든 비밀을 설명한다. 뉴턴 역학부터 21세기 첨단 우주론의 방향, 가장 어렵다는 끈 이론에 대하여 가장 쉽고 명쾌하게 설명하는 책이다.

탐구 주제

주제1 초창기 우주의 성질을 이해하기 위해 양자역학과 일반 상대성 이론의 두 방정식을 한데 합쳤을 때 해가 무한대로 나온 것은 물리학에 닥친 큰 문제였다. 이 문제를 해결하기 위해 탄생한 것이 '끈 이론'이다. 문제가 발생한 원인과 '끈 이론'이 어떻게 해결책이 되었는지 탐구해 보자.

주제2 끈 이론에서는 기본 입자를 점 입자가 아니라 고유의 진동패턴을 갖는 끈으로 보고 있다. 끈 이론은 입자 이론이 해결할 수 없는 문제를 해결하고, 끈을 거시적으로 보면 점 입자와 다르지 않게 보여 기존의 역학을 사용할 수 있다. 끈 이론의 의의와 한계점을 조사해 보자.

주제3 끈 이론이 대두된 역사적 배경

주제4 끈 이론이 초끈 이론으로 발전하는 과정 탐구

학생부 기록 예시 (교과세특)

'엘러건트 유니버스(브라이언 그린)'를 읽고 '끈 이론이 대두된 역사적 배경'을 주제로 발표함. 끈 이론은 1960년대 말 제시되었을 당시에는 차원 문제와 빛보다 빠르게 움직이는 입자로 인해 당시 학계에서 관심을 받지 못하였으나, '초끈 이론' 등 현재까지 연구가 계속되고 있고 강입자 물리학 및 응집물질물리학에 응용되고 있음을 논리적으로 설명함. 우주의 비밀을 밝히는 이론 물리학자로 성장하고 싶다는 포부를 밝힘.

'엘러건트 유니버스(브라이언 그린)'를 읽고 '끈 이론과 우주론'을 주제로 탐구보고서를 작성함. 끈 이론은 초끈 이론으로 발전하여 일반 상대성 이론과 양자역학의 충돌 문제를 해결하고, 기본 입자에 작용하는 모든 힘을 하나의 개념으로 설명하는 유력한 후보로 거론되나 중력을 포함해 설명이 어려운 한계가 있음을 밝힘. 빅뱅 이론을 대신할 우주론을 제시하는 데 의의가 있고, 새로운 시각으로 세계를 바라볼 필요가 있음을 강조함.

관련 논문

끈이론의 초보적 이해(노재훈, 2005)

관련 도서

《멀티 유니버스》, 브라이언 그린, 김영사
《평행우주》, 미치오 카쿠, 김영사

관련 계열 및 학과	• 공학계열: 전 공학계열
	• 자연계열: 전 자연계열
관련 교과	• 인문계열: 문예창작학과, 문헌정보학과, 사학과, 심리학과, 인류학과, 종교학과, 철학과

2022 개정 교육과정: 물리학, 화학, 지구과학, 전자기와 양자, 행성우주과학, 융합과학 탐구

2015 개정 교육과정: 물리학 I, 물리학 II, 화학 I, 화학 II, 지구과학 I, 지구과학 II, 융합과학

우주미션 이야기

황정아 | 플루토 | 2022

우리나라의 우주 개발 초창기부터 현장에 참여했던 저자가 우주 개발 미션의 모든 것을 알려 준다. 인공위성, 탑재체, 로켓, 추진체의 원리, 인공위성의 우주 환경 시험 과정, 지상국과의 통신 등 인공위성과 로켓을 제작하고 발사하여 우주를 탐사하는 데 어떤 기술과 과정이 필요한지 상세하게 설명한다. 또한 우주 선진국들이 우주 개발을 진행해 온 과정과 현재의 추세, 우리나라의 우주 개발 역사를 종합적으로 다룬다.

탐구 주제

주제1 1992년 우리별 1호가 발사되면서 우리나라는 세계 22번째 인공위성 보유국가가 되었고, 2022년 '누리호'와 '다누리' 등의 발사 성공으로 땅에서 직접 제작한 발사체와 인공위성을 우주로 보내는 '우주 주권'을 지닌 7번째 나라가 되었다. 국내 우주 개발 역사와 의미를 탐구해 보자.

주제2 2018년 미국은 국가 안보 문제 측면에서 우주 개발의 필요성을 이야기했고, 우주 탐사에 따른 무한한 기회와 가능성 때문에 각국은 우주개발 경쟁에 참여하고 있다. 2040년에는 우주산업이 전 세계의 가장 큰 산업이 될 전망이다. 우주 개발의 필요성과 발전 방향을 주제로 토의해 보자.

주제3 우주 개발이 과학, 사회, 경제에 미치는 효과 탐구

주제4 국내외 우주 탐사 현황 및 정책 비교

학생부 기록 예시 (교과세특)

'우주미션 이야기(황정아)'를 읽고 인공위성과 로켓의 제작 및 발사 과정에 필요한 기술과 과정에 대하여 발표함. 탈출 속도와 임무 궤도의 개념과 고체 연료와 액체 연료 사용 시 장단점 등을 물리학과 화학에 대한 이해를 바탕으로 논리적으로 설명함. 우리나라 우주 개발의 역사를 인공위성이 지구에서 임무 궤도로 진입하는 경로를 타임테이블로 표현하여 구조적으로 작성하고, 주요 장면을 스마트폰으로 볼 수 있는 포스터를 제작함.

'우주미션 이야기(황정아)'를 읽고 우주 개발의 필요성과 전망에 대한 보고서를 작성함. 전체 위성의 40%가 국방 위성이며, 우주 사이버 보안, 우주통제 기술 등 우주 기술이 국방에 응용된 사례를 제시하면서 국가 안전과 이익을 확보하기 위해 우주 개발이 필요함을 설득력 있게 제시함. 국가 및 민간 차원의 우주 개발 현황을 제시하고, 우주 자원 개발 및 우주 여행 등 우주산업의 전망에 대한 깊이 있는 고찰을 엿볼 수 있음.

관련 논문

소행성 채광을 위한 우주 산업 및 기술 동향(최요순, 2021)

관련 도서

《NASA 지구와 우주를 기록하다》, NASA 외, 영진닷컴
《뉴호라이즌스, 새로운 지평을 향한 여정》, 앨런 스턴, 데이비드 그린스푼, 푸른숲

관련 계열 및 학과
- 공학계열: 항공우주공학과, 신소재공학과, 정보통신공학과, 기계공학과, 반도체공학과
- 자연계열: 천문우주학과, 물리학과, 수학과, 지구환경과학과, 통계학과, 화학과
- 사회계열: 경영학과, 경제학과, 행정학과, 관광학과, 국제통상학과, 군사학과, 사회학과

관련 교과

2022 개정 교육과정: 지구과학, 물리학, 화학, 행성우주과학, 과학의 역사와 문화, 융합과학 탐구

2015 개정 교육과정: 통합과학, 지구과학 I, 지구과학 II, 물리학 I, 물리학 II, 화학 I, 화학 II, 과학사, 융합과학

위대하고 위험한 약 이야기

정진호 | 푸른숲 | 2017

세계가 인정한 독성학자인 저자가 약의 역사가 곧 인류의 역사라 보고, 질병과 맞서 싸워 온 인류의 열망과 과학에 대한 이야기를 담았다. 마취제, 항생제, 백신, 항말라리아제, 소독제 등 인류를 구한 약부터 탈리도마이드, 아편, 가습기 살균제와 같이 생명을 위협한 약까지 다루면서 어떻게 약이 되거나 독이 되는지를 설명하고 있다. 인류에게 약이 어떤 의미를 갖고 약을 어떻게 대해야 하는지를 분석하고 통찰한다.

탐구 주제

주제1 이 책은 약과 독을 정확하게 알려 주며, 약이 우리 몸에서 어떻게 독이 될 수 있는지를 과학적으로 설명하고 있다. 기원전부터 강력한 통증 치료제로 쓰인 아편은 중독성이 강하여 약과 독이라는 양면성이 있다. 약과 독의 양면성을 보여 주는 사례를 조사하여 발표해 보자.

주제2 저자는 우리 몸에 회복 능력이 있어 극한 독에 노출되는 경우를 제외하고는 정상인에게 디톡스 제품이 필요하지 않으며, 오히려 디톡스 제품을 먹으면 인체에 불필요한 부담이 많아져 독이 될 수 있음을 경고한다. 우리가 잘못 알고 있는 건강에 대한 정보를 조사해 보자.

주제3 독성 물질 중독 관리 시스템 분석

주제4 국내외 유해 물질 관리 정책 비교

학생부 기록 예시 (교과세특)

'위대하고 위험한 약 이야기(정진호)'에서 '탈리도마이드'를 사례로 들어 약의 위험성을 인지하는 계기를 만듦. 입덧 약으로 개발된 탈리도마이드의 부작용으로 1만 명 넘는 기형아가 태어났으나 미국에서는 피해가 적었는데 미국식품의약국 심사관이 안전성에 대한 서류 미흡으로 승인을 거절했기 때문이라 설명함. 이러한 비극을 막기 위해 의약품의 안전성과 효능을 입증하는 절차를 까다롭게 만드는 법제화가 필요함을 강조함.

'위대하고 위험한 약 이야기(정진호)'를 읽고 '종합비타민제가 건강 유지에 도움을 주는가?'를 주제로 찬반 토론을 진행함. 반대 근거로 '미국의학협회저널'에서 비타민 E를 너무 많이 먹으면 전립선암에 걸릴 확률이 높아지며, 베타카로틴과 비타민 E는 오히려 사망률을 높일 수 있다는 연구 결과를 제시함. 균형 잡힌 식사가 중요하며, 비타민 결핍 위험이 있는 경우 전문가의 상담을 받아 권장 섭취량 수준으로 섭취해야 함을 강조함.

관련 논문
유해물질 관리정책의 과학화(정기화, 2011)

관련 도서
《세계사를 바꾼 10가지 약》, 사토 겐타로, 사람과나무사이
《일상을 바꾼 14가지 약 이야기》, 송은호, 카시오페아

관련 계열 및 학과	• 의학계열 : 전 의학계열
	• 공학계열 : 생명공학과, 식품공학과, 화장품공학과, 화학공학과, 바이오공학과
관련 교과	• 자연계열 : 분자생물학과, 생명과학과, 생물학과, 수산생명의학과, 화학과, 생물약제학과

2022 개정 교육과정 : 통합과학 1, 생명과학, 화학, 화학 반응의 세계, 과학의 역사와 문화, 융합과학 탐구

2015 개정 교육과정 : 통합과학, 생명과학 I, 생명과학 II, 화학 I, 화학 II, 생활과 과학, 과학사, 융합과학

인문계열

사회계열

수학계열

자연계열

공학계열

의약계열

의사와 수의사가 만나다

바버라 내터슨 호로위츠,
캐스린 바워스 | 모멘토 | 2017

의학계에 새로운 바람을 일으킨 '주비퀴티(zoobiquity)' 개념을 사례를 통해 설명하는 대중과학서이다. 동물의 건강과 질병에 대한 조사 연구를 통해 인간과 동물을 포함하는 새로운 의학적 관점을 설명한다. 진화 이론과 인류학, 사회학, 수의학, 동물학, 생물학을 넘나드는 설명과 함께 모든 종의 질병 치료의 진전을 위해 인간 의학과 동물 의학의 통합을 강조하고 있다.

탐구 주제

주제1 골육종은 늑대, 낙타, 회색곰, 북극곰의 뼈도 공격한다. 신경내분비종양은 사람에게선 드물게 나타나지만 페럿에게는 꽤 흔한 질병이며 여러 품종의 개에서도 발견된다. 이렇듯 암은 동물계에서도 발생하고 있다. 동물과 인간에게 나타나는 암의 종류와 특성을 비교해 보자.

주제2 1999년 뉴욕에서 뇌염과 유사 증상을 보이는 노인들의 사례가 보고되자 뉴욕 일대 조류의 떼죽음을 추적하던 수의사인 트레이시 맥나마라는 새와 노인 질병의 관계성을 추정하였다. '웨스트나일바이러스'처럼 동물과 인간의 건강이 밀접한 관계가 있는 사례를 조사해 보자.

주제3 동물 의학과 인간 의학의 통합 필요성 제고

주제4 의약학의 분류 역사 탐구

학생부 기록 예시 (교과세특)

'의사와 수의사가 만나다(바버라 내터슨 호로위츠 외)'를 읽고 '동물 의학과 인간 의학의 통합 필요성 제고'를 주제로 발표함. 책에서 접한 암, 심장 마비, 섭식 장애로 고통받는 동물들의 사례를 제시하면서 의사와 수의사가 이룬 의학적 지식을 통합한다면 질병에 대한 설명과 처치가 더 쉽고 빠르게 진행될 것이란 생각을 밝힘. 발표 전후에 인식에 관한 설문조사를 실시한 후 보고서를 작성하여 깊은 탐구 능력과 과학적 사고력을 보여 줌.

'의사와 수의사가 만나다(바버라 내터슨 호로위츠 외)'의 원제인 '주비퀴티'와 같은 의미를 가지는 '원헬스'의 개념, 발생 배경, 의미 등에 대하여 탐구하고 설명함. '원헬스'는 인간의 건강이 동물과 환경의 건강과 상호 의존성이 있음을 강조하는 개념이며, 코로나19처럼 동물로부터 유래하거나 감염되는 질병에 대응하기 위해 의학, 수의학 등 다양한 학문의 전문가들이 협업을 통해 해결 방안을 마련해야 함을 설득력 있게 제안함.

관련 논문

새로운 변화 -기후변화와 원헬스(One Health) 패러다임 고찰(공혜정, 2019)

관련 도서

《우리를 구할 가장 작은 움직임, 원헬스》, 듣똑라, 중앙북스
《원헬스: 사람 동물 환경》, 로널드 아틀라스, 스탠리 말로이, 범문에듀케이션

관련 계열 및 학과

· 의학계열: 전 의학계열

· 공학계열: 생명공학과, 식품공학과, 화장품공학과, 화학공학과, 환경공학과

· 자연계열: 분자생물학과, 생명과학과, 생물학과, 수산생명의학과, 화학과, 환경학과

관련 교과

2022 개정 교육과정: 통합과학 1, 생명과학, 화학, 화학 반응의 세계, 과학의 역사와 문화, 융합과학 탐구

2015 개정 교육과정: 통합과학, 생명과학 I, 생명과학 II, 화학 I, 화학 II, 생활과 과학, 과학사, 융합과학

이기고 싶으면 스포츠 과학

제니퍼 스완슨 | 다른 | 2022

뉴턴의 운동 법칙을 모르면 공을 더 멀리 던질 수 없고, 수학 지식이 없으면 선수의 기록을 분석할 수 없다. 가볍고 유연한 테니스 라켓 등 스포츠 장비는 최신 기술과 공학으로 만들어진다. 이 책은 스포츠 동작과 과학 원리를 인포그래픽을 이용해 한눈에 보여 주고 생소한 스포츠 용어를 설명한다. 스포츠를 통해 과학, 기술, 공학, 수학 등을 융합적으로 이해하도록 돕는 책이다.

탐구 주제

주제1 스포츠 과학은 운동 중에 인체가 어떻게 작용하는지를 연구하는 학문이다. 육상, 수영, 야구, 축구 등 주요 스포츠 종목에서 과학적 훈련법 등의 연구가 활발히 진행되어 운동 수행 능력의 효율성이 높아졌다. 스포츠 과학 연구 동향을 살펴보고, 적용 및 효과에 대하여 탐구해 보자.

주제2 브라질 월드컵에서 우승한 독일 축구팀은 선수의 몸에 센서를 부착하여 움직임을 측정하고, 경기 데이터를 분석해 선수마다 전략을 코치하는 시스템인 'AI 코칭'을 활용하였다. 인공지능, 빅데이터 등 4차 산업 혁명이 스포츠에 적용된 사례를 알아보고, 적용 방안을 제안해 보자.

주제3 스포츠 과학 발전 양상

주제4 국내외 스포츠 과학 지원 정책 비교

학생부 기록 예시 (교과세특)

'이기고 싶으면 스포츠 과학(제니퍼 스완슨)'을 읽고 스포츠 과학 연구원이란 진로 목표를 이루기 위해 체육뿐만 아니라 과학, 수학 등 다양한 학문과 융합적 사고의 중요성을 인식하게 되었음을 밝힘. '야구와 축구에 적용된 마그누스 효과', '피겨와 각운동량 보존 법칙', '양궁과 자이로 효과' 등을 주제로 발표함. 관련 영상 활용으로 흥미를 높이고, 정확한 개념 이해를 바탕으로 한 명쾌한 설명으로 과학적 의사소통 역량을 보여 줌.

'이기고 싶으면 스포츠 과학(제니퍼 스완슨)'을 읽고 '4차 산업 혁명과 스포츠 과학'을 주제로 탐구보고서를 작성함. 축구에서 선수의 몸에 센서를 부착하여 움직임을 측정하고, 경기 데이터 분석을 통해 선수마다 전략을 코치하는 인공지능 시스템 활용 사례를 제시함. 인공지능과 빅데이터 기술로 학생의 성장과 일반인들이 건강한 삶을 살아가는 데 도움을 주는 '일상생활 인공지능 건강 관리 시스템'이란 아이디어를 제시함.

관련 논문

스포츠과학의 철학적 기초: 내용과 방법(진현주, 2019)

관련 도서

《너무 재밌어서 잠 못 드는 물리 이야기》, 션 코널리, 생각의길
《이것이 스포츠 과학이다》, 하철수, 형설출판사

관련 계열 및 학과	• 예체능계열: 스포츠과학과, 스포츠레저학과, 스포츠의학과, 사회체육학과, 체육학과, 무용학과
	• 교육계열: 체육교육과, 기술교육과, 과학교육과, 가정교육과, 교육학과, 수학교육과
관련 교과	• 의학계열: 물리치료학과, 보건관리학과, 의료공학과, 작업치료학과, 재활학과, 의예과

2022 개정 교육과정: 통합과학 1, 통합과학 2, 생명과학, 화학, 물리학, 융합과학 탐구, 스포츠 과학

2015 개정 교육과정: 통합과학, 물리학 I, 물리학 II, 생활과 과학, 융합과학, 스포츠 생활, 체육 탐구

국어교과군

용어교과군

수학교과군

사회교과군

과학교과군

도덕교과군

인수공통 모든 전염병의 열쇠

데이비드 콰먼 | 꿈꿀자유 | 2022

조류 독감, 사스, 에이즈, 에볼라, 메르스뿐만 아니라 햄버거병으로 알려진 용혈요독증후군도 인수공통감염병이다. 저자는 모든 전염병을 이해하는 열쇠가 인수공통감염병이라 생각하고 그 열쇠를 찾기 위해 세계의 동물과 병원체를 쫓아다니고 과학자들을 만나면서 숨겨진 역사를 파헤친다. 인수공통감염병이 가져올 파국은 어떤 모습인지, 파국을 피하기 위한 방법은 무엇인지에 대해서도 제시하고 있다.

탐구 주제

주제1 인수공통감염병이란 사람과 동물에 같이 감염되는 전염병이다. 홍역, 결핵, 천연두 등은 소에서, 백일해나 인플루엔자는 돼지에서 유래되었다. 에이즈는 아프리카의 야생원숭이가 가진 바이러스의 변종이다. 인수공통감염병 종류에 따른 감염 경로, 관리 방법 등을 조사해 보자.

주제2 현재까지 사람의 건강과 공중보건학적으로 중요한 인수공통감염병은 약 100여 종이 있다. 인수공통감염병 관리는 사람은 질병관리본부에서, 동물과 관련한 방역활동은 농림수산식품부 등에서 진행한다. 국내외 전염병 관리 체제를 비교해 보자.

주제3 인수공통감염병 발생 현황 및 특성

주제4 인수공통감염병 재난 관리

학생부 기록 예시 (교과세특)

'인수공통 모든 전염병의 열쇠(데이비드 콰먼)'를 읽고 인수공통감염병의 개념과 위험성에 관하여 설명함. 감염병 예방을 위한 국내외 정책을 조사하여 비교 분석한 자료를 보고서로 작성하고, 질병관리청에서 수립한 '제3차 감염병 예방 및 관리에 관한 기본계획'의 주요 내용을 정리하여 학교 게시판에 공지함. 교내 감염병 확산 예방을 위해 마스크와 손소독제 사용, 손 닦기 생활화 등을 안내하여 실천하는 태도를 보임.

'인수공통 모든 전염병의 열쇠(데이비드 콰먼)'를 읽고 '인수공통감염병의 역사'를 주제로 발표함. 가축은 농업에 활용되어 생산성을 높이고, 동물 단백질을 공급하는 식량원의 역할을 하지만 가축으로 인한 질병 문제도 발생하게 되었다며 그 사례로 소로부터 홍역, 결핵, 천연두가, 돼지로부터 백일해나 인플루엔자가 유래되었음을 제시함. 동물의 서식지 침범 등 인간의 이기심이 감염병 위험을 높였음을 깨닫게 되었음을 밝힘.

관련 논문

인수공통감염병 예방 및 관리의 법적 문제(윤익준, 2018)

관련 도서

《도도의 노래》, 데이비드 콰멘, 김영사
《전염병의 지리학》, 박선미, 갈라파고스

관련 계열 및 학과
- 의학계열: 전 의학계열
- 자연계열: 농생물학과, 동물자원과학과, 생명과학과, 수산생명의학과, 화학과, 환경학과

관련 교과
- 사회계열: 공공인재학과, 공공행정학과, 국제통상학과, 무역학과, 법학과, 소비자학과

2022 개정 교육과정: 생명과학, 화학, 과학의 역사와 문화, 기후변화와 환경생태, 융합과학 탐구

2015 개정 교육과정: 통합과학, 생명과학 I, 생명과학 II, 화학 I, 화학 II, 생활과 과학, 과학사, 융합과학

입속에서 시작하는 미생물 이야기

김혜성 | 파라북스 | 2018

유전자 분석 기술을 바탕으로 미생물에 대한 연구가 활발히 이루어지면서 미생물이 우리 건강과 삶에 미치는 영향이 크다는 것이 밝혀지고 있다. 우리 몸에는 몸 세포보다 더 많은 수의 미생물이 살고 있으며, 구강은 우리 몸 전체에서 가장 다양한 미생물이 서식하는 곳이다. 이 책은 온몸에 영향을 미치는 구강 미생물에 대한 이야기를 다루고 있다.

탐구 주제

주제1 입속 세균들은 혈관을 건강하게 유지하고 항암 효과 등의 기능을 하는 산화 질소를 만든다. 잇몸병이 발생하면 입 냄새, 치아 손실의 원인이 되며, 세균이 혈관을 타고 퍼져 나가면 대사성 질환, 심혈관 질환 등을 일으킬 수 있다. 구강 미생물의 종류와 특성, 관련 질병을 조사해 보자.

주제2 구강 건강은 장수의 기본 조건이며, 구강 건강이 온몸에 미치는 영향이 밝혀지면서 구강 관리의 중요성이 더욱 커지고 있다. 칫솔질, 스케일링, 가글액이나 항생제를 쓰는 것도 입속 미생물 관리에 목적을 두고 있다. 구강 관리법에 관한 인포그래픽이나 UCC 등 홍보물을 제작해 보자.

주제3 공생 미생물 연구 동향

주제4 미생물 연구 역사 탐구

학생부 기록 예시 (교과세특)

'입속에서 시작하는 미생물 이야기(김혜성)'에서 알게 된 입속 미생물 관리에 필요한 지식과 구강 관리법을 조사하여 매달 학급 게시판에 공유하며 과학적 참여와 평생 학습 능력을 보여 줌. '항미생물제 사용 전 알아 두기'에서 항균제 같은 항미생물제는 원하는 세균만 죽이는 것이 아니라 면역과 정신 상태에 영향을 주는 장내 미생물에게도 악영향을 주기 때문에 사용을 최소화하고, 연고와 가글액을 이용한 국소적인 치료를 권장함.

'입속에서 시작하는 미생물 이야기(김혜성)'를 읽고 '구강 미생물과 산화 질소'를 주제로 탐구보고서를 작성함. 산화 질소의 인체 효과 연구로 노벨 생리 의학상을 받은 루이스 이그나스 박사의 연구 결과를 체계적으로 정리하여 설명함. 타액의 질산염 농도는 혈액에 비해 10~20배가 높으며, 타액 속 세균에 의해 산화 질소를 만들어 우리 몸에 공급하고 있다며, 입속 건강과 혈관 건강 및 항암 효과와의 연관성에 대한 이해를 높임.

관련 논문
장내 미생물과 염증장질환(은창수, 2021)

관련 도서
《나는 미생물과 산다》, 김응빈, 을유문화사
《미생물》, 오태광, 양문

관련 계열 및 학과	• 의학계열 : 전 의학계열
	• 공학계열 : 생명공학과, 식품공학과, 화장품공학과, 화학공학과, 환경공학과
관련 교과	• 자연계열 : 분자생물학과, 생명과학과, 생물학과, 수산생명의학과, 화학과, 환경학과

2022 개정 교육과정 : 통합과학 1, 생명과학, 화학, 세포와 물질대사, 과학의 역사와 문화, 융합과학 탐구

2015 개정 교육과정 : 통합과학, 생명과학 I, 생명과학 II, 화학 I, 화학 II, 생활과 과학, 과학사, 융합과학

재밌어서 밤새읽는 화학 이야기

사마키 다케오 | 더숲 | 2013

다양한 실험과 생활 속에서 발견한 흥미로운 화학적 지식을 설명하고 있다. 중고등학교 교사인 저자는 학생들에게 화학이 얼마나 신기하고 흥미롭고 감동적인 학문인지를 알려 주고 싶었다고 서문에서 밝힌다. 일상에서 만나는 다양한 소재들을 바탕으로 쓰인 이 책을 읽다 보면 과학을 친근하게 느끼고 즐겁게 배울 수 있으며, 과학 지식을 바탕으로 세계를 바라보는 눈이 넓어질 것이다.

탐구 주제

주제1 화학은 물질의 성질과 변화를 연구하는 학문이다. 저자는 화학 변화를 배울 때 탄산 수소 나트륨의 분해를 이용하는 달고나를 만드는 실험을 하는 등 화학이 우리 생활과 밀접하다고 인식할 수 있도록 하는 교육을 강조한다. 일상생활 속 화학과 관련된 사례 및 실험을 소개해 보자.

주제2 다이너마이트의 주원료인 니트로글리세린이 들어 있는 설하 정제는 협심증에 효과가 있다. 협심증을 앓고 있던 직원이 니트로글리세린 제조 공장에서는 발작이 일어나지 않는 데서 그 효과가 발견되었다. 이렇듯 인간의 삶에서 유용한 화학 물질을 찾아보고 탐구해 보자.

주제3 국내외 화학교육 연구 동향

주제4 2022 개정 교육과정과 2015 개정 교육과정의 화학교육 비교

학생부 기록 예시 (교과세특)

화학 교사로 진로 희망 목표를 갖고 있어 '재밌어서 밤새읽는 화학 이야기(사마키 다케오)'를 읽고 장마다 일상생활에 관련된 화학 반응 사례와 관련 실험을 찾아 학급 친구들에게 소개함. 산성과 염기성을 배운 후 '알칼리성 식품과 산성 식품'을 주제로 카드 뉴스로 제작함. 매실과 레몬은 산성 물질이지만 알칼리성 식품에 해당한다며, 화학에서 배운 산·염기 개념과 식품에서 사용하는 개념이 다르다는 것을 인식시킴.

'재밌어서 밤새읽는 화학 이야기(사마키 다케오)'를 읽고 '다이너마이트와 관련된 이야기'를 주제로 발표함. 노벨은 다이너마이트로 건설 산업 현장의 편의성을 높이려 했으나 전쟁 무기로 사용되자 자책감을 느끼고 전 재산을 인류를 위해 사용하라는 유언을 남겨 지금의 노벨상이 탄생하게 되었음을 설명함. 다이너마이트의 주 원료인 니트로글리세린이 협심증에 효과가 있다며 과학 발전이 가진 양면성에 관해 생각하게 함.

관련 논문

국내외 학술지를 토대로 분석한 화학교육 연구의 최근 동향 비교(한재영, 이상철, 2012)

관련 도서

《세계사를 바꾼 화학 이야기》, 오미야 오사무, 사람과나무사이
《역사를 바꾼 17가지 화학이야기 1》, 페니 르 쿠터, 제이 버레슨, 사이언스북스

관련 계열 및 학과
- 공학계열: 금속공학과, 신소재공학과, 화학공학과, 공업화학과, 나노화학공학과
- 자연계열: 화학과, 환경학과, 의류학과, 식품영양학과, 분자생물학과, 대기과학과

관련 교과
- 교육계열: 과학교육과, 화학교육과, 환경교육과, 초등교육과, 유아교육과, 교육학과

2022 개정 교육과정: 통합과학 2, 화학, 화학 반응의 세계, 물리학, 과학의 역사와 문화, 융합과학 탐구

2015 개정 교육과정: 통합과학, 화학 I, 화학 II, 물리학 I, 물리학 II, 과학사, 생활과 과학, 융합과학

정재승의 과학 콘서트

정재승 | 어크로스 | 2020

이 책은 멀게만 느껴지던 과학으로 일상 속의 사회 현상을 분석하고 설명한다. 백화점 매장에서부터 심장발작 환자가 들어온 긴박한 응급실까지 장소를 넘나들며 물리학이라는 렌즈로 인간과 사회에 관한 새로운 발견들을 포착하고, 이를 네트워크 이론, 프랙탈 패턴 등 최신 복잡계 과학을 통해 흥미롭게 설명한다. 과학 실험 자료와 풍부한 설명으로 이해를 높이고, 과학계의 변화 등 학문적으로 발전된 내용을 다루고 있다.

탐구 주제

주제1 마트는 계산대 쪽 바닥이 약간 높게 설계되어 있다. 쇼핑을 마치고 계산대 쪽으로 가다 보면 조금씩 힘이 들어 걷는 속도가 느려지고 눈에 띄는 물건이 있을 때 카트를 멈추고 구매할 확률이 높아지기 때문이다. 이처럼 자본주의 심리학이 반영된 사례를 조사해 보자.

주제2 '프랙탈(fractal)'이란 인간의 지문처럼 작은 구조가 전체 구조와 비슷한 형태로 되풀이되는 구조를 의미한다. 자연의 소리와 대중음악을 분석한 결과 1/f 패턴을 보이는데 이러한 패턴을 보이는 음악을 프랙탈 음악이라 한다. 프랙탈의 개념과 프랙탈 구조가 예술 분야에 어떻게 적용되었는지 탐구해 보자.

주제3 복잡계 과학 연구 동향

주제4 사회 시스템에 적용된 복잡계 과학 탐구

학생부 기록 예시 (교과세특)

'정재승의 과학 콘서트(정재승)'를 읽고 '예술 분야의 프랙탈 탐구'란 주제로 보고서를 작성함. 프랙탈은 '쪼개다'라는 뜻의 라틴어 '프렉투스(fractus)'에서 유래된 용어이며, 자기 유사성과 순환성을 가지고 있다고 소개함. 잭슨 폴록이나 백남준 등의 미술 작품과 클래식 음악과 대중적으로 히트한 음악을 분석하면 프랙탈 패턴을 찾을 수 있으며, 이러한 작품이 아름답다고 느끼는 것은 자연과 유사한 패턴을 가졌기 때문이라 설명함.

'정재승의 과학 콘서트(정재승)'를 읽고 '복잡계 과학과 인간 중심 경영'을 주제로 발표. 뉴턴의 기계론적 세계관과 대비되는 복잡계 과학은 비선형적 성질과 창발적 진화라는 특성이 있으며, 이는 구성원의 상호작용을 중요시하는 인간 중심 경영에 영향을 주었다고 설명함. 뮬렌버그 병원, 세인트 루크스 등 인간 존중 경영의 성공 사례를 제시하면서 효율성을 강조한 테일러식 경영 방법에서 벗어나야 함을 설득력 있게 주장함.

관련 논문

복잡계와 뇌과학으로 바라본 인격 특성과 도덕교육의 패러다임 전환(박형빈, 2017)

관련 도서

《십대를 위한 미래과학 콘서트》, 정재승 외, 청어람미디어
《은혜로운 과학생활》, 서은혜, 길벗

관련 계열 및 학과	• 자연계열 : 전 자연계열
	• 공학계열 : 전 공학계열
관련 교과	• 예체능계열 : 관현악과, 음악학과, 작곡과, 미술학과, 산업디자인학과, 시각디자인학과

2022 개정 교육과정 : 통합과학, 생명과학, 화학, 물리학, 지구과학, 과학의 역사와 문화, 융합과학 탐구

2015 개정 교육과정 : 생명과학Ⅰ, 생명과학Ⅱ, 화학Ⅰ, 화학Ⅱ, 물리학Ⅰ, 물리학Ⅱ, 지구과학Ⅰ, 과학사, 생활과 과학, 융합과학

국어교과군

영어교과군

수학교과군

사회교과군

과학교과군

도덕교과군

종의 기원

찰스 다윈 | 사이언스북스 | 2019

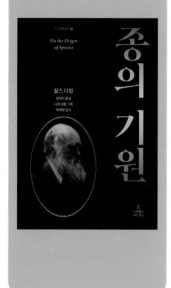

19세기 영국의 박물학자이자 생물학자, 지질학자인 찰스 다윈은 아직도 학문 전반에 영향을 주고 있다. 이 책은 기독교 창조설의 기반을 흔들었고, 자연 본질에 대한 인간의 사고를 180도 바꾸었다. 자연 선택을 통한 진화라는 개념으로 종의 다양성, 생물 개체의 복잡성, 종의 변화 및 분화 등 생물계의 제반 현상을 설명한다. 진화생물학을 확립한 과학 역사상 최고의 고전이라 평가받는다.

탐구 주제

주제1 다윈은 갈라파고스 군도의 새 부리 모양이 섬마다 다른 이유가 환경에 맞게 진화했기 때문이라 설명하며 진화론을 주장했다. 다윈의 연구 방법은 귀납적 방법에 해당한다. 귀납적 방법의 개념과 특징, 사례를 발표해 보자.

주제2 자연 선택을 주장하는 이 책은 세계적인 열강이 식민지를 확장하고 있던 시기에 출판되어 우월한 인종이 열등한 인종인 식민지들을 지배하는 것은 자연의 섭리라 주장하는 데 사용되기도 했다. 진화론이 우생학적, 인종주의적 편견 등 부정적인 영향을 준 사례를 조사해 보자.

주제3 찰스 다윈이 학문에 미친 영향

주제4 진화의 역사 탐구

학생부 기록 예시 (교과세특)

'종의 기원(찰스 다윈)'을 읽고 '귀납적 탐구 방법'을 주제로 발표함. 귀납적 탐구는 자연현상을 관찰하고 얻은 자료를 종합 분석하여 일반적인 원리를 도출하는 방법으로 갈라파고스의 새 부리 모양 차이를 관찰하여 환경에 따라 진화한다는 이론을 도출한 과정과 일치함을 설명함. 생물 다양성 연구, 질병 연구 등 자신의 진로 희망 분야인 의생물학에서 사용되는 방법이며, 관찰 및 종합·분석 능력의 중요성을 깨달았다는 소감을 밝힘.

'종의 기원(찰스 다윈)'을 읽고 '진화론과 우생학'을 주제로 발표함. 자연 선택을 주장하는 진화설을 근거로 인종, 장애 등을 유전적 결함으로 여기는 우생학이 발생하였으며, 이를 근거로 미국에서는 혼인 금지법, 이민 제한법 등이 생기고 독일의 히틀러는 인체 실험, 홀로코스트 대학살을 자행하는 등 사회와 역사에 큰 아픔을 남겼다고 설명함. 능력 만능주의, 금수저 등도 우생학적 사고라며 이를 경계하고 변화해야 함을 주장함.

관련 논문

다윈의 『종의 기원』과 클레망스 루아이에(1830-1902) (이정희, 2023)

관련 도서

《다윈에게 직접 듣는 종의 기원 이야기》, 박성관, 나무를심는사람들
《다윈의 실험실》, 제임스 코스타, 와이즈베리

관련 계열 및 학과
- 자연계열: 농생물학과, 동물자원과학과, 분자생물학과, 생명과학과, 생물학과, 수산생명의학과
- 인문계열: 고고학과, 문헌정보학과, 사학과, 심리학과, 인류학과, 종교학과, 철학과

관련 교과
- 의학계열: 약학과, 수의예과, 의예과, 임상병리학과

2022 개정 교육과정: 통합과학 2, 생명과학, 생물의 유전, 과학의 역사와 문화, 융합과학 탐구

2015 개정 교육과정: 통합과학, 지구과학 I, 지구과학 II, 생명과학 I, 생명과학 II, 과학사, 융합과학

죽음의 밥상

피터 싱어, 짐 메이슨 | 산책자 |
2008

실천윤리학자인 피터 싱어와 농부이자 변호사인 짐 메이슨이 먹을거리의 무서운 현실과 불편한 실천을 탐구하여 쓴 책이다. 대량 사육되는 가축 시스템, 공정무역 상표가 붙은 제품의 이면, 대형 마트의 거짓과 장난, 윤리적 소비와 지속 가능성의 사회적 책임 등을 동시에 다루고 있다. 우리가 어떻게 하면 더 윤리적이며 즐겁고 맛있는 식사를 할 수 있는가를 알 수 있다.

탐구 주제

주제1 저자는 다섯 가지 윤리적 원칙(투명성, 공정성, 인도주의, 사회적 책임, 필요성)을 세우고 음식을 먹을 것을 당부한다. 음식이 어떻게 만들어졌는지 알 권리가 있으며, 식품 생산 비용을 다른 사람에게 전가하지 말 것 등이다. 다섯 가지 윤리적 원칙의 개념과 필요성에 대하여 설명해 보자.

주제2 한국에서 벌어진 칼날 참치 소동, 일본에서 발생한 농약 만두 파동, 조류 독감이나 광우병 등 먹거리에 발생하는 심각한 문제들의 근본적인 원인을 알아보고 자신의 건강도 지키고 세상도 살리는 윤리적 식생활 실천 방안을 제시해 보자.

주제3 현대 사회의 음식 문화 고찰

주제4 윤리적 소비의 활성화 방안 탐구

학생부 기록 예시 (교과세특)

'죽음의 밥상(피터 싱어 외)'을 읽고 '공장식 농법의 악영향'에 대하여 발표함. 생산량 증대를 위해 사용하는 화학 비료, 살충제 등은 땅을 황폐화하고, 비위생적이고 비좁은 공간에서 가축을 키우며 구제역, 조류 인플루엔자 등 전염병 발생이 높아졌음을 설명함. 많은 양의 값싼 먹거리를 얻었지만 전염병 예방과 환경 파괴 등 큰 손실을 줬다며 우리의 소비가 사회와 환경에 어떤 영향을 줄지 고민해 윤리적 소비를 실천해야 함을 강조함.

'죽음의 밥상(피터 싱어 외)'을 읽은 후 윤리적 원칙을 지키는 소비의 필요성을 느끼고 공감대 형성을 위해 영상 자료를 제작함. 대량 생산을 위한 공장식 농법이 생태계에 미치는 악영향과 열악한 노동 환경, 무엇보다 학대에 가까운 가축을 키우는 방식을 영상으로 담아 윤리적 소비의 필요성을 느끼게 되었다는 평가를 받음. 유전자 조작 식품, 비만, 공정무역 등을 주제로 카드뉴스를 만들어 공유하는 과정에서 실천하는 태도를 보여 줌.

관련 논문

음식윤리 접근에 의한 식생활교육 효과 증진(김석신 외, 2021)

관련 도서

《왜 비건인가?》, 피터 싱어, 두루미출판사
《죽음의 식탁》, 마리 모니크 로뱅, 판미동

**관련 계열
및 학과**
- 사회계열: 소비자학과, 경영학과, 공공행정학과, 광고홍보학과, 무역학과, 사회복지학과
- 자연계열: 농생물학과, 동물자원과학과, 생물학과, 식물자원학과, 식품영양학과, 축산학과

관련 교과
- 공학계열: 교통공학과, 산업공학과, 생명공학과, 식품공학과, 환경공학과

2022 개정 교육과정: 통합과학 1, 생명과학, 화학, 세포와 물질대사, 화학 반응의 세계, 융합과학 탐구

2015 개정 교육과정: 통합과학, 생명과학 I, 생명과학 II, 화학 I, 화학 II, 생활과 과학, 융합과학

국어교과군

영어교과군

수학교과군

사회교과군

과학교과군

도덕교과군

치과의사는 입만 진료하지 않는다

아이다 요시테루 | 정다와 | 2016

인간의 장기는 하나로 연결되어 있으며, 그 시작은 입이다. 저자는 관절류머티즘, 고혈압, 신장병, 당뇨, 우울증 등 많은 질병이 입안에서 시작된다고 설명한다. 이 때문에 의사도 입안을 진료할 필요가 있으며 치과의사도 전신의 상태를 알지 못하면 병을 근본적으로 해결하기 어렵다고 주장한다. 치과와 의과 연계 치료의 필요성을 이야기하는 책이다.

탐구 주제

주제1 '병소감염'은 인체 내 국한된 부위에 발생한 1차 감염성 염증 병소가 의외의 여러 장기에서 2차 질환으로 발병하는 것을 말한다. 여러 학자들이 병소감염에 관한 연구를 해 왔다. 병소감염의 근거가 되는 연구 사례를 조사해 보자.

주제2 치과는 새로운 기술과 치료법이 개발되면서 발전하고, 치과 산업도 새로운 기술, 제품, 시스템 구축으로 동반 성장하고 있다. 3D 프린팅 기술, 증강 현실, 인공지능 등을 보철 제작이나 치료 및 진료에 적용하고 있다. 치과 분야에 최신 과학 기술 연구 동향을 살펴보자.

주제3 국내외 치의학 역사 탐구

주제4 구강 건강과 전신 건강의 관계성 연구

학생부 기록 예시 (교과세특)

'치과의사는 입만 진료하지 않는다(아이다 요시테루)'를 읽고 '구강 건강과 전신 건강의 관계성'에 관하여 발표함. 세균에 의한 감염병인 치주 질환은 심혈관계 질환, 고혈압, 류마티스성 관절염, 당뇨병 등을 악화시킬 수 있다는 연구 결과를 근거로 제시함. 구강 질환 치료를 통해 건강한 구강 상태가 되면 영양 섭취와 전신 건강 회복에도 도움이 되며, 일상생활에서 구강 건강을 지키는 방법을 안내하여 친구들의 호응을 얻음.

'치과의사는 입만 진료하지 않는다(아이다 요시테루)'를 읽고 구강 건강과 전신 건강의 연계성이 크기 때문에 의과와 치과의 연계 필요성을 알게 되었다는 소감을 밝힘. 치과와 의과가 언제부터 분류되었는지 알아보고자 치과의 역사와 교육에 대하여 탐구를 진행함. 교육은 나무에 가지로 나눠지는 그림으로, 역사는 갈래 길 이미지로 시각화한 자료로 구조화하여 설명하여 과학적 사고력과 의사소통 역량의 우수성을 보여 줌.

관련 논문

성인의 비만과 치주질환과의 융합적 관계 (이유희, 최정옥, 2017)

관련 도서

《100세 건강 이 속에 있다》, 현영근, 비엠케이
《잘못된 치아관리가 내 몸을 망친다》, 윤종일, 스타리치북스

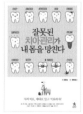

관련 계열 및 학과	• 의학계열: 치의예과, 보건관리학과, 의료공학과, 치기공학과, 치위생학과
	• 공학계열: 금속공학과, 생명공학과, 소프트웨어공학과, 신소재공학과, 정보통신공학과
관련 교과	• 자연계열: 분자생물학과, 생명과학과, 생물학과, 수산생명의학과, 화학과

2022 개정 교육과정: 생명과학, 화학, 세포와 물질대사, 과학의 역사와 문화, 융합과학 탐구

2015 개정 교육과정: 통합과학, 생명과학 I, 생명과학 II, 화학 I, 화학 II, 생활과 과학, 과학사, 융합과학

침묵의 봄

레이첼 카슨 | 에코리브르 | 2011

《타임》에서 20세기를 변화시킨 100인으로 선정된 레이첼 카슨이 살충제의 사용 실태와 위험성을 조사한 것을 바탕으로 쓰인 책이다. 생물학자로서의 전문 지식을 기반으로 생태계의 오염이 어떻게 시작되었고 생물과 자연환경에 어떤 영향을 미쳤는지 구체적으로 설명하고 있다. 독자들에게 환경 문제의 심각성과 중요성을 인식하게 해 주는 20세기 환경학 최고의 고전이다.

탐구 주제

주제1 DDT, 농약 등의 화학 물질은 해충만 죽이는 것이 아니라 생물 농축에 의해 사람의 생명도 위협할 수 있다. 이처럼 과학 기술 발전이 자연이나 사회에 부정적인 영향을 미친 사례를 조사하고, 이러한 문제를 예방하거나 해결하기 위한 방안을 제시해 보자.

주제2 《침묵의 봄》은 언론의 비난과 출판을 막으려는 화학업계의 방해를 받았지만 대중에게 환경 문제에 대한 인식을 끌어내며 정부의 정책 변화와 환경 운동을 촉발했다. 저자처럼 사회에 긍정적인 변화를 끌어낸 인물을 탐구하여 발표해 보자.

주제3 시스템 사고를 기반으로 살충제가 생태계에 미치는 인과관계 분석

주제4 생물의 다양성 보존과 환경 보호를 위한 국가별 정책 비교

학생부 기록 예시 (교과세특)

'침묵의 봄(레이첼 카슨)'을 읽고 유기염소계 농약이 생태계에 미치는 영향을 과학적 개념을 이용하여 설명하여 과학적 사고력의 우수성을 보여 줌. 간질성 폐 질환으로 많은 사망자를 배출한 가습기 살균제 사건을 언급하면서 이러한 재앙은 인간이 편리해지고자 하는 이기심에서 출발했으며, 인간은 지구에 사는 하나의 종일 뿐임을 인식할 필요가 있다고 발표함. 지구를 회복시키는 환경 운동가로 성장하고 싶다는 포부를 밝힘.

'침묵의 봄(레이첼 카슨)'을 읽고 살충제 성분이 인간에게 도달하기까지 과정을 인포그래픽으로 구조화하여 표현하여 과학적 사고력을 보여 줌. 저자의 삶, 책의 출판 과정에서 겪었던 고충과 출판 후 미국 사회에 미친 영향에 대하여 조사한 후 '침묵의 봄 읽기 전 참고 자료'를 만들어 학급 친구들에게 소개함. 침묵의 봄처럼 좋은 책을 많은 사람이 즐기고 이해할 수 있도록 돕는 북 큐레이터로 성장하고 싶다는 의지를 밝힘.

관련 논문

레이첼 카슨의 〈침묵의 봄〉의 수사 비평 (구자현, 2019)

관련 도서

《레이첼 카슨과 침묵의 봄》, 김재호, 살림
《잃어버린 숲》, 레이첼 카슨, 에코리브르

관련 계열 및 학과
- 자연계열: 화학과, 생명과학과, 지구환경과학과, 농생물학과, 생물학과, 환경학과
- 공학계열: 환경공학과, 화학공학과, 원자력공학과, 신소재공학과, 식품공학과, 생명공학과

관련 교과
- 교육계열: 환경교육과, 과학교육과, 화학교육과, 지구과학교육과, 생명과학교육과, 윤리교육과

2022 개정 교육과정: 통합과학 2, 지구과학, 생명과학, 화학, 기후변화와 환경생태, 과학의 역사와 문화

2015 개정 교육과정: 통합과학, 지구과학 I, 지구과학 II, 생명과학 I, 생명과학 II, 화학 I, 화학 II, 생활과 과학, 융합과학

국어교과군

영어교과군

수학교과군

사회교과군

과학교과군

도덕교과군

코스모스

칼 세이건 | 사이언스북스 | 2010

이 책은 1980년에 출간되어 무려 70주 동안이나 《뉴욕타임스》 베스트셀러 목록에 있었을 만큼 유명한 과학 고전이다. 우주의 탄생과 은하계의 진화, 태양의 삶과 죽음, 생명으로 진화되는 과정, 외계 생명의 존재 문제 등에 관하여 흥미롭게 설명한다. 데모크리토스, 케플러, 갈릴레오, 뉴턴, 다윈 등 과학자들의 탐구 여정을 따라가면서 현재까지의 과학 발전을 이해하고, 미래 과학 발전을 예측할 수 있게 해 준다.

탐구 주제

주제1 '코스모스'는 본래 그리스어로 질서를 의미하는 말로, 피타고라스가 처음 사용하였다. 역사 속에서 과학은 발전하기도 하고 배척받기도 하며 발전과 쇠퇴를 거쳤다. 시대에 따른 과학의 발달 정도를 시각화하여 표현해 보자.

주제2 칼 세이건은 《코스모스》에서 '우리의 생존은 우리 자신만이 이룩한 업적이 아니다. 그러므로 오늘을 사는 우리는 인류를 여기에 있게 한 코스모스에게 감사해야 할 것이다.'라고 말한다. 기후 변화와 종의 멸종 등 지구에 닥친 위기를 극복하고 해결하기 위한 방안을 토의해 보자.

주제3 시대적 배경이 과학 발달에 미친 영향 고찰

주제4 천문학 발전 과정에서 공헌한 과학자와 그의 업적 탐구

학생부 기록 예시 (교과세특)

'코스모스(칼 세이건)'를 읽고 우주의 탄생과 진화 과정을 애니메이션 형태로 표현하여 창의적 사고력을 보여 줌. 빅뱅 이후 먼지와 같은 입자들이 모여 별을 생성한 과정, 핵융합 단계에 따른 별의 진화 과정에 대한 과학적 원리와 개념을 명확하게 이해하고 표현하였음을 느낄 수 있었음. 자신도 칼 세이건처럼 역사, 과학, 철학 등 다양한 분야에 깊이 있는 지식과 통찰력을 가진 애니메이션 작가가 되고 싶다는 소감을 밝힘.

'코스모스(칼 세이건)'를 읽고 과학자들이 처한 시대적 상황, 업적, 과학적 원리 등을 조사하여 보고서를 작성함. 과학자와 업적과 역사적 사건을 시간순으로 나타내고, 과학 발전의 부흥기와 쇠퇴기를 그래프로 표현한 부분에서 과학적 사고력과 창의적인 표현 능력을 보여 줌. 기후 위기 등 지구에 닥친 위기를 해결하고 지속 가능한 발전을 이루어 지구와 인류가 함께 공존하는 세상을 만드는 데 이바지하겠다는 포부를 밝힘.

관련 논문

이런과학자, 저런기술자-빅뱅이론(우주대폭발생성론)의 창시자 '랠프 알퍼'(현원복, 1999)

관련 도서

《창백한 푸른 점》, 칼 세이건, 사이언스북스
《코스모스: 가능한 세계들》, 앤 드루얀, 사이언스북스

관련 계열 및 학과
- 자연계열: 대기과학과, 물리학과, 생명과학과, 지구환경과학과, 천문우주학과
- 사회계열: 문화콘텐츠학과, 사회학과, 지리학과
- 교육계열: 과학교육과, 물리교육과, 지구과학교육과, 생명과학교육과

관련 교과

2022 개정 교육과정: 통합과학 1, 지구과학, 지구시스템과학, 행성우주과학, 과학의 역사와 문화

2015 개정 교육과정: 통합과학, 물리학 I, 물리학 II, 지구과학 I, 지구과학 II, 생명과학 I, 과학사, 생활과 과학, 융합과학

파인만 씨, 농담도 잘하시네! 1

리처드 파인만 | 사이언스북스 | 2000

20세기 최고의 물리학자로 불리는 리처드 파인만의 기상천외하고 유별난 일화들을 담아 냈다. 이 책의 제목은 파인만이 티타임을 가질 때 차에 레몬과 크림을 넣어 달라고 주문하자 상대방이 "파인만 씨, 농담도 잘하시네!"라고 대답한 말에서 붙여진 것이라 한다. 상식을 뛰어넘는 자유분방한 그의 성향을 보여 주는 제목이다. 끊임없는 호기심, 대담성, 고정관념을 깨는 그만의 발상법을 볼 수 있다.

탐구 주제

주제1 파인만은 "내가 파인만 다이어그램을 만들고, 노벨상을 받게 된 것은 흔들리며 날아가는 접시를 생각하며 시간을 낭비한 일에서부터 나왔다."라며 노벨상의 비결은 끊임없는 호기심과 실험 정신이라 말했다. 이러한 과학적 소양을 키우기 위한 교육 방법, 제도 등을 제시해 보자.

주제2 파인만은 '파인만 다이어그램'이라는 독창적인 아이디어로 양자전기역학(QED)의 난제를 해결하고, 미시 세계를 이해하는 새로운 방식을 제시하여 1965년 노벨 물리학상을 받았다. '파인만 다이어그램'의 개념, 적용 분야, 과학과 사회에 미친 영향 등에 대하여 알아보자.

주제3 양자역학의 발전 역사

주제4 과학적인 사고방식이 사회에 미치는 영향

학생부 기록 예시 (교과세특)

'파인만 씨, 농담도 잘하시네! 1(리처드 파인만)'를 읽고 파인만이 노벨상을 받을 수 있었던 이유는 끊임없는 호기심과 실험 정신에 있다는 것을 깨달아 이를 발전시키는 교육에 대하여 탐구함. 질문은 탐구심의 시발점이며 호기심을 상승시키므로 엉뚱한 질문이라도 계속하도록 독려함이 중요하다는 것을 강조함. 정답 암기식 교육에서 벗어나 하브루타 교육법과 대화형 인공지능 서비스를 활용하여 질문하는 힘을 키우는 것을 제안함.

'파인만 씨, 농담도 잘하시네! 1(리처드 파인만)'를 읽고 '파인만 다이어그램'의 개념, 의미 등에 대하여 발표. 아인슈타인의 특수 상대성 이론과 일치하도록 입자의 운동을 설명하는 것이 큰 과제였으나 파인만은 간단한 그림으로 이를 해결했으며, 광대한 우주를 이해하도록 돕는 혁신적인 도구라고 평가받는 이유를 설명함. 시각 자료로 파인만의 문제 해결 과정을 이해하기 쉽게 설명하여 과학적 사고력과 의사소통 역량을 보여 줌.

관련 논문
양자역학과 실재론(배식한, 2005)

관련 도서
《아메리칸 프로메테우스》, 카이 버드, 마틴 셔윈, 사이언스북스
《과학이란 무엇인가》, 리처드 파인만, 승산

관련 계열 및 학과
- 자연계열: 물리학과, 수학과, 통계학과, 화학과, 생명과학과, 천문우주학과
- 교육계열: 과학교육과, 물리교육과, 수학교육과, 지구과학교육과, 초등교육과, 교육학과

관련 교과
- 공학계열: 에너지공학과, 원자력공학과, 정보보안학과, 정보통신공학과, 항공우주공학과

2022 개정 교육과정: 물리학, 화학, 지구과학, 전자기와 양자, 행성우주과학, 융합과학 탐구

2015 개정 교육과정: 물리학 I, 물리학 II, 화학 I, 화학 II, 지구과학 I, 지구과학 II, 과학사, 융합과학

국어교과군

영어교과군

수학교과군

사회교과군

과학교과군

도덕교과군

팬데믹

홍윤철 | 포르체 | 2020

이 책은 메르스 이후 바이러스와 질병을 충분히 제어하는 동시에 사회경제적 차원의 생존 전략과 정책 방안에 관한 저자의 3년 동안의 연구 결과가 반영된 팬데믹 시대의 생존 해법이다. 전염병이 도시와 깊은 연관이 있음을 밝히고, 인류를 지배해 온 바이러스의 역사와 현재 상태를 분석하여 인류의 생존을 위해서 시급히 공공의 면역 체계를 바로 갖추어야 함을 설명한다.

탐구 주제

주제1 저자는 바이러스는 세계화와 함께 성장하고 동행할 것이기에 글로벌 연대가 필요하다 보았다. 또한 인류의 생존 해법으로 치료뿐만 아니라 공공보건, 생존 경제 시스템의 구축, 도시 계획, 건강 도시 '하이게이아' 모델을 제시한다. 팬데믹 시대의 생존 해법에 대하여 자세히 알아보자.

주제2 세계는 코로나19 확산을 막은 모범적인 사례로 대한민국을 지목했다. 전염병 관리를 위해서는 중앙집권적 감시와 처벌보다 효율적인 의료 시스템, 빠른 기술적 대처, 국민의 자발적 참여가 뒷받침되어야 한다. 코로나19에 대응한 국내외 정책을 비교하고, 효율적인 정책을 제시해 보자.

주제3 바이러스 역사 탐구

주제4 팬데믹이 사회·경제·교육에 미친 영향

학생부 기록 예시 (교과세특)

'팬데믹(홍윤철)'을 읽고 전염병의 역사를 탐구하고 전염병을 막기 위한 방안을 제시함. 도시화와 교통 발달이 전염병 발생과 연관성이 높다며 로마 시대에 천연두를 근거로 제시하고, 코로나19의 경우도 교통의 중심지인 우한, 이탈리아, 뉴욕 등에서 많이 확산하였음을 밝힘. 백신과 치료제에 의존하기보다 질병을 초기에 발견하고 정보를 관리하는 시스템을 갖추는 것이 조기에 전염병 확산을 막을 수 있음을 설득력 있게 제시함.

도시 설계가란 진로 목표를 가지고 있어 '팬데믹(홍윤철)'에서 건강 도시 '하이게이아' 모델에 흥미를 느끼고 탐구를 진행함. 벤저민 리처드슨은 런던에서 유행한 콜레라 발생 원인이 도시의 위생 상태 때문임을 인지하고 위생의 여신 '하이지아'의 이름을 딴 도시 모델을 제시하였다고 설명함. 개인 건강 관리, 공공 의료, 상하수도와 폐기물 관리 등이 체계적으로 관리되는 도시 설계와 지원 정책의 필요성을 이야기함.

관련 논문

코로나19 팬데믹에 따른 식량안보 영향과 전망 (박재완, 2020)

관련 도서

《코로나 이후 생존 도시》, 홍윤철, 포르체
《코로나 이후의 세계》, 제이슨 솅커, 미디어숲

관련 계열 및 학과	• 사회계열: 공공행정학과, 도시행정학과, 국제통상학과, 사회복지학과, 지리학과, 행정학과
	• 의학계열: 전 의학계열
관련 교과	• 자연계열: 미생물학과, 수산생명의학과, 분자생물학과, 생명과학과, 환경학과, 축산학과

2022 개정 교육과정: 생명과학, 화학, 세포와 물질대사, 과학의 역사와 문화, 융합과학 탐구

2015 개정 교육과정: 통합과학, 생명과학 I, 생명과학 II, 화학 I, 화학 II, 생활과 과학, 과학사, 융합과학

하리하라의 바이오 사이언스

이은희 | 살림Friends | 2009

세포 발견과 멘델의 유전법칙에서부터 줄기세포와 유전자 재조합까지 생명과학에 대한 기본적인 개념과 함께 바이오 사이언스에 대한 모든 것을 다루고 있다. 돌연변이와 유전질환, 우생학을 다루면서 유전질환에 대한 잘못된 오해와 편견이 사회적으로 치명적인 결과를 가져올 수 있다는 것을 깨닫게 해 주고, 유전자 재조합 식품, 바이러스를 이용한 유전자 치료의 원리도 알 수 있다.

탐구 주제

주제1 GMO는 'genetically modified organism'의 약자로, 유전공학 기술을 이용하여 생물체의 유용한 유전자를 다른 생물체의 유전자와 결합하여 특정 목적에 맞도록 만든 농산물을 말한다. 유전자 조작 식품(GMO)의 장단점을 알아보고, 과학적 근거를 들어 찬반 토론을 진행해 보자.

주제2 '혈우병을 퍼트린 빅토리아 여왕 사건'처럼 유전 질환은 유전자의 이상으로 세대를 거쳐 질환이 전해진다. 인류를 유전학적으로 개량할 목적으로 연구된 우생학은 미국에서 강제 불임시술이 시행되는 배경이 되었다. 생명과학과 관련된 역사적 사건을 소개해 보자.

주제3 생명공학 기술과 특허 동향

주제4 생명공학 분야의 국내외 국가 과학 기술 정책 비교

학생부 기록 예시 (교과세특)

'하리하라의 바이오 사이언스(이은희)'를 읽고 유전자 조작 식품 안전성 논란, 불치병 치료의 희망 줄기세포 기술 등 유전자 관련 문제에 대하여 올바른 판단을 하기 위해서는 생명과학 기본 개념을 정확히 이해하는 것이 선행되어야 함을 깨달았다는 소감을 밝힘. 생명과학 단원이 끝날 때마다 관련 기사나 연구 자료를 발췌하여 소개하고 질의응답을 받는 과정에서 협력적 학습 태도와 배움을 실생활과 연결하는 자세를 보임.

'하리하라의 바이오 사이언스(이은희)'를 읽고 유전자 속에 숨은 질병의 종류와 원인, 역사적 사건을 발표함. 멘델의 유전 법칙에 대한 정확한 이해를 바탕으로 유전되는 양상에 따라 유전질환이 분류된다는 것을 설명하여 학급 친구들의 이해를 도움. 혈우병 보인자로 알려진 빅토리아 여왕의 가계도를 제시하면서 발생 원인과 후손에게 닥친 비극에 대하여 이야기꾼처럼 재미있게 설명하여 의사소통 역량의 우수성을 보여 줌.

관련 논문

나노생명공학에 대한 윤리적 고찰(김남준, 2007)

관련 도서

《MT 생명공학》, 최강열, 장서가
《이중나선》, 제임스 왓슨, 궁리

관련 계열 및 학과
- 자연계열: 농생물학과, 분자생물학과, 생명과학과, 생물학과, 수산생명의학과, 화학과
- 공학계열: 바이오공학과, 생명공학과, 식품공학과, 화학공학과, 화장품공학과

관련 교과
- 의학계열: 전 의학계열

2022 개정 교육과정: 통합과학 1, 생명과학, 화학, 생물의 유전, 과학의 역사와 문화, 융합과학 탐구

2015 개정 교육과정: 통합과학, 생명과학 I, 생명과학 II, 화학 I, 화학 II, 과학사, 생활과 과학, 융합과학

호모 커먼스

홍윤철 | 포르체 | 2022

서울대병원 공공보건의료진흥원장이자, WHO 정책 자문위원인 저자는 인류가 생태계의 지배자가 아닌 관리자가 되어야 한다고 말한다. 사회와 자연이 가진 문제를 해결하기 위해 생태계 구성 요소에 대한 관심이 필요하다고 제안한다. 이 책은 생태계와 인간의 공생, 공존, 그리고 공유성에 바탕을 두고 쓰였다. 미래 사회의 공유지를 어떻게 설정하고 가꾸어 나가야 하는지 방향을 제시하는 책이다.

탐구 주제

주제1 '공유지'는 선조로부터 물려받은 자연 환경을 포함하여 공유하는 공적 부(富)를 의미한다. 16~18세기 영국의 '인클로저 운동'으로 본격화된 공유지의 약탈은 자연, 사회 제도, 문화까지 우리 삶의 모든 영역에서 이루어지고 있다. 인클로저의 역사와 우리 삶에 미친 영향을 탐구해 보자.

주제2 '삼림헌장'과 '마그나카르타'는 왕정 시대에도 취약계층의 생계유지를 위한 권리를 명시했다. 코로나19가 발생했을 때 기존의 사회 복지와 경제 시스템의 허점이 드러나면서 '전 국민 재난지원금' 형태의 기본 소득이 지급되었다. 공유지의 회복을 위한 복지 정책 방안을 제시해 보자.

주제3 공유 경제의 필요성 제고 방안

주제4 국내외 복지 정책 비교

학생부 기록 예시 (교과세특)

'호모 커먼스(홍윤철)'를 읽고 인간은 본래 공동체를 이루는 공유적 존재지만 인클로저로 공유지의 약탈이 시작되고 지금은 개인의 소유를 당연히 여기는 사회가 되었다는 사실에 안타까워 함. 공유지를 사유로 삼은 '인클로저'의 배경과 영향을 탐구하면서 인클로저로 인해 빈부 격차, 경쟁 사회 등 문제가 발생하였다며 지속 가능한 삶을 살기 위해 공공 복지 실현, 공동체 의식 회복을 위한 교육과 문화 형성의 필요성을 강조함.

'호모 커먼스(홍윤철)'를 읽고 공유지의 기본 정신과 공유 경제에 대하여 발표함. 공유지의 기본 정신은 '삼림헌장'이며, 누구나 공유지를 사용할 수 있는 권리를 가지고 있음을 의미한다고 설명함. 합리적 소비 확산, 1인 가구 증가로 '공유 경제'로 소비의 방식이 바뀌고 있으며, 공유 주거, 공유 모빌리티 등을 사례로 제시함. 공간과 교통 등 정보를 공유할 수 있는 '공유 공간 플랫폼'이란 아이디어를 제시하여 창의성을 보여 줌.

관련 논문

지구기본소득과 지구공유지의 철학(곽노완, 2018)

관련 도서

《공유지의 약탈》, 가이 스탠딩, 창비
《환경윤리》, 조제프 R. 데자르댕, 연암서가

관련 계열 및 학과	• 사회계열 : 경제학과, 공공행정학과, 국제통상학과, 사회복지학과, 사회학과, 소비자학과
	• 인문계열 : 문헌정보학과, 사학과, 심리학과, 인류학과, 철학과, 문화재학과
관련 교과	• 교육계열 : 과학교육과, 환경교육과, 윤리교육과, 역사교육과, 사회교육과, 교육학과

2022 개정 교육과정 : 생명과학, 과학의 역사와 문화, 기후변화와 환경생태, 융합과학 탐구, 경제

2015 개정 교육과정 : 생명과학 I, 생명과학 II, 생활과 과학, 과학사, 융합과학, 경제

화학으로 이루어진 세상

K. 메데페셀헤르만 외 |
에코리브르 | 2007

하루 24시간 동안 일어나는 화학적 사건들을 재미있게 엮어낸 책이다. 세탁할 때 사용하는 섬유 유연제, 고속도로의 정체, 음식, 인간의 육체 등 일상생활에 담긴 비밀을 알 수 있다. 화학 원소에서 나노입자까지 화학의 모든 분야를 살피다 보면 화학의 역사, 인간과 환경과의 관계, 발전 가능성, 화학의 양면성 등에 대하여 이해하고 화학에 대한 올바른 시각을 가지게 될 것이다.

탐구 주제

주제1 화학은 금속을 녹여 부어 금을 만드는 연금술에서 유래되었다. 연금술은 실험을 중시하며 화학적 방법을 많이 사용하였고, 그 덕분에 알칼리, 알코올, 나트륨 등 많은 화학 물질이 발견되었다. 연금술이 화학 발전에 미친 영향을 탐구해 보자.

주제2 책에 제시된 '거울 속의 분자'는 '거울상 이성질체'를 의미한다. 인공감미료인 아스파탐은 왼쪽형은 단맛, 오른쪽형은 쓴맛을 낸다. 레몬 방향물질은 왼쪽형은 레몬향, 오른쪽형은 오렌지향이 난다. '거울상 이성질체'의 개념과 일상생활에서 사용하는 사례를 조사해 보자.

주제3 생활화학 제품의 안전성 확보 방안

주제4 화학의 발전 역사 탐구

학생부 기록 예시 (교과세특)

'화학으로 이루어진 세상(K. 메데페셀헤르만 외)'을 읽고 화학이 우리 삶과 매우 밀접하다는 사실을 깨달았다는 소감을 밝힘. '거울 속의 분자'에서 제시된 '거울상 이성질체'에 대하여 흥미를 느끼고 탐구함. 아스파탐 등 일상생활에서 사용되는 사례를 흥미롭게 제시하고, 개념 설명 시 나의 오른손은 거울 속에서는 왼손이라며 같은 모습이지만 겹치지 않는 분자를 의미한다고 이해하기 쉽게 설명하여 의사소통 역량의 우수성을 보여 줌.

'화학으로 이루어진 세상(K. 메데페셀헤르만 외)'을 읽고 24시간 동안 화학과 함께 살고 있다는 것을 깨닫게 되었으며, 특히 '부엌 속의 화학'에 대하여 흥미를 느껴 발표를 함. 감자처럼 녹말을 함유한 식품을 튀기거나 구울 때 생성되는 '아크릴아마이드'는 신경계를 파괴하고 암을 유발할 수 있다며, 진한 갈색을 띠지 않도록 저온에서 조리하기를 권장함. '일상생활 속 화학 상식'이란 카드 뉴스를 공유하여 협력적인 태도를 보임.

관련 논문

소비자의 눈으로 본 생활화학제품관리를 위한 법제도의 개선방안(윤진아, 2018)

관련 도서

《세상은 온통 화학이야》, 마이 티 응우옌 킴, 한국경제신문
《화학 교과서는 살아있다》, 문상흡 외, 동아시아

관련 계열 및 학과
- 자연계열: 화학과, 환경학과, 의류학과, 식품영양학과, 분자생물학과, 대기과학과
- 공학계열: 금속공학과, 신소재공학과, 화학공학과, 공업화학과, 나노화학공학과
- 사회계열: 경제학과, 소비자학과, 경영학과, 사회학과, 광고홍보학과, 무역학과

관련 교과

2022 개정 교육과정: 화학, 물질과 에너지, 화학 반응의 세계, 과학의 역사와 문화, 융합과학 탐구

2015 개정 교육과정: 통합과학, 화학I, 화학II, 생활과 과학, 과학사, 융합과학

IT 삼국지

김정남 | e비즈북스 | 2010

벼랑 끝에서 기사회생한 애플, 자신보다 몇 배나 큰 거인들을 쓰러뜨리는 마이크로소프트의 저력, 구글의 기적 같은 성공 신화 등 30년에 가까운 IT 기업의 발전사를 흥미롭게 다룬다. 이들 세 기업을 활용해서 IT의 거물이 된 손정의의 사례를 통해 앞으로의 생존 전략도 알 수 있다. IT 생태계를 둘러싸고 벌어지는 기업들의 전략과 전술을 알아보자.

탐구 주제

주제1 IT 기업들은 PC, 스마트폰, 운영체제, 응용 소프트웨어, 온라인 마켓, 소셜 네트워크, 게임, TV 등의 분야에서 치열하게 경쟁하고 있다. 구글, MS, 애플 등 대표적인 IT 기업들의 실패와 성공 사례를 살펴보고, 생존과 성공을 위한 비즈니스 전략을 분석하여 제시해 보자.

주제2 2022년 8월 교육부는 '디지털 인재 양성 종합방안'에서 '코딩교육'을 대폭 확대하면서 정보교육 시수를 늘리고, 소프트웨어와 인공지능의 융합교육을 활성화하겠다고 발표하였다. 디지털 소양 함양교육의 필요성을 알아보고, 국내외 디지털 소양 함양을 위한 교육 방법을 비교해 보자.

주제3 국내외 IT 기술 발전 동향

주제4 스마트케어 기술 적용 방안

학생부 기록 예시 (교과세특)

'IT 삼국지(김정남)'에서 정보 기술을 이끌어 가는 기업들의 전쟁 같은 경쟁 과정을 살펴보며 이렇게 발전된 정보 기술을 소외된 사람들을 위한 지원 방안으로 활용하면 좋겠다는 생각을 밝힘. 독거노인의 고독사를 막기 위해 웨어러블 기기를 활용하여 라이프로그 정보를 수집하고, 위험 증후가 보이면 인근 병원이나 사회 복지 시설에 알려 주는 스마트 케어 시스템을 제안하여 공감 능력과 과학적 사고력의 우수성을 보여 줌.

'IT 삼국지(김정남)'를 읽고 IT 기업들의 역사를 살펴보면서 정보 기술 사회에서 살아남기 위한 교육의 중요성을 깨달았다는 소감을 밝힘. 국내외 디지털 교육 방법에 대하여 비교 분석하여 발표 자료를 체계적으로 만듦. 철학, 역사, 과학 등 다양한 분야를 공부하고 글쓰기와 토론 등을 통해 융합적으로 사고하며, 디지털 기기를 사용하고 응용할 수 있는 디지털 소양도 함께 교육되어야 함을 설득력 있게 제시함.

관련 논문

IT 기술을 활용한 독거노인 고독사 관리 서비스에 관한 연구(임해원, 이현수, 2018)

관련 도서

《비전공자를 위한 이해할 수 있는 IT 지식》, 최원영, 티더블유아이지
《세상을 변화시키는 IT기술 트렌드 2023》, 윤커뮤니케이션즈 디지털미디어랩, 마중가

관련 계열 및 학과	• 공학계열: 전기공학과, 전자공학과, 정보보안학과, 정보통신공학과, 컴퓨터공학과
	• 사회계열: 경제학과, 소비자학과, 경영학과, 광고홍보학과, 무역학과, 사회복지학과
관련 교과	• 교육계열: 컴퓨터교육과, 기술교육과, 과학교육과, 교육공학과, 교육학과, 물리교육과

2022 개정 교육과정: 통합과학 1, 물리학, 과학의 역사와 문화, 융합과학 탐구, 정보, 인공지능 기초

2015 개정 교육과정: 통합과학, 물리학I, 물리학II, 생활과 과학, 과학사, 융합과학, 정보, 인공지능 기초

도덕교과군

순번	도서명	저자명	출판사명
1	격몽요결	이이	을유문화사
2	공정하다는 착각	마이클 샌델	와이즈베리
3	군주론	마키아벨리	더스토리
4	난민, 멈추기 위해 떠나는 사람들	하영식	뜨인돌
5	논어	공자	휴머니스트
6	뇌는 윤리적인가	마이클 S. 가자니가	바다출판사
7	니코마코스 윤리학	아리스토텔레스	현대지성
8	다산의 철학	윤성희	포르체
9	도덕적 인간과 비도덕적 사회	라인홀드 니버	문예출판사
10	동물 해방	피터 싱어	연암서가
11	모든 삶은 흐른다	로랑스 드빌레르	피카
12	목민심서	정약용	창비
13	문화의 수수께끼	마빈 해리스	한길사
14	반드시 다가올 미래	남성현	포르체
15	불편한 편의점	김호연	나무옆의자
16	사피엔스	유발 하라리	김영사
17	삶은 예술로 빛난다	조원재	다산북스
18	새내기 노동인 ㄱㄴㄷ	손석춘	철수와영희
19	소크라테스 익스프레스	에릭 와이너	어크로스
20	소크라테스의 변명, 크리톤, 향연, 파이돈	플라톤	육문사
21	소프트 시티	데이비드 심	차밍시티
22	소프트웨어 장인 정신 이야기	로버트 C. 마틴	인사이트
23	수없이 많은 바닥을 닦으며	마이아 에켈뢰브	교유서가
24	스노크래시	닐 스티븐슨	문학세계사
25	식량위기, 이미 시작된 미래	루안 웨이	미래의창

순번	도서명	저자명	출판사명
26	아무도 의심하지 않는 일곱 가지 교육 미신	데이지 크리스토들루	페이퍼로드
27	아픔에도 우선순위가 있나요?	김준혁	휴머니스트
28	예정된 전쟁	그레이엄 앨리슨	세종서적
29	오래된 미래	헬레나 노르베리 호지	중앙북스
30	완벽에 대한 반론	마이클 샌델	와이즈베리
31	왜 일하는가	이나모리 가즈오	다산북스
32	인간 섬	장 지글러	갈라파고스
33	자유론	존 스튜어트 밀	책세상
34	장자	장자	휴머니스트
35	존 롤스 정의론	황경식	쌤앤파커스
36	죽음의 수용소에서	빅터 프랭클	청아출판사
37	지구 끝의 온실	김초엽	자이언트북스
38	지구 파괴의 역사	김병민	포르체
39	챗GPT 교육혁명	정제영 외	포르체
40	천 개의 파랑	천선란	허블
41	철학은 어떻게 삶의 무기가 되는가	야마구치 슈	다산초당
42	칸트와 헤겔의 철학	백종현	아카넷
43	타인의 고통	수잔 손택	이후
44	파견자들	김초엽	퍼블리온
45	페인트	이희영	창비
46	평균의 종말	토드 로즈	21세기북스
47	프랑켄슈타인	메리 셸리	현대지성
48	피터 싱어의『실천윤리학』읽기	김성동	세창미디어
49	21세기를 위한 21가지 제언	유발 하라리	김영사
50	AI 전쟁	하정우, 한상기	한빛비즈

격몽요결

이이 | 을유문화사 | 2022

《격몽요결》은 조선의 성리학자 율곡 이이가 학문을 시작하는 아동을 위해 집필한 학습을 위한 입문서이자 수양서이다. '격몽'은 몽매한 자들을 교육함을 뜻하고 '요결'은 그 일의 중요한 비결을 의미한다. 책은 입지(뜻 세우기)에서부터 처세(관직에 나아가는 법)에 이르기까지 우리가 일상생활에서 깨우쳐야 할 이치를 사례와 함께 담고 있다.

탐구 주제

주제1 《격몽요결》은 학문을 시작하기 전에 뜻을 세우고 몸과 마음의 습관을 바르게 갖도록 하여 효의 자세와 사람 간에 지켜야 할 도리를 바탕으로 도를 향할 수 있도록 안내한다. 자신의 몸과 마음의 습관을 돌아보고 도덕적 주체로서 자신을 다스리는 방법을 정리해 보자.

주제2 《격몽요결》의 제9장 '접인장'에서는 사람을 상대하는 방법에 대해 안내한다. 비교와 경쟁, 서로에 대한 비방 등으로 지친 현대인들을 위해 타인과의 건강한 관계 맺기에 도움이 될 수 있도록 접인장의 내용을 재구성하여 조언해 보자.

주제3 격몽요결을 바탕으로 한 현대 사회의 가족 문제 해결 방안 도출

주제4 고전을 탐독해야 하는 이유에 대한 고찰

학생부 기록 예시 (교과세특)

'격몽요결(이이)'을 읽고 몸과 마음을 다스려 학문을 발전시키고 세상을 살아간다면 성인이 될 수 있다는 가르침을 바탕으로 자신의 습관을 점검함. 학급 친구들과의 소통을 위해 구용과 구사에 대한 카드 뉴스를 제작하여 배려심을 발휘하고, 가독성 좋은 체크리스트를 공유하여 호응을 이끌어 냄. 나아가 유교적 이상을 현실화한 이이의 사상을 통해 도덕적 주체로서의 자신에 대해 확신을 갖고 정진하겠다는 의지를 확고히 함.

고전 탐독에 흥미를 가진 학생으로 친구들에게 고전을 추천하며 함께 읽기를 독려함. '격몽요결(이이)'의 9장 접인장을 바탕으로 디지털 시대의 인간관계 맺기에 대해 고찰함. 디지털 플랫폼 속에서 불특정 다수와 관계를 맺는 상황에 맞게 인간관계에 필요한 공경과 예의, 비방에 대처하는 방법을 재구성하여 발표함. 고전의 지혜로 고립과 연결이라는 관계 맺기의 이중적 특징을 극복할 수 있을 것이라는 소양과 실천 능력을 보여 줌.

관련 논문
율곡 이이의 현실인식과 경세사상(이재석, 2020)

관련 도서
《성학집요》, 이이, 청어람미디어
《나는 논어를 만나 행복해졌다》, 판덩, 미디어숲

관련 계열 및 학과	• 인문계열: 국어국문학과, 사학과, 상담심리학과, 심리학과, 종교학과, 철학과
	• 사회계열: 문화콘텐츠학과, 미디어커뮤니케이션학과, 신문방송학과, 언론정보학과
관련 교과	• 교육계열: 교육학과, 국어교육과, 사회교육과, 역사교육과, 윤리교육과, 한문교육과

2022 개정 교육과정: 현대사회와 윤리, 윤리와 사상, 윤리 문제 탐구, 인간과 철학, 소프트웨어와 생활

2015 개정 교육과정: 윤리와 사상, 고전과 윤리, 철학

국어교과군

영어교과군

수학교과군

사회교과군

과학교과군

도덕교과군

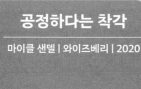

공정하다는 착각
마이클 샌델 | 와이즈베리 | 2020

미국의 정치 철학자 마이클 샌델은 '개인의 노력으로 이룬 성공은 당연한 보상이며, 누구나 노력하면 성공할 수 있다.'라는 능력주의를 비판한다. 교육, 종교, 정치, 경제 등 사회 전반에 걸쳐 기회의 평등이 가져온 불평등과 능력주의의 허상을 분석하였다. 개인의 성취만을 중시하기보다 서로 다른 사람들이 한자리에 모여 공존과 타협, 다름을 인정할 수 있는 공동선을 추구해야 한다고 주장한다.

탐구 주제

주제1 저자는 능력주의의 허상을 비판하며 과도한 경쟁 속에서 점수로 자신을 증명해야 하는 입시 체제를 대신해 대학 입시에 자격을 갖춘 학생들을 추첨하여 선발할 것을 제안한다. 샌델의 제안에 대한 자신의 생각을 정리하여 토론해 보자.

주제2 저자는 개인의 재능과 능력에 기반한 판단이 공정하다는 능력주의를 비판하며, 이는 승자와 패자의 논리로 사회 갈등을 부추긴다고 하였다. 책에서 제시한 사회 각 분야에 걸친 능력주의에 대한 비판을 관심 분야와 연결하여 분석하고 해결 방안을 제시해 보자.

주제3 존 롤스의 차등의 원칙과 마이클 샌델의 공공선 비교

주제4 마이클 샌델의 능력주의 비판과 공정한 분배의 의미 연구

학생부 기록 예시 (교과세특)

'공정하다는 착각(마이클 샌델)'에서 제시한 추첨으로 대학의 학생 선발 방법에 대한 토론에 참여함. 교육적 관점에서 개인의 노력을 인정해야 한다는 다수의 의견에 동의하면서도, 적정 기준을 통과한 학생들이 공존한다면 대학 입시에 낙오되는 학생들이 부정적 낙인에서 벗어나 능력주의의 한계를 극복할 수 있을 것이라고 설득함. 거시적 관점에서 공공선과 공공 연대를 위한 방안을 제시하며 윤리적 성찰 능력을 보임.

'공정하다는 착각(마이클 샌델)'을 읽고 엘리트 정치인들이 기후변화 문제의 핵심을 벗어나 스마트한 기술과 규제를 거론하며 모호한 입장을 보이는 장면을 비판함. 정치적 문제로 과학적 진실이 외면될 수 있음을 지적하고 기후 변화 대응을 위한 과학자들과 민주시민의 연대를 제안하며 탄소 중립에 소극적인 정치인들은 시민의 선택을 받지 못할 수 있다는 위기의식을 가져야 한다고 강조하는 확장적 사고 능력을 보임.

관련 논문
정의의 관점에서 미술 교육: 노직, 롤스, 샌델을 중심으로(이화식, 2016)

관련 도서
《한국의 능력주의》, 박권일, 이데아
《엘리트 세습》, 대니얼 마코비츠, 세종서적

관련 계열 및 학과
- 사회계열: 공공인재학과, 공공행정학과, 법학과, 사회복지학과, 사회학과, 정치외교학과
- 자연계열: 대기과학과, 물리학과, 지구환경과학과, 환경학과
- 교육계열: 교육공학과, 교육학과, 미술교육과, 사회교육과, 윤리교육과, 환경교육과

관련 교과

2022 개정 교육과정: 현대사회와 윤리, 윤리와 사상, 윤리 문제 탐구, 인간과 철학, 교육의 이해

2015 개정 교육과정: 윤리와 사상, 고전과 윤리, 사회문제 탐구, 철학

군주론

마키아벨리 | 더스토리 | 2023

정치적으로 혼란스러웠던 르네상스 시대에 약소국인 피렌체의 현실을 몸으로 느끼던 마키아벨리의 충정을 담은 정치학 고전이다. 군주의 심성이나 도덕적 가치보다는 나라를 어떻게 유지할 것인가에 대한 현실적인 정치 조언으로 한때 교황청의 분노를 사기도 했다. 한 국가를 책임지는 군주는 비상시에 비도덕적인 수단과 행위를 해서라도 정의와 평화를 위해 노력해야 한다는 리더의 조건에 대한 정치철학서이다.

탐구 주제

주제1 마키아벨리는 로렌초 데 메디치 왕에게 어떻게 권력을 달성해야 하고, 어떤 군주가 되어야 하는지 현실적으로 조언한다. 그는 군주의 행운과 역량을 강조하면서 '포르투나'와 '비르투'를 설명한다. 《군주론》에서 제시한 포르투나와 비르투의 관계에 대해 정리해 보자.

주제2 《군주론》에서 권력은 군주가 나라를 다스리기 위한 핵심 수단이다. 마키아벨리는 군주의 개인적 능력이나 정치적 이상보다는 인민의 지지와 그들로 구성된 군대가 권력의 기반이라고 강조한다. 책을 바탕으로 인민의 의미와 그들의 지지를 받는 것이 중요한 이유에 대해 설명해 보자.

주제3 마키아벨리의 군자의 인색함에 대한 고찰

주제4 '마키아벨리즘'의 오해에 대한 제언

학생부 기록 예시 (교과세특)

'군주론(마키아벨리)'에서 말한 포르투나와 비르투 즉, 행운은 예측 불가능하나 역량은 다양한 군주의 능력을 포괄하는 것이므로 군주에게는 역량이 우선시 됨을 구분하고, 실패를 통해 역량을 쌓으라는 내용은 현대인들에게 노력과 역량을 가진 사람이 기회를 얻을 수 있다는 조언이 될 수 있음을 제안함. 비도덕적인 행위를 권장하는 것은 윤리적이라 할 수 없으나 군주의 덕목으로 냉철한 이성을 강조한 것이라는 의의를 도출함.

'군주론(마키아벨리)'을 읽고 급우들의 이해를 돕기 위해 권력과 인민이라는 핵심 키워드를 중심으로 카드 뉴스를 제작하여 발표함. 인민은 귀족과 대비되는 공동체 구성원 전체와 중산층 시민을 의미하며, 마키아벨리가 강한 권력을 위한 요건으로 반란의 가능성이 있는 강한 귀족의 지지보다 다수이며 자유로운 삶을 지향하는 인민과 중산층의 폭넓은 지지를 강조했다는 점에서 현실에 부합하는 정치철학임을 증명함.

관련 논문

마키아벨리는 『군주론』에서 무엇을 주장하는가? (박성호, 2020)

관련 도서

《한비자 리더십》, 임재성, 평단
《디지털 혁신 리더십》, 강요식, 미다스북스

관련 계열 및 학과
- 인문계열: 문헌정보학과, 문화재학과, 사학과, 심리학과, 언어학과, 철학과
- 사회계열: 공공인재학과, 공공행정학과, 국제통상학과, 군사학과, 무역학과, 정치외교학과
- 교육계열: 교육학과, 사회교육과, 역사교육과, 윤리교육과, 지리교육과

관련 교과

2022 개정 교육과정: 현대사회와 윤리, 인문학과 윤리, 윤리문제 탐구, 정치, 국제관계의 이해

2015 개정 교육과정: 생활과 윤리, 윤리와 사상, 고전과 윤리, 정치와 법, 사회문제 탐구

난민, 멈추기 위해 떠나는 사람들

하영식 | 뜨인돌 | 2021

2018년, 예멘 난민의 제주도 입도와 관련하여 대한민국에서도 난민 논쟁이 일어난 바 있다. 한국은 난민 문제를 어떻게 접근하고 있는가? 난민은 미국과 유럽 등 선진국에만 해당하는 주제인가? 책은 미국으로 향하는 중남미 카라반 난민 이야기를 시작으로 팔레스타인, 유럽행 난민, 로힝야 등 전 세계 난민들의 사연을 안내한다. 청소년 난민들의 메시지를 통해 세계 시민으로서의 역할과 책임에 대해 고찰하는 기회도 제공한다.

탐구 주제

주제1 난민이 발생하는 근본적인 원인은 전쟁이다. 난민들은 전쟁의 상처를 간직한 채 다른 나라로 정착하기 위해 떠난다. 전쟁의 후유증은 쉽게 치유되지 않으며, 평화를 위한 인류의 노력은 절실하다. 이러한 노력은 '평화학'으로 파생되었다. 평화학의 주요 쟁점들과 의의를 조사해 보자.

주제2 난민 문제는 우리에게 아직 생소하다. 난민은 일상적 의미의 난민과 법률상의 난민으로 구분한다. 우리나라 난민법에서는 법률상 난민을 난민으로 규정할 수 있다. 일상적 의미의 난민과 법률상의 난민을 비교하고, 난민 문제에 대한 인권 감수성을 갖춰야 하는 이유에 대해 토의해 보자.

주제3 미국의 이민 정책 비판: 트럼프 정부와 바이든 정부를 중심으로

주제4 난민 정책에 대한 영국 보수당과 노동당의 쟁점

학생부 기록 예시 (교과세특)

평소 전쟁과 환경, 차별 등 전 지구적 문제의 관심에 대한 캠페인을 진행하는 등 사회 문제와 인류의 역할에 대한 성찰과 실천력이 뛰어난 학생임. 인류가 직면한 문제의 원인을 진단하고 불평등과 빈곤, 기후변화 등에 대한 해결책을 제시하여 평화를 실현하고자 하는 실천적인 학문인 평화학에 관심을 갖고 탐구함. 세계의 난민 문제에 대한 무지함을 반성하고 인류의 안보를 책임지는 평화학을 연구하고자 하는 희망을 밝힘.

난민 문제와 인권에 대한 토의를 위해 난민법을 조사하여 모둠원들에게 공유함. 일상적 의미의 난민은 전쟁과 재난 등으로 곤경에 빠진 사람을 의미하는 반면에 우리나라가 인정하는 법률상 난민은 전쟁, 탄압 등을 이유로 강제적으로 떠난 비자발적인 이민에 해당함을 설명함. 난민은 생명의 위기에서 자발적으로 탈출하는 경우가 대부분임을 지적하며 전 지구적 문제의 순환 구조를 인지하고 세계 시민의식에 대한 역할과 책임을 촉구함.

관련 논문

난민 수용의 경제적 효과와 난민 정착을 위한 정책 제언(류지호, 2020)

관련 도서

《평화학》, 정주진, 철수와영희
《어느 날 난민》, 표명희, 창비

관련 계열 및 학과
- 인문계열: 북한학과, 사학과, 상담심리학과, 심리학과, 아랍어과, 언어학과, 종교학과, 철학과
- 사회계열: 국제통상학과, 군사학과, 법학과, 사회복지학과, 사회학과, 정치외교학과

관련 교과
- 교육계열: 교육공학과, 교육학과, 사회교육과, 역사교육과, 윤리교육과, 지리교육과

2022 개정 교육과정: 현대사회와 윤리, 윤리문제 탐구, 사회와 문화, 국제 관계의 이해, 인간과 철학

2015 개정 교육과정: 생활과 윤리, 세계사, 정치와 법, 사회문제 탐구, 철학

논어

공자 | 휴머니스트 | 2019

공자는 춘추 전국 시대의 혼란을 극복하고 인(仁)을 바탕으로 도덕 정치를 통해 도덕 사회를 실현하고자 했다.《논어》는 이런 공자의 어록과 제자와의 대화를 기록한 동양 고전의 입문서라 할 수 있다. 이 책을 통해 우리나라의 삼국 시대에 전래 되어 유교를 국교로 지정한 조선 시대에 이르기까지 사회 전반에 지대한 영향을 준 공자의 정치관에 대해 알아볼 수 있다.

탐구 주제

주제1 제2편 위정(爲政)편에서 공자는 제자에게 '아는 것을 안다고 하고, 모르는 것을 모른다고 하는 것이 아는 것이다.'라고 하였다. 이는 현대적 의미의 메타인지와 일맥상통한다. 자신의 앎과 무지를 인지하는 것의 의미를 메타인지와 연계하여 배움의 필요와 의의에 대해 정리해 보자.

주제2 공자는 이상적인 인간상으로 '군자'를 제시하였다. 군자는 학문을 좋아하고 인예(仁禮)를 실천하며, 말보다 행실이 앞서고 지행일치하는 사람을 의미한다. 군자와 인예의 관계를 고찰하고, 개인의 자유를 강조하는 현대 사회에서 예(禮)의 의미와 필요에 대해 탐구해 보자.

주제3 공자가 말한 인(仁)의 실천으로의 효 사상 탐구

주제4 공자를 비판한 묵자 탐구 : 별애(別愛)사상을 중심으로

학생부 기록 예시 (교과세특)

고전을 현대 사회에 맞게 재해석하고 적용하는 융합적 사고력이 뛰어난 학생임. '논어(공자)'를 탐독하고 '아는 것과 모르는 것'에 대해 인지하는 것을 메타인지와 연계하여 탐색함. 자신이 아는 것과 모르는 것을 정확히 파악하는 메타인지를 통해 배움과 인격 수양의 방향을 설계할 수 있음을 제시함. 나아가 메타인지 학습법에 대한 과대광고에 현혹되는 것은 초인지 상태가 아님을 강조하여 급우들에게 호응을 얻음.

현대적 의미에서 공자의 사상이 인정받지 못하는 측면을 역사적 배경과 연계하여 고찰함. 군자는 내적으로는 '인'을 갖추고 외적으로는 '예'를 행할 수 있는 사람임을 인지하고, '예'로 인해 현대인들에게 공자 사상이 형식적이라는 비판을 받고 있음을 설명함. 예가 문제의 본질을 잊고 절차만을 중시하는 것으로 변질되었으나, 화합과 관계 유지를 중심으로 공자 사상을 재해석할 필요가 있다고 강조함.

관련 논문

공자의 교육사상과 윤리적 의의에 대한 연구(이현아, 2012)

관련 도서

《묵자》, 묵자, 을유문화사
《맹자》, 맹자, 휴머니스트

관련 계열 및 학과

- 인문계열: 문예창작학과, 사학과, 중어중문학과, 심리학과, 언어학과, 종교학과, 철학과
- 사회계열: 공공인재학과, 공공행정학과, 사회복지학과, 사회학과, 정치외교학과, 행정학과

관련 교과

- 교육계열: 가정교육과, 교육학과, 사회교육과, 역사교육과, 윤리교육과, 한문교육과

2022 개정 교육과정: 현대사회와 윤리, 윤리와 사상, 윤리문제 탐구, 정치, 국제관계의 이해, 인간과 철학

2015 개정 교육과정: 생활과 윤리, 윤리와 사상, 정치와 법, 철학

뇌는 윤리적인가

마이클 S. 가자니가 | 바다출판사 |
2023

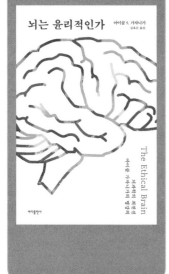

신경 윤리는 의학 치료의 자원을 제공하는 분야가 아닌 보다 넓은 사회적·생물학적 맥락에서 개인 책임의 위치를 설정하는 분야임을 명명하며 생명과 신경윤리학, 뇌 과학, 책임, 보편 윤리 등 신경 윤리의 쟁점들을 논하는 책이다. 뇌의 관점에서 바라본 윤리의 문제들은 과학의 새로운 도전이다. 인간의 윤리성은 뇌 단독의 책임이 아니며 뇌와 인간을 둘러싼 주변 환경이 함께 협력해야 함을 강조한다.

탐구 주제

주제1 도덕 과학적 접근은 도덕과 관련된 현상을 과학적으로 설명하고자 하는 것으로 신경윤리학이 대표적이다. 신경윤리학은 과학의 발전으로 발생한 윤리적 문제의 원인을 뇌 과학을 통해 규명하고자 한다. 과학 발전으로 발생할 수 있는 윤리적 문제점과 해결 방안에 대해 제시해 보자.

주제2 저자는 인지기능 향상 약물은 문제를 야기할 수 있지만, 결국 인지기능 향상 약물은 개발될 것이며 사용하는 사람들의 자유 의지로 자신을 통제할 수 있게 약 사용에 대한 자유를 허용해야 한다고 주장한다. 인지기능 향상 약물의 자율적 허용에 대해 고찰하여 정책을 제안해 보자.

주제3 배아의 생명권과 시기에 대한 입장 비교

주제4 보편 윤리 실현을 위한 도덕적 본성 연구

학생부 기록 예시 (교과세특)

다양한 학문을 융합하여 지식을 확장하는 사고력이 뛰어난 학생으로 신경 과학이 윤리적 판단에 미치는 영향에 대해 고찰함. 피어니스 게이지 사례를 근거로 인간의 정신과 뇌의 연관성에 대해 논리적으로 설명함. 뇌 과학으로 인간의 자유가 침해될 수 있지만 건강 증진과 삶의 질 향상을 가져올 수 있는 이중적 문제에 대해 고찰하고 신경과학의 연구에 있어 신경윤리학이 각 분야의 전문가와 협업해 가이드 라인을 제시할 것을 제안함.

유전학과 신경과학의 뇌 영역에 대한 연구가 동일하다는 것에 관심을 갖고 인지기능 향상 약물에 대해 탐색함. 과학의 발전이 현대 사회의 위기를 초래했듯이 인지기능 약물의 사용을 개인의 자유 의지에 맡겨서는 안된다고 강조하며, 약물 사용의 가이드 라인과 디지털 관리망을 구축할 것을 제시함. 과학의 발전으로 발생한 현대 사회의 윤리적 문제들에 대한 해결 방안을 모색하려는 실천적 자세가 돋보임.

관련 논문
도덕적 향상에 관한 신경윤리학적 성찰(추병완, 2016)

관련 도서
《운동의 뇌과학》, 제니퍼 헤이스, 현대지성
《열두 발자국》, 정재승, 어크로스

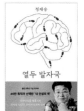

관련 계열 및 학과	• 자연계열: 동물자원과학과, 생명과학과, 분자생물학과, 생물학과, 화학과
	• 의약계열: 전 의약계열
관련 교과	• 교육계열: 과학교육과, 교육학과, 사회교육과, 생물교육과, 윤리교육과, 화학교육과

2022 개정 교육과정: 현대사회와 윤리, 인문학과 윤리, 윤리문제탐구, 사회문제 탐구, 생명과학

2015 개정 교육과정: 생활과 윤리, 사회문제 탐구, 생명과학 I, 생명과학 II

니코마코스 윤리학

아리스토텔레스 | 현대지성 | 2018

아리스토텔레스가 인간의 행복과 덕, 도덕적 실천 등에 대해 강의한 내용을 아들 니코마코스가 정리한 책이다. 아리스토텔레스는 인간이 추구하는 최고의 선은 행복이며 이성으로 욕구와 감정을 다스리고 도덕적 실천을 습관화하여 덕을 실천할 때 행복에 이를 수 있다고 하였다. 서양 윤리학을 대표하는 책으로 인간이 살아가면서 실천해야 할 덕목과 올바른 삶에 필요한 지혜와 실천 방법을 제시한다.

탐구 주제

주제1 아리스토텔레스는 인간에게 행복은 무엇이며 어떻게 살아갈 것인가에 대한 담론에서 실천적 지혜와 이성을 바탕으로 한 실천적 행위를 강조한다. 아리스토텔레스가 제시한 행복의 의미와 행복에 이르는 관조적 삶에 대해 고찰하여 보고서를 작성해 보자.

주제2 아리스토텔레스는 '중용'을 많음과 적음, 그 어느 쪽에도 치우치지 않는 적당함을 취하는 용기라고 하면서 중용이 상황 안에서 가장 적절하게 행동하는 것이라 하였다. 공자도 논어에서 중용을 강조하였는데, 공자와 아리스토텔레스의 '중용'에 대해 조사해 보자.

주제3 아리스토텔레스의 분배적 정의와 시정적 정의 탐구

주제4 아리스토텔레스의 플라톤 이상 국가 비판

학생부 기록 예시 (교과세특)

고전을 탐독하여 현재의 자신의 상황에 적용해 보는 실천 능력이 우수한 학생임. '니코마코스 윤리학(아리스토텔레스)'을 읽고 최고의 선인 행복에 대해 탐구함. 인간의 이성을 행복과 연결하여 관조적 삶을 통해 이성적으로 생각하고 진리를 관조하여 삶에 진정성을 부여하는 아리스토텔리스 철학에 경외심을 표함. 후속 활동으로 급우들을 위해 최상의 가치인 행복과 관조적 삶에 대한 카드 뉴스를 제작하여 공유함.

동양철학과 서양철학을 비교하며 당시의 사회적 배경과 연결하는 융합 능력이 우수한 학생으로 아리스토텔레스와 공자의 중용을 비교하여 설명함. '인'을 최고의 덕으로 강조한 공자는 중용을 상황에 맞는 과유불급의 규범으로 강조하였고, 아리스토텔레스는 도덕적인 덕을 권장하고 유지하기 위해 중용을 국가적 차원으로 확장하였다는 것을 비교하며 동서양 철학의 인간 사유의 보편적 측면을 논리적으로 제시함.

관련 논문

행복과 치유-아리스토텔레스의 『니코마코스 윤리학』의 행복 개념을 중심으로(박병준, 2015)

관련 도서

《플라톤 국가》, 플라톤, 현대지성
《행복의 기원》, 서운국, 21세기북스

관련 계열 및 학과	• 인문계열: 국어국문학과, 상담심리학과, 심리학과, 중어중문학과, 철학과
	• 사회계열: 공공인재학과, 공공행정학과, 사회복지학과, 사회학과
관련 교과	• 교육계열: 교육학과, 사회교육과, 역사교육과, 윤리교육과, 한문교육과

2022 개정 교육과정: 현대사회와 윤리, 윤리와 사상, 인문학과 윤리, 윤리문제 탐구, 인간과 철학

2015 개정 교육과정: 생활과 윤리, 윤리와 사상, 고전과 윤리, 철학

국어교과군

영어교과군

수학교과군

사회교과군

과학교과군

도덕교과군

다산의 철학
윤성희 | 포르체 | 2021

빠르게 변하는 세상 속에서 자신을 잃지 않고 중심을 지키는 방법을 안내하는 자기계발서이다. 다산 정약용은 18년의 유배 생활 중에서도 신념을 지키며 수양하는 일을 멈추지 않았다. 이 책은 다산이 가족과 제자, 친구들에게 보냈던 편지에서 조선 시대와 현대 사회의 접점을 발견하고, 그의 철학을 재해석하여 어려운 상황에서도 스스로를 지켜낼 수 있는 서른두 가지의 실천 방향을 제시하고 있다.

탐구 주제

주제1 《다산의 철학》은 조선 최고의 실학자 정약용의 편지에서 조선 시대와 현대 사회의 연결점을 찾아 급변하는 세상의 속도에 맞춰 살아가는 현대인들을 위로하며 자신을 지키는 방법을 제시한다. 정약용의 편지 중에 가장 인상 깊은 것을 선택하여 감상문을 작성해 보자.

주제2 다산 정약용은 아들에게 시 하나를 쓰더라도 백성들을 생각하고 세상에 이롭게 되도록 노력하라고 당부한다. 《다산의 철학》을 읽고 홍익인간 이념을 바탕으로 현대 사회와 윤리적 문제에 대해 분석하고, 세계 시민으로서 모든 이들을 이롭게 할 수 있는 공존방안을 제시해 보자.

주제3 《목민심서》를 기반으로 다산 정약용의 공직 윤리 연구

주제4 정약용의 업적과 사상 탐구

학생부 기록 예시 (교과세특)

'다산의 철학(윤성희)'을 읽고 다산이 아들에게 좌절 속에서도 내일을 준비하기를 당부한 글에 감동을 받아 감상문을 제출함. 유배지에서도 글을 쓰고 배움과 실천을 강조한 그의 성찰적 삶에 대해 경외심을 느꼈다고 소감을 밝힘. 나아가 성적에 따라 일희일비했던 자신을 반성하며 '학이시습'을 주제로 카드 뉴스를 제작하여 발표함. 급우들에게 꾸준히 배우고 익혀 행할 것을 독려하는 등 윤리적 삶을 실천하려는 의지를 보여 줌.

'다산의 철학(윤성희)'에서 아름답기만 한 시보다는 사람들을 이롭게 하는 시를 쓸 것을 당부하는 내용에 깊이 공감하고 평화와 전 지구적 관점에서 존재하는 모든 이를 이롭게 하는 방법에 대해 고찰함. 특히 전쟁으로 삶의 터전을 잃은 난민들을 주제로 문답 형식으로 동영상을 제작하여 평화와 공존, 국제적 책임과 연대에 대한 철학적 메시지를 전달하며 세계 시민의식을 바탕으로 문제해결 능력을 발휘함.

관련 논문
다산 정약용의 양심(良心)철학 체계(윤용남, 2021)

관련 도서
《다산의 마지막 질문》, 조윤제, 청림출판
《자산어보》, 정약전, 더스토리

관련 계열 및 학과
• 인문계열: 사학과, 상담심리학과, 심리학과, 종교학과, 철학과

• 사회계열: 공공인재학과, 공공행정학과, 사회복지학과, 사회학과, 행정학과

• 교육계열: 교육학과, 사회교육과, 역사교육과, 윤리교육과, 환경교육과

관련 교과

2022 개정 교육과정: 현대사회와 윤리, 윤리와 사상, 인문학과 윤리, 윤리문제 탐구, 인간과 철학

2015 개정 교육과정: 생활과 윤리, 윤리와 사상, 고전과 윤리, 철학

도덕적 인간과 비도덕적 사회

라인홀드 니버 | 문예출판사 |
2017

저자의 기본 전제는 '개인적으로 도덕적인 사람들도 집단의 이익을 위해서는 이기적으로 변한다.'이다. 개인으로서 인간은 자신의 이익을 희생하며 타인의 이익을 고려할 수 있다. 그러나 집단에 속해 있을 때는 이해관계에 따라 집단적 이기심을 보여주며 때로는 이러한 부정의에 익숙하여 비도덕적임을 깨닫지 못하기도 한다. 사회정의 실현을 위해 힘의 균형을 위한 선의지의 통제를 받는 강제력이 필요하다고 주장하는 책이다.

탐구 주제

주제1 저자는 인간은 이기심과 이타심을 모두 가지고 있으며 개인의 행위는 집단의 행위와 구별되어야 한다고 제시하였다. 《도덕적 인간과 비도덕적 사회》를 탐독하고, 집단의 도덕은 개인의 도덕에 비해 열등하다고 밝힌 이유를 고찰하여 보고서를 작성해 보자.

주제2 저자는 개인 간의 갈등 관계에서는 조정과 협상으로 갈등을 해결할 수 있지만, 집단 간의 갈등은 힘의 불균형으로 인해 개인의 도덕성으로는 해결될 수 없다고 하였다. 개인과 집단의 도덕성의 차이를 극복하여 사회 정의를 실현하기 위한 방안을 토의해 보자.

주제3 애국심이라는 이타심이 국가 이기주의로 변질된 사례 분석

주제4 니버의 사회정의 실현을 위한 강제력 사용의 조건 연구

학생부 기록 예시 (교과세특)

평등, 공정, 정의 등 사회정의에 호기심이 많아 '도덕적 인간과 비도덕적 사회(라인홀드 니버)'를 읽고 사회는 유기적 관계를 맺은 인간이 속한 집단이며 이해관계에 의해 집단의 이익을 우선시할 수 있다고 명시함. 집단의 도덕은 개인의 정치적인 관계가 얽혀있기 때문에 개인의 도덕보다 열등하다고 밝히며, 난민 문제와 연결 지어 개인의 도덕이 집단의 이기심을 벗어나 실현될 수 있도록 공공의 책임과 소명을 통찰함.

'도덕적 인간과 비도덕적 사회(라인홀드 니버)'를 읽고 니버가 제시한 사회정의에 대해 고찰하고 토의에 참여함. 집단 간의 힘의 균형을 위해 최소한의 강제력을 동원하여 개인의 이성으로 집단의 이기심을 통제해야 한다는 니버의 의견에 동의하며, 사업주와 근로자의 관계에서 근로자는 상대적으로 약자일 수밖에 없음을 설명하고 노동 조합과 근로기준법 등 사회적 장치가 필요하다고 제시하는 등 실천적인 문제해결 능력을 보여 줌.

관련 논문

개인윤리와 사회윤리-니버의 한국적 읽기와 과제(문시영, 2022)

관련 도서

《유토피아》, 토마스 모어, 현대지성
《시민 불복종》, 헨리 데이비드 소로, 미래와사람

관련 계열 및 학과
- 인문계열: 사학과, 심리학과, 인류학과, 종교학과, 철학과
- 사회계열: 공공인재학과, 공공행정학과, 국제통사학과, 군사학과, 사회복지학과, 사회학과

관련 교과
- 교육계열: 교육학과, 사회교육과, 역사교육과, 윤리교육과

2022 개정 교육과정: 현대사회와 윤리, 윤리와 사상, 윤리문제 탐구, 인간과 철학, 삶과 종교

2015 개정 교육과정: 생활과 윤리, 윤리와 사상, 고전과 윤리, 사회문제 탐구, 철학, 종교학

국어교과군

영어교과군

수학교과군

사회교과군

과학교과군

도덕교과군

동물 해방

피터 싱어 | 연암서가 | 2012

동물 해방 운동의 바이블

「타임」지 선정 '세계에서 가장 영향력 있는
인물 100인'에 오른 피터 싱어의 대표작

"우리가 동물을 보는 방식을. 그리고 궁극적으로 우리 자신을 바라보는 방식을
바꾸어 줄 매우 중요한 책" 「시카고 트리뷴」

피터 싱어는 공리주의를 바탕으로 동물 해방의 선구적 역할을 한 철학자이다. 동물 실험, 공장식 농장의 사례를 제시하며 인간에 의한 이유 없는 종 차별주의에 반대한다. 서양의 인간 중심주의 윤리를 비판하며 종 차별주의의 역사적 근원과 철학적 접근에 대해 제시하고, 동물 해방 운동으로 인간이 진정한 이타성을 발휘하는 능력을 가진 존재라는 것을 입증할 것에 대한 철학적 사유를 제안한다.

탐구 주제

주제1 피터 싱어는 자기가 소속되어 있는 종의 이익을 옹호하면서도 다른 종의 이익을 배척하는 편견을 종 차별주의라 명명하였다. 또한 공리주의자 벤담의 사상에 영향을 받아 '쾌고감수능력'을 가진 존재는 도덕적 지위가 있다고 하였다. '쾌고감수능력'을 가진 존재의 의미에 대해 정리해 보자.

주제2 피터 싱어는 인종 차별주의와 마찬가지로 종 차별주의적 편견 또한 정당화될 수 없음을 강조하면서 인간의 어떤 목적을 이루기 위해 동물들에게 비극적인 고통이 가해지고 있는 상황을 비판한다. 동물 실험의 폐지 요구가 대중들에게 즉각적으로 다가오지 못하는 이유에 대해 토의해 보자.

주제3 기독교 중심으로 서구 인간 중심 사상의 역사적 배경 조사

주제4 피터 싱어와 톰 레건의 동물 중심 사상 비교

학생부 기록 예시 (교과세특)

실천윤리학자 피터 싱어의 사상적 근원에 대해 고찰하기 위해 공리주의 사상과 연계하여 탐구함. 공리주의자 벤담의 '최대 다수의 최대 행복'에 따라 쾌락의 최대화와 고통의 최소화에 기반을 둔 쾌고감수능력을 이해함. 도덕적 대상과 존재의 내재적 가치를 쾌고감수능력에 바탕을 둔 피터 싱어의 철학을 논리적으로 설명하고 서양의 인간 중심 철학적 사고에 전환을 가져왔음에 의의가 있다고 소감을 밝힘.

인간이 동물보다 우위에 있다는 종 차별주의를 반대하는 자신의 주장에 대한 근거를 제시함. 생명의 존엄성을 바탕으로 심리학, 의학, 과학 등의 잔혹한 실험이 인간에게 유익하며 경제적으로 도움이 된다는 믿음 등으로 동물 실험의 실용적인 면을 포기하지 못하는 것을 탈리도마이드 사례를 바탕으로 비판함. 생명에 대한 감수성과 분석력이 돋보이며 인간과 다른 종들과의 조화와 공존을 추구하는 자세가 인상적임.

관련 논문

동물해방과 인간에 대한 존중(II) : 피터 싱어의 인간 개념과 문제점 (문성학, 2017)

관련 도서

《동물권 논쟁》, 임종식, 경진출판
《왜 비건인가?》, 피터 싱어, 두루미출판사

관련 계열 및 학과	• 인문계열: 사학과, 상담심리학과, 심리학과, 인류학과, 종교학과, 철학과
	• 자연계열: 동물자원학과, 생명과학과, 생물학과, 식품영양학과, 축산학과, 화학과
관련 교과	• 교육계열: 가정교육과, 과학교육과, 사회교육과, 생물교육과, 윤리교육과, 화학교육과

2022 개정 교육과정: 현대사회와 윤리, 윤리문제 탐구, 과학탐구실험1, 과학탐구실험 2, 생명과학, 화학

2015 개정 교육과정: 생활과 윤리, 통합사회, 사회문제 탐구, 생명과학 I, 화학I, 생활과 과학, 환경

모든 삶은 흐른다

로랑스 드빌레르 | 피카 | 2023

저자는 '인생'을 제대로 배우려면 바다로 가라.'라고 조언한다. 때로는 넘실거리고, 밀물과 썰물이 지나가고, 잔잔하게 흐르는 바다는 우리의 삶과 가장 유사하고 인생을 잘 표현하는 자연이기 때문이다. 바다의 신비로움과 아름다움은 삶에 대한 충만함을 보여 준다. 잠시도 쉬지 않고 자연스럽게 흐르는 바다와 우리의 인생을 고찰할 수 있게 하는 책이다.

탐구 주제

주제1 흔히 대양을 '바다'라고 한다. 그러나 바다와 대양은 다르다고 하는 사람들이 있다. 바다는 끝이 있지만 대양은 끝이 없는 것처럼 완전히 같은 것은 아니다. 그렇다면 인간도 하나의 기준으로 분류해야 할까? 디지털 기술의 발달과 문화의 획일화 및 상품화 현상의 문제점을 비판해 보자.

주제2 대규모 해양 탐험이 이루어지기 전에는 고래와 갯가재, 대왕오징어 등은 바다 괴물로 묘사되었다. 무지는 엉뚱한 상상으로 괴물들을 만들고 편견과 왜곡된 생각에 갇히게 된다. 편견에서 벗어나 호기심으로 새로운 지식을 깨닫고 탐구한 경험에 대해 발표해 보자.

주제3 부당함에 대해 저항할 수 있는 용기 탐구: 갑질을 중심으로

주제4 일상적 삶에서의 오티움(otium)에 대한 고찰

학생부 기록 예시 (교과세특)

인간을 하나의 기준으로 분류하여 상품처럼 다루는 현상에 대해 고민하고 모둠원과 토론에 참여함. 자신의 특징을 성격 유형 검사에 맞게 정리하며, 획일적 구분으로 인간의 성향과 삶의 모습을 표준화할 수 없다는 결론에 도달함. 디지털 기술의 발달로 인류의 삶의 영역이 이익 창출과 자본으로 연결되는 문화자본주의 현상을 비판하며 자신의 다양한 모습과 특성을 이해하기 위해 철학적 사색이 필요함을 성찰하며 실천적 의지를 다짐.

새로운 분야를 경험하고 지식을 확장하는데 두려움이 없는 학생으로 지적 호기심이 돋보임. 도전 정신을 발휘하여 교내 창업 활동을 위해 마케팅 전략을 수립하고 판매한 경험을 발표하여 호응을 얻음. 베이컨의 사상을 바탕으로 올바른 판단을 막는 선입견과 편견 극복 방법으로 디자인 툴을 활용해 4대 우상에 대한 사례를 4컷 웹툰으로 제작하여 발표하는 등 디지털 역량과 창의적인 예술성을 갖춘 융합적 탐구 능력이 돋보임.

관련 논문

한국의 현 종교지원정책과 문화자본주의 (우혜란, 2022)

관련 도서

《마음의 지혜》, 김경일, 포레스트북스
《역행자》, 자청, 웅진지식하우스

관련 계열 및 학과	• 인문계열: 문예창작학과, 불어불문학과, 심리학과, 인류학과, 종교학과, 철학과
	• 사회계열: 문화콘텐츠학과, 미디어커뮤니케이션 학과, 사회학과, 신문방송학과, 언론홍보학과
관련 교과	• 교육계열: 교육학과, 사회교육과, 윤리교육과, 지구과학교육과, 지리교육과, 환경교육과

2022 개정 교육과정: 현대사회와 윤리, 윤리와 사상, 인문학과 윤리, 윤리문제 탐구, 인간과 철학

2015 개정 교육과정: 생활과 윤리, 윤리와 사상, 철학, 논리학, 심리학

국어교과군

영어교과군

수학교과군

사회교과군

과학교과군

교양교과군

정선 목민심서
정약용 | 창비 | 2019

조선 후기, 유교 이념이 희미해져 각종 병폐로 힘들어하는 백성들을 안타까워한 정약용이 목민관이 백성을 다스리기 위해 꼭 알아야 할 원칙과 지침 및 세부 사항을 망라한 저서이다. 목민관의 역할을 총 12부로 나누어 목민관의 '부임'에서 시작해 마치고 돌아오는 '해관'의 과정에 이르기까지 지녀야 할 마음가짐과 경계할 것 등 총체적 지침이 사례와 함께 제시되어 있다.

탐구 주제

주제1 자기 자신을 단속하고 가다듬는 것을 의미하는 목민심서 제2부 '율기(律己)'에서 정약용은 청렴을 강조하며 '청렴이란 수령의 본래의 직무로서 모든 선의 원천이며 모든 덕의 근본이다.'라고 제시하였다. 공직 윤리에서 '청렴'이 중요한 이유를 책의 사례와 연결하여 정리해 보자.

주제2 목민(牧民)은 백성을 잘 보살피고 안녕한 삶을 누리는 것을 의미한다. 목민심서 제4부 '애민(愛民)'은 백성을 사랑해야 할 분야를 6조로 나누어 기술하였다. 정약용의 애민(愛民) 사상을 현대적 의미의 사회 복지 제도와 연계하여 그 의의를 고찰해 보자.

주제3 목민심서에 나타난 민생 구휼 방법 조사

주제4 목민심서의 실사구시(實事求是) 사상 연구

학생부 기록 예시 (교과세특)

'목민심서(정약용)'를 바탕으로 공직 윤리와 공직 사회에 주는 시사점을 연계하여 도덕적 성찰 능력과 융합 능력을 발휘함. 청렴을 세 가지 등급으로 구분하고 가독성 좋은 카드 뉴스 자료를 제작하여 급우들의 이해를 도움. 또한 현대 공직자들의 윤리 문제가 가족이나 친척 등 주변인들에 의해 발생하고 있음을 지적하고, 목민심서에 나타난 가족을 다스리는 '제가'와 청탁을 물리칠 것을 강조하는 '병객'과 연계하여 공직 윤리를 도출함.

목민심서의 '애민' 편과 현대 사회 복지 제도의 의의를 고찰하여 탐구 능력을 발휘함. 평등의 문제가 '누구에게 똑같이'가 아닌 필요한 사람에게 '더 많이'라는 것을 강조하면서 애민이 모든 백성이 아닌 사회적 취약계층을 의미한다고 설명함. 정치적 부패가 극심한 시기 사회 복지의 책임은 백성과 가장 가까운 곳에 있는 목민관에 있음을 강조하고 노인, 아동, 빈곤층, 장애인 등을 보살피는 현대 사회 복지 제도의 의의가 있음을 증명함.

관련 논문

다산 정약용의 『목민심서(牧民心書)』에 나타난 자(慈) 개념과 의료윤리 (정창록, 이일학, 2013)

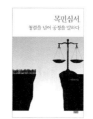

관련 도서
《목민심서, 청렴을 넘어 공정을 말하다》, 하종삼, 심산출판사
《실학, 조선의 르네상스를 열다》, 정성희 외, 사우

관련 계열 및 학과
- 인문계열 : 국어국문학과, 문화재학과, 사학과, 언어학과, 종교학과, 철학과
- 사회계열 : 공공인재학과, 공공행정학과, 도시행정학과, 사회복지학과, 사회학과

관련 교과
- 교육계열 : 교육학과, 국어교육과, 사회교육과, 역사교육과, 윤리교육과, 한문교육과

2022 개정 교육과정 : 현대사회와 윤리, 윤리와 사상, 인문학과 윤리, 정치, 법과 사회, 경제, 사회문제 탐구

2015 개정 교육과정 : 생활과 윤리, 윤리와 사상, 정치와 법, 경제, 사회문제 탐구

문화의 수수께끼

마빈 해리스 | 한길사 | 2017

비합리적이고 수수께끼 같은 문화 현상들 특히 암소숭배, 돼지고기 혐오, 유령화물, 마녀사냥, 구세주 등을 유물론적 관점과 문화생태학적 관점에서 분석하는 책이다. 문화인류학의 거장이 사회·경제적 배경을 바탕으로 한 사회의 생활양식과 문화를 객관적으로 바라보는 사례들을 함께 살피다 보면 다양한 문화를 이해하는 거시적 관점을 갖게 될 것이다.

탐구 주제

주제1 저자는 서양인의 시각에서는 인도의 '암소 숭배' 전통이 터무니없는 것이라 단정지으면서도 인도의 생태 환경에서는 암소 숭배는 정당하며 필연적이라고 설명한다. 인도의 생태 및 경제적 배경을 바탕으로 암소 숭배가 문화의 질서를 부여하는 당위성에 대해 제시해 보자.

주제2 저자는 마녀사냥이 전쟁과 혁명이 계속되는 시기에 절정을 이루었다고 지적한다. 마녀사냥을 통해 사회 위기와 책임을 가상의 괴물에게 전가한 것이다. 이러한 마녀사냥은 현대 사회에서도 자주 볼 수 있다. 인터넷상에서 발생하는 마녀사냥의 원인과 피해, 해결 방안에 대해 정리해 보자.

주제3 중동지역의 돼지 혐오 문화와 자연환경의 관계 분석

주제4 마빈 해리스의 남녀 차별의 관점 비판

학생부 기록 예시 (교과세특)

평등한 입장에서의 조화를 중요시하는 다문화주의에 입각하여 다른 나라의 문화에 대한 개방적 자세를 강조하는 자세가 인상적임. 인도의 암소 숭배는 인도의 소규모, 가축 위주의 농업 사회에서 필수 조건이며, 수소와 암소를 구분하여 활용해 인도 생태계에서 소가 가지고 있는 장점을 살려 효용을 극대화한 점을 구체적으로 설명함. 이 과정에서 문화 현상을 생태학적으로 접근하고 분석하는 과학적 사고 능력을 발휘함.

'문화의 수수께끼(마빈 해리스)'에서 마녀사냥을 대 마녀 광란으로 묘사한 이유에 대해 고찰하고 인터넷에서의 마녀사냥에 대해 탐색함. 1인 미디어의 증가와 대화형 인공지능 등 무분별한 정보에 노출된 현대인들이 익명성에 숨어 무분별하게 타인을 공격하는 것을 강력하게 비판함. 인터넷 실명제와 디지털 리터러시, 언론윤리를 동시에 지원하여 인터넷에서의 자정 능력을 활성화할 것을 강조하는 실천적인 해결 방안을 제시함.

관련 논문

문화적 통일을 어떻게 이룰 것인가? 통일로 인한 위협과 다양성 이념의 완충 효과의 탐색 (이성지 외, 2023)

관련 도서

《음식문화의 수수께끼》, 마빈 해리스, 한길사
《우리시대의 마녀》, 임옥희 외, 여이연

관련 계열 및 학과
- 인문계열 : 국어국문학과, 사학과, 상담심리학과, 심리학과, 종교학과, 철학과
- 사회계열 : 문화콘텐츠학과, 미디어커뮤니케이션학과, 신문방송학과, 언론정보학과
- 교육계열 : 교육학과, 국어교육과, 사회교육과, 역사교육과, 윤리교육과, 한문교육과

관련 교과

2022 개정 교육과정 : 현대사회와 윤리, 윤리와 사상, 윤리 문제 탐구, 사회와 문화, 사회문제 탐구, 정보

2015 개정 교육과정 : 윤리와 사상, 고전과 윤리, 사회·문화, 사회문제 탐구, 정보

반드시 다가올 미래
남성현 | 포르체 | 2022

반드시 다가올 미래
한눈에 이해하는 기후 변화 이야기
남성현 지음

"기후 재앙까지 남은 시간 3년!"
⟨JTBC 차이나는 클라스⟩, ⟨tvN 벌거벗은 세계사⟩ 출연
서울대학교 남성현 교수가 전하는 기후 비상 시대 지침서
포르체

기후 위기는 더 이상 환경 변화나 적응을 논하는 차원이 아닌 생존의 문제가 되었다. 이 책은 기후, 빙하, 해양 등 지구 온난화를 이해하기 위한 기초 용어부터 기후 재앙과 지구의 미래, 환경을 위한 노력 등 기후 위기의 문제를 과학적으로 규명한다. 나아가 기후 위기의 원인이 인류에 의한 기후 변화임을 경고하며 인간과 지구의 공존에 대한 방향을 안내한다.

탐구 주제

주제1 지구 온난화는 자연적 기후 변동성과 인위적 기후 변화에서 비롯된다. 지구의 온도가 1.5도 이상 오르면 대재앙이 진행될 것이라고 예측하고 있다. 인위적 기후 변화로 인한 환경 변화와 극복 방안을 제시해 보자.

주제2 과학 기술과 산업화가 기후 위기의 원인임은 분명하지만, 환경을 위해 과학 기술을 포기할 수는 없다. 미래 사회는 과학 기술과 더욱 밀착될 것이며, 과학의 유용성과 기술은 환경 문제 해결을 위한 대안이 될 수 있다. 지구와 인류, 과학 기술의 공존 방안을 고찰해 보자.

주제3 기후 위기와 지구의 빈부 격차의 관계 연구

주제4 생태 중심주의 윤리의 의의와 한계

학생부 기록 예시 (교과세특)

인간에 의한 기후 위기의 문제를 북반구 평균 온도 변화를 그려낸 하키 스틱 곡선으로 규명함. 산업화 이후 온도가 하키 스틱의 날과 같이 급격히 올라가는 것을 제시하며 지구 온난화로 인한 기후 위기가 인위적인 기후변화임을 과학적으로 증명하려 노력함. 인간 중심적 사고에서 벗어나 모든 생명체를 소중히 여기고, 지구 환경과 자연 생태계의 공존을 위한 유기적 관점의 생태 중심적 사고로 확장해야 한다고 제안함.

과학 기술과 인류 및 지구의 공존을 위한 해답을 야스퍼스 철학을 바탕으로 사색함. 기술 그 차제는 가치 중립적인 공허한 힘이며 목적에 대한 수단임을 인지하고 기술의 활용에 인간의 가치 판단이 개입되어야 한다는 점에서 과학철학의 필요성에 대해 강조함. 또한 지속 가능한 발전을 위해 온실 감축을 위한 기술 개발과 인간의 이기심을 규제할 정책을 마련하여 기후변화에 대응해야 한다는 대안을 제시함.

관련 논문
온라인 공간 속 기후위기 인식과 태도(박정현, 2021)

관련 도서
《위기의 지구, 물러설 곳 없는 인간》, 남성현, 21세기북스
《우린 일회용이 아니니까》, 고금숙, 슬로비

관련 계열 및 학과
- 사회계열: 공공행정학과, 관광학과, 광고홍보학과, 도시행정학과, 사회복지학과, 사회학과
- 자연계열: 대기과학과, 산림학과, 생명과학과, 생물학과, 지구환경과학과, 해양학과, 환경학과
- 공학계열: 기계공학과, 전기공학과, 전자공학과, 정보통신공학과, 화학공학과, 환경공학과

관련 교과
2022 개정 교육과정: 현대사회와 윤리, 윤리와 사상, 윤리문제 탐구, 기후변화와 환경생태, 생태와 환경

2015 개정 교육과정: 생활과 윤리, 윤리와 사상, 사회문제 탐구, 지구과학, 환경

불편한 편의점
김호연 | 나무옆의자 | 2021

한국을 넘어 세계를 사로잡은 K-힐링소설의 대표작
오직 독자의 선택과 입소문이 만든 경이로운 밀리언셀러

★★★★★ 주요 서점 80주 연속 종합 베스트 Top 10
★★★★★ 전 세계 18개국 판권 수출
★★★★★ 전국 37개도시 올해의 책
★★★★★ 2022 공공도서관 최다대출 도서

노숙인 독고 씨는 70대 여성의 지갑을 찾아 주면서 그녀가 운영하는 편의점에서 야간 알바를 시작한다. 알코올성 치매로 기억을 잃은 독고 씨는 말이 어눌하고 일은 느려도 성실하게 손님들과 소통하며 편의점을 지킨다. 툭하면 교사 직업 윤리가 발동하는 염 여사, 50대 생계형 알바생 오 여사, 혼술로 스트레스를 푸는 회사원 경만 등 불편한 편의점은 불편하지만 자꾸 가게 되는 특별한 공간이 된다.

탐구 주제

주제1 독고 씨는 인사도 제대로 못하지만 고객 중심의 서비스와 원칙을 지키는 성실한 자세로 편의점을 지킨다. 시간이 지나 기억이 돌아온 그는 자신의 직업이 의사였음을 깨닫고 과거를 부끄러워한다. 편의점 알바생으로서의 독고 씨와 의사였을 때의 그의 직업 윤리를 평가해 보자.

주제2 물건도 많지 않고 이벤트도 없는 《불편한 편의점》은 장사가 안되는 작은 편의점에 불과했다. 그러나 노숙인이던 독고 씨가 편의점 야간 알바로 오면서 각 등장인물들에게 특별한 공간이 되었다. 그 비결을 정리하여 감상문을 제출해 보자.

주제3 의료인 직업 윤리 사례 조사

주제4 문학 작품 속에 나타난 사회적 차별 및 편견 고찰

학생부 기록 예시 (교과세특)

'불편한 편의점(정호연)'을 읽고 다양한 직업을 가진 등장인물에 대해 분석함. 특히 노숙인과 의사로서의 주인공 독고 씨의 직업 윤리를 비교함. 인공지능 프로그램을 활용하여 직업인으로서의 독고 씨의 모습을 가독성 높은 자료로 제작하여 발표함. 뛰어난 디지털 역량과 소통 능력으로 친구들의 호응을 이끌었고, 생명을 다루는 의료인이 물질적 측면만을 중요시할 때 나타나는 비극에 대해 경고하며 생명 윤리의 중요성을 강조함.

최근 청년층의 마약, 범죄 등의 원인이 고독과 소외감이라고 가정하고 문학 작품을 탐독함. '불편한 편의점(정호연)'에서 독고 씨가 손님들의 이야기를 들어 주며 개인에 맞는 물건을 추천하는 과정은 각자 원하는 것을 이루지 못한 등장 인물들에게 소통과 경청을 경험하는 특별한 시간이 되었음을 제시함. 현대인들의 개별적 삶에서 일상적인 소통, 공간의 공유로 삶의 가치를 깨닫게 해주었다는 윤리적 성찰 능력을 발휘함.

관련 논문
현대인의 소통과 고독에 관한 고찰-야스퍼스의 실존철학적 관점에서 (주혜연, 2017)

관련 도서
《나미야 잡화점의 기적》, 히가시노 게이고, 현대문학
《완벽한 대화의 비밀》, 황시투안, 파인북

관련 계열 및 학과
- 인문계열: 국어국문학과, 문예창작학과, 상담심리학과, 심리학과, 철학과
- 의약계열: 전 의약계열

관련 교과
- 교육계열: 교육학과, 국어교육과, 사회교육과, 윤리교육과, 환경교육과

2022 개정 교육과정: 현대사회와 윤리, 윤리와 사상, 윤리문제 탐구, 독서와 작문, 문학

2015 개정 교육과정: 생활과 윤리, 윤리와 사상, 독서, 문학

국어교과군

영어교과군

수학교과군

사회교과군

과학교과군

도덕교과군

사피엔스

유발 하라리 | 김영사 | 2015

인류의 시작과 발달을 인류 역사에 큰 영향을 준 획기적 사건을 통해 설명한다. 인지 혁명, 농업 혁명, 과학 혁명은 인간과 생명체에 어떤 영향을 주었고, 호모 사피엔스가 번성하며 어떻게 인류의 주인공이 되었는지 안내한다. 과거와 미래를 오가며 다가올 미래를 날카롭게 통찰하며 인류가 나아갈 방향에 대담한 질문을 던지는 책이다.

탐구 주제

주제1 《사피엔스》는 태초 인류로부터 사이보그까지의 역사를 망라하며 문명의 본질과 역사에 대한 통찰을 보여준다. 인지 혁명, 농업 혁명, 과학 혁명을 요약하고, 현재 인류가 선조보다 물질적 풍요와 힘을 가졌지만 행복하지 못한 것에 대한 해결 방안을 제안해 보자.

주제2 저자는 과학 혁명을 '무지를 인정하고 관찰과 수학으로 새로운 지식을 획득하는 과정'이라고 설명한다. 또한 과학의 발달이 권력과 결합하여 제국주의와 자본주의에 기여한 과정을 분석한다. 미래 인류의 발전에 절대적 영향을 주는 과학의 역할과 책임에 대해 논의해 보자.

주제3 인류의 진보에 기여한 종교의 역할과 미래에 대한 고찰

주제4 산업화에 따른 동물의 가축식 사육 비판

학생부 기록 예시 (교과세특)

'사피엔스(유발 하라리)'를 읽고 물질적인 풍요에도 과거보다 인류가 행복하지 못한 이유를 고찰함. 농업 혁명이 서열화와 동식물의 기계화로 엘리트주의를 야기했음을 비판하고 과학 혁명으로 종교에서 벗어나며 과학적 사고가 가능했음을 제시함. 나아가 선조보다 행복하지 못한 인류가 과학 기술을 활용할 수 있는 지식의 공유와 협력을 바탕으로 공동체적 연대를 통한 행복한 삶을 영위해야 한다는 주체적인 의견을 제시함.

'사피엔스(유발 하라리)'를 읽고 과학 혁명으로 과학과 권력이 결합하여 자본주의와 제국주의의 동력이 되었음을 비판함. 과학자가 권력과 결탁하면 생명 경시와 환경 파괴로 인류의 삶을 위협할 수 있음을 경고함. 미래에는 과학이 유전자 복제와 같은 신의 영역을 침범할 수 있음을 경고하면서 인류를 이롭게 하기 위한 과학 기술의 보편 원칙을 확립하고 시민 연대와 윤리 규제로 견제할 것을 제시하는 등 문제해결 능력과 통찰력을 보임.

관련 논문

지식 축적과 AI 기술을 기반으로 한 인류 역사 모형(권오성, 2021)

관련 도서

《호모 데우스》, 유발 하라리, 김영사
《팩트풀니스》, 한스 로슬링 외, 김영사

관련 계열 및 학과	• 인문계열: 고고학과, 사학과, 인류학과, 종교학과, 철학과
	• 자연계열: 농생물학과, 동물자원학과, 생명과학과, 생물학과, 축산학과, 환경학과
관련 교과	• 공학계열: 생명공학과, 소프트웨어공학과, 소프트웨어학과, 컴퓨터공학과, 환경공학과

2022 개정 교육과정: 현대사회와 윤리, 윤리와 사상, 윤리문제 탐구, 과학의 역사와 문화, 인간과 철학

2015 개정 교육과정: 생활과 윤리, 윤리와 사상, 과학사, 철학

삶은 예술로 빛난다

조원재 | 다산북스 | 2023

이 책의 저자는 예술을 통해 예술 지식이 아닌 삶의 지혜를 사색하기를 권한다. 반복되는 일상, 볼 것이 범람하는 시대에 어떤 것에 집중해야 하는지 등 '진짜 나의 삶'과 '나 자신의 삶'을 영위하기 위한 27편의 이야기로 구성되어 있다. 일상의 과업에서 벗어나 색다른 관점으로 삶을 사색하여 삶이 예술이 되기를, 그리고 빛나는 삶을 영위하도록 안내한다.

탐구 주제

주제1 저자는 많은 시간을 스마트폰에 의존하는 현대인들을 보며 스마트폰의 정보들을 스스로 탐색하고 결정하고 있는지를 질문한다. 또한 자신이 미술을 사랑하게 된 이유를 '보기의 결정권'이라고 말한다. 수많은 정보가 범람하는 현대 사회의 문제점과 예술작품의 가치에 대해 고찰해 보자.

주제2 김수자 작가의 〈바늘 여인〉은 영국, 인도, 예멘, 중국 등 세계 각국을 떠돌아다니며 인파로 가득 찬 거리에 자신의 뒷모습을 촬영한 것이다. 자신을 바늘에, 지구촌 사람들을 천 조각에 비유하여 하나로 엮고 있는 것으로 표현하였다. 작품의 키워드를 도출하여 감상문을 제출해 보자.

주제3 문화 예술 활동을 통한 문화의 공유 사례 탐색

주제4 플라톤 철학을 중심으로 예술과 윤리적 가치에 대한 고찰

학생부 기록 예시 (교과세특)

현대인들의 스마트폰 중독이 개인적 요인이 아닌 환경적 요인임을 인지하고 무의식적으로 정보를 습득하는 사회 현상의 문제점을 비판함. 같은 공간에 있지만 각자 스마트폰을 보는 '작업중(정희승)' 작품을 소개하며 스마트폰 의존 현상을 분석함. 예술은 자신이 감상할 작품에 대한 인간의 결정권을 극대화하고 교감을 통해 공감과 정서적 안정을 느낄 수 있어 현대인들의 고독과 소외감을 극복할 수 있다는 예술적 가치를 고찰함.

'바늘 여인(김수자)'을 함께 감상하고 바늘, 실, 세계라는 3개의 키워드를 도출함. 인공지능 플랫폼을 활용해 키워드를 이미지화하여 일상, 분쟁, 전쟁, 빈곤 등 다양한 환경에 처한 세계 각국의 시민들이 바늘로 묘사되는 작가를 지나가며 상호의존성과 연결성을 보여 주고 있음을 제시함. 나아가 세계 시민으로서 전쟁과 인권, 난민 문제에 대한 적극적 고민과 동참에 대한 필요성을 촉구하며 전 지구적 연대와 참여 의식을 보여 줌.

관련 논문

문화도시를 위한 사회참여 공공미술-서울 도시갤러리 프로젝트의 패러독스: 포용(김미진, 왕연주, 2019)

관련 도서

《나의 다정한 그림들》, 조안나, 마로니에북스
《퓨처 셀프》, 벤저민 하디, 상상스퀘어

관련 계열 및 학과	• 사회계열: 문화콘텐츠학과, 미디어커뮤니케이션학과, 신문방송학과, 언론정보학과
	• 예체능계열: 공예학과, 미술학과, 사진학과, 산업디자인학과, 시각디자인학과, 조소과
관련 교과	• 교육계열: 가정교육과, 교육공학과, 교육학과, 미술교육과, 역사교육과, 윤리교육과

2022 개정 교육과정: 현대사회와 윤리, 윤리문제 탐구, 사회와 문화, 미술감상과 비평, 미술과 매체

2015 개정 교육과정: 생활과 윤리, 윤리와 사상, 사회·문화, 미술, 미술창작, 미술감상과 비평

국어교과군

영어교과군

수학교과군

사회교과군

과학교과군

도덕교과군

새내기 노동인 ㄱㄴㄷ

손석춘 | 철수와영희 | 2020

《새내기 노동인 ㄱㄴㄷ》의 저자는 근면성실하게 주어진 질서에 순종하며 일하는 사람이 노동인으로 불리길 바란다. 이 책은 새내기 노동인들과 예비 노동인들이 일터에서 마주할 부당함을 극복할 수 있도록 헌법과 노동법에 명문화된 노동인의 권리에 대해 강조한다. 한국 경제의 특수성, 자본주의의 역사, 노동인 권리와 발전과정 등을 통해 노동인으로의 정체성을 확립하고 권리를 인식할 수 있도록 안내하고 있다.

탐구 주제

주제1 상업은 농업에 기반을 둔 기독교가 부의 축적을 죄악시했기 때문에 중세 유럽 때까지 천시받았다. 독일의 사회학자 막스 베버는 종교개혁 이후의 자본주의의 발달 과정을 연구하였다. 막스 베버가 주장한 프로테스탄트 윤리가 자본주의 발전에 영향을 끼친 과정에 대해 조사해 보자.

주제2 유럽연합(EU)은 기업의 사회적 책임이란 기업들이 자발적으로 사회적·환경적 관심사들을 수용하여 이해 당사자들과 지속적인 상호 작용을 이루는 것이라고 정의하였다. 이윤 창출을 목적으로 하는 기업의 사회적 책임을 의무화하는 것에 대한 의견을 정리하여 토론에 참여해 보자.

주제3 유럽과 한국의 자본주의 발달 과정 비교

주제4 한국 기업의 사회적 책임 실천 사례 조사

학생부 기록 예시 (교과세특)

노동에 대한 인식과 가치에 대해 고찰하는 과정에서 역사적 배경을 탐색하고 서구 사회의 자본주의 발달을 종교적 관점에서 설명한 막스 베버의 프로테스탄트 윤리에 대해 탐구함. 직업이 하늘에서 정해준 것이라는 천직 의식과 금욕주의가 결합하여 자본의 축적을 윤리적으로 정당화한 과정에 대해 인지하고 나아가 경제적 상태와 사회 구조에 입각한 마르크스의 자본주의에 대한 관점을 비교하여 지식을 확장하는 모습을 보임.

사회적 책임의 당위성을 글로벌 기업의 등장과 연계하여 분석한 점이 인상적임. 이윤을 추구하는 기업이 차지하는 비중이 높아지면서 인권, 노동 관행, 환경 등 지속 가능한 발전에 대한 필연적인 당위성을 논리적으로 설명함. 자본주의의 성과와 의의, 한계에 대해 조리 있게 설명하면서 기업의 사회적 책임과 지역사회, 근로자와의 선순환 구조를 정리하여 의견을 주장하는 등 우수한 탐구 능력을 발휘함.

관련 논문

막스 베버의 '자본주의 정신 기원론'에 대한 비판적 고찰(김영태, 2011)

관련 도서

《프로테스탄트 윤리와 자본주의 정신》, 막스 베버, 문예 출판사
《중공업 가족의 유토피아》, 양승훈, 오월의봄

관련 계열 및 학과
- 인문계열: 국어국문학과, 독어독문학과, 문예창작학과, 사학과, 종교학과, 철학과
- 사회계열: 경영학과, 경제학과, 공공행정학과, 사회복지학과, 사회학과, 행정학과

관련 교과
- 교육계열: 교육공학과, 교육학과, 기술교육과, 사회교육과, 역사교육과, 윤리교육과

2022 개정 교육과정: 현대사회와 윤리, 윤리와 사상, 윤리문제 탐구, 법과 사회, 인간과 철학

2015 개정 교육과정: 생활과 윤리, 통합사회, 정치와 법, 사회문제 탐구, 철학

소크라테스 익스프레스

에릭 와이너 | 어크로스 | 2021

손을 뻗기만 하면 지식이 쏟아져 나오는 사회에 사는 우리에게 필요한 것은 지식이 아니라 지혜이다. 지혜는 실천하는 것이며, 삶의 단계마다 필요한 지식은 다르기에 철학이 필요하다. 책 속에 등장하는 열네 명의 철학자는 우리의 생활 속에 그들의 철학으로 스며든다. 철학자들에 대한 통찰은 인생의 여정에서 새로운 상황에 마주할 사람들의 일상에 위로와 깨달음을 준다.

탐구 주제

주제1 저자는 아침형 인간이 되기를 바라는 자신의 열망을 로마의 황제 마르쿠스 아우렐리우스와의 공통점으로 꼽는다. 마르쿠스는 빈둥대는 것을 이기적인 행동으로 인지하고 침대 밖으로 나오기 위해 노력하였다. 침대 밖으로 나와 행동으로 실천하기 위한 자신의 사명에 대해 고찰해 보자.

주제2 저자는 뉴욕의 지하철에 탄 사람들을 관찰하며 친절을 찾으려 노력하며 공자를 떠올린다. 공자는 인(仁)의 실천을 위해 공경, 아량, 신의, 민첩함, 친절 다섯 가지 덕목을 제시하였다. 공자의 인(仁)을 친절과 연결해 현대인들이 서로에게 친절을 표현하기 위한 의례를 제시해 보자

주제3 간디의 비폭력 운동에 대한 탐구

주제4 쇼펜하우어의 행복론에 대한 고찰

학생부 기록 예시 (교과세특)

마르쿠스 아우렐리우스의 침대 밖으로 나오기 위한 사명을 '한 인간으로서 반드시 일해야만 한다.'라는 문장으로 이해했음을 밝힘. 안락함을 추구하는 이기심을 극복하고 내부의 사명을 행동으로 옮긴 그의 성찰과 실천에 깊이 감명을 받았음을 설명함. 자신의 사명은 아동의 성장을 지원하는 사회복지사의 자격을 갖추는 것임을 제시하며, 현대 사회의 디지털 격차와 아동 소외 문제를 진로와 연계하는 실천적 탐구 능력을 보임.

'소크라테스 익스프레스(에릭 와이너)'를 읽고 서양의 관점에서 해석한 공자의 인에 대해 지적 호기심을 발휘함. 인의 실천 덕목인 효, 제, 충, 신, 서를 바탕으로 '친절'을 도출한 것에 착안하여 바쁜 현대인의 인간으로서의 본성과 인의 발현에 대해 디자인 툴을 이용하여 마인드 맵으로 제작함. 디지털 역량을 바탕으로 인을 발휘하기 위한 유교 의례의 필요성에 대한 자료를 정리하며 급우들의 호응을 이끌어 냄.

관련 논문

인간의 고통과 예술의 역할: 쇼펜하우어 예술론을 중심으로(공병혜, 2015)

관련 도서

《명상록》, 마르쿠스 아우렐리우스, 현대지성
《더 좋은 삶을 위한 철학》, 마이클 슈어, 김영사

관련 계열 및 학과
- 인문계열: 문예창작학과, 사학과, 상담심리학과, 심리학과, 영어영문학과, 철학과
- 예체능계열: 관현악과, 성악과, 실용음악과, 연극영화과, 음악학과, 작곡과
- 교육계열: 교육학과, 사회교육과, 역사교육과, 윤리교육과, 음악교육과

관련 교과

2022 개정 교육과정: 현대사회와 윤리, 윤리와 사상, 윤리문제 탐구, 인간과 철학, 음악감상과 비평

2015 개정 교육과정: 생활과 윤리, 윤리와 사상, 고전과 윤리, 음악감상과 비평, 철학

있습니다

소크라테스의 변명, 크리톤, 향연, 파이돈

플라톤 | 육문사 | 2023

철학자 소크라테스는 기원전 399년, 신을 믿지 않고 유능한 청년들을 타락시켰다는 죄목으로 처형되었다. 책은 소크라테스가 법정에 고발되어 3차례에 걸쳐 배심원들에게 자신을 변호하는 내용을 담고 있다. 소크라테스는 진실하고 논리적인 변론에도 사형 선고를 받는다. 탈옥을 거부하고 죽음을 의연하게 맞이하는 그에게서 참된 진리를 추구하는 철학자의 모습을 볼 수 있다.

탐구 주제

주제1 소크라테스는 소피스트의 상대주의에 맞서 보편타당한 절대 진리를 추구하였다. 그는 진리와 지식을 발견하는 과정에서 무지를 일깨우는 방법으로 문답법을 제시하였다. 《소크라테스의 변명》을 읽고 소크라테스가 주장한 무지의 의미를 고찰하여 보고서를 작성해 보자.

주제2 소크라테스는 정치적 능력이 없거나 부덕한 인간이 정치를 하게 된 경우 정치가 타락할 것이라고 하였다. 이는 사회 전체의 타락으로 이어질 수 있음을 경고하며 직접 민주주의를 비판하였다. 《소크라테스의 변명》을 읽고 그의 재판 과정과 판결의 민주적 절차에 대해 비판해 보자.

주제3 플라톤과 아리스토텔레스의 정치 철학 비교

주제4 소크라테스 문답법의 교육적 의미 탐구

학생부 기록 예시 (교과세특)

'소크라테스의 변명(플라톤)'을 읽고 소크라테스의 무지에 대해 고찰함. 그가 주장한 무지는 모른다는 것을 알고 있는 것을 의미하며 진리를 깨닫기 위한 철학적 대화와 사유를 덕이자 옳은 행위라고 강조함. 나아가 '더 리더(베른하르트 슐링크)'의 여자 주인공이 유대인을 학살하고도 그것이 죄임을 몰랐던 것은 무지로 인한 도덕적 공백임을 경고하며 윤리 사상을 주체적으로 수용하여 사회 문제에 반영한 점이 인상적임.

'소크라테스의 변명(플라톤)'에서 소크라테스의 논리적 변론과 죄목의 불확실성에도 불구하고 재판과 투표라는 민주적 절차로 유죄 판결이 난 것에 의문을 품음. 그의 3가지 죄목에 대한 변론을 분석하며 논리력을 발휘하였고, 국가의 복종을 강조한 당시 아테네의 정치적 상황을 연결하여 발표함. 그가 죽음을 의연하게 받아들인 것은 불합리한 국가의 체계에 복종해 수준 높은 시민성을 보여 준 것이라며 우수한 탐구력을 보여 줌.

관련 논문
플라톤의 『변명』과 소크라테스적 정치적 삶(박성우, 2004)

관련 도서
《아리스토텔레스 철학》, 전재원, 역락
《플라톤 국가》, 플라톤, 현대지성

관련 계열 및 학과
- 인문계열: 문예창작학과, 사학과, 철학과
- 사회계열: 공공인재학과, 공공행정학과, 국제통상학과, 법학과, 사회학과, 정치외교학과
- 교육계열: 교육학과, 사회교육과, 역사교육과, 윤리교육과

관련 교과

2022 개정 교육과정: 현대사회와 윤리, 윤리와 사상, 윤리문제 탐구, 정치, 인간과 철학, 논리와 사고

2015 개정 교육과정: 생활과 윤리, 윤리와 사상, 고전과 윤리, 정치, 철학, 논리학

소프트 시티

데이비드 심 | 차밍시티 | 2020

사람을 최우선에 두는 도시 계획과 건축 설계로 잘 알려져 있는 저자는 '소프트 시티' 건설을 통한 현대 사회의 문제 해결을 주장한다. '소프트 시티'는 도시화의 여러 현안들을 편의성, 공유성, 다원성, 생태계 등과 같은 인간 중심의 접근으로 해결하고자 하는 도시 개발 방법이다. 사람을 위한 일상의 밀도, 다양성, 근접성에 대해 고찰하고 일상을 개선하는 방법에 대해 탐구할 수 있다.

탐구 주제

주제1 자전거는 친환경적이며 편리하고 저비용으로 즐길 수 있는 교통수단이다. 많은 국가가 에너지 위기, 환경오염 등의 문제 해결을 위해 자전거 기반 친환경 도시 인프라를 확충하고 있다. 도심 속 자전거 인프라 구축의 필요성을 환경적 측면에서 정리해 보자.

주제2 도시의 사람들은 인구 밀도가 높은 환경에서 살아간다. 따라서 자연과 연결되는 일상적 경험을 통해 정서적 안정을 얻을 수 있다. 《소프트 시티》를 읽고 자연과 공존하는 주거 공간의 사례와 윤리적 가치에 대해 고찰해 보자.

주제3 교류 촉진을 위한 덴마크의 고밀도-저층 구조 사례 조사

주제4 거리를 기반으로 하는 대중교통의 장점 연구

학생부 기록 예시 (교과세특)

친환경 도심 구축을 위한 자전거 타기의 중요성을 주제로 디자인 툴을 활용한 자료를 제작하고, 유럽의 자전거 전용 도로를 사례로 제시하며 발표함. 자전거 전용 도로가 건강 증진, 비용 절감뿐 아니라 대기 오염도 예방할 수 있음을 강조함. 최소 두 대 이상의 공간이 확보된 전용 도로를 마련하면 능동적인 자전거 활용, 다양한 교통수단의 공존을 통해 스마트한 도시 계획의 기초를 정립할 수 있다는 자연 친화적인 아이디어를 제안함.

무위자연 사상과 유럽의 건축을 연계해 도심과 자연이 공존하는 모습을 설명하며 융합적 사고력을 발휘함. 자연 채광과 환기로 채광 및 에너지 절감 효과를 설명하고, 탄소 배출 제로와 풍력 발전 등 신재생 에너지로 자연과 공존하는 건물의 도시의 가능성을 발견하게 되었다고 소감을 밝힘. 나아가 개량 한옥 형태의 주거 공간 확충으로 문화 다양성과 환경이 공존하는 한국형 도시 공간에 대한 창의적 아이디어를 제안함.

관련 논문
슬로우시티 도시마케팅 사례 연구-유럽 슬로시티를 중심으로(조영호, 2018)

관련 도서
《바이오필릭 시티》, 티모시 비틀리, 차밍시티
《그레타 툰베리의 금요일》, 그레타 툰베리, 책담

관련 계열 및 학과	• 사회계열: 공공인재학과, 공공행정학과, 관광학과, 도시행정학과, 사회복지학과, 사회학과
	• 공학계열: 건축공학과, 건축학과, 도시공학과, 산업공학과, 환경공학과
관련 교과	• 교육계열: 과학교육과, 기술교육과, 사회교육과, 역사교육과, 윤리교육과, 지리교육과

2022 개정 교육과정: 현대사회와 윤리, 윤리와 사상, 사회·문화, 창의공학 설계, 기후변화와 지속가능한 세계

2015 개정 교육과정: 생활과 윤리, 윤리와 사상, 사회·문화, 공학일반, 환경, 철학

국어교과군

영어교과군

수학교과군

사회교과군

과학교과군

도덕교과군

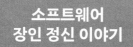

소프트웨어 장인 정신 이야기

로버트 C. 마틴 | 인사이트 | 2023

소프트웨어가 세상을 지배하는 현대 사회는 편리함이나 재미, 흥미를 논하기에 앞서 책임감을 느껴야 하는 세상이다. 저자는 프로그래머의 수는 매해 증가하지만 숙련된 프로그래머의 비율은 한층 낮아지고 있음을 걱정하며, 프로그래머가 충분한 경험을 쌓고 훈련받기를 당부한다. 또한 프로그래머가 전문성과 책임을 다하고 자신의 기술을 정의할 수 있는 규율과 기준, 윤리가 필요하다고 제안한다.

탐구 주제

주제1　저자는 프로그래머들에게 공동 프로그래밍에 참여할 것을 독려한다. 프로그래머 둘이 하는 공동 작업을 '짝 프로그램'이라고 하고, 셋 이상이 참여하는 것을 '몹 프로그래밍'이라 한다. 프로그래머들에게 공동 프로그램이 필요한 이유와 의의를 정리해 보자.

주제2　컴퓨터 수가 사람 수보다 많은 현대 사회에서 프로그래머는 세상을 지배한다. 소프트웨어 없이는 요리도, 세탁도, 일상의 재미도 없는 세상이다. 이는 곧 소프트웨어로 사회의 재앙을 가져올 수도 있다는 것이다. 소프트웨어의 오류로 발생한 사건과 원인을 분석해 보자.

주제3　프로그래밍과 테스트 주도 개발의 중요성

주제4　아이젠하워 매트릭스를 대입한 프로그래머의 직업 윤리

학생부 기록 예시 (교과세특)

이타심과 공동체 의식이 돋보이는 학생으로 프로그래밍에 흥미가 있어 급우들에게 정보를 공유하고 기술적인 도움을 주는 모습을 보임. 개별 작업에 익숙한 프로그래머들의 공동 작업이 생산성은 감소시킬지라도 결함과 코드 분량 감소에 도움을 주었다는 통계 결과를 분석하여 공동 작업의 중요성을 제시하고, 모둠원과 서로의 장단점을 보완하고 집단지성을 발휘한 경험을 통해 공동 작업으로 함께 성장할 수 있음을 강조함.

소프트웨어의 편리함과 중요성에 대해 고찰하고, 사회 전반에 걸친 소프트웨어의 활용에 있어 프로그래머들에게 직업 윤리와 장인 정신이 필요함을 제시함. 소프트웨어의 오류로 화성 착륙선을 잃어버린 사건과 검증 없이 소수점 숫자를 변환하다 로켓이 자폭한 사례를 조사하고, 개발자의 순간적 실수로 큰 재앙이 발생할 수 있음을 경고함. 개인 윤리뿐 아니라 개발자로서의 소명과 윤리적 문제가 함께 논의되어야 함을 강조함.

관련 논문

인공지능 개발자 윤리(목광수, 2020)

관련 도서

《파이썬과 40개의 작품들》, 장문철, 앤써북
《스마트시티 에볼루션》, 박찬호 외, 북바이북

관련 계열 및 학과
- 자연계열: 지구환경과학과, 천문우주학과
- 공학계열: 소프트웨어공학과, 소프트웨어학과, 정보보안학과, 정보통신학과, 컴퓨터공학과, 항공우주학과
- 교육계열: 교육공학과, 수학교육과, 컴퓨터교육과

관련 교과

2022 개정 교육과정: 현대사회와 윤리, 정보, 인공지능 기초, 데이터 과학, 소프트웨어와 생활

2015 개정 교육과정: 생활과 윤리, 정보, 철학

수없이 많은 바닥을 닦으며

마이아 에켈뢰브 | 교유서가 |
2022

다섯 아이를 홀로 키우며 살아가는 저자는 여성 청소 노동자의 삶을 일기 형태의 글로 진솔하게 전달한다. 아이들을 키우며 일을 하고 교육을 시키는 일상은 복지 사회 스웨덴 저소득층의 모습을 잘 보여 준다. 저자에게 글쓰기는 노동의 고단함 속에서도 삶을 넉넉하다고 표현할 수 있었던 원동력이다. 개인의 자아 성찰, 때로는 날카로운 사회 비평이 담겨 있어 출간과 함께 선풍적 인기를 끌었다.

탐구 주제

주제1 이 책에는 높은 수준의 스웨덴 복지 제도가 드러난다. 그러나 저자는 학자금 대출을 신청하며 '사회복지사'와 '사회복지대상자'가 갑을 관계임을 느끼고 인간의 존엄성에 대해 고찰한다. 사회적 약자를 지원하는 사회복지사에게 필요한 직업 윤리를 정리해 보자.

주제2 노동 문학은 노동자가 직접 저술하거나 노동자가 아닌 사람이 노동에 대하여 쓴 작품을 의미한다. 청소 노동자의 일상을 보여주는 마이아 에켈뢰브의《수없이 많은 바닥을 닦으며》를 읽고 노동 문학의 가치와 필요성을 주제로 보고서를 작성해 보자.

주제3 노동 3권과 노동조합의 가치에 대한 고찰

주제4 여성 근로자의 산업재해 사례 조사

학생부 기록 예시 (교과세특)

사회적 약자의 지원정책에 관심이 많아 '수없이 많은 바닥을 닦으며(마이아 에켈뢰브)'를 읽고 주인공이 사회복지사와 상담하며 갑을 관계임을 느끼는 장면에 의문을 갖고 사회 복지사의 직업 윤리에 대해 탐색함. 사회복지사는 사회적 약자와 공존하는 관계이며 소명 의식과 서비스 정신을 갖출 의무가 있음을 강조함. 작품 속 장면을 낭독하며 주인공의 감정에 공감하고 사회적 존중에 대해 고찰하는 등 수준 높은 인권 감수성을 보임.

'수없이 많은 바닥을 닦으며(마이아 에켈뢰브)'를 읽고 고단한 일상에서도 정치적 이슈와 전쟁의 폐해 등 사회 문제를 논평하고 글쓰기를 이어 간 주인공의 인생 철학에 감동했음을 발표함. 노동과 관련된 직업 이미지를 조사한 뒤 공유 프로그램을 활용해 급우들에게 공유하고 노동자들의 차별에 마주한 현실을 증명함. 노동자들의 삶에 공감하기 위한 노동 문학의 가치와 노동의 가치를 강조하는 등 논리력과 배려심이 돋보이는 학생임.

관련 논문
한국 여성 근로자의 성차별 인식에 관한 연구(오현규 외, 2016)

관련 도서
《난장이가 쏘아올린 작은 공》, 조세희, 이성과힘
《제르미날》, 에밀 졸라, 민음사

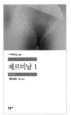

관련 계열 및 학과	• 사회계열: 공공인재학과, 공공행정학과, 사회복지학과, 사회학과, 행정학과
	• 의약계열: 간호학과, 의예과, 작업치료학과, 재활학과
관련 교과	• 교육계열: 가정교육과, 교육학과, 사회교육과, 아동보육학과, 역사교육과, 윤리교육과

2022 개정 교육과정: 현대사회와 윤리, 윤리문제 탐구, 법과 사회, 사회문제 탐구, 인간과 철학

2015 개정 교육과정: 생활과 윤리, 정치와 법, 사회문제 탐구, 철학

스노크래시

닐 스티븐슨 | 문학세계사 | 2021

1992년에 출간된 SF 장편 소설로, 메타버스의 개념이 처음으로 등장한 소설이다. 메타버스란 초현실 세계를 의미하는 세계관으로, 주인공 히로는 현실에서는 피자 배달과 해커로 살아가지만, 메타버스에서는 최고의 전사다. 그는 메타버스 안에서의 마약 '스노크래시'가 현실 세계 사용자의 뇌에 치명적인 손상을 입히는 바이러스라는 사실을 알게 되고 협력자 와이티와 함께 난관을 헤쳐 나간다.

탐구 주제

주제1 히로가 일하는 피자 가게에서는 모든 상황이 영상에 담겨 피자 대학교로 전송되고, 학생들의 교육 사례로 활용된다. 현대 사회는 CCTV로 일상이 감시되는 사회이다. 일상이 감시되는 사회에 대해 토론을 실시해 보자.

주제2 히로는 메타버스 안에서 스노크래시에 노출되면 동공을 통해 현실의 사용자의 뇌에 손상을 입혀 언어 구조를 바꾸게 된다는 사실을 알게 된다. 스노크래시는 순식간에 퍼진다. 악성 바이러스가 뇌에 침입하여 인간을 통제하는 반인륜적 상황을 비판해 보자.

주제3 IT 기업과 인간의 도구화 비판

주제4 작품 속 '엔키의 남섭'과 바이러스에 대한 고찰

학생부 기록 예시 (교과세특)

'스노크래시(닐 스티븐슨)'를 읽고 일상을 감시하고 매뉴얼화하는 현실 속 상황과 연계하여 사색함. 학교 폭력과 보안을 위해 설치된 감시 카메라가 학생들의 일상을 감시하고 있지만, 인권 침해와 존엄성에 대한 비중과 가치가 더 크다는 점에서 윤리적 합의는 필요하다고 주장함. 또한 인공지능과 드론, 스마트 시티 등 일상 속 감시가 정교화됨에 따라 정보 보안에 대한 엄격한 가이드 라인이 필요함을 주장함.

가상 세계의 바이러스가 현실 속 인간의 뇌에 영향을 주고 기능을 억제하여 통제하는 상황에 위기 의식을 느끼고 정보 선별 능력으로 인간으로서의 주체성을 지켜야 한다고 촉구함. 특히 가상 세계가 현실 세계에 긴밀하게 연결되어 바이러스가 증식되고 인류가 기술에 활용되는 것을 경계함. 또한 가상 세계를 가상 현실로 인지하여 현실과 동일하게 타인을 존중하고 공존할 것을 강조하는 성찰적 사고를 보임.

관련 논문

문학과 정보과학의 상호작용-닐 스티븐슨의 사이버펑크 소설 『스노우 크래쉬』(송태정, 2015)

관련 도서

《메타버스 새로운 기회》, 김상균, 신병호, 베가북스
《도시와 그 불확실한 벽》, 무라카미 하루키, 문학동네

관련 계열 및 학과
- 인문계열: 고고학과, 문예창작학과, 사학과, 영어영문학과, 인류학과, 종교학과, 철학과
- 사회계열: 경영학과, 경제학과, 무역학과, 미디어커뮤니케이션학과, 사회학과, 언론정보학과

관련 교과
- 공학계열: 소프트웨어공학과, 소프트웨어학과, 정보보안학과, 정보통신공학과, 컴퓨터공학과

2022 개정 교육과정: 현대사회와 윤리, 윤리문제 탐구, 경제, 독서와 작문, 문학, 소프트웨어와 생활

2015 개정 교육과정: 생활과 윤리, 독서, 문학, 경제, 정보, 철학

식량위기, 이미 시작된 미래

루안 웨이 | 미래의창 | 2023

러시아의 우크라이나 침공은 곡물 공급 중단, 가격 급등이라는 세계 식량 공급 시스템의 붕괴를 가져 왔다. 이는 아프리카의 기아와 지구 온난화와 겹쳐져 세계에 식량 수급 문제를 야기했다. 저자는 전쟁 위기와 세계의 분단, 지구 온난화 등 식량 위기과 생존에 대한 위협을 제시한다. 쌀 이외 대부분의 곡물을 수입하고 있는 한국도 미래를 준비해야 한다는 경각심을 주고 있다.

탐구 주제

주제1 저자는 흔히 인건비와 토지관리비가 저렴하다는 인식 때문에 개발도상국 농산물의 가격 경쟁력이 선진국보다 높다고 생각하지만, 현실은 그렇지 않다고 비판한다. 선진국이 곡물 농업에 유리한 이유와 개발도상국의 농업 의존도에 대한 문제를 연계하여 설명해 보자.

주제2 육류 소비가 급증하면서 사료 작물의 생산이 확대되고 있다. 육류 소비는 지구 환경의 파괴뿐만 아니라 식량 위기의 원인이 될 수 있다. 대안으로 등장한 배양육은 축산계의 새로운 혁명이지만 윤리 문제가 발생할 수도 있다. 배양육 생산에 따른 윤리 문제를 토의해 보자.

주제3 육류의 소비가 지구 온난화에 미치는 영향

주제4 밀을 중심으로 전쟁이 식량 안보에 위기가 되는 이유 탐구

학생부 기록 예시 (교과세특)

선진국의 농업 경쟁력과 개발도상국인 아프리카의 농업 의존도가 높아지는 이유에 대해 탐색함. 미국과 캐나다는 거대 농장, 드론과 위성 등을 활용한 과학적 농법 및 정부의 보조금 등으로 비용 경쟁력 면에서 유리하며, 결국 고비용과 선진국의 식량 원조 정책이 개발도상국의 농업 경쟁력을 저하시키고 있음을 논리적으로 설명함. 아프리카의 풍부한 자원을 활용하여 빈곤과 빈부 격차를 극복할 수 있을 것이라는 대안을 제시함.

육류 소비의 대안인 배양육과 대체육은 환경적·경제적 측면에서 피할 수 없음을 인정하면서도 배양육에 대한 윤리적 문제를 깨닫고 토의를 기획함. 배양육은 살아있는 동물에서 세포를 추출해야 하며 소 태아 혈청이 필요한 점 등으로 윤리적 문제가 파생됨을 지적함. 또한 배양육의 소비는 결국 빈곤층이 될 수 있다는 점에서 과거와 다른 방식으로 상대적 빈곤을 느낄 수 있을 것이라는 현실적 문제를 도출하는 자세가 돋보임.

관련 논문

우크라이나 사태로 바라본 유럽의 에너지, 식량안보(김용민, 진활민, 2022)

관련 도서

《평화의 눈으로 본 세계의 무력 분쟁》, 정주진, 철수와영희
《죽음 없는 육식의 탄생》, 체이스 퍼디, 김영사

관련 계열 및 학과	• 사회계열: 국제통상학과, 군사학과, 무역학과, 사회학과, 소비자학과, 정치외교학과, 지리학과
	• 자연계열: 농생물학과, 동물자원과학과, 지구환경과학과, 축산학과, 화학과, 환경학과
관련 교과	• 교육계열: 과학교육과, 사회교육과, 생물교육과, 윤리교육과, 화학교육과, 환경교육과

2022 개정 교육과정: 현대사회와 윤리, 윤리문제 탐구, 세계 시민과 지리, 기후 변화와 환경 생태

2015 개정 교육과정: 생활과 윤리, 세계 지리, 사회문제 탐구, 농업 생명 과학, 환경

국어교과군

영어교과군

수학교과군

사회교과군

과학교과군

기술교과군

아무도 의심하지 않는 일곱 가지 교육 미신

데이지 크리스토둘루 | 페이퍼로드 | 2018

저자는 장학금 수혜 대상자로 선정된 경험으로 자신이 받은 수혜를 나누고 싶다는 생각에 교사로 근무하며 학생들을 가르쳤다. 그러나 교사의 노력에도 학생들의 지나치게 낮은 기초 지식과 학습 능력을 극복할 수 없다는 사실에 충격받는다. 사람들이 열광하는 새로운 교육 이론들이 현장에 도입되어 학생들의 교육을 어떻게 해치고 있는지 과학적으로 분석하고 비판한 책이다.

탐구 주제

주제1 많은 교육 전문가들이 과학 기술의 발달로 많은 양의 정보와 지식을 기억하는 것보다 지식 정보 처리 역량과 창의적 사고 역량이 중요해졌다고 이야기한다. 미래 사회에도 지식 중심 교육이 필요한 이유를 철학 사상에 근거하여 제시해 보자.

주제2 최근 교육계는 프로젝트와 활동 위주의 수업이 자기 주도적 학습을 가능하게 만든다고 믿고 있다. 그러나 저자는 프로젝트 수업을 하는 과정에서 불공정성이 제기될 수 있다고 비판한다. 프로젝트 수업이 불공정성과 차별을 유발하는 원인과 해결 방안에 대해 논의해 보자.

주제3 동양과 서양의 자연주의 교육관 비교

주제4 에듀테크의 윤리교육에 실현 여부에 대한 고찰

학생부 기록 예시 (교과세특)

사회 전반의 문제들을 철학적 이론을 바탕으로 풀어내는 통찰 능력과 탐구 능력이 우수함. 체험과 경험을 강조한 듀이의 교육 철학이 모호하다는 것을 비판하고, 지식은 모든 교육의 기본이 된다는 것을 강조함. 전이 가능한 학습을 위해서는 충분의 지식이 전제되어야 함을 강조하며 소크라테스의 주지주의와 아리스토텔레스의 주의주의를 바탕으로 역량을 쌓기 위해서는 사실적 지식이 중요하다는 것에 대한 논거를 증명함.

새로운 교육과정이 도입될 때마다 불공정성이 심화되고 있다고 주장함. 프로젝트 수업이 강조되면서 학생들이 수업의 주체가 되어 전문가로서 교육에 참여해야 하는 것에 의문을 표함. 주제에 대한 배경지식과 탐구 능력, 각종 자료 제작 등 선행 학습이 되어있는 학생들이 유리한 점을 지적하며 인격적 수양을 강조한 동양사상을 근간으로 한 인성교육과 발전과정에 의미를 두는 교육으로 불공정성을 극복할 수 있다고 제시함.

관련 논문

왜 윤리인가: 현대 인공지능 윤리 논의의 조망, 그 특징과 한계 (허유선 외, 2020)

관련 도서

《무엇이 옳은가》, 후안 엔리케스, 세계사
《최재천의 공부》, 최재천, 김영사

관련 계열 및 학과

· 인문계열: 국어국문학과, 문예창작학과, 상담심리학과, 심리학과, 인류학과, 철학과

· 사회계열: 경제학과, 공공인재학과, 공공행정학과, 사회복지학과, 사회학과, 행정학과

관련 교과

· 교육계열: 전 교육계열

2022 개정 교육과정: 현대사회와 윤리, 윤리와 사상, 사회문제 탐구, 교육의 이해

2015 개정 교육과정: 생활과 윤리, 윤리와 사상, 사회문제 탐구, 교육학

아픔에도 우선순위가 있나요?

김준혁 | 휴머니스트 | 2023

의료 윤리를 의료인의 관점이 아닌 환자와 가족, 일반인들을 대상으로 풀어낸 책이다. 안락사, 유전자 가위, 임신 중지, 백신 접종 선택권, 의료데이터 등 윤리적 판단을 위해 점검해야 할 의료 윤리의 주제와 신체 자기 결정권, 성 정체성 연구 등 십대들의 일상적 생활과 사회 가치의 다양성으로 논란이 되는 주제들을 논의하여 독자들에게 폭넓은 이해를 돕고 있다.

탐구 주제

주제1 안락사는 '어떤 환자가 자신의 삶을 중단하기로 스스로 결정하고, 그 생명의 중단을 실행하는 것'을 의미한다. 우리나라는 존엄사를 법적으로 인정하고 있지만 안락사는 허용되지 않고 있다. 안락사와 존엄사의 의미를 비교하고, 안락사에 대한 찬반 토론을 실시해 보자.

주제2 유전자 가위는 세포의 유전체에서 특정 염기서열을 인식한 후 해당 부위의 DNA를 정교하게 잘라내는 시스템을 의미한다. 3세대 유전자 기술 크리스퍼의 등장으로 유전자 조작 기술은 더욱 정교해졌다. 유전자 조작기술의 장점과 예상되는 윤리 문제에 대해 고찰하여 토론을 실시해 보자.

주제3 정신질환 낙인으로 인한 사회 문제 탐구

주제4 의료데이터 활용에 대한 가이드라인 연구

학생부 기록 예시 (교과세특)

죽음에 대한 자기 결정권을 통찰하기 위해 안락사에 대해 충분히 고찰하고 토론에 참여함. 존엄사와 안락사를 구분하기 어려워하는 모둠원들을 위해 정리한 자료를 공유하여 도움을 줌. 개인의 선택으로 죽음을 앞당길 수 있는 안락사의 법제화에 반대하며, 존엄사의 측면에서 자기 결정권이 확대되어야 한다고 주장함. 안락사에 대한 토론이 유한한 삶에 대해 자각하게 해주어 현재 삶의 소중함을 느끼게 되었다고 소감을 밝힘.

유전자 조작 기술을 인간에게 적용할 때 과학 기술적 측면에서 안전의 문제가 발생할 수 있으며 인간의 노력을 무력화하여 사회 불평등을 야기할 것이라고 강조함. 미디어의 사례를 수집하여 유전자 조작 기술로 인한 재능의 서열화와 신분제도의 계급화가 발생할 수 있음을 설명함. 과학 기술이 인간의 의지와 이성보다 우월해지는 순간 인간의 존엄성은 무너질 것이라고 경고하며 자신의 주장을 구체적이고 설득력 있게 제시함.

관련 논문

연명의료결정법과 의료기관윤리위원회: 현황, 경험과 문제점 (최지연 외, 2019)

관련 도서

《마법은 없었다》, 알렉상드라 앙리옹 코드, 에디터
《좋을지 나쁠지 어떨지 유전자 가위 크리스퍼》, 욜란다 리지, 서해문집

관련 계열 및 학과	• 자연계열: 생명과학과, 생물학과, 식품영양학과, 수학과, 통계학과
	• 의약계열: 전 의약계열
관련 교과	• 교육계열: 가정교육과, 과학교육과, 사회교육과, 생물교육과, 윤리교육과, 특수교육과

2022 개정 교육과정: 현대사회와 윤리, 인문학과 윤리, 윤리문제탐구, 사회문제 탐구, 생명과학

2015 개정 교육과정: 생활과 윤리, 사회문제 탐구, 생명과학 I, 생명과학 II

국어교과군

영어교과군

수학교과군

사회교과군

과학교과군

도덕교과군

예정된 전쟁

그레이엄 앨리슨 | 세종서적 |
2018

미국의 대표 안보 전문가인 저자는 중국과 미국은 어느 쪽도 원치 않는 전쟁을 향해 가고 있다고 말한다. 그는 역사 속에서 주요 국가의 부상이 지배 국가의 입지를 무너뜨린 상황이 16번 발생하였으며, 그중 12번이 결국 전쟁으로 끝났다고 분석한다. 기존의 강국 미국과 급속히 부상하는 중국의 관계가 세계 질서에 미치는 영향, 그리고 충돌을 피하기 위해 필요한 노력 등을 제시하는 책이다.

탐구 주제

주제1 투키디데스는 펠로폰네소스 전쟁을 기록한 고대 그리스의 역사학자이다. 그는 '전쟁이 필연적이었던 것은 아테네의 부상과 그에 따라 스파르타에 스며든 두려움 때문이었다.'라고 하였다. 미국과 중국의 현재 상황을 '투키디데스의 함정'에 대입하여 설명해 보자.

주제2 시진핑 주석이 바라는 것은 '중국을 다시 위대하게 만드는 것'이다. 싱가포르에서 가장 오랫동안 재임한 리콴유 총리는 시진핑 주석의 집권으로 아시아의 패권 경쟁이 가속화될 것이라고 예측하였다. 중화사상을 바탕으로 중국이 바라보는 세계관에 대해 분석해 보자.

주제3 냉전 시대를 중심으로 국내 상황이 국제 관계에 결정적 역할을 한 사례 탐색

주제4 미국과 중국의 패권 전쟁 속 한국 현 정부의 외교 관계 탐구

학생부 기록 예시 (교과세특)

'투키디데스의 함정'을 분석하여 미국과 중국의 관계를 고찰하는 수준 높은 역사 의식과 국제 관계에 대한 분석 능력을 발휘함. 기존의 강대국이 신흥강국을 견제하려는 상황을 뜻하는 투키디데스의 함정의 사례를 역사적으로 분석하여 제시함. 또한 초강대국인 미국과 새롭게 등장한 중국 사이 전쟁이 발발할 가능성은 크지만 핵 보유국인 두 국가가 충돌을 피하고 있으며, 동아시아 동맹국 확보에 대한 경쟁이 가열될 것이라고 예측함.

중화사상과 중국의 소수 민족 정책을 바탕으로 중국의 국제 질서에 대한 입장을 분석함. 이를 통해 불평등 주의에 입각한 중국의 외교 정책이 국가 간 평등한 주권을 인정하고 있지 않음을 증명함. 차이나 드림을 위한 시진핑의 식민지 정책은 중국의 민족주의를 보여주고 있다고 경고함. 광해군의 중립 외교를 예로 들며 협력적 한중 관계와 한미 동맹의 적절한 균형을 강조한 현실적 대안을 제시하여 탁월한 외교 능력을 보임.

관련 논문

미국과 중국의 갈등에 대한 패권주기론적 해석 : 무역 분쟁 사례를 중심으로(SUN QIANG, 2021)

관련 도서

《전쟁과 죄책》, 노다 마사아키, 또다른우주
《벼랑 끝에 선 타이완》, 리처드 부시, 한울아카데미

관련 계열 및 학과	• 인문계열 : 문예창작학과, 사학과, 상담심리학과, 심리학과, 인류학과, 철학과
	• 사회계열 : 경영학과, 경제학과, 국제통상학과, 군사학과, 사회학과, 정치외교학과
관련 교과	• 교육계열 : 사회교육과, 역사교육과, 윤리교육과

2022 개정 교육과정 : 현대사회와 윤리, 윤리 문제 탐구, 세계사, 국제관계의 이해, 정치

2015 개정 교육과정 : 생활과 윤리, 동아시아사, 세계사, 정치와 법

오래된 미래

헬레나 노르베리 호지 | 중앙북스 | 2015

히말라야 고원의 작은 지역 라다크는 빈약한 자원과 혹독한 기후에도 불구하고 천년이 넘도록 평화롭고 건강한 공동체를 유지해 왔다. 그러나 서구식 개발이 이루어지면서 라다크의 환경은 파괴되고 공동체는 분열된다. 저자는 다양한 문화의 공존과 자연스러운 삶의 추구, 생명체 간의 상호연관성에 대한 희망은 예전 라다크적인 삶의 방식이라고 말한다. 가치관의 차이와 사회, 자연과 공존하는 삶을 고찰할 수 있는 책이다.

탐구 주제

주제1 저자는 라다크 사람들에게 현대 과학으로 자원을 풍부하게 해 줄 거라는 믿음을 심어 준 개발 정책을 비판한다. 불교의 중심 사상 중 하나인 '수냐타', 즉 공의 믿음을 가진 라타크가 무분별한 개발로 변하는 모습을 정리하고 자연 활용의 서구식 개발방식에 대해 비판해 보자.

주제2 저자는 라다크의 땅과의 균형, 의료, 가족 등 공동체적 생활 방식을 보여 주며 건강하게 평정을 유지하는 공동체의 모습을 안내한다. 《오래된 미래》를 읽고, 라다크의 생활 방식 중에 현대 사회의 문제를 극복할 수 있는 대안을 선택하여 정리해 보자.

주제3 라다크의 전통 가족 문화와 여성의 역할

주제4 도가를 중심으로 한 동양의 자연관 탐구

학생부 기록 예시 (교과세특)

'오래된 미래(헬레나 노르베리-호지)'를 읽고 라다크의 변화 과정을 고찰하며 동서양의 자연관을 비교함. 인공지능 프로그램으로 동서양의 자연관을 비교하는 자료를 제작해 발표하며 환경 오염이 서양의 자연관에서 비롯됨을 증명함. 불교의 공 사상으로 자연과 공존하는 삶을 살아가는 라다크인들에게 서구의 사상이 가져온 변화에 대해 설명하고, 동양의 자연관이 미래 사회 변화의 기준을 제시할 것이라는 대안을 도출함.

'오래된 미래(헬레나 노르베리-호지)'에서 라다크 사람들의 갈등 조정 방식을 분석하며 사회 갈등은 최소화된 공권력이 필요하다는 믿음에 의구심을 품게 되었음을 밝힘. 모두가 자발적 중재자임을 표방하고 돌아가면서 회의를 주관하는 모습에 감명받음. 작은 공동체만 가능하지 않냐는 친구의 질문에 사회적 관심으로 학교폭력이 감소하였음을 강조하며 담론윤리학을 해결방안으로 제시함.

관련 논문

『노자』의 '자연' 개념에 대한 소고-자발성 개념을 중심으로(김명석, 2017)

관련 도서

《이토록 아름다운 세상에서》, 고호관 외, 현대문학
《나홀로 읽는 도덕경》, 최진석, 시공사

관련 계열 및 학과	• 인문계열: 문화재학과, 사학과, 인류학과, 종교학과, 철학과
	• 사회계열: 관광학과, 도시행정학과, 사회학과, 신문방송학과, 언론정보학과, 지리학과
관련 교과	• 자연계열: 농생물학과, 대기과학과, 동물자원학과, 산림학과, 생물학과, 환경학과

2022 개정 교육과정: 현대사회와 윤리, 윤리 문제 탐구, 여행지리, 생태와 환경, 삶과 종교

2015 개정 교육과정: 생활과 윤리, 여행지리, 환경, 종교학

국어교과군

영어교과군

수학교과군

사회교과군

과학교과군

도덕교과군

완벽에 대한 반론

마이클 샌델 | 와이즈베리 | 2016

생명공학 기술의 발전은 완벽해 보이지만 생명의 근원적 문제와 사회적 문제를 동시에 야기한다. 다양한 질병의 치료와 예방은 인류에게 긍정적 전망을 안겨 주지만 유전적 특성을 인위적으로 조작하는 것은 재능의 우연성을 인정하지 않는 능력주의를 가져올 수 있다. 유전공학, 생체공학, 맞춤 아기, 우생학 등 유전학적 성취에 대한 도덕적 난제들을 제시하면서 도덕적 판단을 촉구하는 책이다.

탐구 주제

주제1 유전공학은 유전적 강화로 인한 새로운 상황과 윤리의 문제를 마주하게 한다. 치료와 예방의 목적이 아닌, 운동선수들이 유전적 강화로 신체 능력을 향상시킬 수 있는 상황을 가정하여 운동선수들의 유전적 강화에 대한 찬성 또는 반대 입장을 선택하고 보고서를 작성해 보자.

주제2 과거 우생학은 국가 주도로 우성형질을 육성한다는 점에서 인권침해라는 비판을 피할 수 없었다. 그러나 맞춤형 아기, 유전자 조작 등 생명공학이 발전하면서 자유주의 우생학이 등장하였다. 자유주의 우생학을 옹호하는 학자들의 의견을 분석하고 자신의 의견을 정리해 보자.

주제3 맞춤형 아기를 중심으로 생명공학 기술과 사회 불평등 문제 고찰

주제4 배아 줄기 세포 연구의 윤리적 문제 고찰

학생부 기록 예시 (교과세특)

과학기술의 유용성과 윤리 문제를 사색하고 탐구하는 수준 높은 윤리 의식이 돋보임. 유전공학으로 경기력이 강화된 운동선수는 재능을 계발하여 공정하게 경쟁하는 스포츠맨십을 저해할 것이라고 제시함. 이는 스포츠 경쟁 자체를 무색화하여 인간 사회와 문화의 근본을 부정하는 것임을 비판함. 스포츠가 투견과 같이 볼거리로 전락할 수 있음을 경고하며 인간의 존엄성을 저해할 수 있음을 논리적으로 설명함.

자유주의적 우생학에 동의하는 학자들은 재능을 가진 사람들의 자유 의지로 좋은 유전자 형질을 보호하는 것이 옳다고 인지한다는 것을 도출함. 우생학의 병폐를 경험한 하버마스의 주장을 바탕으로 맞춤형 아기는 삶의 온전한 주체자가 될 수 없으며 평등이라는 본질적 균형을 파괴할 수 있음을 설명함. 이는 다름을 차별하는 시작임을 경고하며 우생학적 사고의 위험성을 실제 사례를 바탕으로 분석 능력을 발휘하여 비판함.

관련 논문

유전체 편집에 대한 샌델의 관점 검토와 정치적 대응방안 모색(정진화, 2021)

관련 도서

《유전의 정치학, 우생학》, 김호연, 단비
《줄기세포와 생명복제 기술, 무엇이 문제일까?》, 황신영, 동아엠앤비

관련 계열 및 학과
- 자연계열: 동물자원과학과, 생명과학과, 생물학과, 수산생명의학과, 축산학과
- 예체능계열: 사회체육학과, 스포츠과학과, 스포츠레저학과, 스포츠의학과, 체육학과

관련 교과
- 교육계열: 가정교육과, 과학교육과, 사회교육과, 생물교육과, 윤리교육과, 체육교육과

2022 개정 교육과정: 현대사회와 윤리, 윤리문제탐구, 생명과학, 생물의 유전, 인간과 철학

2015 개정 교육과정: 생활과 윤리, 생명과학 I, 생명과학 II, 철학

왜 일하는가

이나모리 가즈오 | 다산북스 |
2021

왜 일하는가? 무엇을 위해 일하는가? 일을 잘하는 방법은 넘쳐나지만 일을 하는 근본적인 이유를 생각하는 사람은 많지 않다. 이 책은 부도 직전의 중소기업에 취업해 현실을 원망하며 살던 저자가 첨단 전자부품 제조회사를 세워 연 매출 16조 원 조직의 총수가 되기까지의 노력과 일을 통한 삶의 가치를 고찰한 내용을 담고 있다. 저자의 이야기를 읽으며 나의 삶을 돌아보고 앞으로 나아갈 방향을 설정해 볼 수 있다.

탐구 주제

주제1 저자는 일을 통한 가치 있는 삶을 영위하기 위해 '왜 일을 해야 하는가'를 알아야 한다고 말한다. 회사를 그만둘 생각만 하던 저자는 일에 몰두하면서 인생의 변화를 맞이했다. 자신이 하고 싶은 일과 관련지어 일의 의미와 가치에 대해 고찰해 보자.

주제2 직업 윤리의 기본 덕목은 소명 의식, 천직 의식, 직분 의식, 책임 의식, 전문가 의식, 봉사 의식이다. 저자는 세계 최대 유전기업 사장과의 대담에서 '완벽'에 대한 경영철학을 제시했다. 희망 직업과 직업 생활에 중요하다고 생각하는 직업 윤리의 덕목을 제시해 보자.

주제3 '정진'을 중심으로 한 석가모니의 '육바라밀' 연구

주제4 일·생활·균형의 관점에서 재구성한 '일을 사랑하는 방법' 제안

학생부 기록 예시 (교과세특)

일의 의의와 가치를 고찰하기 위해 인공지능 코스웨어를 활용하여 골든서클을 제작하고 구체적이고 객관적으로 자신을 이해하는 기회를 가짐. 강점인 친화력과 대인관계 능력을 바탕으로 다른 사람에게 도움을 주는 일에 즐거움을 느꼈던 경험을 진솔하게 이야기함. 나아가 인간의 감성과 인공지능이 협업한 서비스직군의 사례들을 모둠원들과 공유하며 자부심과 열정을 보임.

현대 사회와 응용윤리에 관심이 많은 학생으로 직업윤리의 기본 덕목을 카드 뉴스로 제작하고 직업인이 지켜야 할 직업윤리에 대해 발표함. 학생의 전인적 성장과 교육의 변화를 주도하는 교사의 꿈을 이루기 위해 소명 의식을 강조함. 인공지능으로 변화하는 교사의 역할에 안주하지 않고 저소득층 학생들의 정서적 지원과 학력 향상을 위한 교사의 디지털 역량 지원의 필요성을 제안함.

관련 논문
루터의 소명론 및 직업윤리와 그 현대적 의의 (우병훈, 2018)

관련 도서
《스타트 위드 와이》, 사이먼 시넥, 세계사
《당신은 결국 무엇이든 해내는 사람》, 김상현, 필름

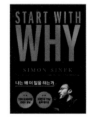 

관련 계열 및 학과	• 인문계열: 사학과, 심리학과, 일어일문학과, 종교학과, 철학과
	• 사회계열: 경영학과, 경제학과, 공공행정학과, 무역학과, 사회복지학과, 행정학과
관련 교과	• 교육계열: 교육공학과, 교육학과, 기술교육과, 사회교육과, 역사교육과, 윤리교육과

2022 개정 교육과정: 현대사회와 윤리, 윤리와 사상, 인문학과 윤리, 인간과 철학, 인간과 심리

2015 개정 교육과정: 생활과 윤리, 윤리와 사상, 고전과 윤리, 철학, 심리학

국어교과군

영어교과군

수학교과군

사회교과군

과학교과군

도덕교과군

인간 섬

장 지글러 | 갈라파고스 | 2020

《인간 섬》은 핫스폿으로 불리는 그리스의 에게해의 난민 수용소 다섯 섬을 배경으로 한다. 난민들이 유럽으로 망명 신청을 하려면 핫스폿에서 '1차 접수'를 해야 하는데, 이는 기본적인 인권도 보장되지 않은 험난한 여정의 시작이다. 저자는 핫스폿인 레스보스섬을 고립된 난민이 뒤엉킨 인간 섬을 방불케 한다고 비판하고 유럽의 이중적 잣대에 분노한다. 세계의 난민과 난민 수용 문제에 대해 고찰해 볼 수 있다.

탐구 주제

주제1 '푸시백'은 폭력적인 난민 저지 작전을 의미한다. 폭력적인 작전에 대한 국제적 비난에 대해 프론테스 사령부는 '우리의 임무는 난민들을 구조하는 것이 아니라 국경을 안전하게 방어하는 것'이라고 대응하였다. 난민에 대한 푸시백 작전과 사령부의 대응을 윤리적 관점에서 비판해 보자.

주제2 세계 인권선언문 제14조는 '박해 앞에서, 모든 사람은 다른 나라에서 피난처를 구하고 망명할 권리가 있다.'라고 명시한다. 저자는 난민에 대한 유럽의 전략을 비판하면서 시민 연대의 사례를 제시한다. 시민들의 연대를 바탕으로 난민 문제의 해결 방안을 모색해 보자.

주제3 난민 보호의 역사와 사례 탐색

주제4 독일 메르켈 총리의 난민 정책 연구

학생부 기록 예시 (교과세특)

난민의 푸시백 작전에 대한 비난을 '국경 방어에 대한 임무를 다한 것'이라고 대응한 프로테스 사령부의 무책임한 태도를 비판하며 유대인을 학살한 독일의 장교 아이히만이 소임을 다한 것이라고 주장한 것을 사례로 제시함. 두 사례 모두 비이성적 행동을 직업윤리로 회피했음을 지적함. 직업 윤리의 중점을 직무 자체에만 둔다면 윤리라는 보편적 기준이 인간의 존엄성을 저해하는 사태를 초래할 것이라고 경고함.

세계 시민으로서 난민에 대한 의무와 공존의 책임을 인지하지 못하고 있었음을 반성적 자세로 성찰함. 레스보스섬 주민들이 보여 준 난민들에 대한 호의적인 연대감과 난민들을 위한 식당 및 난민 보호를 위한 변호사 시민 단체 사례는 인간이 선하며 윤리적인 존재임을 증명하는 것이라고 밝힘. 나아가 제주도에 있는 난민을 위한 디지털 및 생성형 인공지능과 연계한 세계 문화 적응 프로그램을 제시하는 등 실천적 방안을 모색함.

관련 논문

한국 체류 난민의 사회적응에 관한 연구: 난민지원정책의 조절효과를 중심으로(손주희, 2018)

관련 도서

《왜 세계의 가난은 사라지지 않는가》, 장 지글러, 시공사
《타인에 대한 연민》, 마사 누스바움, 알에이치코리아

관련 계열 및 학과
- 인문계열: 노어노문학과, 독어독문학과, 불어불문학과, 사학과, 종교학과, 철학과
- 사회계열: 공공행정학과, 국제통상학과, 사회복지학과, 사회학과, 정치외교학과, 행정학과

관련 교과
- 교육계열: 교육학과, 사회교육과, 아동보육학과, 역사교육과, 유아교육과, 윤리교육과

2022 개정 교육과정: 현대사회와 윤리, 윤리문제 탐구, 정치, 사회문제 탐구, 인간과 철학

2015 개정 교육과정: 생활과 윤리, 통합사회, 정치와 법, 사회문제 탐구, 철학

자유론

존 스튜어트 밀 | 책세상 | 2018

저자 밀에게 가장 중요한 가치는 자유이다. 시민으로서 개인은 다른 사람에게 해를 끼치지 않는다면 무한한 자유를 가질 수 있으며, 국가는 개인의 자유를 제한하면 안 된다. 따라서 밀은 국가권력이 개인에 대해 자유를 제한하는 것을 엄격하게 규정한다. '자유'라는 가치의 긍정적인 측면과 부정적인 측면에 대해 고찰하고 현대 사회의 '자유'에 대해 생각해 볼 수 있는 책이다.

탐구 주제

주제1 밀은 개인의 자유를 강조하며 개인의 자유를 위해 국가 권력을 제한해야 한다고 주장하였다. 또한 때로는 사회의 관습과 대중의 여론이 다수의 횡포로 변질될 수 있음을 경계하였다. 《자유론》을 탐독하고 개인의 자유와 국가권력에 대한 밀의 주장에 대한 생각을 발표해 보자.

주제2 밀은 오류를 지닌 인간이 진리를 발견해 가는 방법으로 토론을 제안하였다. 그는 '절대 무오류성의 가정'을 비판하며 토론으로 자신의 견해와 행위에 대한 다양한 의견을 경청하고 수렴할 것을 주장하였다. 역사적으로 있었던 '절대 무오류성의 가정'의 사례를 탐색해 보자.

주제3 밀의 자유론을 통한 시민 연대의 가능성 고찰

주제4 현대 사회와 밀의 개인의 자유 오류 비판

학생부 기록 예시 (교과세특)

'자유론(존 스튜어트 밀)'을 읽고 개인의 자유가 타인에게 해를 끼치지 않는다면 국가가 개인의 자유를 침해할 수 없다는 밀의 의견에 동의하면서도 후진 사회 시민에게는 자유를 제한하고 독재도 정당하다는 식민주의를 옹호하는 모순적 주장을 비판함. 자유는 모든 사람에게 평등하게 보장되어야 한다는 정의의 관점에서의 자유를 분석하고 차별을 두는 것은 개인선과 공공선 모두를 저해한다는 시민 역량을 발휘함.

다양한 의견을 수렴하고 정리하여 습득하는 개방적 자세가 우수한 학생임. '자유론(존 스튜어트 밀)'을 읽고 '절대 무오류성의 가정'이 가져올 수 있는 결과를 경계하게 되었음을 강조함. 자신의 의견에 어떤 오류도 없다는 믿음이 가져올 수 있는 비극적 사례로 종교박해를 선정해 온라인 디자인 도구로 가독성 좋은 자료를 제작함. 또한 다른 의견을 수용하는 협력적 소통의 중요성에 대해 논리정연하게 설득해 급우들에게 호응을 얻음.

관련 논문
밀의 자유제한의 원칙들(최봉철, 2019)

관련 도서
《공리주의》, 존 스튜어트 밀, 책세상
《좁은 회랑》, 대런 애쓰모글루, 제임스 A. 로빈슨, 시공사

관련 계열 및 학과
- 인문계열: 사학과, 심리학과, 일어일문학과, 종교학과, 철학과
- 사회계열: 경영학과, 경제학과, 공공행정학과, 무역학과, 사회복지학과, 행정학과

관련 교과
- 교육계열: 교육공학과, 교육학과, 기술교육과, 사회교육과, 역사교육과, 윤리교육과

2022 개정 교육과정: 현대사회와 윤리, 윤리와 사상, 인문학과 윤리, 인간과 철학, 인간과 심리

2015 개정 교육과정: 생활과 윤리, 윤리와 사상, 고전과 윤리, 철학, 심리학

국어교과군

영어교과군

수학교과군

사회교과군

과학교과군

도덕교과군

장자

장자 | 휴머니스트 | 2023

상대적 가치와 현실의 제약에서 벗어나 자유를 찾고자 한 장자의 사상은 추상적으로 보일 수 있지만, 그는 노자의 사상을 수용하고 확장한 자유로운 사상가이다. 특히 《장자》는 우화 형식으로 구성되어 은유와 풍자, 의인화 등 자유롭고 냉철한 장자의 사상을 엿볼 수 있다. 자연의 도에서 세상의 근원과 가치를 찾고 열린 마음으로 자유를 추구하기를 요청한 장자의 사상을 탐구할 수 있는 책이다.

탐구 주제

주제1 서양과 동양의 자연관은 극명하게 구분된다. 서양은 자연을 인간이 이용해야 할 하나의 자원으로 인식하는 반면 동양의 자연관은 인간과 자연의 조화를 추구하며 더불어 사는 삶을 강조한다. 장자의 도가 사상을 바탕으로 현대 사회의 환경 문제에 대한 대안을 제시해 보자.

주제2 장자의 사상이 가장 잘 반영되었다고 알려진 내편 제1장 '소요유'는 '얽매임 없이 자유롭게 노니는 것'을 의미한다. 자유로운 삶을 찾고자 한 장자는 당시 지배적 사상인 유가 사상을 비판하였다. 내편의 우화를 탐독하고, 장자의 유가 사상을 비판한 근거에 대해 정리해 보자.

주제3 장자의 일원론적 세계관에 대한 연구

주제4 노자와 장자의 국가관 비교

학생부 기록 예시 (교과세특)

동물과 식물의 멸종위기 문제가 인간 활동으로 인한 기후변화 때문에 발생한 것을 인지하고 환경문제의 대안을 장자의 사상에서 도출함. 장자의 변무와 경상초의 원문을 가독성 좋은 자료로 제작하고 설명하여 급우들의 이해를 도움. 무위자연으로 대표하는 장자의 자연관을 제시하며 인간과 자연의 조화로움과 생물의 다양성 보존을 위해 공존을 위한 정신적 가치를 추구하고 사색하여 환경문제를 바라보는 철학적 전환을 강조함.

춘추전국시대의 전쟁과 혼란의 시기에 소요, 제물, 양생 등 진정한 자유를 추구한 장자의 사상이 현대인들의 심리적 불안을 지원할 수 있을 것이라는 대안을 제시함. 장자의 사상이 학문과 수양으로 지혜와 본성을 계발하려 노력하는 유가 사상과 대립할 수밖에 없는 이유를 증명함. 도가와 유가가 인위와 도피라는 관점으로 서로를 비판하는 이유를 분석하고 수준 높은 탐구 능력을 발휘하는 등 우수한 철학적 사유를 보임.

관련 논문

『장자』에서의 '호접지몽' 우화 해석에 관한 연구(김권환, 신정근, 2015)

관련 도서

《노자와 장자에 기대어》, 최진석, 북루덴스
《내가 틀릴 수도 있습니다》, 비욘 나티코 린데블라드, 다산초당

관련 계열 및 학과	• 인문계열: 상담심리학과, 심리학과, 인류학과, 중어중문학과, 종교학과, 철학과
	• 자연계열: 대기과학과, 산림학과, 식물자원학과, 지구환경과학과, 해양학과, 환경학과
관련 교과	• 교육계열: 교육학과, 사회교육과, 역사교육과, 윤리교육과, 한문교육과, 환경교육과

2022 개정 교육과정: 현대사회와 윤리, 윤리와 사상, 기후변화와 지속가능한 세계, 기후변화와 환경생태

2015 개정 교육과정: 생활과 윤리, 윤리와 사상, 통합사회, 사회문제 탐구, 지구과학 I, 지구과학 II

존 롤스 정의론

황경식 | 쌤앤파커스 | 2018

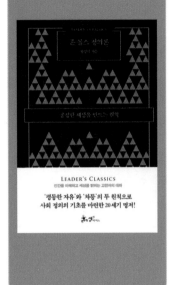

존 롤스는 단일 주제의 철학자라 불릴 정도로 40년간 '정의'의 문제를 연구하였다. 공리주의에 입각해 효용성을 강조하던 미국의 1950년대 정의를 보편적인 가치로 정립하기 위해 자유와 평등이 공존할 수 있는 방법을 모색하며 정치 철학계의 큰 변화를 이끌었다. 절차적 정의 실현을 위한 '공정으로서의 정의'를 바탕으로 공정한 기회 균등의 원칙과 차등의 원칙을 도출하였다.

탐구 주제

주제1 롤스는 정의에 있어 공정한 과정과 절차를 강조하였고, 공정한 절차를 바탕으로 발생한 결과는 정당하다고 하였다. 롤스가 '원초적 입장'에 근거하여 공정한 절차를 바탕으로 도출한 정의의 원칙에 대해 정리해 보자.

주제2 롤스는 자유와 평등, 성장과 분배의 문제를 자유주의적 평등주의의 입장에서 분석해 정의의 원칙을 도출하였다. 특히 제2원칙 차등의 원칙에서는 정부의 개입으로 최소 수혜자의 경제·사회적 차별에 대한 해결책을 제시하였다. 정의의 제2원칙과 정의의 분배에 대해 고찰해 보자.

주제3 롤스의 샌델의 정의관 비교

주제4 노직의 절차적 정의의 입장에서 본 '차등의 원칙' 비판

학생부 기록 예시 (교과세특)

롤스가 지위, 인종, 경제적 조건 등 우연적 조건을 알 수 없는 상황인 원초적 입장에서 무지의 베일을 쓰고 정의의 원칙을 도출한 근원적 이유에 대해 고찰함. 자기 이익에는 합리적이며 타인의 이익에 무관심할 수 있는 사람의 본성을 배제하기 위해 절차적 정의를 바탕으로 도출한 정의의 제1, 2원칙을 논리적으로 설명함. 공정한 절차를 강조한 롤스의 정의론을 제시하며 공리주의의 한계를 비판하는 등 우수한 탐구 능력을 보임.

롤스의 평등한 자유의 원칙과 기회 균등의 원칙을 논리 정연하게 설명하고, 최대 수혜자에게 최대의 이익을 분배해야 한다는 차등의 원칙을 심화 학습하여 자유주의적 평등주의인 롤스의 사상을 증명함. 자유 민주주의 사회의 경제적 불평등을 일부 인정하면서도 복지 확대와 균등한 기회 제공으로 정의로운 사회가 될 수 있음을 제시한 점에서 자유와 평등이라는 난해한 문제를 정의의 문제로 정립한 롤스의 사상에 경외심을 표함.

관련 논문

존 롤스(John Rawls)의 분배정의론과 한국적 적용에 대한 연구(정진화, 2016)

관련 도서

《로버트 노직, 무정부. 국가. 유토피아》, 장동익, 커뮤니케이션북스
《사회사상의 역사》, 사카모토 다쓰야, 교유서가

관련 계열 및 학과	· 인문계열 : 국어국문학과, 독어독문학과, 문예창작학과, 사학과, 철학과
	· 사회계열 : 공공행정학과, 사회복지학과, 사회학과, 정치외교학과, 행정학과
관련 교과	· 교육계열 : 교육공학과, 교육학과, 사회교육과, 역사교육과, 윤리교육과

2022 개정 교육과정 : 현대사회와 윤리, 인문학과 윤리, 윤리문제 탐구, 정치, 인간과 철학, 논리와 사고

2015 개정 교육과정 : 생활과 윤리, 고전과 윤리, 통합사회, 정치와 법, 사회문제 탐구, 철학, 논리학

죽음의 수용소에서

빅터 프랭클 | 청아출판사 | 2020

나치의 강제 수용소에서 겪은 참담한 고통을 술회한 정신 의학자 빅터 프랭클의 에세이다. 극한 상황에 처했던 수감자들이 생사의 엇갈림과 죽음이라는 공포의 순간을 어떻게 극복했는지에 대해 담담하게 풀어낸다. 고난 속에서도 삶에 의미를 부여해야 하는 이유를 안내하며, 강제 수용소에서의 경험을 바탕으로 창시한 로고테라피의 의미와 사례를 분석하여 삶의 의지와 희망에 대한 감동을 준다.

탐구 주제

주제1 니체는 '살아야 하는 이유를 아는 사람은 그 어떤 상황도 견딜 수 있다.'라고 하였다. 저자는 극한의 공포 속에서도 살아야 하는 이유를 찾고 미래에 대한 희망의 중요성을 깨달았다. 죽음의 수용소에서 삶의 의미를 부여하려 노력한 과정을 중심으로 감상문을 작성해 보자.

주제2 죽음의 수용소에는 다양한 인간 유형이 있다. 책은 나치와 협력하여 같은 유대인들에게 잔혹 행위를 하는 카포, 예술과 유머를 잃지 않은 수감자들, 동정심을 잃지 않은 감시병들의 모습을 묘사한다. 인간의 삶과 윤리의 당위성을 책에서 묘사된 인간 유형과 연결하여 정리해 보자.

주제3 로고테라피(의미 치료)의 윤리교육적 의의

주제4 나치의 국가 주도의 안락사 정책 비판

학생부 기록 예시 (교과세특)

미래에 대한 희망과 실천으로 삶의 의미를 부여한 과정에 대해 성찰하는 모습이 인상적인 감상문을 제출함. 특히 니체의 실존주의 철학과 연결하여 융합적 사고 능력을 발휘함. 죽음과 공포 속에서 삶의 희망을 잃지 않고 자신의 경험을 승화하여 연구와 강연을 하는 모습을 상상하며 현실의 고통을 극복하는 과정에서 삶에 대한 자신만의 의미와 목적을 강조한 실존주의 철학의 모습을 볼 수 있었다고 소감을 밝힘.

윤리적 삶과 관련된 다양한 인간의 모습과 삶을 사색하고 성찰하기를 즐기는 학생으로 '죽음의 수용소에서(빅터 프랭클)'를 읽고 극한의 상황에서 보이는 인간의 다양한 유형에 대해 고찰함. 자유 의지를 가진 인간에게 윤리적 행위는 마땅히 지켜야 하는 원칙으로 인간관계를 정의롭고 평화롭게 유지하는 근원임을 강조함. 특히 칸트의 의무론적 윤리설을 논거로 윤리의 당위성에 대해 구체적으로 증명한 수준 높은 탐구력을 발휘함.

관련 논문

빅터 프랭클의 삶의 의미론에서의 고통의 의미와 교육적 시사(신경희, 강기수, 2020)

관련 도서

《삶의 의미와 위대한 철학자들》, 스티븐 리치, 제임스 타타글리아, 필로소픽
《내 삶의 의미는 무엇인가》, 이시형, 박상미, 특별한서재

관련 계열 및 학과
- 인문계열: 상담심리학과, 심리학과, 인류학과, 종교학과, 철학과
- 의학계열: 간호학과, 미술치료학과, 언어치료학과, 의예과, 재활학과
- 교육계열: 교육학과, 사회교육과, 아동보육학과, 역사교육과, 유아교육과, 윤리교육과

관련 교과

2022 개정 교육과정: 현대사회와 윤리, 윤리와 사상, 윤리문제 탐구, 인간과 철학, 인간과 심리

2015 개정 교육과정: 생활과 윤리, 윤리와 사상, 철학, 심리학

지구 끝의 온실

김초엽 | 자이언트북스 | 2021

분자 단위로 자가 증식하는 '더스트'로 인해 폐허가 된 지구에서 숲과 함께 살아가는 사람들의 이야기다. 살아남기 위해 도시에 돔을 씌우고 사는 사람들, 더스트에 내성을 가진 자매의 혈액을 빼앗으려는 사냥꾼, 이들을 피해 떠돌아다니던 나오미 자매는 돔 없이 사람들의 노동으로 살아가는 숲속 마을 '프림 빌리지'에 정착한다. 폐허가 된 환경에서 생존하기 위한 인간의 본능과 자연과의 공존에 대해 생각할 기회를 제공한다.

탐구 주제

주제1 아마라, 나오미 자매는 더스트로 멸망한 지구를 떠돌아다닌다. 더스트에 내성을 가진 자매는 연구소에서 실험을 당해 건강이 나빠진 상태이며, 자매의 피를 찾는 사냥꾼들을 피해 다닌다. 인간을 대상으로 실제 실험을 한 사례를 비판하고 연구 윤리를 고찰해 보자.

주제2 '프림 빌리지'에 사는 사람들은 온실 속에 사는 지수와 식물학자 레이첼의 도움으로 작물들을 키우며 숲에서 살아가고, 덩굴식물 모스바나로 더스트를 이겨 낸다. 사람들은 모스바나를 사람들을 위한 식물이라고 생각했다. 모스바나의 입장에서 자연에 대한 인간 중심적 사고를 비판해 보자.

주제3 위기 환경에 대한 돔 시티와 프림 빌리지의 생존 방법 비교

주제4 피난민을 거부하는 돔 시티를 통한 난민 문제의 고찰

학생부 기록 예시 (교과세특)

'지구 끝의 온실(김초엽)'에서 자가 증식하는 더스트에 대한 내성을 가진 사람들을 실험하는 장면을 고찰하여 연구 윤리를 탐구함. 행동주의 심리학자 왓슨의 '공포 조성'을 사례로 인간을 대상으로 한 실험의 비윤리성을 비판함. 나아가 연구 윤리 가이드 라인의 '사람 및 동물 대상자 보호'에 대한 자료를 정리하고 어떠한 연구 결과도 생명의 존엄성보다 우위에 설 수 없다는 것을 강력하게 주장하며 연구 윤리의 기준을 제시함.

'지구 끝의 온실(김초엽)'을 읽고 지구 생태계에 대한 인간 중심적 사고에 대해 모둠원들과 토의함. 인간 중심적 역사와 식물에 대한 과소 평가적 사고를 논의하고 식물이 인간의 도움 없이도 종의 번영을 추구할 수 있으며 모스바나의 증식을 통해 지구 역사를 되새기는 기회를 가짐. 나아가 공존과 유전적 다양성을 수용한 모스바나의 자연 공존의 모습으로 인류의 오만에 대해 반성하게 되었다고 소감을 밝힘.

관련 논문

도시 지역공동체의 형성 정도와 과정-에너지자립마을을 중심으로(이경미, 조상미, 2022)

관련 도서

《노 휴먼스 랜드》, 김정, 창비
《우리에게 남은 시간》, 최평순, 해나무

관련 계열 및 학과	• 인문계열: 국어국문학과, 문예창작학과, 문화재학과, 사학과, 인류학과, 종교학과, 철학과
	• 자연계열: 농생물학과, 산림학과, 생명과학과, 생물학과, 식물자원학과, 원예학과
관련 교과	• 교육계열: 생물교육과, 사회교육과, 윤리교육과, 지구과학교육과, 환경교육과

2022 개정 교육과정: 현대사회와 윤리, 인문학과 윤리, 기후변화와 지속가능한 세계, 인간과 철학

2015 개정 교육과정: 생활과 윤리, 문학, 사회문제 탐구, 환경, 철학

지구 파괴의 역사
김병민 | 포르체 | 2023

과학자의 시선으로 인간의 욕망, 환경, 질병, 자본주의의 발달 등 고대와 중세를 거쳐 인공지능이 등장하는 현대에 이르기까지의 지구가 파괴되어 온 과정을 제시한다. 역사적 맥락 속에서 성장과 개발로 인류가 권력을 가지는 순간마다 과학이 파괴의 도구로 사용되었음을 반성하고, 인류의 욕망에서 벗어나 현재 직면한 문제들에 대한 해결 방안을 제시한다.

탐구 주제

주제1 환경을 위해 화석 연료를 포기해야 하는가? 저자는 그렇지 않다고 확신한다. 재생 에너지와 스마트 그리드 등 새로운 대안은 제시되고 있지만 실제 활용은 낮다. 화석연료를 포기할 수 없는 이유와 전력 인프라를 갖추기 위해 노력해야 하는 정부와 시민의 자세에 대해 정리해 보자.

주제2 1918년 프리츠 하버의 노벨 화학상 수상은 엄청난 반발을 가져왔다. 그는 질소와 암모니아를 합성해 질소 비료를 대량 생산하여 인류를 식량난에서 구해냈지만, 독일의 가스 무기 개발에 협조하여 많은 희생을 낳은 전범이다. 하버의 사례를 바탕으로 과학자의 직업 윤리를 고찰해 보자.

주제3 서구의 이슬람 문화에 대한 혐오 문제 탐구

주제4 인류세와 인간 중심적 사고 비판

학생부 기록 예시 (교과세특)

탄소 중립을 위한 노력에도 화석연료가 주요 에너지원으로 활용하는 것에 의문을 품고 탐색한 결과 화석 연료를 대체할 전기를 만들기 위해 화석 연료를 사용해야 하는 사실을 발견함. 정부가 재생 에너지로는 기본 수요 전력을 충당할 수 없다는 사실을 시민들에게 정확하게 공개하고, 시민 집단은 전력 인프라 확충을 위해 발생하는 비용적 측면을 감수하는 등 님비적 태도를 벗어날 것을 촉구하는 현실적 대안을 제시함.

직업 윤리의 보편성과 특수성의 관계를 탐구하며 윤리적 의사 결정의 중요성에 대해 고찰함. 독일의 화학전을 이끄는 데 결정적 역할을 한 프란츠 하버는 수많은 사람을 극한의 고통으로 내몰았음에도, 하버-보슈 공법으로 식량난을 해결했다며 그에게 노벨상을 수여한 것은 비판받아야 한다고 주장함. 천부적 재능을 가진 과학자라도 보편 윤리를 넘어설 수 없음을 제시하며 윤리적 사고가 과학의 기준이 될 수 있음을 증명함.

관련 논문
팬데믹과 인류세 자연: 사회적 거리두기와 '인간 너머'의 생명정치(김준수 외, 2020)

관련 도서
《기후, 문명의 지도를 바꾸다》, 브라이언 페이건, 씨마스21
《석탄 사회》, 황동수, 동아시아

관련 계열 및 학과
- 사회계열: 경영학과, 경제학과, 국제통상학과, 법학과, 사회학과, 정치외교학과
- 자연계열: 대기과학과, 생명과학과, 생물학과, 지구환경과학과, 화학과, 환경학과
- 교육계열: 교육학과, 사회교육과, 생물교육과, 역사교육과, 윤리교육과, 지구과학교육과

관련 교과

2022 개정 교육과정: 현대사회와 윤리, 세계사, 기후변화와 지속가능한 세계, 화학, 지구과학, 생태와 환경

2015 개정 교육과정: 생활과 윤리, 윤리와 사상, 사회문제 탐구, 지구과학 I, 화학I, 환경

챗GPT 교육혁명
정제영 외 | 포르체 | 2023

교육의 미래를 예측하고 실습 방안을 정리한 교육 제안서로, 인공지능과 함께 할 미래교육의 비전과 교수법, 교사의 역할과 방향을 제시한다. 평균을 지향하는 교육체제를 비판하며 인공지능 기술의 발달로 학생 개인에 따른 맞춤형 학습이 가능해졌음을 설명한다. 또한 챗GPT 활용에 필요한 여섯 가지 역량을 제시하여 최첨단 기술을 주도적으로 사용하는 방법과 가이드 라인을 안내한다.

탐구 주제

주제1 생성형 인공지능은 새로운 데이터로 다양한 콘텐츠를 생성하는 인공지능을 의미한다. 챗GPT는 지식과 정보의 전달뿐만 아니라 창의적 아이디어와 사고력을 요구하는 대화가 가능한 것이 특징이다. 챗GPT의 교육적 활용에 있어 발생할 수 있는 윤리적 방안에 대해 논의해 보자.

주제2 디지털 리터러시는 디지털 정보를 이해하고 활용하는 능력을 뜻하고, 디지털 시민성이란 디지털 환경에서의 올바른 행동 양식을 의미한다. 생성형 인공지능 활용에 있어 디지털 리터러시와 디지털 시민성의 중요성 및 발전 방안을 제시해 보자.

주제3 챗GPT를 기반으로 한 미래 교육에 대한 고찰

주제4 생성형 인공지능의 주도적 활용에 필요한 역량 탐구

학생부 기록 예시 (교과세특)

인공지능 시대의 교육 변화에 관심을 갖고 '챗GPT 교육혁명(정제영 외)'를 탐독하여 인공지능 프로그램이 생성한 음악과 이미지 등의 저작권 문제를 비판함. 인공지능이 모작한 그림과 원 작품을 비교하며 인공지능과 예술의 협업이 저작권 문제를 초래할 수 있음을 경고하고 법제화 마련을 촉구함. 과학 기술에 대한 윤리적 성찰과 비판 능력이 뛰어나 미래의 변화에 중심을 잃지 않고 윤리적 기준을 제시할 수 있는 학생으로 판단됨.

인공지능 정보 처리 능력이 뛰어난 학생으로 '챗GPT 교육혁명(정제영 외)'을 읽고 생성형 인공지능의 정보와 지식을 선별할 수 있는 디지털 리터러시에 관심을 갖게 됨. 디지털 리터러시 역량을 갖춘 시민들의 연대인 디지털 시민성의 중요성을 강조하며 디지털 안전과 공존, 책임에 대한 카드 뉴스를 제작하여 발표하고 호응을 얻음. 창의적 자료를 제작하는 데 능숙하고 개방적 자세로 의견을 수렴하는 협력적 소통 능력이 우수함.

관련 논문
생성형 인공지능(AI) 모델의 법률 문제(김윤명, 2023)

관련 도서
《AI 이후의 세계》, 헨리 키신저 외, 윌북
《GPT 세대가 온다》, 송진주, 마인드셋

관련 계열 및 학과	• 인문계열: 국어국문학과, 문예창작학과, 언어학과, 영어영문학과
	• 사회계열: 문화콘텐츠학과, 미디어커뮤니케이션학과, 법학과, 신문방송학과, 언론정보학과
관련 교과	• 교육계열: 전 교육계열

2022 개정 교육과정: 현대사회와 윤리, 윤리문제 탐구, 정보, 인공지능 기초, 교육의 이해

2015 개정 교육과정: 생활과 윤리, 정보, 교육학

천개의 파랑

천선란 | 허블 | 2020

"무엇도 배제하지 않고
함께 나아가는 방법을 보여주는
따뜻하고 찬란한 소설을 만났다.
고맙고 벅차다."
—최진영(소설가)

연구원의 실수로 인지 능력이 생긴 휴머노이드 기수 콜리는 경주마 투데이와 교감을 한다. 아픈 투데이를 위해 경기를 포기한 콜리는 폐기를 기다리던 중에 고등학생 연재의 눈에 띄어 함께 생활하게 된다. 과학 기술로 변해 가는 사회에서 소외된 연재의 가족은 콜리와 함께 서로를 보듬으며 위로한다. 종을 넘어서 동물과 로봇, 인간이 함께 살아가는 삶의 모습을 보여 준다.

탐구 주제

주제1 아르바이트를 하던 연재는 로봇 '베티'에게 일자리를 빼앗기게 된다. 인건비보다 로봇 구입 비용이 더 저렴해 경제적이기 때문이다. 과학 기술의 발달로 인간의 일자리를 로봇이 대체 할 것이란 우려가 크다. 4차 산업 혁명 시대에 필요한 직업 윤리에 대해 토의해 보자.

주제2 수의사 복희는 인간의 생활권 확보를 위해 1만여 마리의 동물들이 사라져야 했다는 것을 지적하며 동물 생존권을 제시한다. 연골이 닳았다는 이유로 안락사의 위기에 처한 '투데이'의 삶을 고찰하고, 인간과 동물의 조화로운 삶을 위한 동물 생존권을 제안해 보자.

주제3 과학 기술의 발달과 빈부 격차에 대한 연구

주제4 인공지능과 결합된 펫케어 시장 조사

학생부 기록 예시 (교과세특)

인간의 유용성을 위한 과학 기술이 의도한 대로 나타나지 않는 현상을 탐구하며, 생활의 편리함을 위해 만들어진 인공지능의 등장으로 인간의 일자리가 사라지는 현상에 대해 고민함. 인간의 존엄성과 특징을 살릴 수 있는 직업이 기술 발전의 속도를 따라가지 못함을 지적하고 토의를 통해 칸트의 정언 명령을 바탕으로 보편적 윤리와 인성, 공동체 의식 등 인간만이 가질 수 있는 역량을 도출하는 등 집단 지성을 발휘함.

쓰임이 다한 동물의 안락사는 인간 중심의 사상으로 동물의 생명권을 경시한 것임을 비판하며 인수공통감염병과 같은 인류의 생존에 위협을 가하게 되었음을 경고함. 동물의 생명권에 대한 근거를 제시하기 위해 세계 동물 선언문을 탐독하고 카드 뉴스를 제작해 발표함. 나아가 비윤리적인 동물 실험의 대체를 위한 데이터 분석과 3D 기술을 활용한 대체 기술 사례를 조사하여 인간과 동물의 조화로운 삶을 위한 가능성을 제시함.

관련 논문

근현대 과학기술시대에 대한 기축문명론적 성찰과 전망-생명생태 성장사회 : 칼 야스퍼스의 역사철학적 독해 (전홍석, 2021)

관련 도서

《당신 인생의 이야기》, 테드 창, 엘리
《물고기는 존재하지 않는다》, 룰루 밀러, 곰출판

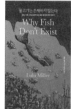

관련 계열 및 학과	• 인문계열: 국어국문학과, 문예창작학과, 문헌정보학과, 인류학과, 철학과
	• 자연계열: 동물자원과학과, 생명과학과, 생물학과, 축산학과, 환경학과
관련 교과	• 공학계열: 생명공학과, 소프트웨어공학과, 정보보안과, 컴퓨터공학과, 환경공학과

2022 개정 교육과정: 현대사회와 윤리, 인문학과 윤리, 주제탐구 독서, 정보, 로봇과 공학세계

2015 개정 교육과정: 생활과 윤리, 사회문제 탐구, 독서, 정보, 공학일반

철학은 어떻게 삶의 무기가 되는가

야마구치 슈 | 다산초당 | 2019

우리는 왜 철학을 배워야 하는가? 저자는 철학을 통해 상황을 정확하게 통찰하고 비판적으로 사고할 수 있고, 과제를 정하여 혁신할 수 있다고 제시한다. 또한 과거 역사를 통해 비극을 되풀이하지 않을 교훈과 철학자의 지혜를 성찰할 수 있음을 강조한다. 철학의 새롭고 일상적 접근을 위해 철학과 경제학, 문화인류학 등 다양한 분야의 문제를 철학적 시선과 사고로 독자들을 안내하는 책이다.

탐구 주제

주제1　르상티망은 '약한 사람이 강한 사람에게 품는 시기심'을 의미한다. 니체는 르상티망을 가진 사람은 시기심을 발생시키는 가치 기준을 뒤바꾸거나 정반대의 가치 판단을 주장하여 해소하려 한다고 하였다. 르상티망을 이용한 기업의 마케팅 전략과 소비 문화를 비판해 보자.

주제2　나치 독일의 유대인 학살 계획 운영에 주도적 역할을 한 아돌프 아이히만의 재판을 방청한 철학자 한나 아렌트는 '악이란 시스템을 무비판적으로 받아들이는 것이다.'라고 하였다. 한나 아렌트의 '악'에 대한 관점을 고찰하고 4차 산업 혁명과 시스템 수용의 필요한 자세를 제안해 보자.

주제3　에리히 프롬의 자유에 따른 고독과 책임 고찰

주제4　보부아르의 성 편견에 대한 연구

학생부 기록 예시 (교과세특)

니체의 르상티망을 현대 사회의 소비 문화와 연계하여 발표 자료를 제작해 발표. 저성장 시대에도 명품 소비가 꾸준히 증가하고 있으며, 과시적 소비의 원인이 되고 있음을 비판함. 르상티망에 기인한 가치 판단의 역전을 올드머니룩을 사례로 '비싼 옷보다는 저가의 질 좋은 의류를 선택하겠다.'와 같은 문장으로 정리하여 논리 정연하게 제시함. 철학 사상을 현대 사회의 문제에 적용하여 확장적 탐구 능력을 발휘한 점이 우수함.

아이히만의 재판을 바탕으로 악의 평범성과 본질이 무비판적이고 수동적 자세에서 발생한다고 주장한 한나 아렌트의 주장에 동의하여, 인공지능이 주도하는 4차 산업 혁명 시대의 잘못된 시스템과 인간 소외 문제에 대해 수준 높은 탐구 능력을 발휘함. 현행 제도를 더 나은 것으로 바꿀 수 있는 비판적 사고 능력과 실천력은 인간만이 가지고 있음을 강조하며 미래를 위한 제도와 시스템 정비 및 정책 마련에 대한 필요성을 주장함.

관련 논문

'타인-나'의 관계와 교육적 관계 연구-레비나스와 리쾨르 철학을 중심으로(전종윤, 2023)

관련 도서

《자유로부터의 도피》, 에리히 프롬, 휴머니스트
《예루살렘의 아이히만》, 한나 아렌트, 한길사

관련 계열 및 학과	• 인문계열: 문예창작학과, 사학과, 상담심리학과, 심리학과, 인류학과, 철학과
	• 사회계열: 경영학과, 경제학과, 광고홍보학과, 문화콘텐츠학과, 사회학과, 소비자학과
관련 교과	• 교육계열: 교육공학과, 교육학과, 사회교육과, 역사교육과, 윤리교육과

2022 개정 교육과정: 현대사회와 윤리, 윤리와 사상, 인문학과 윤리, 윤리 문제 탐구, 인간과 철학

2015 개정 교육과정: 생활과 윤리, 윤리와 사상, 독서, 철학, 논리학

국어교과군

영어교과군

수학교과군

사회교과군

과학교과군

도덕교과군

칸트와 헤겔의 철학

백종현 | 아카넷 | 2017

저자는 '철학한다'라는 것은 '참답게 사는 것이 무엇인가'를 숙려하는 것이라고 말한다. 또한 칸트와 헤겔의 철학으로 사색과 시대의 문제에 대한 해답을 찾을 수 있는 기대를 할 수 있다고 강조한다. 신 중심의 사고에서 벗어나 인간의 이성을 중요시한 칸트 철학과 세대를 이어 독일 이상주의 철학을 대표하는 헤겔의 사상 체계를 상호 보충 보완의 관점에서 제시하고 있다.

탐구 주제

주제1 칸트의 도덕 철학은 인간으로서 '나는 무엇을 해야 하는가'의 물음에 대한 답변이다. 그는 《실천이성비판》으로 '선이란 무엇이며, 이를 어떻게 행할 수 있는가'에 대한 답을 제시한다. 실천이성비판을 바탕으로 윤리학의 혁명이라 할 수 있는 칸트 철학의 의의에 대해 정리해 보자.

주제2 헤겔은 국가를 개인들의 구성체가 상호 연결된 유기적 전체로 보았다. 칸트 또한 각 개인은 국가 속에서 유기적 전체를 가능하게 하기 위해 협력한다고 하였다. 그러나 시민 사회에 대한 개념은 헤겔에 이르러 변화한다. 헤겔이 제시한 시민 사회에 대해 정리해 보자.

주제3 칸트의 세계 평화론에 대한 고찰

주제4 헤겔의 신분 계층의 형성과정 탐구

학생부 기록 예시 (교과세특)

서양의 전통적인 행복 윤리학의 한계를 벗어나 인간의 이성에 입각한 의무론을 정립한 칸트 철학을 탐구함. 자연적 경향성과 실천 이성을 가진 인간이 자율로서 선험적이며 단정적인 정언적 명령으로 도 덕법칙을 만들어 정언 명령을 지정하는 과정에 대해 설명하는 논리력을 발휘함. 인간이 마땅히 해야 할 것들에 대한 실천 방법을 구체적으로 규명한 칸트 철학에 대해 경외심을 표하며 진지하고 우수한 철학적 사유를 보여 줌.

도덕법칙을 인륜성, 사회와 공동체의 정신으로 정립한 헤겔 철학에 호기심을 느껴 탐구함. 시민 개념에 대해 칸트는 상인, 미성년자, 부녀자 등 수동적 시민을 제외했지만, 헤겔은 이익을 목적으로 하는 각 개인과 개인이 공민으로서 연합한 시민 사회의 개념으로 확장했음을 제시함. 헤겔의 철학에서 시민 사회가 개별성에서 보편성으로 도야했음을 설명하는 등 우수한 탐구 능력을 보임.

관련 논문

마르크스의 『헤겔 국법론 비판』-국가와 시민사회에 관한 논의를 중심으로(정미라, 2017)

관련 도서

《칸트의 순수이성비판》, 강지은, EBS BOOKS
《이성과 혁명》, H. 마르쿠제, 중원문화

관련 계열 및 학과

• 인문계열: 사학과, 상담심리학과, 심리학과, 인류학과, 종교학과, 철학과

• 사회계열: 공공행정학과, 국제통상학과, 법학과, 사회복지학과, 사회학과, 정치외교학과

관련 교과

• 교육계열: 교육공학과, 교육학과, 사회교육과, 역사교육과, 윤리교육과

2022 개정 교육과정: 현대사회와 윤리, 윤리와 사상, 인문학과 윤리, 인간과 철학, 논리와 사고

2015 개정 교육과정: 생활과 윤리, 윤리와 사상, 고전과 윤리, 철학, 논리학

타인의 고통

수잔 손택 | 이후 | 2007

현대 사회는 폭력과 잔혹함을 보여 주는 이미지들이 넘쳐나고 있다. 사람들은 타인의 고통을 일종의 볼거리로 소비하고 있으며, 그들이 겪었을 고통을 짐작할 뿐 실감하지 못한다. 사진 속에 담긴 고통과 잔혹함, 참상은 사진의 미학으로 치부되거나 즐길 거리로 전락하기까지 한다. 저자는 사람들이 사진을 통해 타인의 고통을 보며 어쩔 수 없다는 연민만을 베푸는 것을 비판하며 문제점을 제기한다.

탐구 주제

주제1 저자는 사진은 피사체를 자기 것으로 만들어 세계와의 일정한 거리에 자신을 참여시키는 것이지만, 사람들을 찍는 것은 일종의 폭행이라고 경고한 바 있다. 잔혹하고 타인의 고통과 참상을 보여주는 사진의 허용 범위에 대해 토론해 보자.

주제2 《타인의 고통》에서 저자는 가슴이 미어질 듯한 타인의 고통이 찍힌 사진이 신문이 아닌 미술관, 텔레비전, 잡지 등에 나온다면 다른 의미를 지니게 된다고 비판한다. 타인에게는 고통의 상징 같은 기억이 대중 매체로 활용되어 무분별하게 소비된 사례를 찾아 비판해 보자.

주제3 타인의 고통과 사회적 책임에 대한 연구

주제4 사진의 사실주의와 윤리적 기능에 대한 고찰

학생부 기록 예시 (교과세특)

'타인의 고통(수잔 손택)'을 읽고 전쟁의 참상을 보여 주는 사진의 남용으로 폭력에 무감각해지는 현실을 비판함. 전쟁 사진에 대한 발전적인 방향의 의견 나눔을 위해 모둠원들의 의견을 공유 플랫폼을 이용하여 조사함. 개방적 토론으로 작가의 소신과 가치관을 바탕으로 사진 속 진실을 담는 것을 보편적 기준으로 적용할 것을 결론 짓는 등 보도 윤리를 심화 학습하여 현실을 직시하는 수준 높은 탐구 능력을 보임.

'타인의 고통(수잔 손택)'을 탐독하고 살해된 병사의 군복이 광고로 나온 사진과 이라크 전쟁의 합성 사진 등 인간의 존엄성을 저해하는 사진을 검색하여 동영상으로 제작해 발표함. 디지털 기술의 발달로 많은 사진을 소비하는 시대에 타인의 고통을 소비하는 것이 아닌 겸허한 자세로 수용하는 것이 중요하다는 것을 강조함. 수집한 정보를 디지털 역량으로 재구성하고 뛰어난 소통 능력으로 본인의 논거를 더욱 돋보이게 함.

관련 논문

벤야민과 바르트 사이 : 수잔 손택의 사진론(조주연, 2020)

관련 도서

《기술 복제 시대의 예술작품 / 사진의 작은 역사 외》, 발터 벤야민, 길
《아틀라스 전차전》, 스티븐 하트 외, 플래닛 미디어

관련 계열 및 학과

• 인문계열: 국어국문학과, 사학과, 상담심리학과, 심리학과, 종교학과, 철학과

• 사회계열: 문화콘텐츠학과, 미디어커뮤니케이션학과, 신문방송학과, 언론정보학과

관련 교과

• 교육계열: 교육학과, 국어교육과, 사회교육과, 역사교육과, 윤리교육과, 한문교육과

2022 개정 교육과정: 현대사회와 윤리, 윤리와 사상, 윤리 문제 탐구, 국제관계의 이해, 미술과 매체

2015 개정 교육과정: 생활과 윤리, 윤리와 사상, 사회문제 탐구

국어교과군

영어교과군

수학교과군

사회교과군

과학교과군

도덕교과군

파견자들

김초엽 | 퍼블리온 | 2023

지구가 뒤덮인 곰팡이로 인해 광증이 퍼진 미래 사회를 배경으로 한 소설이다. 살아남은 사람들은 지하 도시로 밀려와 살아가고, 광증에 걸린 사람들은 어디론가 끌려간다. 누구보다도 강한 광증 저항증을 가지고 있는 주인공 태린은 파견자의 삶을 갈망한다. 책은 주인공이 파견자가 되어 지상을 탐색하는 이야기이다. '인간이 다른 생명체와 동등한 입장에서 공생할 수 있는가'를 고찰하게 한다.

탐구 주제

주제1 하이데거는 '존재란 세계 속에 던져져 있다.'라고 정의하며 인간, 식물, 동물 등은 세계에 던져진 후에 어떤 관계를 맺느냐에 따라 의미를 갖는다고 하였다. 책은 곰팡이에 잠식된 지구를 배경으로 한다. 곰팡이가 지구에서 갖는 기능적 측면과 역할에 대해 정리해 보자.

주제2 파견자인 태린은 광증으로 실종되었던 사람들을 마주한 후, 범람체와 인간의 공존 구역인 경계 지역의 전달자로 살아간다. 책은 범람체와 결합된 새로운 삶을 선택한 사람들과의 공생을 이야기한다. 통일 후, 남북한이 서로의 삶에 기여할 수 있는 공존 방법에 대해 제안해 보자.

주제3 임상 시험에서 발생하는 윤리적 문제 논의

주제4 토양 오염과 균류를 중심으로 한 환경 윤리의 필요성 고찰

학생부 기록 예시 (교과세특)

하이데거의 존재 사유를 바탕으로 자연에 대한 인간 중심적 사고 방식을 비판적으로 사색함. 균류에 쫓겨 지하로 내려간 사람들이 범람체를 증오하는 장면에서 곰팡이와 자연의 공생 관계에 대해 고찰함. 토양에 영양분을 제공하고 식물과 공생하는 곰팡이의 탄소 포집 능력과 생태 정화 작용에 대해 발표하며, 곰팡이의 기능과 역할을 고찰하고 인류만이 지구의 주체가 될 수 있다는 자만심에서 벗어나야 할 것을 촉구함.

'파견자들(김초엽)'을 읽고 범람체와 결합된 새로운 존재와 인간의 공존에 대한 토론에 참여하여, 이성을 가진 다른 생명체와 지구를 공유하는 것을 경계하는 사람들의 폐쇄적 사고방식을 비판함. 통일 후 남한의 디지털 기술과 방송 연예 사업을 북한의 지하 자원 및 관광지 개발 등과 연계하여 동반 성장할 수 있음을 구체적 근거와 함께 주장함. 서로의 다름으로 공존을 통한 발전의 가능성을 제시한 융합적 사고 능력이 인상적임.

관련 논문

현대 인간중심주의에 대한 노자(老子) 도덕경(道德經)의 함의: 소유, 자유의 문제를 중심으로(조재형, 2015)

관련 도서

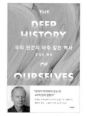

《작은 것들이 만든 거대한 세계》, 멀린 셸드레이크, 아날로그
《우리 인간의 아주 깊은 역사》, 조지프 르두, 바다출판사

관련 계열 및 학과
- 인문계열: 국어국문학과, 문예창작학과, 사학과, 인류학과, 철학과
- 자연계열: 농생물학과, 미생물학과, 생물학과, 식물자원학과, 지구환경과학과, 환경학과

관련 교과
- 교육계열: 과학교육과, 사회교육과, 아동보육학과, 생물교육과, 지구과학교육과, 윤리교육과

2022 개정 교육과정: 현대사회와 윤리, 인문학과 윤리, 윤리문제 탐구, 독서와 작문, 문학, 인간과 철학

2015 개정 교육과정: 생활과 윤리, 독서, 문학, 융합과학, 철학

페인트

이희영 | 창비 | 2019

남북한의 교류가 잦아지면서 종전을 선포한 것과 다름없는 미래의 한국은 국방비 예산의 일부를 출산율 안정을 위한 자금으로 활용한다. 자녀 양육을 기피하는 부모들을 위해 국가는 NC센터를 설립했고, 주인공 제누301은 부모를 선택할 수 있는 기회를 갖게 되었다. 버림받은 아이들이 부모를 선택할 수 있게 되면서 겪는 심리적 방황과 자립, 부모와 자녀 간의 관계에 대해 생각할 수 있게 하는 소설이다.

탐구 주제

주제1 NC센터는 출산 장려를 위해 국가가 주도하여 아이들을 양육하는 곳이다. 주인공 제누301은 규칙과 규율로 학습, 건강, 취미 등 통제되는 센터의 생활에는 큰 불만은 없지만 가족이 궁금하기는 하다. 소설을 바탕으로 미래 사회 변화와 가족 문제를 예측해 보자.

주제2 소설 속 세상에서는 센터에서 독립할 때까지 부모를 선택하지 못하면 사회에서의 차별을 겪는다. 제누301은 부모 면접을 3차까지 진행하게 되고, 면접자 하나는 어머니와 자신의 관계를 이야기한다. 하나와 어머니와의 관계에서 추론할 수 있는 길리건의 윤리 사상을 정리해 보자.

주제3 현대 사회의 위기와 가족의 의미

주제4 사회 낙인과 사회 돌봄의 필요성 연구

학생부 기록 예시 (교과세특)

인륜의 관점에서 가족의 의미와 도덕적 관계를 고찰하는 고차원적 윤리 의식을 보임. 1인 가구의 증가, 가족 부양에 대한 부담 등 미래 사회의 가족 제도에 대해 탐색함. '페인트(이희영)'의 주인공이 국가 보육 기관의 생활에 불만이 없으면서도 가족 간의 관계에 호기심을 보이는 장면을 바탕으로 가족 간 유기적 관계와 소통, 공동체 의식이라는 본질을 통해 가족 문제를 극복할 수 있을 것이라는 해결 방안을 제시함.

'페인트(이희영)'을 읽고 어머니와 딸의 관계를 길리건의 배려 윤리와 연계하여 탐색함. 부모 면접자의 어머니가 딸과 자신을 동일시하는 장면에서 독립과 애착이라는 남녀 양육 관의 차이로 관점의 차이가 발생할 수 있다는 것을 이해하게 되었다고 밝힘. 덕 윤리와 구분되는 길리건의 배려 윤리를 통해 타인에 대한 공감과 동정심, 상호의존성, 책임의 중요성을 강조하며 칸트의 남성 중심적 보편 윤리에 대한 차별적 시선을 비판함.

관련 논문

배려 교육을 통한 윤리적 관계 정립(김민영, 김무영, 2022)

관련 도서

《담대한 목소리》, 캐럴 길리건, 생각정원
《어쩌다 가족이 되어》, 김홍용, 전지현, 동행

관련 계열 및 학과	• 인문계열 : 국어국문학과, 문예창작학과, 심리학과, 인류학과, 종교학과, 철학과
	• 사회계열 : 공공인재학과, 공공행정학과, 사회복지학과, 사회학과, 행정학과
관련 교과	• 교육계열 : 가정교육과, 사회교육과, 아동보육학과, 유아교육과, 윤리교육과, 특수교육과

2022 개정 교육과정 : 현대사회와 윤리, 인문학과 윤리, 윤리문제 탐구, 문학, 주제탐구 독서, 기술·가정

2015 개정 교육과정 : 생활과 윤리, 사회·문화, 국어, 문학, 기술·가정

국어교과군

영어교과군

수학교과군

사회교과군

과학교과군

도덕교과군

평균의 종말

토드 로즈 | 21세기북스 | 2021

공교육은 개개인의 특성을 무시하고 획일적인 교육과정을 제공한다. '평균'이라는 전 세계적 암묵적 합의로 인간의 재능마저도 평준화시켰다. 저자는 과학·심리학·교육학 등의 이론을 바탕으로 '평균'의 허상을 증명하고 풍부한 사례를 제공하여 이해를 돕는다. 또한 학생 개개인을 중요시하는 시스템 구축과 창조적 인재 양성을 위해 혁신적인 교육 방법을 제안한다.

탐구 주제

주제1 토드 로즈는 현존하는 고등교육 시스템은 1세기 전에 설계된 것으로서 표준화된 교육과정 안에서 학생들을 등급으로 분류하고 있다고 비판하였다. 《평균의 종말》을 읽고 '평균'을 강조하는 학교 교육에서 벗어나 학생 개인의 특성 발현을 위한 교육 방법을 제안해 보자.

주제2 평균주의에 대한 믿음은 인간의 행동과 성격 특성까지도 규정한다. MBTI 성격 유형 검사는 사람들을 4가지 차원의 성격 구분에 따라 16개의 성격 유형으로 분류하는 검사이다. 토드 로즈의 《평균의 종말》을 읽고 사람의 성격을 평균적으로 분류할 수 있는지 고찰해 보자.

주제3 고교학점제의 개개인성 실현을 위한 제언

주제4 평균주의 탈피를 위한 온라인 교육 시스템 효율성 연구

학생부 기록 예시 (교과세특)

창의 융합적 사고 능력이 우수한 학생으로 '평균의 종말(토드 로즈)'을 읽고 '학교가 개인의 행복에 미치는 영향'을 주제로 급우 25명을 대상으로 면접법을 실시함. 개인의 행복은 다양한 요인에 의해 결정되지만 80%의 학생이 학교 성적이 가장 힘든 일이라고 답한 결과를 발표함. 평균을 지향하는 학교가 학생들의 행복을 저해하고 있으며 진로 결정권을 허용하기 위해 학생의 적성과 흥미를 살릴 수 있는 디지털 교육의 확대를 촉구함.

미래 교육과 교육공학에 관심이 많은 학생으로 '평균의 종말(토드 로즈)'을 읽고 성격 유형 검사가 인간의 성격을 평균적 기준으로 분류하고 좋은 성격, 보통의 성격, 독특한 성격 등으로 단정지었음을 비판함. 정보 처리 능력과 논리력이 뛰어난 학생으로 에듀테크의 구체적 활용 방법을 모색하여 생성형 AI 프로그램의 실제 활용 방법을 직접 시현하며 미래 지향적인 융합적 사고 능력을 보여 줌.

관련 논문
미래 교육 및 미래 학교의 전망을 통한 과학교육의 방향과 과제 (조헌국, 2021)

관련 도서
《최고의 교육》, 로베르타 골린코프, 캐시 허시-파섹, 예문아카이브
《예고된 변화 챗GPT 학교》, 송은정, 테크빌교육

관련 계열 및 학과	• 인문계열: 상담심리학과, 심리학과, 철학과
	• 사회계열: 경영학과, 경제학과, 공공행정학과, 사회학과, 행정학과
관련 교과	• 자연계열: 수학과, 천문우주학과, 통계학과

2022 개정 교육과정: 현대사회와 윤리, 윤리문제 탐구, 사회문제 탐구, 교육의 이해, 인간과 심리

2015 개정 교육과정: 생활과 윤리, 사회문제 탐구, 교육학, 심리학

프랑켄슈타인

메리 셸리 | 현대지성 | 2021

1818년에 발표된 공상 과학 소설의 대표적인 고전이다. 자연과학을 공부하며 생명의 비밀을 밝혀내려던 주인공 빅터 프랑켄슈타인은 생명체를 창조하지만, 그가 창조한 피조물은 가족과 친구의 죽음을 불러온다. 죄책감으로 괴로워하던 프랑켄슈타인은 자신이 창조한 생명체를 단죄하기로 결심한다. 과학 발전의 명암, 인공지능과 인간과의 관계에 대해 생각할 거리를 제공하는 책이다.

탐구 주제

주제1 프랑켄슈타인은 생명의 원리와 동물의 신체 구조에 호기심을 느껴 해부학을 통달하고, 납골소와 인체안치소에서 인체가 부패하는 과정을 지켜보며 인체의 비밀을 발견한다. 프랑켄슈타인이 생명체를 창조하는 과정을 탐독하고 연구 윤리의 관점에서 비판해 보자.

주제2 프랑켄슈타인은 과학에 대한 성취와 열망에 사로잡혀 생명체를 창조했을 뿐, 이후의 결과에 대해서는 무책임했다. 그가 창조한 생명체는 주위의 냉대로 선한 자신이 악하게 변하였다면서 비윤리적 행위를 자행한다. 책을 탐독하고 한스 요나스의 입장에서 책임 윤리를 논해 보자.

주제3 생명과학과 생명윤리의 쟁점 연구

주제4 프랑켄슈타인과 가족 윤리의 중요성 고찰

학생부 기록 예시 (교과세특)

'프랑켄슈타인(메리 셸리)'의 주인공이 생명체를 창조하는 과정에서 드러난 반윤리적 행동을 비판하고 과학자의 연구 윤리에 대해 고찰함. 공개성, 준법성, 실험 대상 존중 등 연구 윤리를 위배하고 지식에 대한 열망으로 인체를 훼손하는 등 프랑켄슈타인이 연구자로서의 책임을 외면하였음을 비판함. 인공지능 코스웨어를 활용하여 연구 윤리 위배 항목에 대한 자료를 제작하고 논거를 밝히는 등 융합적 사고와 디지털 역량을 발휘함.

생명체를 만든 이후 프랑켄슈타인의 무책임한 태도를 비판하며 책임 윤리에 대해 탐구함. 윤리적 공백 상황에 따른 결과는 결국 인간이 책임져야 한다는 사실에 경각심을 갖고, 창조물이 프랑켄슈타인에 대한 복수를 다짐하는 장면을 통해 생성형 인공지능의 군사적 활용을 사례로 문제점을 분석함. 통제를 벗어난 과학 기술의 발달과 인류의 위기를 경고하며 공포의 발견에 대한 통찰을 주장하는 등 논리적 사고력을 보임.

관련 논문

메리 셸리의 『프랑켄슈타인Frankenstein』 읽고 생각하기 (황예영, 2018)

관련 도서

《아이, 로봇》, 아이작 아시모프, 우리교육
《줄기세포와 생명 복제기술, 무엇이 문제일까?》, 황신영, 동아엠앤비

관련 계열 및 학과	• 인문계열: 문예창작학과, 사학과, 상담심리학과, 심리학과, 영어영문학과, 철학과
	• 의약계열: 전 의약계열
관련 교과	• 교육계열: 가정교육과, 과학교육과, 사회교육과, 아동보육학과, 생물교육과, 윤리교육과

2022 개정 교육과정: 현대사회와 윤리, 인문학과 윤리, 윤리문제 탐구, 영미문학 읽기, 인간과 철학

2015 개정 교육과정: 생활과 윤리, 고전과 윤리, 영미문학 읽기, 철학

국어교과군

영어교과군

수학교과군

사회교과군

과학교과군

도덕교과군

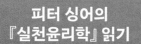

피터 싱어의 『실천윤리학』 읽기

김성동 | 세창미디어 | 2018

피터 싱어의《실천윤리학》은 철학적 통찰을 통해 인간의 삶을 어떻게 변화시킬 수 있는가를 실천적으로 논의하는 응용윤리학의 고전적인 입문서이다. 저자는 서양 철학에 익숙하지 않은 독자들의 접근을 돕기 위해 책을 집필하였음을 밝혔다. 피터 싱어의 윤리와 평등, 동물 해방, 임신 중절, 안락사, 해외원조 빈부의 문제 등 흥미로운 논의 들을 전개하며 저자의 사유를 바탕으로 다양한 의견을 제시한다.

탐구 주제

주제1 피터 싱어는 평등은 윤리적 문제이며 공리주의의 입장에서 이익 평등 고려의 원칙을 고려해야 한다고 제시한다. 이익 평등 고려의 원칙은 '모든 사람의 이익에 대해 동등한 비중을 두어야 한다.'라는 것이다. 싱어의 입장에서 역차별 대우가 평등의 원칙을 위배하는지 설명해 보자.

주제2 임신 중절은 태아의 생명권 침해와 여성의 자기 결정권이라는 논의가 격렬한 문제이다. 임신 중절에 대한 입장에는 보수주의와 자유주의가 있으며, 싱어는 자유주의적 입장을 취하고 있다. 임신 중절에 대한 두 입장을 비교하고 자신의 의견을 제시해 보자.

주제3 피터 싱어의 동물 해방에 대한 반론 고찰

주제4 전 지구적 관점에서의 절대 빈곤과 원조의 의무 연구

학생부 기록 예시 (교과세특)

역차별 대우는 불리한 사람에게 우선적인 대우를 하는 것으로 사회 전체의 이익을 고려했을 때 공동체의 화합과 공존이라는 관점에서 손실보다 이익이 크기 때문에 싱어의 입장에서 평등에 위배되지 않는다는 수준 높은 탐구 능력을 보임. 나아가 철학적 사고와 실천적 논의로 현대 사회에 등장하는 새로운 영역의 윤리적 문제들에 대한 해답을 실천윤리학을 통해 도출할 수 있을 것이라는 긍정적인 전망을 제시함.

임신 중절에 대한 보수주의적 입장과 자유주의적 입장을 태아를 보는 관점으로 비교하여 논변을 정리함. 임신 18주를 기준으로 임신 중절 시기의 기준을 고려하는 피터 싱어의 공리주의적 입장을 정리해 발표함. 또한 자유주의적 입장을 지지하며 잠재적 생명으로서의 태아의 존재를 제안한 것은 보수주의적 입장보다 생명의 범위를 확대한 것임을 사례와 함께 논리적으로 설명하며 현실적인 입장을 보임.

관련 논문

피터싱어(Peter Singer)의 동물해방론과 전 지구적 윤리 (조민환, 2006)

관련 도서

《실천윤리학》, 피터 싱어, 연암서가
《공감의 시대》, 프란스 드 발, 김영사

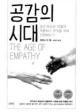

관련 계열 및 학과
- 인문계열: 사학과, 상담심리학과, 심리학과, 인류학과, 종교학과, 철학과
- 사회계열: 공공행정학과, 법학과, 사회복지학과, 사회학과, 소비자학과, 행정학과
- 교육계열: 가정교육과, 과학교육과, 사회교육과, 생물교육과, 역사교육과, 윤리교육과

관련 교과

2022 개정 교육과정: 현대사회와 윤리, 윤리와 사상, 윤리문제 탐구, 국제관계의 이해, 인간과 철학

2015 개정 교육과정: 생활과 윤리, 윤리와 사상, 사회문제 탐구, 철학

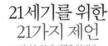

21세기를 위한 21가지 제언

유발 하라리 | 김영사 | 2018

현 인류는 어떤 위험에 처해 있는가?《사피엔스》와《호모 데우스》에서 인류의 과거와 미래를 논한 저자는 본 책에서 현재의 문제들을 다룬다. 빅데이터와 기술, 민족주의와 종교 등의 정치적 문제, 전쟁의 위협, 탈진실과 가짜 뉴스의 위험을 포괄적 관점에서 논하고 그로 인해 파생되는 문제점과 대안을 제시한다. 인류가 직면한 문제와 혼란을 극복할 방안을 제시하며 독려하는 책이다.

탐구 주제

주제1 저자는 디지털 기술 혁명이 인간의 권위 대신 빅데이터 알고리즘의 권위를 정당화할 것이라 예측한다. 생명 기술과 정보 기술 혁명이 합쳐지는 현 시점에서 빅데이터 알고리즘은 인간을 더 잘 이해할 것이다. 의료 분야에서 진행되고 있는 위의 사례와 대안을 제시해 보자.

주제2 인류는 늘 탈진실의 시대를 살아왔지만 빅데이터와 SNS에 둘러싸인 현대인들은 가짜 뉴스에 세뇌당하고, 현실과 허구를 구별하지 못하기도 한다. 가짜뉴스를 선별해야 하는 이유와 실천 방법에 대해 발표해 보자.

주제3 전 지구적 문제의 민족주의와 종교 분쟁 사례 연구

주제4 미래 변화를 위한 교육 전환의 의미 고찰

학생부 기록 예시 (교과세특)

빅데이터가 인간의 자유 의지를 빼앗는 시대를 고찰하여 의료 분야의 사례를 탐색함. 뉴럴링크가 얇은 실을 뇌에 이식하고 컴퓨터로 뇌를 제어하여 지능을 증강하는 기술에 성공한 것은 유용하지만, 컴퓨터가 인간을 해킹하고 가축화할 것이라고 비판함. 편리함에 익숙해지기보다 디지털 독재를 막기 위해 인간의 고유한 영역인 철학과 명상, 토론 등 정신적 가치 함양을 포기하지 말아야 한다는 대안을 제시함.

가짜 뉴스에 대한 윤리적 책임과 실천 방안을 고찰하기 위해 공유 플랫폼이 하마스와 이스라엘의 분쟁에 대한 가짜 뉴스의 온상이 되면서 비난을 받은 기사를 탐색함. 전쟁이라는 참극이 가짜 뉴스로 인해 변질되는 것을 보고 정확한 사실을 전달할 수 있는 각 분야 전문가들의 적극적인 정보 공유와 사회참여가 요구된다고 분석함. 또한 의심되는 정보를 검토하고 전문 서적을 통해 확인하는 개인의 노력이 뒷받침되어야 함을 제시함.

관련 논문

학습생태계 관점에서 본 한국의 미래교육 혁신(양채원 외, 2021)

관련 도서

《초예측》, 유발 하라리 외, 웅진지식하우스
《대변동: 위기, 선택, 변화》, 제레드 다이아몬드, 김영사

관련 계열 및 학과	• 인문계열: 문예창작학과, 인류학과, 종교학과, 사학과, 심리학과, 철학과
	• 사회계열: 국제통상학과, 미디어커뮤니케이션학과, 사회학과, 언론정보학과, 정치외교학과
관련 교과	• 공학계열: 반도체공학과, 생명공학과, 소프트웨어공학과, 정보보안학과, 컴퓨터공학과

2022 개정 교육과정: 현대사회와 윤리, 윤리와 사상, 윤리문제 탐구, 사회문제 탐구, 국제관계의 이해, 정보

2015 개정 교육과정: 생활과 윤리, 윤리와 사상, 사회문제 탐구, 정치와 법, 정보, 철학

국어교과군

영어교과군

수학교과군

사회교과군

과학교과군

도덕교과군

AI 전쟁

하정우, 한상기 | 한빛비즈 | 2023

AI는 거스를 수 없는 시대의 흐름이다. 이 책은 인공지능 연구의 최전선에서 미래를 준비하는 네이버 클라우드 AI 혁신 센터장과의 대담을 통해 인공지능의 과거와 현재를 진단하고 미래를 조망할 수 있게 한다. 또한 인공지능이라는 국가적 과제를 선진국들은 어떻게 준비하고 있고, 우리는 무엇을 준비해야 하는지에 대한 방향을 제시한다.

탐구 주제

주제1 생성형 인공지능의 이미지를 자동 생성하는 기술은 기존 이미지의 조합으로 생성하기 때문에 '멋진 커리어 우먼을 그려 줘'라고 하면 백인 여성의 이미지를 생성하는 등 편견을 답습한다. 인공지능의 활용과 문화적 편향성에 대한 대안을 제시해 보자.

주제2 2022년에 열린 세계경제포럼은 10년 간 인류가 겪을 10대 위기 중 1위를 '기후 위기 대응 실패'로 꼽았다. 전문가들은 기상 변화와 위험을 분석하는 인공지능을 대안으로 내세웠으나, 초거대 인공지능은 에너지를 너무 많이 사용한다. 인공지능의 활용과 기후 위기를 연관 지어 조사해 보자.

주제3 인공지능과 산업별 적용에 대한 분석

주제4 인공지능과 살상 무기 및 책임의 문제 고찰

학생부 기록 예시 (교과세특)

인공지능과 문화 차별에 대한 근본적인 문제를 분석하여 핵심을 바라보는 날카로운 탐구 능력이 돋보임. 생성형 인공지능과 문화 편향성에 대해 분석하는 과정에서 인공지능의 한계를 비판하는 의견에 대해 생성형 인공지능의 잘못이 아니라 기존 인간의 데이터에 문화적 편견으로 인해 쌓인 오류임을 설명하며 명령어를 구체적으로 입력하는 등 부족한 부분에 대한 인간 능력의 개입과 인공지능 리터러시의 필요성에 대해 강조함.

인공지능을 무조건 긍정적인 시각으로만 판단해서는 안 된다는 중립적 자세가 인상적임. 기존 인공지능과 비교했을 때 수백 배 이상의 대용량 데이터 학습이 가능한 초거대 인공지능이 전 세계 전력 소비량의 최대 3퍼센트에 달한다는 자료를 제시하며 인공지능의 사용이 이산화탄소 배출을 증가시킨다는 것을 비판함. 현실적 대안으로 반도체의 개발과 미래의 탄소 중립을 위한 재생 에너지에 대한 마련을 촉구함.

관련 논문

인공지능의 이해와 사회적 영향력에 관한 교육 프로그램 개발 및 적용(김한성 외, 2020)

관련 도서

《신뢰할 수 있는 인공지능》, 한상기, 클라우드나인
《AI 시대 챗GPT 리터러시를 만나다》, 김미진, 주혜정, 광문각출판미디어

관련 계열 및 학과	• 자연계열: 대기과학과, 산림학과, 수학과, 지구환경과학과, 통계학과, 환경학과
	• 공학계열: 소프트웨어공학과, 소프트웨어과, 정보보안학과, 정보통신공학과, 컴퓨터공학과
관련 교과	• 예체능계열: 만화애니메이션학과, 미술학과, 사진학과, 산업디자인학과, 시각디자인학과

2022 개정 교육과정: 현대사회와 윤리, 윤리문제 탐구, 사회문제 탐구, 정보, 소프트웨어와 생활

2015 개정 교육과정: 생활과 윤리, 사회문제 탐구, 정보, 공학일반, 환경

교과세특 추천 도서 300: 교과별

1판 1쇄 찍음 2024년 3월 6일
1판 5쇄 펴냄 2024년 12월 20일

출판 ㈜캠퍼스멘토
저자 한승배·강서희·김미영·김지수·손평화·정현희·하희

책임편집·디자인 포르체 출판사
브랜드 윤영재·박선경·이경태·신숙진·이동훈·김지수·조용근·김연정
연구·기획 오승훈·이사라·김예솔·민하늘·박민아·최미화·국희진·양채림·윤혜원·강덕우·송나래·송지원
교육운영 문태준·박흥수·정훈모·송정민·변민혜
미디어 이동준·박지원
관리 김동욱·지재우·임철규·최영혜·이석기·노경희
발행인 안광배

주소 서울시 서초구 강남대로 557(잠원동, 성한빌딩) 9층 ㈜캠퍼스멘토
출판등록 제 2012-000207
구입문의 (02) 333-5966
팩스 (02) 3785-0901
홈페이지 http://www.campusmentor.org

ISBN 979-11-92382-33-3 (14370)
    979-11-92382-31-9 (세트)